Josef Olbrich
unter Mitarbeit von Horst Siebert

Geschichte der Erwachsenenbildung in Deutschland

Bundeszentrale
für politische Bildung

Bonn 2001

Redaktion: Birgitta Gruber
Produktion: Heinz Synal
Eine Buchhandelsausgabe besorgt der
Leske + Budrich Verlag, Opladen.

Satzherstellung: Medienhaus Froitzheim AG, Bonn, Berlin
Druck: Bercker, Kevelaer
ISBN 3-89331-433-4 ISSN 0435-7604

Inhalt

Vorwort

Die Erwachsenenbildung ist ein großes Thema unserer Zeit. Mit der fortschreitenden Internationalisierung und Globalisierung scheint ihr Stellenwert in Zukunft noch zuzunehmen – sowohl für den Einzelnen als auch für die Gesellschaft insgesamt. In einer Zeit, in der jeder Einzelne biografische und identitätsstiftende Leistungen erbringen muss, hat lebenslanges und lebensbegleitendes Lernen eine zentrale Bedeutung gewonnen. Prozesse der Indivdualisierung und Pluralisierung, Aspekte des Wertewandels und der Veränderung der Lebensstile erfordern permanente Anpassungsleistungen in privater, beruflicher und gesellschaftlicher Hinsicht. Die neue Differenzierung in soziale Milieus in einer pluralen Gesellschaft und damit die Forderung nach sozialer Integration sind Kernfragen gegenwärtiger Erwachsenenbildung bzw. Weiterbildung. Die Diskussionen über Konsequenzen einer Wissensgesellschaft zeigen die überragende Funktion von Bildung und die Notwendigkeit ständigen Weiterlernens. Dies gilt nicht nur für den Einzelnen, sondern für die Gesellschaft insgesamt im Sinne einer Lerngesellschaft, in der dem selbstgesteuerten »Weiterlernen aller« eine überragende Bedeutung zukommt.

Permanentes Lernen hat die Grenzen des organisierten Lernens in traditionellen Einrichtungen gesprengt. Es bewegt sich zwischen den Polen des »Lernen en passant« über autodidaktisches Lernen bis hin zur Weiterbildung »als Fortsetzung oder Wiederaufnahme organisierten Lernens nach Abschluss einer unterschiedlich ausgedehnten ersten Bildungsphase«.

Erwachsenenbildung bzw. Weiterbildung berühren in vielfältiger Weise unseren Alltag: Sie erfüllen mit Blick auf die Wirtschaft und den Arbeitsmarkt vor allem qualifikatorische Aufgaben. In politischer Hinsicht kommt ihnen eine sozialintegrierende Funktion zu. Erwachsenenbildung bzw. Weiterbildung haben schließlich nicht zuletzt eine soziokulturelle Bedeutung, indem sie dazu befähigen, sich in umfassender Weise mit der eigenen Kultur und Geschichte sowie der Geschichte und den kulturellen Leistungen anderer Völker auseinander zu setzen.

In systemischer Hinsicht hat sich die Erwachsenenbildung/Weiterbildung zu einem »Grenzfall« entwickelt und sich in verschiedene Funktions- und Subsysteme ausdifferenziert, die sich vielfach überschneiden. Jenseits institutionalisierter Weiterbildungseinrichtungen haben sich die Formen so genannter »Mischverhältnisse« ausgebildet. Nicht zuletzt spiegeln seit den Siebzigerjahren die parallele Verwendung der Begriffe Erwachsenenbildung und Weiterbildung und die andauernde wissenschaftsinterne Diskussion über diese Begrifflichkeit den erweiterten Anspruch an den quartären Bildungsbereich in der Wissenschaftsgesellschaft.

Die hier skizzenhaft gekennzeichneten gegenwärtigen Prozesse und Strukturen der Erwachsenenbildung/Weiterbildung haben sich in einem langen historischen Prozess herausgebildet. Dabei war die Erwachsenenbildung von vornherein in die allgemeine geistig-kulturelle, die politische und die Wirtschaftsgeschichte eingebettet. Sie hat sich jedoch nicht nur dem jeweiligen Zeitgeschehen und seinen Erfordernissen angepasst, sondern wesentliche Reformprozesse in der Transformation gesellschaftlicher Verhältnisse angeregt. Beispielhaft kann hier die bekannte Entwicklung herangezogen werden: von der Arbeiterbildung zur Arbeiterbewegung im 19. Jahrhundert.

Das vorliegende Buch unternimmt den Versuch, in thematischer wie zeitlicher Hinsicht eine Gesamtgeschichte der Erwachsenenbildung in Deutschland vorzulegen: von den Anfängen bis in die Gegenwart hinein, von der bürgerlich-soziokulturellen Erwachsenenbildung einerseits und der politisch orientierten Arbeiterbildung andererseits bis hin zur Herausbildung eines eigenständigen und gleichwertigen Systems »Weiterbildung« innerhalb der Bildungslandschaft. Methodologisch leitend ist dabei der Gedanke von der Geschichte der Erwachsenenbildung als Sozialgeschichte. Dabei soll die Erwachsenenbildung nicht zuletzt unter dem Gesichtspunkt ihres Beitrags zur Modernisierung der Gesellschaft und als wesentliches Moment einer neu entstehenden Bildungsgesellschaft betrachtet werden.

Ausgangspunkt der geschichtlichen Darstellung und Analyse bilden die konstitutiven Bedingungsfaktoren: Aufklärung, Demokratisierung und Industrialisierung in der Wende vom 18. zum 19. Jahrhundert. Die Darstellung und der Aufbau des Buches orientieren sich weitgehend an den Epochen der allgemeinen deutschen Geschichte.

Die Geschichte der Erwachsenenbildung in Deutschland schließt die entsprechende Entwicklung in der DDR ein. Deren historischer Sonderweg beruhte auf spezifischen gesellschaftlich-politischen, bildungstheoretischen und institutionellen Voraussetzungen. In diesem Zusammenhang darf ich bereits einen besonderen Dank an meinen Kollegen Horst Siebert aussprechen, der die Darstellung und Analyse der Erwachsenenbildung in der DDR übernommen hat.

Dieses Buch hat vielfache Hilfe und Unterstützung erfahren. An erster Stelle ist hier zu nennen die großzügige ideelle und materielle Unterstützung und Mitwirkung der Bundeszentrale für politische Bildung, repräsentiert durch Herrn Dr. Harald Geiss und Herrn Rüdiger Thomas. Besonders hervorzuheben ist die außerordentlich intensive fachliche und redaktionelle Hilfe von Frau Birgitta Gruber M. A. Durch ihre vielfachen Hinweise und Anregungen hat dieses Buch, wie ich meine, eine konsistente Form gewonnen, sodass es sowohl ein breiteres als auch ein Fachpublikum erreichen kann. Ohne die engagierte, tatkräftige und kundige Mitarbeit meiner Sekretärin, Eva-Maria Edskes, hätte das Buch wohl kaum in dieser Form entstehen können. Mein besonderer Dank gilt des Weiteren dem Vorsitzenden der Comenius-Gesellschaft, Herrn Dr. Werner Korthaase für vielfache wissenschaftliche und redaktionelle Anregungen und Hinweise. Auch meine Mitarbeiterinnen und Mitarbeiter, Frau Dipl.-Päd. Kathrin Audehm, Frau Katja Lampe, Herr Dipl.-Päd. Halit Öztürk und Herr Dipl.-Päd. Peter Kossack haben zum Gelingen dieses Buches durch intensive Recherchen beigetragen. Danken möchte ich schließlich Frau Dr. Karin Opelt, Mitarbeiterin an der Humboldt-Universität Berlin, die die Lebensläufe von Erwachsenenbildern in der DDR ermittelt hat.

Berlin, im August 2001 Josef Olbrich

Kapitel I:

Zur Wissenschaftstheorie und Methodologie einer Geschichte der Erwachsenenbildung. Zugleich eine Einleitung

Wer an die Darstellung einer Gesamtgeschichte der Erwachsenenbildung herangeht, wer gar ein Handbuch der Geschichte der Erwachsenenbildung verfasst, das doch den Ertrag einer – wenn auch noch in Teilen defizitären – Forschung darstellen soll, der muss sich der wissenschaftstheoretischen und methodologischen Grundlagen vergewissern. Er muss sich auch die Frage nach der möglichen Wirkung geschichtlicher Erinnerung für die gegenwärtige Praxis und die Zukunftsorientierung der Erwachsenenbildung stellen. Dabei ist von dem Grundaxiom auszugehen, dass die historische Dimension ein konstitutives Element im Prozess der Etablierung der Erwachsenenbildung als praktisches Feld und auch der Erwachsenenpädagogik als eigener Wissenschaftsdisziplin darstellt.

Während die Geschichte der praktischen Erwachsenenbildung sich bereits über einen großen historischen Zeitraum erstreckt, wendete sich ihr die Forschung erst in jüngerer Zeit systematisch zu: Sieht man von ersten Anfängen der Forschungserfahrung ab, so hat eine akademische Verankerung der Erwachsenenpädagogik in den Wissenschaftskosmos der Universitäten und Forschungseinrichtungen erst Ende der Sechzigerjahre des 20. Jahrhunderts eingesetzt. Dabei hat sich die Historiographie der Erwachsenenpädagogik in den wissenschaftsgeschichtlichen Kontext der allgemeinen Geschichtswissenschaft eingefügt und in gleicher Weise ihr Verhältnis zur allgemeinen Erziehungswissenschaft neu entwickelt. Sowohl die allgemeine Geschichtswissenschaft als auch die Erziehungswissenschaft haben sich in den letzten Jahren theoretisch und methodologisch neu orientiert. Die deutsche Geschichtswissenschaft folgt der internationalen Forschung und weist einen Entwicklungsprozess auf, der durch die Hinwendung zur modernen Sozialwissenschaft gekennzeichnet ist. Dabei lassen sich verschiedene Richtungen und Ausprägungen erkennen, die unterschiedliche geschichtstheoretische Positionen widerspiegeln. Insgesamt hat sich, und dies ist für die Geschichte der Erwachsenenpädagogik von besonderer Bedeutung, mehr und mehr die Erkenntnis durchgesetzt, dass historisches Wissen eine spezifische Funktion im kulturellen Leben der Gegenwart wahrnimmt. Die Geschichtswissenschaft ist somit eingebunden in den lebensweltlichen Zusammenhang des Historikers sowie derjenigen, an die sich die Geschichtsschreibung wendet. Damit steht die Geschichte als Fachwissenschaft in einem inneren Zusammenhang zur Erziehung, zur Kunst und Politik (Rüsen 1989, S. 13).

1. Bedeutung einer Historiographie für die Praxis

Für die Frage nach der Bedeutung der Geschichte für die Praxis, d. h. für die Gegenwart und für Zukunftsperspektiven, mag man sich auf Nietzsches Aufsatz »Vom Nutzen und Nachtheil der Historie für das Leben« berufen. Nietzsche erwartet von der Historie, dass man diese nicht als »der verwöhnte Müßiggänger im Garten des Wissens braucht [. . .] d. h., wir brauchen sie zum Leben und zur Tat«. Historische Orientierung der Erwachsenenbildung, besonders auch der politischen Erwachsenenbildung, heißt nicht bloßes Anknüpfen an erinnerungswerte Tradition. Die »Comburger Tagung« von 1948 hat exemplarisch gezeigt, dass der Versuch, die Weimarer Tradition der Erwachsenenbildung unvermittelt und umstandslos auf eine neue historische Epoche ihrer Geschichte zu übertragen, zum Scheitern verurteilt ist.

Trotz der von Jürgen Habermas in den öffentlichen Diskurs gebrachten »Unübersichtlichkeit«, der auch die historische Erinnerung betrifft, ist »Geschichtsbewusstsein« dennoch eine zentrale Kategorie (Rüsen 1994, S. 3 ff.). Aufgeschriebene Geschichte gewinnt eine Macht über die Gegenwart (Luhmann 1997, S. 273). Sie ist somit zugleich auch ein Gegenstand aktueller politischer und regionaler Kultur. Nicht zuletzt wirkt die Erwachsenenbildung selbst an dem Prozess der historischen Selbstverständigung und Selbstvergewisserung in Geschichts- und Erzählwerkstätten, in der Museumsarbeit und anderen Formen narrativer Verfahren mit. Hier ist historische Orientierung eine kulturelle und soziale Leistung, die zunächst nicht universelle, sondern neben subjektiver vornehmlich regionale und lokale Bedeutung hat. Historische Erinnerung, so wie sie beispielhaft in den Erzählwerkstätten zur eigenen sowie zur Geschichte des sozialen und politischen Umfeldes angelegt ist, ist ein Beitrag zur Deutung der eigenen Lebensgeschichte sowie zur Geschichte des Ortes und der Region; das bedeutet zugleich die Einbettung in einen soziokulturellen Kontext. Sie ist ein Akt zur Hervorbringung von Geschichtsbewusstsein. Eingebunden in einen organisierten Lernprozess, berührt das Erzählen von Geschichte sowohl eine kognitive als auch eine mentale Dimension. Gerade das Erzählen als didaktisches Strukturprinzip kann als eine methodische Innovation historischer Interpretationsverfahren gelten. Auch die Erwachsenenbildung interpretiert historische Erkenntnisse thematisch und methodisch neu. Im Rahmen einer Wissenschaftsgeschichte kann dies als eigenständiger kultureller Beitrag gedeutet werden.

Unter legitimatorischen Gesichtspunkten hat der historische Rekurs für die Erwachsenenbildung, die trotz ihrer hohen gesellschaftlichen Bedeutung gegenüber anderen Teilen des öffentlich-staatlichen Erziehungssystems immer noch eine nicht voll akzeptierte Rolle spielt, zur Vergewisserung des eigenen Selbstverständnisses beigetragen. Die Geschichte der Erwachsenenbildung hebt diese zugleich gegenüber angrenzenden Bereichen des Bildungssystems als auch gegenüber der Gesellschaft insgesamt hervor. Der historische Rekurs hat somit auch einen spezifischen Erklärungswert im Kontext gesellschaftlicher Modernisierung. Erwachsenenbildung verweist auf ihre Funktionsfähigkeit und Handlungskapazität gegenüber den großen Bereichen der Gesellschaft, mit denen sie im engeren Zusammenhang und im Austausch gegenseitiger Leistungen steht.

Die geschichtliche Orientierung zeigt, dass Erwachsenenbildung seit ihrer Entstehung einen genuinen Beitrag zur Entwicklung der modernen Gesellschaft geleistet hat. Sie ist zugleich Beleg dafür, dass Erwachsenenbildung ein wesentliches Moment einer neu entstehenden Bildungsgesellschaft darstellt. Unter den Gesichtspunkten der Verflechtung der Erwachsenenbildung mit den gesellschaftlichen, politischen und sozialen Prozessen und der Herausbildung der neuen bürgerlichen Gesellschaft wird deutlich: Erwachsenenbildung begleitet seit ihrem Ursprung den Fortgang der Gesellschaft bis in die Moderne hinein und ist, wenn auch in begrenzter Weise, bewegendes Moment des gesamten historischen Ganges (Olbrich 1996, S. 1 ff.).

Zwei durchgängige historische Legitimationsmuster der Erwachsenenbildung lassen sich aufzeigen. Zum einen wird ihr eine wichtige Rolle im Prozess der demokratischen Entwicklung der Gesellschaft seit der ersten Hälfte des 19. Jahrhunderts zugemessen. Sie rechtfertigt sich gegenüber dem politischen System in besonderer Weise, und zwar in einer Dialektik von Anpassung und Widerstand. Dieser demokratietheoretischen Begründung korrespondiert auf der anderen Seite eine sehr pragmatische Auslegung der Wirkungsweisen von Erwachsenenbildung gegenüber dem ökonomischen System. Geschichte der Erwachsenenbildung ist auch eine Vergewisserung dessen, dass sie von Anfang an auch im Prozess der Modernisierung die jeweils angemessenen Qualifikationen bereitzustellen in der Lage war.

Hier ist auf die sogenannte »realistische Wende« zu verweisen, die vor allem die Volkshochschule Mitte der Sechzigerjahre vollzogen hat. Die berufliche Weiterbildung wurde als legitimer und notwendiger Aufgabenbereich innerhalb der Erwachsenenbildung etabliert. Damit verbunden war auch eine neue Definition des Bildungsbegriffs in Richtung einer ökonomischen Qualifikation. In diesem Kontext griff der Europarat den Begriff des »Lebenslangen Lernens« unter dem Gesichtspunkt von Chancengleichheit und Partizipation auf. Die OECD brachte »Lebenslanges Lernen« im Sinne von »Recurrent Education« und »Lifelong Learning« in die internationale Diskussion ein. Der Prozess der Globalisierung der Erwachsenenbildung fand seine signifikante Ausprägung in dem Konzept der OECD des »Learning to be«. Damit erhielt Weiterbildung nicht nur für die Industrieländer, sondern auch für die Entwicklungsländer eine politische Grundlage. Weiterbildung als Weltproblem zeigt sich in der praktischen Umsetzung am deutlichsten in der Internationalisierung von Führungskräfte-Weiterbildung als logische Folge der Internationalisierung und Globalisierung der Weltmärkte.

Dieser zweite Strang einer so genannten qualifikatorischen Funktion war bereits für die Konstitution der Erwachsenenbildung im frühen 19. Jahrhundert von besonderer Bedeutung. In der gegenwärtigen Funktionsbestimmung von Erwachsenenbildung im Prozess eines neuen Modernitätsschubes in Richtung der angesprochenen Internationalisierung und Globalisierung kann diese geschichtliche Orientierung Perspektiven einer weiteren Entwicklung aufzeigen.

Die ausgeprägte Fähigkeit der Erwachsenenbildung zur Innovation und Mobilität wirkte beispielhaft auf andere Teilbereiche des Erziehungssystems. In diesem Zusammenhang ist besonders auf die Weimarer Epoche zu verweisen, in der die Erwachsenenbildung wesentlich zur pädagogischen Modernisierung der Didaktik und Methodik beitrug. Teilnehmerorientierung, Alltagsbewusstsein und Lebensweltorientierung bei didaktischen Entscheidungsprozessen sind nicht nur für die aktuelle Erwachsenenbildung von Bedeutung. Sie wirkten vielmehr auf das Erziehungssystem insgesamt ein und haben so einen eigenständigen quartären Bereich mitbegründet, der gleichrangig mit anderen Teilen des Erziehungssystems verbunden ist.

Die Forschung zur Geschichte der Erwachsenenbildung erbringt zudem den Nachweis einer potenziellen Gleichrangigkeit der sich neu konstituierenden Wissenschaft gegenüber anderen, vor allem angrenzenden Wissenschaftsbereichen.

Besonders in Zeiten wirtschaftlicher und sozialer Umbruchsituationen sowie Krisen kann die Erwachsenenbildung darauf verweisen, dass sie bereits in der Vergangenheit supplementär zum politischen und wirtschaftlichen System gesamtgesellschaftliche Aufgaben wahrzunehmen in der Lage war. In den Bereichen, in denen aufgrund veränderter Rahmenbedingungen neuer Qualifikationsbedarf entsteht, vermag die Erwachsenenbildung aus der Geschichte Legitimation auch für die Gegenwart ableiten: Hier kann zunächst die besondere Leistung der Handwerkerbildung im Prozess der Industrialisierung hervorgehoben werden. In der Weimarer Zeit nahm die Erwachsenenbildung kompensatorische Funktionen in der Erwerbs- und Arbeitslosenbildung wahr und stellte damit ihre soziale und sozialpolitische Leistungsfähigkeit ebenso unter Beweis wie bei der Integration gesellschaftlicher Randgruppen (Brödel, 1986). Ein weiteres Beispiel ist die Leistung der Erwachsenenbildung in der Zeit der so genannten »realistischen Wende« in den Sechzigerjahren des 20. Jahrhunderts, die durch eine bildungsökonomische Neuorientierung gekennzeichnet war. An diesen Beispielen zeigt sich eine spezifische bildungspraktische und bildungsspezifische Innovationsfähigkeit der Erwachsenenbildung.

Die hier angeführten Legitimationsfiguren interpretieren die Geschichte der Erwachsenenbildung gleichsam aus der Perspektive der Gegenwart. Deshalb kann der Einwand, die Erwachsenenbildung neige zur »normativ orientierten Gegenwartsdienlichkeit« (Dräger 1984, S. 89), nicht ganz von der Hand gewiesen werden. Es besteht die Gefahr, dass die bildungspolitische Funktion im gesellschaftlichen Diskurs zur Verklärung der eigenen Vergangenheit beiträgt. Dabei wird selektiv das in der historischen Entwicklung ausgeblendet, was positiven Entwicklungsprozessen entgegensteht bzw. entgegenstand. Ein solcher Mechanismus erklärt, weshalb beispielsweise antidemokratische Tendenzen der Erwachsenenbildung, wie sie etwa zur Zeit der Weimarer Republik am Beispiel der »Richtung Hellerau« mit ihrer präfaschistischen Grundorientierung deutlich zum Ausdruck kommen, in der Geschichtsschreibung kaum oder nur beiläufig erwähnt werden und die Geschichte der Volksbildung im Nationalsozialismus lange Zeit ein blinder Fleck in der Historiographie war (Olbrich 1997, S. 4).

2. Wissenschaftstheoretische und methodologische Begründung

Wissenschaftsgeschichtlich hat sich die Historiographie der Erwachsenenbildung zunächst pragmatisch entwickelt, ohne sich der wissenschaftstheoretischen und -methodologischen Grundlagen im Einzelnen zu vergewissern. Verfolgt man jedoch den Gang der bisherigen historischen Forschung, so zeigt sich mehr und mehr, dass auch die Erwachsenenpädagogik in die theoretische Fundierung bildungsgeschichtlicher Forschung eingebettet ist.

Ihre komplexe gesellschaftliche Verankerung und Verflechtung hat dazu geführt, dass die Geschichte der Erwachsenenbildung Gegenstand verschiedener Wissenschaftsdisziplinen geworden ist. Die Soziologie, die Politikwissenschaft und die allgemeine Geschichtswissenschaft haben die historische Entwicklung der Erwachsenenbildung unter je eigenen Fragestellungen und methodologischen Zugängen behandelt. Insbesondere haben sich auch die Allgemeine Pädagogik und die Berufspädagogik, die Kulturwissenschaft und auch die Historische Anthropologie der Geschichte der Erwachsenenbildung zugewandt. Dabei stellt sich die Frage, ob Erwachsenenpädagogik der genuine Ort einer Geschichte der Erwachsenenbildung sein kann. Die Diskussion darüber hängt wesentlich von der wissenschaftlichen Perspektive und dem Fokus der Gegenstandsbestimmung ab.

Hier zeigt sich die Spannweite historischer Betrachtung von der Politikwissenschaft bis hin zur Kulturanthropologie. Eine pointierte Position vertritt Hans Tietgens, ein führender Theoretiker der Erwachsenenbildung der letzten Jahrzehnte, der die Geschichte der Erwachsenenbildung eher innerhalb der Kulturgeschichte oder einer Geschichte der Arbeit verankert sehen möchte (Tietgens 1985, S. 7). Bildungsgeschichte sollte sich jedoch einer so dezidierten Verengung disziplinärer Zuordnung entziehen und sich in gleicher Weise der Sozialgeschichte, der Kulturgeschichte, der historischen Anthropologie und der Lehr-Lern-Geschichte öffnen.

Bedenkt man den wissenschaftstheoretischen und wissenschaftsgeschichtlichen Ort einer Historiographie der Erwachsenenbildung im Kontext der Wissenschaften, dann wird erklärlich, dass sie, auf sich allein gestellt, nicht alle Theorie- und Forschungsprobleme zu lösen vermag. Sie bedarf vielmehr eines Rückbezugs auf die Mutter- bzw. Hilfswissenschaften. Deshalb ist die Historiographie der Erwachsenenpädagogik auch eingebettet in die metatheoretischen Diskussionen der angrenzenden Wissenschaften. Im Konkreten heißt dies auch, dass sie jene Diskussionsprozesse der *scientific community* über die sozialwissenschaftliche Neuorientierung, den Paradigmenwechsel etwa der Allgemeinen Geschichtswissenschaft und der Soziologie produktiv zu verarbeiten hat. Sie nimmt zugleich Bezug auf den Diskurs der allgemeinen historischen Pädagogik über Fragen nach dem Verhältnis von Theorie und Geschichte, Geschichte und Utopie, Faktizität und Fiktionalität, Hermeneutik und Analytik (Lenzen 1993, S. 7 ff.). In diesen Kontext ist auch die jüngst von Niall Ferguson aufgegriffene wissenschaftstheoretische Diskussion über »Virtuelle Geschichte« (1999) einzuordnen. Ohne Rekurs auf diese metatheoretischen Erkenntnisse dieser Leitwissenschaften wäre eine zu entwickelnde Historik der Erwachsenenbildung kaum möglich.

Die Frage nach der Konstruktion von Wirklichkeit einer Geschichte der Erwachsenenbildung ruft die jüngsten Diskussionen über die Bedeutung der konstruktivistischen Theorie für die Erwachsenenbildung in Erinnerung (Siebert 1997, S. 285 ff.). Auch historisches Wissen und historische Erkenntnisse stehen im Kontext von Selbstreferenzialität und Selbststeuerung *(Autopoiesis)*. Gerade diese Feststellung fordert den Historiker der Erwachsenenbildung dazu auf, die erkenntnistheoretischen und methodologischen Voraussetzungen der eigenen Arbeit kritisch zu überprüfen. Der konstruktivistische Begriff der »Viabilität«, der »Anschluss-« und »Überlebensfähigkeit«, verweist auf die kurz skizzierte legitimatorische Funktion einer Geschichte der Erwachsenenbildung.

Im Hinblick auf den wissenschaftstheoretischen und wissenschaftsorganisatorischen Zusammenhang kann, auf einen Begriff gebracht, festgestellt werden, dass die Erwachsenenbildung, orientiert an Diskussionen der Soziologie und der Allgemeinen Erziehungswissenschaft, sich mehr von einer verstehenden zu einer erklärenden Wissenschaft entwickelt hat. Nicht mehr das Verstehen des Besonderen, der Individualität steht im Mittelpunkt, sondern die Erklärung, die Hinwendung zu Strukturen und Prozessen. Die Historik der Erwachsenenbildung steht dabei dem Strukturwandel der Allgemeinen Geschichtswissenschaft, wie sie etwa in den Schriften Hans-Ulrich Wehlers und Jörn Rüsens zum Ausdruck kommt, sehr nahe. Exemplarisch hat Jürgen Kocka, einer der führenden Geschichtstheoretiker, die wesentlichen Momente dieses Strukturwandels so gekennzeichnet:

- Die Geschichtswissenschaft hat sich einer verstärkten Theorieentwicklung verschrieben. Der Historiker versucht, sich konsistenter Einheiten von Begriffen zu bedienen, die nicht allein aus den Quellen abgeleitet werden können, die jedoch der Erschließung und Erklärung von Quellen dienen.
- Der Einsatz neuer Technologien und Verfahren zur Erfassung von Massendaten (Bevölkerungsgeschichte, Wahlanalysen, Wirtschaftsdaten) öffnet neue Dimensionen der geschichtlichen Erfassung von Tiefenstrukturen. Neue Erkenntnisse und systematische Aussagen werden möglich.
- Die Darstellungsform hat sich wesentlich geändert. Sie geht auch zurück zur erzählenden Geschichte.
- Die Sichtweise hat sich vom klassisch »Politischen« zu den klassen- und interessengebundenen Bedeutungen politischer Entscheidung gewandelt. So richtet sich der Blick des Historikers auf Themen wie die Geschichte der Arbeit, des kulturellen Milieus, der Berufe und der Arbeit der Menschen (Kocka 1988, S. 65 ff.).

Für die Erwachsenenbildung wie für die Allgemeine Pädagogik bedeutet der wissenschaftstheoretische und methodologische Strukturwandel die Überwindung primär ideengeschichtlicher Betrachtung hin zu quantitativen Vorgehensweisen und zur Fokussierung auf empirische Daten und deren Erklärung.

Wer allerdings die Ideengeschichte ausklammert, vernachlässigt ein wichtiges Element geschichtlicher Wirklichkeit. Auf der anderen Seite ist eine Geschichtsbetrachtung, die einzelne historische Erscheinungen nur unter dem Gesichtspunkt sieht, ob sie sich in ein vorgegebenes Strukturgitter einfügen lassen, der Gefahr ideologischer Verengung ausgesetzt. Horst Dräger hat mit Blick auf die Arbeiten von Werner Markert (1973) und Dirk Axmacher (1974) auf diese Gefahr hingewiesen und deren Arbeiten der Rubrik ideologiekritischer Geschichtsschreibung zugewiesen. Ihren Erkenntnisgewinn betrachtet er als wenig ergiebig, weil sie »[...] nicht an einer Rekonstruktion der Geschichte, sondern nur an der Legitimationskrise der gegenwärtigen Erwachsenenbildung interessiert waren. Von daher ist es konsequent, dass sie vornehmlich die Sekundärliteratur als ›Quelle‹ benutzen. Die Geschichte, die sie kritisieren, war weithin nur die Fiktion der ahistorischen Historiographie der Erwachsenenbildung« (Dräger 1984, S. 88).

Im Hinblick auf das Verhältnis von Theorie und Geschichte sind zwei methodische Aspekte hervorzuheben. Die Historik der Erwachsenenbildung hat sich erstens des dialektischen Zusammenhangs von Einzeltatsachen (ideographische Betrachtung) und begrifflichen Voraussetzungen bewusst zu machen. Zweitens: Die Segmentierung, die schroffe Trennung in einzelne Erscheinungen einerseits und Strukturen andererseits, wird wissenschaftstheoretisch als nicht mehr haltbar erkannt.

Die theoriegeleitete Geschichte der Erwachsenenbildung lässt sich also auf die folgenden drei Thesen konzentrieren:

- Geschichte der Erwachsenenbildung ist ein legitimer Bestandteil der Erwachsenenpädagogik;
- sie bedarf einer vorlaufenden Theorie und ist zugleich in der Lage, erkenntnistheoretischen Gewinn zu erbringen und
- sie vermag auch in aktuellen bildungspolitischen Entscheidungsprozessen Orientierung zu vermitteln.

Die Geschichte der Erwachsenenpädagogik hat sich somit der spezifischen Leistungen aktueller Theorien zu vergewissern, denn die Geschichtsschreibung bedarf der Theorie: zum einen, um ihren eigenen Gegenstand gegenüber angrenzenden Bereichen zu bestimmen. Zu Recht wurde darauf verwiesen, dass die Eindeutigkeit des Gegenstandes und der Ereignisfolge Voraussetzung für eine kohärente Erzählstruktur sei und dabei historiographische Aspekte wie »Artikulier- und Verifizierbarkeit« zusammengehöriger, charakteristischer Geschehens- und Handlungsabläufe eine Rolle spielten. Damit ist auch die generelle »Erfahrungs- und Verstehenszugänglichkeit« geschichtlicher Ereignisse und Lebensäußerungen angesprochen (Künzel 1985, S. 23). Zum anderen vermag eine Theorie den Zeitpunkt der Konstitution von Erwachsenenbildung sowie die Herausarbeitung von Phasen und Epochen der Entwicklung zu erklären (Olbrich, 1976). Ohne einen analytischen Rahmen wird eine Geschichtsschreibung der Erwachsenenbildung mehr oder weniger nur zu einer wenig systematischen Darstellung von Einzelphänomenen verkürzt. Der Rekurs auf den gegenwärtigen Stand erwachsenenpädagogischer Theoriebildung vermag einen konsistenten Rahmen zu liefern für Erklärungen und für die Einbettung in allgemeine Strukturen.

Auf der anderen Seite kann erwachsenenpädagogische Theoriebildung auf historische Fundierung nicht verzichten. Der Zusammenhang von Theorie und Geschichte der Erwachsenenbildung besteht unter anderem darin, dass wissenschaftliche Systematik als analytischer Rahmen Prinzipien zur Einordnung und Beurteilung historischer Phänomene bietet. Demgegenüber stellt die Geschichte als Konkretisierung gesellschaftlicher Entwicklungsprozesse hinreichendes Material zu Verfügung, um sowohl systematische als auch empirisch angereicherte Theorien zu konkretisieren und zu überprüfen. »Insofern hat auch eine historische Aufarbeitung der Erwachsenenbildung durchaus eine die Theorie vorwärts treibende Kraft.« (Olbrich 1991, S. 17)

Geschichte und Theorie miteinander zu verbinden, das Singuläre und das Allgemeine zu vermitteln, ist für historische Forschung insgesamt eine generelle Forderung. Das bereits von Karl Lamprecht skizzierte und von Max Weber weiterentwickelte Grundaxiom gilt in gleicher Weise für eine Historik der Erwachsenenbildung.

Geschichte und Theorie als dialektischen Zusammenhang zu begreifen, bedeutet historische Betrachtung von zwei Zeitstrukturen her: Die Vergangenheit bietet die Daten, die Quellen, die Erzählungen und Berichte. Theorie repräsentiert die Gegenwart, zugleich das weniger an Zeitstrukturen Gebundene. Theoriegeleitete erwachsenenpädagogische Historiographie gibt Kriterien zur Auswahl, Gewichtung und Erklärung geschichtlicher Tatbestände an die Hand, bedeutet Wissen und Erkenntnis mit »methodologischer Struktur und hypothetischer Geltung« (Tenorth 1973, S. 90). Insofern ließe sich Nietzsches Aussage gleichsam spiegelbildlich ergänzen: Vom Nutzen und Nachteil der Gegenwart (des Lebens) für die Geschichte (Olbrich, in: Brödel 1997, S. 257).

Die jüngere Debatte in der Erwachsenenbildung über die Bedeutung des didaktischen Konstruktivismus (Siebert 1999) kann unter den genannten Voraussetzungen auch für die Historiographie der Erwachsenenbildung Impulse geben. Unter der erkenntnislogischen Prämisse des Konstruktivismus sind geschichtliche Einzeldaten keine platte, reale Widerspiegelung der Vergangenheit, sie sind aber auch nicht bloße Fiktion. Um die Vergangenheit und die Gegenwart in ihrem jeweiligen Bezug wissenschaftlich zu erfassen, vermag der Konstruktivismus beispielhaft einen »wirkungsgeschichtlichen Interpretationszugang zum Lernen Erwachsener in früheren Epochen zu bieten« (Olbrich 1996, S. 3). Im Anschluss an Schütze (1983) kann auch für die Geschichtsbetrachtung der Erwachsenenbildung festgehalten werden, dass es nicht primär um quantifizierbare Daten geht, sondern vielmehr um die subjektive Konstruktion von Wirklichkeit. Ein konstruktivistischer Erkenntniszugang basiert vornehmlich auf dem methodisch reflektierten Gespräch als Erhebungsmethode. Damit ist eine spezifische Problemlage angesprochen: die Bedeutung der Narrativität für die Erwachsenenbildung. Die methodologische und sozialhistorische Wende in der Erwachsenenpädagogik hat sich vornehmlich – wie angedeutet – an der metatheoretischen Diskussion der Allgemeinen Geschichtswissenschaft ausgerichtet. Mit dem Rekurs auf das Prinzip der Narrativität wurde wieder eine eigenständige pädagogische Dimension zurückgewonnen.

So orientiert sich erst in jüngster Zeit die Historik der Erwachsenenbildung an einer pädagogischen Historiographie, wie sie sich vor allem in der Rezeption der anglo-amerikanischen Debatte entwickelt hat. In diesem Zusammenhang soll kurz auf die Diskussion um den Begriff der theoriegeleiteten Narrativität und die Frage nach den fiktionalen Anteilen innerhalb einer pädagogischen Historiographie hingewiesen werden. Im Anschluss an Herwig Blankertz und Jörn Rüsen hat Dieter Lenzen die Spannweite zwischen historischer Narrativität einerseits, die gekennzeichnet ist durch einen Bezug zur Wirklichkeit über Quellen und weiteres intersubjektiv überprüfbares Material, und den Typus des literarischen Erzählens andererseits, aufgezeigt (Lenzen 1993, S. 9f.). In diesem theoretischen Kontext weisen etwa – auf die Geschichte der Erwachsenenbildung übertragen – die Lebensbiographien von Teilnehmern an Erwachsenenbildungsprozessen Elemente von Fiktionalität auf. Niklas Luhmann hat in einem seiner letzten Beiträge die Bedeutung von Erziehung als Formung des Lebenslaufs hervorgehoben (Luhmann 1997).

Unter dem Aspekt edukativer Prozesse ist hier zur These einer theoriegeleiteten Sozialgeschichte der Erwachsenenbildung und damit auch zur Frage nach deren Verhältnis zur theoriegeleiteten Narrativität zurückzukehren. Luhmann hat in diesem Kontext die Aufgabe des Erwachsenenbildners so gedeutet, dass er Erzählung mit Kausalerklärung zu verbinden habe unter der Bedingung, »den erreichbaren Quellen gerecht zu werden« (Luhmann 1997, S. 570). Hier ist wieder der Zusammenhang von Struktur und Prozess, von Geschichte und Gegenwart angesprochen, d. h. die Frage, in welchem Maße die Gegenwart zum Schlüssel für die Geschichte selbst wird.

So kann die noch immer aktuelle gesellschafts- und demokratietheoretische Diskussion über die Funktion der Erwachsenenbildung zur Herstellung von Chancengleichheit ebenso wie die Frage nach der Rolle der Erwachsenenbildung im Prozess gesellschaftlicher Modernisierung auf die Geschichte der Erwachsenenbildung übertragen werden. Die Untersuchung historischer Wirkungsanalysen von Institutionen der Erwachsenenbildung, etwa die Rolle der Heimvolkshochschulen im Prozess der politischen Sozialisation der Teilnehmer, verlangt so gesellschaftstheoretische Konjekturen und Vorannahmen, ohne die historische Erkenntnisse, die über die Darstellung von Einzeltatsachen bis zu strukturellen Aussagen hinausgehen, nicht möglich sind.

Eine gesellschaftstheoretisch fundierte Historiographie der Erwachsenenbildung hat neben ihrer legitimatorischen zugleich eine analytische Funktion. Hier sollen nur zwei Aspekte genannt werden: Zum einen vermag eine historiographisch orientierte Theorie die sich wandelnde Gestalt der Erwachsenenbildung zu identifizieren, d. h. den Prozess der Modernisierung erklärbar zu machen. Auch die Bestimmung von Phasen und Epochen der Erwachsenenbildung kann damit eindeutiger begründet werden. Zum anderen kommt die Erwachsenenbildung nicht nur als Gegenstand von Wissenschaft, sondern als konkretes Handlungsfeld in den Blick. Dabei ist auf die allgemeine Erkenntnis zu verweisen, dass sowohl die Rückbindung an eine historisch fundierte, als auch diejenige an eine aktuelle Theorie von dem Standpunkt des historischen Forschers beeinflusst wird. So schreibt Fritz Borinski (1954), dass die Erwachsenenbildung in der Weimarer Zeit einen Beitrag zur Demokratisierung geleistet habe. Sein Rückgriff auf die Geschichte will in exemplarischer Weise Orientierungshilfe für die demokratische Entwicklung im Nachkriegsdeutschland geben. Eine andere Perspektive zeigt Wolfgang Schulenberg 1980 auf: Aus dem historischen Nachweis, wie sehr es im Interesse der Herrschenden gelegen habe, das Lernen Erwachsener sozial zu rationieren und einer kleinen Oberschicht vorzubehalten, leitet er den gesellschaftstheoretisch begründeten Anspruch der Erwachsenenbildung ab, die Verwirklichung der Chancengleichheit und eine umfassende Bildungspartizipation als konstitutives Moment moderner Erwachsenenbildung zu deuten. Unter der Perspektive von Handlungsorientierung sieht Willy Strzelewicz den Gewinn eines historischen Transfers auf die Gegenwart im Hinblick auf ein sozialhistorisches Moment der Selbstvergewisserung. Normative und ideologische Fixierung von Erwachsenenbildung sind durch eine sozialhistorische Aufklärung zu ersetzen. Strzelewicz spricht in diesem Zusammenhang von einer Korrekturfunktion für die moderne Erwachsenenbildung sowie deren Theorie. Historische Vergewisserung im Sinne von Handlungskapazität lege potenzielle Entwicklungsmöglichkeiten moderner Erwachsenenbildung offen, weise Alternativen auf und schaffe so Voraussetzungen für »jeden auf Erfolg rechnenden Versuch, verändernd in die Realität einzugreifen« (Strzelewicz 1961, S. 191).

Solchen Vorstellungen von der positiven Wirkung der historischen Vergewisserung auf die Gegenwart stehen skeptische Ansätze gegenüber, wenn nicht im radikalen Sinne eines Theodor Lessing, des führenden Mitarbeiters der Volkshochschule Hannover, von einer »Geschichte als Sinngebung des Sinnlosen«, so doch von einer relativen wirkungsgeschichtlichen Ohnmacht einer Historie der Erwachsenenbildung. Die kurz angesprochene Pluralität der Deutungsansätze spiegelt sich gemäß der Ausgangsthese einer Verschränkung von Theorie und Geschichte in den historischen Untersuchungen wider. Diesen Tatbestand kann man als Beleg für einen fruchtbaren wissenschaftlichen Diskurs deuten. Negativ gewendet kann man davon ableiten, dass es kein allgemein verbindliches geschichtstheoretisches Erklärungsmodell gibt.

3. Zum Problem der Periodisierung

Die Kapitel des Handbuches orientieren sich an zeitlichen Einschnitten. Damit ist das Problem der Periodisierung angesprochen, das bereits im Kontext geschichtstheoretischer Überlegungen auftrat. Im Zusammenhang mit der Frage nach den historischen Epochen der Erwachsenenbildung ist zu erörtern, in welchem Maße von einer eigenständigen zeitlichen Abgrenzung der Erwachsenenbildung gesprochen werden kann. Generell ist jedoch festzuhalten, dass die Geschichte der Erwachsenenbildung stark mit der politischen, sozialen und geistig-kulturellen Entwicklung des allgemeinen Geschichtsverlaufs verbunden ist: Besonders die Geschichte der Erwachsenenbildung im 19. Jahrhundert zeigt die eindeutige Einbettung in die allgemeine politische Entwicklung. Damit kann, abgesehen von einigen spezifischen Phasen in der Entwicklung des historischen Prozesses der Erwachsenenbildung, generell von einer weit gehenden Identität der Epochen der allgemeinen Geschichte mit der Geschichte der Erwachsenenbildung ausgegangen werden.

Nicht nur unter dem Aspekt theoretischer Konjektur lassen sich historische Einheiten der Erwachsenenbildung fassen, die über heuristische Interessen hinausgehen. Für die Erwachsenenbildung ist das Problem von besonderer Brisanz, da die Frage nach den Konstitutionsbedingungen der Erwachsenenbildung lange Zeit heftig umstritten war. Ausgehend von verschiedenen Definitionsvorstellungen von Erwachsenenbildung reichte die Spannweite zeitlicher Zuordnungen von der Sokratischen Epoche über die Zeit der Reformation bis hin zu der heute weitgehend übereinstimmend festgelegten Wende vom 18. zum 19. Jahrhundert.

Unter der theoretischen Prämisse, dass Erwachsenenbildung als »Fortsetzung oder Wiederaufnahme« intendierter und strukturierter Lernprozesse zu verstehen sei – um auf die klassische Definition des Strukturplanes für das Bildungswesen von 1970 zurückzugreifen – lässt sich der Beginn der Erwachsenenbildung auch im Kontext gesellschaftlicher, anthropologischer und didaktischer Überlegungen zeitlich relativ klar umgrenzen. Die Wende vom 18. zum 19. Jahrhundert zeigt erste institutionelle Ansätze von Fortbildungseinrichtungen für junge Handwerker, die geplante und strukturierte Formen von Weiterbildung erkennen lassen. Wiewohl sich frühe Formen praktischer Erwachsenenbildung erst Anfang des 19. Jahrhunderts herausgebildet haben, gingen jedoch wesentliche Impulse zur Konstitution dieses neuen Bildungsbereichs bereits von der 2. Hälfte des 18. Jahrhunderts aus. Hier ist auf die Wirkung der Aufklärung, der Demokratisierungsprozesse sowie der ökonomischen Veränderung zu verweisen *(vgl. Kap. II).*

Eine kontinuierliche organisatorisch-institutionelle Ausweitung und Ausdifferenzierung kennzeichnete in der Folge die Erwachsenenbildung, entsprechend den unterschiedlichen gesellschaftlichen, sozialen und politischen Intentionen der gesellschaftlichen Kräfte, die die Erwachsenenbildung trugen. Im Konkreten kann die Epoche zwischen 1800 und 1870 als eine Einheit betrachtet werden, wiewohl durch die Einflüsse des politischen Systems der systematische, kontinuierliche, institutionelle Aufbau der Erwachsenenbildung behindert oder sogar verhindert wurde. Diese Epoche ist charakterisiert durch die Entwicklung von der beruflichen Fortbildung über die politische Arbeiterbildung bis hin zur allgemeinen, umfassenden außerschulischen Erwachsenenbildung, wie sie vor allen Dingen vom liberalen Bürgertum getragen wurde.

Ein neuer Abschnitt der Erwachsenenbildung beginnt mit der Gründung der »Gesellschaft für Verbreitung von Volksbildung« 1871 *(vgl. Kap. III).* Robert von Erdberg, einer der führenden Repräsentanten der Weimarer Erwachsenenbildung, stellte in seiner berühmten Schrift von 1924 »Fünfzig Jahre freies Volksbildungswesen« fest – und dies zeigt natürlich seine bürgerliche Sichtweise der geschichtlichen Entwicklung – dass man erst seit den Siebzigerjahren von einem »freien Volksbildungswesen« sprechen könne. Erst seit dieser Zeit gebe es eine »wirkliche Bewegung«, die eine »nationale Kultur« hervorgebracht habe. Mit der Einführung des allgemeinen Wahlrechts seien alle Bevölkerungskreise zur Teilhabe an dieser nationalen Kultur aufgerufen *(vgl. Kap. IV).*

Mit der Reichsgründung 1871 veränderte sich die politische und kulturpolitische Landschaft. Das liberale Bürgertum, das zum Hauptträger der Volksbildung wurde, gab seine staatskritische Haltung auf und verband sich ganz mit den nationalen und staatsloyalen Tendenzen. So gibt es eine weit gehende Parallelität zwischen dem Geist der Erwachsenenbildung und dem politischen Zeitgeist. Der Gang der Erwachsenenbildung ist in die allgemeine Geschichte der Wilhelminischen Ära eingebunden. Diese Epoche der Erwachsenenbildung, die sowohl die bürgerliche Erwachsenenbildung als auch die mit der Arbeiterbewegung verbundene Arbeiterbildung umfasst, findet ihre entscheidende Zäsur mit dem Beginn des Ersten Weltkrieges. Die Geschichte der Erwachsenenbildung zwischen 1871 und 1914 ist im Hinblick auf diese beiden Strömungen gekennzeichnet durch das Bemühen, breite Schichten der Bevölkerung an die Volksbildung heranzuführen: Die bürgerlich-liberale Volksbildung war bestrebt, mit dem Instrument absoluter politischer Neutralität durch Volksbildung die gesellschaftlichen und sozialen Gegensätze zu überwinden und so eine auf die Bildung gegründete nationale Einheit zu schaffen. Demgegenüber rief die Arbeiterbildung gerade durch Bildung zur Auseinandersetzung mit den politischen und sozialen Antagonismen der Wilhelminischen Gesellschaft auf. Bildung sollte so einen Beitrag zur sozialen und kulturellen Emanzipation des »vierten Standes« leisten.

Keine Epoche der Erwachsenenbildung stellt eine in sich so geschlossene Einheit dar wie die Weimarer Erwachsenenbildung. Mit dem Beginn der Weimarer Republik beginnt eine radikale theoretische, institutionelle und organisatorische Neuorientierung, die als ein umfassender Neubeginn gekennzeichnet werden kann. Die Ablösung der »Alten« durch die »Neue Richtung« ist sowohl philosophisch-anthropologisch, didaktisch-methodisch als auch gesellschaftsideologisch fundiert. Die Weimarer Erwachsenenbildung ist insgesamt verbunden mit der allgemeinen Tendenz eines demokratischen Aufbaus in Staat und Gesellschaft. Das parlamentarisch-demokratische Weimarer System findet seine Entsprechung in der Schaffung einer pluralistisch organisierten, im Kern liberal-demokratischen Erwachsenenbildung. Schon in dem zentralen Begriff der »Arbeitsgemeinschaft« wird auch auf der Ebene der konkreten Unterrichtsgestaltung das Prinzip der gleichberechtigten Teilhabe aller an der Gestaltung des Bildungsprozesses sichtbar. Die Erwachsenenbildung spiegelt in der Herausbildung einer »bürgerlichen« und »sozialistischen« Richtung Grundelemente der politisch-gesellschaftlichen Formation des Weimarer Systems wider.

Lange Zeit war die Erwachsenenbildung im Nationalsozialismus ein weißer Fleck in der historischen Forschung. Darin drückt sich unter anderem die Unsicherheit über die Rolle und Bewertung dieses kurzen und in sich zum Teil widersprüchlichen Abschnittes der Geschichte der Erwachsenenbildung aus (Feidel-Mertz 1994, S. 49). Es erscheint jedoch legitim, von einer eigenständigen Phase der Erwachsenenbildung zu sprechen, weil das nationalsozialistische System den Versuch unternahm, die Erwachsenenbildung der nationalsozialistischen Ideologie, dem nationalsozialistischen Staat und der Partei institutionell-organisatorisch vollständig unterzuordnen. Dennoch ist die Volksbildung im Nationalsozialismus von Unübersichtlichkeit und Widersprüchlichkeit gekennzeichnet. Dieses Bild einer organisatorisch und institutionell diffusen Erwachsenenbildung beruht auf deren unklarer Zuordnung zwischen staatlichen Organisationen und der Partei sowie deren Gliederungen und dem Deutschen Gemeindetag. Trotz des Versuchs totaler Gleichschaltung ergaben sich infolge dieses Kompetenzgerangels da und dort noch Nischen, die in rudimentärer Weise Ansätze der Weimarer Erwachsenenbildung widerspiegeln. Die historische Aufarbeitung der Erwachsenenbildung im Nationalsozialismus muss sich mit diesen Bedingungen auseinander setzen und sich dabei der Schwierigkeit bewusst werden, eine für den Leser nachvollziehbare und übersichtliche Darstellung der institutionell-organisatorischen sowie der theoretischen Grundlagen zu leisten.

Der Gang der Geschichte der Erwachsenenbildung zwischen 1945 und 1990 wird in der Forschung als umfassende historische Einheit betrachtet (Siebert 1994, S. 52 ff.). Dabei geht es um den Wiederaufbau und die organisatorisch-institutionelle und theoretische Fundierung der Erwachsenenbildung, die im Wesentlichen als abgeschlossen betrachtet werden kann. Allerdings kann dieser epochale Zusammenhang der Erwachsenenbildung offenkundig durch einzelne Phasen und Einschnitte gekennzeichnet werden. So ist die so genannte realistische Wende Mitte der Sechzigerjahre eine Trennungslinie im geschichtlichen Gang. Erwachsenenbildung öffnet sich nun stärker der Gesellschaft insgesamt und insbesondere auch den Anforderungen von Wirtschaft und Politik. Auf der anderen Seite gewinnen nun die großen gesellschaftlichen Systeme und vor allem auch der Staat ein besonderes ordnungspolitisches Interesse an der Erwachsenenbildung, das sich in Planungsvorgaben und Gesetzgebung niederschlägt und auf einen eigenständigen, gleichberechtigten, quartären Bildungsbereich abzielt. Diese Aussagen beziehen sich auf die Entwicklung der Erwachsenenbildung in den alten Bundesländern.

Die Geschichte der Erwachsenenbildung in der Sowjetischen Besatzungszone und der DDR bedarf einer gesonderten Darstellung, um ihrer spezifischen Bedeutung gerecht zu werden. Erstmals in der Geschichte der deutschen Erwachsenenbildung entwickelten sich seit 1945 parallel zwei Bildungssysteme mit unterschiedlichen ideologischen, ökonomischen und politischen Rahmenbedingungen. Charakteristisch für das Qualifizierungssystem der DDR waren die zentralistische Struktur und die dirigistische staatliche Steuerung und Kontrolle sowie die einheitliche marxistisch-leninistische Orientierung. Das Weiterbildungssystem der DDR unterschied sich deshalb grundlegend und strukturell von der westdeutschen Erwachsenenbildung, die von einem konzeptionellen und institutionellen Pluralismus sowie dem Subsidiaritätsprinzip geprägt war.

KAPITEL II:

Erwachsenenbildung zwischen Bürgertum und Arbeiterbewegung: Volksbildung von der Jahrhundertwende bis 1870

1. Zeit der Wende: Aufbruch der Erwachsenenbildung

Der Aufbruch der Erwachsenenbildung fällt in die Wende vom 18. zum 19. Jahrhundert, die durch radikale geistige, politische, gesellschaftliche und ökonomische Veränderungen bestimmt ist. Die Französische Revolution leitete auch in Deutschland die Auflösung der absolutistischen Strukturen ein, also der zahllosen weltlichen und geistlichen Herrschaften. Das Alte Reich endete mit dem Reichsdeputationshauptschluss 1806. Die deutsche Geschichte in der ersten Hälfte des 19. Jahrhunderts war von dem überragenden Einfluss Napoleons geprägt: »Am Anfang war Napoleon«, so beginnt Thomas Nipperdey seine Deutsche Geschichte zwischen 1800 und 1866. Auch die umfassenden Reformen in Preußen waren mehr oder weniger durch die Erfahrungen von Krieg und Eroberung geprägt. Sie waren Ergebnis der großen Herausforderung der Zeit der Französischen Revolution und der Napoleonischen Herrschaft, unterlagen aber auch dem Einfluss philosophischer Ideen von Freiheit als Freiheit zur Entfaltung der eigenen Kräfte, unter die sich die preußischen Reformen stellten: die Bauernbefreiung von 1807, das neue Selbstverwaltungsrecht der Städte, die Aufhebung der ständischen Unterschiede, die Gewerbefreiheit und die Gewährung von Freiheit bei der Berufswahl und des Wohnsitzes, die Möglichkeit für jedermann, Grundbesitz zu erwerben, zu vererben und sich aus Abhängigkeitsverhältnissen zu lösen.

Die Neuorientierung war damit nicht nur auf den Staat bezogen, sondern ergriff alle Lebensbereiche. Der Einzelne, zunächst noch eingebunden in die ständische Welt, verlor diesen engen, aber auch Schutz gewährenden Raum. Nicht mehr die kritiklose Übernahme tradierter, unveränderbarer Normen bestimmte nun sein Leben, sondern seine Auseinandersetzung mit der Umwelt. Überall trat das Individuum in den Vordergrund, stellte sich gegen die autoritäre Kirche, gegen den absoluten Fürsten und gegen das scholastische Denken. Das neue Selbst- und Weltverständnis des Menschen erforderte eine ständige Selbstreflexion und eine permanente Auseinandersetzung mit der Welt. Endgültige Denkresultate hatten kaum noch Platz: Der Einzelne musste ständig neue Erkenntnisse entwickeln und überprüfen, musste sie sich aneignen und sie anwenden.

Die Herausbildung der neuen bürgerlichen Gesellschaft war neben Schichtung und Mobilität wesentlich durch den Prozess der Individualisierung gekennzeichnet. Den Bindungen an Korporationen, der sozialen Organisation in der Gruppe (Zünfte, Familie, Kirche, Gemeinde und andere), der Bindung an tradierte Gemeinschaften mit fest gefügten Wert- und Normvorstellungen trat nun die Freiheit und Verantwortung des Einzelnen gegenüber. Der Mensch war nun auf sich selbst gestellt. Wissenschaft und Kultur, die aus traditionellen Bindungen gelöst wurden, gewannen eine eigenständige Macht.

Bildung und Erziehung erhielten in diesem Prozess des sozialen Wandels eine zentrale Bedeutung. Sie wurden zum Medium der eigenen Selbstvergewisserung, der Emanzipation und zum Antrieb gesellschaftlicher Veränderung. Anknüpfend an die Ideen Humboldts wurde die allseitige und harmonische Entfaltung der Anlagen zu einer Persönlichkeit gefordert, deren Leitziele Individualität, Universalität und Totalität sind. Daraus folgend wurde Bildung nicht als abgeschlossener Prozess betrachtet, sondern als lebenslange Anstrengung, um zur Vollendung seiner selbst zu gelangen, zur allgemeinen »Menschenbildung«. Diesen hohen Ansprüchen an eine umfassende und permanente Bildung genügten die traditionellen Bildungsgänge nicht mehr. So entwickelte sich die Erwachsenenbildung im historischen Prozess nicht als schon umschriebene, als bewusste, als allseits sichtbare neue Form der Bildung, sondern als eine sich allmählich konturierende Bildungsagentur, die Antworten auf aktuelle Anforderungen zu geben versuchte.

In einem langwierigen Prozess führten ökonomische, politische und soziale Veränderungen – in ständiger Auseinandersetzung mit den Gedanken der Aufklärung – von einem feudalistischen Ständestaat in die frühindustrielle Wirtschaft. Begleitet wurde diese Entwicklung von der Entstehung und dem Aufstieg des Wirtschaftsbürgertums. Die Ökonomie, die seit dem Dreißigjährigen Krieg in überholten Zunftordnungen verfestigt war, stellte nun mit neuen Wirtschaftsformen und dem Fortschritt in Technik und Wissenschaft neue Forderungen an die Bildung der Handwerker, der Gewerbetreibenden und der Landbevölkerung. Das neue Menschenbild der Aufklärung sah jetzt in jedermann ein lernbedürftiges und zugleich lernfähiges Individuum, das, mit nie abgeschlossenen Erkenntnissen konfrontiert, gleichsam zum lebenslangen Lernen verpflichtet sei. Das durch Aufklärung und wirtschaftlichen Aufstieg selbstbewusster gewordene Bürgertum drängte in die politische Verantwortung, wobei die Erwachsenenbildung erste Möglichkeiten eines öffentlichen Räsonierens erlaubte, zur Politisierung beitrug und später in der Endphase ihrer Konstituierung auch politische Bildung anbot. Die Erwachsenenbildung begleitete somit die Entstehung der bürgerlichen Gesellschaft: Aufklärung, Industrialisierung und Demokratisierung bildeten – wenn auch mit zeitlicher Verzögerung – die Hauptantriebskräfte, die zur Konstituierung der Erwachsenenbildung wesentlich beigetragen haben.

1.1 Aufklärung: Neues Selbst- und Weltverständnis

Die Zeit der Aufklärung, die sich selbst als ein pädagogisches Zeitalter verstand, machte die Erziehung zu einer öffentlichen Aufgabe. Ziel war es, die Individualität und Eigenverantwortung des Einzelnen zu fördern, wobei die Pädagogik auch Staat und Gesellschaft verändern sollte. Ausgehend von der These der Bildungsbedürftigkeit und Bildungsfähigkeit des Menschen, von der Gestaltbarkeit von Mensch und Welt und dem unerschütterlichen Glauben an den ständigen Fortschritt der Menschheit sollten alle Menschen in den Bildungsprozess einbezogen werden.

Das im Zuge der Aufklärung gewonnene neue Selbst- und Weltverständnis des Menschen als eines von Natur aus gleichberechtigten und zur persönlichen und gesellschaftlichen Entfaltung strebenden Wesens bildete die notwendige Voraussetzung dafür, dass Bildung als ein Recht aller Menschen angesehen wurde.

Die These von der Gleichberechtigung des Menschen bedeutete eine horizontale und vertikale Durchbrechung des Bildungsprivilegs: Bildung wurde nun ein Anspruch aller Schichten und aller Lebensstufen, also auch der Erwachsenen. Mit dem Einlösen dieses Anspruches selbst gewann die Erwachsenenbildung eine entscheidende soziale und politische Funktion. Sie trug dazu bei, tradierte Herrschaftsformen, die auf der angenommenen Ungleichheit des Menschen beruhten, infrage zu stellen. Dieser Neuansatz politischer Anthropologie als Grundlage einer neuen Erziehungstheorie kommt in den Schriften Rousseaus, Condorcets und Pestalozzis zum Ausdruck.

Jean-Jacques Rousseau (1712–1778) entwickelte in seinem Erziehungsroman »Emile ou de l'éducation« von 1762 in aufklärerischer Tendenz das Bild eines von Natur aus freien und gleichberechtigten Menschen. Ziel der Bildung sei es, die im Menschen angelegten Kräfte zu entfalten: Mensch zu werden. Diesem Erziehungsziel korrespondiert das Ziel bürgerlicher Emanzipation, das gegen alle Standesprivilegien gerichtet ist und so zu einer Erneuerung des Volkes und der Nation insgesamt führen soll. In seiner gesellschafts- und staatsrechtlichen Schrift »Du contrat social, ou principes du droit politique« (1762) wird die Freiheit des Einzelnen zur Freiheit und zur Gleichheit aller, wobei jeder sich verpflichtet fühlt, sich »unter die oberste Leitung des allgemeinen Willens zu stellen«.

Lebenslanges Lernen gilt für alle, wird zum revolutionären Anspruch, wie *Jean Marie Antoine Condorcet* (1743–1794) in seinem Nationalerziehungsplan vor der französischen Nationalversammlung eindringlich vorträgt: »Wir haben schließlich darauf geachtet, dass der Unterricht die Individuen nicht in dem Augenblick preisgeben darf, in dem sie die Schule verlassen; dass er vielmehr alle Altersstufen umfassen muss, dass es keine gibt, in der zu lernen nicht nützlich und möglich ist; und dass dieser Sekundär-Unterricht umso notwendiger ist, je engere Grenzen dem Unterricht in der Kindheit gezogen waren.« Aus der Forderung nach Gleichheit aller Menschen ergibt sich die Aufhebung des Bildungsprivilegs. Bildung soll sich prinzipiell an alle wenden, soll »das ganze System menschlicher Kenntnisse umfassen und den Menschen in allen Lebensaltern die Möglichkeit sichern, ihre Kenntnisse zu bewahren und neu zu erwerben« (Condorcet 1966, S. 32). Dieses Bildungskonzept bezog das gesamte politische, wirtschaftliche und gesellschaftliche Leben ein.

Denn zu den Grundauffassungen dieser von der Aufklärung bestimmten Epoche gehörte die Erwartung ständigen Fortschritts der Gesellschaft. Der Mensch soll sich nützlich erweisen für den Fortschritt: Der Bauer soll den Acker besser bestellen, der Handwerker seine Produkte vervollkommnen, der Bürger endlich zum Wohle des Staates handeln. Bildung soll die Menschen zum Fortschritt befähigen, sie wird auch zur Nützlichkeitsbildung. Diese wesentlich von Condorcet geprägten Positionen standen am Ende der Aufklärung, waren Teil der revolutionären Umgestaltung Frankreichs.

Condorcet, Philosoph, Mathematiker und Politiker, hatte schon als einer der Enzyklopädisten Jahre vor der Französischen Revolution an dem Versuch teilgenommen, das Wissen seiner Zeit in einer allgemeinverständlichen Weise darzustellen, sodass es möglich war, die einzelnen Artikel der Enzyklopädie, die für die europäische Geistesgeschichte von herausragender Bedeutung ist, ohne große Vorkenntnisse zu verstehen. In der Französischen Revolution, als ein allgemeines und gleiches Erziehungssystem möglich zu werden schien, verfasste er den Entwurf einer »Nationalerziehung«, in die die Erwachsenenbildung eingebettet ist, wenn zunächst auch nur in der Theorie. Einmal in der Woche (sonntags) war ein gemeinsamer Unterricht aller Altersgruppen einschließlich der Erwachsenen vorgesehen. Der Unterricht für Erwachsene war für das gesamte Leben geplant: »Wenn man den Unterricht so während des ganzen Lebens fortführt, wird man verhindern, dass die in der Schule erworbenen Kenntnisse zu schnell aus dem Gedächtnis gelöscht werden; man wird den Geist der Menschen in nutzbringender Tätigkeit halten; man wird das Volk über neue Gesetze, über Erfahrungen im Ackerbau, über ökonomische Arbeitsmethoden unterrichten, die es unbedingt wissen muss. Man wird ihm schließlich die Kunst zeigen, sich selbst zu unterrichten, z. B. Wörter in einem Lexikon aufzusuchen, das Inhaltsverzeichnis eines Buches zu benutzen, eine Landkarte, einen Grundriss, eine Skizze zu lesen, Erzählungen oder Beschreibungen zu folgen, Notizen oder Auszüge zu machen« (Condorcet 1966, S. 25). In dieser prägnanten Aussage ist schon ein Grundprinzip einer allgemeinen Didaktik der Erwachsenenbildung angesprochen: Lernen als die Fähigkeit zum Selbstlernen, zur ständigen Weiterbildung.

Die erwachsenenbildnerische Konzeption Condorcets griff der realen pädagogischen und bildungspolitischen Entwicklung weit voraus. Seine Ideen waren für die damalige Zeit noch utopische Vorstellungen, denen entsprechende gesellschaftliche Voraussetzungen fehlten. Dennoch haben sie einen entscheidenden Impuls dafür gegeben, die Erwachsenenbildung als ein System zu verstehen, das, gleichberechtigt neben der Schule, zur sittlichen Formung des Menschen, zur Sicherung seiner ökonomischen Grundlagen sowie zur Gestaltung der politischen Angelegenheiten auf Dauer unverzichtbar ist.

In Deutschland und im gesamten deutschen Sprachraum initiierten die weit reichenden Pläne Condorcets in der damaligen Zeit weder in der Theorie noch in der Praxis eine vergleichbare Entwicklung. Dies ist bemerkenswert, da auch hier Pädagogen von den französischen Aufklärern beeinflusst wurden und teilweise von ihnen schwärmten, wie *Johann Heinrich Pestalozzi* (1746–1827), der schon als junger Mann den »Emile« und den »Contrat social« Rousseaus kennen gelernt hatte und von dessen Erziehungskonzeption so beeindruckt war, dass er diese bei der Erziehung seines Sohnes in die Praxis umzusetzen versuchte.

Dennoch gab es auch in Deutschland Überlegungen, in welcher Weise eine Erziehung begründet werden könnte, die den Menschen sein ganzes Leben lang begleitet. So folgerte Pestalozzi in seiner Schrift »Die Abendstunde eines Einsiedlers« (1780), die auch in Deutschland rezipiert wurde, aus der These von der generellen Gleichheit der Menschen, dass die Erziehung zur »gebildeten Menschlichkeit« der traditionellen »Standesbildung« übergeordnet sein müsse (Birk 1970, S. 260 f). Pestalozzi bewertete die Standesbildung zwar nicht mehr so hoch wie seine Zeitgenossen, trennte sich aber auch nicht ganz von ihr. Doch indem er im Grundsatz die Gleichheit aller Menschen in seinen Ansatz einbezog und die »Berufsbildung« ein Teil seines Konzepts wurde, löste er sich prinzipiell von der ständischen Vorstellungswelt.

Lag Pestalozzis Bedeutung vorzugsweise in der Neuinterpretation der Kindererziehung, so versuchte er doch auch, pädagogischen Einfluss auf Erwachsene zu nehmen. Seinen Roman »Lienhard und Gertrud« konzipierte er ausdrücklich als Volksbuch und überschritt damit die Tradition der Intellektuellen, sich nur an die gebildeten Schichten zu wenden. Pestalozzi richtete sich vielmehr an die Landbevölkerung, der er in allgemein verständlicher Form Begriffe und Gedanken zu den Themenfeldern Staat, Gesellschaft, Obrigkeit und Untertan, über das Leben im Dorf und die Rolle der Familie darlegte. Er stellte Fragen der Erziehung und des Berufes sowie Ideen des Allgemeinwohls konkret und in einer anschaulichen Sprache dar, sodass auch die einfachen Bürger seine pädagogischen Gedanken nachvollziehen und gegebenenfalls in die Praxis umsetzten konnten. Diese Vorstellungen von Mündigkeit und Selbstbestimmung des Menschen in der pädagogischen Konzeption Pestalozzis wurden zentrale Gedanken der deutschen Aufklärer. Es sei beispielsweise an Lessing und Herder erinnert, auch an Kants berühmten Satz, dass Aufklärung der »Ausgang des Menschen aus seiner selbst verschuldeten Unmündigkeit« sei.

Johann Gottlieb Fichte (1762–1814) forderte, Unmündigkeit durch Erziehung zu überwinden. Thomas Nipperdey fasst die Position Fichtes, der für die Entwicklung des Gedankens der allgemeinen Volksbildung wichtige Anregungen gegeben hat, knapp zusammen: »Der Mensch ist ›Selbsttätigkeit‹, ist das Werk seiner selbst, Gestalter seiner Welt, autonom, frei, mündig. Die Erziehung muss darum zur Selbstbestimmung erziehen, nicht in die Einpassung in die Traditionswelt, nicht zum Nützlichen ›abrichten‹, nicht primär Kenntnisse und Fertigkeiten vermitteln, sondern ›Kräfte‹ wecken, Spontaneität und abstrahierende Einsicht, sodass der Mensch gerade in unvorhergesehenen Lagen das Sinnvolle selbsttätig wählt. Erziehung ist darum nicht material, sondern formal; und sie ist nicht auf Beruf und Stand bezogen: sie ist ›allgemein‹. Ja, sie ist, bei dem Republikaner Fichte, national, ist Erziehung des ganzen Volkes« (Nipperdey 1991, S. 97). Fichte, zunächst Anhänger der Französischen Revolution, unterbreitete seine Gedanken einer neuen politischen Erziehung einem breiten Publikum in seinen »Reden an die deutsche Nation« (1807/08). Es war das gebildete Bürgertum, das in dem von Napoleon besetzten Berlin, ergriffen von der Idee der nationalen Erneuerung, begeistert seinen Reden folgte.

Neben Intellektuellen diskutierten auch Handwerker über die politische Rolle von Bildung und Erziehung und über Erwachsenenbildung, wie der Kant-Schützling Friedrich August Hahnrieder mit seiner Aufforderung an Kant zeigt, die Handwerkerbildung zu unterstützen: »[. . .] zu Anfange meiner Lehrzeit tat ich einer Gesellschaft von Tischlergesellen den Vorschlag, wöchentlich einige Abende dazu anzuwenden, um durch Lektüre und wissenschaftliche Unterhaltungen den Geist zu kultivieren; mein Vorschlag wurde angenommen, und meine Bemühungen in Mitteilung von Kenntnissen und Berichtigung der Urteile sind nicht fruchtlos gewesen; wenn es mir also geglückt ist, etwas wirken zu können, so sehe ich gar keinen Grund ein, warum es jedem andern mißglücken sollte [. . .] Beispiele, wie Sie selbst in der Tugendlehre sagen, tragen zur Kultur des großen Haufens das meiste bei [...] Wenn Sie sich daher bemühen wollten, in dieser Hinsicht eine Aufforderung an alle Menschen, die ihrer hohen Würde gemäß handeln wollen, ergehen zu lassen, und zugleich eine Methode vorschlügen, die dem Zwecke entspräche, so würde die Menschheit unendlich Viel gewinnen« (in: Das Berlinische Archiv 1787).

Die Aufklärer näherten sich also dem Gedanken eines lebenslangen Lernens. Sie gingen dabei von unterschiedlichen anthropologischen Voraussetzungen der Menschen aus: Die Erziehung des Menschen, seine Bildung auch im Erwachsenenalter, müsse sich am Prinzip der Differenzierung und Individualisierung orientieren, müsse sich am Einzelnen und an seiner Aufgabe in der Gesellschaft ausrichten. Die radikalen gesellschaftspolitischen Forderungen Condorcets wurden jedoch noch nicht übernommen, auch betrachtete man die Französische Revolution mit Skepsis, die diese Forderungen als Gegenstand öffentlicher Diskussion erst ermöglichte. Der Revolution des französischen Volkes stand in Deutschland eine Revolution von oben gegenüber. Die bereits erwähnten Reformen in Preußen und Braunschweig ließen Pädagogen wie *Joachim Heinrich Campe* (1746–1818) hoffen, in Deutschland werde sich die Aufklärung ohne gewaltsame Umwälzungen durchsetzen.

So begann die Erwachsenenbildung, die auf Gedanken der Aufklärung zurückging, in Deutschland nicht spektakulär und auf breiter Front. Sie wurde ohne Pathos angekündigt, wie in der Theorie der Geselligkeit *Friedrich Daniel Ernst Schleiermachers* (1768–1834). Für ihn reichte weder der häusliche Rahmen noch die berufliche Tätigkeit für die Entfaltung des Menschen aus: »Mag der Beruf noch so vielseitig sein, er wird den Blick auf die Welt immer auf eine bestimmte Perspektive einschränken, und mag die häusliche Welt auch noch so sittlichen Vorstellungen entsprechen, auch sie ist eine geistige Einengung ohne Schnittpunkte zur Welt, die den Blick auf Fremdes öffnen. Erst die freie Geselligkeit löst den Einzelnen aus der Zweckgebundenheit des häuslichen Lebens und des Berufes. Hier sind die Kräfte frei, die sonst durch die Aufmerksamkeit für andere Dinge gebunden sind: [...] hier ist der Mensch ganz in der intellektuellen Welt und kann als ein Mitglied derselben handeln; dem freien Spiel seiner Kräfte überlassen, kann er sie harmonisch weiterbilden, und von keinem Gesetz beherrscht, als welches er sich selbst auferlegt, hängt es nun von ihm ab, alle Beschränkungen der häuslichen und bürgerlichen Verhältnisse auf eine Zeitlang, soweit er will, zu verbannen.« (Schleiermacher 1984, S. 165)

Schleiermacher unterschied zwischen Gesellschaft und Gemeinschaft. Gemeinschaft ist für ihn jede zweckgebundene Verbindung, Gesellschaft ist hingegen die freie Geselligkeit, in der die Menschen aufeinander einwirken. Das schließt ganz bestimmte gesellschaftliche Veranstaltungen aus: Für Schleiermacher gehörten weder Vortrag noch Theaterbesuch zur freien Geselligkeit, da diese Veranstaltungen gerade die wechselseitige Beziehung zwischen den Teilnehmern vermissen ließen. Die Wechselbeziehung sollte jedoch frei sein von Zweckgebundenheit. In der freien Geselligkeit »soll keine bestimmte Handlung gemeinschaftlich verrichtet, kein Werk vereinigt zustande gebracht, keine Einsicht methodisch erworben werden«. Im freien Spiel der Gedanken und Empfindungen regen sich die Mitglieder an und belehren sich. Das Individuum ist Träger der freien Geselligkeit: »Mitglied einer Gesellschaft ist jemand, nicht insofern er diese oder jene einzelne Eigenschaft oder

Kenntnis besitzt, oder zu irgend einer besonderen Klasse gehört, sondern er soll gerade seine Individualität, seine Eigentümlichkeit mitbringen; denn nur in dieser ist das freie Spiel seiner Gedanken und Gefühle, welches seine Tätigkeit in der Gesellschaft sein soll, gegründet.« (Schleiermacher 1984, 165 ff.)

In der Theorie der Geselligkeit Schleiermachers sind Elemente einer allgemeinen, alle Menschen berührenden Erwachsenenbildung enthalten. Allerdings ist Erwachsenenbildung hier auf den Einzelnen rückbezogen. Der Erwachsene tritt auf als freies Individuum, nicht jedoch als politisch handelnder Bürger, als wirtschaftliches und in die Gesellschaft eingebundenes Subjekt.

Das neue Selbst- und Weltverständnis der Epoche der Aufklärung verweist auf einen Neuansatz politischer Anthropologie als Grundlage einer neuen Erziehungstheorie. Für die Erziehung insgesamt und für die Erwachsenenbildung im Besonderen hat die Aufklärung, die den Weg von einem »esprit critique« zu einem »esprit philosophique« ging, drei Dimensionen, wie es Rudolf Vierhaus prägnant definiert. Zum einen bewirkt Erziehung einen Aufklärungsprozess über bisher Unbekanntes und nicht Erklärbares, indem es Zusammenhänge verdeutlicht und Erfahrungen und Erkenntnisse auf den Begriff bringt. Es überwindet den Aberglauben und beseitigt Vorurteile. Zum anderen bedeutet Erziehung ganz im Sinne Kants die Emanzipation und die Verantwortlichkeit des Einzelnen, die Überwindung unlegitimierter Herrschaft und damit die eigene Selbstvergewisserung. Schließlich wird Erziehung auch zu einer öffentlichen Aufgabe, zu einem entscheidenden Mittel der Verbesserung der geistig-moralischen, der sozial-ökonomischen und der politischen Verhältnisse in Staat und Gesellschaft. Insofern ist die Idee und die Wirklichkeit der Aufklärung ein unabdingbares Erklärungsmodell auch für die mit ihr verbundene, sich allmählich herausbildende Erwachsenenbildung (Vierhaus 1987, S. 84).

1.2 Von der Zunft zum freien Markt

Der Prozess der Herausbildung eines auch institutionell fassbaren Bildungsbereichs ist vor dem Hintergrund der Industrialisierung, die mit Erfindungen sich ihre eigenen Grundlagen in Deutschland schuf, zu sehen. Neben der Erfindung der Spinnmaschine, des mechanischen Webstuhls, ist vor allem die der Dampfmaschine (1765) hervorzuheben. Die Übernahme der englischen Errungenschaften auf dem Kontinent konnte, wiewohl Interessen der Kleinstaaten in Deutschland dem entgegenstanden, nicht aufgehalten werden. Sie führten zu neuen Wirtschaftsformen in der Industrie und auch in der Landwirtschaft.

Die Industrialisierung an der Wende vom 18. zum 19. Jahrhundert beruhte auf der technologischen Rationalisierung der Produktionsabläufe als Folge der grundlegenden Erfindungen. Dieser Industrialisierung standen in Deutschland ursprünglich viele Hemmnisse entgegen: Fehlende Verkehrs- und Transportwege, Mangel an Rohstoffen, Krieg und Verwüstung, ein zersplitterter Markt. Erst seit Mitte der Dreißigerjahre des 19. Jahrhunderts konnte der Industrialisierungsprozess mit der Beseitigung der feudalen Argarstruktur und der zollpolitischen Zersplitterung (Deutscher Zollverein von 1834) sowie dem Ausbau der Verkehrswege (Dampfboote und Eisenbahnen) einsetzen.

Die Modernisierung der Landwirtschaft war ebenfalls mit den großen Erfindungen verbunden. Sie war gekennzeichnet durch Prozesse der Intensivierung, der Rationalisierung, der Modernisierung und der Produktivitätssteigerung. Die wissenschaftliche Beschäftigung mit der Landwirtschaft, die vor allem Johann Heinrich von Thünen auf empirische Befunde aufbaute, führte zur Gründung vieler landwirtschaftlicher Hochschulen und damit auch zur agrarischen Produktivitätssteigerung. Industrialisierung und Modernisierung der Landwirtschaft hatten wesentliche Auswirkungen auf die soziale Lage der Bevölkerung, zunächst auf dem Lande, später, unter anderem als Folge der Landflucht in die Städte, auf das städtische Proletariat, das immer mehr verarmte (Görtemaker 1994, S. 151 ff.).

Die Entwicklung der neuen Wirtschaftsform, die als Quelle des Reichtums – auch des Staates – die Arbeitskraft des Einzelnen ansah, bedeutete erhöhte Anforderungen an die Leistungsfähigkeit jedes Einzelnen. Damit ergab sich zwangsläufig die Notwendigkeit der beruflichen Bildung Erwachsener. Neben der Theorie von der Freiheit und Gleichheit, von der allgemeinen Bildungsfähigkeit und Bildungsnotwendigkeit des Menschen wirkten also auch praktische ökonomische Anforderungen auf die Herausbildung der Erwachsenenbildung als eines umfassenden pädagogisch-gesellschaftlichen Systems ein.

»Die jährliche Arbeit eines Volkes ist die eigentliche Quelle, welche es mit all den notwendigen Gütern und Bequemlichkeiten des Lebens versorgt, die Jahr für Jahr gebraucht werden, und die stets entweder in dem unmittelbaren Ertrag dieser Arbeit bestehen oder in dem, was im Tausche dafür von anderen Völkern erworben wird.« (Smith o. J., S. 1) Mit diesem Satz begann *Adam Smith* (1723–1790) seine 1776 erschienene Untersuchung über »Natur und Ursachen des Volkswohlstandes«, die bald nicht nur in England, sondern auch auf dem Kontinent Tagesgespräch der Gebildeten wurde. Er wandte sich damit gegen die staatliche Bevormundung durch den Merkantilismus, jener Lehre des 18. und frühen 19. Jahrhunderts, die wirtschaftlichen Nationalismus mit staatlichem Dirigismus verband. Zugleich grenzte er sich ab gegenüber den Physiokraten, vornehmlich französischen Wirtschaftswissenschaftlern in der zweiten Hälfte des 18. Jahrhunderts, deren Theorie von dem Modell eines natürlichen Wirtschaftskreislaufes ausging und die in der Natur die einzige Quelle des Wohlstandes sahen: Nicht nur der Reichtum der menschlichen Natur, sondern besonders die Fülle menschlicher Fähigkeiten bestimmen nach Smith das Volkswohl aller: Freiheit und Bildung ergänzen sich dieser Theorie zufolge in der wirtschaftlichen Entwicklung.

In Deutschland trafen die Ideen Adam Smiths von der Nichteinmischung des Staates in die Wirtschaft auf eine Politik der absolutistisch regierten Kleinstaaten, die das Gegenteil praktizierten: Hier griff der absolute Fürst mit wirtschaftspolitischen Maßnahmen ständig in den ökonomischen Ablauf ein. Durch die Wirtschaftsförderung erhofften sich die Fürsten höhere Steuern, Abgaben und Zölle, die sie dringend für die ständig steigenden Staatsausgaben (Heer, Beamtentum etc.) benötigten. Im Gegensatz zu Smith sahen sie immer noch den Staat in der alleinigen Verantwortung für den Volkswohlstand, die Regelung und Entwicklung der Wirtschaft.

Neben dem Merkantilismus lähmte die Zunftpolitik der städtischen Gewerbe das Handwerk und die beginnende Industrialisierung. Aus der einst erfolgreichen

Organisation, der Zunft, war ein Hemmnis geworden, das – um nur zwei Beispiele zu nennen – eine Betriebsvergrößerung verhinderte und der Einführung neuer Produktionstechniken im Wege stand. Auch die Struktur der Landwirtschaft, in der vor den erwähnten Preußischen Reformen noch Unfreie arbeiteten und Leibeigenschaft herrschte, hemmte jedwede Eigeninitiative, war so eine Fessel für die Produktion.

Mit dem erwachenden Liberalismus entwickelten sich jedoch auch in Deutschland Gedanken von Freiheit und Bildung als Motor der Wirtschaft. Man erkannte die Bedeutung der Qualifikation des Einzelnen, denn der Wohlstand einer Nation hänge auch ab »von der Geschicklichkeit, Handfertigkeit und Sachgemäßheit, womit allgemein bei der Arbeit verfahren wird« (Smith o. J., S. 1). Der Staatsgewalt wurden die Wirtschaftsgesetze als Ausdruck einer sich rüstenden und ihre Rechte verlangenden Opposition entgegengestellt. »Die naturwissenschaftlich gedachte Gesetzmäßigkeit des Wirtschaftslebens wird der Waffenschild, hinter dem – einstweilen noch verdeckt – das Bürgertum um seine Freiheit kämpft.« (Smith o. J., S. 15)

Diese ökonomischen und politisch-pädagogischen Ideen Adam Smiths sowie die Vorstellungen des sich allmählich herausbildenden liberalen Bürgertums beeinflussten die Entstehung der Erwachsenenbildung im beruflichen Bereich maßgeblich. Wenn Smith auch die Erwachsenenbildung nicht selbst begrifflich anspricht, so sind doch seine Forderungen nach Eigenverantwortung und Initiative des Einzelnen als Motor der ökonomischen Entwicklung nicht umzusetzen, ohne sich auf die qualifikatorischen Aspekte der dann von allen Zwängen befreiten Wirtschaft einzulassen, sowohl in der Produktion als auch im Handel.

So ist es nicht verwunderlich, dass die Erwachsenenbildung als berufliche Qualifikation sich besonders nach der bereits erwähnten Einführung der Gewerbefreiheit zu Beginn des 19. Jahrhunderts durchsetzte. Hierbei ist aber zu berücksichtigen, dass es berufliche Fortbildungsmaßnahmen ansatzweise sowohl für das Gewerbe als auch für die Landwirtschaft schon in der Zeit des Merkantilismus gab – allerdings nicht als individuelle Förderung in einem freien Markt, sondern als Förderungsmaßnahme des Staates in einem völlig anderen ökonomischen System und unter anderen Zielsetzungen.

Mit dem Ende des Merkantilismus, an der Wende vom 18. zum 19. Jahrhundert, verlagerte sich die Verantwortung für die Fortbildung des Einzelnen vom Staat auf das Individuum. Mit dieser Entwicklung können unterschiedliche Ansätze von frühen Institutionen der Erwachsenenbildung erklärt werden: Auf Bestrebungen im Rahmen des Merkantilismus (Verantwortung des Staates) gingen die Gesetze zum Besuch der »Sonntags- bzw. Gewerbeschulen« (Bayern, Baden usw.) zurück, wie noch im Detail näher auszuführen sein wird. Hier zwang der Staat den Einzelnen zur Bildung. Vereine hingegen, auch in Verbindung mit Sonntagsschulen, deren Besuch freiwillig war, waren Institutionen im Rahmen der sich entwickelnden Eigenverantwortlichkeit in Fortbildungsfragen. Sie beruhten auf dem Grundgedanken der Eigeninitiative im Wirtschaftlichen und der Eigenverantwortung für die Fortbildung.

Neben einer notwendigen beruflichen Qualifizierung erforderte die beginnende Industrialisierung eine Neubestimmung der Bildung und Erziehung, die den Erwartungen einer veränderten Welt mit neuen Wertvorstellungen gerecht werden sollte. Schon Smith wies im Zusammenhang mit der Monotonie der industriellen Arbeit (Arbeitsteilung) auf die Notwendigkeit einer antizipatorischen Bildung im Kindesalter hin, um so einer geistigen Verarmung der Bevölkerung im Erwachsenenalter entgegenzuwirken (Smith o. J., S. 215). Später nahm Condorcet diese Gedanken von Adam Smith in seinem bereits angesprochenen Nationalerziehungsplan auf und forderte ebenfalls unter Berufung auf die Arbeit in den Manufakturen eine antizipatorische Bildung, diesmal aber ausdrücklich auch für Erwachsene.

Damit wurden bereits die sozialen Auswirkungen der Industrialisierung konzeptionell vorweggenommen, denen man mit einer entsprechenden Bildung begegnen wollte: Diejenigen, die diesen Anforderungen des neuen Wirtschaftsprozesses nicht entsprachen, wurden von gesellschaftlichem Abstieg und sozialem Elend bedroht.

Diese schlimmen sozialen Folgen der Industrialisierung traten zu Beginn des 19. Jahrhunderts deutlich zutage. Arbeitslosigkeit, Obdachlosigkeit, Krankheit und fehlende soziale Absicherung führten zu einer Verelendung, die einen großen Teil der Menschen ausgrenzte. *Bettina von Arnim* (1785–1859) klagte beispielsweise in ihrem Bericht über das Elend in den Wüllnitzschen Häusern vor dem Rosentaler Tor in Berlin (1843) eindrucksvoll diese Zustände an. Versuche, die Folgen der Verelendung durch rein karitative Maßnahmen zu beheben, wie beispielsweise den Alkoholismus durch Mäßigkeitsvereine zu bekämpfen, schlugen fehl. Der Appell allein, häufig religiös begründet, brachte kaum Erfolg. So ging man dazu über, ihn durch Bildungsangebote für Erwachsene zu ergänzen, um durch neue Aufgaben sowie durch den Halt in der Gruppe einer sozialen Verelendung entgegenzuwirken.

Waren es zunächst noch bescheidene Bildungsangebote, die sich in der Vermittlung von Elementarkenntnissen erschöpften, entstanden doch auch große Handwerkerbildungsvereine aus diesen Anfängen, wie z. B. der Berliner Handwerkerverein, auf dessen umfangreiche Bildungsarbeit später noch näher eingegangen werden soll. Bildung im Zusammenhang mit der sozialen Frage war gedacht als Wiedereingliederung in den Wirtschaftsprozess, als Ersatz für verlorenen materiellen Wohlstand und als Maßnahme zur Ordnung der persönlichen Lebensgestaltung.

Zusammenfassend lässt sich feststellen, dass die großen ökonomischen und sozialen Veränderungen sowie Elemente eines beginnenden Wertewandels zu weiteren Formen der Erwachsenenbildung führten: berufliche Qualifizierung als antizipatorische und kompensatorische Bildung Erwachsener sowie zu ersten Ansätzen einer sozialpädagogisch orientierten Erwachsenenbildung.

Die in den aufklärerischen Erziehungstheorien postulierte Befreiung aller Individuen von traditionellen Herrschaftsformen bezog also tendenziell auch die berufliche Weiterbildung Erwachsener als notwendige Ergänzung zur Konzeption vom freien und mündigen Subjekt ein. In Deutschland wurde diese »nützliche« Seite der Bildungskonzeption herausgelöst aus dem Gesamtbild vom neuen Menschen. Der Aspekt der politischen Bildung, wie er z. B. bei Condorcet enthalten ist, wurde vernachlässigt. Damit ging auch der aufklärerische Begründungszusammenhang verloren. Berufliche Erwachsenenbildung wurde nicht mit der prinzipiellen Gleichheit der Menschen begründet, sondern aus Nützlichkeitserwägungen gefordert.

Diese Bildungsauffassung kam der damaligen ökonomischen Situation in Deutschland entgegen. Die erstarrten Strukturen in Produktion und Handel erforderten eine wirtschaftliche Umgestaltung. Die sich entwickelnden ökonomischen Veränderungen fasst Werner Markert wie folgt zusammen: »[...] steigende Nachfrage nach gewerblichen Waren, erhöhter Geldumlauf durch Abschaffung der Naturalrente, Anwachsen von Manufakturbetrieben in den Städten und den regionalen gewerblichen Zentren, beginnende Rationalisierung und Zentralisierung der landwirtschaftlichen Produktion weisen hin auf einen langsam sich entwickelnden industriekapitalistischen Prozess« (Markert 1979, S. 44).

Diese ökonomische Entwicklung, die sowohl noch vom Merkantilismus als auch schon vom beginnenden Kapitalismus bestimmt war, bildete den Hintergrund für die auf praktisch-technische Qualifizierung ausgerichtete Bildungskonzeption. Die Befähigung des Menschen zur industriellen Produktion, zur »Industriosität«, war eines der zentralen Ziele des Philanthropismus, einer pädagogischen Reformbewegung des späten 18. Jahrhunderts, die gleichsam die utilitaristisch-pragmatische Seite des Zeitalters der Aufklärung darstellt. In dieser wirtschaftlichen Umbruchzeit wurden die Erziehungskonzeptionen auf die Vermittlung nützlicher Kenntnisse und Fähigkeiten reduziert und entfernten sich so von der politisch-emanzipatorischen Dimension der Aufklärung, wie sie – kurz dargestellt – im Denken Rousseaus und Pestalozzis deutlich geworden waren.

Bildung in diesem auf Nützlichkeit ausgerichteten Verständnis zielte nicht auf die prinzipielle Gleichheit aller Menschen, sondern sie wurde wieder eingebettet in die ständische Struktur der Gesellschaft. Dies wird besonders deutlich in den Schriften *Johann Heinrich Campes* (1746–1818). Nicht die allgemeine menschliche Bildung im Sinne Pestalozzis ist das Ziel der Bildung bei Campe, sondern die Erziehung des brauchbaren Bauern, Handwerkers, Bürgers oder Gelehrten (Balser 1959, S. 44). Damit diente Bildung und Erziehung zum einen der wirtschaftlichen Prosperität, zum anderen hielt sie an den ständischen Gesellschaftsstrukturen fest. Unter dieser Prämisse war Erwachsenenbildung nicht auf die politisch-gesellschaftliche Emanzipation ausgerichtet, d. h. die politische Dimension der Erwachsenenbildung trat gegenüber der funktionalen Berufsbildung zurück.

Campe ging bei der Grundlegung seiner Erziehungstheorie zu Recht von der Feststellung aus, dass die bisherige Berufsbildung den wirklichen Anforderungen nicht gerecht geworden sei. Er verwies deshalb auf die Notwendigkeit nachschulischer Weiterbildung. Sie sollte das schon Gelernte vertiefen und eine Anleitung zur Selbstbildung geben. Den institutionell-organisatorischen Rahmen der Vorschläge Campes sollten die schon angesprochenen Sonntags- und Abendschulen bilden.

Ebenso wie Campe brachte auch *Heinrich Stephani* (1761–1850), ein weiterer Vertreter des Philanthropismus, die Idee der technisch-beruflichen Weiterbildung zum Ausdruck. So schlug Stephani als erster vor, Gewerbeschulen in gemeinsamer Verantwortung des Staates und der Innungen einzurichten. Damit wurde erstmals das Prinzip der dualen beruflichen Bildung angesprochen. Die Gewerbeschulen sollten zum einen den Elementarunterricht verbessern, diesen andererseits von der für Kinder noch verfrühten beruflichen Spezialisierung entlasten, drittens die allgemeine menschliche und sittliche Bildung der Jugend fördern und vor allem die Jugend für ihren Beruf besser vorbereiten.

Zwar zielten die Erziehungskonzeptionen Campes und Stephanis durchaus auf den Ausgleich scharfer sozialer Unterschiede, doch lag den Vorstellungen der Philanthropen ein Gesellschaftskonzept zugrunde, das ständisch-integrativ ausgerichtet war und damit potenziell der Herrschaftssicherung des Adels und des Besitzbürgertums diente.

Dagegen wurde die immanente Wirkung politischer Bildung als Möglichkeit, die Gleichheit der Menschen herzustellen, im Weg vom Untertan zum Bürger an der Wende des 18. zum 19. Jahrhunderts sichtbar.

1.3 Vom Untertan zum Bürger

Aufklärung und ökonomische Entwicklung gingen einher mit einer Veränderung des bürgerlichen Selbstverständnisses. Bürger im Ständestaat zu sein, hieß unter anderem, in einem gesicherten sozialen Raum zu leben, ökonomisch abgesichert im Rahmen einer Korporation. Aber damit verbunden waren auch: »Enge, Begrenzung, wirtschaftliche und soziale Immobilität, Bindung an einen Ort, der einem Rechte verlieh, die anderswo nichts galten, hieß: Sorge vor Konkurrenz, zähes, oft halsstarriges Festhalten an dem Hergebrachten, Misstrauen gegenüber allem Fremden und Neuen, Eindämmung jeder Bewegung und Veränderung« (Gall 1989, S. 44). Diese starre Welt, die sich nicht nur auf das gewerbliche Bürgertum erstreckte, sondern auch auf das Bildungsbürgertum, geriet im Zuge der Aufklärung und der veränderten ökonomischen Entwicklung nun allmählich aus den Fugen.

Allenthalben entstand der Wunsch des Individuums nach persönlicher Freiheit, nach Selbstbestimmung, eigener Reflexion und Selbstvergewisserung. Der Rückbezug auf das Individuum, der beginnende Prozess der Individualisierung und Pluralisierung hob die Bedeutung des eigenen Lebenslaufs, die Reflexion über Biografie und Lebensorientierung ins Bewusstsein. Individualisierung heißt Hervorhebung des Eigenen und des Einzelnen gegenüber Formen kollektiver Zuordnung und Wertung. Dem Gewinn an Freiheit von Bindungen steht zugleich die Gefahr von Isolierung und Vereinzelung gegenüber; sie entspricht dem Verlust kollektiver Sicherung und Sicherheit. An die Stelle von Tradition und Geburt trat der Einzelne mit seinen persönlichen Ansprüchen, die er auf Leistung und Bildung begründete. Hergebrachte, die Entwicklung hemmende und die Individualität sowie Eigenverantwortung unterdrückende Formen und Zwänge wurden bekämpft und auch teilweise überwunden.

Die Enge der Stadt und des Kleinstaates weckte nun die Sehnsucht nach der Nation. Der politisch Rechtlose wandte sich gegen den absolutistischen Fürsten, er verlangte nach Mitbestimmung in Wirtschaft und Politik. Der proklamierte ständige Fortschritt forderte die aktive Teilnahme des Einzelnen an diesem Veränderungsprozess: demokratische Ideen gewannen mehr und mehr an Einfluss. Im Vergleich zu Frankreich verlief der Demokratisierungsprozess in Deutschland jedoch erst langsam, partiell und mit vielen Rückschlägen. Zudem gab es in Deutschland keinen der Französischen Revolution vergleichbaren radikalen Einschnitt.

Durch eine Neuorganisation der sozialen Strukturen, in der die Korporation immer mehr zugunsten des Vereins an Bedeutung verlor, fanden nun politisch und sozial Gleichgesinnte über Ständegrenzen hinweg zu einander: Vereinzelt entstanden so Vereine bereits in den Sechzigerjahren des 18. Jahrhunderts. Zwischen 1770 und der Jahrhundertwende wurden so viele Vereine gegründet, dass man geradezu von einem Gründungsboom sprechen kann (Wehler 1989, S. 318). Diese patriotischen, ökonomischen, landwirtschaftlichen, philanthropischen, pietistischen und kulturellen Gesellschaften können nach unserem heutigen Verständnis als gemeinnützige Vereine betrachtet werden. Sie übernahmen neben spezifischen Bildungsfunktionen notwendige karitative und soziale Aufgaben, die von den traditionellen Institutionen wie Kirche und Zunft nicht mehr geleistet werden konnten oder für die es noch keine oder nur unzureichend entwickelte neue Institutionen gab. Sie förderten die Wirtschaft (Gewerbevereine), die Erziehung (Sonntagsschulen) und die Fortbildung (Vorträge in den Gesellschaften sowie Bildungsinstituten). Die Mitglieder der Gesellschaften, durchweg bürgerliche Beamte, Ärzte, Pastoren, Gymnasiallehrer und vermögende Stadtbürger, wie in der Hamburger »Gesellschaft zur Beförderung der Manufacturen, Künste und nützlichen Gewerbe« von 1765, waren gleichsam eine Brücke zwischen dem Bürger und dem Staat und übernahmen so »halboffizielle Aufgaben«. Sie mischten sich in die lokale Politik ein: Das Bürgertum begann sich in einer Zeit absoluter Herrschaft zu emanzipieren.

Mit diesen Zusammenschlüssen des 18. Jahrhunderts entstand eine das Bürgertum kennzeichnende soziale Organisationsstruktur, die bis heute auf das Engste mit dem Selbstverständnis der bürgerlich-demokratischen Gesellschaft verbunden ist. Das Vereinswesen im späten 18. Jahrhundert, aus kleineren Anfängen entstanden, wurde im 19. Jahrhundert zu einer sozialen, kulturellen und politischen Macht. Es prägte Leben und Aktivitäten der Menschen (Nipperdey 1984, S. 267). Das Vereinswesen war nicht nur für die Anfänge der Erwachsenenbildung konstitutiv, sondern hat die Erwachsenenbildung ständig begleitet und sie in ihren unterschiedlichen Ausformungen mehr oder weniger nachhaltig beeinflusst.

Die sich im 18. Jahrhundert entwickelnde Vereinsform unterschied sich durch ihren freien organisatorischen Zusammenschluss der Personen, durch ihre Unabhängigkeit vom rechtlichen Status der Mitglieder, den sie auch nicht veränderte. Der Verein oder die Assoziation verfolgte selbst gesetzte und eigenständige Ziele. Er unterschied sich von der Korporation, die eine »durch Geburt und Stand bestimmte, auf das Ganze des Lebens unspezifisch ausgedehnte Organisation ist« (Nipperdey 1976, S. 174). Durch die Assoziation entstand auch der organisatorische Rahmen für die sich entwickelnde Erwachsenenbildung: Der Erwachsene findet sich mit anderen Erwachsenen zusammen, um gemeinsam zu lernen.

Durch Bildung und wirtschaftlichen Aufstieg konturierte sich das vielfältig strukturierte Bürgertum in der Zeit des Umbruchs. Bildung und Wirtschaftserfolg bedeuteten sozialen Aufstieg. An der politischen Macht jedoch war das aufsteigende Bürgertum vor der Französischen Revolution nicht beteiligt. Durch die Entwicklung der Revolution zum *»Grand Terreur«* verschreckt, besänftigt durch die Revolution von oben, erstrebte es zwar eine Beteiligung an der Macht, erhoffte sich diese jedoch von den staatlichen Reformen. Der Schutz des Einzelnen vor zu viel Staat war die allgemeine Forderung der Liberalen, während die Demokraten nach einer Herrschaft der Mehrheit strebten. Demokraten wie Liberale forderten außer Gewaltenteilung, Gleichheit vor dem Gesetz und dem Schutz des Eigentums auch Meinungs- und Vereinsfreiheit.

Der Verein, nicht mehr durch Stand und Korporation beengt, war für das liberale Bürgertum so wichtig, weil es mit dieser Organisationsform drängende politisch-soziale, kulturelle und ökonomische Probleme zu lösen hoffte. So bot die Vereinsbewegung der entstehenden Erwachsenenbildung nicht nur den organisatorischen Rahmen für ihre Veranstaltungen. Mit der Verbindung von Vereinswesen und Erwachsenenbildung erhielt die Bildung vielmehr eine politische Dimension, die dann in der Revolution von 1848/49 bei vielen Vereinen so verschmolz, dass nicht mehr unterschieden werden kann, ob es sich um einen Bildungsverein handelt oder um eine politische Bewegung.

2. Bürgerliche Kultur und Wissenschaft

Für den Prozess der Institutionalisierung der Erwachsenenbildung ist die Geschichte des *Vereinswesens* in Deutschland von besonderer Bedeutung. Die Rahmenbedingungen institutioneller Formen der Erwachsenenbildung gab das sich differenziert entwickelnde Vereinsrecht vor, dessen Grundlage zwischen der Epoche des Absolutismus und der Märzrevolution von 1848 das Allgemeine Preußische Landrecht von 1794 war.

Entscheidend für die soziale und die politisch-gesellschaftliche Entwicklung blieb die absolute Trennung zwischen allgemeiner, kultureller und wissenschaftlicher Betätigung einerseits und politischen Aktivitäten andererseits. Diese restriktive Beschränkung des Vereinswesens wurde in den Jahren 1798, 1816 und 1832 noch verschärft. Sie galt bis in das Jahr 1848, als die Frankfurter Reichsverfassung allen Deutschen schließlich das Recht einräumte, »sich friedlich und ohne Waffen zu versammeln« (Artikel VIII, § 161) und auch Vereine neu zu gründen. Auch die »Klubs«, in gewisser Weise Vorläufer der sich später entwickelnden Parteien, die sich im Verlauf der Revolution von 1848/49 in der Frankfurter Paulskirche bildeten, haben die positive Entwicklung des Vereinswesens gefördert. Und so bringt Wolfgang Hardtwig die offizielle Vereinspolitik nach 1848 auf die prägnante Formel: »Sie erlaubte und forderte sogar vielfach alle möglichen Vereine, solange diese nicht das Kompetenzmonopol der bürokratischen Monarchie in allen politischen Angelegenheiten in Frage stellte.« (Hardtwig 1984, S. 11–12)

Die Motive und Interessen der Vereine waren verschieden, und es lassen sich im Anschluss an die Überlegungen Nipperdeys (1976, S. 177 f.) im Wesentlichen vier Richtungen unterscheiden:

- Freie Geselligkeit, die im Unterschied zu bisherigen Formen nicht auf Beruf, Stand und traditionelles Zeremoniell beschränkt ist;
- Bildungsaktivitäten im aufklärerischen Sinne als »vernünftige Bildung«;
- Tätigkeit von Vereinen, die allgemeine öffentliche Interessen verfolgen;
- Vereinsziele, die der Verbreitung von Wissenschaften dienen.

Alle diese verschiedenen Elemente gingen auch – häufig miteinander verbunden – in die ersten praktischen Formen der Erwachsenenbildung ein.

In diesem institutionellen Rahmen und im Kontext der jeweiligen Zielsetzung und Motive der Vereine sowie unter den genannten repressiven politischen Vorgaben vollzog sich das geistige und kulturelle Leben zunächst in den Bildungsvereinigungen des gehobenen Bürgertums. Theoretische Grundlage für die Vorformen institutioneller Erwachsenenbildung bildeten die – wie bereits kurz skizziert – von Friedrich Schleiermacher entwickelten Gedanken über die Geselligkeit, die mit den neu gewonnenen Ideen vom Menschentum in Verbindung traten. Bildung gewann so nicht nur eine auf das Private begrenzte gesellige, sondern auch eine in die Gesellschaft wirkende soziale Dimension. Damit ist eine prinzipielle Verbindung zu den gesellschaftstheoretischen Grundlagen der Erziehungskonzeption Condorcets sichtbar. Sein Postulat von der Gleichheit der Menschen gab somit auch den in den Vereinen sich herausbildenden praktischen Formen der Erwachsenenbildung eine politische Perspektive, die in den Aktivitäten der Handwerker und Arbeiterbildungsvereine ein eindeutiges politisches Profil gewinnen wird.

2.1 Lesegesellschaften

Ein wesentliches Strukturmerkmal der Vereine, die sich der Bildung, Kunst und Wissenschaft widmeten, war deren pragmatische Zielsetzung. Der Formung der eigenen Persönlichkeit, dem Wunsch nach Welterkenntnis, nach wissenschaftlicher Durchdringung von Natur und Geschichte standen ökonomische und patriotische Intentionen zur Seite. Die Zielsetzungen fügten sich den aufklärerischen Tendenzen der Zeit ein. Formulierungen wie »Förderung der Wissenschaft und des guten Geschmacks« und »Verfeinerung der Sitten« fanden sich häufig. Lektüre und Konversation über das Gelesene sowie über aktuelle Fragen der Zeit bildeten dafür das geeignete Mittel.

In den Lesegesellschaften, den patriotischen Gesellschaften, den Museums- und den Harmoniegesellschaften löste sich die Geselligkeit aus der Beschränkung korporativer Sitte; sie emanzipierte sich weitgehend von den alten Kräften, dem Hof, von Adel und Kirche und wurde ein zentrales Element bürgerlicher Gesellschaft (Hardtwig 1984, S. 11–12).

Lesegesellschaften waren unter sozial-historischer Perspektive Institutionen und Selbstorganisationen des aufstrebenden Bürgertums. Sie sind gemäß einer Deutung Jürgen Habermas' ein erster Versuch des Bürgertums, am gesellschaftlichen Leben insgesamt teilzuhaben und die Entscheidungen der Zeit mitzubestimmen: wenn schon nicht durch politische Tätigkeit, so doch durch geistige Teilhabe (Habermas 1969).

Lesegesellschaften bildeten sich schon in der zweiten Hälfte des 18. Jahrhunderts. Vorläufer gab es bereits in Frankreich, England und Österreich. Ende des 18. Jahrhunderts erreichten die Lesegesellschaften ihren höchsten Zuwachs und ihre größte Wirksamkeit. Nahezu in allen wichtigen Städten und bisweilen sogar in Dörfern gründeten sich Lesegesellschaften, zwischen 1790 und 1800 ca. 430 insgesamt: »Unsere Lesegesellschaften mehren sich von Tag zu Tag. Da ist keine Stadt, kein Städtchen, wenigstens in unserem Niedersachsen, so viel ich weiß, ohne Lesegesellschaft, und die Dörfer der Nachbarschaft nehmen, mit mehrerem Rechte vielleicht, als die Gildegenossen des Landes an den Privilegien der städtischen Zünfte Theil daran. Gelehrte und Ungelehrte, Handelsleute, Handwerker, Oekonomen, Militairpersonen, Alte und Junge, männliches und weibliches Geschlecht sucht einen Teil der Zeit mit Lesen auszufüllen, und hat für einen geringen Geldbeytrag das Recht, auf das Lesen einer großen Anzahl zirkulierender Bücher.« (Krünitz, nach Dräger 1979, S. 116) Um die Jahrhundertwende hatten die Lesegesellschaften ca. 50 000 Mitglieder. Trotz des demokratischen, auf soziale Gleichheit ausgerichteten Anspruchs setzten sich jedoch die Mitglieder zum überwiegenden Teil aus den gebildeten Oberschichten zusammen (Welke 1981, S. 45).

Lesegesellschaften kennzeichnen einen Prozess, den Rolf Engelsing eine »Leserevolution« genannt hat. Aus einem Volk der Nichtleser wurde ein lesendes: dank eines Schulwesens, das allmählich zur Alphabetisierung beitrug, und dank der Ablösung der Welt der Tradition, mit der Entwicklung der Kommunikation, die auch die mit der Religion verbundene mündliche Überlieferung ablöste (Nipperdey 1984 S. 587). In dieser deutlichen quantitativen Zunahme der allgemeinen Lesegewohnheiten manifestierte sich zugleich ein Perspektivwechsel: Es ging nicht mehr um die übliche intensive Wiederholungslektüre, sondern um die einmalige Rezeption eines immer breiter werdenden Angebots von aktuellen Büchern und Zeitschriften. Dieser »Leserevolution« folgte der Wunsch, sich über das Gelesene auszutauschen. Bücher und Zeitschriften wurden so zu einem »Medium gesellschaftlicher Teilhabe« und eine besondere Möglichkeit des sozialen Aufstiegs (Dann 1981, S. 23).

Für die Lesegesellschaften bildete die große Blüte von Kunst und Literatur zwischen 1800 und 1850 die romantische Grundstimmung, die die geistige Geselligkeit so sehr anregte. Auch der Wunsch, durch Bildung im Sinne Wilhelm von Humboldts zur Vollendung des menschlichen Geschlechts beizutragen, beflügelte diese Form der Kommunikation und des Diskurses.

Bereits im 18. Jahrhundert bildeten sich verschiedene Formen der Organisierung des Lesens heraus:

- das Gemeinschaftsabonnement eines Periodikums als bekannte Grundform gemeinsamen Literaturerwerbs;
- der Lesezirkel, d. h. Bücher werden gemeinsam erworben und Periodika reihum gelesen;
- die Lesebibliothek, d. h. ständige Aufbewahrung von Literatur, die ausgeliehen werden konnte;
- die Lesekabinette, häufig auch unter der Bezeichnung Sozietät, Ressource, Museum (Göpfert 1976, S. 404).

Die Lesekabinette sind für die Entwicklung der Erwachsenenbildung von besonderer Bedeutung. Hier wurden Kommunikationsformen entwickelt, die Lernen als organisierten Gruppenprozess tendenziell vorwegnahmen.

Die innere Organisation der Lesekabinette spiegelt die Tendenz der bürgerlich geprägten Bildungsgesellschaft wider, über die eigene Arbeit und das Vereinsleben demokratisch zu entscheiden. Die Gleichberechtigung sowie die überwundenen Standesunterschiede weisen auf die demokratische Grundhaltung hin. Der Vorstand wurde von allen Mitgliedern gemeinsam gewählt, ebenso entschieden die Mitglieder über Neuaufnahmen sowie über die Anschaffung von Büchern und Zeitschriften. *Leopold von Stein* (1815–1890), der bedeutende Jurist und Nationalökonom, hatte in seinen staatsrechtlichen Schriften besonders das Prinzip der Gleichheit hervorgehoben. Allerdings konnte dieses demokratische Prinzip schon aufgrund ökonomischer Bedingungen nur in begrenztem Maße in die soziale Wirklichkeit umgesetzt werden.

Die politische Absicht dieser demokratischen Vereinsbildung war, wie sich mit der 1783 gegründeten »Aschaffenburger Lesegesellschaft« pointiert zeigen lässt, eine Institution zu schaffen, die sich an dem Gedanken einer republikanischen Verfassung ausrichten könne. Deshalb stand auch der absolutistische Staat den Lesegesellschaften misstrauisch gegenüber. Schon ihre demokratische Verfasstheit war den Fürsten ein Dorn im Auge. Viele Gesellschaften wurden deshalb überwacht; einige sogar verboten, wie die Gesellschaften in Jülich und Berg, in Düsseldorf und München, Trier und Koblenz (Jensch 1937, S. 79).

Wiewohl die Lesegesellschaften sich demokratisch organisierten, wandten sie sich jedoch, wie erwähnt, vornehmlich an die höheren bürgerlichen Schichten und zum Teil auch an den Adel. Schon allein die Höhe des Mitgliedsbeitrages bewirkte eine soziale Differenzierung und schloss damit bestimmte Bevölkerungsschichten praktisch von der Mitgliedschaft aus. So zeigt eine soziologische Analyse der Lesegesellschaft in Bonn zwischen 1787 und 1794, dass von den 168 Mitgliedern allein 49 dem Adel angehörten, 65 waren höhere Beamte, Theologen stellten weitere 25 Mitglieder, 19 waren Professoren und Gymnasiallehrer. Diese Zusammensetzung, die darüber hinaus zeigt, dass nur sehr wenige davon in keinem direkten Abhängigkeitsverhältnis zum Landesherrn standen, ist typisch für die Lesegesellschaft in einer Residenz- und Verwaltungsstadt (Dann 1982, S. 105).

Besonders unter dem Einfluss der Französischen Revolution öffneten sich die Lesegesellschaften mehr und mehr auch für Handwerker und das Kleinbürgertum. Bisweilen initiierten die Handwerker und Arbeiter selbst eigene Lesegesellschaften oder Einrichtungen, die »Klubcharakter« trugen. So gründeten Handwerker, Gärtner und Wirte in Sachsenhausen bei Frankfurt einen »Klub«, der sich vornehmlich mit politisch aufklärerischen Schriften Voltaires auseinander setzte (Gersteis 1971, S. 137 ff.). Inhaltlich betrachtet zeigt dies zugleich, dass eine kritische politische Bildung nun gleichberechtigt neben die berufliche Qualifikation trat.

So sprang ein gewisser revolutionärer Funke auf einzelne Lesegesellschaften bzw. »Klubs« über, wie z. B. auf den »Altonaer Klub« und den 1792 in Kiel gegründeten »Patriotischen Klub«, der die radikale Forderung erhob, die Gemeindeländereien an Mittellose zu verteilen (Freiesleben 1980, S. 111). Man kann in den politisch ausgerichteten Lesegesellschaften und vor allem in den »Klubs« angesichts ihrer Forderung nach politischen und sozialen Veränderungen in bestimmter Hinsicht Vorläufer und Vorbereiter von Arbeiterbildungsvereinen sehen (Tenfelde 1981, S. 254).

Unter erwachsenenpädagogischen Gesichtspunkten können die Lese- und Museumsgesellschaften als ein Forum von Kommunikation und von gemeinsamem Lernen interpretiert werden. Sie verbanden das Selbststudium und die private Lektüre mit einem Gedankenaustausch und Diskurs mit Gleichgesinnten und Gleichberechtigten. Lesegesellschaften können als eine der ersten Institutionalformen der Erwachsenenbildung angesehen werden (Tietgens 1994, S. 26). »Sie waren die eigentliche Bildungsinstitution des 18. Jahrhunderts.« (Dülmen 1988, S. 82) Zwar fehlte noch der Gedanke einer systematischen Strukturierung der Kommunikation und der Konversation. Weder gab es curriculare Vorüberlegungen noch Ansätze einer systematischen Programmplanung, dennoch gingen die Lesegesellschaften tendenziell über jene Formen der Geselligkeit hinaus, die vor allem auf sich selbst bezogen waren und den Rahmen des Privaten nicht sprengten. Demgegenüber verstanden sich die Lesegesellschaften auch als eine Möglichkeit, auf die öffentlichen Angelegenheiten Einfluss zu nehmen. Sie waren bestrebt, einen Beitrag zur kulturellen Erneuerung zu leisten und damit eine stellvertretende Funktion für das »Volk« zu übernehmen. Sie waren Träger politischer Aufklärung, die über das Literarische hinaus auch einen Beitrag zur ökonomischen und zur allgemeinen Entwicklung des Landes leisten wollten. Sie boten praxisnahe Literatur, z. B. zu den Themen Nationalökonomie, Statistik, Recht und Landwirtschaft, sie pflegten die auf praktische Realisierung ausgerichteten Intentionen und bemühten sich, einer aufgeklärten Reformpolitik neue Chancen zu eröffnen.

Eine statistische Auswertung der Literaturbestände der Lesegesellschaften zeigt folgendes Ergebnis (Stützel-Prüsener 1981, S. 80):

Vorkommende Einzeltitel (in Prozent):

Historisch-politisch	94	(19)	Theolog.	33	(6,7)
Allgemein-wissen-schaftlich	65	(13,2)	Wirtsch.wiss.	26	(5,3)
			Historisch	21	(4,3)
Lokalblätter	25	(5,1)	Geograph.	21	(4,3)
Insgesamt	*184*	*(37,3)*	Medizin.	21	(4,3)
			Juristisch	19	(3,9)
Frauenzeitschriften	10	(2,0)	Naturwiss.	17	(3,4)
Musik, Theater, Kunst	12	(2,4)	Philosoph.	11	(2,2)
Unterhaltung	48	(9,7)	Land- u. forstwirtschaftl.	9	(1,8)
Literarisches	55	(11,2)	Pädagog.	6	(1,2)
Insgesamt	*125*	*(25,4)*	*Insgesamt*	*184*	*(37,3)*

Die Zahl der gebildeten Leser nahm bedeutend zu. Die Buchproduktion verdreifachte sich zwischen 1821 und 1843. Erfasste die Leserevolution zunächst die städtische Oberschicht und den Adel, so wurden nach und nach auch die städtische Unterschicht und schließlich auch die Landbevölkerung davon ergriffen. Als Ergebnis der Leserevolution kann festgehalten werden, dass auch schließlich die Presse breite Massen erreichte und so aus einem Volk von Nicht-Lesern schließlich ein »Volk von Zeitungslesern« wurde (Nipperdey 1984, S. 589).

Die Lesegesellschaften, die auf gesellschaftlichem Interesse und öffentlichem Engagement beruhen, waren ein Teil bürgerlicher Emanzipation (Dann 1981, S. 24). Sie sind Ausdruck einer Geselligkeit und im Sinne Hugo von Hoffmansthals eine überhöhte Form des Sozialen. Lesegesellschaften zeigen zugleich die Wirkung von Bildung insgesamt: Sie waren ein Vehikel des sozialen Aufstiegs und für die Weiterentwicklung der modernen Gesellschaft konstitutiv: Die Bildungsgesellschaft schickte sich an, sich zur sozialen Elite zu konstituieren und damit zum »Kern der modernen Gesellschaftsbildung« zu werden.

2.2 Museums- und Harmoniegesellschaften

Als eine Weiterentwicklung der Lesegesellschaften können die zum Beginn des 19. Jahrhunderts entstandenen »Museums- und Harmoniegesellschaften« angesehen werden. Dabei war das »Museum« wohl mehr dem gehobenen Bürgertum vorbehalten; demgegenüber wandten die »Harmonie« bzw. das »Cassino« sich vornehmlich an das mittlere und das Kleinbürgertum. Natürlich trugen sie dem veränderten Zeitgeist Rechnung. Die aufklärerischen und zum Teil zeitkritischen Tendenzen, die für die Lesegesellschaften prägend waren, traten nun ganz in den Hintergrund. Politische Themen wurden strikt ausgeklammert. Einige der bekanntesten Gesellschaften waren das Münchener »Museum« (1802), die Mannheimer »Harmonie« (1803) sowie das Heidelberger »Museum« (1811).

Als eine für die kleinen Residenzstädte repräsentative Gesellschaft kann die 1819 entstandene »Coburger Abendgesellschaft« gelten. Die Bildungsveranstaltungen fanden gleichsam unter dem Bilde des Fürsten statt. Das Themenangebot der Gesellschaft war vielfältig, wie der Gründer der Gesellschaft, der Schriftsteller und Verleger *Georg Michael Amthor* (1820–1884) rückblickend feststellt: »Durch interessante Mittheilungen aus der Geschichte, namentlich der sächsischen, der Naturkunde, der physischen und mathematischen Geographie, durch Vorlesungen merkwürdiger Lebensbeschreibungen, gehaltvoller und belehrender Aufsätze aus Reisebeschreibungen und anderen bildenden Zeit- und Unterhaltungsblättern, welche mit Vorträgen der herrlichsten Erzeugnisse unserer classischen Schriftsteller und Dichter abwechseln, wird die Unterhaltung belebt, Herz und Wille wohltuend angeregt, der Geschmack gebildet und dem guten Geiste der Eintracht, des thätigen Wohlwollens, des gegenseitigen Vertrauens, der deutschen Treue und Biederkeit und geselligen Heiterkeit immer neue Nahrung gegeben.« (nach Draeger 1979, S. 133)

Außer diesem breit gefächerten Themenkatalog wurden auch spezielle wissenschaftliche Fragen in populärer Form behandelt. Besondere Aufmerksamkeit fanden Bildungsangebote aus den Naturwissenschaften und der Medizin. Vorrangiges Ziel war es dabei, im Sinne der Aufklärung die Wissenschaft aus ihrer metaphysischen und dogmatischen Verankerung zu lösen.

Das neu erwachte Interesse an populärwissenschaftlichen Vorträgen wird deutlich an der Aufmerksamkeit, die *Alexander von Humboldts* (1769–1859) geographischen Vorträgen in Berlin entgegengebracht wurde. Humboldt hielt während des Winters 1827/28 auf vielfachen Wunsch parallel zu seinen Vorlesungen an der Berliner Universität eine Vortragsreihe zum gleichen Thema in der Singakademie. Diese Vorträge wandten sich an interessierte Laien und vermittelten ihnen den wissenschaftlichen Inhalt der Universitätsvorlesungen in allgemein verständlicher Form. In dieser Verbindung von Hochschule und populärwissenschaftlicher Bildung kann man einen Vorläufer der »Universitätsausdehnungsbewegung« erkennen, einer Bewegung, die die Öffnung der Universität für die Volksbildung charakterisiert und auf die später noch näher eingegangen werden soll *(vgl. Kapitel III)*.

Die bürgerlichen Bildungsvereine, die die noch ständisch strukturierten Bildungsinstitutionen ablösten, öffneten sich zunehmend für kleinbürgerlich-handwerkliche Schichten, also für Gewerbetreibende, Handwerker und Bauern, für die allmählich eigene Vereine entstanden. Damit wurde nun für breite Bevölkerungskreise eine außerschulische Erwachsenenbildung möglich. Im Zuge dieser Entwicklung verschoben sich die thematischen Schwerpunkte. Die literarisch-kulturelle Thematik wurde mehr und mehr zugunsten der beruflichen Fortbildung der Handwerker und Bauern abgelöst.

2.3 Zeitschriften und Bibliotheken

Die Lesegesellschaften und Patriotischen Gesellschaften, ebenso die Museums- und Harmoniegesellschaften entstanden auch im Zusammenhang mit der außerordentlichen Expansion der Zeitschriften und der Gründung von Bibliotheken im 18. Jahrhundert, die dem gewachsenen Lesebedürfnis der bürgerlichen Schichten, der Kaufleute und Handwerker sowie der Künstler und Gelehrten Rechnung trugen. Zeitschriften, insbesondere die Moralischen Wochenschriften, dienten der allgemeinen Orientierung, sie kamen dem Bedürfnis der gebildeten Schichten nach intellektueller, ästhetischer und moralischer Bildung entgegen. Zugleich vermittelten sie Kenntnisse über die internationale Entwicklung auf dem Gebiete des Geisteslebens sowie der Wissenschaften in den europäischen Ländern, vor allen Dingen in England und Frankreich. Besonders deutlich war der englische Einfluss. So übersetzte man mehrere englische Wochenschriften ins Deutsche.

Auch sollten die Zeitschriften einen Beitrag zur Stärkung der sozialen Verantwortung der gebildeten Schichten für die niederen Klassen leisten. Insgesamt standen die Zeitschriften in der Tradition der Aufklärung, wobei die besondere Betonung der Nützlichkeit nicht als eine platte Anpassung an die praktischen Erfordernisse zu verstehen ist, sondern primär auf die Emanzipation der eigenen Schicht gerichtet ist.

Karl Friedrich Bahrdt (1741–1792), einer der radikalsten Aufklärer und eine Zentralfigur der Lesegeschichte, selbst Gründer der »Deutschen Union«, formulierte nahezu klassisch und an den berühmten Satz Immanuel Kants erinnernd, diese von der Aufklärung geprägten Intentionen:

»Ein Mann von gebildetem Verstande, heist ein Mann, welcher er sich gewöhnt hat, über alles, was zu seiner moralischen und bürgerlichen Glückseligkeit gehört, selbst vernünftig nachzudenken, und nicht eher zu ruhen, bis er in so wichtigen Angelegenheiten von jeder Sache eine deutliche Vorstellung hat, die er (welches ihr Kennzeichen ist) auch deutlich wieder von sich geben und andern mittheilen kann: – der dabei nichts (was wichtig ist, und was man ihn als schätzbare Wahrheit oder verdammlichen Irrthum – als liebenswürdig oder abscheulich, vorzustellen suchte) auf Treu und Glauben annimt und nachbetet, und glaubt und befolgt, wie es ihm andere Leute vorbeten, sondern der selbst untersucht, der nach Gründen fragt, und nur dann erst urtheilt, und einem Urtheile gemäß empfindet und handelt, wenn er durch langsame, bedächtige und wiederholte Prüfung das Urtheil bestätigt gefunden hatte: – der also überall nach Verbesserung, Berichtigung, Erweiterung nützlicher Kenntnisse strebt, und dem nichts mehr am Herzen liegt, als wie er überall hinter die Wahrheit kommen und alle Dinge, die sich ihm als Gegenstände seiner Liebe oder seines Abscheues, seiner Hoffnung oder seiner Furcht darstellen, richtig und gründlich beurtheilen möge: – der sich also von keinen herkömmlichen Meinungen und Vorurtheilen irre führen und sich von keinem menschlichen Ansehen bewegen lässet, etwas für wahr, wichtig, heilig, unentbehrlich etc. zu halten, was seine gesunde Vernunft, bei angestellter Prüfung, nicht selbst so gefunden und erkannt hatte.« (Bahrdt 1789, S. 78)

Als herausragendes Beispiel für eine Moralische Wochenschrift kann der bereits 1724 gegründete »Hamburger Patriot« gelten, der in einer Auflage zwischen 4 000 und 6 000 Exemplaren erschien.

Neben den Moralischen Wochenschriften, die der allgemeinen und der Persönlichkeitsbildung im Sinne einer »Botschaft der Tugend« verpflichtet waren, ist besonders auf die Intelligenzblätter zu verweisen, die vornehmlich der beruflichen Bildung und Fortbildung dienten. Wirtschaftliche Informationen und Vertiefung wirtschaftlicher und beruflicher Kenntnisse standen bei diesen Blättern im Mittelpunkt. Die erzieherische und volksaufklärerische Intention lag in der Bildung eines sich neu entwickelnden Typus des *homo oeconomicus*. Hier seien exemplarisch die zwischen 1767 und 1811 erschienenen »Hamburgischen Addreß-, Comptoire-Nachrichten« genannt, zu deren bekanntesten Autoren Campe, der Bibliothekar und Professor *Christoph Daniel Ebeling* (1741–1814) sowie *Johann Georg Büsch* (1728–1800) zählten. Auch die »Leipziger Sammlungen« von G. H. Zinke widmeten sich der beruflichen Weiterbildung der Manufakturisten, der Kaufleute und Handwerker (Dannhauer, S. 83).

Die Bedeutung der beruflichen und wirtschaftlichen Weiterbildung im Rahmen der Zeitschriften lässt sich aus der Zahl von bereits 30 Titeln dieser Art ablesen, die zwischen 1746 und 1800 existierten (Freiesleben 1980, S. 76).

Eine große Anzahl von Zeitschriften widmete sich darüber hinaus allgemeinen historischen, literarisch-künstlerischen und unterhaltsamen Themen. Unter den literarisch-künstlerisch ausgerichteten Zeitschriften ist vor allem *Christoph Martin Wielands* (1733–1813) »Deutscher Merkur« zu nennen, der sich bewusst an ein »mittelmäßiges« Publikum richtete, um so eine volksbildnerische Breitenwirkung zu erreichen. Die literarischen Zeitschriften berichteten über Neuerscheinungen. Sie zielten auf ästhetische Bildung. Häufig hatten sie eine Tendenz, die deutsche Sprache und Kultur gegenüber der französischen besonders hervorzuheben (Kaiser 1989, S. 19).

In der zweiten Hälfte des 18. Jahrhunderts gewannen die politisch orientierten Zeitschriften an Einfluss, deren Ziele die Emanzipation des Bürgertums im Sinne des Eintretens für ihre Freiheitsrechte, die Betonung von Toleranz anstelle dogmatischer Enge sowie die kritische Auseinandersetzung mit Adelsprivilegien und der Willkür der Regierungen waren. Als wichtige Vertreter seien genannt: August Ludwig (von) Schlözer und auch Christoph Martin Wieland, dessen erwähnter »Deutscher Merkur« Tendenzen der Volksaufklärung und -pädagogik hatte. Einen besonderen Einfluss auf diesem Felde übte *Justus Möser* (1720–1794) durch seine »Osnabrückische(n) Intelligenzblätter« aus. Ganz auf das englische Vorbild verweisend, forderte er in dieser Zeitschrift den Bürger auf, sich »in die öffentlichen Staatsangelegenheiten einzulassen«. Mit ähnlicher Zielsetzung arbeitete *Christian Gotthilf Salzmann* (1744–1811) in seiner Zeitschrift »Der Bote aus Thüringen«.

Neben der thematischen Differenzierung zeigte sich bereits eine besondere Ausrichtung auf bestimmte Leserkreise. Es sei nur beispielhaft hingewiesen auf die Zeitschriften, die sich der Bildung der Frau verpflichtet fühlten. Hier tat sich vor allem *Johann Christoph Gottsched* (1700–1766) (»Die vernünftigen Tadlerinnen«; »Biedermann«) hervor. Gottscheds Frauen- und Menschenbild eines tugendhaften Mädchens lässt sich so charakterisieren: »In der Geographie und Historie ist sie so vollkommen zu Hause, daß sie die Zeitungen mit völligem Verstande lesen kann. Sie liest auch sonst manch schönes Buch, sobald ihre Frauenzimmer=Arbeit und die Haußhaltungs=Geschäfte ihr Zeit dazu lassen. Aber keine Liebes=Bücher und Romane; sondern historische, moralische und geistliche Schriften sind ihr liebster Zeitvertreib.« (nach Martens 1981, S. 61)

Bei einer Gesamtbetrachtung der Zeitschriften dieser Epoche zeigt sich der aufklärerische Grundgedanke, volkspädagogisch zu wirken, zur Selbstbildung anzuregen und in Verbindung mit den Lesegesellschaften eine Perspektive für lebenslanges Lernen zu bieten.

2.4 Patriotische Gesellschaften

Im Gegensatz zu den Lese- und Museumsgesellschaften, die vornehmlich dem individuellen Bildungs- und Kommunikationsbedürfnis dienten, können die Patriotischen Gesellschaften als genuine Einrichtungen der beruflichen Weiterbildung gekennzeichnet werden, die sich allgemeinen ökonomischen, sozialen, gesellschaftlichen und wissenschaftlichen Aufgaben verpflichtet fühlten. Ihr Ziel war es, ähnlich den Vorbildern in Frankreich, den Niederlanden und England, Handel, Handwerk und Manufakturen zu fördern, Erfindungen für die wirtschaftliche Entwicklung nutzbar und diese der Allgemeinheit bekannt zu machen sowie Reformen im wirtschaftlichen und sozialen Bereich zu initiieren. So spricht Campe, ganz in der Diktion der Philanthropen, von ungenutzten Mitteln »zur Förderung der Industrie, der Bevölkerung und des öffentlichen Wohlstandes« (Campe 1969, S. 15 f.). Der Gedanke der Nützlichkeit, die Ideen einer fortschreitenden »Vermehrung des Reichtums, der Macht, der Bevölkerung und des äußerlichen Ansehens der Künste und Wissenschaften« und damit insgesamt »die öffentliche Glückseligkeit« (Basedow 1957, S. 55) bildeten die Hauptziele der Patriotischen Gesellschaften.

Die Spannweite der Aufgabenstellung mag aus dem Arbeitsauftrag der Nürnberger »Gesellschaft zur Beförderung der vaterländischen Industrie« abgeleitet werden: Sie umfasste »1. die Beförderung des Gewerbefleißes, 2. die Errichtung wohltätiger Institute, 3. die Unterstützung verarmter Personen aus dem Handwerksstande, 4. die Beförderung alles dessen, was gemeinnützig ist«.

Eine stärker sozial-pädagogische Orientierung zeigt sich in den 1817 formulierten Zielen der »Ansbacher Gesellschaft«: 1. Verbesserung des Gewerbewesens, 2. Beschäftigung ganz verarmter Personen, 3. Vorbeugung weiterer Verarmung und Entwicklung eines häuslichen Sinnes, 4. Belebung der Industrie und des Kunstsinnes, 5. Verbesserung und Verschönerung öffentlicher Anlagen und Anstalten, 6. Anerkennung der Verdienste ausgezeichneter Mitbürger.

Die Patriotischen Gesellschaften können, dem Zeitalter der Aufklärung verpflichtet, in ihrem Selbstverständnis als Stätten der Emanzipation des Bürgertums bezeichnet werden. Sie waren bestrebt, Wissenschaft und Kultur, Erziehung und Unterricht sowie die öffentliche Wohlfahrt aus der Bevormundung durch Kirche und Staat sowie der Stände und Zünfte zu befreien. Sie wollten insgesamt eine neue Brücke zwischen Bürger und Staat schlagen.

Unter politisch-historischer Perspektive lassen sich in der zweiten Hälfte des 19. Jahrhunderts zwei Linien patriotischer Bestrebungen ausmachen, die Rudolf Vierhaus als die aufgeklärte gesetzesstaatliche bzw. die historisch-ständische bezeichnet (Vierhaus 1980, S. 21). Die Vertreter der ersten Konzeption erwarteten Reformen und Fortschritt sowie Anerkennung und Sicherung von Menschen- und Bürgerrechten. Sie bestanden auf öffentlicher, freier Meinung und öffentlicher Erziehung. Sie gingen von einer reformierenden Gesetzgebung aufgeklärter Regierungen im Interesse des Staates und der Bürger aus. Dem gegenüber stand die andere Konzeption, die sich von einer deutschen »Verfassung« Reformen für das Reich und für die landständischen Vertretungen erwartete. Beide Konzeptionen hatten viele Berührungspunkte. Für die Patriotischen Gesellschaften, die sich dem Gedanken der Nützlichkeit verschrieben, stand die moralisch-didaktische Komponente gegenüber der historisch-konstitutionellen jedoch ganz im Vordergrund.

Betrachtet man die Patriotischen Gesellschaften unter regional-landschaftlichen sowie geistesgeschichtlichen Gesichtspunkten, so fällt auf, dass die Mehrzahl im Norden und Osten Deutschlands gegründet wurde. Im Norden sind zudem die bedeutendsten Gesellschaften zu finden, etwa:

- die Celler »Sozietät und Landwirtschaftsgesellschaft« von 1764,
- die »Hamburgische Gesellschaft zur Beförderung der Künste und nützlichen Gewerbes« von 1765,
- die Schleswig-Holsteinische »Patriotische Gesellschaft zu Kiel« von 1787 und
- die »Gesellschaft zur Beförderung gemeinnütziger Tätigkeit« in Lübeck von 1793.

Auffällig sind die besonderen Aktivitäten der Hansestädte an der Küste. Aber auch in den Hansestädten im Binnenland, wie Nürnberg, Wetzlar, Würzburg und Frankfurt am Main, entstanden bedeutende Gesellschaften. Die protestantische Ethik im Sinne der Ausübung sozialer und wirtschaftlicher Pflichten trug sicher dazu bei, dass die Mehrzahl der Patriotischen Gesellschaften in protestantischen Gebieten entstand (Hubrig 1957, S. 40). Zugleich gingen für die Konstitution und die Zielsetzungen der Patriotischen Gesellschaften besondere ideengeschichtliche Impulse von der Französischen Revolution aus. Dies zeigt sich unter anderem in der großen Zahl der Neugründungen in den Neunzigerjahren des 18. Jahrhunderts.

Die herausragende Rolle, die die Weiterbildung bzw. die Erwachsenenbildung in den Gesellschaften gespielt hat, soll kurz am Beispiel der Hamburger Gesellschaft skizziert werden, die für viele Gesellschaften in Deutschland zum Vorbild wurde. Schon zu Beginn ihrer Arbeit richtete die Gesellschaft, der so herausragende Vertreter der kaufmännischen und beruflichen Erwachsenenbildung wie der bereits erwähnte Johann Georg Büsch und Hermann Samuel Reimarus angehörten, ihr Augenmerk auf die Verbesserung der Berufsausbildung für angehende Handwerker. So wurde 1767 eine Zeichenklasse eröffnet. 1790 war eine entsprechende Einrichtung eigens für Mädchen geplant (Kowalewski 1897, S. 44). Im gleichen Jahr begann man mit der Weiterbildung für Wundärzte (Chirurgen), um so einen Beitrag für das noch rückständige Hamburger Gesundheitswesen zu leisten (Kopitzsch 1976, S. 88). Mathematisch-naturwissenschaftliche Kurse ergänzten das Angebot. Die Handwerkerunruhen in Hamburg veranlassten die Gesellschaft zu modern anmutenden, zukunftsweisenden berufspolitischen und didaktischen Überlegungen, die in die Nähe der berufspädagogischen und staatsbürgerlichen Überlegungen Georg Kerschensteiners reichen (Stratmann 1967, S. 34).

In den Neunzigerjahren rückte die Frage der Reorganisation des allgemeinen Erziehungswesens in Hamburg in den Mittelpunkt der Überlegungen und Aktivitäten der Gesellschaft. Zwar scheiterte der Versuch zur Errichtung eines Lehrerseminars an institutionellen Widerständen, doch konnte die Gesellschaft über den Weg der Verbreitung aufklärerisch-pädagogischer Schriften zur Beförderung von Erziehung und Unterricht beitragen. Hier sei beispielhaft auf die erwachsenenbildnerisch ausgerichtete Aufklärungsschrift Rudolf Beckers, »Noth- und Hilfsbüchlein oder lehrreiche Freuden- und Trauergeschichte der Einwohner zu Mildheim«, verwiesen, die sich vor allem an die ländliche Bevölkerung richtete (Zwei Teile, Gotha 1788 ff.). In elf Jahrgängen und 16 Auflagen wurden davon 150 000 Exemplare gedruckt.

Allmählich verließ die Hamburger Gesellschaft die engen Grenzen berufsbezogener Weiterbildung. So wurden seit 1791 Vortragskurse für einen großen Zuhörerkreis eingerichtet, ebenso Kurse für Handwerker, Künstler und Fabrikanten, die der Mathematiker und Lehrer an der Handelsakademie P. H. C. Brotthagen abhielt (Kowalewski 1897, S. 44). Sie vermittelten vor allem physische, chemische und technologische Kenntnissen. Man bot auch Aufbaukurse für besonders gute Schüler der »Bauriss-« und Zeichenschulen an.

Zur Unterstützung dieser Kurse wurde eine Bibliothek eingerichtet, deren Bestand ständig erweitert wurde. Daneben stellte man Modellsammlungen aus, organisierte Kunstausstellungen, finanzierte berufliche Bildungsreisen und zeigte Proben nützlicher Arbeiten und Erfindungen, unter anderem des Blitzableiters. Für vorbildliche Arbeiten wurden Prämien ausgelobt. So verfasste Büsch nach der großen Hamburger Dezemberflut von 1792 eine Preisschrift: »Vorschlag zur Sicherung unserer Stadt gegen die Fluthen der Elbe von der See her«. Die Arbeit der Hamburger Gesellschaft hatte insgesamt eine derartige Resonanz und ein so hohes Ansehen in der Stadt, dass sie mehr und mehr zu einer öffentlichen Einrichtung wurde, und fast die Stelle eines Kultusministeriums einnahm (Hubrig 1957, S. 54).

Ähnliche Vereine entstanden in Thüringen (»Erfurter Akademie« von 1754), in Schlesien (1771), Hessen (1778), Nürnberg (1792), Hamm (1792), Lübeck (1793) und Wetzlar (1798); weitere Neugründungen erfolgten im 19. Jahrhundert (Wehler 1989, S. 319).

Die Bedeutung der Patriotischen Gesellschaften für Bildung und Erziehung besteht nicht zuletzt darin, dass unter anderem aus der freiwilligen und unentgeltlichen Lehrtätigkeit ihrer Mitglieder die Industrieschulen, Sonntags- und Abendschulen hervorgingen. Hier sei nur hingewiesen auf die Industrieschule der Nürnberger Gesellschaft sowie auf die fünf Industrieschulen, die der Mecklenburgischen Patriotischen Gesellschaft zugeordnet werden können. Sonntagsschulen wurden unter anderem von der Lübecker, der Rigaer und der Frankfurter Gesellschaft gestiftet.

Ziel aller pädagogischen und schulischen Aktivitäten der Gesellschaften war es, neben der Belebung von Künsten, Gewerbe und Industrie einen Beitrag zur Aufklärung der jungen Generation und zu ihrer beruflichen Bildung zu leisten sowie vor allem der Vernunft und der Moral zu dienen.

2.5 Volksbildung und popularisierende Wissenschaft

Die Patriotischen Gesellschaften zeichneten den Gang der Erwachsenenbildung aus dem Geiste der Aufklärung hin zu einer allgemeinen gesellschaftlichen Verpflichtung im Sinne moralischer, politischer und ökonomischer Nützlichkeit und Vernünftigkeit vor. Dabei wurde bereits die Bedeutung erkennbar, die der Wissenschaft für die Bildung des Einzelnen zu einem vernunftbegabten und mündigen Menschen zukommt. Darüber hinaus erkannte man den großen Einfluss, den die Wissenschaft auf die Entwicklung der allgemeinen Wohlfahrt, auf den Fortschritt im beruflichen und sozialen Leben und schließlich auf die Gesellschaft insgesamt auszuüben vermag. Also bedeutete die Hinwendung zur Wissenschaft, die Auseinandersetzung mit wissenschaftlichen Themen, einen Beitrag zur Selbstbildung des Einzelnen und eine wichtige Voraussetzung zum gesellschaftlichen Fortschritt.

In den Zwanzigerjahren des 19. Jahrhunderts verstärkte sich das Interesse an populärwissenschaftlichen Vorträgen. Als ein herausragendes Beispiel sollen die naturwissenschaftlichen, speziell die bereits angesprochenen geographischen Vorträge Alexander von Humboldts genannt werden. Humboldt selbst schreibt darüber in einem Brief an Kurt von Raumer über einen Artikel, den er selbst über sich für den Brockhaus geschrieben hat: »Die öffentlichen Vorlesungen, welche er (Humboldt) über den Kosmos (die physische Weltbeschreibung) fast gleichzeitig in der großen Halle der Singakademie und in einem der Hörsäle der Universität hielt, fallen in diese frühe Epoche des Berliner Aufenthalts, von Anfang November 1827 bis Ende April 1828.« (nach Balser 1959, S. 278) Diese Vorträge richteten sich an ein interessiertes Laienpublikum – Humboldt selbst spricht von »König und Maurermeister« – und vermittelte den wissenschaftlichen Inhalt in allgemein verständlicher Form. Bereits in seinem Plan für eine »Freie Bergschule zu Steben« hatte sich Alexander von Humboldt Gedanken gemacht, in welcher Weise man das »gemeine Volk« erziehen könne, um es »nachdenkend und verständig zu machen« (nach Dräger 1979 S. 104). Systematischer setzte er sich mit dem Problem popularisierender Wissenschaft in der Einleitung zu seinen Kosmos-Vorträgen (1827) auseinander. Humboldts Vorstellungen von einer populären Bildung können als eine wissenschaftliche Bemühung eigener Qualität gekennzeichnet werden.

In welchem Maße sich die Wissenschaft in der Biedermeierzeit für die interessierten Laien öffnete, zeigt sich unter anderem darin, dass auf Initiative Friedrich von Raumers im Jahre 1841 ein Verein für wissenschaftliche Vorträge in Berlin gegründet wurde. In seiner Eröffnungsrede skizzierte von Raumer die Aufgabe dieses Vereins als eine gesellschaftliche Veranstaltung, die die Wissenschaft an das Volk herantragen solle, ohne dass dabei »der falschen Wissenschaft und Erkenntnis« Raum gegeben werde (Dräger 1979, S. 200–205). Von Raumer wandte sich dabei gegen die Trennung und Vereinzelung von Wissenschaften einerseits und des Lebens andererseits. Vielmehr gehörten beide wesentlich zueinander, sie müssten sich nach seiner Auffassung gegenseitig durchdringen, »fördern und stützen«. Das englische Vorbild spielte dabei eine wesentliche Rolle. Die Bedeutung des Vereins und damit der Wissenschaft in der Vorstellungswelt des Biedermeiers zeigt sich auch darin, dass der Prinz von Preußen sich ihm als Schirmherr zur Verfügung stellte.

Die Frage einer popularisierenden Wissenschaft spielte auch in allgemeinen theoretischen Überlegungen von Wissenschaftlern der Zeit eine große Rolle. Hier sei nur verwiesen auf die »Theorie der Popularität« von *Johann Christoph Greiling* (1765–1840), der sich als Kantschüler den Überlegungen des großen Philosophen anschloss. In Greilings »Logik« von 1800 heißt es: »[. . .] wahre Popularität erfordert viele praktische Welt- und Menschenkenntnis, Kenntnis von den Begriffen, dem Geschmacke und den Neigungen des Menschen, worauf bei der Darstellung und selbst der Wahl schicklicher, der Popularität angemessener Ausdrücke beständige Rücksicht zu nehmen ist. Eine solche Herablassung (Kondeszendenz) zu der Fassungskraft des Publikums und den gewohnten Ausdrücken [. . .] ist in der Tat eine große und seltene Vollkommenheit, die von vieler Einsicht in die Wissenschaft zeugt. Auch hat sie außer vielen Verdiensten noch dieses, daß sie einen Beweis für die vollständige Einsicht in eine Sache geben kann«. (nach Dräger 1979, S. 35)

Ohne Zweifel lassen sich von den Aktivitäten der Wissenschaftler in der Biedermeierzeit im Rahmen populärwissenschaftlicher Vorträge Kontinuitätslinien bis hin zu der Universitätsausdehnungsbewegung am Ende des 19. Jahrhunderts zeichnen. Auch die 1878 gegründete Humboldt-Akademie knüpfte an diese Tradition an. Bereits in der Namensgebung sollte die herausragende Rolle Alexander von Humboldts für die Verbreitung von Wissenschaft gewürdigt werden. Der Plan des Kaufmanns und Verlagsbuchhändlers *Max Hirsch* (1832–1905) zur Gründung einer Anstalt für »Populärwissenschaftliche Vortragszyklen« (der bald die Gründung des »Wissenschaftlichen Zentralvereins« folgte), kann als eine Institution im Spannungsfeld von Wissenschaft und Volksbildung angesehen werden.

Von den ersten Ansätzen populärwissenschaftlicher Volksbildung bis zur modernen universitären Erwachsenenbildung in den Fünfzigerjahren des 20. Jahrhunderts lassen sich Entwicklungslinien aufzeigen, die jedoch jeweils durch wissenschaftstheoretische, hochschuldidaktische, gesellschaftspolitische und institutionell-organisatorische Neuorientierungen bestimmt sind.

3. Erwachsenenbildung im sozialen Wandel: Neue soziale und berufliche Anforderungen

In der zweiten Hälfte des 18. Jahrhunderts begann ein Wandlungsprozess, der sowohl politisch als auch wirtschaftlich und sozial als Doppelrevolution bezeichnet wird (Langewiesche). Die politischen und sozialen Veränderungen betrafen gleichermaßen Individuum und Gesellschaft. Ein bestimmendes Kennzeichen dieser Entwicklung war der Übergang von einer agrarischen und handwerklichen hin zu einer industriellen und maschinellen Produktion: An die Stelle der Manufaktur und handwerklichen Arbeitsorganisation trat mehr und mehr die Fabrik mit einer großen Anzahl von Menschen und neuen Produktionsverfahren. Der kulturelle und soziale Wandel zeigte sich in veränderten Verhaltensnormen, in neuen Formen der Interessenwahrnehmung, in gewandelten Familienverhältnissen und Geschlechterbeziehungen (Langewiesche, 1986).

3.1 Erwachsenenbildung und gewerblicher Strukturwandel: Sonntags- und Gewerbeschulen

Die wirtschaftliche und soziale Entwicklung in der ersten Hälfte des 19. Jahrhunderts erforderte gesellschaftliche und individuelle Lernprozesse als Anpassungsleistung an den industriellen und sozialen Wandel. Die bereits dargestellten Bildungsbemühungen in den Vereinen, Lesegesellschaften, Museums- und Harmoniegesellschaften sind Ausdruck dafür, dass man sich mit den geistigen und sozialen Strömungen der Zeit auseinander zu setzen suchte. Es war zunächst das Bürgertum, das, zum Teil noch zusammen mit dem Adel, Bildung und Kommunikation als Anforderungen der Zeit aufgriff.

Seit den Dreißigerjahren des 19. Jahrhunderts gehörten mehr und mehr auch Handwerker und Arbeiter zu den Teilnehmern der Bildungsinstitutionen, deren soziographische Struktur sich damit wandelte. Es vollzog sich ein Wandel von bürgerlichen Bildungsvereinen hin zu Arbeiterbildungsvereinen der Handwerker und kleinbürgerlicher Schichten. Die Erwachsenenbildung gewann so eine neue soziale Orientierung. Sie wurde durch die Öffnung breiter Bevölkerungskreise für die außerschulische Bildung erst möglich.

Die Arbeiterbildungsvereine waren neben Ansätzen beruflicher Elementarbildung vor allem durch politische und soziale Zielsetzungen bestimmt. Dagegen waren die nun entstehenden Vereine für Gewerbetreibende und Bauern nahezu ausschließlich beruflich-fachlich ausgerichtet. Mit der neuen Aufgabenbestimmung und mit der soziostrukturellen Veränderung der Adressaten veränderte sich auch die bildungstheoretische Grundlegung. Auch die thematischen Schwerpunkte orientierten sich neu.

In immer mehr deutschen Staaten wurden die Zunftprivilegien zugunsten liberaler Gewerbeordnungen abgelöst. Damit wurde die berufliche Fortbildung Fokus der neuen Bildungsanstrengungen: Für die Handwerks- und Gewerbebetriebe bedeutete der gesellschaftliche, aber zugleich industriell-technische Wandel die Notwendigkeit einer Fortbildung, die auch wissenschaftlichen Entwicklungen in der Produktion Rechnung trug. Viele Gewerbevereine erkannten auch im Rahmen freier Konkurrenz, dass die bisherigen Qualifikationen für eine zeitgemäße Produktion nicht ausreichten. Deshalb forderten sie eine den neuen Verhältnissen und Produktionsweisen angepasste Aus- und Fortbildung. Zusätzlich zur Bildung in Elementarfächern wurde für Lehrlinge ein systematischer Unterricht in Zeichnen, in kaufmännischen, mathematischen und wissenschaftlichen Fächern aufgebaut.

Zwar hatte es bereits vor 1800 Fortbildungseinrichtungen für Handwerker gegeben, etwa eine 1788 in Braunschweig gegründete Zeichenschule und eine vergleichbare Schule in Magdeburg aus dem Jahre 1793. Dennoch erfolgte ein systematischer Aufbau von Fortbildungseinrichtungen erst in den Zwanzigerjahren des 19. Jahrhunderts. Neben kleineren Fortbildungsschulen (wie beispielsweise in Lomatsch in Sachsen) gab es auch schon voll ausgebaute Sonn- und Feiertagsschulen. So wurden in Würzburg 1833 bereits 936 Schüler in einer einzigen Institution unterrichtet (Eckl 1979, S. 15).

Die gesellschaftliche und politische Bedeutung eines sich ausdifferenzierenden Fortbildungssystems wird in den staatlichen Regelungen sichtbar. So erließ Bayern 1833 eine Ministerialverordnung zum Vollzug der Gewerbeschulgesetze, die zur Vereinheitlichung des Fortbildungssystems beitragen sollte (Preusker 1835, S. 229 f.). Danach sollten in größeren Städten Handwerks- und Feiertagsschulen für Lehrlinge und »ältere mindergebildete« Gesellen eingerichtet werden. Zu den Unterrichtsgegenständen gehörten die Elementarfächer Geschichte und Geographie sowie naturwissenschaftliche und technische Themen. In den kleineren Städten sollten Elementarzeichenschulen eröffnet werden. Entsprechende Gesetze gab es auch in Baden. Sowohl in Bayern als auch in Baden schien es üblich zu sein, Lehrlinge zur Gesellenprüfung nur zuzulassen, sofern sie eine Gewerbeschule besucht hatten (Balser 1959, S. 57). Der Unterricht wurde zunächst sonntags abgehalten. Später wurde auch der Besuch der Schule nach der täglichen Arbeit eingerichtet, d. h. in gewisser Weise wurden Abendschulen institutionalisiert, wie es auch der Vorschlag einer Württembergischen Schulkommission von 1848 vorsah.

Man kann von einer Differenzierung der Fortbildungseinrichtungen in zwei Richtungen mit fließenden Übergängen sprechen. Einerseits gab es Institutionen, die den Lehrlingen und Gesellen vorwiegend Elementarkenntnisse vermittelten. Darüber hinausgehende, allgemein bildende Angebote fanden sich nur sporadisch und zufällig. Andere Fortbildungseinrichtungen setzten bei ihren Schülern Elementarkenntnisse voraus und bauten darauf auf, sodass man von »Aufbaukursen« sprechen kann. Allerdings zeigte sich, dass in der Regel die Elementarkenntnisse doch so gering waren, dass auch weiterführende Fortbildungseinrichtungen Unterricht in Deutsch, Lesen und Rechnen anbieten mussten.

Neben den Lehrlingen besuchten auch die Gesellen den gemeinsamen Unterricht, wenn sie diesen auch offenbar innerlich ablehnten: Ihre Bildungsbereitschaft war, wie Carl Preusker in seiner Selbstbiographie »Lebensbild eines Volksbildungsfreundes« hervorhebt, sehr begrenzt, weil die Gesellen überhaupt »aus falscher Ehrsucht nicht gleichzeitig mit den Lehrlingen den Unterricht genießen wollten und sich deshalb verhältnismäßig wenig einfanden« (Preusker 1871, S. 157). Abgesehen von dem Standesdenken, das im Verhalten der Gesellen zum Ausdruck kommt, war sicherlich auch ausschlaggebend, dass die Gesellen neben den Meistern in der beruflichen Praxis selbst den Lehrlingen Unterricht erteilten, sodass sie nicht bereit waren, nun als Schüler neben diesen zu sitzen.

Carl Preusker regte 1830 eine Sonntags- und Gewerbeschule in Großenhain in Sachsen an, die dann vom »Polytechnischen Cassenverein für Sachsen« gegründet wurde. Sie ist insoweit von Bedeutung für die Entwicklung der Erwachsenenbildung, als hier neben einer kompensatorischen Bildung auch eine berufliche Weiterbildung angestrebt wurde. So definierte die Schule ihren Zweck wie folgt: »Nachhilfe des versäumten oder vergessenen Schulunterrichts und Fortbildung in gemeinnützigen, zugleich aber auch in gewerbswissenschaftlichen Kenntnissen und Fertigkeiten« (Preusker 1835, S. 200). Die Elementarfächer Rechnen, Schreiben und Lesen ergänzte ein berufsbezogener Unterricht in Zeichnen, Modellieren und Steinbearbeitung. Der allgemein bildende Charakter der Schule zeigte sich in Vorträgen über Geometrie, höhere Arithmetik – und interessanterweise – Vaterlandskunde und Erster Hilfe.

Der Unterricht wurde in der Stadtschule des Ortes sonntags von 12 bis 16 Uhr und zwei- oder dreimal wöchentlich von 19 bis 21 Uhr durchgeführt. 50 bis 70 Schüler besuchten regelmäßig solche Veranstaltungen. Die meisten Schüler nahmen zwei Jahre lang an dieser Fortbildung teil, einige sogar vier Jahre. Zwei Drittel der Schüler waren Lehrlinge, ein Drittel Gesellen. Der Bildungslehrgang war als Bausteinsystem aufgebaut, sodass auch bereits nach einem halben Jahr ein Zeugnis erteilt und besonders guten Schülern ein Empfehlungsschreiben ausgestellt wurde (vgl. Eckl 1979, S. 15).

Die Gewerbe- und Sonntagsschulen richteten sich vor allem an die städtische Jugend. Aber auch auf dem Lande vollzogen sich Prozesse des technischen, des sozialen und politischen Wandels, die eine Bildungsarbeit im ländlichen Raum erforderlich machten. Deshalb gründeten sich landwirtschaftliche Vereine, die die Bildungsarbeit unterstützten (allein in Preußen 104). Als ein herausragendes Beispiel für eine solche Institution soll die für die Geschichte der Erwachsenenbildung bedeutsame Rendsburger Höhere Volksschule näher betrachtet werden.

3.2 Erwachsenenbildung im ländlichen Raum: Das Beispiel Rendsburg

In der ersten Hälfte des 19. Jahrhunderts waren die so genannte Bauernbefreiung – die durch staatliche Reformen in Gesellschaft und Wirtschaftsordnung erreicht wurde – und das Wachstum der agrarischen Produktion von besonderer Bedeutung für die Entwicklung des ländlichen Raumes und damit für die Herausbildung von spezifischen Bildungseinrichtungen für die ländliche Bevölkerung. Beide Faktoren, die Bauernbefreiung und das Wachstum der agrarischen Produktion, hatten zudem Auswirkungen auf die sozialen Wandlungen und die Reformen auf dem Lande. Insgesamt bedeutete die Agrarreform nicht nur die Beseitigung herrschaftlicher Abhängigkeit, sondern erforderte bzw. erzwang zugleich erhöhte soziale und berufliche Mobilität. Die rechtlichen und wirtschaftlichen Neuerungen waren auch die Voraussetzungen für die allmähliche Auflösung dörflicher Sozialstrukturen – und damit verbunden – auch für die Notwendigkeit beruflicher, gesellschaftlicher und politischer Neuorientierungen. In diesem Kontext sind die verschiedenen neu entstehenden Formen landwirtschaftlicher Fachbildung zu sehen, denen der Begründer der modernen Agrarwissenschaft, *Albrecht Thaer* (1752–1828), wesentliche Impulse gab. So entstanden die so genannten Ackerbauschulen und die landwirtschaftlichen Akademien wie Weihenstephan (1803), Möglin (1806) und Hohenheim (1818).

Erste Überlegungen für eine Weiterbildung der bäuerlichen Bevölkerung gingen bis ins 18. Jahrhundert zurück. So verfasste bereits im Jahre 1750 *Philipp Ernst Lüders* (1702–1786) die Schrift »Grundriss einer zu errichtenden Ackerschule«. Er ging von einer berufsbezogenen landwirtschaftlichen Fortbildungsschule aus, die drei Monate dauern sollte. Lüders' Konzeption entsprach derjenigen der ökonomisch-landwirtschaftlichen Vereine und der Patriotischen Gesellschaften. Allerdings wurde die erste derartige Schule erst 1799 auf der dänischen Insel Falster in Naesgaard errichtet.

Vor diesem sozialhistorischen Hintergrund und im Hinblick auf die besondere politische, gesellschaftliche und bildungspolitische Situation in Schleswig-Holstein und Dänemark ist die bekannte »Pflanzschule für tüchtige Communevorsteher und Ständedeputierte« in Rendsburg (1842–1848) zu sehen. Es war vor allem die instabile politische Situation in Schleswig-Holstein, die die Gründung der Schule beeinflusste: Der Versuch des dänischen Königs Christian VIII. im Jahre 1848, entgegen den alten Rechten der Herzogtümer Schleswig dem dänischen Gesamtstaat einzugliedern, rief militärische und diplomatische Gegenreaktionen hervor, vor allem in Preußen. Auch der Deutsche Bund und die Großmächte waren in die Auseinandersetzung verwickelt. Erst mit dem Londoner Vertrag von 1852 wurde die Schleswig-Holsteinische Krise endgültig beigelegt. Vor diesem politischen Hintergrund wurde die Schule auf der Grundlage eines sehr breit und kontrovers diskutierten Plans des Holsteinischen Justizrates *Carl Friedrich Klenze* (1795–1878) gegründet. Sie wandte sich an die bäuerliche Bevölkerung und verfolgte zwei Zielsetzungen. Sie wollte eine allgemeine Bildung zur Hebung der sozialen Stellung des Bauerntums vermitteln und zugleich eine fachbezogene, praktische Berufsausbildung erreichen. In dem provisorischen Regulativ heißt es: »Der Zweck der Anstalt ist, vorzugsweise dem Bauernstande der Herzogthümer Schleswig-Holstein eine Gelegenheit darzubieten, ihren confirmierten Söhnen eine den Zeitumständen anpassende allgemeine Ausbildung zu verschaffen, und sie in besonderer Berücksichtigung der Landwirtschaft für diesen ihren Beruf auch in praktischer Hinsicht möglichst zu vervollkommnen.« (nach Laack 1960, S. 56) Daneben trat eine politisch-demokratische Zielsetzung, wie sie im Namen der Schule zum Ausdruck kam: Die »Pflanzschule« sollte Bürgermeister auf Gemeindeebene und Abgeordnete für die Provinzialständevertretungen in Itzehoe und Schleswig heranbilden (Behrend 1975, S. 135).

Der Lehrplan für den zweijährigen Kursus entsprach durchaus der Konzeption einer breiten, weite Gebiete der Wissenschaft erschließenden Allgemeinbildung, wobei die Religion, die Geschichte und die deutsche Sprache das Curriculum anführten mit dem Ziel, zu einer »geistigen Verbindung mit dem allgemeinen Leben der Menschheit« zu gelangen (Laack 1960, S. 37). Die fachbezogene Bildung beschränkte sich nicht nur auf sehr begrenzte, anwendungsorientierte Themen, sondern vermittelte auch allgemeine betriebs- und volkswirtschaftliche Zusammenhänge. Das Fach Betriebslehre handelte von der »Zusammensetzung der Wirtschaft«, »der richtigen Verteilung der Kräfte, dem erforderlichen Kapital und der Ertragsschätzung« und Kenntnis der »wichtigsten technischen Betriebe« (nach Laack 1960, S. 37).

Der Lehrplan räumte eindeutig der allgemeinen »höheren« Bildung einen Vorrang gegenüber den fachspezifischen, fachlichen Komponenten ein und ging in Richtung einer »höheren Bauernschule«. Diese Tendenz zeigte sich auch in der großen Bedeutung, die der Abschlussprüfung beigemessen wurde.

Die Teilnehmer der Schule setzten sich fast nur aus Söhnen der wohlhabenden Bauernschaft zusammen, schon deshalb, weil das Schulgeld relativ hoch war. Die Leitung der Schule übernahm *Jacob Julius Heinrich Lütgens* (1810–1852). Die Schule verfügte über drei hauptamtliche Lehrkräfte sowie drei Honorarkräfte.

Sowohl Klenze als auch Lütgens waren bestrebt, die Eigenständigkeit der Schule gegenüber kirchlichen Einflüssen und Eingriffen zu betonen. Die Konzeption und Praxis der Schule orientierte sich jedoch an zu hoch gesteckten Zielen und ging somit an der gesellschaftlichen und sozialen Lage der Schüler weitgehend vorbei. Von den insgesamt 343 Schülern beendeten nur 27 den zweijährigen Lehrgang erfolgreich (Berend 1975, S. 135). Als mit dem dänisch-deutschen Nationalitätenkonflikt noch politische Schwierigkeiten hinzukamen, musste die Schule 1848 schließen.

Das Rendsburger Beispiel führte dennoch zur Gründung ähnlicher Einrichtungen. So regte Peter Christian Koch bereits 1840 die Übernahme der Klenzeschen Idee für dänische Bauern in Schleswig an. Christian Flor, Professor für dänische Sprache und Literatur in Kiel, gab, die Rendsburger Schule vor Augen, 1844 den Anstoß zur Gründung der Heimvolkshochschule Rødding nach dem so genannten Grundtvigschen Ideal: Der dänische Bischof *Nicolai Frederik Severin Grundtvig* (1783–1872) war der geistige Urheber der Heimvolkshochschulbewegung in den skandinavischen Ländern. Er hatte zugleich auch großen Einfluss auf die Entwicklung der Deutschen Volkshochschulbewegung, sodass an späterer Stelle die erwachsenenbildnerischen Vorstellungen Grundtvigs näher behandelt werden sollen. Auch die von Christian Kolt initiierte Gründung der Heimvolkshochschule Ryslinge auf Fünen ist in diesen Kontext einzuordnen.

Die Rendsburger »Pflanzschule« gab wichtige Anregungen und hat deshalb auch große Bedeutung für die Entwicklung der Heimvolkshochschulbewegung, vor allem aber auch als eine Institution berufsbezogener Weiterbildung im Prozess des technischen und sozialen Wandels in der ersten Hälfte des 19. Jahrhunderts.

4. Erwachsenenbildung zwischen Idylle und Revolution

4.1 Die Entstehung der Handwerker- und Arbeiterbildungsvereine: Erwachsenenbildung zwischen Anpassung und Widerstand

Von herausragender Bedeutung für die Konstituierung der Erwachsenenbildung als eines institutionalisierten Bildungsbereichs waren die Handwerker- und Arbeiterbildungsvereine. Ihnen kommt nicht nur ein bildungsgeschichtliches Interesse zu; sie hatten auch großen Einfluss auf die allgemeine politische Entwicklung im 19. Jahrhundert. Ihre Geschichte kann als eine Entwicklung von der Arbeiterbildung hin zur Arbeiterbewegung charakterisiert werden. Die entstehenden Handwerker- und Arbeiterbildungsvereine führten auch zu neuen Formen der geselligen und gesellschaftlichen Organisation von Handwerkern und Arbeitern, die die alten Brüderschaften und Vereine ablösten. Dabei hatte der Zusammenschluss von Gesellen zu Brüderschaften bzw. Vereinen eine lange Tradition. Allerdings hatten sich die zünftlerischen Brüderschaften mit der Überwindung der Ständegesellschaften und dem Vordringen von Manufakturen in handwerkliche Domänen aufgelöst. Einige Elemente zünftlerischer Korporationen wirkten jedoch auch auf die neuen Formen der Vereinsgründungen von Handwerkern und Gesellen ein: Assoziationen, die die Handwerker gegen die sozialen Risiken wie Krankheit und Arbeitslosigkeit absichern sollten.

Es gab grundlegend verschiedene Richtungen von Handwerker- und Arbeiterbildungsvereinen, wobei deren Bedeutung ebenso unterschiedlich war wie ihre Zielsetzungen. Zum einen entstanden Vereine, die nicht von den Handwerkern und Gesellen selbst, sondern von bürgerlichen Schichten initiiert wurden. Humanitäre, soziale und zugleich politische Motive spielten dabei eine wichtige Rolle. Die Handwerker und Gesellen sollten von revolutionären Ideen und von möglichen Unruhen ferngehalten werden. Die soziale Frage bestimmte also die Zielsetzung und die Arbeitsweise dieses – bürgerlichen Ideen verpflichteten – Vereinstyps. Ein herausragendes Beispiel einer solchen überregionalen Institution ist der Preußische »(Zentral)-Verein für das Wohl der arbeitenden Klasse«. Dieser wurde am 6. Oktober 1844 gegründet, und aufgrund seiner staatsloyalen Grundhaltung gewann er die Unterstützung Friedrich Wilhelms IV.

Sozial- und wohltätigkeitsorientierte, aber auch in begrenztem Maße volksbildnerische Zielsetzungen bestimmten die Arbeit dieses Vereins. Durch die Gründung von Spar- und Unterstützungskassen versuchte man das Sparen als die vordringlichste soziale Maßnahme zu fördern und dadurch die soziale Lage der arbeitenden Klassen zu verbessern. Die Hebung der Sittlichkeit des Volkes war das gesellschaftliche und ideologische Fundament. Die begrenzten volksbildnerischen Aktivitäten bestanden in der Gründung von Sonntags- und Gewerbeschulen. So wurden »Fortbildungsanstalten für die in den Fabriken beschäftigten Kinder und Bewahranstalten für die Kinder der Fabrikarbeiter« eingerichtet. Zugleich setzte sich der Verein für eine volksnahe Bildung durch »Verbreitung gemeinnütziger Kenntnisse durch Schriften und Vorträge« ein (Balser 1959, S. 96).

Die aufgeklärte und politisch aktive Arbeiterschaft erkannte bald die auf Sozialintegration und auf Stillhaltung gerichteten Ziele des Zentral-Vereins. So äußerte der deutsche Sozialist *Stephan Born* (1824–1898) unter dem Decknamen eines »Handwerkers« radikale Kritik an dem Verein und forderte, dass die Zusammenschlüsse der Arbeiterschaft nur durch die Arbeiterschaft selbst organisiert und durchgeführt werden sollten.

Die eigentlichen Arbeiter- und Handwerkervereine, die sich später vornehmlich schon aus politischer Opportunität Handwerkerbildungsvereine nannten, waren eine Initiative der Handwerker und Arbeiter selbst. Sie vertraten ihre eigenen Interessen und waren gekennzeichnet durch ein hohes Maß an Selbstbestimmung und demokratischer Legitimation. Wenn auch in vielen Satzungen der Vereine auf den unpolitischen Charakter hingewiesen wurde, so war doch der Zusammenhang von Bildung und Politik das bestimmende Kennzeichen dieser originären Handwerker- und Bildungsvereine des Vormärz. Das Interesse an politischer Aufklärung verband sich mit dem Verlangen nach allgemeiner Bildung.

Für die Entwicklung der Bildungsarbeit im Vormärz sind zwei Elemente von besonderer Bedeutung. Zum einen politisierten sich die Handwerker und Gesellen in Deutschland unter dem Einfluss der sozialistischen und kommunistischen Ideen, die bereits die deutschen Handwerkerbildungsvereine in Frankreich und der Schweiz geprägt hatten *(s. u.)*. Sie wurden auch deshalb Gegenstand staatlicher Bespitzelung und Unterdrückung. Zum anderen verbanden sich diese radikal-demokratischen

Ideen mit den Vorstellungen von politischer Freiheit sowie den Prinzipien der Menschen- und Bürgerrechte des Vormärz, was zu einem Zusammengehen der Arbeiterschaft mit den verschiedenen demokratischen Richtungen führte.

4.2 Die deutschen Handwerker- und Arbeiterbildungsvereine im Ausland

Die entscheidenden Impulse zur Herausbildung von Handwerker- und Arbeiterbildungsvereinen gingen von wandernden deutschen Handwerksgesellen und emigrierten Intellektuellen im Ausland aus. Ein harmloses Motiv für die Zusammenschlüsse in Vereinen war die Möglichkeit des Gedankenaustauschs und der gegenseitigen Unterstützung. Entscheidender war jedoch die größere politische Freiheit im Ausland, vornehmlich in Frankreich, in der Schweiz und in England, die eine Verbindung von Bildung und Politik in den Vereinen ermöglichte. Im Ausland begegneten sich die wandernden Handwerksgesellen und deutschen Emigranten, die nach den Unruhen der Dreißigerjahre verstärkt in diesen Staaten Zuflucht gesucht hatten, wobei vor allem die Intellektuellen die Initiative zur Gründung von deutschen Vereinen ergriffen (Birker 1973, S. 21). Die Zahl der Handwerksgesellen in der Schweiz, in Paris und in London lag in den Dreißiger- und Vierzigerjahren jeweils zwischen 10 000 und 20 000 (Schieder 1963, S. 96 ff.).

Der 1832 in Paris von emigrierten Intellektuellen, Kaufleuten und Handwerkern gegründete »Großdeutsche Verein«, dem auch Ludwig Börne und Heinrich Heine angehörten, wird als der Urverein der Handwerker- und Arbeiterbildungsvereine angesehen. Als auch in Frankreich die freiere Entfaltung von Vereinen mehr und mehr durch rechtliche und politische Restriktionen eingeschränkt wurde, bildeten sich bald Geheimbünde. So entstand 1834 durch Flüchtlinge der deutschen Revolution von 1830 und des Hambacher Festes von 1832 der in Paris etablierte geheime »Bund der Geächteten«. Wegen der hierarchischen Verfassung des Bundes bildete sich eine Opposition, die sich 1837 in dem demokratisch organisierten, in der Schweiz und in London verbreiteten »Bund der Gerechten« zusammenschloss. Sein Ziel war es, Freiheit, Einigkeit und Demokratie in Deutschland vorzubereiten. Der geistige Repräsentant des Bundes war der Schneidergeselle Wilhelm Weitling, der bedeutendste Theoretiker des Handwerkerstandes im Vormärz *(s.u.)*. Er emigrierte 1841 in die Schweiz und setzte dort seine Arbeit fort.

Die politischen Bedingungen in der Schweiz erlaubten in den Dreißigerjahren – im Unterschied zu Frankreich – den Handwerkervereinen, die der Fortbildung und der Geselligkeit dienten, öffentlich zu arbeiten. Erste Vereine mit dieser Zielsetzung wurden 1833 in Biel und 1834 in Zürich gegründet. Daneben konstituierten sich geheime politische Vereine, in denen sich Intellektuelle zusammenschlossen. Sie versuchten, die Arbeit der Geselligkeits- und Fortbildungsvereine direkt zu beeinflussen. Eine solche politische Geheimorganisation war »Neues Deutschland«, später das »Junge Deutschland«.

Nach einer Periode der Flüchtlingsverfolgung (1836) kam es seit 1841/42 wieder zu einem stärkeren Aufschwung des Vereinswesens in der Schweiz. Zu den politischen Vereinen und Geheimbünden bestand von Seiten der Bildungsvereine zunächst wenig Kontakt. Erst mit dem Aufenthalt Weitlings in der Schweiz

(1841–1843) setzte eine stärkere Politisierung ein, die zu einer Spaltung in eine bürgerlich-»jungdeutsche« und eine »kommunistische« Richtung führte. Die kommunistische Ausrichtung war besonders in den Vereinen in Genf, Lausanne und La Chaux-de-Fonds dominierend. Die Entwicklung der Vereine in der Schweiz zu reinen Bildungsinstitutionen vollzog sich Ende der Vierzigerjahre. 1848 nahmen sie den Namen Arbeiterbildungsvereine an. 1849 gab es bereits 20 Vereine mit zusammen 741 Mitgliedern (Birker 1973, S. 20).

Die Schweizer Handwerkervereine übten, wie gesagt, einen besonderen Einfluss auf die Entwicklung der Vereine in Deutschland aus. Hier wurden sie als Modelle für die eigene Arbeit angesehen. Die Erfahrungen, die die deutschen Handwerksgesellen in der Schweiz machten, übertrugen sie auf Deutschland. Zu denjenigen, die in den Bildungsvereinen in der Schweiz arbeiteten, gehörte z. B. *Wilhelm Liebknecht* (1826–1900), der einige Jahre später sehr aktiv in der deutschen Arbeiterbildung werden sollte. 1847/48 war er Lehrer des Züricher Arbeiterbildungsvereins und Ende 1849 Präsident des Genfer Vereins.

Neben der Schweiz und neben Paris spielten Brüssel und London eine besondere Rolle für die Geschichte der deutschen Handwerker- und Arbeiterbildungsvereine des Auslands. In den Bildungsvereinen in Brüssel und London herrschte ein starkes politisches Element vor, wobei kommunistische Einflüsse dominierten. So war es z. B. möglich, dass Karl Marx im Brüsseler Verein 1847 Vorträge halten konnte.

1840 gründete Karl Schapper, der später eine Fraktion gegen Karl Marx anführte, in London die »Deutsche Bildungsgesellschaft für Arbeiter« (Birker 1973, S. 26/27). Auch in London konstituierte sich nach dem Pariser Vorbild ein Geheimbund, der »Bund der Gerechten«, der sich 1837 vom »Bund der Geächteten« abspaltete. Diesem Bund schlossen sich auch Karl Marx und Friedrich Engels an. Er benannte sich schließlich auf einem Kongress im Juli 1847 in »Bund der Kommunisten« um (Görtemaker 1994, S. 190). Dieser Bund war es auch, der Karl Marx mit der Abfassung des Kommunistischen Manifestes beauftragte.

4.3 Handwerker- und Arbeiterbildungsvereine in Deutschland während des Vormärz

Anfang der Vierzigerjahre bestand in der deutschen Arbeiterbewegung des Auslands ein Zusammenhalt wie kaum zuvor (Schieder 1963, S. 66). Die aus dem Ausland zurückgekehrten Handwerker und Intellektuellen trugen die sozialkritischen Ideen nach Deutschland und übten dort in den Vierziger- und frühen Fünfzigerjahren in theoretischer wie organisatorischer Hinsicht entscheidenden Einfluss auf die soziale und politische Entwicklung in Deutschland aus. Auf literarischem Gebiet ist hier insbesondere auf Heinrich Heines Werk »Deutschland – Ein Wintermärchen« zu verweisen (1844).

Die frühsozialistischen Schriften eines Wilhelm Weitling, Charles Fourier und Louis Blanc bestimmten weitgehend die wissenschaftlich orientierten Diskussionen. Besonders die Schrift Weitlings »Die Menschheit, wie sie ist und wie sie sein sollte« (1839) fand bei den Handwerkern große Aufmerksamkeit. Sie sollte die Programmschrift des »Bundes der Gerechten« sein und enthielt den Plan einer kommunistischen Gütergemeinschaft. In seinem Hauptwerk »Garantien der Harmonie und Freiheit« (1842) zeigte Weitling die Grundlagen für eine kommunistische Gesellschaft auf. Er entwickelte auch eine grundlegend neue Volksbildungskonzeption mit dem Ziel der Förderung eines sozialistischen Bewusstseins, um so eine sozialistische Revolution vorzubereiten.

Weitling stützte sich dabei teilweise auf die französischen Frühsozialisten, die die soziale und ökonomische Struktur der Gesellschaft sowie die Besitzverhältnisse radikal verändern wollten. Unter dieser Perspektive bestimmten sie auch die Rolle von Bildung und Erziehung im Hinblick auf ihre soziale Funktion neu.

Louis Blanc (1811–1882), ein Zeitgenosse Weitlings, verknüpft in seinem Hauptwerk »Organisation du Travail« (1839) den Gedanken der Planung und Förderung der Wirtschaft durch Produktionsgenossenschaften mit der Neubestimmung der Erziehung, die mit dem politischen Prinzip der Verbrüderung korrespondiert. Besonders über den deutschen Sozialisten Stephan Born beeinflussten diese Vorstellungen nach 1848 die deutsche Arbeiterbildung und Arbeiterbewegung in besonderem Maße.

Die Theorien zur Lösung der sozialen Frage spielten eine zentrale Rolle bei der Diskussion um die Neugestaltung der ökonomischen und politischen Verhältnisse. Von bahnbrechender Bedeutung waren dabei die Schriften *Lorenz von Steins* (1815–1890) »Sozialismus und Kommunismus im heutigen Frankreich« (1842) sowie *Friedrich Engels*' (1820–1895) Bericht über »Die Lage der arbeitenden Klassen in England« (1845).

Vor dem Hintergrund dieser gesellschaftstheoretischen Diskussion bildeten sich die Vereine. Bis zum Jahre 1848 weist Karl Birker folgende Vereine in Deutschland nach (1973, S. 35/36). Die nachstehende Aufzählung zeigt, dass mit dem Jahre 1846 eine entscheidende Gründungsphase von Handwerkerbildungsvereinen begann.

1843	Stettin, Handwerkerverein;
1844	Berlin, Handwerkerbildungsverein; Mannheim, (1847 aufgelöst, 1848 wieder gegründet);
1845	Hamburg, Bildungsverein für Arbeiter; Kiel, Gewerbeverein;
1846	Magdeburg; Oldenburg; Hitzacker; Altona; Danzig; Luckenwalde; Chemnitz, Maschinenbauverein; Elberfeld; Bremen;
1846/47	Leipzig;
vor 1848	Breslau, Arbeitersingverein; München, Arbeiterbildungsvereine; Wien.

4.3.1 Der Berliner Handwerkerbildungsverein zwischen Staatsloyalität und politischem Widerstand

Der Handwerkerverein in Berlin gehörte neben dem Hamburger und Mannheimer Verein zu den traditionsreichen Zusammenschlüssen, deren Bildungsarbeit im Vormärz und in der Revolutionszeit zum Vorbild für andere Vereine wurde. Er wirkte aktiv an der Herausbildung der Arbeiterbewegung mit und war maßgeblich an der Gründung der Arbeiterverbrüderung beteiligt. Neben dieser politischen Tätigkeit im Hinblick auf die entstehende Arbeiterbewegung sind im Berliner Handwerkerverein sowohl Elemente reiner Fortbildung als auch bürgerlicher und christlicher Ansätze erkennbar.

In Berlin gaben wandernde Handwerker – christlich orientierte Gesellen – den Anstoß zur Gründung eines Handwerkervereins. Der protestantische Geistliche *Otto von Gerlach* (1801–1849) griff ihre Anregung auf und gründete 1844 einen »Verein zur Beförderung christlicher Sitte unter den jungen Männern des Gewerbestandes« (Eckl 1979, S. 39). Der Verein verfolgte zwei Ziele: Der Handwerker sollte in ein soziales Bezugsfeld integriert und die protestantische Lehre und Moral im Verein gepflegt und verbreitet werden. Allerdings entwickelte sich schon auf der Gründungsversammlung des Vereins 1844 eine Opposition gegen diese Zielsetzung. Aus ihr entstand im Frühjahr desselben Jahres unter Führung des Stadtsyndikus Hedemann der Berliner Handwerkerverein.

Ein weiterer Grund für die eigenständige Vereinsgründung war die autoritäre Struktur des religiösen Vereins, die völlig auf dessen Vorsitzenden Otto von Gerlach zugeschnitten war. Der oppositionelle Verein erhielt dagegen einen demokratischen Aufbau, seine Mitglieder wählten die Entscheidungsträger. Er wuchs schnell: Schon zwei Jahre nach seiner Gründung zählte er weit über 1 000 Mitglieder.

Die Bildungsziele des Berliner Handwerkervereins knüpften zunächst an die traditionelle Bildungskonzeption der Handwerkervereine der Dreißiger- und Vierzigerjahre an. Der Unterricht in Elementarkenntnissen und die popularisierende Vermittlung von Wissenschaft, besonders der Naturwissenschaften und der Technik, bestimmte zunächst die Bildungsarbeit. Auch in der gesellschaftspolitischen Zielsetzung herrschten anfangs sozialintegrative Bestrebungen vor. Die Statuten des Vereins schlossen eine dezidiert politische Zielsetzung – schon aus Opportunitätsgründen – aus.

Neben den Handwerkern waren noch andere Berufsgruppen, insbesondere Intellektuelle, vertreten. Zu ihnen gehörte beispielsweise der Pädagoge, Schul- und Sozialpolitiker *Friedrich Adolph Wilhelm Diesterweg* (1790–1866). Auch Frauen und Mädchen beteiligten sich in großer Zahl an der Arbeit des Vereins. Zu den bekanntesten Persönlichkeiten aus der Handwerkerschaft zählte – allerdings nur für das Jahr 1846 – *Stephan Born* (1824–1898), der sogar der »Generalversammlung« angehörte.

In dem Verein gab es bald eine politisch fortschrittliche Gruppe von Lehrern und Mitgliedern, die mit der Beschränkung auf solche Gegenstände, »welche ihrem Bildungsgrade und ihren äußeren Verhältnissen« (Friedensburg 1923, S. 21) entsprachen, unzufrieden waren. Sie versuchten, ihre politischen Vorstellungen in den Verein hineinzutragen und die Bildungsarbeit in ihrem Sinn zu beeinflussen. Zu ihnen ist beispielsweise der radikale ehemalige Predigtamtskandidat Julius Berends zu rechnen, dessen politisch akzentuierte Vorträge Missbilligung und Verfolgung durch die Polizeibehörden herausforderten.

Die treibende Kraft der Opposition innerhalb des Berliner Handwerkervereins war Christian Friedrich Mentel, ein Mitglied des »Bundes der Gerechten«. Er hatte bereits 1840 Kontakt mit Wilhelm Weitling aufgenommen und in Paris und London politische Erfahrungen für seine künftige Arbeit gesammelt. In Paris hatte er auch die Verpflichtung übernommen, in Berlin einen entsprechenden Verein zu gründen, die er 1845 einlöste. Mentel warb in Berlin am Arbeitsplatz und in den Herbergen für Mitglieder. Besonders erfolgreich war er im Berliner Handwerkerverein. Als die Polizei den Bund 1846 auflöste, waren von seinen 35 Mitgliedern 17 auch Mitglieder im Handwerkerverein oder verkehrten dort. Diese Gruppe traf sich auch außerhalb des Vereins zur politischen Schulung. Einmal wöchentlich hielten ihre Mitglieder in Privaträumen Versammlungen ab, in denen gelesen und diskutiert wurde. Es gab auch eine Bibliothek. Leider sind die Titel der Bücher nicht bekannt, doch müssen es Schriften gewesen sein, »deren Inhalt zum Theil zu gewaltsamen Staatsumwälzungen aufforderte« (Wermuth/Stieber 1853, S. 41). Mentels Verständnis von politischer Bildung ging weit über die offiziellen Ziele des Handwerkervereins hinaus. Während der Verein, dem ja eine politische Bildung verboten war, in seinen Statuten festgeschrieben hatte, »das sittliche und intellektuelle Leben im Handwerkerstand auf vaterländische Weise anzuregen« und »Ehrfurcht und Gehorsam gegen die Gesetze, Liebe und Treue gegen den Landesherrn« zu wecken (Statuten des Handwerker-Vereins von 1844), wollte Mentel das Gegenteil. Er verlangte die Belehrung über die wahren Interessen der Arbeiter und forderte intensive Bildung, um die eigenen Interessen durchsetzen zu können. Zugleich hoffte er, dass auch in Preußen die »Aufklärung« sich allmählich durchsetzen würde und so schließlich eine neue Staatsverfassung entstehen könnte.

Entsprechend dieser Auffassung wirkten Mentel und die anderen oppositionellen Mitglieder im Handwerkerverein. So kam es um diese Zeit im Verein zu Unruhen, die die Behörden auf kommunistischen Einfluss zurückführten. Einige Lehrer wurden gezwungen, den Verein wegen ihrer radikalen Auffassungen und Lehrbeiträge zu verlassen. Hier wirkte sich nun auch die Berührung zwischen politischen Handwerkern und radikalen Intellektuellen aus, die es in den Auslandsvereinen schon länger gab und die auch in Deutschland noch einige Jahrzehnte die Arbeiterbildung bestimmen sollte.

Der Berliner Handwerkerverein ist ein Beleg für die Spannweite zwischen Staatsloyalität und politischem Widerstand. Gerade die fortschrittlichen Kräfte innerhalb des Berliner Handwerkervereins brachten auch neue Aspekte in die Handwerkerfortbildung ein. Ziel dieser Fortbildung war die Schulung der Handwerker zu selbstständigem Denken und Handeln. Im Sinne einer politischen Aufklärung sollten die Handwerker befähigt werden, die politischen Verhältnisse zu durchschauen. Diese Erkenntnisse sollten sie für die Durchsetzung ökonomischer, sozialer und politischer Forderungen einsetzen. Die fortschrittlichen Mitglieder des Vereins versuchten, ihre politischen Bestrebungen auch in andere Organisationen zu tragen, wie z.B. in den »Familien-Verein«. Die Arbeit des Berliner Handwerkerbildungsvereins zwischen reiner Fortbildung und politischer Aufklärung und Agitation bedeutete einen Schritt in Richtung Arbeiterbewegung, insbesondere in einer Zeit, als es eine Arbeiterorganisation mit eigenständigen Zielen und Programmen und einer entsprechenden Organisation noch nicht gab. Erst mit der 48er Revolution und dann im Kampf gegen die neu entstandene Reaktion konnten die kritischen und revolutionären politischen Auffassungen zum Durchbruch gelangen.

4.3.2 Der Hamburger Bildungsverein für Arbeiter

Die in Hamburg am 2. Januar 1845 ähnlich wie in Berlin von wandernden Handwerkern gegründete »Bildungsgesellschaft für Arbeiter« war in ihrer Anfangsphase sehr stark von sozialistischen und antiklerikalen Zielsetzungen bestimmt. Hier zeigte sich der Einfluss der Handwerker, die während ihrer Wanderschaft in der

Schweiz und in Frankreich mit frühsozialistischen Ideen in Verbindung getreten waren und die auch Kontakte zum »Bund der Gerechten« hatten. Ob Wilhelm Weitling während seines kurzen Aufenthaltes 1845 in Hamburg die kommunistische Ausrichtung des Vereins beeinflusste, ist in der Forschung bisher nicht eindeutig geklärt. Fest steht jedoch, dass die Schriften Weitlings das geistige Rüstzeug des Hamburger Arbeiterbildungsvereins waren. »Das Gift wirkte [. . .], schnell verbreitete sich die Tendenz jener Bücher. Das war sehr natürlich; denn die Sprache in den beiden Büchern ist eine so populäre, leichtverständliche – der Mann aus dem Volke spricht hier zum Volke – daß sie kaum ihre Wirkung verfehlen konnte. Die Denkenden unter den Arbeitern sahen dabei natürlich ein, daß man nicht gleichsam mit Stiefeln und Sporen so ohne weiteres in den kommunistischen Staat hineinsteigen kann, daß Uebergänge stattfinden müssen. Allein, man hatte doch ein Ziel, auf das wir voll Hoffnung nun hinarbeiten konnten. So gestalteten sich damals in der Stille die Keime von vielem, was später als scheinbar ganz Neues Aufsehen in der Welt gemacht hat.« (nach Laufenberg 1911, S. 95)

So ist es nicht überraschend, dass die Gesellschaft »zur Hebung der arbeitenden Klasse« bald in das Blickfeld der Polizeibehörden, der bürgerlichen »Gesellschaft zur Beförderung der Künste und nützlichen Gewerbe« sowie des pietistischen »Jünglingsvereins« geriet. Deshalb musste sie auch aus taktischen Gründen bald ihre radikale Position aufgeben. Sie konnte nur weiter bestehen, indem sie sich mit der schon bestehenden »Patriotischen Gesellschaft« verband, die – wie dargestellt – als bürgerliches Honoratiorengremium gekennzeichnet werden kann. Sie änderte deshalb auch im April 1846 ihren Namen in »Bildungsverein für Arbeiter« um. Dadurch wollte sie zum Ausdruck bringen, dass der einzige Zweck des Vereins die Bildungsarbeit sei. Bildung galt als ein wichtiges Mittel, die sozialen Verhältnisse positiv zu beeinflussen und so Missverhältnisse, Ungerechtigkeit, Stillstand und Vorurteile zu bekämpfen (Laufenberg 1911, S. 97).

Mit dieser Neuorientierung konnte der Verein eine gewisse Selbstständigkeit bewahren: Allgemein bildende Vorträge und Kurse hatten die Fächer Deutsch, Fremdsprachen und Geschichte zum Gegenstand. Die beruflich orientierte Bildung zeigte sich vor allem in architektonischem, perspektivischem und geometrischem Zeichnen. Elemente politischer Bildungsarbeit wurden in Redeübungen sowie in allgemeinen Veranstaltungen über philosophische und soziale Themen versteckt.

Der Verein expandierte bald so stark, dass er in kürzester Zeit dreimal ein größeres Vereinslokal suchen musste. Im März des Revolutionsjahres 1848 betrug die Mitgliederzahl ca. 600 bei einer äußerst großen Fluktuation. Im Jahre 1847 standen 600 Vereinszugängen 557 Abgänge gegenüber (Laufenberg 1911, S. 103). Die berufssoziologische Zusammensetzung des Jahres 1848 ist beispielhaft für viele Vereine des Vormärz: »Je ein Arbeitsmann, Apotheker, Buchhändler, Büchsenmacher, Färber, Feldwebel, Gastwirt, Gipser, Knopfmacher, Kürschner, Kupferschmied, Liniierer, Lohgerber, Marqueur, Optiker, Schmied, Stukkateur, Uhrmacher; je zwei Bäcker, Bildhauer, Buchdrucker, Ewerführer, Friseure, Klempner, Lackierer, Riemer; je drei Buchbinder, Gelehrte, Händler, Handschuhmacher, Hutmacher, Küper, Lehrer, Schiffbauer, Schriftgießer, Steinhauer, Steindrucker; je vier Handlungsdiener, Mechaniker, Sattler, Schreiber; je fünf Goldarbeiter, Stellmacher; je sechs Fabrikarbeiter, Instrumentenmacher, Tapezierer; je sieben Maler, Zuckerbäcker;

je neun Hausknechte und Töpfer, zehn Zimmerleute, elf Zigarrenarbeiter, zwölf Schuhmacher, 22 Schlosser, 28 Maurer, 39 Drechsler, 55 Schneider, 281 Tischler. Auch im ›Bund der Gerechten‹ stellten ja Schneider und Tischler die überwiegende Zahl der Mitglieder; zwei seiner Pariser Sektionen bestanden in der Hauptsache aus Schneidern, eine aus Möbelschreinern.« (Laufenberg 1911, S. 103) Daraus kann man schließen, dass ein Großteil der Mitglieder während ihres Aufenthalts im Ausland intensiven Kontakt zu diesem Bund hatte.

Der Hamburger Bildungsverein zeigt in seiner historischen Entwicklung einen ambivalenten Charakter und spiegelt so bestimmte entgegengesetzte Grundpositionen innerhalb der politischen Strömung der Zeit wider. So vereinigten sich in der Hamburger Bildungsgesellschaft kleinbürgerliche Vorstellungen mit utopischen Hoffnungen auf eine Lösung der sozialen Frage und reformistischen Ideen auf »langsam sich fortbildende(n) äußere(n) Verhältnisse(n)«, wie es in einer Rede auf dem dritten Stiftungsfest 1848 heißt (Laufenberg 1911, S. 103). Neben einer primär politischen Arbeit in der Perspektive der entstehenden Arbeiterbewegung sind auch rein apolitische Fortbildungsveranstaltungen sowie – unter dem Einfluss der patriotischen Gesellschaft – auch bürgerliche und christliche Ansätze sichtbar. Radikale politische Zielsetzungen wurden abgelöst durch taktische Opportunität und Anlehnung an bestehende politische und gesellschaftliche Verhältnisse.

4.3.3 Der Mannheimer Arbeiterbildungsverein

Der »Mannheimer Arbeiterbildungsverein« kann als Beispiel für die vielen kleineren süddeutschen Vereine gelten, die in der Zeit des Vormärz entstanden. Drei Schneidergesellen gründeten diesen Verein im Oktober 1844. Der Verein richtete sich vor allem an Handwerker der eigenen Zunft: Zuletzt waren von 141 Mitgliedern 104 Schneider. Der Hauptzweck des Vereins war es, eine »höhere Bildung durch die Erweiterung der Kenntnisse und Feststellung des sittlichen Betragens zu erwerben«. Die Breite seiner Bildungsinteressen zeigt sich in den Statuten. Sie sahen folgende Themen bzw. Maßnahmen vor:

»a) Der Unterricht und die Übung in den nöthigsten Elementarkenntnissen wie Lesen, Schreiben, Rechnen, in der Orthographie, in der Fertigkeit schriftlicher Aufsätze.
b) Der Unterricht in Geographie, Welt- und Naturgeschichte.
c) Das Lesen guter Zeitschriften und Werke anerkannter Schriftsteller und Besprechung hierüber.
d) Die Kenntnißnahme von dem Zustand der Gewerbe im In- und Auslande, sowie geeignete Vorträge und gegenseitige Belehrung über den Stand derselben.
e) Die Mittheilung und Erklärung nützlicher Erfindungen.
f) Die Anschaffung literarischer Hilfsmittel zur wissenschaftlichen und technischen Ausbildung.
g) Der Gesangunterricht«. (nach Balser 1959, S. 93)

Die Auswertungen des badischen Generalarchivs Karlsruhe durch Frolinde Balser zeigen, dass Bildungsaktivitäten im Vormärz polizeilichen Übergriffen ausgesetzt waren und nur unter persönlichem Einsatz und Opfern möglich waren. Sie verdeutlichen zudem, in welchem Maße die Handwerker ihre eigene soziale und berufliche Situation selbst zu gestalten bemüht waren.

Die Handwerkerbildungsvereine übten in der kurzen Phase des Vormärz und der Revolution eine ungemein prägende Kraft aus, wiewohl sie insgesamt nur einen geringeren Teil der Handwerker erreichten (Stadelmann/Fischer 1955, S. 224). Sie unternahmen nicht nur für sich selbst, sondern für den Handwerkerstand insgesamt den Versuch, die sozialen und korporativen Verhältnisse in einer Zeit neu zu gestalten, in der die Zünfte all ihrer Funktionen endgültig beraubt waren. Die Handwerkerbildungsvereine waren eine freiwillige und bewusste Assoziation Gleichgesinnter; sie ersetzten so die bisherige traditionelle Eingliederung des Einzelnen in den Zunftverband. Hardtwig sieht darin eine Parallele zur freiwilligen und gemeinsamen Zuordnung von kulturellen Interessen der bürgerlichen Vereinigungen (1984, S. 13/14). Das, was das Bürgertum für die Lesegesellschaften war, war die Arbeiterschaft für die Arbeiterbildungsvereine. Die Arbeiter selbst und die führenden Repräsentanten der Handwerker- und Arbeiterbildungsvereine erkannten, dass Bildung im Prozess der gesellschaftlichen, sozialen und beruflichen Neuorientierung und der sich abzeichnenden Emanzipation für den gesamten Handwerkerstand eine wesentliche Voraussetzung für deren erfolgreiche Bewältigung sei.

4.4 Konfessionelle Arbeiterbildungsvereine und die soziale Frage

Der Prozess der Industrialisierung rückte die soziale Frage im 19. Jahrhundert in das allgemeine Bewusstsein. Die Erwachsenenbildung gewann da besondere Resonanz und Akzeptanz, wo sie dieses Problem zum Gegenstand ihrer Reflexion und ihrer Bildungsarbeit machte. Da bis in die Sechzigerjahre hinein die soziale Frage besonders die Handwerker bzw. Arbeiter betraf, konnte die konfessionelle Volksbildung hier ihren genuinen Ansatz finden: Bildungs- und soziales Engagement verbanden sich. Das Anliegen, die soziale Lage der Handwerker und der Arbeiter zu verbessern, wurde verknüpft mit der Vermittlung christlicher Lehre und entsprechenden Wertvorstellungen. Den säkularisierten bzw. sozialistisch-kommunistischen Formen der politisch orientierten Handwerker- und Arbeiterbildungsvereine wollte die konfessionelle Erwachsenenbildung, insbesondere die katholische Volksbildung, eine eigenständige Handwerker- bzw. Arbeiterbildung entgegensetzen.

Von ihrem Ursprung her war die konfessionelle Erwachsenenbildung in Deutschland zunächst weniger von der Amtskirche selbst getragen als von einzelnen Persönlichkeiten, die sehr stark von sozialem und christlichem Engagement geprägt waren. Erst als die Amtskirche auch die konfessionspolitische Bedeutung dieser neuen Formen der Handwerker und Arbeiterbildung erkannte, versuchte sie selbst, Einfluss auf die Entwicklung zu nehmen. Die ersten Ansätze religiöser Erwachsenenbildung zeigten sogar partiell eine gegen die bestehenden kirchlichen Institutionen gerichtete Tendenz, so in der »deutsch-katholischen Bewegung« und der evangelischen Bewegung der »Lichtfreunde«.

4.4.1 Johann Hinrich Wichern und die evangelischen »Jünglingsvereine«

Erste Ansätze evangelisch-konfessioneller Erwachsenenbildung waren sehr stark sozialethisch motiviert. Konkrete institutionelle Formen nahmen sie in den Vierzigerjahren an. Sie sind sehr eng mit dem Namen *Johann Hinrich Wichern* (1808–

1881) verbunden. Vorläufer und Anknüpfungspunkte fanden sich in religiös-quietistischen Gemeinschaften, die kaum institutionalisiert waren, sondern mehr als Freundschafts- und Gesellenbünde mit Bildungsintention gekennzeichnet werden können. Die Idee der Missionsbewegung, die dem Protestantismus in den ersten Jahrzehnten des 19. Jahrhunderts einen Aufschwung gegeben hatte, legte auch die Vermittlung christlich-protestantischer Lehren nahe.

Der Prozess der Institutionalisierung dieser losen Gesellenzirkel begann bereits in den Zwanzigerjahren des 19. Jahrhunderts. So fasste der Blechschmied und Missionar Carl-Wilhelm Isenberg in Barmen-Germacke einen Gesellenverein zu einem »Missionsjünglingsverein« zusammen (Wendling 1937, S. 30). In den Dreißigerjahren bildeten sich in vielen deutschen Städten eigenständige, vom Missionsgedanken losgelöste »Jünglingsvereine«, die eine primär sozialethische Zielsetzung hatten. Johann Hinrich Wichern, der Begründer der »Inneren Mission«, knüpfte an diese Tradition der Jünglingsvereine an. Wichern unterstützte, wo immer es ging, den Bildungsgedanken im Rahmen der Inneren Mission. Allerdings konzentrierte er sich mehr und mehr auf die Idee der Missionierung und die besondere Betonung sozialpraktischer Tätigkeit. Er versuchte, sich mit den realen Bedingungen der Industrialisierung und deren Auswirkungen auf den Handwerkerstand auseinander zu setzen, blendete jedoch die ökonomische und politische Dimension der Industrialisierung weitgehend aus. Da Wichern die soziale Krise der Zeit im Verfall der Sittlichkeit und des religiösen Lebens diagnostizierte, erschien ihm die Verbesserung der sozialen Zustände primär durch eine religiös-sittliche Erneuerung möglich, die er durch die Verbindung von Geselligkeit und Bildung mit der Vermittlung christlicher Werte zu erreichen suchte.

Die Arbeit der protestantischen Jünglingsvereine sollte zugleich einen Gegenpol zu den zum Teil atheistischen und kommunistisch ausgerichteten Handwerker- und Arbeiterbildungsvereinen des Vormärz bilden. Um eine möglichst große Breitenwirkung zu erreichen, gab er ab 1844 die »Fliegenden Blätter aus dem Rauhen Hause« heraus.

Wicherns bildungstheoretischer und bildungspraktischer Ansatz blieb ständisch und religiös begrenzt. Seine gesellschaftspolitische Zielsetzung beschränkte sich auf die Erweckung eines neuen Verständnisses für die Bedeutung der Familie in der Gesellschaft und die Entwicklung eines vertieften Berufsethos.

4.4.2 Adolf Kolping und die katholischen »Gesellenvereine«

Ein wesentlicher Impuls für die Herausbildung einer spezifisch katholischen Erwachsenenbildung ging ebenfalls von der Verknüpfung der sozialen Frage mit dem Anliegen der Volksbildung aus. Es waren katholische Intellektuelle um den »Mainzer Kreis« mit der Zeitschrift »Der Katholik« sowie des Münchener »Goerres-Kreis(es)«, die in der Besinnung auf christliche Werte eine Lösung der sozialen und gesellschaftlichen Krise der Zeit sahen. Vor allem die führenden katholischen Sozialethiker *Franz Xaver von Baader* (1765–1841) und *Franz Josef von Buß* (1803–1878) zeichneten Grundlinien einer katholischen Volksbildung vor.

Franz Josef Ritter von Buß griff für sein Anliegen einer vertieften Bildung des Proletariats Anregungen des Katholizismus in Frankreich auf, wie sie etwa in dem

Buch von Edouard Alletz »Die neue Demokratie oder die Sitten und die Macht der Mittelklassen in Frankreich« zum Ausdruck kamen, das Buß selbst übersetzt hatte. Darin entwickelte Alletz die Konzeption einer Volksbildung als ein entscheidendes Mittel für die soziale Besserstellung des vierten Standes. Vor dem Hintergrund dieser theoretischen Überlegungen forderte von Buß wie andere katholische Sozialethiker die Gründung von Vereinen, auch von Bildungsvereinen, als wichtiges Instrument zur Gestaltung der gesellschaftlichen Verhältnisse aus christlicher Sicht.

In dieser sozialethischen Tradition stand *Adolf Kolping* (1813–1865), der eigentliche Begründer einer institutionell organisierten katholischen Volksbildung, die zwar soziologisch mit der Arbeiterschaft verbunden war und damit auch eine Beziehung zu den Handwerker- und Arbeiterbildungsvereinen besaß, weltanschaulich-religiös und gesellschaftspolitisch sich jedoch als Gegenbewegung verstand. Adolf Kolping, der als Schuster tätig gewesen war, bevor er 1845 zum Priester geweiht wurde, kannte aus eigener Anschauung die desolate Lage der Handwerker und Arbeiter. Angeregt auch durch Schriften und Berührungspunkte mit den sozialreformerischen Ideen des Bischofs *Wilhelm Emanuel von Ketteler* (1811–1877) wurde er 1847 Präses eines Elberfelder Gesellenvereins. Nach der Märzrevolution 1848 trat Kolping mit der Idee an die Öffentlichkeit, ähnliche Vereine in ganz Deutschland zu gründen. Diese Vereine sollten drei Zielsetzungen verfolgen:

- Möglichkeit eines Gemeinschaftslebens unter gleichgesinnten Leuten als Ersatz für die Familie;
- Bildung und Erziehung für Beruf und Leben;
- Schaffung von Heimen als Sammelpunkte für die Gesellen (Wendling 1937, S. 32).

Erste Gesellenvereine wurden in Köln, Bonn, Düsseldorf, Aachen, Essen und Koblenz gegründet. Ihre Zahl stieg bald so stark an, dass Kolping die bereits bestehenden Vereine im »Rheinischen Gesellenbund« zusammenschloss. Damit erreichte er eine institutionelle Vorstufe jener »Volksakademie im Volkston«, die im Wesentlichen von Geistlichen als den »geborenen Volkserziehern« getragen sein sollte. Diese Volksakademie sollte auch in der Lage sein, »die Wunden und Schäden im Volke« zu heilen (Benning 1971, S. 50).

Kolpings Bildungskonzeption basiert auf einem geschlossenen christlichen, zum Teil verengten kirchlich-konfessionellen Weltbild. Dieses berücksichtigte zwar in sozialer Hinsicht durchaus Auswirkungen der Industrialisierung auf die Lage der arbeitenden Klasse, konnte jedoch kaum einen Zugang zu den Auseinandersetzungen mit liberalen und sozialistischen Ideen schaffen. Insofern blieb die katholische Volksbildung theoretisch begrenzt und wirkte praktisch lediglich innerhalb einer primär religiös und soziologisch beschränkten Handwerkerschicht.

In theoretischer Hinsicht war die konfessionelle Erwachsenenbildung in erster Linie sozialethisch begründet, ohne dass ihr ein umfassender systematischer Bildungsansatz zugrunde lag. Aus den Schriften Kolpings und Wicherns lassen sich keine Elemente einer durchgängigen eigenständigen Volksbildungstheorie ableiten.

Die praktischen Wirkungen auf den vierten Stand insgesamt, der sich auf dem Wege von der Arbeiterbildung zur Arbeiterpolitik befand, waren schon deshalb begrenzt, weil die beiden Hauptvertreter konfessioneller Erwachsenenbildung, Wichern und Kolping, alles Politische aus der Volksbildungsarbeit dezidiert ausschlossen. Die Abgrenzung, ja die strikte Abwehr gegenüber einer Bildung, die sich mit politischen und gesellschaftlichen sowie allgemein geistig-kulturellen Problemen der Zeit auseinander setzte, kommt in der Position Kolpings eindeutig zum Ausdruck: »Der Gesellenverein hat sich weder um die Politik noch um irgendeine öffentliche Angelegenheit zu kümmern, und zwar verstehen wir das im strengsten Sinne des Wortes.« (nach Röhrig 1987, S. 356) Der scheinbar apolitische Charakter konfessioneller Erwachsenenbildung war jedoch in dem Sinne höchst politisch, dass er damit indirekt die politischen Verhältnisse legitimierte, auch die der Epoche der Reaktion. In diesem Sinne war die absolute politische Abstinenz zugleich eine Wende in das konservative Lager.

Aus diesen Gründen war die konfessionelle Volksbildung von den 1854 beschlossenen allgemeinen Vereinsverboten ausgenommen. Sie konnte so während der Reaktionszeit eine Bildungsarbeit aufbauen, welche auch die von den Verboten betroffenenen Schichten erreichte. So berichtete August Bebel in seinen »Erinnerungen«, er habe selbst die Bildungschancen wahrgenommen, die die katholischen Gesellenvereine ihm boten (Bebel 1910, S. 10 u. 36 ff.).

5. Von der Bildung zur Politik

Schon in den Handwerkervereinen des Vormärz, besonders in denen des Auslands, hatte sich der Zusammenhang von Erwachsenenbildung und Politik abgezeichnet. Allerdings konnte sich daraus aufgrund der staatlichen Restriktionsmaßnahmen noch keine politische Organisation bilden, die die arbeitende Klasse zusammengeführt hätte. Die Entwicklung von der Arbeiterbildung zur Arbeiterbewegung zeichnete sich erstmals während der 48er Revolution ab. Einerseits erkannten die Handwerker und Arbeiter die Notwendigkeit eines Zusammenschlusses, um ihre Forderungen durchsetzen zu können, andererseits gab es für diese kurze, weitgehend repressionsfreie Zeit von zwei Jahren auch die politischen Voraussetzungen, eine überregionale Arbeiterorganisation aufzubauen.

5.1 Vom Abendschüler zum Revolutionär

Obwohl in den Handwerkerbildungsvereinen des Vormärz bereits eine politische Grundstimmung herrschte, so war doch die Bildungsarbeit aufgrund der obrigkeitsstaatlichen Restriktionen beschränkt. Die Rolle des Handwerkers in den Vereinen war gleichsam die eines weltoffenen, zukunftsorientierten und außerordentlich bildungsmotivierten Abendschülers. Erst die Phase der Revolution ermöglichte den Schritt von einer politisch abstinenten Bildung hin zu einer revolutionären Gesinnung. Eine Reihe von Bildungsvereinen schloss sich dieser revolutionären Grundstimmung ihrer Mitglieder an. Zugleich gingen die Arbeiterbildungsvereine, die sich seit der Märzrevolution vornehmlich als Arbeitervereine verstanden und damit die politische Dimension zum Ausdruck brachten, den Weg von einer reinen Bildungsinstitution zu einer politischen Assoziation.

5.2 Die allgemeine deutsche Arbeiterverbrüderung

Die Revolution von 1848/49 hatte auch außerhalb der politischen Aktivitäten in der Frankfurter Paulskirche ein »außerparlamentarisches«, intensives öffentlich-politisches Leben entfaltet. Neben der Bewegung des Katholizismus bedeutete die Märzrevolution vor allem für die Arbeiterschaft politischen Aufbruch und Konzentration aller Kräfte. Die wachsende Zahl neuer Arbeiterbildungsvereine nach den Märzereignissen von 1848 verlangte nach einer übergreifenden Organisation, um politisch wirksam zu werden. Die Initiative zur Gründung einer überregionalen politischen Assoziation der Arbeiter ging von Berlin aus, wo sich ein »Zentralkomitee für Arbeiter« konstituierte. Die treibende Kraft war der gelernte Schriftsetzer Stephan Born, der zusammen mit dem Berliner Handwerkerverein zum Arbeiterkongress von 1848 nach Berlin aufrief. Dort gründeten Handwerker und Arbeiter die erste nationale deutsche Arbeiterbewegung, die »Arbeiterverbrüderung« (Schlechte 1979, S. 11 ff.).

In mehreren Versammlungen und Kongressen (unter anderem am 29. März, 11. April und am 18./19. Juni 1848) wurden die programmatischen und organisatorischen Voraussetzungen für eine gesamtdeutsche Vertretung der Arbeiterschaft erarbeitet. Es wurden Lokal- und Bezirkskomitees sowie ein Zentralkomitee mit Sitz in Leipzig gegründet. Zu den Mitgliedern des Zentralkomitees gehörten neben Stephan Born der Schneidergeselle Georg Kick aus Waldthurm und der Geometer Franz Schwenniger (Birker 1973, S. 40). Zentren der Arbeiterverbrüderung waren neben Berlin auch Leipzig und Hamburg.

Die Arbeiterverbrüderung verstand sich als Bildungs-, vor allem aber als politische Organisation. Deutschlands Arbeiter, heißt es am 3. Oktober 1848 in der ersten Ausgabe der »Verbrüderung«, dem Organ der Arbeiterorganisation »müssen dahin streben, eine moralische Macht im Staate zu bilden, ein starker Körper zu werden, der jedem Sturm trotzt, der vorwärts und immer vorwärts dringt, und in seiner Bewegung Alles niederhält und forträumt, was einer freien und besseren Gestaltung der Dinge im Wege steht [. . .]« (nach Balser 1962, S. 57).

Die Arbeiterverbrüderung beanspruchte programmatisch die politische Mitgestaltung der Gesellschaft. Auf dem politischen bzw. sozialpolitischen Sektor verlangte sie ein allgemeines und gleiches Wahlrecht sowie die Regelung von Arbeitslohn, Arbeitszeit und Arbeitslosenunterstützung. Zudem forderte sie ein demokratisches Bildungswesen. In dem Berliner Programm der Arbeiterverbrüderung reicht der Anspruch auf eine umfassende Volksbildung von einer »möglichst vollkommene(n) Ausbildung der Jugend zu Welt- und Staatsbürgern« (§ 2) bis zur »wissenschaftlichen Ausbildung resp. Fortbildung der Arbeiter im Allgemeinen« (§ 24 der Statuten). Wissenschaftliche Ausbildung der Handwerker meinte in der damaligen Zeit eine außerschulische, breit angelegte und fundierte Bildung der Handwerker, die über eine berufsspezifische Fortbildung hinausging. Im heutigen Sinne ist sie als Erwachsenenbildung zu verstehen; diesen Begriff gab es allerdings damals noch nicht (Balser 1959, S. 203).

Die Arbeiterverbrüderung war eine Organisation mit unterschiedlichen Interessenschwerpunkten. Sie war ein Dachverband von Handwerker- und Arbeitervereinen, von Bildungsvereinen und berufsspezifischen Zusammenschlüssen. Das

Spektrum der Aufgaben, der politischen und sozialen Ziele zeigte sich in dem »Organisations-Statut«, das sich mit den Verbesserungen der »wirtschaftlichen Arbeitsverhältnisse« der Arbeiter und den »Wanderunterstützungs- und Arbeiternachweisevereine(n)« befasste. Zudem gab es »ein Statut für Gesundheitspflegevereine« sowie ein »Statut für Krankenunterstützungs- und Sterbekassen« (Balser 1962, S. 88–89). Zwar lag dem Programm der Arbeiterverbrüderung keine einheitliche Theorie zugrunde, dennoch stand die soziale Frage unter den Leitzielen Solidarität und Brüderlichkeit im Mittelpunkt. Die sozialpolitischen Forderungen verweisen bereits auf die Grundstruktur einer modernen Sozialversicherung.

Die Arbeiterverbrüderung verbreitete sich rasch, wobei sich der organisatorische Aufbau durch Lokal- und Bezirkskongresse vollzog. Bald zählte die Arbeiterverbrüderung ca. 230 Vereine mit 18 000 bis 20 000 Mitgliedern und umfasste einen »beachtlichen Teil des damals in Deutschland zur aktiven elementaren Bewegung zählenden Proletariats« (Schlechte 1979, S. 79). Sie kann als Vorläufer einer politisch-sozialen Bewegung in ganz Westeuropa betrachtet werden.

In der Phase der Revolution gingen in Deutschland Arbeiterbildung und Arbeiterpolitik zum ersten Mal und in unterschiedlichem Ausmaß zusammen. Als bewusster politischer Akt kann der Beitritt vieler Arbeiterbildungsvereine zur Arbeiterverbrüderung gedeutet werden. Damit erklärten die Bildungsvereine ihre grundlegende Übereinstimmung auch mit den politischen Zielen der Arbeiterverbrüderung. So stellte sich der Berliner Handwerkerverein, der ein ausgesprochener Bildungsverein und seit seinen Anfängen Mitglied der Arbeiterverbrüderung war, öffentlich mit einem Flugblatt auf die Seite der Märzrevolution, als schon zwei Monate nach den Barrikadenkämpfen in Maueranschlägen der Landwehr die Märzgefallenen geschmäht wurden.

Das Emblem des Berliner Handwerkervereins war ein sinnfälliges Symbol dieser Haltung: Hatten im Vormärz verschlungene Hände die Solidarität der Handwerker symbolisiert, hielten die ineinander verschränkten Hände nun ein aufgerichtetes Schwert. Die Arbeiterverbrüderung bediente sich des gleichen Symbols. Mit revolutionärem Pathos forderte auch der Freiberger Arbeiterbildungsverein Ende 1849: »Die Bildung sei unsere Waffe, die Verbrüderung unsere Barriere«. (nach Schlechte 1979, S. 68) Bildung als Waffe bedeutet hier einerseits politische Aufklärung, andererseits Agitation.

Den aufklärerischen Anspruch formulierte der Vorsitzende des Berliner Handwerkervereins, Michael Ries, im Jahresbericht 1849 des Vereins wie folgt: »Jeder soll bei uns die Grundlagen erhalten, auf denen er sich selbst das Gebäude seiner politischen Meinung aufbauen kann, und in diesem Sinne stellen unsere Sitzungen die wissenschaftliche Erörterung politischer Gegenstände durch Lehrvorträge und Besprechungen als dem Vereinszweck entsprechend hin.« (nach Balser 1962, Bd. 2, S. 642) In der praktischen Bildungsarbeit aber ging der Verein über diese selbst gesteckte Grenze einer objektiven Meinungsbildung seiner Mitglieder hinaus, besonders, als es darum ging, die Ergebnisse der Revolution gegen die immer stärker werdende Reaktion zu verteidigen. Das Vortragsangebot lässt dies deutlich erkennen.

Im Berichtszeitraum 1848/49 wurden unter anderem Vortragsreihen und Einzelvorträge zu folgenden Themen gehalten: Soziale Politik, Geschichte der geographischen Entdeckungen, Geschichte der Französischen Revolution, Geschichte des großen Bauernkrieges, Unterschied zwischen konstitutioneller und ständischer Monarchie, Zunft- und Innungswesen, Die Entstehung des französischen und deutschen Bürgertums, Nationalökonomische Fragen, Geschichte Karls I. und Cromwells, Über die verschiedenen Gewalten im Staatsleben, Über den revolutionären Geist der Frauen, Über die große amerikanische Revolution (nach Balser 1962, Bd. 2 S. 642–43).

Auffallend an diesem Bildungsangebot ist der hohe Anteil sozialer und politischer Themen sowie historischer Vortragsreihen, die sich vorwiegend mit Erhebungen und Revolutionen auseinander setzten. Das waren keine Zufälligkeiten, denn zu dieser Zeit waren die Ergebnisse der Barrikadenkämpfe schon wieder durch die Reaktion bedroht. Wurden jetzt in den Bildungs- und Arbeitervereinen in den historischen Vorträgen gerade solche Themen behandelt, die die Unrechtmäßigkeit absolutistischer Herrschaft, den Widerstand gegen ein Königstum von Gottes Gnaden und das Entstehen der Menschenrechte zum Gegenstand hatten, standen diese Vorträge in einem aktuellen politischen Kontext, und die Herrschenden fassten sie als Agitation und Bedrohung auf.

Der Berliner Handwerkerverein war in diesem Zusammenhang kein Einzelfall. Auch in berufsspezifischen Vereinen wurden Bildung und Agitation in diesem Sinn betrieben, etwa in dem Berliner »Verein der Maschinenbauer«. Er gehörte ebenfalls zur Arbeiterverbrüderung. Im Jahre 1849 wurde folgende Bildungsarbeit durchgeführt (Vorträge und Unterricht): »Steht der Arbeiter in unserem Staat besser als der Arbeiter im fremden Staat – (18. Okt. 49). Totenfeier, 19. März 1849, ein unermittelter Redner, die Versammlung erhebt sich barhaupt. Lektionsplan für April-Juli: 4 Std. allgemeine Besprechungen, 2 Gesetzeskunde, 2 Std. Geschichte der Vereinigten Staaten, 2 Std. Geschichte der franz. Revolution (Dr. Petermann). – Julius Berends über nationalökonomische Fragen und Handelspolitik« (nach Balser 1962, Bd. 2, S. 643).

Das Unterrichtsangebot dieses Vereins umfasste neben sozialen und wirtschaftlichen Themen auch Revolution und Demokratie. Der Verein ging damit deutlich über eine berufsspezifische Weiterbildung hinaus. In einem anderen Berliner Verein, dem Arbeiterverein in der »Köpenickstraße«, der ebenfalls Mitglied der Arbeiterverbrüderung war, benutzte man klassische Dramen, um an aktuelle Ereignisse anzuknüpfen. Bei der Behandlung des Schillerschen Don Carlos »sollen Betrachtungen über den politischen Charakter der Reformen angestellt« worden sein; es wurde »Über das siegreiche Vorschreiten der Plebejer gegen die Patrizier« gesprochen und über Egmont (Balser 1962, Bd. 2, S. 643).

Die hier genannten Vereine waren primär Bildungsvereine. Zugleich verstanden sie sich als Berufsverband und Arbeiterverein. Bunt zusammengewürfelt in einer gemeinsamen Organisation, hatten sie sich zwar ein gemeinsames Programm gegeben und kämpften zusammen gegen die Reaktion – eine politische Partei waren sie dennoch nicht, allenfalls eine Bewegung.

Für die Entwicklung der Arbeiterbildung ist von besonderer Bedeutung, dass mit der Arbeiterverbrüderung eine institutionelle Basis für politische Erwachsenenbildung gegeben war. Beispielhaft ist der Versuch im Frankfurter Raum, die Bildungsarbeit auf regionaler Ebene zu koordinieren. So wurden die dem Bezirkskomitee der Arbeiterverbrüderung angeschlossenen Vereine aufgefordert, folgende Themen auf ihrer nächsten Sitzung zu behandeln: »1. Inwiefern entspricht die Concentration des Capitals (Anhäufung desselben in einzelnen Händen) und der Productionsinstrumente (wie Maschinen, Äcker u.s.w.) dem Interesse des Arbeiters? 2. Welche Veränderung in der allgemeinen Besteuerung müssen die Arbeiter verlangen? 3. Wie haben sich die Arbeiter den übrigen Fractionen der demokratischen Partei, deren Forderungen hinter den ihrigen zurückblieben, gegenüber zu verhalten bei Wahlen zu einer allgemeinen Nationalversammlung, wenn durch eine neue Revolution das allgemeine Stimmrecht hergestellt ist?« (nach Schlechte, 1979, S. 69)

In dieser Themenwahl zeichnete sich die Trennung der Arbeiterschaft vom Bürgertum deutlich ab, wobei sich die Arbeiter durchaus als die fortschrittlichere Fraktion betrachteten. Es ist nicht mehr die etwas hilflose Agitation gegen die erstarkende Reaktion; vielmehr wurde in radikaler Weise die Frage nach dem Unterschied von Kapital und Arbeit aufgeworfen. Vor dem Hintergrund dieser gesellschaftspolitischen Neuorientierung wurde auch das Bündnis der Arbeiterschaft mit den demokratischen Parteien in Frage gestellt.

Dieses wachsende Selbstbewusstsein wurde deutlich in der Zeitschrift »Concordia« (1849/50) formuliert, dem Organ der »Association der Cigarrenarbeiter« Deutschlands, wenn es dort heißt, die Zeit sei vorbei, »wo der Arbeiter an nichts dachte und darum bevormundet wurde [. . .]. Es sind neue Ideen in uns aufgetaucht, die keine Macht zurückzudrängen imstande ist« (nach Schlechte 1979, S. 70). Dies wurde im November 1849 geschrieben, als die Reaktion bereits daran arbeitete, die Arbeiterverbrüderung zu zerschlagen. Etwa zehn Jahre sollte die Reaktion die »neuen Ideen« unterdrücken. Im Jahre 1849 war sie damit schon ein gutes Stück vorangekommen.

Die Arbeiterbildung während der Revolutionszeit 1848/49 war also aufs Engste mit der Politik verbunden. Insgesamt zeigt sich, dass auch spätere Daten und Zäsuren der deutschen Geschichte – wie 1871, 1918/19 und 1933 – auf entscheidende Weise den historischen Gang der Erwachsenenbildung bestimmt haben.

5.3 Die Zerschlagung der Arbeiterbildung zu Beginn der Fünfzigerjahre

Bereits ein gutes Jahr nach den Barrikadenkämpfen des Jahres 1848 zeichnete sich überall in Deutschland die Zerschlagung der Arbeiterbewegung ab. Die preußische Regierung begann, durch die Revision der Verfassung und der Vereinsgesetzgebung die Grundlagen für eine Verfolgung demokratischer Vereine zu schaffen. Damit wollte sie neben den rein politischen Organisationen auch die Bildungsvereine der Arbeiter und Handwerker treffen. Dies geht eindeutig aus einer Rede des Innenministers von Manteuffel hervor, in der er vor der Ersten Kammer des Preußischen Landtages die beabsichtigte Gesetzgebung begründet und den Berliner Handwerkerverein wegen seiner Bildungsarbeit als eine »Eiterbeule der Gesellschaft« bezeichnete: »In den historischen Vorträgen, für welche ganz besondere Stunden bezeichnet sind, hat man sich fast ausschließlich mit Darlegung der französischen Revolution beschäftigt. Denken Sie sich eine Versammlung von 590 – 600 halbgebildeten jungen Männern in der größten Ekstase, ihnen gegenüber einen Lehrer, der sich bemüht, alles, was in der französischen Revolution Verhängnisvolles und Schlimmes vorgekommen ist, in dem Lichte der Tugend erscheinen zu lassen! [. . .] Ich glaube, daß es unerlässlich ist, solchen Eiterbeulen der Gesellschaft mit Kraft und Energie zu begegnen. Ich glaube, dies kann nur durch ein Gesetz geschehen, welches dergleichen Verhältnisse vollständig regelt.« (Stenographischer Bericht der Ersten Kammer. Berlin 1849, S. 762 f.)

Das Gesetz, das die Grundlage für die Verfolgung der Handwerker- und Arbeiterbildungsvereine darstellte, war die »Verordnung über die Verbreitung eines die gesetzliche Freiheit und Ordnung gefährdenden Mißbrauchs des Versammlungs- und Vereinsrechtes« vom 11. März 1850. Der § 8 verbot unter anderem die Verbindung politischer Vereine untereinander.

Die deutschen Regierungen begannen spätestens im März 1850, ihre reaktionäre Politik gegenüber der Arbeiterverbrüderung und den Arbeitervereinen abzustimmen. Die Arbeiterverbrüderung und die ihr angehörenden Vereine, die auch 1850 ihren demokratischen Ausgangspunkt von 1848 prinzipiell nicht verließen, versuchten sich dennoch den politischen Verhältnissen aus taktischen Gründen anzupassen. Sie betonten nun den primären und nahezu ausschließlichen Bildungsauftrag und stellten politische Fragen zurück. Sie strichen sogar in ihren Satzungen und Statuten alle Stellen, die ein Eingreifen der Behörden hätten herausfordern können. Das führte zur formalen Aufgabe einer eigenständigen Arbeiterbildung, wie beispielsweise die Änderung der Vereinsstatuten der süddeutschen Allgemeinen Arbeiterverbrüderung zeigt:

»1. Die Gesellschaft hat den Namen ›Bildungsverein für Arbeiter‹ angenommen.
2. Der Zweck der Arbeitervereine ist: Allgemeine und moralische Bildung des Arbeiters zu erstreben und den Arbeitern mit allen gesetzlichen Mitteln in den Vollgenuß aller staatsbürgerlichen Rechte zu bringen und ihn in gewerblicher und politischer Hinsicht zum ächten Staatsbürger heranzubilden, sowie überhaupt die materiellen und geistigen Interessen desselben nachdrücklich zu vertreten und zu befördern [. . .]«. (nach Balser 1959, S. 206)

In den Vereinsstatuten zeigen sich dennoch in versteckter Form Andeutungen, auch unter den verschärften politischen Restriktionen an den sozialen und politischen Grundüberzeugungen festzuhalten. Aber auch die nun dehnbaren und sehr interpretierbaren Formulierungen in den Satzungen konnten eine Verfolgung der Vereine nicht verhindern. »Der Zweck ist ein sozialer, folgerichtig auch ein politischer« heißt es in der Anklageschrift gegen die Vorsitzenden der Mitgliedsvereine der Berliner Arbeiterverbrüderung (Vossische Zeitung Nr. 145, 1851). Die Verbindung der einzelnen Vereine zur Arbeiterverbrüderung konnten schnell nachgewiesen werden, und so war es leicht, die Vereine nach § 8 der Verordnung zu verbieten und mit ihnen die politisch orientierte Arbeiterbildung. 1851 wurden die Vereine in Preußen verboten. Unter ihnen war auch der Berliner Handwerkerverein, der 1859 wiedergegründet wurde und als reiner Fortbildungsverein weiterbestand. Im Jahre 1854 dehnte der Reichstag das Vereinsverbot auf alle deutschen Staaten aus. Die Arbeiterverbrüderung wurde schließlich durch das Bundesgesetz 1854 verboten.

So gab es in den Fünfzigerjahren keine eigenständige Arbeiterbildung mehr. Die Handwerker- und Arbeitervereine, die in der Zeit der Reaktion weiter bestehen konnten, waren entweder bürgerlich beeinflusste Handwerkervereine, die neben der beruflichen Weiterbildung unverfängliche Vorträge hielten, oder es waren konfessionelle Gesellenvereine, die eine eigenständige Arbeiterbildung bekämpften. Gemeinsam ist allen diesen Vereinen eine politische Loyalität den Herrschenden gegenüber. Der »Potsdamer Handwerker-Verein« ist ein Beispiel für diese apolitische Haltung. Er wurde 1848 nach dem Vorbild des Berliner Handwerkervereins gegründet, wurde aber nicht Mitglied in der Arbeiterverbrüderung. Als im März 1849 der Märzgefallenen gedacht wurde, distanzierte er sich von solchen Zusammenkünften, und noch in den Siebzigerjahren, als sich bereits wieder eine selbstbewusste Arbeiterbewegung gebildet hatte, war er stolz darauf, dass seine Vorträge und sonstigen Versammlungen niemals unter polizeiliche Aufsicht gestellt worden waren.

5.4 Bürgertum und Arbeiterbildung: Die liberalen Arbeiterbildungsvereine der Sechzigerjahre

Die restaurative Politik nach der gescheiterten Revolution liberalisierte sich Ende der Fünfzigerjahre. Die neue Ära eröffnete Möglichkeiten für Politik und Bildung. Liberale Ideen und Kräfte gewannen an Einfluss. So konnten rasch neue Arbeiterbildungsvereine entstehen. Bereits in den frühen Sechzigerjahren zählte man 225 (Nipperdey 1984, S. 736). Von großer Bedeutung wurde die 1861 gegründete Deutsche Fortschrittspartei, zu deren Gründern der Genossenschaftsführer *Franz Hermann Schulze-Delitzsch* (1808–1883) gehörte.

Schulze-Delitzsch, Jurist, Parlamentarier und Politiker, zählte zu den führenden Repräsentanten des liberalen Bürgertums und der bürgerlichen Arbeiterbildung. Als Abgeordneter im Preußischen Abgeordnetenhaus, im Norddeutschen Reichstag und ab 1871 als Mitglied des Deutschen Reichstages sowie als Armen-Advokat in Delitzsch stellte er die soziale Frage in den Mittelpunkt seiner politischen Tätigkeit. Deren Lösung sah er in der genossenschaftlichen Selbsthilfe und einer solidarischen Produktionsgemeinschaft. »Arbeit und Bildung« – so lautet der Titel einer seiner wichtigen Schriften – stehen nach seiner Auffassung in einem engen Zusammenhang. Bildung und nochmals Bildung wurde das Credo der liberalen Arbeiterpolitik von Schulze-Delitzsch und der liberalen Fortschrittspartei. Schulze-Delitzsch' bildungstheoretischer Ansatz bestand darin, Bildung als unentbehrliches »Werkzeug des Arbeiters«, als Mittel auf dem Wege zu dem »Endziel aller menschlichen Kultur« zu bestimmen (Feidel-Mertz 1968, S. 27). Bildung für den Arbeiter bedeutete für Schulze-Delitzsch und das liberale Bürgertum, die Arbeiterschaft für eine freie Wirtschaftsordnung zu gewinnen. Dazu bedurfte es zugleich der ökonomischen Absicherung der Arbeiter. So setzte sich Schulze-Delitzsch für eine neue Wirtschaftsordnung auf der Grundlage genossenschaftlicher Kooperation ein, um die Handwerker und Arbeiter nicht ins Sub-Proletariat absinken zu lassen und sie so gegen radikale Tendenzen zu immunisieren.

Die Arbeitsteilung, die sich in der Wirtschaft immer mehr bewährte, wurde auch Vorbild für den Umgang des Bürgertums mit der Arbeiterschaft: hier die Bildungsvereine, dort die Parteien. Bildung und Politik sollten nichts miteinander zu tun haben. Das Bürgertum wollte, soweit wie möglich, Politik und Wirtschaft bestimmen; der Arbeiter, so hieß es, sei praktisch veranlagt. Genossenschaften sowie Kranken- und Sterbekasse seien das, was er brauche und Bildung, auch die – nur keine politische Bildung. Denn Arbeiterbildung war für das Bürgertum eine Bildung, die sich an den Arbeiter richtete, den Arbeiter gleichsam zum Objekt hatte. Die Fortschrittspartei »betreibt die Arbeiterbildung aus wirtschaftspolitischer Klugheit« (Reisig 1933, S. 102).

Die Idee eines allgemeinen Rechtes auf Bildung bestimmte die Richtung ihrer Politik. In dieser politischen Atmosphäre konnte das oppositionelle Bürgertum seine liberalen Ideen zur Geltung bringen. So gab es zwischen fortschrittlichem Bürgertum und Arbeiterschaft zunächst eine weit gehende Interessenidentität, die sich vornehmlich gegen das reaktionäre politische System richtete. Das Bürgertum war bemüht, die Arbeiterschaft durch intensive Bildungsarbeit in seine politische und kulturelle Vorstellungswelt einzubeziehen. Es war der Überzeugung, dass es zur Durchsetzung seiner nationalen Einheitsbestrebungen sowie seiner kulturellen und wirtschaftlichen Ziele auf die Arbeiterschaft nicht verzichten könne. Auf der anderen Seite übernahm die Arbeiterschaft leidenschaftlich die Bildungsidee des liberalen Bürgertums. Bildung bot ihr die Möglichkeit zur Emanzipation. Und dieses Element bürgerlicher Bildungsnorm hat sich der entstehenden proletarischen Bewegung und der proletarischen Arbeiterbildung als Erbe der bürgerlichen Bewegung »schier unverlierbar eingeprägt« (Nipperdey 1984, S. 739).

Aus der Sicht des liberalen Bürgertums waren die soziale und die Bildungsfrage eng miteinander verbunden: Es sah den Mangel an Bildung als tiefste Ursache der sozialen Frage an. Deshalb gründeten vornehmlich die Mitglieder der Fortschrittspartei Arbeiterbildungsvereine, um die sozialen Probleme einer Lösung näher zu bringen. Hier knüpfte man an die Ideen und die soziale Praxis des großen Liberalen und Industriellen *Friedrich Harkort* (1793–1880) an, der 1839 den Hagener Gewerbeverein gegründet hatte.

Harkort selbst war der Überzeugung, dass eine verbesserte Bildung und Ausbildung der Arbeiter Bürgertum und Proletariat einander näher bringen könne. Durch Fortbildungs- und Arbeitsschulen sollten die Arbeiter qualifiziert werden, sodass sie zur Mitgestaltung und Mitbestimmung bis hin zur Mitbeteiligung am Gewinn der Unternehmen beteiligt werden könnten. So sollten Kapital und Arbeit versöhnt werden. In dem Beitrag Friedrich Harkorts zur Bildungsreform wird exemplarisch die Bedeutung der Volksbildung für den Prozess der Industrialisierung sowie deren beider Rolle für den Gang des sozialen Wandels im Vormärz erkennbar (Jeismann 1972, S. 315 ff.). Damit stand Friedrich Harkort insgesamt in einer Traditionslinie zum liberalen Bürgertum. Das zeigte sich unter anderem darin, dass Harkort 1866 der Fortschrittspartei beitrat, als deren Repräsentant er von 1871 bis 1873 ein Mandat im Reichstag wahrnahm.

Allerdings erkannte die aufgeklärte Arbeiterschaft bald, dass eine auf Integration in die bürgerliche Gesellschaft ausgerichtete Arbeiterbildung letztlich die Entwicklung einer eigenständigen Arbeiterpolitik verhindert. Von dieser Erkenntnis gingen Impulse aus, den Zusammenhang von Arbeiterbildung und Arbeiterpolitik neu zu konstituieren, d. h. die Herausarbeitung einer von der Arbeiterschaft selbst getragenen Arbeiterbildung und Arbeiterpolitik musste notwendigerweise zu einer Trennung zwischen liberaler und sozialistischer Arbeiterbildung führen und so zu einer Auflösung des Bündnisses von Liberalismus und entstehendem Sozialismus.

Eine wesentliche Entscheidung in dieser Richtung fiel in dem Leipziger »Gewerblichen Bildungsverein«. Hier spaltete sich eine Gruppe ab, die 1863 ein »Central Comité zur Berufung eines Allgemeinen Deutschen Arbeiter-Congresses« gründete. *Ferdinand Lassalle* (1825–1864), der philosophische und politische Schriftsteller, der Rechtsanwalt und Mitglied des »Bundes der Kommunisten«, wurde mit der Ausarbeitung des Programmes beauftragt und trat damit in die Geschichte der Arbeiterbewegung und -bildung. In seinem »Offnen Antwortschreiben« legte er mit Bezug auf das von David Ricardo entwickelte »eherne Lohngesetz« die theoretischen Grundlagen für die sich neu konstituierende Arbeiterbewegung dar. *Emil Adolf Roßmäßler* (1806–1867), ein alter 48er, schrieb als Gegenschrift »Ein Wort an die deutschen Arbeiter«. Nach intensiven Diskussionen innerhalb der Arbeiterschaft entschied sich die Mehrheit für die Ausführungen Lassalles, und so kam es am 23. Mai 1863 zur Gründung des Allgemeinen Deutschen Arbeitervereins (ADAV) in Leipzig. Damit war die erste deutsche Arbeiterpartei entstanden.

Der ADAV unterschied sich von den bürgerlichen Arbeiterbildungsvereinen wesentlich dadurch, dass er politische Ziele in den Vordergrund stellte und die Forderung nach dem allgemeinen, direkten und gleichen Wahlrecht zum agitatorischen Ausgangspunkt einer Umgestaltung der Gesellschaft machte: Durch den Staat und mit seiner Hilfe wollte Lassalle seine politischen Vorstellungen verwirklichen. Eine eigenständige Arbeiterbildung als Mittel der Emanzipation der Arbeiterschaft wurde der Agitation untergeordnet. Nur innerhalb dieser politischen Zielsetzung sollte die Bildung als Mittel zur Befreiung der Arbeiterschaft dienen.

5.5 Von der Arbeiterbildung zur Arbeiterpolitik: Der Verband Deutscher Arbeitervereine

Lassalles politische Strategie setzte also auf den Staat, allerdings auf einen Staat der Zukunft, der demokratisch organisiert den Weg zum Sozialismus aufweise. Seine politische Theorie stützte sich nicht auf das »Absterben« des Staates, sondern vielmehr auf dessen »stützende und fördernde Hand«, um so die Entwicklung des Menschen zur Freiheit zu vollenden. Damit musste es unweigerlich zum Bruch mit Karl Marx kommen. Nicht mehr der Kampf gegen den Obrigkeitsstaat, vielmehr der Kampf gegen die Bourgeoisie (»Bourgeoisie-Liberalismus«) rückte ins Zentrum der politischen Auseinandersetzungen. Damit trennten sich Lassalle und der Allgemeine Deutsche Arbeiter-Verein vom liberalen Bürgertum und der Fortschrittspartei. Der nun einsetzende Konkurrenzkampf zwischen der Lassalleschen und den liberalen Organisationen bestimmte, wie Thomas Nipperdey konstatiert, die Geschichte der Arbeiterbewegung nach 1862 (Nipperdey 1984, S. 744). Die Arbeiterschaft war nun zwischen Lassalle auf der einen Seite und Schulze-Delitzsch auf der anderen Seite gespalten. Auf der Sachebene stand das Prinzip des Politischen, der Kampf der neuen Partei für die Interessen der eigenen Klasse gegen das Prinzip der Bildung als Weg zur Emanzipation der Arbeiter, gegen die Idee der Genossenschaft und der gewerkschaftlichen Assoziation und gegen den Gedanken der Selbsthilfe.

Nicht alle Arbeiter bzw. Arbeitervereine vollzogen die radikale Lassallesche Wende mit, auch nicht alle führenden Repräsentanten. Vor allem unterstützten sie nicht die neuen Bündnisvorstellungen zwischen der Arbeiterbewegung und dem Staat. Sie teilten auch nicht die Entscheidung Lassalles und des ADAV für die »kleindeutsche«, antiösterreichische Lösung, weil sie darin eine Unterstützung für den Preußischen Obrigkeitsstaat sahen, den zu überwinden nach ihrer politischen Einsicht nur im Bündnis mit den Liberalen möglich sei.

Die Lassallesche Agitation gegen die liberale Bourgeoisie führte schließlich entgegen der eigenen agitatorischen Zielsetzung – der Radikalisierung großer Teile der Arbeiterschaft – bei Teilen der Arbeiterschaft zur entschiedenen Unterstützung der Politik der Liberalen, der Fortschrittspartei und der Politik Schulze-Delitzsch', denn deren Vorstellungen richteten sich im Gegensatz zum ADAV auf einen förderativen Zusammenschluss (Nipperdey 1984, S. 745).

Als Reaktion auf die Gründung des Allgemeinen Deutschen Arbeiter-Vereins lösten sich 1863 etliche Arbeiterbildungsvereine auf und deren Mitglieder traten der neuen politischen Partei Lassalles, dem ADAV, bei. Andere Arbeiterbildungsvereine schlossen sich dagegen unter der Leitung des Frankfurter Demokraten Leopold Sonnemann und des Drechslermeisters August Bebel auf dem Vereinstag Deutscher Arbeiterbildungsvereine im Juli 1863, also noch im Gründungsjahr des ADAV, zum Verband Deutscher Arbeitervereine (VDAV) zusammen. Dieser Verband fasste die Bestrebungen zur Arbeiterbildung in Deutschland zusammen. Die institutionellen Schwerpunkte lagen im Hamburger Raum, in mehreren Städten des Rheinlandes wie Barmen, Elberfeld, Solingen und in Frankfurt (Birker 1973, S. 56). Die in diesem Verband organisierten Vereine standen den bürgerlich-liberalen Parteien nahe. Manche Vorsitzende von Arbeiterbildungsvereinen waren zugleich Mitglied oder sogar Funktionär der liberal gesinnten Fortschrittspartei. Aus den oben skizzierten politischen Motiven heraus war die »Entscheidung zwischen Preußen und Österreich«, zwischen der kleindeutschen und der großdeutschen Lösung, ein besonders umkämpfter Streitpunkt auf der Ausschusssitzung des VDAV am 10. Juni 1865 in Magdeburg. Dort nahmen die sächsischen und süddeutschen Arbeitervereine und die süddeutschen Liberalen und Demokraten insgesamt eine entschieden antipreußische Haltung ein. Auch Wilhelm Liebknecht und August Bebel, die späteren Gründer der Sozialdemokratischen Arbeiterpartei, favorisierten die »großdeutsche«, antipreußische Option in der Hoffnung, im Bündnis mit den süddeutschen Liberalen durch den »Fall Preußens« schließlich den »Sieg der Deutschen Revolution« vollenden zu können (Görtemaker 1994, S. 204 f.). Sie lehnten darüber hinaus im Ganzen die Lassalleschen Positionen ab.

Die personellen Verflechtungen zwischen der Fortschrittspartei und dem VDAV beeinflussten anfangs dessen Bildungsziele bzw. die der ihm angeschlossenen Vereine. Grundlage ihrer Bildungsarbeit war in den ersten Jahren die bürgerliche Ideologie von Gleichheit und wirtschaftlichem Aufstieg: Bildung und Wissen – das war die Überzeugung – glichen gesellschaftliche Unterschiede aus, und der Tüchtige könne vom Arbeiter zum Unternehmer aufsteigen. Aber für die Aneignung von

Bildung und Wissen und für seine »Geschäftstüchtigkeit« sei der Arbeiter selbst verantwortlich. Indem der VDAV propagierte, der einzelne Arbeiter könne seine soziale und ökonomische Situation durch Selbsthilfe überwinden, erklärte er gleichzeitig die revolutionäre Umgestaltung der Gesellschaft für überflüssig, ja gefährlich. Der VDAV entschied sich also für den evolutionären Weg zur Veränderung von Staat und Gesellschaft.

Die Bildungsfrage rückte damit in das Zentrum der im VDAV zusammengeschlossenen Vereine, deren Mitglieder sich nicht dem Allgemeinen Deutschen Arbeiter-Verein angeschlossen hatten. Auf mehreren Vereinstagen, z. B. in Frankfurt, Leipzig, Stuttgart, Gera und Nürnberg wurde darüber intensiv diskutiert *(s. u.)*. Bereits die erste Sitzung des VDAV am 7. Juni 1863 in Frankfurt, auf dem 54 Vereine aus 48 Städten durch 110 Delegierte vertreten waren, unter ihnen auch August Bebel, Emil Roßmäßler, Eugen Richter, Franz Wirth und Leopold Sonnemann, prägte die Konzeption und die weitere Entwicklung der deutschen Arbeiterbildung entscheidend, weil hier das Bündnis mit dem liberalen Bürgertum erneuert und auf eine sichere gesellschaftliche Grundlage gestellt wurde. Es konnte so – wenn auch unter veränderten politischen Verhältnissen – drei Jahre später auch die Arbeit der bürgerlich-liberalen »Gesellschaft für Verbreitung von Volksbildung« wesentlich beeinflussen *(vgl. Kap III.2.1)*. Ohne die dreißigjährige Tradition der Arbeiterbildung im Sinne von Schulze-Delitzsch und der Fortschrittspartei wäre diese wichtigste Organisation der Volksbildung im ausgehenden 19. Jahrhundert kaum denkbar gewesen.

Das »Prinzip der Selbsthilfe« und die Idee der Genossenschaften bildeten die zentralen Orientierungspunkte für die Arbeiterpolitik und die Arbeiterbildung des VDAV. Eine einstimmig verabschiedete Resolution aus der Feder Emil Adolph Roßmäßlers befürwortete das Streben »nach geistiger, politischer bürgerlicher und wirtschaftlicher Hebung des Arbeiterstandes einig unter sich, einig mit allen nach des deutschen Vaterlande Freiheit und Größe Strebenden, einig und mithelfend zu sein mit Allen, welche an der Veredlung der Menschen arbeiten« (nach Birker 1973, S. 57). Das war eine eindeutige Absage an Lassalle. Hier zeigte sich auch die übergreifende Intention des fortschrittlichen liberalen Bürgertums im Bunde mit Teilen der Arbeiterschaft, die nationale Idee mit dem Ziel einer allseitigen Bildung und Humanität zu verbinden. Teile des liberalen Bürgertums konstatierten aus einer gewissen distanzierten Position heraus jedoch auch eine mangelhafte Volksbildung der Arbeiter. Deshalb sollten die Arbeitervereine die Kenntnisse des Arbeiters vermehren und zur Hebung seiner Sittlichkeit beitragen. Diesen Zielen sollte der Unterricht in den »Elementargegenständen«, im schriftlichen Aufsatz und in deutscher Sprache, im Zeichnen und Modellieren, in Warenkunde und moderner Fabrikation dienen.

Auf dem zweiten Vereinstag am 23. und 24. Oktober 1864 in Leipzig, an dem 47 Vereine sowie mehrere Gauverbände teilnahmen, stand an erster Stelle der Tagesordnung ein »gemeinsamer Lehrplan«. Hier ging es bereits um die Umsetzung einer allgemeinen Bildungskonzeption in die praktische Bildungsarbeit. Der oben im Zusammenhang mit den »Populärwissenschaftlichen Vortragszyklen« bereits einmal erwähnte Verlagsbuchhändler und Kaufmann *Max Hirsch* (1832–1905) war der Referent. Er vertrat die Auffassung, dass neben den Elementarfächern, neben

Zeichnen, Geometrie, gewerblicher Bildung, Gesang und Turnen, auch Fremdsprachen wie Französisch und Englisch gelehrt werden sollten. Diesen Kernunterricht sollten Vorträge in Geschichte, Geographie, Gesetzeskunde, Erziehungskunde, Gesundheitslehre und Volkswirtschaft ergänzen. August Bebel, der fast an allen Vereinstagen teilnahm, forderte hier über diese Fächer hinaus auch Vorträge in Naturkunde. Eine planmäßige Bildung sollte zudem »für den Arbeiter bei etwaigem Wechsel des Wohnortes von großem Vorteil« sein (Birker 1973, S. 207). Aus didaktischen Überlegungen heraus wollte man der Zersplitterung der Stofffülle entgegenwirken und zu einem systematischen Aufbau des Lernens beitragen.

Eine wesentliche Richtungsentscheidung über die zukünftige Entwicklung des Verbandes zeichnete sich auf dem vierten Vereinstag in Gera am 6. und 7. Oktober 1867 ab. Nicht nur die Straffung der Organisation durch die direkte Wahl eines Präsidenten, sondern auch die Entscheidung, den Repräsentanten der »Linken« August Bebel (19 Stimmen) gegen den Liberalen Max Hirsch (13 Stimmen) in dieses neue Amt eines Präsidenten des Verbandes Deutscher Arbeitervereine zu wählen, stellte die Weichen für eine neue Politik. Mit der Wahl August Bebels, der, wie bereits dargestellt, die politischen Strategien Lassalles abgelehnt hatte, gab der Verein endgültig seine liberalen Positionen auf und entschied sich eindeutig für eine eigenständige, »linke«, sozialistisch orientierte Strategie. Damit ist die weitere Entwicklung der Arbeiterbildung und der Erwachsenenbildung insgesamt vorgezeichnet, die durch zwei grundlegende gesellschafts- und bildungspolitische Richtungen gekennzeichnet ist: eine sozialistisch-sozialdemokratische auf der einen Seite und eine bürgerlich-liberale resp. bürgerlich-konservative auf der anderen Seite.

Der letzte Vereinstag in Nürnberg 1868 – dem Verband gehörten damals 120 bis 150 Vereine mit ca. 13 000 Mitgliedern an (Schulz 1931, S. 56) – bestätigte diese Richtungsentscheidung. Eine deutliche Mehrheit (69 von 94 abgegebenen Stimmen) wählte Bebel, der 1867 mit seiner Wahl in den Norddeutschen Reichstag an politischem Ansehen gewonnen hatte, und der nun zu einer politischen Figur von Bedeutung wurde, gegen die Intention der Liberalen, vor allem der aus Bayern, zum Präsidenten. Deren Kandidat, Oberlehrer Rügner aus Nürnberg, erhielt nur 21 Stimmen. Als Stellvertreter setzten sich ebenfalls die »Linken« durch.

Auch in programmatischer Hinsicht konnte sich der politisch orientierte Flügel eindeutig behaupten. Robert Schweichel, wie Bebel ein Vertreter des linken Flügels und einer der führenden Theoretiker der Bildungsproblematik innerhalb des VDAV, hielt das Referat zur Programmdiskussion. Er erläuterte und empfahl das Programm der Internationalen Arbeiterassoziation (IAA). Anregungen zur Gründung dieser Organisation kamen von der britischen Gewerkschaftsbewegung unter maßgeblichem Einfluss von Karl Marx und Friedrich Engels. Sie war am 28. September 1864 in London gegründet worden. Die IAA vereinigte verschiedene Gruppen sozialistischer und anarchistischer Richtungen aus 13 Ländern Europas und den USA. 1868 traten die deutschen Arbeitervereine unter Führung von August Bebel und Wilhelm Liebknecht der Arbeiterassoziation bei. Karl Marx entwarf in einer »Inauguraladresse« das Programm sowie die organisatorische Struktur der IAA. Hauptaussage war, dass nur in der internationalen solidarischen Aktion die Arbeiterklasse ihre »ökonomische Emanzipation« und die »Vernichtung der Klassenherrschaft« erreichen könne.

Orientiert an der allgemeinen Politik der Internationalen Arbeiterassoziation und mit direktem Bezug auf deren vorläufige Statuten, beschloss der VDAV mit 69 gegen 46 Stimmen: Der Arbeiter müsse sich die Emanzipation selbst erkämpfen. Die soziale Frage sei untrennbar mit der politischen verbunden, und die ökonomische Abhängigkeit der Arbeiter bilde die Grundlage der Knechtschaft in jeder Form (vgl. das Drei-Punkte-Programm, Birker 1973, S. 69). Das war eine eindeutige Absage an die liberale Konzeption von Arbeiterbildung, wie sie der VDAV bis dahin vertreten hatte, denn es bedeutete: Durch Bildung kann sich die Arbeiterklasse nicht befreien, sondern nur, indem sie die politische Macht erobert. So entschied sich die Mehrheit des VDAV für eine eindeutige Verknüpfung der Bildungsfrage mit der Strategie einer neuen, sozialistisch ausgerichteten Politik.

Wilhelm Liebknecht (1826–1900) führte diesen Gedanken einer in die politische Strategie eingebundenen Bildungsfrage der Arbeiter weiter aus und präzisierte wenige Jahre später, am 5. Februar 1872, in seiner berühmten Rede auf dem Stiftungsfest des Dresdener Bildungsvereins »Wissen ist Macht, Macht ist Wissen«: Wer die Macht habe, so stellte er dort fest, entscheide über Art und Maß der Bildung anderer. Kein Mächtiger gewähre dem Volk mehr Bildung als unbedingt erforderlich sei. Also müsse das Volk die Macht erringen, und einmal mächtig geworden, könne es dann auch über die Bildung verfügen, die es geistig befreie: Macht sei Bildung.

Wilhelm Liebknecht blieb neben seiner umfangreichen politischen Arbeit weiter in der Arbeiterbildung tätig und wurde nach dem Ende des Sozialistengesetzes (1891) zum Vorkämpfer einer proletarischen Arbeiterbildung. Insofern blieb die Arbeiterbildung Teil der Arbeiterbewegung selbst. Dies bedeutete jedoch einen langen Weg von einer an humanistischen Ideen ausgerichteten Bildung im Sinne der »Veredlung« des Arbeiters bis hin zu einer sozialistischen Arbeiterbildung, die sich am wissenschaftlichen Sozialismus orientierte.

Gegen die Annahme des neuen Programms des VDAV auf dem Nürnberger Vereinstag und dessen Konsequenzen für die Politik des Verbands wehrten sich die bürgerlichen Vertreter in den einzelnen Vereinen bis zuletzt. Das liberale Bürgertum sah deutlich, dass mit der neuen Strategie der VDAV eine politische Partei mit sozialistischem Anspruch werden könne, eine Partei, die möglicherweise ihre eigenen Interessen gegen die des Bürgertums vertreten würde. Sie zogen sich deshalb aus dem Verband Deutscher Arbeiterbildungsvereine zurück und gründeten den Deutschen Arbeiterbund, der zu den ursprünglich liberalen Wurzeln des Verbandes zurückzukehren bestrebt war. Allerdings musste dieser bald seine Aktivität aus Mangel an Interesse einstellen. Erst mit der Gründung der »Gesellschaft für Verbreitung von Volksbildung« 1871 fanden die liberalen Arbeiterbildungsvereine und das liberale Bürgertum eine neue Plattform zur Fortsetzung ihrer sozialpolitischen und kulturellen Tradition im Interesse eines durch Bildung »veredelten« Arbeiters.

Der Nürnberger Vereinstag des VDAV war zugleich sein letzter. Ein Jahr später, am Tag der Gründung der Sozialdemokratischen Arbeiterpartei am 9. August 1869 in Eisenach, löste sich der Verband auf. Die angeschlossenen Vereine (109) traten in die neue Partei ein. Damit hat die über dreißigjährige historische Entwicklung von der Arbeiterbildung zur Arbeiterpolitik einen vorläufigen Abschluss und Höhepunkt erlangt.

Wiewohl die Bildungsarbeit nicht völlig aus dem Blickpunkt der Sozialdemokratischen Arbeiterpartei geriet, trat dennoch die praktische Politik in das Zentrum ihrer Arbeit. Und so konstatierte Heinrich Schulz, der spätere Bildungssekretär der Sozialdemokratischen Partei, mit einem gewissen Recht in seinem bekannten Buch »Politik und Bildung« von 1931 über 100 Jahre Arbeiterbildung pointiert: Erst mit der Gründung der Berliner Arbeiterbildungsschule von 1891 – die später ausführlicher behandelt werden soll – sei die Sozialdemokratie zur Tradition ihrer Arbeiterbildung zurückgekehrt.

KAPITEL III:

Erwachsenenbildung in der Bismarckzeit und der Wilhelminischen Epoche

1. Der historische Zusammenhang

Die Geschichte der Erwachsenenbildung zwischen 1870 und 1918, sowohl die der bürgerlichen als auch die der Sozialdemokratie und der Gewerkschaften, ist vor dem Hintergrund der politischen, ökonomischen und sozialen Situation der Zeit zu sehen.

Der Deutsch-Französische Krieg von 1870/71 förderte die nationalstaatliche Einigung. Die Reichsgründung, die in der Kaiserproklamation am 18. Januar 1871 im Spiegelsaal des Schlosses von Versailles ihren sichtbaren Ausdruck fand, fand ohne nennenswerte Beteiligung der Parlamente statt. Das neue Reich war wegen der Umstände seiner Entstehung keine Schöpfung aus einem Guss, sondern, wie Thomas Nipperdey feststellt, vieles zugleich: »Bundesstaat, konstitutioneller Verfassungsstaat, Kaiserstaat, preußische Hegemonialmacht, Macht- und Militärstaat, vor allem war es ein Nationalstaat« (Nipperdey 1992, S. 80). Dieser neue deutsche Nationalstaat entsprach in seiner Gestalt der von Bismarck angestrebten »kleindeutschen« Lösung ohne Österreich.

Konservative Monarchie und bürgerliche Gesellschaft näherten sich einander an. Die Verfassung des Deutschen Reiches von 1871 basierte auf derjenigen des Norddeutschen Bundes von 1867. Sie war der Ausdruck eines Kompromisses zwischen dem einheitlichen Nationalstaat, den Gliedstaaten und der angestrebten Hegemonie Preußens; Preußen machte zwei Drittel des Reiches aus. Der Adel und das Militär beherrschten den Staat, aber auch das Bürgertum gewann Einfluss auf die Innen- und Außenpolitik.

Nach der Reichsgründung strukturierte sich die Parteienlandschaft neu. Golo Mann spricht von »alten« und »neuen« Parteien. Zu den alten zählt er die »Honoratioren-Parteien«: Konservative, Nationalliberale und die »Fortschrittspartei«. Die neuen Parteien werden als »Volksparteien« verstanden: die katholische Zentrumspartei und die Sozialdemokratie (Mann 1958, S. 410). Die Bastionen der Konservativen befanden sich im ostelbischen Preußen. Von den Konservativen spaltete sich eine kleinere Vereinigung ab, die 1867 gegründete »Freikonservative Partei«. Sie war vor allem eine Partei der Reichen und Großunternehmer. »Links« von den Freikonservativen agierten die »Nationalliberalen«, die 1866 aus Teilen des »Fortschritts« hervorgingen. Sie stiegen zur stärksten Reichstagspartei in den ersten Jahren nach der Reichsgründung auf und waren, unter der Führung von *Rudolf von*

Benningsen (1824–1902) und *Johannes von Miquel* (1828–1901), die Partei des national gesinnten Industrie- und Bildungsbürgertums. Die Nationalliberalen traten für den liberalen Rechtsstaat ein, unterstützten aber gleichzeitig Bismarcks Außenpolitik. Sie engagierten sich auch in der Volksbildung, vor allem über die »Gesellschaft für Verbreitung von Volksbildung« *(s. u.)*. Weiter links von den Nationalliberalen stand die alte »Fortschrittspartei« (später »Freisinnige«) unter Führung des Altliberalen *Eugen Richter* (1838–1906). Die 1876 entstandene »Deutschkonservative Partei« galt als die Partei der agrarischen Interessen. Der politische Katholizismus organisierte sich 1870 in dem von *Ludwig Windthorst* (1812–1891) geführten »Zentrum«.

Der weitere Gang des innenpolitischen Geschehens in Deutschland wurde durch die auf dem Eisenacher Kongress (7. bis 9. August 1869) gegründete Sozialdemokratische Arbeiterpartei (SDAP) unter Führung von August Bebel und Wilhelm Liebknecht mit beeinflusst, die sich 1870 auf einem Kongress in Stuttgart in »Sozialdemokratische Arbeiterpartei Deutschlands« umbenannte. Mit ihr war neben dem Allgemeinen Deutschen Arbeiterverein *(vgl. Kapitel II, 5.5)* eine zweite Arbeiterpartei entstanden, die sich der von Karl Marx beeinflussten »Internationalen Arbeiter-Assoziation« anschloss. Das Programm dieser neuen Partei griff Vorstellungen und Forderungen auf, die zuvor sowohl Lassalle als auch Marx und Engels formuliert hatten.

Die antisozialistische Politik Bismarcks führte dazu, dass sich auf dem so genannten Vereinigungsparteitag in Gotha (22. bis 27. Mai 1875) der Allgemeine Deutsche Arbeiterverein und die Sozialdemokratische Arbeiterpartei zusammenschlossen. So entstand die Sozialistische Arbeiterpartei Deutschlands. Das auf dem Parteitag beschlossene Gothaer Programm war ein Kompromiss der Vorstellungen der beiden Richtungen. Es erstrebte »den freien Staat und die sozialistische Gesellschaft, die Zerbrechung des ehernen Lohngesetzes [. . .], die Beseitigung aller sozialen und politischen Ungleichheiten« (Programme der Deutschen Sozialdemokratie, Hannover 1963, S. 74). Die Vereinigung der beiden Parteien in Gotha bewirkte eine Stärkung der politischen Interessenvertretung der Arbeiterschaft. Bei der Reichstagswahl vom 10. Januar 1877 stiegen die sozialdemokratischen Stimmen von 357 670 auf 437 158, also von 6,5 auf 7,1 Prozent (Rovan 1980, S. 38).

Zwei Attentate auf den Kaiser boten Bismarck die Gelegenheit, gesetzlich gegen die Sozialistische Arbeiterpartei vorzugehen. Er erließ das am 21. Oktober 1878 von der Mehrheit des Deutschen Reichstags beschlossene »Gesetz gegen die gemeingefährlichen Bestrebungen der Sozialdemokratie«, das so genannte Sozialistengesetz. Es wurde erst im Jahre 1890 aufgehoben und bildete eine entscheidende Zäsur für die gesamte deutsche Innenpolitik:

»Paragraph 1
Vereine, welche durch sozialdemokratische, sozialistische oder kommunistische Bestrebungen den Umsturz der bestehenden Staats- oder Gesellschaftsordnung bezwecken, sind zu verbieten [. . .]

Paragraph 9
Versammlungen, in denen sozialdemokratische, sozialistische oder kommunistische, auf den Umsturz der bestehenden Staats- oder Gesellschaftsordnung gerichtete

Bestrebungen zu Tage treten, sind aufzulösen. Versammlungen, von denen durch Tatsachen die Annahme gerechtfertigt ist, daß sie zur Förderung der im ersten Absatz bezeichneten Bestrebungen bestimmt sind, sind zu verbieten [. . .]

Paragraph 11
Druckschriften, in welchen sozialdemokratische, sozialistische oder kommunistische, auf den Umsturz der bestehenden Staats- oder Gesellschaftsordnung gerichtete Bestrebungen in einer den öffentlichen Frieden, insbesondere die Eintracht der Bevölkerungsklassen gefährdenden Weise zu Tage treten, sind zu verbieten [. . .]

Paragraph 17
Wer an einem verbotenen Verein als Mitglied sich beteiligt, oder eine Tätigkeit im Interesse eines solchen Vereins ausübt, wird mit Geldstrafe bis zu 500 Mark oder mit Gefängnis bis zu drei Monaten bestraft [. . .] Gegen diejenigen, welche sich an dem Verein oder an der Versammlung als Vorsteher, Leiter, Ordner, Agenten, Redner oder Kassierer beteiligen, oder welche zu der Versammlung auffordern, ist auf Gefängnis von einem Monat bis zu einem Jahre zu erkennen.

Paragraph 18
Wer für einen verbotenen Verein oder für eine verbotene Versammlung Räumlichkeiten hergibt, wird mit Gefängnis von einem Monat bis zu einem Jahre bestraft [. . .].« (Nach Görtemaker 1994, S. 288 f.)

Die Folgen des Gesetzes für die Sozialdemokratie und die mit ihnen verbundenen Vereine, also auch die Arbeiterbildungsvereine, waren außerordentlich gravierend. Die Organisationen der sozialdemokratischen Partei wurden vollständig aufgelöst. Ende 1878 waren 189 sozialistische Vereinigungen, 58 Zeitschriften und 200 unregelmäßig erscheinende Druckschriften untersagt, 1879 schon 217 Vereinigungen. Viele Sozialdemokraten wurden wegen »Majestätsbeleidigung« und »Aufhetzung des Volkes« verurteilt. Einige Führer der Partei wurden eingesperrt oder ausgewiesen. August Bebel berichtet in seinen Memoiren, dass 67 der bekanntesten Parteimitglieder, unter ihnen J. Auer, H. Rackow, F. W. Fritzsche und Fischer, ausgewiesen wurden (Görtemaker 1994, S. 289). Er selbst verlor seine beruflichen Möglichkeiten, denn sein Geschäft in Leipzig wurde boykottiert. Eduard Bernstein zwang man in die Emigration. Er ging nach Zürich, später nach London. Insgesamt betrafen die Repressionen durch das Sozialistengesetz etwa 1 500 Parteimitglieder.

Allerdings blieben die Mitglieder der Reichstagsfraktion von diesen Verboten verschont. Auch das aktive und passive Wahlrecht blieb aus verfassungsrechtlichen Gründen erhalten, sodass die Partei über ihre gewählten Volksvertreter weiter bestehen konnte. So übernahm die Reichstagsfraktion die Funktion der Parteileitung. Es bildete sich anstelle der verbotenen Parteivereine ein Netz von Untergrund- und Geheimorganisationen mit einer Auslandszentrale in der Schweiz. Damit trat das Gegenteil der Ziele Bismarcks ein: Nach vorübergehender Schwächung ihres Stimmenanteiles unmittelbar nach dem In-Kraft-Treten des Sozialistengesetzes verdreifachte sich die Stimmenzahl für die Sozialdemokratische Arbeiterpartei bis zum Jahr der Aufhebung des Gesetzes (1890). Als Bismarcks 1890 aus seinem Amt entlassen wurde, war die Sozialistische Arbeiterpartei zur stärksten Partei des Reichstages geworden.

Die zwölfjährige Zeit des Sozialistengesetzes bedeutete Jahre des Kampfes um die Selbstbehauptung der Sozialdemokratie. Repression und Ausgrenzung stärkten das Solidaritätsgefühl in der Partei. Die repressiven Maßnahmen des Staates erschwerten die Versöhnung der Arbeiterschaft mit dem Kaiserreich.

Nach 1890 nannte sich die nun wieder legale Partei »Sozialdemokratische Partei Deutschlands (SPD)«. Nun begann eine intensive Marx-Rezeption. Diese zeigte sich deutlich auf dem Erfurter Parteitag vom 14. bis 20. Oktober 1891 und dem dort von Karl Kautsky entworfenen Parteiprogramm. Die Geschichte der Partei war von 1890 bis 1900 von heftigen Auseinandersetzungen zwischen den unterschiedlichen Grundpositionen von Lassalle und Marx geprägt (Grebing 1962, S. 133 ff.). Der Marxismus setzte sich durch. Nach der Aufhebung des Sozialistengesetzes wurde die SPD zur Massenpartei. Ihre Mitgliederzahl wuchs von schätzungsweise 100 000 im Jahre 1890 auf über 500 000 im Jahre 1907 und bis 1914 auf knapp 1,1 Millionen an (Nipperdey 1992, S. 555). Keine andere Partei des Deutschen Reiches erreichte auch nur annähernd diese Mitgliederzahl.

Mit dem Wachstum der Partei setzte sich in ihrer weiteren Entwicklung in der politischen Praxis eine gemäßigte, auf Reformen orientierte Richtung durch, insbesondere unter dem Einfluss der sozialistischen Gewerkschaften *(s. u.)*, deren Kartell von Carl Legien geführt wurde. Der theoretisch-wissenschaftliche Kopf des »revisionistischen« Flügels der Partei war Eduard Bernstein, der sich den politischen und sozialen Aufgaben seiner Zeit nicht verschließen wollte. Bernstein sah im Gegensatz zu den Anhängern von Karl Marx den entscheidenden Ansatz für die Arbeiter-Emanzipation nicht in wissenschaftlich fundierten Grundsätzen, sondern in einem von Humanitätsideen getragenen Gerechtigkeitsgefühl. Auch der Führer der bayerischen Sozialdemokraten, Georg von Vollmar, forderte in seiner bekannten Eldorado-Rede von 1891 (so genannt nach der Münchner Gaststätte, in der er diese Rede hielt) praktischen Revisionismus: »Es entspricht dem Interesse der Arbeiterbewegung, wenn wir den Weg der Verhandlung betreten und suchen, auf der Grundlage der heutigen Staats- und Gesellschaftsordnung Verbesserungen wirtschaftlicher und politischer Art herbeizuführen« (nach Grebing 1962, S. 133).

Das Verbot »sozialdemokratischer, sozialistischer oder kommunistischer Bestrebungen« durch das Sozialistengesetz machte eine institutionalisierte, von der Sozialdemokratie getragene Arbeiterbildung während dieser zwölf Jahre unmöglich. Nach dem Fall des Sozialistengesetzes konnte sich diese Arbeiterbildung indes entfalten *(s. u.)*.

Bismarcks innenpolitischer Kurs richtete sich auch gegen das katholische »Zentrum«. Sein so genannter Kulturkampf zielte gegen den »Ultramontanismus«, den Einfluss des Vatikans auf die Politik der deutschen Zentrumspartei. Dabei spielte auch das wenige Wochen vor der Reichsgründung von Pius IX. verkündete Dogma von der »Unfehlbarkeit« des Papstes eine Rolle. Der Kulturkampf war eine Auseinandersetzung des norddeutsch-protestantischen Staatsdenkens und des Liberalismus mit dem politischen Katholizismus und der katholischen Kirche.

Die sozialen und ökonomischen Lebensbedingungen während der Bismarckzeit und der Wilhelminischen Ära waren durch fortschreitende Industrialisierung, den Prozess der Verstädterung, den Wandel der Familienstruktur, durch Kinderarbeit und durch die Verarmung und Proletarisierung gerade derjenigen gekennzeichnet, die vom Lande in die expandierenden Städte strömten.

Durch die Binnenwanderung verloren beispielsweise die vornehmlich agrarisch geprägten ostelbischen Gebiete allein zwei Millionen Menschen. 1910 lebten mehr als 21 Prozent der deutschen Bevölkerung in Großstädten; 1871 waren es nicht einmal fünf Prozent gewesen. Die Bevölkerung in den Großstädten wuchs sprunghaft. Berlin entwickelte sich folgendermaßen: 1850 wurden 419 000 Einwohner gezählt, 1880 bereits 1 122 000, 1910 sogar 2 071 000 Einwohner. Die Wohnungsnot in den Großstädten war gravierend. So zählte im Oktober 1871 die Polizei in Berlin 10 600 Obdachlose (Ritter/Kocka 1974, S. 390). Der Prozess der Industrialisierung, der Übergang von der feudalen Agrar- zur Industriegesellschaft, die damit verbundenen Auswüchse des kapitalistischen Wirtschaftssystems verschlechterten die soziale Lage der Arbeiterschaft zunächst in starkem Maße und trugen damit zu ihrer Politisierung bei. Die soziale Polarisierung in den Siebzigerjahren bedeutete für breite Bevölkerungskreise Massenelend und verhalf wenigen Reichen zu ungeheuren Gewinnen.

Der Arbeiterdichter *Georg Herwegh* (1817–1875) wies in einem Lied, das in Arbeiterkreisen von Mund zu Mund ging, auf diese soziale und gesellschaftliche Not hin:

»Achtzehnhundertsiebzig und drei:
Reich der Reichen, da stehst du, juchei!
Aber wir Armen, verkauft und verraten,
Denken der Proletariertaten.
Noch sind nicht alle Märze vorbei
[. . .].« (nach Ritter/Kocka 1974, S. 390)

Die politischen und sozialen Veränderungen seit Mitte der Sechzigerjahre und besonders seit der Reichsgründung 1871 blieben nicht ohne Auswirkungen auf die Entwicklung der Erwachsenenbildung. Die endgültige Trennung einer sozialistischen Arbeiterbildung von der bürgerlich-liberalen, die sich, wie bereits dargestellt, 1868 auf dem Nürnberger Vereinstag der Deutschen Arbeitervereine manifestierte, erforderte eine Neuorientierung der bürgerlichen Bildungsarbeit. Die Annäherung des liberalen Bürgertums an die preußische Machtpolitik hatte Konsequenzen für die Bildungsarbeit. Die liberal-demokratische Tradition, wie sie in den liberalen Arbeiterbildungsvereinen der Sechzigerjahre des 19. Jahrhunderts zum Ausdruck kam, wurde zugunsten einer bürgerlich-liberalen staatsloyalen Haltung aufgegeben.

Mit der Reichsgründung veränderte sich also die politische Landschaft, insbesondere die der Parteien und Gruppierungen des liberalen Bürgertums. Der nun vollendete Nationalstaat mit freien, gleichen und geheimen Wahlen zum Reichstag, die ökonomische Prosperität bürgerlicher Schichten sowie der außenpolitische Machtzuwachs versöhnten das liberale Bürgertum, das seine kritische Haltung weitgehend aufgab, mit dem Bismarckschen Reich und den politischen und sozialen Verhältnissen. Die staatsloyalen und gemeinschaftsideologischen Tendenzen verstärkten sich.

Die soziale Frage, wie sie in der Arbeiterbildung und der konfessionellen Erwachsenenbildung in den Fünfziger- und Sechzigerjahren des 19. Jahrhunderts zum

Ausdruck kam, verlor in den Augen des Besitz- und Bildungsbürgertums in der Erwachsenenbildung mehr und mehr an Bedeutung. Indem diese sich auf den Grundsatz politischer Abstinenz zurückzog, um soziale Divergenzen und Spaltungen zwischen den gesellschaftlichen Schichten und Klassen nicht noch mehr zu betonen, sollte eine gleichberechtigte Teilhabe des ganzen Volkes an der nationalen Kultur erreicht werden. National-kulturelle Partizipation wurde zum Ersatz für politische Mitbestimmung und Mitgestaltung. Dabei wandelte sich die »unparteiliche« und »unpolitische« Bildung als Wissenserwerb und vorbehaltlose Rezeption von »Kulturgütern« allerdings tendenziell zur Parteinahme für den politischen und sozialen Status quo. Integration durch Teilhabe an den bürgerlich-nationalen Kulturgütern sollte politische und soziale Gleichberechtigung und Emanzipation fördern. Deshalb ist es nachvollziehbar, dass die »Gesellschaft für Verbreitung von Volksbildung«, die im Folgenden, entsprechend ihrer herausragenden Bedeutung, ausführlicher dargestellt werden soll, von Anfang an mit jenen Kräften kooperierte, die im Sinne des liberalen Bürgertums auf die Einbeziehung der Arbeiterschaft in die bestehende Gesellschaftsordnung ausgerichtet waren.

Den Vorstellungen des liberalen Besitz- und Bildungsbürgertum fühlten sich auch die Hirsch-Dunckerschen Gewerkvereine verpflichtet, mit denen die Gesellschaft für Volksbildung ebenfalls seit ihren Anfängen zusammenarbeitete. Die Initiatoren der Gewerkvereine, *Max Hirsch* (1832–1905) und *Franz Duncker* (1822–1888), gehörten zu den Gründungsmitgliedern der Gesellschaft für Verbreitung von Volksbildung. Die Gewerkvereine entstanden im Jahre 1869 und bemühten sich mit dem Ziel, die Arbeiterschaft zu gewinnen, um eine den liberalen Ideen verpflichtete Arbeiterbildung. Auf ihrem ersten Verbandstag von 1871 beschlossen sie, der »Gesellschaft für Verbreitung von Volksbildung« beizutreten.

Die gesellschaftstheoretische Differenz zwischen den Hirsch-Dunckerschen Gewerkvereinen und der politischen Arbeiterbewegung bestand in der diametral entgegengesetzten Auffassung über das Verhältnis von Kapital und Arbeit. Die Hirsch-Dunckerschen Gewerkvereine glaubten letztlich an die Möglichkeit einer Harmonie zwischen Kapital und Arbeit. Dagegen waren die Sozialdemokratische Arbeiterpartei und die so genannten Freien Gewerkschaften, die dem Sozialismus nahestanden, vom unaufhebbaren Widerspruch zwischen Kapital und Arbeit überzeugt. Das liberale Bürgertum und die Hirsch-Dunckerschen Gewerkvereine verband das gemeinsame Ziel, die Arbeiterschaft von der politischen Arbeiterbewegung fern zu halten. So entstanden die »Gesellschaft« und die »Gewerkvereine« aus den gleichen Wurzeln *(s. u.)*.

2. Die bürgerlich-liberale Volksbildung

Auch die bürgerlich-liberale Volksbildung ist vor dem oben skizzierten historischen Hintergrund zu sehen. Das liberale Bürgertum wurde der entscheidende Initiator einer breiten Volksbildungsarbeit für alle Schichten, auch für die Arbeiterschaft. Bildung war für das Bürgertum trotz des Grundsatzes strikter politischer Neutralität eine nationale, eine gesellschaftsintegrierende und auch sozialpolitische Aufgabe.

2.1 Die Gesellschaft für Verbreitung von Volksbildung

Im Kontext der Reichsgründung und vor deren sozialhistorischem Hintergrund bzw. Motivationsgeflecht wurde die »Gesellschaft für Verbreitung von Volksbildung« am 14. Juni 1871 in Berlin gegründet. Sie kann als die Zusammenfassung aller liberalen Bildungsbestrebungen bezeichnet werden. Entsprechend ihrer Ausrichtung auf nationale Ideen und auf das Ziel einer Gemeinschaftsbildung bemühte sie sich bereits am Beginn ihrer Entwicklung um eine alle Schichten des Volkes erfassende breite Bildung im Sinne einer wirklichen Bewegung.

So schrieb der Lehrer und Schulpolitiker *Johannes Tews* (1860–1937), der jahrzehntelang als Generalsekretär in der »Gesellschaft« tätig war, 1921 rückblickend, dass die Deutschen *ein* Volk seien und nicht nur in demselben staatlichen Verband lebten, sondern »in diesem Verbande auch eine geistige und sittliche Gemeinschaft« bilden müssten, eine Gemeinschaft, die zwar durch »Blut und Eisen« (Bismarck, der Verf.) äußerlich zusammengebracht worden sei, aber durch »innere Bande verknüpft« werden müsse (Tews o. J. [1921], S. 16).

Obwohl der Zeitgeist eine soziale und national-integrative Zielsetzung für eine neue Bildungsbewegung nahe gelegt hätte, ging die Gründungsinitiative nicht von Organisationen, sondern von Einzelpersönlichkeiten aus, denen die soziale und Bildungsfrage Orientierungspunkt war: von einem Gymnasiallehrer, *Franz Leibing* (1836–1875) aus Elberfeld, und einem Fabrikanten, *Fritz Kalle* (1837–1915) aus Biebrich. Auch der bereits genannte Repräsentant der bürgerlichen Arbeiterbildung aus den Sechzigerjahren und Abgeordnete der Fortschrittspartei Hermann Schulze-Delitzsch, der in seiner Person den Übergang von den liberalen Arbeiterbildungsvereinen zu einer national-kulturellen Bildungsarbeit verkörperte, schloss sich der Initiative an. Zu den Gründungsmitgliedern gehörten außer den ebenfalls bereits genannten Franz Duncker und Max Hirsch weitere bedeutende Persönlichkeiten jener Zeit, unter ihnen Johannes von Miquel, Friedrich Kapp, Johann Borsig, Alfred Edmund Brehm, Heinrich Rudolf von Gneist, Friedrich Hammacher, Johann Wilhelm von Holtzendorff, Ernst Keil, August Lammers, Oskar Pache, Ludolf Parisius, Emil Rittershaus, Freiherr Schenk von Stauffenberg, Werner Siemens, Otto Ule, Rudolf Virchow und Franz Wirth (Tews 1931, S. 3).

Franz Leibing, als Sohn eines Handwerkers 1836 in Berlin geboren, kam nach historischen und philosophisch-philologischen Studien bei Leopold von Ranke und August Böckh 1864 als Lehrer an die Realschule in Elberfeld. Die dortige soziale Situation, insbesondere das Schicksal der Menschen, die der Armenpflege überlassen waren, führte ihn zu der Überzeugung, dass gerade Bildung in der Lage sei, das Elend zu mildern und die sozialen Klüfte einzuebnen. Mehrere Schriften Leibings zeugen von dieser Auffassung. 1869 begegnete er Fritz Kalle.

Fritz Kalle war ein Bruder des bekannten Chemikers Wilhelm Kalle, der 1838 in Biebrich geboren wurde. Er trat 1863 als Teilhaber und kaufmännischer Leiter in die von seinem Vater und Bruder gegründete chemische Fabrik in Biebrich ein. Der national gesinnte Fabrikbesitzer engagierte sich schon bald sozialpolitisch und schloss sich Leibings Idee einer großen organisierten Bildungsbewegung an, die auch einen Beitrag zur Vertiefung der nationalen Identität leisten sollte. Er besaß Verbindungen zu einflussreichen Persönlichkeiten aus Wissenschaft und Beamtentum, wie beispielsweise Rudolf Virchow und Johann Wilhelm von Holtzendorff, und konnte mit dem Angebot finanzieller Unterstützung Leibing, den *Spiritus Rector*, ermutigen, seine Vorstellungen in die Tat umzusetzen. Die bislang vereinzelten örtlichen Bildungsbestrebungen sollten organisatorisch in einer Gesellschaft zusammengefasst werden mit dem Zweck der Förderung und Ausbreitung liberaler und nationaler Ideen. Alle Gruppen des Volkes sollten angesprochen werden, das gebildete und das besitzende Bürgertum ebenso wie das »niedere Volk«, das zwar bildungsmotiviert sei, aber noch der Bildung bedürfe. Die »Gesellschaft« sollte der Einheit des Volkes dienen und die sozialen Antagonismen der Zeit überwinden.

In der ersten Nummer der von der »Gesellschaft« herausgegebenen Zeitschrift »Der Bildungs-Verein«, (später in »Volksbildung« umbenannt), stellte sich die »Gesellschaft« folgendermaßen vor: »Wir begrüßen mit diesem Blatt alle Vereine und Anstalten, alle Gesellschaften und Schulen, alle Kreise, welche aus freier Liebe zur Pflege des Wissens und zur Verbreitung nützlicher Kenntnisse sich ohne staatlichen Antrieb oder Eingriff ›von Oben‹ im deutschen Vaterlande gebildet haben. Dieses ihres Ursprungs wegen, der sich nicht aus irgendwelchen dogmatischen Vorstellungen des Mittelalters wie die Staatskirche, noch aus der Gewalt des absoluten Staates wie die Staatsschule herschreibt, zählen wir diese Einrichtungen mit zu den edelsten Keimen ›deutschnationaler und menschheitlicher Cultur‹. Wie unvollkommen ein Theil dieser Organisation zur Zeit sein möge, wir sind überzeugt, daß ihnen die Zukunft gehört, denn ihre Träger sind ausgerüstet mit der Eigenschaft, welche allen großen Gedanken, soweit wir eine geschichtliche Entwicklung verfolgen können, zum Siege verholfen haben: Liebe zur Menschheit und Sympathie gerade mit der zurückgebliebenen Klasse, höchstem Interesse am Wissen als der reinsten Quelle der Sittlichkeit, und dem Muth, das für wahr Erkannte, in praktische Lebenseinrichtungen umzugestalten«. (Der Bildungsverein 1871, Jg.1, Heft 1, S. 1.) Als Gegner der »Gesellschaft« galten ihren Gründern und Repräsentanten all jene, »welche auf Umsturz sinnen«. Dazu zählte man die »jesuitischen Römlinge, die Partikularisten und die feudalen Conservativen, zu diesen die Sozialdemokraten, Internationalen, Communisten u.s.w.« (Der Bildungsverein 1871, Jg.1, Heft 2, S. 1). Man vermag in der Abgrenzung gegenüber den feudalen Konservativen den Versuch sehen, sich wenigstens von dem extrem rechten Spektrum der Wilhelminischen Gesellschaft zu distanzieren.

Schon in der Anfangszeit der »Gesellschaft« verfolgte Leibing maßgeblich folgende programmatische Ziele, welche die weitere inhaltliche und organisatorische Arbeit bestimmten:

1. Verbreitung allgemeiner geistiger und sittlicher Bildung bei allen Mitgliedern;
2. Gelegenheit zur Ausbildung in einzelnen wissenschaftlichen oder technischen Lehrfächern;
3. Herstellung von Volksbibliotheken;
4. Veranstaltung geselliger Vergnügen und Unterhaltungsabende;
5. Vermittlung der persönlichen Berührung zwischen den verschiedenen Klassen (Leibing 1871, S. 29 ff.).

Wohl unter dem Einfluss von Hermann Schulze-Delitzsch organisierte sich die »Gesellschaft« nach dem genossenschaftlichen Prinzip. Es gab sowohl persönliche als auch korporative Mitglieder. Als korporative galten Ortsbildungsvereine, die selbstständig blieben, sich aber dem Verein anschließen konnten. Die ursprüngliche Hoffnung auf eine große Mitgliederschaft im Sinne der angestrebten Breitenwirkung bestätigte sich anfangs nur zum Teil. Am Ende des ersten Vereinsjahres existierten 158 Vereine mit 1 229 Mitgliedern. Im Zenit befand sich die »Gesellschaft« unmittelbar vor dem Ersten Weltkrieg, als ihr 8 000 korporative Mitglieder angehörten (Tews 1931, S. 29).

Die Statuten der »Gesellschaft« sahen folgenden organisatorischen Aufbau vor: Oberstes Organ war der Zentralausschuss in Berlin. Er bestand aus 72 Mitgliedern, von denen die Generalversammlung 36 wählte. Die übrigen 36 Mitglieder waren entweder Vorsitzende der Verbände oder kooptierte Mitglieder. Wahl und Kooptation waren also für die oberste Repräsentanz der »Gesellschaft« charakteristisch. Der Zentralausschuss regelte alle Vereinsangelegenheiten, welche nicht ausschließlich der General-Versammlung vorbehalten waren. Er entschied insbesondere über die Verwendung der Finanzmittel. Aus seiner Mitte wählte der Zentralausschuss einen Vorstand, der aus einem Vorsitzenden, zwei Beisitzern, einem Schatzmeister und einem Sekretär bestand. Die Orts-Bildungsvereine schlossen sich zu Bezirken, Provinzen und Ländern zusammen. Die Bezirke, Provinzial- und Landesverbände bildeten also zwischen der Zentrale in Berlin und den einzelnen Vereinen eine Mittelinstanz.

In dem Statut für die »Bildungsvereine« – das war der Name für die örtlichen Vereinigungen – wird deren besondere Stellung definiert: »Als corporative Mitglieder der Gesellschaft haben sie zunächst nur die Pflichten der persönlichen Mitglieder. Erkennen sie aber die Wichtigkeit der Bestrebungen der Gesellschaft für jeden einzelnen Verein wie für die Gesamtheit derselben für die Hebung der freiwilligen Bildungspflege im ganzen deutschen Vaterlande, so werden sie von selbst dazu übergehen, die Gesellschaft zu unterstützen, indem sie ihr einen Teil ihrer Einnahmen zur Verfügung stellen [. . .].« (nach Dräger 1975, S. 66)

Oberste Instanz der »Gesellschaft« war die jährlich tagende Generalversammlung, auf der sowohl die persönlichen als auch die korporativen Mitglieder Sitz und Stimme hatten. Die Generalversammlung bestimmte das Grundsätzliche der Arbeit.

Die eigentliche gestaltende Kraft der »Gesellschaft« war der Generalsekretär, dem die Geschäftsführung, die Redaktion des Vereinsblattes »Bildungsverein« sowie die Öffentlichkeitsarbeit oblagen. Er besaß eine besondere Stellung innerhalb und außerhalb der Organisation, was sich insbesondere am Beispiel von Johannes Tews zeigen lässt, der dieses Amt von 1891 bis 1904 ehrenamtlich und danach bis 1933 hauptamtlich innehatte.

Die Bildungsarbeit der »Gesellschaft« war, wie ihre didaktische Konzeption zeigt, auf Breitenwirkung angelegt. Im Mittelpunkt stand das Vortragswesen. Daneben spielten die Volksbibliotheken, später auch die Volksunterhaltungsabende eine wichtige Rolle. Von dem allgemeinen kulturellen Engagement der »Gesellschaft« zeugt die Theater- und Bühnenarbeit der »Märkische(n) Wanderbühne«, die mit dem Berliner Schiller-Theater zusammenarbeitete. Sie gab allein in Pommern im Jahre 1907 über 900 Vorstellungen.

Innerhalb der Gesellschaft entstand hinsichtlich der pädagogisch-didaktischen Konzeption zunächst eine Kontroverse darüber, ob der Einzelvortrag oder die Vortragsreihe als das wichtigere Bildungsmittel anzusehen sei. Sie entschied sich für den Einzelvortrag, der nach heutiger Auffassung erwachsenenpädagogischen Gesichtspunkten kaum entsprechen kann. Man unterschied die folgenden Typen nach Inhalt und Form:

- Gelehrten- (wissenschaftlicher) Vortrag,
- Fachvortrag,
- Volkstümlicher Vortrag,
- Vorlesen,
- Künstlerischer Vortrag.

Es zeugt trotz des durchgehenden didaktischen Formalismus und der Fremdbestimmung – die Hörer waren an der Planung und Umsetzung der Bildungsarbeit nicht beteiligt – von Aufgeschlossenheit gegenüber neuen Entwicklungen, dass die Vorträge durch den intensiven Einsatz der damals neuen Anschauungsmittel wie Film und Lichtbild aufgelockert und veranschaulicht wurden. Bereits 1876 wurde auch ein so genanntes »Wandermuseum«, eine Art Lehrmittelkabinett, eingerichtet (Dräger 1975, S. 227).

Durch die Mitarbeit gelehrter Kreise sollten breite Bevölkerungsschichten zur Beteiligung motiviert werden. Allerdings hielten sich bedeutende Persönlichkeiten der Wissenschaft zunächst sehr zurück, da sie in der so genannten Popularisierung die Gefahr der Förderung möglicher »Halbbildung« befürchteten: Erst seit der Neuorientierung der Erwachsenenbildung in der Weimarer Zeit *(vgl. Kap. IV)* gaben die Mitglieder der Universität im Ganzen ihre Vorbehalte gegenüber einer wissenschaftsorientierten Erwachsenenbildung auf und beteiligten sich an der Bildungsarbeit.

Das Hauptkontingent der Vortragenden bestand aus Volksschullehrern, die jedoch nur selten über erwachsenenpädagogische Kenntnisse verfügten. Gebildete Kaufleute, Fabrikanten und Handwerker brachten vor allen Dingen ihre Berufserfahrungen ein und vermittelten damit eine berufsorientierte Bildung, vornehmlich in den durch die »Gesellschaft« geförderten Fortbildungsschulen.

Die wichtigste Innovation des Vortragswesens der »Gesellschaft« war das Institut der Wanderlehrer. Sie wurden von der Gesellschaft eingestellt und hielten auf Einladung der Orts-Bildungsvereine Vorträge über Themen aus ihren Fachgebieten. Entsprechend der jeweiligen kultur- und sozialpolitischen Situation sollten zwar tagespolitische Themen aufgegriffen werden. Allerdings hatte sich der Vortragende dabei jeder Wertung und Parteinahme zu enthalten, er war zur »Ruhe der Objektivität« verpflichtet. Politische Abstinenz und absolute Neutralität bestimmten also den bildungspolitischen Kurs.

Aus heutiger Sicht erscheinen Wirkungsweise und Effektivität des Vortragswesens fragwürdig, da es sich um eine verbreitende, expansive Volksbildung ohne tiefere didaktische Reflexion handelte. Weder waren die Vortragenden professionell geschult, noch gab es einen systematischen Zusammenhang zwischen den behandelten Themen, sodass eine effektive, individualisierende Bildungsarbeit wohl nur selten zustande kam. Die unkritische, faktengläubige Vermittlung »objektiver Kultur« ohne Beachtung der subjektiven und weltanschaulichen Position der Hörer konnte deshalb die Arbeiterschaft kaum auf Dauer in einen umfassenden Bildungsprozess einbeziehen.

Neben dem Vortragswesen bildete die Bibliotheksarbeit einen weiteren Schwerpunkt der Arbeit der »Gesellschaft«, denn man sah, wie Johannes Tews schrieb, im Lesen das »vorzüglichste Mittel der Selbstbildung«. So wurden 1901 einige Wanderbibliotheken eingerichtet. Allerdings erfolgte auch die Bibliotheksarbeit ohne ein wirkliches volksbildnerisches Konzept, das erst *Walter Hofmann* (1879–1952) als Leiter der Bibliothek in Dresden-Plauen bzw. als Leiter der Bücherhallen der Stadt Leipzig entwickelte. Er prägte das Konzept einer »individualisierenden Ausleihe«.

In der historischen Entwicklung der »Gesellschaft« spiegelte sich die gesellschaftliche, politische, soziale und kulturelle Situation der Wilhelminischen Epoche. Es lassen sich drei historische Abschnitte erkennen, wenn man statt von den innerorganisatorischen Tendenzen, die Johannes Tews bei seiner Periodisierung zu Grunde legt (1931, S. 13–16), von den politischen Phasen bzw. Zäsuren ausgeht:

1. 1871–1890: Von der Reichsgründung bis zum Ende des Sozialistengesetzes,
2. 1890–1918: Sozialpolitische und bildungspraktische Neuorientierung,
3. 1918–1935: Allmähliche Auflösung.

Bis zum Erlass des Sozialistengesetzes (1878) versuchte die »Gesellschaft« ihre Bildungsarbeit flächendeckend im Reich anzubieten. Ohne sich zum Sozialistengesetz zu äußern, unterstützte sie faktisch das Verbot sozialdemokratischer Politik und einer von der Arbeiterschaft selbst getragenen Bildungsarbeit. Sie wirkte entsprechend der Idee der Einheit des Volkes gegen sozialistische Bestrebungen sowie in Übereinstimmung mit der Bismarckschen Kulturpolitik gegen die »Ultramontanisten«. In den Achtzigerjahren ergänzten Aktivitäten in der Volkswohlfahrtspflege ihre Bildungsarbeit. Die »Gesellschaft« unterstützte im Sinne der Bismarckschen Sozialgesetzgebung sozialpolitische Zielsetzungen wie die Förderung von Kranken-, Invaliden- und Waisenkassen sowie von Konsumvereinen, Sparkassen und Baugenossenschaften.

Das Jahr 1890 bedeutete eine Zäsur. Das Sozialistengesetz wurde nicht erneuert, und die Vereine der Arbeiterschaft konnten sich wieder entfalten. Nun konzentrierte sich die »Gesellschaft« wieder auf ihre ursprünglichen volksbildnerischen Aufgaben: reichsweite Verbreitung allgemeiner Bildung und Kultur, die Unterstützung einer Schulreform und die Förderung von Fortbildungsschulen. Ein weiteres Ziel war die Integration von Wissenschaft, Kultur und praktischer Lebenswelt.

Gegenüber der ersten Phase vor 1890 versuchte die »Gesellschaft« intensiver, volksintegrative Aufgaben wahrzunehmen. Neben dem Vortragswesen und der Arbeit in den Volksbibliotheken wurden Volksunterhaltungsabende sowie eine breite Schichten ansprechende Theaterarbeit als wichtige volksbildnerische Betätigungen angesehen. Mit dem Instrument der Volksunterhaltungsabende versuchte man, Bildung und Unterhaltung zu verbinden. Der Geselligkeitscharakter der Abende sollte die Klassen- und Schichtengegensätze überwinden helfen. Diesem Bildungsansatz lag die Idee der Volksgemeinschaft zugrunde, die später in der Weimarer Volksbildung zur allseitigen Entfaltung kam. Allerdings vermochte eine Bildungsarbeit, die lediglich auf Rezeption angelegt war, wenig zu einer weiterführenden Motivation der Teilnehmer beizutragen und konnte wohl nur in seltenen Fällen die intendierte Selbstbildung bewirken. Gerade die Unterhaltungsabende waren eine verinnerlichte Form der Anpassung an den bürgerlichen Lebensstil und an bürgerliche Verhaltensnormen.

Vor dem Ersten Weltkrieg erreichten die Mitgliederzahl der »Gesellschaft für Verbreitung von Volksbildung« und der Umfang ihrer Aktivitäten den Höhepunkt ihrer Entwicklung. Auch ihr Einfluss erreichte zu dieser Zeit den Zenit. Johannes Tews fasste die Ergebnisse der fünfzig Jahre bis 1931 so zusammen: »Von der Hauptstelle wurden während des fünfzigjährigen Bestehens der Gesellschaft über 10 000 Vorträge veranstaltet, 137 000 Büchereien mit etwa vier Millionen Büchern gegründet und unterstützt, 22 500 Wanderbüchereien mit mehr als einer Million Bücher in Umlauf gebracht, 38 000 Lichtbilderreihen mit über 2 ¼ Million Bildern und 14 000 Bildstreifenrollen, das sind etwa 2 600 000 Meter Filme, verliehen, ihre Wanderbühne veranstaltete 2 300 Vorstellungen, ihre Wanderlichtspielbühne gab in 3 Jahren 1 300 Vorstellungen in allen Teilen des Deutschen Reiches.« (Tews, 1931, S. 17/18)

Die Mitgliederzahlen entwickelten sich zwischen 1871 und 1931 im Zehnjahresabstand wie folgt:

Jahr	Körperschaften	Personen	Gesamt
1871/72	*158*	*1 299*	*1 447*
Nach 10-jährigem Bestehen 1881	717	4 042	4 749 *
Nach 20-jährigem Bestehen 1891	818	2 792	3 610
Nach 30-jährigem Bestehen 1901	2 660	3 577	6 237
Nach 40-jährigem Bestehen 1911	7 979	5 698	13 677
Nach 50-jährigem Bestehen 1921	7 053	5 527	12 580
Nach 60-jährigem Bestehen 1931	4 974	6 386	11 360

* In korrekter Addition müsste die Gesamtsumme 4 759 betragen. (Zahlen nach Tews 1931, S. 29.)

Angesichts der Ausweitung der Bildungsaktivitäten äußerten schon vor dem Ersten Weltkrieg der bereits erwähnte Walter Hofmann und Robert von Erdberg, die später führend für die Idee einer intensiven, individualisierenden Bildungsarbeit eintraten *(vgl. Kapitel IV)*, Kritik an dem didaktischen Konzept und der Zielsetzung einer verbreitenden Volksbildung. Auch vonseiten der an der Bildungsarbeit interessierten Arbeiterschaft erhoben sich kritische Stimmen, die sich gegen das didaktische Konzept und die strikte Abstinenz und Neutralität in politischen und gesellschaftlichen Fragen richteten.

Da die »Gesellschaft für Verbreitung von Volksbildung« die bestehenden politischen und sozialen Verhältnisse jedoch akzeptierte und keinen Willen zur politischen und pädagogischen Reform zeigte, konnte sie – entgegen ihrer ursprünglichen Absicht – keinen Beitrag zur Lösung der sozialen Frage leisten. Auch diente der bildungspolitische Kurs strikter Neutralität und Objektivität weder einer nationalen Gemeinsamkeit noch einer »einheitlichen Volkskultur«. Aufgrund dieser Reformunfähigkeit und »Immobilität« der »Gesellschaft« entwickelte diese keinen wesentlichen Neuansatz erwachsenenpädagogischer Reflexion. Sie blieb bei ihrer kritiklosen Vermittlung von kulturellem Wissen, das keinen Bezug zur sozialen Realität und zu den Bildungsvoraussetzungen weiter Teilnehmerkreise hatte *(vgl. Kapitel IV)*.

In Übereinstimmung mit dem weit verbreiteten Patriotismus stellte sich die »Gesellschaft« während des Ersten Weltkrieges in den Dienst der Truppenbetreuung, der Hebung der vaterländischen Gefühle, der Stärkung der nationalen Pflichterfüllung in der Heimat und zollte damit wie andere Institutionen und Parteien der Politik der untergehenden Monarchie Tribut. Mit dem Niedergang des deutschen Liberalismus im Ersten Weltkrieg entfernte sich auch die deutsche Volksbildung mehr und mehr von ihrem ursprünglich aufklärerischen Ansatz.

Obwohl es Überlegungen zu einer Neuorganisation gegeben hatte, hielt die »Gesellschaft für Verbreitung von Volksbildung«, die sich seit 1915 »Gesellschaft für Volksbildung« nannte, an ihrer Grundkonzeption auch nach dem Kriege fest. Sie befand sich nun allerdings angesichts einer völlig veränderten politischen, sozialen und geistigen Situation zunächst orientierungslos in der neuen Bildungslandschaft, denn in der Weimarer Zeit bekämpfte die so genannte »Neue Richtung«, der unten ein eigenes Kapitel gewidmet wird, die Formen der bisherigen extensiven Volksbildungsarbeit, wobei die »Gesellschaft« als der Prototyp einer verfehlten sozialen und didaktischen Konzeption betrachtet wurde. Diese Auseinandersetzung veranlasste die »Gesellschaft« zwar, sich einigen Ideen der Zeit mit Volksbildungstagen und Volksbildungswochen anzupassen, dennoch verlor sie ihre einstige volksbildnerische Bedeutung und büßte bildungspolitisch und organisatorisch gegenüber dem 1927 entstandenen »Reichsverband der deutschen Volkshochschulen« ihre ehemals führende Stellung im Reich ein *(s. u.)*.

Die volksideologische Konzeption der »Gesellschaft«, die teilweise bereits vor 1933 semantische Berührungspunkte zum Nationalsozialismus aufwies, bewahrte sie nicht vor der Auflösung durch die Nationalsozialisten im Jahr 1935. Sie erlitt das allgemeine Schicksal der freien Volksbildung, wenn auch erst kurze Zeit später.

Bei einer Gesamtwürdigung der »Gesellschaft« ist ihr ungewöhnliches Engagement für die »Verbreitung von Volksbildung« für alle Schichten der Bevölkerung hervorzuheben. Sie trug die Idee der Volksbildung in das Bewusstsein der führenden Schichten der Wilhelminischen Epoche, aber auch in das der Arbeiterschaft. Volksbildung gewann damit tendenziell – wenigstens in quantitativer Hinsicht – an Bedeutung gegenüber den traditionellen Bildungsinstitutionen. Zudem förderte die »Gesellschaft« die Öffnung der Kultur und der Wissenschaft für den Gedanken der Volksbildung.

Allerdings ist unter gesellschaftspolitischen Gesichtspunkten festzuhalten, dass die volksintegrative Konzeption das monarchische, obrigkeitsstaatliche System stabilisierte. Gerade weil die »Gesellschaft« Bildungsarbeit im Sinne scheinbarer Objektivität und Neutralität zu leisten bestrebt war, wirkte sie im Ergebnis einer Reform der bestehenden sozialen, politischen und kulturellen Verhältnisse entgegen. So verfehlte sie letztlich ihr Ziel, wollte sie doch alle Schichten der Bevölkerung auf Dauer erreichen und insbesondere die Arbeiterschaft in die bestehende Gesellschaft integrieren: Einerseits war sie an einer tiefergehenden Veränderung der sozialen Lage der Teilnehmer kaum interessiert. Andererseits konnte sie mit der bloßen Vermittlung scheinbar objektiver Kulturgüter und dem Hinführen zur traditionellen Wissenschaft und Kultur die bildungsfernen Schichten der Arbeiterschaft nicht an ihre Volksbildungskonzeption und Volksbildungspraxis binden.

Die Gesellschaft war, wo sie hätte Neuland betreten können, mehr auf Bewahrung und Tradition denn auf Kreativität und Erneuerung bedacht. Die Konzeption einer verbreitenden Volksbildung, die im Wesentlichen auf Wissens- und Kulturvermittlung durch Vorträge und nicht auf geistige Auseinandersetzung mit der Lebenssituation und dem gesellschaftlichen und politischen Umfeld der Hörerschaft ausgerichtet war, vermochte weder einen Beitrag für die angestrebte »einheitliche Kultur« zu erbringen, noch vermochte die volksintegrative Zielsetzung zur Lösung der sozialen Frage beizutragen. Die Idee der Volksgemeinschaft blieb rhetorisches Ritual. Eine wirkliche Integration der Arbeiterschaft in die bestehende Gesellschaft konnte, wie gesagt, ebenso wenig erreicht werden wie eine politische und soziale Emanzipation. Diese Konzeption vermochte zwar langfristig zur Verbreitung der Volksbildung beizutragen, nicht aber zu ihrer Vertiefung.

2.2 Volksbildung und Universität

Die »Gesellschaft für Verbreitung von Volksbildung« bildete ein kultur- und bildungspolitisches Forum des Bürgertums, mit dem es gesellschaftsintegrative Vorstellungen über eine popularisierende Volksbildung zur Geltung bringen konnte. Zwischen der Arbeit der »Gesellschaft« auf der einen Seite und der im Folgenden näher darzustellenden Universitätsausdehnungsbewegung auf der anderen Seite gab es Verbindungslinien. Besondere Berührungspunkte zeigten sich in didaktischer Hinsicht. Auch die Universitätsausdehnung griff durch die Konzentration auf die Vortragstätigkeit von Wissenschaftlern das Konzept der extensiven Bildungsarbeit der »Gesellschaft« auf, wiewohl sich im Laufe ihrer Entwicklung didaktische Neuansätze herausbildeten, die bereits wichtige Elemente der »Neuen Richtung« der Weimarer Erwachsenenbildung antizipierten *(vgl. Kapitel IV)*. So bezog die Universitätsausdehnung bereits bewusst die Hörer in die Planung und Durchführung der Universitätskurse ein. Der Gedanke der didaktischen Partizipation spielte im Laufe der Entwicklung eine immer größere Rolle.

Wenn von der Universitätsausdehnungsbewegung gesprochen wird, dann ist die Mitwirkung der Universität als Institution oder die Mitwirkung einzelner Wissenschaftler in einer wissenschaftlich orientierten Volksbildung gemeint. Es ging um die »Ausdehnung« der Wirkungsmöglichkeiten von Universitäten und Universitätsmitgliedern über die verhältnismäßig kleine Zahl der Studierenden hinaus in breitere Kreise der Bevölkerung. Die Protagonisten der Universitätsausdehnung verstanden die wissenschaftsbezogene Volksbildung als eine kulturelle und soziale Erneuerungsbewegung.

Unter institutionell-organisatorischen Gesichtspunkten sind drei Ebenen zu unterscheiden. Zum einen bedeutet Universitätsausdehnung die offizielle, autorisierte Mitarbeit der Universität an der Verbreitung von Wissenschaft über die eigenen Mauern hinaus (Beispiel Universität Wien – *s. u.*). Zum Zweiten sind damit außeruniversitäre Institutionen gemeint, die eigens und vornehmlich Kurse von Mitgliedern der Universität organisierten und betreuten. Zum Dritten gab es die »gemischten Gesellschaften«, die neben der Durchführung von Universitätskursen zugleich auch traditionelle Volksbildungsarbeit leisteten.

Zunächst bestanden jedoch, wie bereits angedeutet, bei den Repräsentanten der Wissenschaft und der Universität als Institution zunächst noch sehr große Vorbehalte gegenüber einer wissenschaftsbezogenen Volksbildung, obwohl einige bedeutende Gelehrte den Gedanken, die Wissenschaft über die Mauern der Universität hinauszutragen (»extramurale Bildungsarbeit«), positiv aufnahmen. Die meisten

Universitätsmitglieder waren allerdings der Auffassung, dass die popularisierende Vermittlung von Wissenschaft und Forschung an eine breite Öffentlichkeit außerhalb der Hochschulen zu einer Verflachung und unangemessenen Vereinfachung wissenschaftlicher Ergebnisse führen müsse und deshalb dem Ansehen der Universität abträglich sei. Erst in der Weimarer Republik setzte sich – entsprechend dem veränderten Zeitgeist – die Überzeugung durch, dass eine Volksbildung neuer Art und mit neuer Zielsetzung einen Beitrag zur Bildung breiter Bevölkerungskreise, zur Demokratisierung von Bildung, Wissenschaft und der Gesellschaft insgesamt leisten müsste. Daraufhin änderten die meisten deutschen Universitäten ihre abwartende und distanzierte Haltung gegenüber der Erwachsenenbildung.

Allerdings suchten bereits gegen Ende des 19. Jahrhunderts aufgeschlossene Wissenschaftler und einzelne Universitäten, besonders in Österreich, nach einem institutionellen Rahmen, um die Arbeit der Universität für die Volksbildung zu erschließen. Dabei wirkte das englische Vorbild der *university extension* anregend und ermutigend.

Die englische Universitätsausdehnung bedeutete zur damaligen Zeit zweierlei. Einerseits war damit eine Erweiterung des Universitätsunterrichts auf naturwissenschaftliche und technische Fächer gemeint. Besondere gesamtgesellschaftliche und wissenschaftspolitische Bedeutung erlangte jedoch die aufkommende Bereitschaft und Verpflichtung der Universität, Wissenschaft über ihre akademischen Grenzen hinaus einer breiteren bildungsinteressierten Öffentlichkeit zugänglich zu machen. Hier ging es um die Institution einer »wandernden« Universität bzw. um die Gründung von Dependancen außerhalb der vier etablierten Universitäten Englands. Diese Aktivitäten hatten nicht nur eine wissenschaftspolitische, sondern auch eine gesellschafts- und sozialpolitische Intention: Die Universität, die im öffentlichen Bewusstsein als elitär galt, wollte nun einen Beitrag dazu leisten, die tief reichenden Unterschiede in der englischen Gesellschaft zu verringern und die Kluft zwischen den Klassen bzw. Schichten zu mindern. Die Initiative zur universitären Erwachsenenbildung ging 1873 von der Universität Cambridge aus, die Kurse außerhalb ihrer Mauern über allgemein interessierende wissenschaftliche Themen anbot. Die Resonanz war sehr groß, was auf ein allgemeines gesellschaftliches Interesse hindeutete. Bereits 1876 nahmen 17 000 Teilnehmer an solchen universitären Kursen teil.

Das englische Beispiel wirkte vorbildhaft im deutschsprachigen Raum, obwohl der Gedanke der Universitätsausdehnungsbewegung in der damaligen Zeit ohnehin bereits über England hinaus im akademischen Raum aufgekommen war. Erste Ansätze reichten bis in die erste Hälfte des 19. Jahrhunderts zurück. Es waren vor allem einzelne Wissenschaftler, die ihre Kenntnisse einer breiteren außeruniversitären Öffentlichkeit zugänglich machten. Es sei auf *Johann Gottlieb Fichte* (1762–1814), *Alexander von Humboldt* (1769–1859) und insbesondere auf den Prager Philosophen *Bernhard Bolzano* (1781–1848) verwiesen, der viel beachtete Vorträge über die Aufklärung für eine breite, außeruniversitäre Öffentlichkeit hielt.

Ein wichtiger Schritt zur Institutionalisierung dieses wissenschaftlichen Vortragswesens war die Bildung so genannter wissenschaftlicher Vereine. Erwähnt seien unter anderem die »Gesellschaft für Wissenschaft und Kunst« in Gießen, ähnliche Vereine in Bonn und Göttingen und der bereits erwähnte »Verein für wissenschaftliche Vorträge in Berlin«, den der Historiker *Friedrich von Raumer* (1781–

1873) 1841 gründete. In jedem Winter, Anfang Januar bis Ende März, wurden zwölf allgemein interessierende Vorträge in der Berliner Singakademie veranstaltet. Wissenschaftliche Vorkenntnisse wurden nicht vorausgesetzt (Keilhacker 1929, S. 6). In diesem Verein hielten namhafte, weit über Deutschland hinaus bekannte Wissenschaftler Vorträge, wie der Arzt und Anthropologe *Rudolf Virchow* (1821–1902), die Historiker *Theodor Mommsen* (1817–1903) und *Heinrich von Sybel* (1817–1895) und der Rechtsgelehrte *Friedrich Karl von Savigny* (1779–1861). Ähnliche Institutionen entstanden in Prag und Wien. Als wichtige Vorläufer der Universitätsausdehnungsbewegung sind auch die 1878 gegründete Humboldt-Akademie und der wenige Jahre zuvor, 1872, von dem Nationalökonomen *Gustav von Schmoller* (1838–1917) in Berlin ins Leben gerufene »Verein für Socialpolitik« zu nennen. Dieser bot wissenschaftliche Kurse und Vortragsveranstaltungen zu gesellschafts- und sozialpolitischen Themen an. Auch für den bedeutenden Soziologen und Nationalökonomen *Max Weber* (1864–1920) war dieser Verein ein Forum für die Publikation seiner wirtschaftswissenschaftlichen und soziologischen Forschungsergebnisse.

Auf dem Kontinent ging die Universitätsausdehnung im engeren Sinne von Wien aus. Hier entstand 1886/87 auf Initiative des Universitätsdozenten *Ludo Hartmann* (1865–1924) der »Volksbildungsverein«. Im Mittelpunkt seiner Arbeit standen wissenschaftliche Vorträge, die an Sonntagnachmittagen während der Winterzeit stattfanden. Hartmann war es auch, der 1890/91 anregte, von Einzelveranstaltungen auf Zyklen von jeweils acht Vorträgen zu Themen über Geschichte, Volkswirtschaft, Arbeitsschutz, Chemie und anderen überzugehen, um damit didaktische Konzentration zu erreichen. In der Regel besuchten etwa 150 Teilnehmer diese Vortragszyklen.

Bald wurde jedoch deutlich, dass ohne offizielle Mitwirkung der Universität auf Dauer eine kontinuierliche und wissenschaftlich anspruchsvolle volksbildnerische Arbeit nicht möglich war. Deshalb ermunterte Ludo Hartmann 1893 Privatdozenten und Professoren mit Blick auf die englische *university extension* zu dem folgenden Antrag an den akademischen Senat der Wiener Universität:

»1. Eine Kommission niederzusetzen zum Zwecke der Ausarbeitung eines Statuts über die Organisation volkstümlicher Lehrkurse durch die Universität mit besonderer Rücksicht auf die Heranziehung von Privatdozenten und Assistenten als Lehrkräfte.
2. Beim hohen Ministerium für Kultus und Unterricht um eine jährliche Subvention von etwa 6 000 fl. zum Zwecke der Ausführung der vorgeschlagenen Organisation einzukommen.« (nach Keilhacker 1929, S. 30–31)

Den Antrag ergänzte eine Denkschrift, in der Universitätskurse als eine wesentliche Aufgabe im Rahmen der allgemeinen Weiterbildung dargestellt wurden. Der Akademische Senat der Universität Wien stimmte dem Antrag zu. Es wurde der »Ausschuss für volkstümliche Universitätsvorträge der K. K. Universität Wien« gegründet, dem elf Persönlichkeiten angehörten. Er sollte die inhaltliche Arbeit koordinieren, während die organisatorische Leitung dem Rektor oblag. Damit war die Wiener Universität offiziell an der Weiterbildung Erwachsener beteiligt.

In organisatorischer Hinsicht wurde die Universität Wien Beispiel für andere Universitäten. So stand an der Spitze ein Ausschuss aus Vertretern der einzelnen

Fakultäten. Die Kurse wurden in der Regel mit staatlichen oder städtischen Zuschüssen sowie durch Teilnehmergebühren finanziert. 1895 begann die eigentliche Arbeit, die sogleich auf reges Interesse stieß. Die Anzahl der Kurse erhöhte sich kontinuierlich von 58 bis auf 96 im Jahr 1908/09 (Keilhacker 1929, S. 32).

Wissenschafts- und bildungsorganisatorische Überlegungen bewogen Ludo Hartmann, die Arbeit der Wiener Universität mit anderen volksbildnerischen Einrichtungen in Verbindung zu bringen. Es wurde eine intensive Zusammenarbeit mit dem 1900 gegründeten Verein »Volksheim« vereinbart, der 1905 ein eigenes Haus am Wiener Otakring bezog. Hartmann beabsichtigte, eine Volksuniversität ins Leben zu rufen.

Im Vergleich zur Arbeit der »Gesellschaft für Verbreitung von Volksbildung« zeichneten sich die Wiener Universitätskurse durch erhöhte didaktische Reflexion aus. Die Dozenten wurden auf die erwachsenenpädagogischen Erfordernisse aufmerksam gemacht, und die soziologischen Determinanten bzw. die Bildungsvoraussetzungen der Teilnehmer sollten bei der Vortragskonzeption beachtet werden. Der Rückbezug auf die Lebenserfahrung der Teilnehmer wurde vorherrschendes didaktisches Prinzip: »Der Vortragende darf keine Kenntnisse in dem von ihm vorgetragenen Wissensgebiete voraussetzen und soll namentlich auch technische Ausdrücke und Fremdworte so lange vermeiden, bis er sie erklären konnte. Er wird gut daran tun, überall, wo es angeht, an Vorgänge anzuknüpfen, die den Hörern aus der Erfahrung des täglichen Lebens bekannt sind; die Hörer der volkstümlichen Kurse sind den Schülern der Mittelschulen an praktischer Erfahrung um ebensoviel überlegen wie sie hinter ihnen an theoretischem Wissen zurückstehen. Deutlicher als die beste abstrakte Auseinandersetzung ist die Anschauung, wenn sie mit der Erklärung des beobachteten Gegenstandes verknüpft wird.« (nach Keilhacker 1929, S. 37)

Um den Kontakt zwischen den Hörern und Dozenten zu intensivieren, wurde den Dozenten die Lösung vom Vortragskonzept und die freie Rede empfohlen. An den Vortrag sollte sich eine Diskussion anschließen, um das Behandelte in Beziehung zu den Lebenserfahrungen der Teilnehmer zu setzen. Literaturhinweise sollten die Teilnehmer zum Selbstlernen anregen. Die vom Ausschuss herausgegebenen Instruktionen fassten das methodisch-didaktische Repertoire zusammen. Sie zielten auf »freien Vortrag, logische und sprachliche Klarheit, Vermeidung von Fremdwörtern, solange sie nicht erklärt sind; wo es angeht, Demonstrationen und Experimente. Das wichtigste ist, dass der Redner mit seinem Publikum in Kontakt kommt. Je inniger dieser Kontakt ist, desto sicherer wird er sein Ziel erreichen. Um diesen Kontakt zu erlangen, gibt es nur ein Mittel: dass der Sprecher selbst mit Begeisterung bei der Sache ist; doch mag er sich auch hüten, dass er sich nicht in Weltferne von seinen Hörern fortreißen lässt. Sehr wichtig ferner ist die persönliche Berührung des Vortragenden mit den Zuhörern.« (Lampa 1902, S. 28)

Die theoretische Begründung für die Auswahl der wissenschaftlichen Gegenstände sowie deren Zusammenhang lieferte *Paul Natorp* (1854–1924), einer der führenden Vertreter der Marburger Schule des Neukantianismus. Diese philosophische Denkrichtung, die unter anderem von *Otto Liebmann* (1840–1912) (»Kant und die Epigonen«) eingeleitet wurde, war in der zweiten Hälfte des 19. Jahrhunderts und in der ersten Hälfte des 20. Jahrhunderts wissenschaftstheoretisch außerordentlich einflussreich. Die Marburger Schule, vertreten durch Hermann Cohen, Ernst

Cassirer, Karl Vorländer, Nicolai Hartmann und anderen, versuchte eine Grundlegung der Erkenntnis durch begriffliche und mathematische Bestimmungen. So formulierte Cohen, das »reine Denken« müsse »die reinen Erkenntnisse zur Erzeugung bringen«. Vor dem Hintergrund der wissenschaftstheoretischen und wissenschaftsmethodologischen Überlegungen des Neukantianismus entwickelte Paul Natorp auf einer im Jahr 1900 durchgeführten Konferenz der Deutschen Universitätsausdehnung das wissenschaftstheoretische und didaktische Konzept der universitären Erwachsenenbildung. Es sei einer »gründlichen Einarbeitung in einzelne Wissensgebiete« der Vorrang einzuräumen gegenüber dem Bemühen um Vollständigkeit und Allseitigkeit. Die Themen seien zu begreifen als Teil einer ganzheitlichen Struktur der »humanen Wissenschaften«.

Die Bildungsarbeit der Universität wollte den wissenschaftlichen Maßstab und die methodisch-didaktische Vermittlung in Übereinstimmung bringen. Eine solche Erwachsenenbildung vermochten die außeruniversitären »Bildungsvereine« aus sich heraus nicht zu bieten. Man kann es als Erfolg dieser didaktischen Grundüberlegungen ansehen, dass sich die Abbrecherquote der Kurse zwischen zehn und maximal 40 Prozent bewegte. Der Hörerausfall war umso geringer, je mehr die Thematik der Lebenserfahrung der Teilnehmer entsprach. Demgegenüber ließ das Interesse an rein akademischen Themen im Verlauf eines Kurses sehr stark nach.

Die berufliche Zusammensetzung der Teilnehmer stellte sich in der Gründungsphase der Universitätskurse so dar: 37 Prozent Handarbeiter; 13 Prozent Angestellte und Arbeiter in Handel und Gewerbe. Eine überproportional starke Gruppe – gemessen am Anteil an der Gesamtbevölkerung – stellten die Lehrer und Lehrerinnen sowie Schüler weiterführender Schulen. Bei der Arbeiterschaft bildeten die Buchdrucker und Metallarbeiter das Hauptkontingent. Differenziert man die Teilnehmer nach ihrem Bildungsstand, wird folgende Struktur sichtbar: Ein Drittel hatte einen Volksschulabschluss erreicht, ein Viertel den einer beruflichen Fachschule, die Übrigen besuchten eine höhere Schule (mit Abschluss). Der Anteil der Frauen an den Teilnehmern stieg von 26,5 Prozent im Gründungsjahr auf 43,9 Prozent im Jahre 1919 (Keilhacker 1929, S. 44).

Auch in kleineren und mittleren Städten wie Bozen, Kufstein, Dornbirn und Meran wurden – dem englischen Beispiel folgend – in Verbindung mit dem Ausschuss für volkstümliche Universitätsvorträge der Universität Wien Kurse durchgeführt. Sie fanden zum Teil eine noch größere Resonanz als die Universitätskurse in Wien (Keilhacker 1929, S. 51 ff.). Nach dem Wiener Vorbild entwickelten sich auch an anderen, kleineren Universitäten wie Graz, Brünn und Innsbruck Formen der universitären Erwachsenenbildung. So trat 1895/96 die »Zentralleitung der Arbeitervereine Innsbrucks« an die Universität mit der Bitte um Einrichtung von Universitätskursen heran, die dem Antrag 1896 entsprach und damit deutlich machte, dass die Arbeiterschaft selbst eine wichtige Rolle im Rahmen wissenschaftlicher Weiterbildung spielen sollte. Dieser gesellschaftspolitische Ansatz bewirkte eine starke Beteilung der Arbeiterschaft an den Kursen.

Während sich in Deutsch-Österreich die von den Universitäten getragene wissenschaftsorientierte Volksbildung rasch durchsetzte, beteiligten sich die deutschen Universitäten nicht offiziell an der universitären Erwachsenenbildung. Sie betrachteten das Popularisieren von Wissenschaft nicht als ihre genuine Aufgabe. Symptomatisch für das distanzierte Verhältnis der deutschen Universitäten gegenüber der Volksbildung war, dass der Akademische Senat der Berliner Universität eine Eingabe, die von führenden Wissenschaftlern wie Hans Delbrück, Wilhelm Dilthey, Adolf von Harnack, Friedrich Paulsen und Gustav von Schmoller zur Einführung volkstümlicher Hochschulkurse eingebracht worden war, ablehnte. Allerdings ließen sich führende Wissenschaftler wie Heinrich von Sybel, Theodor Mommsen und Rudolf Virchow nicht von Vorlesungen für breite Bevölkerungsschichten abhalten, wenn auch, wie erwähnt, in anderem institutionellen Rahmen.

In Deutschland konnten wegen der fehlenden Mitwirkung der Universitäten Formen universitärer Erwachsenenbildung nur außerhalb der Universität, d. h. ohne offizielle Unterstützung und ohne entsprechende Beschlüsse der Akademischen Senate von privaten oder »gemischten« Vereinigungen durchgeführt werden. So konstituierten sich zunächst in den großen Städten Berlin, München und Leipzig Vereine mit der Zielsetzung, Veranstaltungen volkstümlicher Hochschulkurse anzubieten. Neben den ausschließlich dieser Arbeit verpflichteten Organisationen veranstalteten aber auch in kleineren Städten die bereits erwähnten gemischten Organisationen volkstümliche Hochschulkurse. Diese privaten Vereinigungen existierten entweder bereits oder wurden zum Zwecke der wissenschaftsorientierten Volksbildung gegründet. Sie nahmen einerseits traditionelle Aufgaben der Volksbildung wahr, engagierten sich aber andererseits auch in der Universitätsausdehnung. Gegenüber den Einrichtungen, die sich ausschließlich zum Zwecke der Universitätsausdehnung konstituierten, erreichten die »gemischten« Organisationen ein breiteres Publikum, da sie auch Hörer aus den Bereichen der traditionellen Volksbildungsarbeit ansprachen. Ihre Orientierung auf Breitenwirkung bedingte allerdings häufig einen geringeren wissenschaftlichen und methodischen Anspruch. Zu den »gemischten Organisationen« gehörten der »Verein Volksbildung« in Karlsruhe, der Stuttgarter »Goethebund«, der »Humboldtverein« in Breslau sowie der »Gemeinnützige Verein« in Greifswald.

Diesen gemischten Vereinen gelang es in viel stärkerem Maße als den Veranstaltern volkstümlicher Hochschulkurse, die Arbeiterschaft in ihre Bildungsarbeit einzubeziehen. So betrug deren Anteil in Karlsruhe während einiger Jahre bis zu 90 Prozent. An den Kursen der Berliner Hochschullehrer nahmen im ersten Jahr (1898/99) 41,1 Prozent Fabrikarbeiter und im zweiten Jahr bereits 61,7 Prozent teil (Fritz 1909, S. 83).

Um einen Einblick in den Umfang der Vereinsarbeit zu bieten, sei aus dem Jahresbericht des 1896 in München gegründeten »Volkshochschulheims« von 1904/05 zitiert: Es fanden 19 Vortragszyklen mit 117 Vortragsstunden statt. Insgesamt nahmen 4 179 Personen teil, im Durchschnitt 220. Vertreten waren Arbeiter, Handwerker und Handlungsgehilfen. Eine Teilnehmerstatistik wies 45,1 Prozent Lehrer, Beamte, Kleingewerbetreibende, 38,8 Prozent Studenten und 16,1 Prozent sonstige Hörer aus. Die Hörer wurden zur Äußerung von Themenwünschen aufgefordert und erhielten Fragekarten zur schriftlichen Beantwortung. Besonders gut besucht waren Vorlesungen über Babylon und Ninive, über Shakespeare, über die Grundzüge der Perspektive, über Spektralanalyse und Radiumstrahlen, die Geschichte der Französischen Revolution, über Befruchtung und Vererbung sowie die Kunstgeschichte Oberitaliens (Fritz 1909, S. 83).

Unter dem Einfluss einer 1899 durchgeführten Konferenz gründeten Hochschullehrer, die sich an der Universitätsausdehnung beteiligten, einen Verband für volkstümliche Kurse von Hochschullehrern des Deutschen Reiches. Er sollte ein Forum zur Verständigung über theoretische und praktische Fragen der volkstümlichen Hochschulkurse bilden. In der Folge fanden gemeinsame Tagungen von Hochschullehrern mit Vertretern von Volkshochschulvereinen statt (1904 in Wien, 1906 in Berlin, 1908 in Dresden), die zu einem engeren institutionellen Zusammenwirken von Wissenschaft und Volksbildung führten.

1900 gründete der Wiener Universitätsprofessor *Anton Lampa* (1868 – 1938), der intensiv an einer Theorie der Erwachsenenbildung arbeitete, das »Zentralblatt für Volksbildungswesen«. Lampa selbst redigierte diese Zeitschrift, die auch zur publizistischen Plattform der Universitätsausdehnungsbewegung wurde.

Die Universitätsausdehnungsbewegung, die in Deutschland, im Gegensatz zu Österreich, ohne offizielle Mitwirkung der Universitäten von Organisationen für volkstümliche Hochschulkurse durchgeführt wurde, fand nach dem Ersten Weltkrieg, wenn auch nicht formal, so doch der Sache nach ihr Ende, obwohl bedeutende Wissenschaftler wie Gustav Radbruch, Leopold von Wiese und Max Scheler die Verbindung zwischen der Universität und der Volksbildung weiterhin aufrechterhielten. Die Volksbildung nach dem Ersten Weltkrieg, insbesondere die dezidiert volksanthropologische Zielsetzung der »Neuen Richtung« *(s. u.)*, entwickelte eigene theoretische und organisatorische Formen, um Wissenschaft und Volksbildung in Beziehung zu setzen.

Die Entwicklung nach 1945 zeigt, dass die Verbindung zwischen der Universität und der Erwachsenenbildung nach dem Ende der Universitätsausdehnungsbewegung nicht definitiv beendet war. Die in den Fünfziger- und Sechzigerjahren des 20. Jahrhunderts – von Göttingen ausgehend – entstandenen »Universitätskurse« belegen, dass die Universität eine gesellschaftliche Verpflichtung wahrzunehmen bestrebt war. Mit dem 1968 gegründeten »Arbeitskreis Universitäre Erwachsenenbildung« wurde dann die organisatorische Koordination wissenschaftlicher Weiterbildung weitgehend erreicht. Nach den heutigen Hochschulgesetzen in der Bundesrepublik Deutschland ist, entsprechend den Forderungen des Hochschulrahmengesetzes, ein Mitwirken an der Weiterbildung eine allseits anerkannte Verpflichtung der Hochschulen.

Die Universitätsausdehnungsbewegung war erziehungsphilosophisch gesehen in starkem Maße der Idee der Aufklärung verpflichtet. In gesellschaftstheoretischer und bildungspolitischer Hinsicht leistete sie einen wichtigen Beitrag zur Entwicklung einer breit angelegten Volksbildungsarbeit. Sie förderte das öffentliche Interesse am ständigen Weiterlernen und bestätigte die Erwachsenenbildung als Teil des Gesamtbildungssystems.

2.3 Neuorientierung der Volksbildung vor dem Ersten Weltkrieg

Die Volksbildungsansätze bis zur Jahrhundertwende, wie sie sich exemplarisch in der »Gesellschaft für Verbreitung von Volksbildung«, aber auch in wichtigen Elementen noch in der Universitätsausdehnungsbewegung darstellten, eröffneten bildungsfernen Bevölkerungsschichten Zugang zu wissenschaftlichen Fragestellungen und zur bürgerlichen Kultur. Fortschrittsgläubigkeit und Kulturoptimismus waren für sie kennzeichnend. Dennoch ließen sich erste kritische Stimmen vernehmen, die sich gegen den Selbstwert scheinbar objektiver Kulturgüter und gegen den ungebrochenen Glauben an die Bildungswirksamkeit der Aufklärung richteten. So argumentierte beispielsweise der bereits erwähnte *Walter Hofmann* (1879–1952) mit dem Prinzip einer individualisierenden Bildungsarbeit gegen die Methode der extensiven Volksbildung. Auch *Robert von Erdberg* (1866–1929), der zu einem der führenden Theoretiker der »Neuen Richtung« wurde *(vgl. Kapitel IV)*, warb bereits vor 1900 während seiner Tätigkeit in der Organisation der »Volkstümlichen Kurse der Berliner Hochschullehrer» für den Gedanken einer seminaristischen Arbeitsweise in der Erwachsenenbildung. Ebenso löste sich der »Rhein-Mainische Verband für Volksbildung« *(s. u.)* mit seinen konzeptionellen Überlegungen und in der Praxis weitgehend von den Formen extensiver Volksbildung.

Im Wesentlichen konzentrierten sich die Einwände gegen die herrschende Volksbildungskonzeption und -praxis zunächst auf methodisch-didaktische Probleme. Es wurde schon darauf hingewiesen, dass in der Universitätsausdehnungsbewegung die Frage nach dem Vermittlungsprozess aufkam: Welcher Zusammenhang besteht zwischen dem Bildungs- und Kulturgut einerseits und der Lebenssituation und der Lebenserwartung der Teilnehmer andererseits? Die große Aufmerksamkeit, die die Universitätsausdehnungsbewegung der Analyse der Hörerinteressen widmete, wies in die Richtung eines neuen didaktischen Ansatzes. Eine stärker individualisierende Bildungsarbeit trat gegenüber der Form einer verbreitenden, popularisierenden Wissensvermittlung in das Blickfeld didaktischer Reflexion und wurde bereits ansatzweise in der Praxis realisiert.

Sowohl die bildungstheoretischen als auch die methodisch-didaktischen Grundannahmen wurden seit den Neunzigerjahren einer ersten Revision unterzogen. Mit der Vorstellung, dass die individuellen, aber auch die gesellschaftlichen Voraussetzungen der Teilnehmer für die Bildungskonzeption und Bildungspraxis wichtig seien, korrespondierte die Erkenntnis, dass die Annahme einer Objektivität der Kulturgüter und die Schein-Neutralität in weltanschaulichen und gesellschaftspolitischen Fragen überwunden werden müssten zugunsten einer bewussten Auseinandersetzung mit den aktuellen politischen und gesellschaftlichen Problemen. Auf diese Weise gingen zugleich kultur- und zeitkritische Elemente in die Neubestimmung der Volksbildung ein. So begann in den Neunzigerjahren des 19. Jahrhunderts ein neuer Theorieweg. Es wurde ein Prozess der Neukonstitution der Volksbildung eingeleitet, der schließlich in der Konzeption und Praxis der Weimarer Erwachsenenbildung seinen Abschluss fand.

Diese theoretische und praktische Neuorientierung wurde insbesondere am Beispiel des Rhein-Mainischen Verbandes für Volksbildung sichtbar. Gesellschaftliche, soziale und didaktische Elemente bestimmten dessen Konzeption und Praxis. Der Verband entstand 1899 auf Anregung des »Ausschusses für Volksvorlesung in Frankfurt am Main«. Dieser – 1890 konstituiert – strebte eine organisatorische Konzentration der Volksbildungsarbeit auch über ein weiteres Gebiet, zunächst die Umgebung Frankfurts, an und betätigte sich im Jahr 1901 in 14 Städten und Ortschaften (Zehnjahresbericht des Verbandes 1916, S. 69). 1915 erfasste er 243 korporative Mitglieder, verteilt auf 185 Orte, und 643 persönliche Mitglieder.

Die Hauptinitiative für diese kooperative Volksbildungsarbeit ging von Arbeitervereinen und Gewerkschaften verschiedener Richtungen aus. Auch bürgerlichliberale Kreise wirkten mit. In Frankfurt wurde ein solcher Mittelweg zwischen der Bildung als »Klassenkampf« und »Bildung als Anpassung« an bestehende Werte und Verhältnisse (Tietgens 1994, S. 34), wie er sich im Zusammenwirken proletarischer und bürgerlicher Kreise zeigte, möglich durch das »langjährige Bündnis, das die leistungsorientierte Beamtenschaft, das sozialliberale Handelsbürgertum und die reformistisch eingestellte Arbeiterbewegung miteinander eingingen« (Seitter 1990, S. 135). Auch die Zusammensetzung der juristischen und persönlichen Mitglieder deutete auf ein neues gesellschaftliches und soziales Element: Die Arbeiterschaft wurde zum Hauptträger des Verbandes. Ein Geschäftsführer koordinierte und begleitete die Verbandsarbeit.

Das 1901 in Jena erschienene Buch »Die Bildungsfrage als soziales Problem« des Frankfurter Professors *Adolf Mannheimer* (1851–1917), eines führenden Akteurs im Rhein-Mainischen Verband, beeinflusste die theoretische Konzeption der neuen *Sozialen Bildung* nachhaltig. Mannheimers Grundgedanke war, dass die Idee der sozialen Gerechtigkeit auch die gleichberechtigte Teilhabe aller Schichten an Bildung und Kultur einschließe. Damit war die Idee einer Chancengleichheit der Bildung thematisiert. Mannheimer postulierte – indem er sich auf Kant berief – eine »Reform der Denkart«, einen gesellschaftlich-kulturellen Entwicklungsprozess mit dem Ziel, eine »Bildungsgemeinschaft des ganzen Volkes« zu erreichen. Das Konzept nahm damit volksanthropologische Grundgedanken der weiteren Entwicklung der Erwachsenenbildung vorweg.

Der Rhein-Mainische Verband war bestrebt, Theorie und Praxis der Volksbildung in Übereinstimmung zu bringen. Ausgehend von Mannheimers theoretischem Ansatz konzentrierte sich die praktische Arbeit auf drei Bereiche: 1. die selbstständige Tätigkeit der Mitgliedskörperschaften, 2. deren bildungstheoretische und didaktische Betreuung durch den Verband und 3. die vom Verband selbst getragene Volksbildungsarbeit (Vogel 1959, S. 24 ff.). Die Mitgliedskörperschaften wirkten, ausgehend von der Metropole Frankfurt am Main, bis in kleine Dorfgemeinschaften. Die Programmgestaltung nahm auf die jeweiligen kulturellen und sozialen Bedingungen der lokalen und regionalen Besonderheiten Rücksicht. Man konzentrierte sich in den dörflichen Regionen auf »das Volksleben der Heimat, die Untersuchung und Besprechung wirtschaftlicher und geistiger Verhältnisse« (Vogel 1959, S. 26). Während in den Landgemeinden vornehmlich eine »tiefgehende« und »innerlich berührende« Bildungsarbeit angestrebt wurde, ging es in den Groß- und Mittelstädten – Frankfurt, Darmstadt, Offenbach, Wiesbaden und Worms – um eine »grundlegende Ausbildung« in der Technik der geistigen Arbeit.

Die Arbeit des Verbandes lässt sich als Tätigkeit zwischen Wissenschaft und Praxis charakterisieren. Er übernahm Servicefunktionen für seine Mitglieder und die Volksbildner. Seine Tätigkeit kann durchaus als eine frühe Form der Mitarbeiterfortbildung bezeichnet werden. Seit 1904 wurden Grundpositionen in besonderen Fach- und Bezirksversammlungen geklärt. Während die Fachversammlungen allgemeine theoretische Fragen der Volksbildung behandelten, konzentrierten sich die Bezirksversammlungen auf die Darstellung und systematische Auswertung der praktischen Bildungserfahrungen.

Weitere Verbandsaufgaben betrafen die Zusammenstellung und Herausgabe von Büchern und Zeitschriften sowie einer eigenen Publikation (»Gemeinnützige Blätter für Hessen-Nassau«). Auch wurden Flugschriften zur »Aufklärung über Aufgaben und Ziele des Verbandes« an die Mitglieder und eine bildungspolitisch interessierte Öffentlichkeit verteilt. Schließlich erschien ab 1907 eine periodische Publikation unter dem Titel »Die Volkskultur«, die sich der »Förderung der außerschulischen Bildungsarbeit« widmete. Um eine Systematisierung und organisatorisch abgesicherte Fortbildung der Mitarbeiter zu gewährleisten, schuf der Verband die Rhein-Mainische Volksakademie, die erstmals 1905 in Rüsselsheim stattfand und bis 1914 regelmäßig in verschiedenen Orten durchgeführt wurde.

Die besondere Leistung des Rhein-Mainischen Verbandes war unter anderem die Koordination der Volksbildungsarbeit in einer größeren Region auf systematisch-theoretischer Grundlage. Die praktische Arbeit zeichnete sich durch Systematisierung und Intensivierung der Lehrgänge aus sowie durch bewusste Beteiligung der Hörer an der Planung und Durchführung. Das Prinzip der didaktischen Mitbestimmung wurde angewandt. In den Lehrgängen hatten die Vorträge nur Diskussionsanreize zu bieten. Die seminaristische Form sollte zu einer intensiven gleichberechtigten Bildungsarbeit von Dozenten und Teilnehmern führen. Die Lehrgänge fanden in kleinen Räumen statt, um mit einer begrenzten Teilnehmerzahl eine Interessen und Erfahrungen berücksichtigende Gruppenarbeit zu ermöglichen. Diese Konzeption nahm methodisch-didaktische Formen der späteren »Arbeitsgemeinschaft« vorweg, die in der »Neuen Richtung« der Weimarer Republik zur zentralen Unterrichtsform wurden *(s. u.)*.

Der Verband erkannte, dass die Fortbildung der Volksbildner eine notwendige Voraussetzung für jegliche Bildungsarbeit ist, um die Persönlichkeitsentwicklung und soziale Verantwortung für die Gesellschaft zu fördern. So entwickelten sich erste Ansätze einer systematischen Professionalisierung auf der Grundlage einer erwachsenenpädagogischen Theorie. Die Mitarbeiterfortbildung trug wesentlich dazu bei, Vorformen einer Volksbildungstheorie zu begründen, die sowohl didaktisch-methodische als auch soziologische und kulturphilosophische Elemente miteinander verband.

2.4 Von der Praxis zur Wissenschaft der Erwachsenenbildung

Wie bereits angedeutet, lässt sich von der Universitätsausdehnungsbewegung eine Entwicklung von der Praxis über die Forschung bis zur Konstituierung der Erwachsenenpädagogik als etablierter Wissenschaftsdisziplin nachweisen. Es sollen nun die Hauptlinien der Wissenschaftsgeschichte der Erwachsenenpädagogik knapp aufgezeigt werden.

Von den Untersuchungen, die die Universitätsausdehnungsbewegung und ihr Umfeld am Ende des 19. Jahrhunderts zur Teilnehmerstruktur und Bildungsmotivation initiierten, gingen wesentliche Impulse aus. Die Erwachsenenbildung ist als Feld soziologischer und didaktischer Forschungen zu begreifen. Dabei steht außer Frage, dass die Verbindung von Erwachsenenbildung und Universität aus bildungstheoretischer und wissenschaftsorganisatorischer Sicht von Bedeutung war und es noch heute ist. Auch außerhalb der Universität, in den Einrichtungen der Volksbildung, bestand ein ausgesprochenes Interesse – besonders in Wien – an quantitativen Untersuchungen. So führten der Wiener Volksverein, das Wiener »Volksheim Otakring« und auch die Wiener Urania, eine Volksbildungseinrichtung zur Verbreitung populärer wissenschaftlicher Vorträge über natur- und kulturwissenschaftliche Themen, bei unterschiedlichem wissenschaftlichem Ansatz, differenzierte Forschungen über die Hörerschaft in der Erwachsenenbildung durch (vgl. Siemering 1911). Bereits die ersten Forschungen zielten auf empirische Aussagen zu den klassischen Variablen: Geschlecht, Alter, Schichtzugehörigkeit und Beruf.

Besonders bedeutsam waren jedoch die erwähnten Forschungen in der Universitätsausdehnung, aber auch im Bibliothekswesen, die sich auf die Fundierung didaktischer Entscheidungen und auf Legitimationsprobleme der Erwachsenenbildungsforschung konzentrierten. Dabei kristallisierten sich von Anfang an zwei forschungsstrategische Richtungen heraus, die mit den bereits genannten Namen Ludo Hartmann und Robert von Erdberg einerseits und Paul Natorp andererseits verbunden sind. Es ging um die so genannte »Objektivität«, die besonders Ludo Hartmann und Robert von Erdberg betonten, während Paul Natorp vor allem nach einer allgemeineren theoretischen und anthropologischen Begründung der Erwachsenenbildung im Sinne einer geisteswissenschaftlichen Pädagogik fragte.

Wichtig zur Begründung einer Wissenschaft der Erwachsenenbildung war ein eigenes Publikationsorgan als Forum für die Diskussion bildungssoziologischer und didaktischer Probleme. Das bereits erwähnte »Volksbildungsarchiv« wurde zu einer solchen Zeitschrift für die Veröffentlichung statistischer Untersuchungen und wissenschaftstheoretischer Diskurse. Sein Untertitel lautete »Beiträge zur wissenschaftlichen Vertretung der Volksbildungsbestrebungen«. Robert von Erdberg gab es »im Auftrage der Zentralstelle für Volkswohlfahrt« heraus. Mit der Schaffung einer wissenschaftlichen Öffentlichkeit waren bereits alle Voraussetzungen für eine sich herausbildende *scientific community* der Erwachsenenbildung und der sich konstituierenden erwachsenenpädagogischen Wissenschaft vorhanden.

Ein wesentlicher weiterer Schritt von der Bildungspraxis zur Bildungswissenschaft vollzog sich in der Weimarer Zeit (Friedenthal-Haase 1991, S. 72 ff.). Nun erreichte die intensive Forschungspraxis in Verbindung mit einer methodologischen Sensibilisierung eine neue Qualität (Olbrich 1995, S. 307–329). Hier ist besonders auf die statistischen Erhebungen der großstädtischen Volkshochschulen Berlin, Hamburg, Heidelberg und Leipzig zu verweisen. Einer der führenden Vertreter bildungssoziologischer Untersuchungen war der Direktor der Leipziger Volkshochschule und spätere Professor für Statistik an der Universität Jena, *Paul Gustav August Hermberg* (1888–1969). Er gründete die bedeutende Statistische Zentralstelle für die deutschen Volkshochschulen.

Eine neuerliche Intensivierung der sozialwissenschaftlichen Diskurse über die Erwachsenenbildung löste das 1921 erschienene Buch »Soziologie des Volksbildungswesens« des bekannten Sozialwissenschaftlers *Leopold von Wiese* (1876–1969) aus. Es trug zu einer genaueren Bestimmung des wissenschaftlichen Gegenstandes bei. Leopold von Wieses phänomenologische Analysen zum Bildungsbegriff und seine sozialwissenschaftlichen Begründungen des Zusammenhanges von Schichtzugehörigkeit und Bildungsinteresse waren besonders in wissenschaftsgeschichtlicher Hinsicht bedeutend, da sie den weiteren Forschungen während der Weimarer Republik und selbst den wichtigen soziologischen Untersuchungen während der Fünfzigerjahre des 20. Jahrhunderts Impulse vermittelten (Strzelewicz 1979, S. 140 ff.).

Für die Konstituierung der Erwachsenenbildung als Wissenschaft war die Institutionalisierung, wie sie sich in der Gründung der »Deutschen Schule für Volksforschung und Erwachsenenbildung« von 1927 manifestierte *(s. u.)*, von paradigmatischer Bedeutung. Hier zeigte sich bereits ein wichtiger Ansatz erwachsenenbildnerischer Professionalisierung und Verwissenschaftlichung sowie einer beginnenden professionellen Sozialisation künftiger Wissenschaftler der Erwachsenenbildung. Dies war eine unabdingbare Voraussetzung für die Etablierung einer eigenen universitären Disziplin, einer eigenständigen wissenschaftlichen Identität.

Wissenschaftsgeschichtlich lässt sich der Weg von der Höreranalyse über die Bildungssoziologie bis zur umfassenden Theorie der Erwachsenenbildung in den richtungsweisenden Untersuchungen von Willy Strzelewicz, Hans-Dietrich Raapke und Wolfgang Schulenberg, die in den Fünfzigerjahren des 20. Jahrhunderts entstanden, nachweisen. Diese Forschungen gingen von der Wechselwirkung zwischen Forschungspraxis und dem gesellschaftlichen Feld der Erwachsenenbildung im Sinne eines Transformationsprozesses aus (Olbrich 1995, S. 317 ff.).

Mit der Definition von Erwachsenenpädagogik, wie sie in den soeben genannten Untersuchungen und Forschungen zum Ausdruck kam, und der Herausbildung einer eigenen disziplinären Identität sowie der Institutionalisierung einer *scientific community* war der Gang der Erwachsenenbildung als Wissenschaft zu Beginn der Siebzigerjahre des 20. Jahrhunderts bereits weitgehend konstituiert. Seit der formalen Institutionalisierung der Erwachsenenbildung als universitärer Disziplin ab 1969 differenzierte sich die Wissenschaft der Erwachsenenbildung weiter. Zugleich wirkte die Professionalisierung des quartären Bildungsbereichs nach der Einrichtung von Diplomstudiengängen auf die Praxis wie auch auf die Theorie zurück.

3. Arbeiterbildung und Arbeiterbewegung

Die kurze Darstellung der Geschichte der deutschen Sozialdemokratie zeigte bereits, in welchem Maße Arbeiterbewegung und Arbeiterbildung aufeinander bezogen waren. Organisierten sich die Arbeiter zunächst unter liberaler bürgerlicher Führung, so politisierten sich im Verlauf der Sechzigerjahre des 19. Jahrhunderts der Allgemeine Deutsche Arbeiterverein (ADAV) unter Führung *Ferdinand Lassalles* (1825–1864) und Johann Baptist von Schweitzers (1833–1875) und der Verband deutscher Arbeitervereine (VDAV), an dessen Spitze *August Bebel* (1840–1913) stand. Die Hauptdifferenzen zwischen beiden Bewegungen ließen sich – vereinfacht ausgedrückt – in den Fragen erkennen, wie und mit welchen Partnern der Arbeiterschaft zu ihren Rechten verholfen werden könnte und in welcher Weise – groß- oder kleindeutsch – der deutsche Staat künftig zu organisieren sei. 1869 kam es, um noch einmal dieses für die Arbeiterbildung wichtige Datum zu nennen, unter Führung August Bebels und *Wilhelm Liebknechts* (1826–1900) zur Gründung der Sozialdemokratischen Arbeiterpartei, der Vereinigung der bisher getrennt agierenden deutschen Arbeitervereine liberaler und sozialistischer Richtung.

Der Verband Deutscher Arbeiterbildungsvereine erschien nun überflüssig. Er löste sich fast vollständig auf. Die überwiegende Zahl der noch existierenden 109 Vereine mit ca. 10 000 Mitgliedern trat der neu gegründeten Partei bei. Damit war der Weg von der Arbeiterbildung zur Arbeiterpolitik weitgehend abgeschlossen.

Mit der Gründung der Partei trat die Bildungsfrage in ihrer praktischen, nicht aber in ihrer prinzipiellen Bedeutung zunächst gegenüber der Arbeiterpolitik zurück. Davon zeugt Wilhelm Liebknechts berühmte Rede »Wissen ist Macht – Macht ist Wissen«, die er 1872 vor sächsischen Arbeiterbildungsvereinen hielt *(s. u.)*.

Einige Arbeiterbildungsvereine existierten auch nach der Gründung der Partei weiter, so in Hamburg und in Leipzig. In Hamburg entstanden Agitationskurse, die jeweils über ein Jahr mit wöchentlich je zwei Stunden Nationalökonomie, Geschichte und deutscher Sprache durchgeführt wurden (Laufenberg 1911, S. 622). Besonders intensiv gestaltete sich die Bildungsarbeit in Leipzig. August Bebel wurde im Frühjahr 1865 Vorsitzender des Leipziger Arbeiterbildungsvereins und er blieb es bis 1872. Auch Wilhelm Liebknecht setzte seine dortige Arbeit fort. 1875 zählte der Verein 584 Mitglieder (Schulz 1931, S. 63). Der Leipziger Arbeiterbildungsverein bekannte sich zu den Prinzipien der Sozialdemokratie. Er bestand bis zum Erlass des Sozialistengesetzes (1878). Dann wurde er verboten, aber als »Fortbildungsverein« für Arbeiter sofort neu gegründet. Seine Mitgliederzahl stieg nun bis 1890 auf 1 100. Nach dem Fall des Sozialistengesetzes erhielt der Leipziger Verein wieder seinen alten Namen (Krug 1980, S. 124).

Die nach der Gründung der Sozialdemokratischen Arbeiterpartei weiterhin bestehenden Arbeiterbildungsvereine waren auch politisch bedeutsam, denn viele Parteimitglieder gelangten erst über die Bildung zur Politik und in die politischen Organisationen. Zudem wurden diese Vereine, die sich häufig als Gesangs- oder Geselligkeitsvereine tarnten, während der Zeit des Sozialistengesetzes (1878 bis 1890), als die Organisationen der Arbeiterbewegung aufgelöst worden waren und der Verfolgung unterlagen, zu einem Ort der Begegnung für die Parteimitglieder.

3.1 Perspektiven eines sozialdemokratischen Bildungsprogramms: »Wissen ist Macht – Macht ist Wissen«

Nach der Gründung der Sozialdemokratischen Arbeiterpartei im Jahr 1869 trat der politische Kampf um die sozialen Belange der Arbeiterschaft, der Kampf um Gleichstellung in Staat, Gesellschaft und Wirtschaft in den Vordergrund. Der Arbeiterbildung wurde jetzt nur noch eine untergeordnete Bedeutung zugewiesen. Dennoch eröffnete die soeben erwähnte Rede Wilhelm Liebknechts Perspektiven des sozialdemokratischen Bildungsprogramms für die kommenden Jahrzehnte. Die Bildungsfrage blieb im Diskussionshorizont der Partei. Zugleich markierte Liebknechts Konzeption eine Trennungslinie zwischen bürgerlicher und sozialistischer Erwachsenenbildung.

In scharfer Abgrenzung gegen bürgerliche Vorstellungen verwies Liebknecht auf die herrschaftslegitimierende Funktion von Bildung. Jede herrschende Gruppe, so erklärte er, benutze Bildung zur Absicherung ihrer Macht. Eine »herrschende

Klasse« erwerbe Wissen nicht nur zur Information über gesellschaftliche Realitäten, sondern wolle diese auch verschleiern. Voraussetzung einer Bildung, »die frei macht«, sei eine freie Gesellschaft. Erst sie biete »Gleichheit der Bildung für alle«, und nur ein »freier Volksstaat« könne eine freie Bildung garantieren. So müsse derjenige, der wolle, dass Wissen »allen gleichmäßig zuteil« werde, auf die »Umgestaltung der Gesellschaft« hinwirken. Diese sozialistisch orientierte Bildungstheorie setzte auf Veränderungen in Staat und Gesellschaft: »Wir müssen hinwegschreiten über Staat und Gesellschaft. Verzichten wir auf den Kampf, auf den politischen Kampf, so verzichten wir auf die Bildung, auf das Wissen. ›Durch Bildung zur Freiheit‹ das ist die falsche Losung, die Losung der falschen Freunde. Wir antworten: Durch Freiheit zur Bildung! Nur im freien Volksstaat kann das Volk Bildung erlangen. Nur wenn das Volk sich politische Macht erkämpft, öffnen sich ihm die Pforten des Wissens. Ohne Macht für das Volk kein Wissen! Wissen ist Macht – Macht ist Wissen.« (Liebknecht 1968, S. 94)

Trotz dieser theoretischen Begründung orientierte sich die Bildungspraxis der Sozialdemokratie in den Siebzigerjahren des 19. Jahrhunderts nicht an dieser gesellschaftsverändernden Zielsetzung, sondern konzentrierte sich – hier ist z. B. auf den oben skizzierten Leipziger Arbeiterbildungsverein hinzuweisen – mehr auf kompensatorische und allgemein bildende Aufgaben. Auch das Bestreben, kompensatorische Bildung für die Agitation zu nutzen, vermochte eine intensive politische Schulung nicht zu ersetzen. Eine an Liebknechts Thesen anknüpfende Standortbestimmung sozialdemokratischer Bildungsarbeit, die die Funktion von Bildung in dem angestrebten Umwandlungsprozess von Staat und Gesellschaft hätte bestimmen können, fand erst nach dem Fall des Sozialistengesetzes in den Neunzigerjahren statt. Als klarste Ausprägung einer an sozialistischer Theorie orientierten Bildung ist die Arbeit der 1906 gegründeten Parteischule zu bezeichnen, der unten ein eigener Abschnitt gewidmet ist.

3.2 Zwischen Elementarbildung und Wissenschaftlichem Sozialismus

In den Achtzigerjahren setzte sich innerhalb der Arbeiterbewegung die marxistische Theorie mehr und mehr durch. Dies geschah maßgeblich unter dem Eindruck der Verfolgungen durch das Sozialistengesetz, das, ohne es zu beabsichtigen, die klassenkämpferischen Bestrebungen in der Arbeiterschaft förderte. Schon die Sozialistische Arbeiterpartei unternahm nach 1875 Versuche, die Grundlagen des Wissenschaftlichen Sozialismus (Marxismus) auf die Bildungstheorie und -praxis zu beziehen. Dies führte aber erst Mitte der Neunzigerjahre zu einer durchgehenden Neuorientierung der sozialdemokratischen Bildungspraxis. Sie strebte nun bewusst politische Bildung im Interesse der Arbeiterklasse an. An die Stelle der Elementarkurse traten mehr und mehr Nationalökonomie und Geschichte der Arbeiterbewegung. Solche Themen ermöglichten eine wirkungsvolle Darstellung und Interpretation der gesellschaftlichen Verhältnisse. Bildung wurde nun als Mittel der Politik betrachtet.

Die endgültige Herausarbeitung einer sozialdemokratischen Bildungstheorie und -praxis erfolgte nach der Entwicklung zur Massenpartei während der politischen und ökonomischen Arbeiterkämpfe in den ersten Jahren des 20. Jahrhunderts. Für deren erfolgreiche Durchführung war eine politisch bewusste Anhängerschaft erforderlich. In der Zeit der schnell steigenden Mitgliederzahlen nach dem Ende des Sozialistengesetzes hatte es noch keine systematische sozialistische Bildung an der Parteibasis gegeben. Etwa seit der Jahrhundertwende wurde eine »theoretische Schulung der Genossen als planmäßige Maßnahme« für notwendig erachtet. Ziel sozialistischer Bildung war es nun, klassenbewusste Arbeiter zu erziehen. Sie sollten fähig sein, die kapitalistische Wirtschafts- und Gesellschaftsordnung zu stürzen und eine sozialistische Gesellschaft zu errichten.

Die intensiven theoretischen Diskussionen in der Partei über die parteiliche Arbeiterbildung zwischen 1895 und 1905 fanden ihren vorläufigen Abschluss in den »Leitsätzen« zum Mannheimer Parteitag (23. bis 29. September 1906). Diese Leitsätze zum Thema »Volkserziehung und Sozialdemokratie« wiesen den Weg zur Durchsetzung des Wissenschaftlichen Sozialismus, für den Kampf um die gesellschaftliche Emanzipation der Arbeiterklasse.

Eine eigene, sozialistische Erziehung und Bildung sollte der »Klassenerziehung des öffentlichen Bildungssystems« entgegengesetzt werden (Vierter Leitsatz). Insofern bedeutete die Vermittlung »proletarischer« Bildungsinhalte zugleich die Umwandlung gesellschaftlicher Erkenntnisse in gesellschaftliche Praxis. Die »theoretisch-sozialistische Weiterbildung« wurde so zu einer Aufgabe für alle Parteimitglieder erklärt, denn der Prozess der Befreiung des Proletariats von Herrschaft und Ausbeutung – so hieß es in den »Leitsätzen« – könne nur dann erfolgreich eingeleitet werden, wenn auf der Basis einer eigenen, den Klasseninteressen entsprechenden Weltanschauung die revolutionäre Aktion den Emanzipationsprozess der Arbeiter fördere. Dieser historischen Aufgabe des Proletariats müssten die wissenschaftlichen Erkenntnisse und kulturellen Ideale entsprechen, denn das Proletariat könne »die bürgerliche Geisteskultur« nicht einfach übernehmen, es müsse sie vielmehr seiner eigenen Weltanschauung gemäß umwerten (Fünfter Leitsatz, vgl. Christ 1975, S. 21 ff.).

Gegen diese marxistische Auffassung einer Arbeiterbildung als Klassenkampfbildung regte sich innerhalb der Sozialdemokratie Widerstand vonseiten der »Revisionisten«. Gesellschaftlicher Fortschritt war nach ihrer Vorstellung als evolutionärer Prozess zu begreifen. Folgerichtig verstanden sie Bildung nicht als Instrument für eine systemverändernde Politik und revolutionäre Schulung, sondern als ein Mittel zur Hebung »des sittlich-sozialen Niveaus« breiter Volksschichten. Auch die unterschiedlichen Positionen zur Bildungsfrage waren somit Ausdruck der beiden Richtungen innerhalb der Sozialdemokratie.

3.3 Die Institutionalisierung sozialdemokratischer Arbeiterbildung

Die Rolle, die der Bildung innerhalb der Partei zugewiesen wurde, blieb in den Jahrzehnten zwischen der Gründung der Partei (1869) und der Aufhebung des Sozialistengesetzes (1890) umstritten und unbestimmt. Das Verhältnis von Politik und Bildung, die Frage nach der Priorität parteilicher Arbeit wurde zwar intensiv diskutiert, aber erst in den Neunzigerjahren des 19. Jahrhunderts wurde Bildung, wie gesagt, zu einem wesentlichen Element politischer und sozialer Aktivitäten. Die Institutionalisierung sozialdemokratischer Arbeiterbildung ist als ein bewusster gesellschaftspolitischer Akt der Partei zu begreifen. So lassen sich ab 1890 bis in die Weimarer Republik Entwicklungslinien der Arbeiterbildung von der Gründung der Arbeiterbildungsschule in Berlin 1891 über den Mannheimer Bildungsparteitag von 1906 bis zur Gründung der Parteischule im gleichen Jahr nachweisen.

3.3.1 Die Arbeiterbildungsschule in Berlin (1891–1914)

Nach der Gründung der vereinigten Partei drängte die Politik, wie bereits festgestellt, die Bildungsfrage in den Hintergrund. Heinrich Schulz, der führende Repräsentant der sozialdemokratischen Arbeiterbildung und zugleich deren Historiker, schrieb: »25 Jahre lang nach Lassalles frühem Tode spielte die Arbeiterbildung als besondere Funktion in der deutschen Sozialdemokratie keine Rolle.« (Schulz 1931, S. 49) Erst mit der Gründung der Berliner Arbeiterbildungsschule 1891 sei die Arbeiterbildung ein wichtiger Auftrag für die Partei geworden. Als allerdings 1890 die organisatorischen Voraussetzungen für eine von der Partei getragene systematische Bildungsarbeit gegeben waren, war die Partei selbst auf diese Situation weder theoretisch noch im Hinblick auf ein klares Bildungs- und Schulungskonzept vorbereitet. Vielmehr stellte sie in den Wahlvereinen Agitation und Wahlarbeit in den Vordergrund, während sie die Bildungsarbeit nicht planmäßig organisierte und anleitete. Lediglich einige lokale Parteiorganisationen und einzelne Persönlichkeiten entfalteten bereits im Jahr 1890 Initiativen, nachdem sie die Bedeutung der Bildung auch für die politische Arbeit erkannt hatten. So wurden Wilhelm Liebknecht und einige andere Parteimitglieder initiativ und gründeten am 12. Januar 1891 in der Brauerei Friedrichshain die Berliner Arbeiterbildungsschule (Schulz 1931, S. 77), die wichtigste Bildungsinstitution der Partei vor der Jahrhundertwende. Der Stadtverordnete Vogtherr, der spätere Leiter der Schule, bereitete die Gründung vor.

Wilhelm Liebknecht umriss in seinem Grundsatzreferat die Ziele der Bildungsarbeit. Den Hauptzweck der Schule sah er ganz im Sinne seiner berühmten »Wissen-ist-Macht-Rede« darin, die Arbeiter »für den Kampf zur Befreiung des Proletariats« heranzubilden; die Schule solle »Menschen erziehen und Kämpfer« (Liebknecht, Brief aus Berlin vom 21.1.1891, S. 585). Die Befreiung des Proletariats stand im Mittelpunkt seines Bildungskonzepts; zudem sollte den Arbeitern aber auch Allgemeinbildung für eine tief greifende demokratische Bildungsreform vermittelt werden.

Mit Rücksicht auf die noch immer existierenden Klippen des Vereinsgesetzes legten die Gründungsmitglieder nach außen Wert auf eine überparteiliche Schule, weshalb die Partei nicht als Träger der Schule erscheinen durfte. So wurde die »Berliner Arbeiterschaft« der eigentliche Träger der Arbeiterbildungsschule. Ihre Mitgliedsbeiträge bildeten deren finanzielle Grundlage. Später erhielt die Schule auch Zuschüsse aus den sozialdemokratischen Wahlvereinen. Bereits im April 1891 konnte der Trägerverein auf 3 600 eingeschriebene Vereinsmitglieder hinweisen. Seine Bildungsarbeit fand dezentral in verschiedenen Berliner Stadtteilen statt (anfangs sechs Lokale), um die Wege zu den Veranstaltungen möglichst kurz zu halten.

Das Semesterprinzip bildete den organisatorischen und curricularen Rahmen. Der Unterricht fand werktags von 20.30–22.30 Uhr und sonntags von 9–11 Uhr statt. Entsprechend der Liebknechtschen Konzeption sollte sich der Lehrplan auf Fächer konzentrieren, die der Bildung zum bewussten Klassenkämpfer dienen könnten. Dem Prinzip der allgemeinen Bildung und Berufsorientierung entsprachen Elementarfächer. So ergab sich folgender Fächerkanon:

Theoretische Grundlagenfächer	Kompensatorische Elementarfächer
Geschichte Nationalökonomie Naturwissenschaften Deutsch Rechtschreibung	Rechnen Buchführung Stenographie Zeichnen

Die Arbeiterbildungsschule legte großen Wert auf Selbstbildung der Teilnehmer. Deshalb wurden Bibliotheken eingerichtet. Gesellige Veranstaltungen und Kunstabende dienten der emotionalen Ansprache der Teilnehmer und der Unterhaltung.

Für die Arbeiterbildungsschule lassen sich verschiedene Phasen und Entwicklungen feststellen, die sich sowohl in theoretischer als auch in praktisch-politischer Hinsicht sehr voneinander unterschieden:

- 1891 bis 1894: Aufbau,
- 1894 bis 1897: Neuorientierung,
- 1897 bis 1906: Konsolidierung,
- 1906 bis 1918: Offizielle sozialdemokratische Bildungspraxis.

Die erste Phase war von Unsicherheit und Unentschiedenheit gekennzeichnet. Weder gab es eine einheitliche Auffassung über die Priorität der Bildungsarbeit, noch verfügte die Schule über ausreichend parteilich und zugleich pädagogisch qualifizierte Lehrer. Die Ausrichtung der Berliner Arbeiterbildungsschule am Vorbild des Leipziger Arbeiterbildungsvereins, wie sie Wilhelm Liebknecht gefordert hatte, entsprach schon nicht mehr der historischen Situation. Politisch bewusste Arbeiter zogen sich von der Schule mehr und mehr zurück. Sie drohte durch Überbetonung der Elementarfächer zu einer bloßen Fortbildungsschule zu werden und verlor an Profil. Damit geriet sie in eine Konkurrenzsituation zu bürgerlichen Einrichtungen.

Die Situation spitzte sich 1893/94 derart zu, dass angesichts der drohenden Auflösung Konsequenzen gezogen werden mussten. Bereits im Oktober 1892 war die Zahl der Mitglieder auf 2 000 gesunken. Am Unterricht nahmen nur noch 832 Personen teil. Bereits ein Jahr später reduzierte sich ihre Zahl auf 533, von denen nur noch 388 kontinuierlich kamen. Das Ansehen der Schule sank entsprechend innerhalb und außerhalb der Partei.

Mit der Berufung von *Heinrich Schulz* (1872–1932), dem führenden Bildungstheoretiker der Partei, zum Lehrer an die Arbeiterbildungsschule im Jahre 1894 – ein Jahr später wurde er zum Vorsitzenden der Schule gewählt (Schulz 1931, S. 79) – begann eine Phase der Neuorientierung und Konsolidierung. Es herrschte nun Übereinstimmung darin, dass ein Anheben des allgemeinen Bildungsniveaus Sache eines verbesserten öffentlichen Schulwesens sein müsse, während es vordringliche Aufgabe der Arbeiterbildungsschule sei, der politischen Emanzipation der Arbeiterschaft und den Zielen der Partei zu dienen. Die Vollversammlung der eingeschriebenen Vereinsmitglieder, die im Herbst 1895 in Berlin zusammentrat, um die zentralen Grundsätze der Bildungsarbeit zu erörtern und zu beschließen, verabschiedete eine radikale Neukonzeption. An die Stelle einer kompensatorischen Bildungsarbeit in Form einer vermittelten Elementarbildung trat nun eine bewusst politische Schulung.

»Erweckung zum proletarischen Klassenbewußtsein! Wie ist das zu erreichen? Durch Aufklärung, aber nicht durch waschlappige Bildungsduselei! Macht ist Wissen, aber das Wort ist doppelsinnig. Man soll dem Proletarier die Zusammenhänge des wirtschaftlichen Lebens klar machen und seine eigene Stellung dazu. Wenn wir möglichst viele Proletarier gewinnen wollen, so brauchen wir Leute zum Aufklären und Agitieren. Diese Leute heranzubilden, dazu soll die Schule da sein! In dieser Eigenschaft hat sie Zweck, ist sie vollauf berechtigt und erfüllt sie eine hohe Mission. Und darum sind keine Kassandrarufe am Platze.« (Schulz 1931, S. 79)

Die Funktionärsbildung im Interesse der Partei und der Arbeiterschaft, Agitieren und Handeln gewannen eindeutig Vorrang gegenüber der Massenbildung. Damit wurde die Schule ihres unverbindlichen Charakters entkleidet und in die politische Arbeiterbewegung einbezogen. Für den Lehrplan bedeutete diese Neuorientierung Konzentration auf die Fächer, die der Konzeption des Wissenschaftlichen Sozialismus entsprachen: Nationalökonomie, Geschichte, Naturerkenntnis, Gesetzeskunde und – als Zugeständnis – Deutsch (»Vorwärts« Nr. 89 vom 18. April 1894).

In dem Maße, wie sich die »proletarische Bildungsarbeit« durchsetzte, stiegen auch die Mitgliederzahlen kontinuierlich bis zum Jahr 1907/08 wieder an:

Jahr	Mitgl.	Jahr	Mitgl.	Jahr	Mitgl.
1904/05	1 001	1908/09	1 585	1912/13	1 526
1905/06	1 282	1909/10	1 548	1913/14	1 041
1906/07	1 705	1910/11	2 043		
1907/08	2 020	1911/12	1 811		

Eingeschriebene Mitglieder der Arbeiterbildungsschule in den Jahren 1904/05–1913/14. Zusammengestellt von Eckl u. a. 1982 nach Fricke 1976, S. 497, in: Olbrich 1982, S. 153. Vgl. auch Schäfers 1965, S. 486.

Trotz dieser bildungstheoretischen Neuorientierung und einiger methodischer und organisatorischer Innovationen erwies sich 1897 eine zweite Reorganisation der Schule als notwendig. Intensive problemorientierte Bildungsarbeit verdrängte nun wissensrezeptive Verfahrensweisen. Um qualifizierte Lehrer zu gewinnen, die den bildungstheoretischen und methodischen Anforderungen genügten, gab die Schulleitung das Semesterprinzip auf. Die Länge der Kurse wurden auf die Dauer eines Quartals reduziert.

Die Lehrerfrage wurde zu einem Hauptproblem. Das Festhalten an der Lehrfreiheit, die ein pluralistisches Spektrum an politischen und weltanschaulichen Positionen zur Folge hatte, und die Zulassung von Lehrkräften mit unterschiedlicher politischer und bildungstheoretischer Konzeption machten das Durchsetzen des Wissenschaftlichen Sozialismus in der Praxis schwierig. So unterrichteten gerade in den Kernfächer Nationalökonomie und Geschichte meist Lehrer, die dem revisionistischen Flügel der Partei angehörten und dem Wissenschaftlichen Sozialismus kritisch gegenüberstanden. Zu ihnen zählten *Max Schippel* (1859–1928), *Richard Calwer* (1868–1927) und *Paul Kampffmeyer* (1864–1945).

Die Auseinandersetzung zwischen den Parteilinken und den Revisionisten war deshalb unausweichlich. Der Fall Rudolf Steiner ist dafür symptomatisch. *Rudolf Steiner* (1861–1925) unterrichtete sechs Jahre an der Berliner Arbeiterbildungsschule. Wegen seiner eigenwilligen Sprache und seiner philosophischen Auffassungen fand er jedoch wenig Resonanz bei den Hörern. Seine anthroposophische Lehre entwickelte er vor dem Hintergrund seiner Lehrerfahrungen in der Berliner Arbeiterbildungsschule, was wenig bekannt ist. Steiners politisch-weltanschauliche Haltung blieb während seiner Dozententätigkeit an der Berliner Arbeiterbildungsschule unbestimmt. Er stand der sozialistischen Weltanschauung sehr skeptisch gegenüber. Deshalb forderten die »Linken« seine Abberufung. Wegen seiner politischen Einstellung wurde er entgegen seinen Absichten auch nicht als Dozent an die Berliner Parteischule berufen *(s. u.)*.

Obwohl sich die Konzeption einer »proletarischen Bildungsarbeit« mehrheitlich durchgesetzt hatte, ließ sie sich in der Praxis nicht voll umsetzen. Eine Ursache dafür war unter anderem, dass die Partei sich nicht in hinreichendem Maße um die Entwicklung der Arbeiterbildungsschule kümmerte und sie weitgehend den Lehrern überließ, die nicht nach ihrem gesellschaftlichen Bewusstsein und ihrer methodisch-didaktischen Qualifikation ausgesucht worden waren.

Erst ab 1906, nach den Beschlüssen zur Bildungsfrage auf dem Mannheimer Parteitag, setzte eine Entwicklung ein, die den Erfolg der Arbeit nicht mehr von der zufälligen Zusammensetzung des Lehrerkollegiums abhängig sein ließ. Der Mannheimer »Bildungsparteitag« verpflichtete die Partei, Bildung als Parteiaufgabe anzusehen und entsprechend zu handeln. Nach den Mannheimer Beschlüssen wurde der Zusammenhang zwischen Bildung und Politik neu bestimmt. Zugleich wurde durch eine sorgfältigere Auswahl der Lehrer die pädagogische Effektivität erhöht. Dabei spielte auch eine Rolle, dass viele der Parteilinken, die in der Gesamtpartei von den Reformisten und vom Parteizentrum teilweise zurückgedrängt worden waren, in die Bildungsarbeit auswichen, weil sie dort Anhänger gewinnen konnten, während sich die Revisionisten auf die eigentlich politische Arbeit konzentrierten und das Bildungsterrain weitgehend freigaben.

Dies wirkte sich auch auf die Arbeit der Berliner Arbeiterbildungsschule aus. Durch das Engagement der Parteilinken wurde in der Phase nach 1906 ein Schritt in Richtung Klassenkampfbildung vollzogen: Lehrkräfte gewannen an Einfluss, die sich dem Wissenschaftlichen Sozialismus verpflichtet fühlten wie *Julian Borchardt* (1868–1932), *Max Grunwald* (1873–1926) und *Emanuel Wurm* (1857–1920). Als beispielhaft sind die Bildungsvorstellungen von Julian Borchardt zu bezeichnen, der von 1907–1913 als Wanderlehrer des zentralen Bildungsausschusses tätig war und ebenso in der Parteischule wie auch in der Berliner Arbeiterbildungsschule unterrichtete. Später gehörte er dem Lehrerkollegium der von der KPD getragenen Marxistischen Arbeiterbildungsschule in Berlin an.

Die Unterrichtskonzeption der Arbeiterbildungsschule wurde in Richtung politische Bildung erweitert. Die Fächer »Gewerkschaftswesen« und »Wissenschaftlicher Sozialismus« erschienen nun im Lehrplan. Um eine systematischere Qualifizierung und Weiterbildung klassenbewusster Arbeiter zu erreichen, richtete die Schule für besonders erfolgreiche Schüler Fortgeschrittenenkurse ein. Zwischen 1906 und 1910 unterrichtete Max Grunwald über Grundzüge der Finanzwissenschaft, praktische Nationalökonomie, Bank-, Kartell- und Börsenwesen. Über das Gewerkschaftswesen bot Emil Dittmer systematische Seminare an, ebenso über die historische Entwicklung der Gewerkschaftsbewegung, über Arbeitsschutz und Sozialgesetzgebung. Julian Borchardt vertrat das Lehrgebiet des Wissenschaftlichen Sozialismus. Besonders groß war der Andrang im Bereich Nationalökonomie, sodass die Teilnehmer ausgewählt werden mussten. 1908/09, 1911/12 und 1913/14 fanden Fortbildungskurse zum Thema »Historischer Materialismus« statt (Eckl u. a. 1982, S. 150).

Die Intensivierung der Bildungsarbeit und die Ausrichtung auf Klassenkampfbildung führten nicht nur zur Neugestaltung des Lehrplanes, sondern es wurden zu-

Übersicht des Lehrangebotes für die Jahre 1909–1911

hr	Quartal	Nationalökonomie	Geschichte	Rednerschule[1]	Naturerkenntnis	Rechtskunde/ Gesetzeskunde	Gewerkschaftswesen	Einführung in den wiss. Sozialismus	Deutsche Wirtschaftsgeschichte
09	IV.	Grundzüge der Finanzwissensch.	Geschichte des modernen Sozialismus		Naturerkenntnis 1. Teil	Arbeiterversicherungsgesetzgebung	Von den Anfängen der deutschen Gewerkschaftsbewegung		
10	I.	Die Grundbegriffe d. theoret. Nationalökonomie 1. Teil	Geschichte des 16. Jahrhunderts		Naturerkenntnis 2. Teil	Strafrecht, Strafprozeß u.d. jetzigen Reformbestrebungen	Aus Theorie und Praxis der Gewerkschaftsbewegung		
10	II.	Die Grundbegriffe d. theoret. Nationalökonomie 2. Teil	Das Zeitalter des 30-jährigen Krieges			Die Verfassungen der außerdeutschen Staaten		Einführung	
10	IV.	Praktische Nationalökonomie, Tatsachen der Weltwirtschaft	Zeitalter der französischen Revolution		Naturerkenntnis 1. Teil		Arbeiterschutz, Sozialgesetzgebung und Gewerkschaften	Einführung 1. Teil	
11	I.	Theorie und Praxis der Statistik	Geschichte der dt. Sozialdemokratie seit dem Auftreten Lasalles		Naturerkenntnis 2. Teil	Bürgerliches Recht	Geschichte u. Theorie der Gewerkschaftsbewegung	Einführung 2. Teil	
11	II.	Bank-, Börsen- und Kartellwesen	Alte Geschichte				Aus Theorie und Praxis	Einführung 1. Teil	1. Teil: Von der Urzeit bis zum Ausgang der Staufer

1 Die Rednerschule wurde ohne besonderes Thema angekündigt.

In der Arbeiterbildungsschule behandelter Lehrstoff während der genannten Jahre, zusammengestellt nach den Jahresberichten der Arbeiterbildungschule nach Eckl u. a., 1982, S. 151.

dem für die Partei werbende Volksversammlungen durchgeführt. Neben öffentlichen Sonntagsversammlungen gab es geschlossene Mitgliederversammlungen. Hier sollten »theoretisch schwierige Einzelfragen, deren eingehende Erörterung in den Lehrkursen naturgemäß nicht möglich ist, in streng wissenschaftlicher Form vor einem schon vorgebildeten Kreise von Teilnehmern« zur sachlichen Diskussion gestellt werden (Vorwärts Nr. 229 vom 23. Dezember 1909, 2. Beilage).

Das Jahr 1914 bedeutete in zweierlei Hinsicht einen tiefen Einschnitt für die Arbeiterbildungsschule. Am 30. Juli wurde sie formell aufgehoben und dem Bezirksbildungsausschuss der Partei unterstellt, um die Bildungsarbeit auf die Gesamtpolitik der Partei auszurichten. Sie wurde somit zu einer offiziellen Schule der Partei. Im Mittelpunkt der Arbeit hatte nun die parteiliche Funktionärsbildung für ausgesuchte Kader zu stehen, die später Aufgaben in der Partei übernehmen sollten.

Der Beginn des Ersten Weltkrieges – einige Wochen später – bedeutete dann aber das Ende der Schule. Eine systematische Umsetzung dieser auf die Bedürfnisse der Partei ausgerichteten Konzeption wurde damit unmöglich. In welchem Maße sich eine Traditionslinie sozialdemokratischer Bildungsarbeit von der Arbeiterbildungsschule bis in die Weimarer Republik verfolgen lässt, muss an anderer Stelle untersucht werden.

3.3.2 Lokale und regionale Bildungsarbeit sozialdemokratischer Vereine nach dem Fall des Sozialistengesetzes: Die Beispiele Köln und Leipzig

Wenn im Folgenden Formen lokaler und regionaler Bildungsarbeit sozialdemokratischer Vereine skizziert werden, ist zu berücksichtigen, dass die Vereine auch nach 1890 immer noch von den Polizeibehörden überwacht wurden. Vorträge wurden verboten oder die Vereine im Nachhinein, wenn ihr Inhalt den Behörden missfallen hatte, unter Druck gesetzt. Deshalb verzichtete man oft von sich aus auf politisch kontroverse Themen (Schäfers 1961, S. 40, 48).

Als Beispiele regionaler praktischer Bildungsarbeit sozialdemokratischer Vereine zwischen 1890 und 1914 werden nun deren Aktivitäten in Köln und Leipzig näher betrachtet. In dem Kölner Verein waren Bildung und Politik zunächst eng verflochten. In den wöchentlichen Mitgliederversammlungen hielten Parteimitglieder »Vorträge über den Stand der innerparteilichen Diskussion, über Probleme der Gesetzgebung und der Gesellschaftspolitik sowie über wissenschaftliche und medizinische Fragen« (Meuser 1979, S. 40).

Ergänzend zu den angebotenen Vorträgen und Diskussionen wurde im Juli 1892 eine Agitationsschule zur Schulung der Parteimitglieder gegründet. Der Unterricht fand einmal wöchentlich abends statt. Die Schule scheint jedoch keinen Anklang gefunden zu haben und beendete ihre Arbeit nach kurzer Zeit wieder (Meuser 1979, S. 40), denn die Teilnehmer der Kölner lokalen Bildungsarbeit waren mehr daran interessiert, sich mit allgemeinen gesellschaftlichen und sozialen Fragen der Zeit und der politischen Linie der Partei zu befassen, als sich speziell auf parteiliche Agitation vorzubereiten.

Eine weitere Bildungsmöglichkeit für Parteimitglieder boten in Köln und Umgebung die meist nur kurze Zeit bestehenden Lese- und Diskutierklubs. Sie waren keine Parteigründungen, sondern gingen auf die Initiative Einzelner oder kleinerer

Gruppen zurück. Im Stadtbereich Köln und dem benachbarten Mülheim existierten in den ersten Jahren nach dem Fall des Sozialistengesetzes mindestens fünf solcher Klubs. Der Lese- und Diskutierklub »Brüderlichkeit« soll die Bildungsarbeit in diesen Klubs veranschaulichen. Es beteiligten sich 25 vorwiegend junge Männer an den Veranstaltungen. Neben den Vorlesungen und Diskussionen fanden Vorträge führender Kölner Sozialdemokraten statt, deren Themen denen der Mitgliederversammlungen des sozialdemokratischen Vereins ähnelten. Solche Vorträge zogen bis zu 30 Personen an (Meuser 1979, S. 42). Der Diskutierklub »Brüderlichkeit« bestand zwischen 1891 und 1895.

Auch der im Januar 1892 gegründete Frauen- und Mädchenbildungsverein, der schon bald 74 Mitglieder zählte, war Bestandteil der sozialdemokratischen Bildungsarbeit. Offiziell gehörte der Verein nicht zur Sozialdemokratischen Partei, da das Vereinsgesetz Frauen die Mitgliedschaft in politischen Vereinen verbot. Mit der Gründung dieses Vereins sollte jedoch auch in Köln die sozialdemokratische Frauenbewegung unterstützt werden (Meuser 1979, S. 43). In den einmal wöchentlich stattfindenden Versammlungen wurden Vorträge über die soziale Lage der Frau gehalten, und man sprach über Erziehungsfragen sowie soziale Themen. Wiederum referierten Kölner Sozialdemokraten. Das wurde dem Verein schließlich zum Verhängnis: Er wurde wegen politischer Agitation zugunsten der Sozialdemokratie im September 1893 aufgelöst. Sehr großen Anklang fand der 1894 gegründete »Arbeiter-Stenographen-Verein«, an dessen Kursen im ersten Jahr seines Bestehens 117 Personen teilnahmen. Stenographie wurde als ein Mittel im politischen Kampf angesehen (Meuser 1979, S. 44).

In Leipzig wirkte, wie bereits erwähnt, bis zur Verabschiedung des Sozialistengesetzes (1878) der »Arbeiterbildungsverein«, dann der »Fortbildungsverein für Arbeiter«. Nach der Aufhebung des Sozialistengesetzes nannte er sich »Arbeiterverein Leipzig« und war nun neben dem neu gegründeten »Sozialdemokratischen Verein« tätig. Der Arbeiterverein Leipzig stand nicht unter der Leitung der Partei, doch gab es zwischen ihm und dem Sozialdemokratischen Verein »keine Gegensätze in der Durchführung der vor der Gesamtpartei stehenden Aufgaben« (Schäfers 1961, S. 17). Der Sozialdemokratische Verein leistete vorwiegend Agitation und tagespolitische Parteiarbeit. In seinen Räumen fanden politische Vorträge und Diskussionen über tagespolitische Fragen sowie über die sozialistische Theorie statt.

Die eigentliche Bildungsarbeit leistete in Leipzig nicht der Sozialdemokratische Verein, sondern der Arbeiterverein. Schon 1892 zählte er etwa 2 000 Mitglieder. Man hatte in neun Lokalen Räume gemietet, was auf eine umfangreiche Bildungsarbeit schließen lässt. Der Verein führte Vorträge und Diskussionsabende durch und veranstaltete Unterrichtskurse. In seinem Stammlokal und in den übrigen Lokalen gab es Handbibliotheken. Es wurden auch Unterhaltungs- und Gesangsabende sowie Chorveranstaltungen organisiert. Auch besaß der Verein so genannte »dramatische« Abteilungen und eine Turnabteilung.

Die formale Aufteilung in Unterrichtskurse und Vorträge ging zurück auf die Bildungsarbeit vor dem Sozialistengesetz. Neben Elementarwissen wurden in den Unterrichtskursen Stenographie und Buchführung unterrichtet sowie Kenntnisse aus der Nationalökonomie vermittelt (Schäfers 1961, S. 41). Die Rhetorik wurde an tagespolitischen Ereignissen entsprechend den Lehren des Sozialismus eingeübt.

Über die Themen der Vorträge dieser Zeit ist wenig bekannt. Lediglich für das Jahr 1895 liegen Angaben zu Vortragsthemen vor:

- Die Urgeschichte der Menschheit,
- Deutschland zur Zeit der Französischen Revolution,
- Über häusliche Erziehung,
- Die alte Weltanschauung und der Deutsch-Katholizismus,
- Erziehung und Unterricht im Lichte des Sozialismus,
- Darwinismus und Sozialismus,
- Darwinsche Wahrheiten und sociale Narrheiten,
- Emile Zola,
- Eine Reise durch 4 Welttheile (Schäfers 1961, S. 41).

Ein Vergleich mit den Themen des Vereins aus dem Jahre 1875 zeigt, dass trotz Anlehnung an die bürgerliche Wissenschaft die Arbeit nach 1890 politischer geworden war. Dies entsprach der allgemeinen politischen Linie der Partei. Eine intensive und systematische politische Schulung scheint aber noch nicht stattgefunden zu haben. *Hermann Duncker* (1874–1960), ein führender Vertreter der Arbeiterbildung *(s. u.)*, der zunächst Kurse beim Leipziger Arbeiterverein durchführte und von 1907 bis 1914 als Wanderlehrer für den Zentralbildungsausschuss der Partei und von 1912 bis 1914 als Lehrer an der Parteischule tätig war, nannte in einem späteren Interview drei Gründe für die »unpolitische« Bildungsarbeit: den Wunsch, eine mangelhafte Volksschulbildung zu ergänzen, die Vorstellung, nur ein gebildeter Arbeiter könne den Kapitalismus wirksam bekämpfen und die Aufmerksamkeit, die man der Bildung insgesamt entgegenbrachte (Schäfers 1961, S. 43).

Die unterschiedliche Haltung der Bildungsvereine und der Partei gegenüber der Bildungsarbeit wurde bei sonst gleicher Zielsetzung auch in Leipzig sichtbar: Häufig konstatierten und beklagten Parteimitglieder den geringen Stellenwert, den die Partei der Bildung beimaß, weil man sie als »bürgerlich« und vom politischen Kampf ablenkend abtat. In Leipzig war die umfangreiche Bildungsarbeit auf den Arbeiterverein und auf einzelne seiner Mitglieder zurückzuführen, die, im Gegensatz zur Partei, keinen Widerspruch zwischen Partei- und Bildungsarbeit sahen. *Wilhelm Liebknecht* (1826–1900) gehörte zu ihnen. Er erklärte 1893 auf dem Stiftungsfest des Arbeitervereins Leipzig: »Mit Erstaunen habe ich die Wahrnehmung gemacht, [. . .] dass man sagt, die Bildungsbestrebungen hemmen die politische und die Gewerkschaftsbewegung. Die dieses sagen, kennen entweder den Arbeiterverein nicht, oder sind eitle Toren, deren Beschränktheit man es zugute rechnen kann.« (nach Schäfers 1961, S. 47)

Unser Abriss lokaler und regionaler sozialdemokratischer Arbeiterbildung zeigte einerseits die vielfältigen Bemühungen um eine Arbeiterbildung. Sie waren örtlich häufig mit der politischen Arbeit der Partei oder den sozialdemokratischen Vereinen verbunden. Diese Bildungsarbeit wurde teilweise um die Mitte der Neunzigerjahre eingestellt oder durch andere Aktivitäten für die Partei überlagert. Ottmar Meuser führt diese Entwicklung in Köln auf die stärkere Einbindung der Sozialdemokratie in die lokale Politik zurück: »Je mehr der Verein [. . .] in die Auseinandersetzung um Mandate und politische Einflussmöglichkeiten mit einbezogen wurde, desto mehr traten politische Auseinandersetzungen [. . .] und Wahlagitationen in den Vordergrund seiner Tätigkeit.« (Meuser 1979, S. 45)

3.3.3 Volksbildung und Sozialdemokratie: Der Mannheimer Bildungsparteitag von 1906

Der sozialdemokratische Parteitag vom 23. bis 29. September 1906 bildete nach der Gründung der Arbeiterbildungsschule im Jahr 1891 und der in Mannheim beschlossenen Konstituierung der Parteischule *(s. u.)* den vorläufigen Höhepunkt der Institutionalisierung sozialdemokratischer Arbeiterbildung. Er markierte die Rückkehr zur Bildung und zur Bildungspolitik. Arbeiterbildung und Arbeiterpolitik wurden nun wieder als zwei Aufgabenbereiche der Sozialdemokratie begriffen, als Instrumente zur Veränderung der Gesellschaft.

Schon vor dem Parteitag griff die Parteiführung in die Bildungsdebatte ein und erhob die Forderung nach Arbeiterbildungskursen für Parteifunktionäre. Der Parteivorstand beauftragte die beiden Parteifunktionäre *Heinrich Schulz* (1872–1932) und *Clara Zetkin* (1857–1933) mit der Ausarbeitung eines Grundsatzprogramms als Diskussionsgrundlage für den Parteitag. Die vorgelegten Leitsätze zum Thema »Volksbildung und Sozialdemokratie« betonten in sechs Thesen die Bedeutung einer eindeutigen Weltanschauung (»Vorwärts« vom 19. August 1906). Sie bildeten die Grundlagen für eine sozialistische Theorie der Bildung und Erziehung. Die erste These umschrieb Erziehung nicht als abstrakten theoretischen Begriff, sondern als ein Element »ökonomischer Triebkräfte«. In der zweiten These wurde konstatiert, dass der Sozialismus den Gegensatz zwischen »Handarbeit und Kopfarbeit« aufhebe und auch denjenigen zwischen Theorie und Praxis. In dieser Argumentationslinie wurde die Arbeit als »Quelle des Glücks« zu einem wichtigen Fundament erzieherischen Handelns.

Diese wissenschafts- und bildungstheoretische Position bestimmte die Bildungspolitik der Sozialdemokratie bis in die Weimarer Zeit. So arbeitet die dritte These die sozialdemokratische Bildungsprogrammatik von der Vorschule bis hin zur Erwachsenenbildung heraus. Sie enthält folgende Programmpunkte:

- Schaffung eines Reichsschulgesetzes nach dem Prinzip der Weltlichkeit und der Einheitlichkeit,
- Errichtung von Kindergärten und Schulheimen,
- Errichtung von Fach- und Fortbildungsschulen für die schulentlassene Jugend,
- Festlegung von Klassenfrequenzen und Unterrichtszeit,
- Errichtung von besonderen Klassen und Schulen für Behinderte,
- Bau und Ausgestaltung nach pädagogischen, schulhygienischen und künstlerischen Gesichtspunkten,
- Errichtung von Bädern, Schwimm-, Wärme- und Speisehallen in den Schulen,
- Errichtung von Volksbibliotheken, Lesehallen und Instituten für Volksbelehrung und Unterhaltung,
- materielle und soziale Hebung der Lage der Lehrerschaft.

Die fünfte These fasste sowohl die theoretischen als auch die praktischen Konsequenzen unter der Perspektive der Emanzipation des Proletariats zusammen. Ausgehend von der Notwendigkeit eines klaren Bewusstseins über den Gegensatz zwischen der Bourgeoisie und dem Proletariat wurde die geschichtliche Mission des Vierten Standes herausgestellt: »Das Proletariat ist der Träger einer in sich geschlossenen Weltanschauung, die zwar die konsequente Fortentwicklung der höchsten wissenschaftlichen und künstlerischen Ideale dieser Zeit ist, aber in scharfem Gegensatz zu der bürgerlichen Weltanschauung und damit auch zu der bürgerlichen Wissenschaft und Kunst unserer Tage steht, die einen ausgeprägten Klassencharakter tragen. Im Hinblick auf seine geschichtliche Mission kann daher das Proletariat die bürgerliche Geisteskultur nicht einfach übernehmen, es muss sie vielmehr seiner eigenen Weltanschauung gemäß umwerten.« (in: Olbrich 1982, S. 94)

Bereits vor dem Parteitag stießen die Leitsätze – also die marxistischen Positionen von Schulz und Zetkin – auf entschiedene Kritik der Revisionisten, insbesondere auf die von *Eduard Bernstein* (1850–1932). Heinrich Schulz und Clara Zetkin definierten Bildung als Bildung zum proletarischen Klassenkampf. Auch in ihrer gesellschaftstheoretischen Position, nach der der gegenwärtige Staat und die gegenwärtige Gesellschaft revolutionär zu verändern seien, bezogen sie sich auf die Positionen von Karl Marx und Friedrich Engels. Clara Zetkin sollte die Leitsätze auf dem Parteitag begründen, musste allerdings krankheitsbedingt ihre Rede abbrechen. So fanden die vorgesehenen umfassenden Diskussionen zum Tagesordnungspunkt »Volksbildung und Sozialdemokratie« nur zu einigen wichtigen organisatorischen Fragen statt. Heinrich Schulz und Clara Zetkin vermochten sich in ihrer Bildungskonzeption im Wesentlichen gegenüber den Revisionisten durchzusetzen. Dies zeigte sich sowohl in der Zusammensetzung des Bildungsausschusses *(s. u.)*, als auch in der Berufung von mehrheitlich marxistisch orientierten Lehrern für die Parteischule.

Die wichtigste Entscheidung des Parteitags im Hinblick auf Bildung betraf neben der Gründung der Parteischule die Einsetzung des Zentralbildungsausschusses, der sich im Dezember 1906 konstituierte. Seine Aufgabe sollte es sein, unter der Leitung der Partei ein breites Netz proletarischer Volksbildung entstehen zu lassen, die Bildungsaktivitäten organisatorisch zusammenzufassen und zu koordinieren. Zu den Mitgliedern des Ausschusses gehörten bekannte Repräsentanten der Partei: Clara Zetkin, Franz Mehring, Carl Korn, Hugo Heimann, Georg von Vollmar und Eduard David. August Bebel wurde als Vertreter des Parteivorstandes Mitglied des Zentralbildungsausschusses. Der Berliner sozialdemokratische Stadtverordnete *Hugo Heimann* (1859–1950) übernahm das Amt des Vorsitzenden, Heinrich Schulz wurde Sekretär des Zentralbildungsausschusses. Er nahm damit eine unbestrittene Führungsposition innerhalb der sozialdemokratischen Bildungsbestrebungen ein. Im Einzelnen stellte sich der Bildungsausschuss folgende Aufgaben:

1. Ausarbeitung von Programmen für Vorträge, Vortrags- und Unterrichtskurse und
2. künstlerische Veranstaltungen;
3. Herausgabe eines Verzeichnisses von Jugendschriften;
4. Zusammenstellung von Bibliotheken bzw. die Schaffung von Musterkatalogen;
5. Herausgabe wertvoller Aufklärungsschriften;
6. Vermittlung von rednerischen Kräften für populärwissenschaftliche Vertragsarbeit;
7. Anregung und Unterstützung bildender und künstlerischer Veranstaltungen.

Um eine gesicherte Grundlage für seine Arbeit zu gewinnen, führte der Ausschuss 1906 eine Umfrage durch, die einen Überblick über den Umfang, den Inhalt und die Methoden der bisherigen Arbeit vermitteln sollte. Es wurden mehr als 1 100 Fragebögen an sozialdemokratische und gewerkschaftliche Organisationen verschickt, von denen rund 400 beantwortet wurden. Die Ergebnisse dieser Fragebogenaktion führten zu einer Systematisierung der Bildungsarbeit und zu einer theoretischen Mitgliederschulung.

Neben dem zentralen Bildungsausschuss konstituierten sich regionale Bildungsausschüsse, die koordinierende Aufgaben übernahmen. Sie sollten die verschiedenen Bildungsaktivitäten programmatisch abstimmen sowie die erforderlichen Lehrkräfte und finanziellen Ressourcen festlegen. Ferner entstanden örtliche Bildungsausschüsse als Basis sozialdemokratischer Bildungsarbeit für Erwachsene. Sie sollten »für die Gesamtheit der organisierten Arbeiter an dem betreffenden Orte alle Veranstaltungen belehrenden und künstlerischen Charakters« arrangieren (Protokoll in: Fricke 1976, S. 763). Häufig setzten sich die lokalen Bildungsausschüsse paritätisch aus Vertretern der Partei und der Gewerkschaften zusammen.

Die örtlichen Bildungsausschüsse führten Vortragszyklen und Unterrichtskurse durch. Der vom Zentralbildungsausschuss gesteuerte systematische Aufbau sozialdemokratischer Erwachsenenbildung zeitigte schnell Erfolge. So stieg die Teilnehmerzahl in den Vortragskursen der örtlichen Bildungsausschüsse von 32 816 im Berichtsjahre 1909/10 auf 60 450 im Jahre 1913/14.

Außer diesen Vereinigungen, die die lokale Bildungsarbeit planten und durchführten, erlangten die Wanderlehrer eine besondere Bedeutung. Ihre vom Zentralbildungsausschuss seit 1907 durchgeführten »Wissenschaftlichen Wanderkurse« stießen auf besonderes Interesse. So organisierte der Zentralbildungsausschuss zwischen 1907 und 1914 insgesamt 882 Kurse mit 4 795 Vorträgen und 137 120 Teilnehmern (Schulz 1931, S. 96). Zu den ersten Wanderlehrern gehörten Vertreter der Parteilinken wie *Hermann Duncker* (1874–1960) und *Otto Rühle* (1874–1943). Bis 1913 verfügte der Zentralbildungsausschuss über sechs hauptamtliche Wanderlehrer. Wie groß das Bedürfnis der Arbeiterschaft nach solchen Kursen war, zeigt sein Bericht aus dem Jahr 1909: »Die Genossen Duncker und Rühle, die sich dem Bildungsausschuß zu ständiger Mitarbeit verpflichtet haben, konnten nicht nur dauernd beschäftigt werden, sondern die Nachfrage nach ihren Kursen war weit größer als die Möglichkeit, alle Wünsche zu befriedigen [. . .]. Dabei fordern derartige Kurse von den Teilnehmern nicht nur das übliche Opfer an Zeit und geistiger Spannkraft nach erledigtem schweren Tagewerk, sondern auch erhebliche finanzielle Aufwendungen.« (nach Meyer 1971, S. 34)

Die wissenschaftlichen Wanderkurse entwickelten sich von Vortragszyklen zu regelrechtem Unterricht bei begrenzter Teilnehmerzahl. Die Unterrichtskurse dauerten in der Regel drei bis vier Wochen.

3.3.4 Die Parteischule (1906–1914)

Erste Überlegungen zur Gründung einer zentralen Bildungs- und Ausbildungsschule für »Agitatoren« wurden bereits viele Jahre vor dem Mannheimer Parteitag zum ersten Mal geäußert. Vor allem Heinrich Schulz förderte 1904 die Diskussion in der sozialdemokratischen wissenschaftlichen Zeitschrift »Neue Zeit«. Er schlug eine systematische Arbeiterbildung im »Dienste des Klassenkampfes« vor. Es sollte eine »parteigenössische Kriegsschule« entstehen, die sich im Gegensatz zur Berliner Arbeiterbildungsschule nicht – und damit wird der Unterschied zu den anderen Formen sozialdemokratischer Bildungsarbeit deutlich herausgestellt – an ein »Zufallspublikum« richten sollte, sondern an die Elite der Arbeiterschaft zwecks Ausbildung von »Predigern und Propagandisten des Sozialismus« (Schwarz 1982, S. 189). Damit sollte die Berliner Parteischule im Unterschied zu den oben skizzierten Bildungsanstrengungen die zentrale Bildungseinrichtung der Partei werden. Sie richtete sich nicht an ein breites Publikum im Sinne der Massenbildung, sondern war eine Schulungsstätte für die Avantgarde der Arbeiterbewegung.

Die von Heinrich Schulz entwickelten konzeptionellen Überlegungen fanden Eingang in die »Grundzüge« der zukünftigen Schule, die im Zentralorgan der Partei, »Vorwärts«, am 17. Juli 1906 veröffentlicht wurden.

Die parteistrategischen Intentionen richteten sich also auf zwei Grundziele: die theoretische Bildung der Parteigenossen zu verbessern und den Mangel an geeigneten Kräften für schriftliche und mündliche Agitation zu beseitigen.

Nach dem Muster der Arbeitersekretariate der Gewerkschaften waren bereits auf dem Bremer Parteitag (18. bis 25. September 1904), an dem 225 Delegierte sowie 59 Reichstagsabgeordnete teilnahmen, die Einstellung von Parteisekretären für Agitation und Geschäftsführungstätigkeiten und deren systematische Qualifizierung beschlossen worden: Die so genannten Arbeitersekretariate der Gewerkschaften und die Parteisekretariate sollten die Verwaltung ihrer Organisation sicherstellen und in sozialer, gesellschaftlicher und rechtlicher Hinsicht beraten. Ferner sollten sie die Interessen der Arbeiter auf den Gebieten des Arbeitsschutzes, der Arbeitsversicherung und des Koalitionsrechtes wirksam vertreten (Schröder 1910, S. 45). Die systematische Qualifizierung und vollberufliche Tätigkeit war der Beginn der Verberuflichung von Parteifunktionären. Mit der Bestellung von Parteisekretären wollte die Partei zugleich der »gegnerischen Seite«, d. h. den Unternehmern, die bereits »Lehr- und Instruktionskurse« durchführten, entgegenwirken.

Obwohl gegenüber den Planungen von Heinrich Schulz im Vorstand der Partei Vorbehalte bestanden, konnte die Parteischule nach Billigung durch den Mannheimer Parteitag am 15. November 1906 ihre Arbeit aufnehmen.

Die Bildungskonzeption, die im Wesentlichen den Vorstellungen von Heinrich Schulz und Clara Zetkin entsprach, war vorrangig auf die Bedürfnisse der Partei, auf das Qualifizieren von Parteisekretären, Redakteuren und Agitatoren ausgerichtet. 30 »befähigte und moralisch gefestigte« Parteimitglieder sollten gemäß dem Anfangskonzept, das der Parteivorstand noch modifizierte, ein Jahr lang die Gelegenheit erhalten, sich dasjenige Wissen und diejenigen Kompetenzen anzueignen, die zur Wahrnehmung ihrer Funktionärstätigkeit erforderlich waren. Der Unterricht sollte sich auf das Vermitteln der Lehre des Wissenschaftlichen Sozialismus und der »historisch-materialistischen Denkmethode« konzentrieren. Zu den Unterrichtsfächern gehörten Historischer Materialismus, Soziologie, Nationale Ökonomie, Allgemeine Geschichte, Geschichte der Sozialdemokratischen Partei und Geschichte des Sozialismus (Schwarz 1982, S. 190). Der Unterricht hatte ein methodisches Fundament zu legen, auf dem sich die Teilnehmer später im Selbststudium ständig weiterbilden und weiterentwickeln konnten. Nicht ihr Selbstinteresse sollte im Sinne eines sozialen und beruflichen Aufstieges durch Bildung richtungweisend sein, sondern die »Bildung eines kollektiven Emanzipationsprozesses«.

Die Parteischule unterstand nicht dem Zentralbildungsausschuss, sondern dem Parteivorstand, was ihrer herausragenden Bedeutung entsprach. In den ersten Jahren leitete August Bebel das zuständige Referat im Parteivorstand, dann *Hermann Müller* (1876–1931) und ab dem 7. Kurs *Philipp Scheidemann* (1865–1939), beide Reichskanzler in den Anfangsjahren der Weimarer Republik. Die Rechte des Parteivorstandes waren institutionell abgesichert. Er entschied mit dem Lehrerkollegium über den Ausbildungsplan und die Besetzung des Lehrkörpers für die einzelnen Fächer. Zudem war der Parteivorstand personell in der Schulleitung vertreten, die einer Verwaltungskommission oblag. Sie bestand aus den Lehrern und einem Obmann der Schüler. Die Verwaltung leitete ein vom Parteivorstand jährlich zu ernennender Obmann. Für die Lehr- und Unterrichtsmittel kam der Parteivorstand auf. Die Parteischule verfügte über einen eigenen Schulraum mit einer Handbibliothek in der Lindenstraße (südliche Friedrichstadt in Berlin).

Obwohl Schüler und Lehrer, beispielsweise Rosa Luxemburg, in Übereinstimmung mit dem Anfangskonzept längere Kurse forderten, entschied der Parteivorstand, dass Halbjahreskurse durchzuführen seien. Die Zahl der Unterrichtsstunden pro Woche sollte nach der ursprünglichen Planung ungefähr 36 betragen; die tatsächliche Gesamtzahl eines Lehrganges schwankte dann zwischen 720 und 820 Stunden (Schwarz 1982, S. 210). Der Stundenplan für den ersten Kurs der Parteischule (1906/07) vermittelt einen Einblick in die Struktur eines Wochenstundenplanes.

·it	Montag	Dienstag	Mittwoch	Donnerstag	Freitag	Samstag
·9	Arbeiterrecht, soziale Gesetzgebung, Gesinderecht, Verfassung	Strafrecht, Strafprozess, Strafvollzug	Mündl. u. schriftl. Gedankenaustausch, Zeitungstechnik	Arbeiterrecht, soziale Gesetzgebung, Gesinderecht	Gewerkschaftswesen, Genossenschaftswesen, Kommunalpolitik	Mündl. u. schriftl. Gedankenaustausch, Druck, Zeitungstechnik, Schulz
·10	Stadthagen	Heinemann	Schurz	Stadthagen	Katzenstein	Geschichte der Politischen Parteien
–11	Wirtschaftsgeschichte, Nationalökonomie	Wirtschaftsgeschichte, Nationalökonomie, Hilferding	Historischer Materialismus, soziale Theorien, Pannekoek	Historischer Materialismus, soziale Theorien	Wirtschaftsgeschichte, Nationalökonomie	Mehring
–12	Hilferding	Historischer Materialismus, soziale Theorien	Gewerkschaftswesen, Genossenschaftswesen, Kommunalpolitik	Pannekoek	Hilferding	Historischer Materialismus, soziale Theorien
–1	Mittagspause	Pannekoek	Katzenstein	Mittagspause	Mittagspause	Pannekoek
2	Arbeitsstunde	Mittagspause	Mittagspause	Arbeitsstunde	Arbeitsstunde	
3	Hilferding	Arbeitsstunde	Wirtschaftsgeschichte, Nationalökonomie	Pannekoek	Hilferding	
4		Pannekoek	Hilferding	Bürgerl. Recht		
5				Rosenfeld		

Stundenplan Parteischule, 1. Kurs 1906/07, 2. Teil.
Quelle: StA Potsdam, Pr.Br.Rep. 30 Berlin C Pd.Präs. Tit 94, Lit. P. Nr. 762 (12421), fol. 24 Dokument Lehrerbild.

Neben den systematischen Themen wie Wirtschaftsgeschichte, soziologische Theorie und Nationalökonomie wurden in den Vorlesungen auch aktuelle Probleme der allgemeinen Politik behandelt. Intensiv befasste man sich mit dem Erfurter Programm von 1871. Dieses Parteiprogramm war, wie bereits erwähnt, für die Sozialdemokratie von besonderer Bedeutung. Es enthielt einen »grundsätzlichen Teil«, der sich sehr stark auf Karl Marx, insbesondere auf das Kapitel 24 aus dem »Kapital«, bezog. Marx' geschichtsphilosophische Theorie über die »Naturnotwendigkeit« der historischen Entwicklung bildete die Grundlage für den Geschichtsunterricht. Gegenüber diesem grundsätzlichen ersten Teil enthielt der zweite Teil des Erfurter Programms konkrete Gegenwartsforderungen wie die nach dem allgemeinen Wahlrecht, einer direkten Gesetzgebung durch das Volk, der Selbstverwaltung auf allen Stufen der staatlichen Organisation und der Gleichberechtigung der Frau. Auch die praktischen Forderungen des Erfurter Programms, z. B. die Abschaffung aller direkten Steuern, bildeten einen wichtigen thematischen Schwerpunkt innerhalb der Bildungsarbeit. Die übergreifende Frage, ob die Emanzipation der Arbeiterklasse durch »Revolution oder Reform« erreichbar sei, wurde kontrovers im Unterricht erörtert.

Die Partei setzte zwei ständige Lehrkräfte ein; die übrigen 13 waren als Honorarkräfte tätig. Die Lehrer standen nach dem Unterricht, während des Selbststudiums, als Tutoren zur Verfügung. Zum Lehrkörper gehörten Persönlichkeiten von Bedeutung wie Rudolf Hilferding (Nationalökonomie und Wirtschaftsgeschichte), Rosa Luxemburg (Wirtschaftsgeschichte, Nationalökonomie), Franz Mehring (Geschichte der politischen Parteien, Deutsche Geschichte seit dem Mittelalter), Hermann Duncker (Geschichte des Sozialismus), Anton Pannekoek (Historischer Materialismus, Soziale Theorie), Simon Katzenstein (Gewerkschaftswesen, Kommunalpolitik), Heinrich Schulz (Schriftlicher und mündlicher Gedankenaustausch). Rudolf Steiner wurde, wie bereits vermerkt, wegen seiner politischen Haltung nicht in das Lehrerkollegium der Berliner Parteischule berufen.

Die Zahl der Teilnehmer eines Kurses betrug maximal 30. Zunächst waren nur Parteimitglieder zugelassen. Später hielt man zehn Plätze für Gewerkschaftsmitglieder frei, ohne dass sie immer voll genutzt wurden. Die Zulassung erfolgte nach einem »gutachterlichen Bericht« der jeweiligen Landes- oder Provinzorganisation, die eine Vorauswahl der zu Delegierenden vornahm.

Die Berliner Parteischule stellte im System des sozialdemokratischen Bildungswesens die Spitze einer Pyramide dar, die ein Geflecht von zahlreichen örtlichen Institutionen zur Basis hatte. Während der Parteischule die Funktionärsbildung oblag, konzentrierten sich die anderen Bildungseinrichtungen auf die Massenbildung der Parteimitglieder. Die herausgehobene Bedeutung der Parteischule als Zentrum für theoretische Diskussionen verwickelte sie indes in die innerparteilichen Auseinandersetzungen über den allgemeinen Kurs der Partei. Die Gegensätze zwischen Marxismus und Revisionismus, zwischen Theorie und Praxis waren groß. Sollte die Partei eine evolutionäre oder eine revolutionäre Strategie verfolgen?

Die latenten politischen Spannungen innerhalb der Arbeiterbewegung, die bereits in den Sechzigerjahren des 19. Jahrhunderts sichtbar wurden, erreichten hinsichtlich der Richtungsdiskussion um die Parteischule ihren Höhepunkt auf dem Nürnberger Parteitag von 1908. Auf diesem Parteitag legte der revisionistische Flügel ein alternatives Bildungskonzept für die Parteischule vor. Daran entzündete sich eine kontroverse Diskussion über den »Geist« der Parteischule.

Auf dem Parteitag wurde zugleich eine unterschiedliche Auffassung über die Bedeutung von Funktionärsbildung versus Massenbildung deutlich. Gegen eine »elitäre« Bildung mit dem Schwerpunkt »Theorie des Sozialismus [. . .] die Lehren unserer Meister«, machte *Max Maurenbrecher* (1876–1930) mit seinem Ruf nach Bildung für breite Massen Front. Er gehörte dem rechten Flügel der Partei an und war neben Heinrich Schulz und Clara Zetkin wesentlich an der Vorbereitung der Parteischule beteiligt gewesen sowie als Dozent für Geschichte vorgesehen. Seine Anstellung scheiterte jedoch am Widerstand der Parteilinken. Maurenbrecher wurde noch in den Neunzigerjahren des 19. Jahrhunderts als »politisch-ideologisch gereiftes« Parteimitglied dem linken Flügel zugeordnet, entwickelte sich aber während der innerparteilichen Auseinandersetzungen nach Gründung der Parteischule zu einem Revisionisten und Gegner der linken Lehrer der Parteischule wie Franz Mehring und Rosa Luxemburg. Er sprach sich gegen die Vermittlung der Theorie des Wissenschaftlichen Sozialismus und eine an der Idee des Klassenkampfes orientierte Bildungskonzeption aus. Maurenbrecher legte in der »Fränkischen Post« ein Gegenkonzept für die Gründung einer neuen »Nürnberger Schule für Arbeiterbildung« vor. 1913 verließ er wegen Differenzen in Bezug auf die Außen- und Militärpolitik die SPD und schloss sich der »Deutschen Vaterlandspartei« an.

Der Kampf um die politische Ausrichtung der Parteischule war seit ihrer Gründung ein Kampf um die Auswahl der Lehrer. Max Maurenbrecher stand im Zentrum dieser Auseinandersetzungen. Auch Eduard Bernstein attackierte die »Linken« der Parteischule, vor allem Franz Mehring, dem er »Marx-Scholastik« vorwarf.

Die Schüler der Parteischule bewerteten die Arbeit der Parteischule unterschiedlich. Neben anderen kritisierte Wilhelm Kaisen, der spätere Bremer Bürgermeister, die abgehobene theoretische Atmosphäre, die »Luft« der stillen »Studierstube«. Die Parteischule blieb eine Schule der »reinen Theorie«. Sie war der Linie des Parteivorstandes, der Agitation und dem Klassenkampf verpflichtet. Die »stoffliche Seite des Lebens« drang – wie Kritiker monierten – kaum in sie hinein.

Fragt man nach der Wirkung der Bildungsarbeit mit Blick auf die späteren beruflichen und sozialen Positionen der Teilnehmer, so lässt sich feststellen, dass das erworbene Wissen auch zu persönlichen Brüchen und Friktionen führte. Die berufliche Eingliederung der Schüler in die Partei- und Gewerkschaftsarbeit vollzog sich auch wegen mancher Vorbehalte gegenüber der theoretischen Ausrichtung der Schule nicht selten nur unter Schwierigkeiten. Etwa zwei Drittel der Absolventen waren 1911 in der Arbeiterbewegung tätig: meist als Parteiredakteure, Gewerkschaftsfunktionäre und Arbeitersekretäre. Heinrich Schulz als Leiter der Schule hat die Ergebnisse seiner Befragung wie folgt zusammengefasst: »Fast von allen wird bekundet, dass die Parteischule ihnen das Verständnis für die sozialistische Theorie und für die Zusammenhänge des Wirtschaftslebens erst eigentlich erschlossen habe. Dadurch sei der einzelne in seiner Berufstätigkeit innerlich gefestigt und im Kampfe mit den Gegnern sicherer geworden; auch habe die Schule erst die Grundlage zum eigentlichen Studium und Weiterstudium gelegt.« (»Neue Zeit« vom 8. September 1911; Schulz 1931, S. 98)

Mit dem Beginn des Ersten Weltkrieges endete die Arbeit der Parteischule. Die SPD führte nach dem Kriege diese Form einer systematischen Weiterbildung in einer zentralen Bildungsinstitution trotz vereinzelter Forderungen aus den Parteiorganisationen nicht mehr fort. Dagegen griff die KPD den Gedanken einer zentralen Ausbildung von Funktionären mit der Gründung einer Reichsparteischule erneut auf *(s. u.)*. Das Erbe der Partei traten auf dem Bildungssektor vor allem die Gewerkschaften an, die in der Weimarer Republik ein vielfältiges und differenziertes System von Gewerkschaftsschulen auf verschiedenen Organisationsebenen aufbauten *(vgl. Kapitel IV)*.

4. Die Bildungsarbeit der Freien Gewerkschaften

Die Bildungsarbeit der Gewerkschaften stand im Zusammenhang mit der jeweiligen Entwicklung der Gewerkschaftsbewegung. Deshalb soll der Darstellung ihrer Bildungsarbeit ein kurzer Blick auf die Geschichte gewerkschaftlicher Organisationsformen vorangestellt werden.

Die ersten Schritte zu gewerkschaftsähnlichen Zusammenschlüssen in Deutschland erfolgten bereits in den Vierzigerjahren des 19. Jahrhunderts. Zur Zeit der Revolution von 1848 bildeten sich zahlreiche lokale Arbeiterverbände sowie industrie- und berufsständische Verbände. Allmählich setzte sich in der Arbeiterschaft der Gedanke durch, dass ein Zusammenschluss der lokalen Verbände zu Berufsorganisationen und zu zentralen Berufsverbänden in ganz Deutschland notwendig sei, um eine effektivere berufsständische Interessenvertretung zu erreichen. Der erste Zentralverband mit gewerkschaftlichem Charakter war der 1865 in Leipzig gegründete »Allgemeine Deutsche Zigarrenarbeiterverein«. 1866 erfolgte die Gründung des »Deutschen Buchdruckerverbandes«.

Sieht man von diesen einzelnen Vorläufern ab, so waren die liberalen Hirsch-Dunckerschen Gewerkvereine die ältesten zentral organisierten deutschen Gewerkschaften. Die englischen Gewerkschaften dienten ihnen als Vorbild. Sie vertraten anfänglich sogar eine liberal-manchesterliche Wirtschaftsauffassung, lehnten also regulierende Eingriffe des Staates in die Wirtschaft zunächst ab. Besonders bedeutsam war für sie der Gedanke der Selbsthilfe, realisiert durch Hilfskassen für ihre Mitglieder. Die Gewerkvereine waren ausgerichtet auf einen Ausgleich zwischen Kapital und Arbeit. Ihre Grundkonzeption ging auf Überlegungen des Volkswirts *Max Hirsch* (1832–1905) zurück. Der Verleger *Franz Duncker* (1822–1888) wie auch der Jurist und Sozialpolitiker *Hermann Schulze-Delitzsch* (1808–1883) unterstützten diese liberale Gewerkschaftsbewegung publizistisch und politisch. Wegen ihrer gesellschaftsintegrierenden Politik, ihrer moderaten sozialpolitischen Forderungen und staatsloyalen Haltung blieben die Hirsch-Dunckerschen Gewerkvereine und der Verband der Buchdrucker, obwohl Gewerkschaftsorganisationen, unter dem Sozialistengesetz geduldet.

Die so genannten Freien Gewerkschaften waren dagegen von Anfang an von den sozialistischen Strömungen der organisierten Arbeiterbewegung beeinflusst.

Sie entstanden aus dem Zusammenschluss des Allgemeinen Deutschen Arbeiterverbandes und den Internationalen Gewerkschaftsgenossenschaften während des Gewerkschaftskongresses in Gotha vom 28./29. Mai 1875, der sich an den bereits beschriebenen »Vereinigungsparteitag« der beiden Richtungen der Arbeiterbewegung am selben Ort anschloss. Dort wurde vereinbart, die lokalen Vereinigungen in politisch unabhängigen Zentralverbänden zusammenzufassen (Gumpert 1923, S. 9 ff.). Allerdings kamen nur wenige Zentralverbände zustande, und nach Inkraft-Treten des Sozialistengesetzes blieben nur fünf dieser Verbände bestehen: der Senefelder-Bund (Steindrucker und Lithographen), der Xylographenverband, der Handschuhmacherverband, der Weißgerberverband und der Verband der Sächsischen Berg- und Hüttenarbeiter (Gumpert 1923, S. 10).

Die Gothaer Gewerkschaftskonferenz stellte den Versuch dar, die verschiedenen sozialistisch geprägten gewerkschaftlichen Aktivitäten organisatorisch zu vereinheitlichen. Damit erreichte der Konstituierungsprozess der beiden Gewerkschaftsrichtungen seinen vorläufigen Abschluss.

Die Freien Gewerkschaften konzentrierten sich nach der Gothaer Konferenz von 1875 sehr stark auf die ökonomische und soziale Interessenvertretung, während die Sozialistische Arbeiterpartei ihrer politischen Linie folgte. Aufgrund der engen personellen Verbindung beider Organisationen bei gleichzeitiger Anerkennung der Führungsrolle der Partei war die politische Neutralität der Gewerkschaften mehr ein taktisches Verhalten. Schon zurzeit des Sozialistengesetzes zwischen 1878 und 1890 zeichnete sich eine Trennung zwischen den politischen und den wirtschaftlichen Interessen der Arbeiterbewegung ab: Je mehr der wirtschaftliche und sozialpolitische Kampf zur eigenständigen Aufgabe der Gewerkschaften wurde, desto stärker verselbstständigten sie sich und setzten sich von der Sozialdemokratie ab. Diese Tendenz beschleunigte sich noch, weil die Funktionäre der Gewerkschaften zumeist aus der eigenen Organisation kamen und teilweise erst später Mitglied der Partei wurden. In den Diskussionen über eine eigenständige Organisationsstruktur setzte sich schließlich jene Gruppe durch, die eine stärkere Zentralisierung und Eigenständigkeit der Gewerkschaften anstrebte.

Bis gegen Ende des Sozialistengesetzes waren die Freien Gewerkschaften wie die Sozialdemokratie staatlichen Repressionen ausgesetzt, obwohl die Gewerbeordnung des Norddeutschen Bundes von 1869 das Koalitionsrecht gesetzlich verankert hatte. Erst mit dem Fall des Sozialistengesetzes (1890) konnte die Gewerkschaftsbewegung dauerhaft organisatorisch abgesichert werden.

Nun wurden viele neue Zentralverbände gegründet. W. Kulemann, der beste Kenner der Berufsorganisationen der Arbeitnehmer und Arbeitgeber, führt 60 Zentralverbände für die Jahre 1891 bis 1907 auf. Ihre Mitgliederzahl erhöhte sich von rund 277 660 im Jahr 1891 über 680 430 im Jahr 1900 bis auf etwa 1 865 500 Mitglieder 1907 (Kulemann 1908, B. 2, S. 89). Im Jahre 1890 entstand als Dachverband der sozialistischen Gewerkschaften die Generalkommission der Gewerkschaften Deutschlands unter dem Vorsitz von *Carl Legien* (1861–1920). 73 Zentralorganisationen mit ca. 350 000 Arbeitern standen hinter dieser Kommission. Der erste von der Generalkommission einberufene Kongress fand in Halberstadt 1892 statt. 1893 waren bereits ca. fünf Prozent der Arbeiter unter dem Dach der Generalkommission der Gewerkschaften Deutschlands vereint.

Nach der Überwindung der langen wirtschaftlichen Depression, die der Wirtschaftskrise der Siebzigerjahre folgte, entwickelten sich die Freien Gewerkschaften im Gegensatz zu den Hirsch-Dunckerschen Gewerkvereinen zu einer Massenbewegung:

Jahr	Freie Gewerkschaften	Deutsche Gewerkvereine	Jahr	Freie Gewerkschaften	Deutsche Gewerkvereine
1891	277 659	65 588	1920	7 890 102	225 998
1900	680 427	91 661	1925	4 156 451	157 571
1905	1 344 803	117 097	1930	4 716 569	163 302
1910	2 017 298	122 571	1931	4 134 902	149 804
1918	1 664 991	113 792			

Quelle: Stat. Jb. für das Dt. Reich 1914, S. 431; 1921/22, S. 456 ff.; 1928, S. 594 f.; 1932, S. 556 f.

Zwischen den zur sozialpolitischen Massenbewegung aufgestiegenen Freien Gewerkschaften und der Sozialdemokratie entstand in den Neunzigerjahren aufgrund unterschiedlicher politischer Überzeugungen und sozialpolitischer Verantwortlichkeiten eine gewisse Entfremdung.

Während die Partei (nach 1890 also die SPD) in ihren theoretischen Grundpositionen nach dem Fall des Sozialistengesetzes an die gesellschaftstheoretischen Positionen von Karl Marx und Friedrich Engels anknüpfte und programmatisch die proletarische Revolution, die revolutionäre Umgestaltung von Staat, Wirtschaft und Gesellschaft anstrebte, mussten die Gewerkschaften zur Durchsetzung ihrer pragmatischen, sozialpolitischen Ziele ständig politische und soziale Kompromisse eingehen. So waren die Partei und die Gewerkschaften auch nach dem Ende des Sozialistengesetzes noch von taktischen und strategischen Überlegungen geprägt. Einerseits verstanden sich die Gewerkschaften als überparteilich, andererseits fühlten sie sich dennoch der Politik der Sozialdemokratischen Partei Deutschlands verpflichtet. Eine Folge dieses Zwiespalts war die Entwicklung einer je eigenständigen Bildungsarbeit beider Organisationen. Die politisch zurückhaltende Position der Gewerkschaften übte aber nach 1890 einen moderierenden Einfluss auf die sozialdemokratische Politik aus und stärkte damit auch den reformistischen Flügel der Partei.

Unterschiede in der Praxis der Bildungsarbeit lassen sich aber nicht nur zwischen den Freien Gewerkschaften und der Partei feststellen, sondern – bedingt durch die jeweils andere gesellschaftliche und politische Ausrichtung – auch zwischen den beiden Gewerkschaftsbewegungen. Innerhalb der Hirsch-Dunckerschen Gewerkvereine kam der Bildung eine kompensatorische Funktion zu. Allgemeinbildung und »gewerblicher Unterricht« bildeten die zentralen Unterrichtsgegenstände. Die Freien Gewerkschaften dagegen leisteten eine systematische, an den Interessen der Arbeiterschaft orientierte Bildungsarbeit und Bildungspolitik. Bereits vor und während des Sozialistengesetzes erachteten sie Bildung im Dienste von Agitation und Mitgliederwerbung für wichtig. Bildung spielte auch eine wichtige Rolle für den Zusammenhalt der Gewerkschaftsmitglieder während der Zeit der Repression. Auf diese Weise konnten die bereits bestehenden gewerkschaftlichen Strukturen trotz der Verbote im Kern erhalten bleiben. Die pragmatischere Linie der Gewerkschaften gegenüber einer »linken« Parteipolitik konzentrierte die Bildungsarbeit vornehmlich auf Interessen vertretende Funktionärsbildung und kompensatorische Elementarbildung.

Zusammenfassend lässt sich feststellen, dass die deutsche Gewerkschaftsbewegung sich in zwei politische Richtungen entwickelte. Diese entstanden nicht nur durch unterschiedliche politische Grundüberzeugungen, sondern auch wegen gelegentlicher persönlicher Rivalitäten der führenden Repräsentanten. Auf der einen Seite standen die auf Initiative der »Deutschen Fortschrittspartei« gegründeten bürgerlich-liberalen »Deutschen Gewerkvereine«, auf der anderen Seite die »Freien Gewerkschaften«, frei von Bindungen an religiöse Gruppierungen und von bürgerlichen Parteien, aber mit der politischen Arbeiterbewegung verbunden und überwiegend sozialistisch orientiert. Bildung bedeutete letztlich für beide Richtungen ein wesentliches Element zur Durchsetzung ihrer Ziele.

In ihrer politischen Ausrichtung hingegen unterschieden sich beide Richtungen deutlich. Während die Hirsch-Dunckerschen Gewerkvereine auf Verständigung zur Erreichung ihrer sozialpolitischen Ziele setzten, konzentrierten sich die Freien Gewerkschaften auf sozialpolitische Auseinandersetzungen. Die liberalen Gewerkvereine verfolgten eine evolutionäre Strategie und Taktik, während die Freien Gewerkschaften gesellschaftsverändernde Ziele anstrebten, vor allem die Umwandlung des Privateigentums an Produktionsmitteln in Gemeinschaftseigentum. Allerdings entsprachen ihre näheren Ziele den jeweiligen politischen und sozialen Bedingungen der historischen Entwicklung. Sie gaben im Verlaufe ihrer Geschichte mehr und mehr ihre Fernziele auf.

4.1 Neuorientierung gewerkschaftlicher Bildungsarbeit

Die Bildungsarbeit der Freien Gewerkschaften erfolgte in der Zeit zwischen 1878 und 1890 wegen des Sozialistengesetzes dezentral. Sie blieb den Berufsverbänden, den Fachvereinigungen oder lokalen Organisationen überlassen und war stärker auf Breitenwirkung ausgerichtet. Die Bildungsarbeit dieser Zeit kann als gewerkschaftlich bezeichnet werden, weil sie sich den Zielen der Gewerkschaftsbewegung, wie sie auf dem Gothaer Gewerkschaftskongress formuliert worden waren, verpflichtet fühlte. Zu dieser Zeit gab es wegen der politischen Umstände weder eine durchgehend systematische und koordinierte Bildungsarbeit, die eine zentrale Mitgliederschulung ermöglicht hätte, noch eine intensive Funktionärsschulung.

Erst in den Neunzigerjahren, als wieder politisches und soziales Engagement möglich war, begann auch aufgrund der allgemeinen Entwicklung der Gewerkschaften, die nun als Vertreter der sozialen Interessen der Arbeiterschaft mehr oder weniger anerkannt wurden, eine völlige Neuorientierung der Bildungsarbeit: Wegen des starken Anstiegs der Mitgliederzahlen benötigten die Gewerkschaften fähige Mitarbeiter, die in der Lage waren, ihre Aufgaben im Rahmen der gewerkschaftlichen Organisation kompetent wahrzunehmen. Auch die Veränderung der berufspolitischen und verwaltungstechnischen Aufgaben innerhalb der Organisationen erforderte eine konsequente Ausbildung von Funktionären, da die lediglich praktischen Erfahrungen in den tagespolitischen Auseinandersetzungen für eine angemessene Wahrnehmung der Aufgaben eines Gewerkschaftsfunktionärs nicht mehr ausreichten.

Auf diese neuen Anforderungen konzentrierten sich die bildungstheoretischen und bildungspraktischen Entscheidungen der Verbände. Diese zeigten sich an der Vermittlung von »praktischen Kenntnissen und Fähigkeiten« interessiert, die für organisatorische Arbeiten und qualifizierte ökonomische Interessenvertretung erforderlich waren. Die gewerkschaftliche Bildungsarbeit orientierte sich also auf pragmatische Qualifizierung. Demgegenüber konzentrierte sich die der Partei mehr auf eine theoretische Schulung.

Die Herausbildung einer eigenständigen systematischen gewerkschaftlichen Bildungskonzeption vollzog sich in mehreren Schritten. Ein wichtiges Datum bildete der Vierte Gewerkschaftskongress des Verbandes der Steindrucker und Lithographen in Stuttgart (1902). Dieser Verband schlug vor, »periodische Unterrichtskurse über die Theorie und Praxis der Gewerkschaftsbewegung in verschiedenen Orten ernstlich zu erwägen und eventuell zur Ausführung bringen zu wollen« (nach Krug 1980, S. 152). Die Umsetzung dieses Beschlusses erfolgte aber erst drei Jahre später, weil viele Mitglieder der Gewerkschaften und selbst führende Repräsentanten die Bildungsarbeit vornehmlich als eine Angelegenheit der Partei ansahen. Auf einem Gewerkschaftstag in Köln 1905 wurde auf Vorschlag von *Johannes Sassenbach* (1866–1940) beschlossen, solche Unterrichtskurse einzuführen. Johannes Sassenbach ist als einer der führenden Protagonisten gewerkschaftlicher Bildungsarbeit zu bezeichnen. 1902 wurde er in die Generalkommission der Gewerkschaften gewählt, wo er sich vornehmlich mit Schulungs- und Bildungsfragen befasste. 1927 erfolgte seine Wahl zum Generalsekretär des Internationalen Gewerkschaftsbundes.

4.2 Die gewerkschaftlichen Unterrichtskurse

Nach ausführlichen Diskussionen im »Correspondenzblatt«, dem Organ der Generalkommission, das Carl Legien leitete (Gumpert 1923, S. 17), fiel innerhalb der Generalkommission die Entscheidung für Berlin als Unterrichtsort, weil die Hauptstadt zentral gelegen war. Die Kurse sollten jeweils vier Wochen dauern und »spezielle Kenntnisse und Fähigkeiten für gewerkschaftliche Funktionäre« vermitteln. Unterrichtet werden sollten hauptsächlich »Gewerkschaftsfunktionäre, Arbeitersekretäre und Funktionsträger« (Krug 1980, S. 153). Die Kosten der Kurse übernahmen die Generalkommission und die entsendenden Verbände.

Die ersten Unterrichtskurse fanden schon 1906 statt. Folgende Themen wurden behandelt: Geschichte und Theorie der deutschen Gewerkschaftsbewegung, die gegnerischen Gewerkschaften in Deutschland, die Gewerkschaftsbewegung im Ausland, die Versicherungsgesetzgebung, Arbeitsschutz, der gewerbliche Arbeitsvertrag, Nationalökonomie, Kartelle und Unternehmervereinigungen, Einführung in die Statistik, Gewerkschaftliche Literatur, Buchführung und kaufmännischer Verkehr (Gumpert 1923, S. 19).

Aus dem Lehr- und Unterrichtsprogramm sowie der thematischen Schwerpunktsetzung geht hervor, dass sich die gewerkschaftlichen Unterrichtskurse, wie auch die Ziele der Gewerkschaften, immer stärker von denen der Partei entfernten und ein eigenes Profil gewannen. Zwar vermittelte die etwa zur gleichen Zeit gegründete

Parteischule auch praktische Kenntnisse aus dem Zivil-, Straf- und Arbeitsrecht, sie legte aber, wie dargestellt, im Unterschied zur Bildungsarbeit der Gewerkschaften vor allem Wert auf eine theoretisch-politische Schulung, weshalb die Unterrichtsfächer »Historischer Materialismus«, »Deutsche Geschichte seit dem Mittelalter« und »Geschichte des Sozialismus« dort einen großen Teil der Unterrichtszeit in Anspruch nahmen.

Rosa Luxemburg, von 1907 bis 1914 Lehrerin an der Parteischule, kritisierte die Beschränkung der gewerkschaftlichen Unterrichtskurse auf praktische Unterrichtsfächer, die nach ihrer Ansicht nicht mit der Aufgabenteilung zwischen Gewerkschaften und Partei allein erklärt werden konnte, denn: »Die deutschen freien Gewerkschaften wie die deutsche Sozialdemokratie sind beide in ihrer heutigen Gestalt Produkte der Marxschen Lehre des wissenschaftlichen Sozialismus, und es ist nur die verschiedene Nutzanwendung dieser Lehre, was die Praxis des Gewerkschaftskampfes von dem politischen Kampf der Sozialdemokratie unterscheidet. Dass dieselbe theoretische Ausbildung sowohl für jeden tüchtigen und den heutigen Anforderungen des Kampfes gewachsenen gewerkschaftlichen Agitator wie für jeden schlagfertigen Parteiagitator erforderlich ist, ergibt sich also aus dem Wesen der Sache selbst und aus der Geschichte der deutschen Arbeiterbewegung.« (Luxemburg, 1911)

Diese Position wurde auf dem 8. Gewerkschaftskongress in Dresden 1911 diskutiert. Der Deutsche Metall-Arbeiter Verband stellte den Antrag, die Organisation der gewerkschaftlichen Unterrichtskurse mit der der Parteischule zu vereinigen. Allerdings entschied sich die Mehrheit der Delegierten für die Eigenständigkeit gewerkschaftlicher Bildungsarbeit. Carl Legien begründete als Vorsitzender der Generalkommission der Gewerkschaften Deutschlands die Ablehnung des Antrags mit dem unterschiedlichen Charakter der beiden Institutionen. Dies entsprach seinem grundsätzlichen Verständnis von einer gleichberechtigten und eigenständigen Zusammenarbeit der Gewerkschaften und der Partei. Die gewerkschaftlichen Kurse sollten nur die Voraussetzungen für eine nachfolgende Weiterbildung vermitteln, keine wissenschaftliche Bildung. Legien verwies auch auf die unterschiedliche Dauer der jeweiligen Kurse. Hinter dieser etwas formalen Begründung verbarg sich eine andere Auffassung über die Inhalte der Bildungsarbeit, auch eine andere Bewertung der Taktik und Strategie der Gewerkschaften.

Auch sonst unterschieden sich die beiden Schulen, die der Partei und die der Gewerkschaften – bisweilen wurden die gewerkschaftlichen Unterrichtskurse als »Gewerkschaftsschule« gekennzeichnet – unter pädagogischen Gesichtspunkten sehr stark. In ihrem zitierten Artikel arbeitete Rosa Luxemburg diese Unterschiede heraus. Sie kritisierte unter anderem die hohe Teilnehmerzahl, zwischen 50 und 70 Schülern pro Kurs, die lange tägliche Unterrichtszeit von 9 bis 18 Uhr und die Vielzahl der an einem Tag angebotenen Fächer, sodass meist nur je eine Stunde für ein Fach zur Verfügung stand. Zwar würden auf diese Weise jährlich etwa 250 Funktionäre in der Gewerkschaftsschule ausgebildet, jedoch zu Lasten der Qualität: »Allein es scheint, dass die rapide Massenproduktion auch hier nicht für ein gediegenes geistiges Produkt geeignet ist.« (Leipziger Volkszeitung vom 21. Juni 1911)

Der Pragmatismus der gewerkschaftlichen Funktionärsbildung kam auch in der Auswahl der Lehrer zum Ausdruck. In der Gewerkschaftsschule unterrichteten unter anderem Eduard Bernstein, Richard Calwer, Simon Katzenstein, Carl Legien, Max Schippel und Paul Umbreit. Nach Ansicht der Gewerkschaften war es nicht erforderlich, dass die Lehrer Mitglied der Partei oder einer Gewerkschaft waren; es genügte, dass sie ihren Stoff beherrschten, ihn vermitteln konnten und das Vertrauen der Teilnehmer besaßen.

Neben einer allgemeinen Funktionärsbildung erfolgte eine spezielle Schulung auf einem höherem fachlichen Niveau für die Arbeitersekretäre bereits im ausgehenden 19. Jahrhundert. Bei diesem Personenkreis handelte es sich um die oben bereits einmal erwähnten Mitarbeiter der »Arbeitersekretariate« und der Beratungsstellen, die von den Gewerkschaften ab 1894 für Arbeiter zur Unterstützung bei Arbeitsstreitigkeiten eingerichtet worden waren. An diese Arbeitersekretariate wandten sich immer häufiger Arbeiter mit der Bitte um juristische Auskünfte. Die Sachverhalte waren oft so kompliziert, dass eine einfache Anleitung der Arbeitersekretäre durch »qualifizierte« Funktionäre vor Ort nicht mehr genügte und eine spezialisierte Schulung erforderlich wurde. Fachwissen war auch für die Mitwirkung in der Sozialversicherung und wegen der novellierten Gewerbeordnung von 1891 vonnöten, die eine Bestellung von Arbeiterausschüssen in den Fabriken vorsah.

Im Jahr 1901 begann eine intensive Diskussion um die Ausbildung der Arbeitersekretäre im »Correspondenzblatt« sowie auf Gewerkschaftskongressen. Auch ab 1905 wurde auf eigens einberufenen Konferenzen der Arbeitersekretariate die Notwendigkeit einer eigenständigen und speziellen Ausbildung der Arbeitersekretäre diskutiert. Es gab allerdings auch Gegner einer speziellen Ausbildung, die auf die Kosten hinwiesen und auf alternative Bildungsmöglichkeiten (Praxis und Selbststudium). Auch wurde die Parteischule empfohlen (Krug 1980, S. 169). Gumpert hat in seinem Buch über die Bildungsbestrebungen der Freien Gewerkschaften (Jena 1928) die kontroversen Positionen ausführlich beschrieben.

Ab 1906 konnten schließlich die Sekretäre an den neu eingerichteten Unterrichtskursen der Gewerkschaftsschule für Funktionäre teilnehmen. Erstmals wurden schließlich im Jahre 1909 vierwöchige Kurse mit juristischem Schwerpunkt für Arbeitersekretäre durchgeführt, die ganz auf die Bedürfnisse der Arbeit der Arbeitersekretariate und die Interessenvertretung der Gewerkschaftsmitglieder zugeschnitten waren. Die Generalkommission der Gewerkschaften Deutschlands hatte diese Konzeption vorgeschlagen. Der Lehrplan umfasste folgende Themen: Arbeiterversicherung, Öffentliches Recht, Staatsbürger-Recht, Strafrecht und Strafprozess, Zivilprozessordnung und Verfahren vor den Gewerbe- und Kaufmannsgerichten, Arbeiterschutz, Arbeitsvertrag (Krug 1980, S. 160).

Die Unterrichtskurse der Gewerkschaftsschule waren somit eine »zielbewusste und einheitlich geleitete Bildungsarbeit«. Als einzige freigewerkschaftliche Bildungseinrichtungen wurden sie von der »Spitzenorganisation unmittelbar geschaffen und durchgeführt« (Gumpert 1923, S. 24).

4.3 Massenbildung der Freien Gewerkschaften

Die Freien (d. h. sozialistischen) Gewerkschaften trachteten bereits in ihren Anfängen danach, ihre Mitglieder zu bilden. Schon 1863 konnte man in einer Veröffentlichung des Rheinischen Buchdruckerverbandes Folgendes lesen: »Der Zweck dieses

Verbandes ist die Wahrung und Hebung des geistigen und materiellen Wohls seiner Mitglieder sowie der ganzen Kunstgenossenschaft. Als Hilfsmittel zur Erreichung dieses Zweckes werden [...] insbesondere die Ausführung und Erweiterung folgender Grundsätze anerkannt: Hebung und Förderung der geistigen Fähigkeiten unter den Kunstgenossen; würdige Pflege der Kollegialität; Anschaffung von Bibliotheken; Einführung wissenschaftlicher Vorträge; Übung des Gesanges.« (nach Gumpert 1923, S. 12)

Viele Berufsverbände verfolgten gleiche Ziele. Zurzeit des Sozialistengesetzes traten Agitation und Mitgliederwerbung als Aufgaben hinzu, sie verloren aber wieder an Bedeutung, je stärker der Eigenwert der Bildung betont wurde und sich der Gedanke einer gewerkschaftlichen Bildung im Sinne von Volksbildung durchsetzte.

Im Gegensatz zur Funktionärsbildung gab es im Hinblick auf die Breitenbildung der Mitglieder eine stärkere Zusammenarbeit zwischen den Gewerkschaften und der Sozialdemokratischen Partei. So waren die Gewerkschaften häufig in den Bildungsausschüssen der Partei vertreten. Veranstaltungen der Partei (wie die Wissenschaftlichen Wanderkurse) standen auch Gewerkschaftsmitgliedern offen, die ohnehin häufig auch Mitglieder der Partei waren. Ein Ergebnis des bereits erwähnten Dresdener Gewerkschaftskongresses von 1911 war die Einbeziehung aller Gewerkschaftsmitglieder in die politische Arbeit. Dazu bedurfte es einer Systematisierung der Bildungsarbeit und einer stärkeren thematischen Abstimmung der Lehrveranstaltungen der Partei- und der Gewerkschaftsschule, und zwar über einen längeren Zeitraum.

Die örtlichen Bildungsausschüsse der Partei sollten die systematische Breitenbildung koordinieren. An diese Zusammenarbeit stellten die Gewerkschaften jedoch Bedingungen. So sollten die Gewerkschaftsvertreter nur dann mitarbeiten, wenn sie im Ausschuss paritätisch vertreten waren und wenn die Bildungsveranstaltungen, die gewerkschaftliche Angelegenheiten behandelten, dabei inhaltlich den Standpunkt der Gewerkschaften berücksichtigten. *Hanns Seidel* (1901–1961), Lehrer an der Gewerkschaftsschule, berichtet rückblickend über dieses Zusammenwirken: »Im Bildungswesen besaßen und pflegten die freien Gewerkschaften vor dem Kriege wohl ihre eigenen Einrichtungen, soweit das zur Erfüllung ihrer eigenen Aufgaben erforderlich war; aber seitdem die sozialdemokratische Partei ihre Bildungsorganisationen eingerichtet hatte, nahmen auch die Gewerkschaften in größerem Umfange an ihnen teil. Sie verzichteten vielfach auf selbstständige Veranstaltungen zur Schulung eines größeren Teils von Mitgliedern und beschränkten sich auf die Unterhaltung von eigenen Einrichtungen zwecks Schulung von Funktionären.« (nach Jüttner 1983, S. 132)

4.4 Gewerkschaftliche Bildungsarbeit und Universität

Die Gewerkschaften arbeiteten auch mit anderen Bildungs- und Wissenschaftseinrichtungen zusammen. Besonders zu nennen ist die Zusammenarbeit mit Institutionen und Organisationen, die den Universitäten nahe standen, wie die 1901 eingerichteten akademischen Unterrichtskurse in Berlin, in denen Studenten Arbeitern Elementarkenntnisse vermittelten. Die Initiative ging nicht von den Gewerkschaften, sondern von den Studenten aus, die sozial motiviert waren und einen Beitrag zur Überwindung der durch soziale Ungleichheit errichteten Bildungsbarrieren leisten wollten.

Ein weiterer wichtiger Partner der Gewerkschaften waren nach anfänglicher Zurückhaltung die Organisationen der Universitätsausdehnung. In mehreren Städten kam es zur Mitarbeit von Gewerkschaftern in den volkstümlichen Hochschulkursen, z. B. in Hannover, Aachen und Stuttgart (Keilhacker 1929, S. 73–79).

In Hannover existierte ein Ausschuss für volkstümliche Hochschulkurse, dem neben dem sozialdemokratischen Wahlverein auch das örtliche Gewerkschaftskartell, d. h. die örtliche Vertretung der Gewerkschaften, angehörte. Die Bildungsziele des Ausschusses entsprachen denen der Universitätsausdehnung, und die angebotenen Vorträge glichen einem »Gang durch die bürgerliche Wissenschaft«:

- Friedrich Hebbel, ein deutscher Dramatiker,
- Die Tierwelt im Wandel der Zeiten, von der Urzeit bis auf die Gegenwart,
- Die spanische, französische und englische Malerei der letzten Jahrhunderte,
- Bilder von einer Fahrt um die Erde,
- Die Darstellung des Menschen in der griechischen Kunst,
- Demonstrationsvorträge aus der Physik,
- Theatervorstellung »Maria Magdalena« (Jüttner 1983, S. 135).

In Stuttgart ergriffen die Vereinigten Gewerkschaften, ein Zusammenschluss der Freien Gewerkschaften und der Hirsch-Dunckerschen Gewerkvereine mit ungefähr 9 000 Mitgliedern, sogar die Initiative zur Gründung volkstümlicher Hochschulkurse und übernahmen deren Organisation. Sie vermochten zwei Professoren der Tübinger Universität und mehrere Dozenten der Technischen Hochschule Stuttgart für ihre Idee zu gewinnen und boten im Winter 1900/01 ihre ersten volkstümlichen Hochschulkurse an (Keilhacker 1929, S. 79). Diese dauerten jeweils vier bis zehn Abende und behandelten folgende Themen:

- Der gewerbliche Arbeitsvertrag,
- Landes- und Volkskunde Württembergs,
- Abstammung des Menschen,
- Die Lehre vom Licht,
- Chemie in Küche und Haus,
- Die Dichtung am Ende des 19. Jahrhunderts,
- Wohnungswesen (Gumpert 1923, S. 85).

Obwohl die Kurse recht gut besucht wurden – im ersten Winter nahmen 1 040 Männer und Frauen an ihnen teil –, stellten die Vereinigten Gewerkschaften sie schon nach dem zweiten Jahr wieder ein: Sie hatten eine Bildungseinrichtung für Arbeiter schaffen wollen, mussten nun aber erkennen, dass dieses Ziel nur bedingt erreicht worden war, denn in den Kursen betrug der Anteil der Arbeiter nur zwischen 12 bis 48 Prozent. »Der Versuch der Hochschulkurse entsprach vielfach nicht den gehegten Erwartungen«, heißt es in einem Bericht des örtlichen Arbeitersekretariats: »Die aufgewendeten Mühen und Kosten kamen daher in der Hauptsache bürgerlichen Kreisen zugute.« (nach Keilhacker 1929, S. 79)

Die Verbindung zwischen Gewerkschaften und Universitätsausdehnung war nicht in allen Fällen so kurzlebig. Aus anderen Städten, z. B. Aachen, wird von einer guten und kontinuierlichen Zusammenarbeit berichtet (Keilhacker 1929, S. 74). Anderenorts führte die Kooperation der Gewerkschaften mit anderen Bildungsträgern dazu, dass die eigenständige Bildungsarbeit der Gewerkschaften immer mehr an Bedeutung verlor.

Über die hier skizzierte akademische Bildung hinaus sollten die Arbeiter in das vorhandene kulturelle Leben einbezogen werden. Die örtlichen Gewerkschaften in Köln, die schon vor der Jahrhundertwende die Bildungsarbeit der Gewerkschaften in der Stadt koordinierten, förderten künstlerische Veranstaltungen (Meuser 1979, S. 46). Ähnlich war es in Hannover. Dort kam es bereits 1904 zu einer Absprache mit dem örtlichen Residenz-Theater, die den Arbeitern einen Besuch von geschlossenen Vorstellungen zu erschwinglichen Preisen erlaubte. Im Berichtsjahr 1905/06 reservierte das Gewerkschaftskartell 26 geschlossene Aufführungen für seine Mitglieder.

Die gewerkschaftliche Massenbildung vor der Jahrhundertwende erfolgte in Kooperation sowohl mit bürgerlichen Kultur- und Bildungseinrichtungen als auch mit örtlichen Gremien der Sozialdemokratischen Partei. Eine eigenständige Massenbildung lässt sich kaum nachweisen. Allerdings waren die Gewerkschaften bemüht, Einfluss auf andere Bildungsinstitutionen zu nehmen, in denen sie mitarbeiteten.

5. Historische Grundlinien der Erwachsenenbildung im 19. Jahrhundert: Eine Zusammenfassung

Wenn man den Gang der Erwachsenenbildung von ihren Ursprüngen bis zur Weimarer Republik in ihren Grundlinien verfolgt, so lässt sich folgendes Resümee ziehen: Ursachen für die um 1800 entstehende Erwachsenenbildung waren die ökonomischen Veränderungen als Folge der Industrialisierung, das neue Menschenbild der Aufklärung sowie die beginnende Demokratisierung.

In Deutschland entwickelte sich die Erwachsenenbildung zunächst in der Form von Bildungsgesellschaften und von Sonntags- bzw. Fortbildungsschulen. Aus beiden ergab sich in den Vierzigerjahren eine Verbindung, die zu den Handwerkerbildungsvereinen des Vormärz (der Zeit vor der bürgerlichen Revolution von 1848) führte. Ihr Bildungsangebot umfasste kompensatorische Elementarbildung, berufliche Fortbildung, naturwissenschaftliche und technische sowie Allgemeinbildung im weitesten Sinne.

Als Folge der sich verschlechternden sozialen Lage der Handwerker und ihrer Politisierung im Vormärz wurden in den Handwerkerbildungsvereinen auch sozialpolitische Themen diskutiert, wenn auch getarnt. Durch die Einbeziehung politischer Inhalte und die im Prinzip offene Vereinsform wurden die Handwerker- und Arbeiterbildungsvereine bereits im Vormärz zu Basisorganisationen der entstehenden Arbeiterbewegung.

Während der Revolution von 1848 schlossen sich viele Bildungsvereine der Arbeiterverbrüderung an und bezogen politische Aufklärung, Agitation und politische Schulung in die Vereinsarbeit mit ein. Dabei ergab sich bereits eine erste Ablösung vom Bürgertum und von deren Bildungsvorstellungen.

Nach der Revolution von 1848 wurde diese beginnende Arbeiterbildung und -bewegung durch die reaktionäre Politik der Fünfzigerjahre des 19. Jahrhunderts unterdrückt. Erst als mit der »Neuen Ära« am Ende des Jahrzehnts der unmittelbare staatliche Druck nachließ, konnten sich die Arbeiterbildungsvereine neu konstituieren. In nur fünf Jahren entwickelten sie sich von reinen Fortbildungsvereinen, die häufig vom Bürgertum gegründet worden waren, zu politischen Arbeitervereinen. 1869 entstand die Sozialdemokratische Arbeiterpartei. Damit trennten sich die Wege bürgerlicher Bildung auf der einen Seite und der Arbeiterbildung in Verbindung mit der Arbeiterbewegung auf der anderen Seite.

Während sich die Bildungsvereine überwiegend zum Sozialismus bekannten, blieben sie in ihrer Bildungsarbeit noch bürgerlichem Denken verhaftet. Zwar erklärten einzelne sozialdemokratische Parteimitglieder wie August Bebel und Wilhelm Liebknecht nach 1869, dass in der bestehenden Gesellschaftsordnung eine für den Arbeiter emanzipatorische Bildung nicht stattfinden könne, doch hielt man noch lange am bestehenden liberalen Konzept fest: Die Partei vermied jede überflüssige Anstrengung und konzentrierte ihre Kraft vorrangig auf die Verbreiterung ihrer Mitgliederbasis, den Organisationsaufbau, auf die Agitation und auf Wahlen. Bis zum Ende des 19. Jahrhunderts waren es daher vor allem einzelne Parteimitglieder wie Wilhelm Liebknecht und Heinrich Schulz, die frühzeitig die Bedeutung der Arbeiterbildung erkannten. Sie waren es auch, die Arbeiterbildung durchführten und diese, soweit es die Umstände zuließen, politisierten. Erst in den Neunzigerjahren des 19. Jahrhundert und verstärkt zu Beginn des 20. Jahrhunderts hielt dann auch die Sozialdemokratische Partei eine umfassende Bildungsarbeit für die Mitglieder für notwendig. Sie strebte nun eine sozialistische Schulung der Funktionäre, aber auch eine breitere Bildungsarbeit für die einfachen Parteimitglieder an.

Die Gewerkschaften gingen demgegenüber in der Bildungsfrage pragmatischer vor. Sie konzentrierten sich im Unterschied zur Partei, die sich in der Bildungsfrage mehrheitlich der Theorie des Wissenschaftlichen Sozialismus verpflichtet fühlte, auf Allgemeinbildung und berufliche Elementarbildung. In der Massenbildung allerdings arbeiteten die Gewerkschaften teilweise organisatorisch und inhaltlich mit der Partei zusammen, wobei sie darauf achteten, dass ihre eigenen Interessen berücksichtigt wurden. Sie beteiligten sich auch an Volksbildungseinrichtungen, wie beispielsweise an der Universitätsausdehnungsbewegung. Von einer getrennten, auf Eigenständigkeit ausgerichteten allgemeinen Mitgliederschulung sahen die Gewerkschaften zunächst ab.

Die bürgerliche Erwachsenenbildung erhielt neue Impulse, als sich 1868 die Arbeiterbewegung von ihr löste und das Bürgertum als Antwort darauf eigene Volksbildungsinstitutionen errichtete. Zu diesen zählte vorrangig die »Gesellschaft für Verbreitung von Volksbildung«. Max Hirsch, einer der Repräsentanten der bürgerlich-liberalen Gewerkschaftsbewegung und wichtigste Initiator einer bürgerlichen Erwachsenenbildung, verdeutlichte beispielhaft die personelle Kontinuität dieser Richtung der Erwachsenenbildung. Er war aktiv in der Arbeiterbildung der Sechzigerjahre tätig; doch schon bald nach der Trennung der Arbeiterbildung vom Bürgertum unterstützte er die neu gegründete »Gesellschaft« und beteiligte sich maßgeblich an deren Förderung.

Diese Richtung vertrat die alte Vorstellung von der Allmacht der Bildung: Diese diene der Lösung der sozialen Frage, solle aber auch die politische und kulturelle Nationswerdung fördern und sozialistischen Bestrebungen entgegenwirken. Die

»Universitätsausdehnung« eröffnete andere Wege. Sie stellte den Gedanken der individuellen Bildung in den Vordergrund und bezog den Einzelnen und seine konkrete Situation in die Bildungspraxis ein. Indem sie über eine unreflektierte Wissensvermittlung hinausging und methodisch-didaktisch neue Wege wies, bereitete sie die »Neue Richtung« der Weimarer Republik vor *(s. u.)*. Doch auch die Universitätsausdehnung ging vom Neutralitätsgedanken aus. Sie schloss weltanschauliche und politische Themen aus ihrem Bildungsangebot weitgehend aus.

Eine eng mit dem Gedanken der Universitätsausdehnung verbundene Einrichtung, der »Rhein-Mainische Verband«, ging über diese Form extensiver Volksbildung hinaus. Seine Bildungspraxis und -theorie war ein weiterer Schritt zur grundlegenden pädagogisch-didaktischen Neuorientierung, die in der so genannten Neuen Richtung ihre endgültige Form fand. Die Bildungsarbeit dieser Einrichtung nahm bereits die Idee der »Arbeitsgemeinschaft«, einen Kerngedanken der Weimarer Erwachsenenbildung, im Ansatz vorweg.

So zeigten sich am Anfang des 20. Jahrhunderts vielfältige Formen der Erwachsenenbildung, die in der Weimarer Republik ausgebaut wurden und ohne die die heutige Erwachsenenbildung nicht zu denken ist.

Kapitel IV:

Erwachsenenbildung und Demokratie – Volksbildung in der Weimarer Zeit

Die Epoche der Weimarer Erwachsenenbildung ist sowohl unter historischen wie aktuellen Fragestellungen von besonderer Bedeutung. Sie erweiterte die in der Bismarckschen Ära entstandenen gesellschaftlichen und politischen Tendenzen um die pädagogisch-methodische Dimension. Die Weimarer Erwachsenenbildung, insbesondere die Volkshochschulbewegung *(s. u.),* erhielt insofern paradigmatischen Charakter, als sie sich in dieser Epoche zu einem nach Eigenständigkeit drängenden, »in seinen wesentlichen Zügen abgrenzbaren wie differenzierten Bereich des Bildungs- und Erziehungswesens« entwickelte (Olbrich 1977, S. 10).

Die Beispielfunktion der Weimarer Erwachsenenbildung auch für die Entwicklung des quartären Bildungsbereichs nach 1945 zeigt sich unter anderem an der Beteiligung der großen gesellschaftlichen und politischen Gruppen als Träger oder Mitträger von Einrichtungen der Erwachsenenbildung neben den Kommunen. Die Weimarer Erwachsenenbildung spiegelte außerhalb des freien Volksbildungswesens weitgehend die weltanschaulich-ideologischen, die gesellschaftspolitischen und die weltanschaulich-religiösen Tendenzen in der Gesellschaft wider.

In der Weimarer Republik entwickelte sich ein neues Verständnis über das Verhältnis von Staat und Erwachsenenbildung. Erwachsenenbildung und Staat, die vom Beginn an in einem permanenten Konflikt standen, bewegten sich aufeinander zu. Der Staat anerkannte seine bildungspolitische Verpflichtung gegenüber dem quartären Bildungsbereich. Erwachsenenbildung erhielt Verfassungsrang: Der Artikel 148,3 der Weimarer Verfassung machte die Förderung der Erwachsenenbildung zu einer verpflichtenden Aufgabe für das Reich, die Länder und die Gemeinden. Die hohen Erwartungen, die der Staat und die staatlichen Stellen an die Erwachsenenbildung, stellvertretend an die Volkshochschulen richteten, kam eindeutig in dem Erlass des sozialdemokratischen Kultusminister von Preußen, *Konrad Haenisch* (1876–1925), zum Ausdruck. Unter dezidierter Anerkennung des Gedankens der Autonomie und der Unabhängigkeit der Volkshochschulen sicherte er ihnen Unterstützung zu: »Das Ministerium für Wissenschaft, Kunst und Volksbildung möchte der Volkshochschulbewegung dienen. Die Volkshochschulen wollen und sollen nicht staatlich geleitet werden. Aber der Staat wird und muß die Förderung der Volkshochschulen als eine ihm obliegende wichtige Aufgabe betrachten ([. . .]). Es (das Ministerium – d. V.) hofft, daß die deutsche Volkshochschule als freie Volksbewegung ihren Teil beitragen wird zur Wiedergeburt unseres Volkes.« (Amtliche Schriftstücke, 1919, S. 8)

Auch die Parteien und die großen gesellschaftlichen Gruppen gewannen eine positive Einstellung zur Volksbildung. Die Erwachsenenbildung verlor ihren quasiprivaten Charakter und wurde als eine Aufgabe von allgemeiner gesellschaftlicher und politischer Relevanz anerkannt. Sie sollte das, was im Krieg an materiellen Ressourcen verloren ging, durch die geistige und nationale Erneuerung, durch eine alle Schichten des Volkes erfassende Volksbildung kompensieren. Neben der gesellschaftsintegrierenden Funktion erlangte die Erwachsenenbildung als Instrument zur Durchsetzung partikularer gesellschaftlicher, weltanschaulich-ideologischer sowie politischer und ökonomischer Ziele hohe Bedeutung für die verschiedenen gesellschaftlichen Gruppen und Kräfte.

Pluralität und Subsidiarität bildeten die Grundprinzipien für den Gesamtbereich der Volksbildung. Die plurale Struktur der Erwachsenenbildung reflektierte ein differenziertes System von Einrichtungen, Zielsetzungen, von Aufgabenschwerpunkten und institutionell-organisatorischer Formenvielfalt, sodass der quartäre Bereich in der öffentlichen Wahrnehmung keine einheitliche Kontur erkennen ließ. Es gab keine alle Einrichtungen und Träger umfassenden Ziele und keinen alle Interessengruppen übergreifenden Grundkonsens über die zentralen Aufgaben der Erwachsenenbildung.

Ansätze der Verwissenschaftlichung und Professionalisierung sowie der didaktischen Neuorientierung verhalfen dennoch der Weimarer Erwachsenenbildung zu einem eigenständigen Profil. Von Weimar her zeigen sich historische Entwicklungslinien der Erwachsenenbildung, die bis in die heutige Zeit hineinreichen. Der Ausbau eines differenzierten, pluralistisch strukturierten sozialen Systems der Erwachsenenbildung nach 1945 ist ohne Rekurs auf die Weimarer Erwachsenenbildung kaum denkbar.

In weiten Kreisen der Bevölkerung gewann die Erwachsenenbildung zu Beginn der Weimarer Republik Anerkennung und Unterstützung. Die Arbeiterschaft wie auch die bürgerlichen Kreise betrachteten aus ihrer jeweiligen Perspektive und Interessenlage die Volksbildung als eine gesellschaftliche und kulturelle Bewegung, die dem Neuaufbau von Staat und Gesellschaft wesentliche Impulse zu geben in der Lage sei. So beteiligte sich die Arbeiterschaft, die der Volksbildung vor dem Kriege in Gestalt der bürgerlich-liberalen »Gesellschaft für Verbreitung von Volksbildung« noch distanziert gegenüberstand, nun aktiv an einem systematischen Aufbau der Erwachsenenbildung. Besonders der Teil der Arbeiterschaft, der an der Seite der jetzt staatstragenden Mehrheitssozialdemokratie stand, unterstützte die offizielle Parteilinie, die die Erwachsenenbildung als ein Mittel zur Demokratisierung der Gesellschaft und zur Stabilisierung des parlamentarischen Systems betrachtete.

Wesentliche Unterstützung erhielt die Erwachsenenbildung weiterhin von den bürgerlichen Schichten. Das Bürgertum sah in der Volksbildung angesichts eines kulturellen und zivilisatorischen Krisenbewusstseins eine Möglichkeit zur geistigen und nationalen Wiedergeburt. Ein solcher nationaler Neuaufbau sollte sich in einer neuen »Volksgemeinschaft« vollziehen, wobei die Illusion im Spiel war, dass es zu einer Versöhnung der verschiedenen Schichten und Klassen im Volke ohne tiefer greifende Veränderungen der gesellschaftlichen Verhältnisse kommen könnte.

So wurde die Erwachsenenbildung nach dem Ersten Weltkrieg von breiten Schichten getragen und zu einer sozialen Bewegung. *Werner Picht* (1887–1965), einer der führenden Repräsentanten der damaligen Volkshochschulbewegung, skizzierte die geistig-kulturelle und die nationale Kompensationsfunktion der Erwachsenenbildung im Jahre 1919 in folgender Weise: »Die äußere Struktur des deutschen Reiches ist heute höchst problematisch geworden, seine wirtschaftliche wie politische Werbekraft ist unter den Nullpunkt gesunken. Viele Einzelne wie ganze Teile streben vom Ganzen. Die Macht der Tradition und das natürliche Beharrungsvermögen sind durch den Wirbel der Ereignisse aufgehoben. Das Wesenhafteste, was man noch mit dem Namen Deutschland belegen kann, ist eine kulturelle Größe.« (Picht 1919, S. 17)

Allerdings überstiegen die Erwartungen, die man hinsichtlich der Erwachsenenbildung hegte, bei weitem ihre realen Möglichkeiten. Sie sollte nicht nur einen Beitrag zur kulturellen Erneuerung der Nation leisten, sondern man glaubte sogar, sie könne auch die sozialen und politischen Probleme einer Lösung näher bringen.

1. Ausgangsbedingungen der Erwachsenenbildung zu Beginn der Weimarer Republik

Nach der Novemberrevolution von 1918 nahm die Erwachsenenbildung in ganz Deutschland einen ungeheuren Aufschwung, der nur aus dem historischen Kontext der Weimarer Republik zu verstehen ist. Die politisch-gesellschaftlichen, die ökonomisch-sozialen und die geistig-kulturellen Voraussetzungen der Zeit bildeten die Grundlage für den Aufbau des quartären Bildungsbereichs nach 1918.

Der Erste Weltkrieg und seine Folgen prägten die Weimarer Republik politisch. Während des revolutionären Umbruchs rief *Philipp Scheidemann* (1865–1939), der spätere Reichskanzler, am 9. November 1918 von einem Fenster des Reichstagsgebäudes die Republik aus: »Das deutsche Volk hat auf der ganzen Linie gesiegt!« Zwei Stunden später proklamierte *Karl Liebknecht* (1871–1919), 1916 wegen Ablehnung der Kriegskredite aus der SPD-Fraktion des Reichstages ausgeschieden und 1918/19 Mitbegründer der KPD, von dem Balkon des Berliner Schlosses die Sozialistische Republik nach sowjetischem Beispiel. An die Stelle der Monarchie trat die Republik.

Zwei »Grundgesetze« (Golo Mann) bestimmten die Weimarer Epoche nach innen und außen: Die Mehrheitssozialdemokraten unter Führung Friedrich Eberts verhinderten eine revolutionäre Umwälzung nach russischem Muster und setzten einen liberaldemokratischen Verfassungsstaat auf der Grundlage der Weimarer Reichsverfassung durch. Nach dieser Verfassung war das Deutsche Reich eine demokratische Republik mit weit reichenden Vollmachten des Reichspräsidenten. Daneben bildete der Versailler Friedensvertrag ein zweites bestimmendes Moment der Politik und zugleich eine schwere Hypothek für die junge Republik. Er lastete ihr die Reparationen des Ersten Weltkriegs auf und verweigerte auch die internationale Gleichberechtigung der Republik (Kriegsschuldfrage).

In Berlin ernannte der letzte Reichskanzler unter Kaiser Wilhelm II., Prinz Max von Baden, den Vorsitzenden der Sozialdemokratischen Partei, Friedrich Ebert, auf eigene Faust zum Reichskanzler der neuen Republik. Ebert bildete eine provisorische Regierung. Am 19. Januar 1919 fanden dann im Deutschen Reich Wahlen für eine Nationalversammlung statt. Die Nationalversammlung trat wegen der revolutionären Unruhen nicht in Berlin zusammen, auch nicht in der Paulskirche zu Frankfurt am Main (dem Symbol der Revolution von 1848), sondern in Weimar, der Stadt Goethes und Schillers.

Beherrschende politische Kraft am Beginn der Weimarer Republik wurden die Mehrheitssozialdemokraten. Hier ist eine kurze historische Rückschau angebracht: Nachdem am 4. August 1914 die SPD im Reichstag einstimmig die Kriegskredite annahm, schied im März 1916 eine Minderheit aus der Fraktion aus und gründete im April 1917 in der für die Geschichte der deutschen Sozialdemokratie bedeutenden Stadt Gotha unter der Führung von *Hugo Haase* (1863–1919), seit 1913 Fraktionsvorsitzender der SPD im Reichstag, und des Parteitheoretikers *Karl Kautsky* (1854–1938) die Unabhängige Sozialdemokratische Partei Deutschlands (USPD), die der Mehrheit der Partei (Mehrheitssozialdemokraten) gegenüberstand. Der radikale Flügel der USPD schloss sich 1920 der KPD an, der Rest vereinigte sich 1922 wieder mit den Mehrheitssozialdemokraten.

Bei den Wahlen zur Nationalversammlung (19. Januar 1919) erhielten die Mehrheitssozialdemokraten (SPD) 37,9 Prozent und die USPD 7,6 Prozent der abgegebenen Stimmen. Die SPD bildete mit dem Zentrum und der Deutschen Demokratischen Partei die sogenannte Weimarer Koalition. Wiewohl die Mehrheitssozialdemokraten am Beginn der Weimarer Republik den Reichspräsidenten und die Reichskanzler Philipp Scheidemann und *Gustav Bauer* (1870–1944) stellten, waren sie nach der Wahlniederlage von 1920 für längere Zeit nicht mehr in der Exekutive des Reiches vertreten. Die Sozialdemokratie erreichte in den Reichstagwahlen von 1924 bis 1932 nur noch einen Stimmenanteil von 20 bis 30 Prozent. Nur noch von 1928 bis 1930 kam es zu einer sozialdemokratisch geführten Reichsregierung unter der Leitung von *Hermann Müller* (1876–1931).

Das Zentrum, eine katholische Partei, der die Fähigkeit zu schichtübergreifender sozialer Integration zugesprochen wurde, stellte die eigentliche Regierungspartei der Weimarer Republik. Sie war bis 1932 an allen Kabinetten des Reiches und in Preußen beteiligt. Sie stellte die Reichskanzler Konstantin Fehrenbach (1920/21); Joseph Wirth (1921/22); Wilhelm Marx (1923/24 und 1926–1928) und Heinrich Brüning (1930–1932) in verschiedenen Koalitionsregierungen.

Die liberalen Parteien, die einstigen Honoratiorenparteien, verloren in Weimar mehr und mehr an Bedeutung. Dies galt auch für die »Deutsche Demokratische Partei«. Allerdings befanden sich unter den Repräsentanten der Liberalen so bedeutende Politiker wie der Reichsaußenminister *Walther Rathenau* (1867–1922) und der Vorsitzende der Deutschen Volkspartei (DVP) *Gustav Stresemann* (1878–1929).

Zu den entschiedenen Gegnern der Republik zählte die 1918 gegründete »Deutsch-Nationale Volkspartei« (DNVP). Im Gefolge der Weltwirtschaftskrise begann 1930 der Aufstieg der Nationalsozialistischen Deutschen Arbeiterpartei (NSDAP), deren Ziele auf die Vernichtung des Weimarer parlamentarisch-demokratischen Systems gerichtet waren. Die Kommunistische Partei Deutschlands (KPD) war unter Führung *Ernst Thälmanns* (1925–1933) auf einen stalinistischen Kurs eingeschwenkt und sah die SPD als ihren Hauptgegner an.

Neben den Parteien besaßen die Massenorganisationen wie die Wehrverbände, die Freikorps und die Reichswehr einen besonderen politischen Stellenwert. Eine Stütze des parlamentarisch-demokratischen Systems waren die Gewerkschaften. Sie wurden zu einem großen Träger gewerkschaftlich-demokratischer Bildungsarbeit *(s. u.)*.

Mit Blick auf die Wirtschaftsgeschichte lassen sich zwischen 1919 und 1932 drei Phasen unterscheiden: die Phase der Nachkriegskrise und der Inflation, eine Phase der Stabilisierung der Reichsmark und der wirtschaftlichen Prosperität von 1924 bis 1929 (»Goldene Zwanzigerjahre«) und schließlich die Zeit der großen Krise ab Herbst 1929 (Weltwirtschaftskrise, vgl. Petzina 1973, B. 2, S. 668 ff.). Die Strukturveränderungen der Wirtschaft bewirkten einen rapiden Rückgang der Landwirtschaft zugunsten des tertiären Sektors und vor allem des produzierenden Gewerbes. Die Zahlen der Beschäftigten in den 50 größten Unternehmen weisen bereits für die Weimarer Zeit auf die Herausbildung von industriellen Großeinheiten hin.

In sozialpolitischer Hinsicht lässt sich ein neuer staatlicher Wohlfahrtsinterventionismus nachweisen, wobei die vom Staat geförderte Wohnungspolitik besonders hervorstach. Die öffentlichen Aufwendungen für den Sektor der Wohnraumbeschaffung betrugen im Jahr 1925 6,6 Prozent des Budgets und waren doppelt so hoch wie die Verteidigungsausgaben. Auch im Bildungssektor zeigten sich in Weimar die positiven Auswirkungen sozialpolitischer öffentlicher Aktivitäten. Die Ausgaben für Bildung stiegen gegenüber der Vorkriegszeit im Durchschnitt um 60 Prozent. Die Leistungen der Sozialversicherungen beliefen sich je Einwohner im Jahre 1929 auf das Vierfache des Jahres 1913 (Petzina 1973, S. 733).

Auch in den »Goldenen Zwanzigerjahren« der Republik war die Arbeitslosigkeit eine hohe soziale Belastung. Beginnend mit dem Winter 1924/25 stieg die Zahl der Arbeitslosen bis zum Jahre 1926 auf zwei Millionen, das bedeutete, dass etwa zehn Prozent der Erwerbspersonen ohne Arbeit waren. Auch die folgende wirtschaftliche Konsolidierungsphase ließ ihre Zahl für das Jahr 1927 nicht unter 1,3 Millionen sinken. In dem einsetzenden Konjunkturabschwung des Jahres 1928/29 waren bereits drei Millionen Menschen ohne Arbeit. Im Jahr 1932 wurden schließlich 5 603 000 Arbeitslose amtlich registriert (Niedhardt 1996, S. 112).

Das soziale System der Weimarer Republik war durch den Artikel 165 der Reichsverfassung vorgezeichnet. Dort heißt es: »Der Arbeiter strebt als solcher nach unmittelbarer, intensiver Geltendmachung seiner Interessen in den Betrieben und in der Öffentlichkeit; zugleich strebt er über die Arbeitnehmer-Atmosphäre hinaus nach Mitwirkung im Produktionsprozesse selbst, der bisher einseitig vom Unternehmer geleitet wurde.« Dieser Verfassungsauftrag führte zum Betriebsrätegesetz vom 4. Februar 1920. Dem Betriebsverfassungsgesetz entsprach der Grundsatz der Gleichberechtigung von Arbeitgebern und Arbeitnehmern. In allen privaten und öffentlichen Betrieben mit mindestens zwanzig Arbeitnehmern musste ein Betriebsrat gebildet werden, der die wirtschaftlichen und sozialen Belange der Arbeitnehmer gegenüber den Arbeitgebern wahrnehmen sollte. Deshalb gehörte zu den Aufgaben des Betriebsrates die Unterstützung des Arbeitgebers bei der Erfüllung der Betriebszwecke durch Vorschläge und Mitarbeit bei der Einführung neuer Arbeitstechniken. Der Arbeitgeber wurde verpflichtet, Auskünfte über Betriebsvorgänge, die die Arbeitsverträge und die Tätigkeit der Arbeitnehmer betreffen, zu erteilen und ebenso Berichte über die Lage und den Gang des Unternehmens insgesamt bereitzustellen. In größeren Betrieben konnte der Betriebsrat das Vorlegen einer Betriebsbilanz verlangen. Bei Masseneinstellungen und Entlassungen musste der Betriebsrat gehört werden. Zur fundierten Wahrnehmung dieser Aufgaben im Interesse der Arbeitnehmer gewann die Betriebsräteschulung im Rahmen gewerkschaftlicher Bildungsarbeit auf den Gebieten Betriebswirtschaft, Buchführung, Bilanz, Arbeitsrecht, Volks- und Weltwirtschaftslehre eine herausragende Bedeutung (Bildungsarbeit der Gewerkschaften).

Die Weimarer Erwachsenenbildung wurde auch vom Geistes- und Kulturleben ihrer Zeit stark beeinflusst. Dieser Einfluss war allgemeinerer Art. Er hatte jedoch konkrete Berührungspunkte zu Vorstellungen der »Neuen Richtung« *(s. u.)*. Die Zwanzigerjahre bildeten im Geistes- und Kulturleben einen Höhepunkt. Hier seien Künstler von Weltgeltung genannt, wie Gerhard Hauptmann, Thomas Mann, Bertold Brecht, Richard Strauß und Paul Hindemith. Berlin wurde zu einer bedeutenden Stadt des Theaters (Max Reinhardt u. a.), der Musik (Wilhelm Furtwängler u. a.) und der Wissenschaft (Albert Einstein u. a.). Bedeutende Persönlichkeiten aus Kultur und Wissenschaft beteiligten sich an der Erwachsenenbildung *(s. u.)*. Neben diesen großen kulturellen und wissenschaftlichen Leistungen ließen sich jedoch auch zivilisationskritische Stimmen vernehmen (Oswald Spengler u. a.) und eine Flucht in romantische Scheinwelten beobachten. Auch hierzu zeigte die Weimarer Erwachsenenbildung Affinitäten, beispielsweise in den Gedanken der »Laienbildung« (Flitner). Zu den weiteren kulturellen Strömungen, die Eingang in die Erwachsenenbildung fanden, seien beispielhaft erwähnt der Expressionismus, die ganzheitliche Betrachtung in der Malerei, die Architekturrichtung »Bauhaus« (Neubau der Gewerkschaftsschule in Bernau bei Berlin), der Werkbund und neue Formen von Gymnastik und Ausdruckstanz. Erst aus einem weiteren Zusammenhang der lebensreformerischen Bewegung mit ihren vielfältigen Erscheinungsformen werden extreme Ansichten in der »Neuen Richtung« verständlich *(s. u.)*.

2. Der Auf- und Ausbau des pluralen Systems der Erwachsenenbildung

Für den organisatorischen und institutionellen Aufbau des Gesamtssystems der Erwachsenenbildung von der Volkshochschule über die Heimvolkshochschule bis hin zu den Bildungseinrichtungen der Gewerkschaften wurde, wie gesagt, die plurale Struktur für die Erwachsenenbildung konstitutiv. Gesellschaftstheoretisch lag dem zum einen der Gedanke der Subsidiarität und zum anderen die Vorstellung zugrunde, dass in einer offenen und demokratischen Gesellschaft die großen Gruppen eine besondere Gestaltungsverpflichtung für den quartären Bildungsbereich zu übernehmen hätten. Diese Überzeugung vertraten die demokratischen Parteien, besonders die SPD, ferner die Gewerkschaften und kirchlich orientierten Gruppen. Demgegenüber beschränkte sich der Weimarer Staat auf ordnungspolitische Vorgaben und geringe materielle Förderungen. Er trat nicht als Träger von Erwachsenenbildung auf.

Ein besonderes Engagement als Träger zeigten die Gewerkschaften und Kirchen. Von den politischen Parteien beteiligte sich vor allem die SPD an der Erwachsenenbildung; sie verband ihre Aktivitäten mit denen der Gewerkschaften. Die Mehrheitssozialdemokratie gehörte zu den ideellen Förderern der Volkshochschulbewegung *(s. u.)*. Obwohl die übrigen Parteien – außer der KPD – sich kaum als Träger engagierten, waren ihre politischen und weltanschaulichen Positionen in dem breiten Spektrum der einzelnen Einrichtungen durchaus vertreten.

Wildwuchs und Zersplitterung, die mit der pluralen Struktur der Erwachsenenbildung verbunden waren, verhinderten eine einheitliche Repräsentation des quartären Bildungsbereiches gegenüber dem Staat und der Gesellschaft und gegenüber jenen Kräften, besonders aus dem rechten politischen Spektrum, die in der demokratischen Erwachsenenbildung einen wichtigen Teil des ihnen verhassten »Weimarer Systems« sahen.

2.1 Tendenzen der Vergesellschaftung

Erste Ansätze der Vergesellschaftung von Erwachsenenbildung zeigten sich in einer Neubestimmung ihres Verhältnisses zum Staat. Auch die Stellung der Erwachsenenbildung im Gesamtsystem der Bildung verweist auf eine breite gesellschaftliche Akzeptanz, die besonders seit dem Ende der Zwanzigerjahre sichtbar wurde. Die Erwachsenenbildung war ihrerseits nun bereit, ihre Ideologie der Eigenständigkeit des quartären Bildungsbereichs zu relativieren, um auch ihre Beziehung zur Schule und zur Hochschule neu zu definieren (Prerower Formel).

Die Erwachsenenbildung erhielt damit eine übergeordnete bildungs- und sozialpolitische Bedeutung. Der Staat und die demokratischen Kräfte, besonders die Mehrheitssozialdemokratie und das liberale Bürgertum, erwarteten von ihr einen wesentlichen Beitrag zur Chancengleichheit im Bildungswesen. Damit sollte das differenzierte und vielfältig gestufte hierarchische Bildungssystem des bürgerlich-autoritären Staates demokratisiert werden, denn ihre Befähigung zur Förderung von Emanzipation, Demokratisierung und Chancengleichheit im Erziehungssystem hatte die Erwachsenenbildung bereits in der Vergangenheit unter Beweis gestellt. Von ihr sollten daher Impulse für die Veränderung des gesamten Bildungs- und Erziehungssystems ausgehen.

Das in den frühen Weimarer Jahren signifikante Interesse des Staates, der Länder und Kommunen an der Erwachsenenbildung, besonders der sozialdemokratisch regierten bzw. verwalteten, orientierte sich an der demokratischen Legitimation des im Aufbau befindlichen quartären Bildungsbereichs: Das demokratisch-parlamentarische Weimarer System erkannte in der Erwachsenenbildung einen wichtigen gesellschaftlichen Partner, der entsprechend seiner Zielsetzung und Verfasstheit einen eigenständigen Beitrag zur Vertiefung des demokratischen Bewusstseins in breiten Bevölkerungskreisen zu leisten vermochte. Auch die anderen Bereiche des Bildungssystems sollten sich bei der Neubestimmung von Bildung und Erziehung von der Erwachsenenbildung anregen lassen.

Das größte staatliche Engagement zeigte das Preußische Ministerium für Wissenschaft, Kunst und Bildung. Ausgehend vom Ideal der »Volksgemeinschaft« wurde in den amtlichen Schriftstücken zur Volkshochschulfrage (Leipzig 1919, S. 7) die »Brückenfunktion« der Volksbildung hervorgehoben: »Wir müssen Brücken schlagen zwischen dem kleinen Volksteil, der geistig arbeitet, und dem immer größer bleibenden Teile unserer Volksgenossen, der mit der Hand schafft, aber geistig hungrig ist. Wie der Kopfarbeiter täglich den Segen der Handarbeit genießt, die ihm die materiellen Notwendigkeiten des Lebens schafft, so muß der Handarbeiter in Stadt und Land teilnehmen können an den Errungenschaften seiner in geistigen Werkstätten schaffenden Volksgenossen. Er muß aus ihnen immer wieder den frischen Trieb und wachbleibendes Verständnis für die Notwendigkeit seiner Arbeit empfangen. Unser Volk in allen seinen Teilen muß lernen, wie alle Arbeit sich gegenseitig ergänzt und trägt. Das Frohgefühl der sozial fördernden Arbeit unter der Parole ›Einer für alle, alle für einen‹ muß unser aller Kraft beleben.«

Die Volksbildung sollte also auch die Wissenschaft, die nur wenigen Schichten zugänglich war, breiten Teilen des Volkes erschließen und so »das geistige Band zwischen allen Volksteilen« wieder fester knüpfen. Sie sollte darüber hinaus die noch bestehenden Bildungs- und Sozialprivilegien durchbrechen. Von daher war es nur konsequent, wenn das Berechtigungswesen in der Erwachsenenbildung radikal abgelehnt wurde. Vielmehr galt die allgemeine Zielsetzung der Vergesellschaftung durch Erwachsenenbildung. Das bedeutete einen Beitrag zur »Sozialisierung des Geistes« (Eduard Weitsch).

2.2 Erwachsenenbildung als öffentliche Aufgabe

Vor diesem gesellschaftstheoretischen und politischen Hintergrund der Vergesellschaftungstendenzen ist der Institutionalisierungsprozess der Erwachsenenbildung in der Weimarer Republik zu sehen. Die proklamierte öffentliche Verantwortung für die Erwachsenenbildung konkretisierte sich auf unterschiedliche Weise und mit wechselndem Erfolg auf Reichs-, Länder- und Kommunalebene. Obwohl die Weimarer Verfassung dem Reich eine Rahmenkompetenz und eine Gestaltungsverpflichtung auferlegte, beschränkte sich die Reichsregierung trotz ihres anfänglich großen Interesses im Wesentlichen auf eine lediglich ideelle Unterstützung des quartären Bildungsbereichs. Werner Picht, seit 1919 Volkshochschulreferent im Preußischen Ministerium für Wissenschaft, Kunst und Volksbildung, umriss in seiner programmatischen Schrift »Die deutsche Volkshochschule der Zukunft« die Ansprüche der Erwachsenenbildung an das Reich wie folgt: Die Volksbildung sei als »Reichsangelegenheit« zu betrachten, denn es handele sich um eine Volksbewegung, die sich »nicht an Landesgrenzen binden« lasse, denn Träger der Volksbildung sei »das deutsche Volk« (Picht 1919, S. 17).

Dieser umfassenden Gestaltungsverpflichtung entsprach die Reichsregierung jedoch kaum. Lediglich die Reichsschulkonferenz von 1920 ging auf die Initiative der Regierung zurück. Auf dieser Konferenz wurden Probleme des »Freien Volksbildungswesens« behandelt, wobei die Frage eines Gesamtbildungssystems, d. h. die Integration der Erwachsenenbildung in den Prozess einer allgemeinen Bildungsreform im Vordergrund stand. Die fehlende Ausgestaltung des Artikels 148 ist sicher auch damit zu erklären, dass es seinerzeit noch keine repräsentative Organisation der Erwachsenenbildung gab, die die Umsetzung des Verfassungsauftrags hätte anmahnen können.

Im Vergleich zum Reich beteiligten sich die Länder und vor allem die Kommunen stärker am Aufbau der Erwachsenenbildung. Die Länder förderten die so genannte freie Erwachsenenbildung mit unterschiedlichem Engagement und mit unterschiedlichen Methoden. Wesentlich dafür waren die »Referat(e) für Erwachsenenbildung« in den Kultusministerien Preußens, Thüringens und Sachsens, die sich besonders für die Volksbildung engagierten. In Preußen wurden dank der Aktivitäten des Leiters des Volksbildungsreferates im Kultusministerium, Robert von Erdberg, bereits erste Versuche einer systematischen Entwicklungsplanung für den quartären Bildungsbereich unternommen, und es bestand eine Zusammenarbeit mit repräsentativen Organisationen, die sich auf Länderebene oder in bestimmten Regionen konstituierten.

Es gab folgende Landesorganisationen (in Klammern das Jahr ihrer Entstehung): »Volkshochschule Thüringen« (1919); »Zentralstelle zur Förderung der Volksbildung und Jugendpflege in Hessen« (1919); »Landesverband der Volksbildungsvereine Bayerns« (1920); »Pfälzischer Verband für freie Volksbildung« (1920); »Verein Volkshochschule Sachsen« (1924). In Preußen, dem größten der deutschen Länder, organisierte sich die Erwachsenenbildung in Provinzialverbänden. Es entstand der »Verband Rheinische Volkshochschule«; der »Verband der Volkshochschulen Westfalens«; der »Verband der Volkshochschule von Brandenburg und Berlin« und in Schlesien ein entsprechender Zusammenschluss. Ähnliche regionale Verbände existierten außerdem im heutigen Land Niedersachsen und in Schleswig-Holstein (Lashen 1921, S. 129 ff.).

Neben den Einrichtungen der »freien« Volksbildung entstanden auf der Grundlage bestimmter weltanschaulicher Richtungen oder berufsständischer Interessen unter anderem die folgenden überregionalen Verbandsorganisationen: »Zentralbildungsausschuß der katholischen Verbände Deutschlands« (1919); »Wartburgbund deutscher Volkshochschulen« (1920); »Arbeitsgemeinschaft deutscher Bauern- und ländlicher Volkshochschulheime« (1924) und »Sozialistischer Kulturbund« (1926).

Die Landes- bzw. Regionalverbände, die sich aus Vertretern der Einrichtungen, insbesondere der kommunalen Volkshochschulen zusammensetzten, formulierten Förderungsrichtlinien für die bildungspolitische und pädagogische Interessenvertretung gegenüber den Ländern und staatlichen Einrichtungen. Zu diesen Zielen zählte beispielsweise die Gleichstellung der Erwachsenenbildung mit den anderen Bereichen des Bildungssystems. Dies setzte eine Verbesserung der pädagogischen und organisatorischen Arbeit voraus. Wesentliches Ziel blieb die Koordination der verschiedenen Bildungsaktivitäten der einzelnen Einrichtungen und schließlich eine Gesamtabstimmung der Bildungsaktivitäten mit den übrigen Einrichtungen der kulturellen Massenbildung.

2.3 Ansätze einer Professionalisierung

Aufschlussreich für die Erwachsenenbildung der Weimarer Zeit sind deren Anstrengungen zur Aus- und Weiterbildung ihres Lehrpersonals. Einzelne Verbände strebten eine zielgerichtete Professionalisierung ihrer Mitarbeiter an. Professionalisierung meinte eine systematische fachliche und didaktische Qualifizierung, um einerseits Lernprozesse effektiver zu initiieren und durchzuführen und andererseits die

Erwachsenenbildung als gleichberechtigten Bildungsbereich gegenüber der Politik und der Gesellschaft vertreten zu können. Schon damals kam bei der Professionalisierung der Gedanke einer hauptamtlichen Tätigkeit in der Erwachsenenbildung auf. In mehreren Landessatzungen sind bereits bildungspolitische, professionstheoretische und administrative Elemente zu erkennen, die in den Gesetzen für Erwachsenenbildung bzw. Weiterbildung von 1969/70 abgeändert wiederzufinden sind.

In den theoretischen Vorstellungen der Erwachsenenpädagogen wie auch in ihren bildungspolitischen Überlegungen werden mehrere Dimensionen der Professionalisierung sichtbar. Neben der systematischen Organisierung von Lehrgängen für hauptamtliche Leitungsfunktionen sollte die Arbeit auf der Basis kontinuierlicher statistischer Erhebungen wissenschaftlich fundiert werden, um eine verlässliche Grundlage für didaktische Entscheidungen zu gewinnen. Berufs- und verbandspolitische Gesichtspunkte spielten ebenfalls eine Rolle angesichts der Überlegung, dass eine systematische Qualifizierung für alle Tätigkeiten in der Erwachsenenbildung tendenziell die Gleichberechtigung und Gleichrangigkeit mit anderen Bildungsbereichen fördern könne. Der Professionalisierungsprozess zeigte sich auch in dem Bemühen, das weitgehend unstrukturierte System der Erwachsenenbildung durch Formen von Koordination und Kooperation zu vereinheitlichen.

3. Die Volkshochschulbewegung

Bestimmend für die Entwicklung der Weimarer Erwachsenenbildung war die Volkshochschulbewegung. Unter dem Begriff »Volkshochschule« wurden zwei Institutionsformen subsumiert, die auf unterschiedliche historische Wurzeln zurückgehen:
1. die Abendvolkshochschule in der Stadt,
2. die vorwiegend auf dem Lande verbreitete Heimvolkshochschule.

Beide Formen spiegelten unterschiedliche gesellschaftstheoretische und pädagogische Vorstellungen wider. Während die Abendvolkshochschule zu den so genannten »ungebundenen«, freien Formen der Erwachsenenbildung zählte, d. h. keiner besonderen politischen, weltanschaulichen oder religiösen Richtung verpflichtet war, unterlagen die Heimvolkshochschulen weitgehend einer bestimmten gesellschaftlichen oder religiös-weltanschaulichen Ausrichtung. Entsprechend dem Prinzip der »relativen Neutralität« *(s. u.)* verstand sich die Abendvolkshochschule als eine Bildungseinrichtung, in der alle gesellschaftlichen, politischen und weltanschaulichen Positionen im Rahmen eines Inhalts- und Methodenpluralismus vertreten werden konnten. Als ein einmaliges, signifikantes Beispiel für den Inhalts- und Methodenpluralismus ist das so genannte Essener System zu nennen, das den verschiedenen gesellschaftlichen und politischen sowie religiös-weltanschaulichen Gruppen innerhalb einer einzigen Volkshochschule Entfaltungsmöglichkeiten einräumte. Das Essener Modell bedeutete Institutionalisierung und Formalisierung des Prinzips der Pluralität unterschiedlicher Gruppen unter dem Dach einer einzigen Volkshochschule *(s. u.)*.

Der erzieherische Auftrag der Erwachsenenbildung im Sinne des Prinzips der Pluralität von Überzeugungen und Einstellungen bestand darin, die Teilnehmer zu befähigen, unterschiedliche Standpunkte kennen zu lernen, zu vergleichen und auf diese Weise zu einer selbst begründeten Entscheidung in politischen und weltanschaulich-ideologischen Fragen zu kommen (Neutralität und Entscheidung). Werner Picht kennzeichnete dieses plurale Konzept der Volkshochschule, das von den sozialistischen Erwachsenenbildnern als Ausdruck bürgerlicher Verschleierungstaktik heftig angegriffen wurde, als einen besonderen Ausdruck der pädagogischen Autonomie (Picht 1936, S. 107).

Schon vor und während des Krieges wurde die Konzeption der bürgerlich-liberalen Erwachsenenbildung der Weimarer Zeit vorbereitet. Ihre endgültige Ausprägung und Propagierung durch ihre führenden Denker wie *Reinhard Buchwald* (1884–1983), *Wilhelm Flitner* (1889–1990), *Werner Picht* (1887–1965), *Robert von Erdberg* (1866–1929), *Eugen Rosenstock-Huessy* (1888–1973) und *Eduard Weitsch* (1883–1955) erfolgte jedoch erst nach 1918 (Neue Richtung).

3.1 Die herausragende Rolle der Abendvolkshochschule

In der Gesamtentwicklung der Erwachsenenbildung nahm die Volkshochschule, semantisch mit der Abendvolkshochschule identisch, die zentrale Stellung ein. Die Entwicklung der Abendvolkshochschule vor und in der Weimarer Republik spiegelt den historischen Prozess der Erwachsenenbildung insgesamt wider. Sie war einbezogen in die allgemeinen gesellschaftlichen, sozialen und politischen Auseinandersetzungen zwischen 1918 und 1933.

Die Abendvolkshochschule wie auch die weiter unten behandelte Heimvolkshochschule beriefen sich auf unterschiedliche Traditionslinien. Während die Abendvolkshochschule ihre Entwicklung primär auf das deutsche liberale Bürgertum zurückführte, leitete sich die Heimvolkshochschule von der dänischen Tradition ab, die der Bevölkerung auf dem Lande eine wesentliche Rolle im Prozess einer demokratischen Erneuerung zumaß (Grundtvig).

Die Volkshochschulbewegung konnte auf eine Reihe von Vorläufern verweisen, die hier kurz erwähnt werden sollen. Der städtischen Volkshochschule, die noch völlig in der Tradition der extensiven, auf rezeptive Wissens- und Kulturvermittlung ausgerichteten bürgerlichen Volksbildung stand, ging die 1878 in Berlin von Max Hirsch gegründete Humboldt-Akademie voraus, der 1902 die Freie Hochschule Berlin folgte. Beide Institutionen, die in »populär-wissenschaftliche(n) Vortragszyklen eine konkrete Massenbildung« anstrebten, erreichten aufgrund ihrer an den Interessen des Bildungsbürgertums ausgerichteten Lehrpläne lediglich die Mittelschicht. Der in der Satzung der Akademie festgelegte Vortragsplan bestätigte den typisch enzyklopädischen, ausschließlich auf Rezeption und nicht auf Problemverarbeitung ausgerichteten Charakter ohne eine überzeugende pädagogisch-didaktische Konzeption. Der generellen Orientierung der Volksbildung in der Wilhelminischen Ära entsprechend war Erwachsenenbildung als Bildung durch das Bürgertum für das Bürgertum konzipiert.

Eine neue Qualität der Arbeit gewannen beide Institutionen nach ihrem Zusammenschluss im Jahre 1915 zur Humboldt-Akademie, Volkshochschule Groß-Berlin. Die neue Einrichtung orientierte sich stärker an der Arbeiterschaft. In Zusammenarbeit mit den Gewerkschaften wurden besondere Vorlesungen für bildungsfernere

Schichten angeboten. Aus dieser Initiative ging 1917 der Verein Arbeiterhochschule hervor, der gegen Kriegsende 970 eingetragene Mitglieder zählte.

Weitere Vorläufer der Volkshochschule der Weimarer Zeit waren der nach 1890 gegründete Frankfurter Bund für Volksbildung und das 1901 ins Leben gerufene Wiener Volksheim. 1893 konstituierte sich eine Volkshochschule in Straßburg, die aus der 1875 entstandenen »Abend-Fortbildungsschule« der Gesellschaft für Verbreitung von Volksbildung hervorging. Eine besondere Gründungsgeschichte weist die Münchener Volkshochschule auf. Sie entstand aus Fortbildungskursen, die die »Freie Studentenschaft« im Wintersemester 1906/07 initiierte und die später in »Akademische Arbeiterkurse« umbenannt wurden. Deren Ziel war es, gemäß der Satzung »Werktätige Männer und Frauen in ihrer Bildung zu fördern, ihre geistige Selbständigkeit zu heben und ihren Gemeinsinn zu fördern« (Münchener Volksbildungskalender 1930, S. 131).

Als Institution mit überregionaler Zielsetzung ist der bereits vorgestellte, 1899 gegründete Rhein-Mainische Verband für Volksbildung in Frankfurt zu nennen, der das gesamte Vortragsangebot für die Rhein-Main-Region organisierte und koordinierte.

Die hier vorgestellten Institutionen der Erwachsenenbildung vor 1918 können insofern als historische Vorstufen der Volkshochschulen der Weimarer Zeit bezeichnet werden, als es sich dabei um organisierte, auf Kontinuität angelegte Formen nachschulischer Bildung handelte. Die weitgehende Orientierung des Bildungsangebots an den kulturellen, gesellschaftlichen, politischen und ökonomischen Interessen des Bürgertums stellte jedoch die in der Selbstdarstellung proklamierte Offenheit für alle Bevölkerungskreise tendenziell in Frage.

Seit der Weimarer Zeit, als die Volkshochschule ihre innere und äußere Form in den wesentlichen Zügen herausgebildet hatte, bildete sie den institutionellen Kern der Erwachsenenbildung. Die gesellschaftspolitische und die pädagogische Begründung der Volkshochschule (Neue Richtung) trug entscheidend zur Selbstvergewisserung und zur Legitimation der Erwachsenenbildung der Weimarer Zeit bei.

Unmittelbar vor und besonders nach dem Ersten Weltkrieg kam es dann, auf der Basis der oben skizzierten Entwicklung, zu einer über das Deutsche Reich verbreiteten extensiven Gründung von Volkshochschulen, getragen von Städten und Gemeinden (Kommunalisierung). Kritiker bezeichneten diesen Volkshochschulboom der Jahre 1918 bis 1920 als »Volkshochschulrummel«. Bereits 1919 existierten 135 Volkshochschulen (Buchwald 1925/26, S. 48). Das »Archiv für Volksbildung« im Reichsministerium des Inneren wies bis 1928 insgesamt 215 Einrichtungen aus. Die nachfolgende Tabelle vermittelt einen Einblick in die Zeit der Gründungen und die Verteilung auf die Länder *(siehe Tab. S. 151)*.

Eine exakte Umgrenzung und institutionell-typologische Zuordnung der Volkshochschulen bildete sich erst im Laufe der Weimarer Zeit klar heraus. Es gab anfangs weder eindeutige administrative, förderungspolitische noch pädagogische Kriterien, die dieser Institution hätten zugerechnet werden können. Auch die historischen Wurzeln der Abendvolkshochschule deuten ja auf ein Spektrum von Einrichtungen hin, die sowohl inhaltlich als auch terminologisch noch nicht klar bestimmt waren. Erst durch die beginnende Professionalisierung und die damit einhergehende verbands- und berufspolitische Institutionalisierung auf Landes- und

Gründungsjahr		Länder	
Bis 1916	5	Anhalt	7
1918	13	Baden	1
1919	135	Bayern	8
1920	26	Braunschweig	4
1921	5	Bremen	1
1922	5	Hamburg	1
1923	7	Hessen	4
1924	6	Lübeck	1
1925	0	Mecklenburg	2
1926	0	Oldenburg	1
1927	7	Preußen	93
1928	1	Sachsen	52
Unbekannt	5	Thüringen	34
		Württemberg	6
Bestand	215	Bestand	215

Quelle: Archivbericht Febr. 1929.

Reichsebene erhielt die Abendvolkshochschule eine klare Konturierung (»Richtlinien« des Reichsverbandes der deutschen Volkshochschulen von 1928).

So zeigen beispielsweise die Volkshochschulverbände in Sachsen und Thüringen einen hohen Grad an organisatorischer Struktur und einen klaren institutionellen Aufbau:

»1. Volksbildungsämter sollen eingerichtet werden in Städten mit mehr als 75 000 Einwohnern. Für die freie Zusammenarbeit der Volksbildungsämter der verschiedenen Städte sind besondere Satzungen geschaffen.
2. Die Bedingungen für die Anerkennung als Volkshochschule sind: a) eine Regelmäßigkeit von Lehrgängen und Feiern; b) die Leitung durch einen volkshochschulpädagogischen Fachmann; c) dem Leiter muß ein fester Stamm von Volkshochschülern gegenüberstehen (Vertrauensleute oder Volkshochschulgemeinschaft oder Volkshochschulverein).
3. Die einzelnen Volkshochschulen sind der Landesstelle gegenüber verpflichtet: a) zu regelmäßigen kurzen Berichten mit möglichst genauer Statistik; b) zu einem Rechnungsabschluß und Bericht bei allen besonderen Anlässen; c) zur Beantwortung von Fragen und Verordnungen der Landesstelle bzw. des Ministeriums.
4. Die Landesstelle verpflichtete sich den Volkshochschulen gegenüber: a) zur Interessenvertretung der Volkshochschulen Sachsens nach außen; b) zur Tragung der Kosten der Beurlaubung von Lehrern für die Volkshochschulleitung an kleineren Städten; c) zur weitgehendsten finanziellen Unterstützung der einzelnen Volkshochschulen; d) zur Heranziehung der Volkshochschulen bzw. deren Vertretern zu allen Veranstaltungen der Landesstelle.
5. In unmittelbarer Verbindung mit der Landesstelle steht die statistische Zentralstelle für das freie Volkshochschulwesen im Freistaat Sachsen.
6. Der Volkshochschul-Verein Sachsens gliedert sich in sechs Bezirke. Zum Zusammenschluß von Lehrern und Schülern ist ein Landesbeirat für das Volkshochschulwesen geschaffen worden.

7. Der Landesverband hat die Aufgabe der Veranstaltung von Tagungen und Lehrerbildungswochen, von Spezial- und Ferienkursen, des Austausches von Lehrplänen und Erfahrungen, der gemeinsamen Anschaffung von Lehrmaterial, der Lehrervermittlung, der Inangriffnahme kleinstädtischer Volkshochschularbeit.
8. Mit dem Landesverband zusammen wirken Wanderbibliotheken, Wanderbühnen, ein Lichtbild- und Filmamt, eine Lehrmittelberatungsstelle. Der Landesverband gibt eine Volkshochschulzeitschrift heraus.
9. Die Landesstelle übernimmt die Trägerschaft (wenigstens zum Teil) der freien Heimvolkshochschulen des Landes. Der Landesverband unterstützt sie in der Auswahl von würdigen, jüngeren Schülern der Abendvolkshochschule für den Kurs der Heimvolkshochschule und schlägt Unterstützungen vor.« (nach Steinmetz 1929, S. 40/41)

Wiewohl sich also eine historische Linie zu der liberalen Volksbildung der Wilhelminischen Ära ziehen lässt, unterschied sich die Volkshochschule der Weimarer Zeit durch eine neue gesellschaftliche und didaktische Konzeption und durch erste Ansätze der Vergesellschaftung und Professionalisierung *(s. o.).* Sie entwickelte neue Formen der inneren und äußeren Selbstorganisation, und ihr gesellschaftspolitisch ausgerichtetes Bildungsangebot orientierte sich an den Interessen traditionell bildungsferner Schichten.

Die demokratische Struktur war für die Weimarer Erwachsenenbildung konstitutiv. Das demokratische Element in der inneren Organisation der Abendvolkshochschule wurde sichtbar in dem Prinzip der Selbstorganisation, der pädagogischen Autonomie der Einrichtungen sowie der Tendenz zur kollegialen Leitung, wodurch sich die Erwachsenenbildung wesentlich von dem administrativ-hierarchisch organisierten Schulwesen der Weimarer Zeit unterschied. Die innere Organisation der Volkshochschulen zeigte ihren demokratischen Charakter unter anderem darin, dass die Hörer in den so genannten Hörerräten gleichberechtigt an allen pädagogischen und administrativen Entscheidungen beteiligt waren. Die Selbstverwaltung war eine »Lebensfrage für die Volkshochschule«, um ihrer demokratischen Verpflichtung gerecht werden zu können: »Die Volkshochschule ist ein Versuch der Selbstverwaltung. Es gibt keine Bildungseinrichtung, die als Gemeinschaftsschule der Erwachsenen so stark auf Selbstverwaltung begründet, so sehr auf sie eingestellt und angewiesen ist. Selbstverwaltung bedeutet Überantwortung der gemeinsamen Aufgaben an alle, bedeutet, um seiner selbst und der anderen Willen von sich aus zu tun und an Arbeit auf sich zu nehmen, was für die Gesamtheit durch den einzelnen geschehen kann und muß.« (Lange 1922, S. 3)

Die Selbstverwaltung war unterschiedlich ausgeprägt. Prinzipiell waren die fest angestellten Lehrer, die Dozenten, die Hörer und die Vertreter der Trägerorganisationen, seien es Kommunen oder von gesellschaftlichen Gruppen getragene Vereine, paritätisch an ihr beteiligt. Die einzelnen Gruppen wählten ihre Vertreter in den Hörer- bzw. Lehrerausschuss, die den Verwaltungsrat der Volkshochschule zusammen mit den Stadtverordneten oder den Vertretern des Volkshochschulvereins bildeten.

Im Einzelnen zeigte sich ein vielfältiges Bild institutioneller Formen der Selbstverwaltung. So bestand beispielsweise die Düsseldorfer Volkshochschule aus dem Verwaltungsrat (Bürgermeister und 22 aus der Stadtversammlung gewählte Mitglieder) und aus der Geschäftsstelle mit einem hauptamtlichen Leiter. Die Mitarbeiter waren dem Verwaltungsrat unterstellt.

Ein besonderes Selbstverwaltungsprofil wies die bereits erwähnte Essener Volkshochschule auf. Sie nahm unter den großstädtischen Volkshochschulen eine Sonderstellung im Hinblick auf die demokratische und plurale Organisation ein. Der Essener Oberbürgermeister und spätere Reichskanzler *Hans Luther* (1879–1962) hatte vorgeschlagen, an zehn verschiedenen Stellen der Stadt Erwachsenenbildungsveranstaltungen durchzuführen. Der Plan konnte jedoch trotz der städtischen Unterstützung und der Mitwirkung der Essener Firma Krupp zunächst nicht realisiert werden, weil zwei bereits bestehende Institutionen, der katholische Bücher- und Bildungsverein und der sozialistisch orientierte »Freie Ausschuss für Volksbildung« sich ihm widersetzten. Erst als diese Gruppen, die um eine »evangelische« und eine »unabhängige« erweitert worden waren, die pädagogische Autonomie für die Lehrplangestaltung erhalten hatten, konnte das so genannte Essener Modell eines Inhalts- und Methodenpluralismus, d. h. einer die verschiedenen politisch-weltanschaulichen Gruppen umfassenden Gesamtvolkshochschule, realisiert werden.

Die vier Gruppen hatten ein Vorschlagsrecht für die Dozenten und die Ausrichtung der Kurse. Sowohl die Lehrer als auch die Schüler konnten sich zu einer Fraktion zusammenschließen. Im Rahmen der relativen Autonomie der einzelnen Gruppen, die zu einer institutionalisierten Zusammenarbeit verpflichtet waren, konnte eine weitgehend demokratische Organisation der Gesamtvolkshochschule gewährleistet werden. Die Leitung der Essener Volkshochschule übernahm ein Gremium, das sich aus dem Oberbürgermeister, Vertretern der Stadt, des Lehrkörpers und der Schülerschaft zusammensetzte.

Das Essener System hat viel Kritik erfahren. Besonders sozialistische Arbeiterbildner wiesen auf die Gefahr einer »revisionistischen« Bildungsarbeit hin. In der institutionell vorgeschriebenen Zusammenarbeit mit bürgerlichen Volksbildnern sah man die parteipolitisch negativen Auswirkungen einer »Koalitionspolitik im oppositionellen Sinne«. Ungeachtet dieser kritischen Einwände zeigte die Praxis der Essener Volkshochschule demokratische, auf Chancengleichheit ausgerichtete Momente der Weimarer Erwachsenenbildung.

Unter den soziologischen Bedingungen einer industriellen Mittelstadt entsprach die institutionelle und innerorganisatorische Struktur der Volkshochschule Jena in besonderer Weise den Ansprüchen der Selbstorganisation (Flitner 1924, S. 6). Eine einheitliche Arbeiterschaft auf dem hohen Qualifikationsniveau der optisch-feinmechanischen Industrie brachte der überparteilichen Volksbildungsarbeit Vertrauen entgegen und beteiligte sich mit der Carl-Zeiss-Stiftung, der Stadt und der Universität an der Jenaer Volkshochschule. Die Leitung übernahm ein Selbstverwaltungsgremium unter Beteiligung der Hörerschaft und der Lehrer. Darin kommt der demokratische Charakter der Jenaer Volkshochschule zum Ausdruck.

Als bewusste Form demokratischer Selbstorganisation kann, wie beispielsweise in der Satzung der Volkshochschule Sterkrade vorgesehen, die Wahl des Volkshochschulleiters angesehen werden, der für einen begrenzten Zeitraum vom Lehrerkollegium bestimmt wurde. Mit dieser Form der Selbstorganisation der Volkshochschule korrespondierte das Prinzip der pädagogischen Autonomie. Die Hörer fällten in einem demokratischen Verfahren Entscheidungen über die Lehrbereiche und

Lehrinhalte, die Lernverfahren sowie die Auswahl der Dozenten. Damit wehrten sie Einflüsse politischer Parteien, weltanschaulicher Gruppen und gesellschaftlicher Interessenverbände ab.

Wichtig für die demokratische Struktur und die Institutionalisierung der Volkshochschule war auch die Form der Trägerschaft. Fast immer waren die Träger demokratisch legitimierte Städte und Gemeinden. Diese Entscheidung wurde unmittelbar nach dem Krieg zunächst kontrovers diskutiert. So forderte Werner Picht 1919 mit Nachdruck eine Organisation unter staatlicher Regie (»Die Volkshochschule der Zukunft«). Er sah darin eine Garantie für eine sichere, gleichmäßige Entwicklung. Es setzte sich jedoch unter den Erwachsenenbildnern der Gedanke durch, dass schon wegen der inhaltlichen Eigenständigkeit die Volkshochschule vom Staat unabhängig sein und lediglich in finanzieller, organisatorischer und administrativer Hinsicht staatlich unterstützt werden sollte. So bildete sich für viele Abendvolkshochschulen die kommunale Trägerschaft heraus (Kommunalisierung). Dafür waren drei praktische Gesichtspunkte ausschlaggebend:

- die kommunale Trägerschaft versprach eine bescheidene, aber doch gesicherte finanzielle Unterstützung;
- hier standen Räume und technisches Material bereit, hauptsächlich in Schulen;
- es bestand die Möglichkeit einer Kooperation mit anderen örtlichen Bildungseinrichtungen.

Das Preußische »Ministerium für Wissenschaft, Kunst und Volksbildung«, das eine »Anlehnung der Volkshochschule an die Gemeinden« empfohlen hatte, förderte diese Kommunalisierung der Abendvolkshochschule von Anfang an (Amtliche Schriftstücke, Erlass vom 23. April 1919). Sie bedeutete einen stärkeren Bezug auf Politik der Stadt und deren Kultur und auch die Einbettung in die Stadtgeschichte. Die enge Anbindung an die Stadt garantierte Basisnähe auch im Sinne von Teilnehmerorientierung. Darin lag eine große Chance für die Volkshochschulen, besonders in didaktischer Hinsicht. Die kommunale Trägerschaft konnte aber auch, da sie weitgehend von den Mitteln der Stadt abhängig war, Risiken einschließen. Dies zeigte sich insbesondere zur Zeit der Wirtschaftskrise und der Inflation, als viele Städte nicht mehr zu finanzieller Unterstützung der Volkshochschulen in der Lage waren und viele Volkshochschulen ihre Existenzgrundlage verloren.

Neben der kommunalen Trägerschaft gab es auch vereinzelt freie Vereine als Träger von Abendvolkshochschulen, die ihre relative administrative Unabhängigkeit mit größerer finanzieller Unsicherheit bezahlten. Diese Trägerstruktur hatte beispielsweise die Volkshochschule Groß-Berlin. Trotz enger Zusammenarbeit zwischen der Volkshochschule und der Stadt besaß Groß-Berlin formal keine entscheidende Stimme im Vorstand der Volkshochschule. In der Regel gehörte deren Leiter dem obersten Entscheidungsgremium an. Er hatte dessen Beschlüsse umzusetzen.

Die Struktur der Bildungsangebote spiegelte das demokratische Prinzip auf einer anderen Ebene in der gleichberechtigten Mitgestaltung der Teilnehmer wider. Die Orientierung an den Bildungsvoraussetzungen und Bildungsinteressen setzte eine Analyse der Teilnehmerstruktur voraus. In dieser Hinsicht übernahm die Leipziger Volkshochschule durch die Entwicklung einer »Hörerstatistik« eine Vorreiterrolle; ihre Anregungen wurden ab 1925 von den sächsischen Volkshochschulen übernommen (Kommunalisierung der Volkshochschule).

Entsprechend den veränderten Bildungsvoraussetzungen und -erwartungen wandelten sich die Angebote der Volkshochschule der Weimarer Republik im Laufe der Zeit wesentlich. Generalisierend lässt sich dieser Wandel kennzeichnen als ein Abrücken von unstrukturierten, okkasionellen Bildungsangeboten hin zu einer mehr geplanten und systematisch organisierten Bildungsarbeit.

Die Bildungspraxis der Weimarer Volkshochschule orientierte sich an den folgenden didaktischen Prinzipien: erziehender, exemplarischer und interdisziplinärer Unterricht sowie Lebensnähe und Aktualität (Weitsch, in: Olbrich 1972, S. 59 f.). Der Umsetzung dieser didaktischen Prinzipien standen objektive Schwierigkeiten entgegen. Besonders die Fluktuation der Volkshochschuldozenten und der Teilnehmer sowie der Mangel an didaktischen Beratungs- und Entscheidungsorganen erschwerten eine abgestimmte Lehrplangestaltung außerordentlich.

Die Teilnehmer erwarteten von der Bildungsarbeit der Volkshochschulen hauptsächlich einen Beitrag zur Gestaltung ihres persönlichen Lebens. Diese persönliche Orientierung war besonders in der Zeit des Umbruchs und des Wertewandels von besonderer Bedeutung. Der Wunsch nach Teilhabe an der »Kultur« war eines der Hauptmotive. Dabei zeigten sich mehrere Dimensionen dieser »Kultur-Integration« in das persönliche Leben: Sie diente der Lebenserfüllung; damit verbunden war oft der Wille zum persönlichen sozialen Aufstieg. Kultur sollte aber auch verpasste Lebenschancen kompensieren. Auf diese Weise wurde sie mehr und mehr »Lebensersatz« und verlor ihre Funktion der »Lebenserfüllung«.

Neben diesen persönlichkeitsorientierten Wünschen standen für die Teilnehmer gesellschaftliche, ökonomische und politische Themen im Vordergrund. Es ging nicht primär um philosophische, abgehobene Betrachtung oder »kulturellen Genuss«, sondern, wie es Paul Hermberg stellvertretend für die »Leipziger Richtung« formulierte, um die Gestaltung des öffentlichen Lebens (Hermberg/Seiferth 1932).

Wesentlichen Einfluss auf die Struktur der Bildungsangebote und auf die Lehrplangestaltung hatte die gesellschafts- und bildungstheoretische Fundierung der jeweiligen Volkshochschule. Zusammenfassend kann festgestellt werden, dass die Teilnehmerstruktur der Weimarer Erwachsenenbildung insgesamt einen Mittelschicht-Charakter zeigte. Nur eine Volkshochschule, die bewusst gesellschaftspolitisch ausgerichtet war und von den Organisationen der Arbeiterschaft, vor allem den Gewerkschaften mitgetragen wurde, konnte die Arbeiterschaft dauerhaft davon überzeugen, dass sie deren wirkliche Bildungsinteressen wahrnehme. So konstatierte *Paul Steinmetz* (1904–1992) zu Recht, dass in mehreren kleineren und mittleren Industriestädten Thüringens und Sachsens die Volkshochschulen »proletarisch« ausgerichtet seien. Als Beleg führt er die Zusammensetzung der Teilnehmer der Volkshochschule Zella-Mehlis an: ca. 59 Prozent Arbeiter und Handwerksgehilfen, jeweils rund 17 Prozent Angestellte und Hausfrauen und etwa 2 Prozent Beamte (Steinmetz 1929, S. 49). Auch die Leipziger Volkshochschule orientierte sich eindeutig an den Interessen der Arbeiterschaft, woraus sich im Hinblick auf die Bildungsangebote und die Bildungspraxis insgesamt klare didaktische und methodische Entscheidungen ergaben.

Demgegenüber zeigte sich in der Münchener Volkshochschule ein signifikanter Unterschied in der sozialen und beruflichen Zusammensetzung der Teilnehmer und in der Bildungspraxis selbst. Sie richtete sich stärker an den bürgerlichen, aufstiegsorientierten Mittelschichten aus. Auch im Hinblick auf die Methodik und die Didaktik hatte sich die Münchener Volkshochschule noch nicht völlig von der Unterrichtspraxis der »Alten Richtung« gelöst. Immer noch überwogen die Vorträge gegenüber den Arbeitsgemeinschaften. Das Angebot war gleichsam nach dem Prinzip eines Warenhauses außerordentlich breit gestreut; ein thematischer Schwerpunkt war nicht zu erkennen, wiewohl die auf beruflich verwertbare Fertigkeiten zielenden Elementarkurse wie Schreiben, Deutsch, Rechnen, Stenografie, Fremdsprachen und Handelslehre quantitativ hervorstachen (Münchener Volksbildungskalender 1930).

Ähnlich mittelschichtorientiert war das Angebot der Volkshochschule Stuttgart. Ihr Leiter, *Wolfgang Pfleiderer* (1877–1971) umriss ihre Zielsetzung mit dem Begriff »Fortbildungsschule für Erwachsene«: »Als solche will sie in den Gegenständen des Wissens fördern, die er (der Volkshochschüler – d. V.) für sein Berufsleben braucht oder mit denen er sich aus Liebhaberei beschäftigt«. (nach Pache 1971, S. 40)

Die berufliche Zusammensetzung der Hörerschaft der Volkshochschule stand, wie bereits im Zusammenhang mit der Auswahl der Lehrgegenstände hervorgehoben wurde, in Verbindung mit der industrie- und berufssoziologischen Struktur des Einzugsbereichs der Teilnehmer. So lag in den Großstädten der Anteil von Arbeitern an der Gesamthörerschaft im Durchschnitt bei 30 Prozent. Dies galt beispielsweise für die Volkshochschule Groß-Berlin, in der der Anteil der Arbeiter an der Hörerschaft im Zeitraum von 1918 bis 1933 zwischen 32 und 39 Prozent schwankte (Urbach 1971, S. 44).

Als rein »bürgerlich« können dagegen die Volkshochschulen der Verwaltungs- und Beamtenstädte Königsberg und Danzig bezeichnet werden. In Königsberg waren unter den Hörern nur wenige Arbeiter und Handwerker, während die Beamten und die Angestellten eindeutig überrepräsentiert waren. Für Weimar stellte sich die soziologische Struktur der Teilnehmer so dar: 10,17 Prozent waren Arbeiter und Handwerksgehilfen, 26,71 Prozent Angestellte, 30,5 Prozent Beamte und 15,37 Prozent Hausfrauen. Damit bestätigt sich, dass die Teilnehmerschaft der Abendvolkshochschulen häufig die soziologische Zusammensetzung ihres Einzugsbereichs widerspiegelte. Die Angaben beziehen sich auf das Jahr 1925 (Steinmetz 1929, S. 48). Einen besonders hohen Anteil von Arbeitern unter den männlichen Hörern wies die Volkshochschule der Stadt Essen auf *(siehe Tab. S. 157).*

Vom Wintersemester 1919 bis zum Wintersemester 1926 lässt sich ein sehr hoher Anteil von Arbeitern konstatieren, der nahezu in jedem Semester über 50 Prozent lag und im Sommersemester 1921 mit 67,3 Prozent einen Höhepunkt erreicht. Für das hohe Interesse der Essener Arbeiter an der Volksbildung dürfte neben der Aktivität der sozialistischen Gruppe innerhalb des »Essener Systems« auch die bereits erwähnte Arbeit des »Kruppschen Bildungsvereins« ausschlaggebend gewesen sein.

Besonders hervorstechend war der hohe Anteil der Arbeiter in der Volkshochschule Leipzig, wobei deren dezidiert emanzipatorische Zielsetzung eine entscheidende Rolle spielte *(s. u.).*

Hingegen zeigt eine Analyse beruflicher Tätigkeiten von Teilnehmerinnen im Vergleich zu den männlichen Hörern der Volkshochschule Leipzig ein verändertes Bild. Hier waren die Arbeiterinnen und Handwerksgehilfinnen gegenüber den weiblichen Angestellten unterrepräsentiert. Der Anteil der weiblichen Angestell-

Verteilung der männlichen Hörer auf die Berufsgruppen an der Volkshochschule Essen (Winter 1919/1920 bis Sommer 1924, in Prozent)

Berufe	Wi. 19/20	So. 20	Wi. 20/21	So. 21	Wi. 21/22	So. 22	Wi. 22/23	So. 23	Wi. 23/24	So. 24
Arbeiter	37,0	45,9	55,8	67,3	65,5	62,1	62,8	59,0	51,3	41,5
Angest. in Handel, Industrie u. Bergbau	17,0	8,9	14,0	8,8	9,8	7,5	19,0	15,4	20,4	25,2
Mittlere u. Untere Beamte	22,8	14,0	15,8	6,0	11,7	7,7	7,7	12,0	8,8	13,9
Selbst. Handwerker u. Gewerbetreibende	14,4	22,2	7,3	7,4	6,6	6,4	6,2	3,8	4,9	6,4
Lehrer an Volks- u. Mittelschulen	1,2	1,9	2,0	1,4	0,8	1,1	1,2	1,0	1,6	3,9
Schüler u. Studenten	1,6	2,2	2,5	1,3	1,0	10,0	1,3	3,6	6,1	3,4
Höhere Beamte, Akademiker	1,1	2,9	1,9	2,7	2,0	2,2	1,5	1,7	1,6	2,2
Ohne Angabe	4,6	2,1	0,8	5,1	2,4	3,0	0,4	3,3	5,2	3,6
Summe	100	100	100	100	100	100	100	100	100	100

Quelle: nach Hüls, 1927, S. 67.

Berufssoziologische Gliederung der männlichen Teilnehmer (VHS Leipzip)

Verteilung der Männer auf die Berufsgruppen (Winter 1922/1923 bis Sommer 1926, in Prozent)

Berufe	Wi. 22/23	So. 23	Wi. 23/24	So. 24	Wi. 24/25	So. 25	Herb. 25	Jan.-Mrz. 26	So. 26
Arbeiter u. Handwerksgehilfen	49	56	57	55	50	44	58	58,4	56
Angestellte	28	23	22	25	35	39	28	29,9	34,7
Beamte ohne akadem. Bildung	11	10	7	10	9	5	5	5,4	1,8
Akademiker, Lehrer, höhere Schüler	10	7	7	9	5	5	4,6	4,7	6,1
Selbständige/Gewerbetreibende	2	4	6	2	1	7	4,0	0,9	1,0
Ohne Berufsangabe	–	–	–	–	–	–	0,3	0,7	0,4
Summe	100	100	100	100	100	100	100	100	100

Quelle: nach Hüls, 1927, S. 69.

Verteilung der Frauen auf die Berufsgruppen (VHS Leipzip)

(Winter 1922/1923 bis Sommer 1926, in Prozent)

Berufe	Wi. 22/23	So. 23	Wi. 23/24	So. 24	Wi. 24/25	So. 25	Herb. 25	Jan.-Mrz. 26	So. 26
Arbeiter u. Handwerksgehilfin.	14	15	16	11	13	22	26	22,6	23,5
Angestellte	33	39	40	43	44	38	50	57,7	56,7
Beamte ohne akadem. Bildung	7	3	3	2	6	14	6	3,2	5,2
Berufe mit akadem. Vorbildung	9	20	12	20	7	4	5	7,1	4,4
Selbständige/Gewerbetreibende	2	3	4	4	3	18	11	5,4	4,3
Hausfrauen u. -töchter	34	17	24	16	16	–	–	–	–
Ohne Berufsangabe	–	3	1	4	10	3	3	4	3,9
Summe	100	100	100	100	100	100	100	100	100

Quelle: nach Hüls 1927, S. 69.

ten war doppelt bis dreimal so hoch wie der der Arbeiterinnen und Handwerksgehilfinnen.

Betrachtet man die Entwicklung zwischen 1918 und 1930 unter dem Gesichtspunkt geschlechtsspezifischer Differenzierung, so ist eine eindeutige und kontinuierliche Zunahme weiblicher Teilnehmer in der Abendvolkshochschule festzustellen: unter anderem verstärkte die vermehrte Berufstätigkeit von Frauen die Anforderung an deren Fort- und Weiterbildung. So stieg die Zahl der Hörerinnen in Duisburg, Essen und Düsseldorf von 1918/1920 bis 1925 von ca. 30 Prozent auf 45 Prozent an. Unter den weiblichen Teilnehmern waren die berufstätigen Frauen überrepräsentiert, wobei die weiblichen Angestellten den größten – und zudem stetig wachsenden – Anteil ausmachten, während die Beteiligung der Hausfrauen ständig abnahm. Für die Volkshochschule Dresden ergab sich dabei exemplarisch folgendes Bild: Der Anteil der Angestellten stieg von 31,4 Prozent (1919) auf 41,3 Prozent (1924) an, während derjenige der Hausfrauen von 39,4 Prozent (1919) auf 25,1 Prozent (1924) sank (Urbach S. 52).

Statistische Angaben über die schulische und universitäre Vorbildung der Hörer existieren für die Großstädte Essen und Düsseldorf. Für beide Städte kann hervorgehoben werden, dass etwa zwei Drittel der Teilnehmer lediglich den Volksschulabschluss hatten. Diese Angaben lassen sich mit Einschränkung auf viele großstädtische Volkshochschulen übertragen. Einen hohen Bildungsgrad der Teilnehmer wiesen die Beamten- und Verwaltungsstädte auf, in denen der Anteil der Angestellten und Beamten an den Hörern der Volkshochschulen besonders hoch war.

Vorbildung der Essener Hörer (in Prozent)

Semester	Volksschule	Mittelschule	Höhere Schule	Universität	Ohne Angabe	Summe
Wi. 19/20	65,5	6,5	14,7	0,7	12,6	100
So. 20	66,8	7,7	17,1	1,4	7,3	100
Wi. 20/21	71,8	5,2	16,6	1,1	5,3	100
So. 21	85,3	5,8	–	0,8	8,0	100
Wi. 21/22	82,0	4,9	10,4	1,0	1,7	100
So. 22	65,7	4,0	19,9	0,6	9,3	100
Wi. 22/23	82,5	4,9	11,7	0,9	–	100
So. 23	83,6	4,8	15,6	0,5	–	100
Wi. 23/24	72,4	4,7	18,9	0,5	–	100
So. 24	75,5	8,0	15,1	1,1	–	100
Wi. 24/25	75,5	4,4	18,6	1,2	–	100
So. 25	72,8	3,0	21,9	1,2	–	100
Wi. 25/26	82,1	5,6	11,7	0,4	–	100

Quelle: nach Hüls, 1927, S. 71.

Im Unterschied zu den Teilnehmern gibt es für die Lehrerschaft bzw. die Dozenten keine entsprechend differenzierten Angaben. In der Regel führten nebenberufliche Kräfte den Unterricht in der Abendvolkshochschule gegen ein bescheidenes Honorar durch. Die akademisch gebildeten Dozenten stellten das Hauptkontingent dar. Lehrer aus höheren Schulen bzw. Berufsschulen waren stark vertreten. In den Universitätsstädten hielten auch Universitätsdozenten und Studierende älterer

Semester Volkshochschulunterricht ab. Insgesamt kann festgestellt werden, dass auch andere akademische Berufsgruppen wie Geistliche, Ärzte, Juristen, Ingenieure, höhere Beamte, Wirtschaftler, Sozial- und Gewerkschaftsbeamte, Künstler und Literaten in den Volkshochschulen unterrichteten (Steinmetz 1929, S. 47 f.). Die Diskussion, ob in den größeren städtischen Volkshochschulen die nebenamtlichen Lehrer durch hauptamtliche ersetzt werden sollten, wurde im Zusammenhang mit der Professionalisierungsdiskussion intensiv erörtert.

Der quantitative Umfang der Volkshochschularbeit zur Zeit der Weimarer Republik lässt sich aufgrund fehlender Gesamtunterlagen nicht genau bestimmen. Allerdings lässt sich in der Entwicklung zwischen 1918 und 1933 generell feststellen, dass sehr viele der während der Volkshochschul-Euphorie ohne pädagogisches, gesellschaftstheoretisches und organisatorisches Konzept gegründeten Volkshochschulen spätestens 1923 aufgrund nachlassender Teilnehmermotivation und fehlender finanzieller Grundlage während der ersten Wirtschaftskrise und der Inflation gefährdet waren und zum Teil aufgelöst wurden. Auch das abnehmende Interesse des Staates, der Kommunen, der Parteien und der großen gesellschaftlichen Gruppen stellte die Existenz vieler Volkshochschulen infrage. Zudem wandten sich vermehrt Hörer von der Volkshochschule ab, vor allem die enttäuschten Arbeiter. Damit erging es den Volkshochschulen wie den Gewerkschaften. Die freien Gewerkschaften verloren von 1922 bis 1924 ca. 40 Prozent ihrer Mitglieder, die Mitgliederzahl sank von 7,9 auf 4,6 Millionen. Allein im Krisenjahr des Winters 1923/24 verließen drei Millionen Arbeiter und Angestellte aus Enttäuschung über ihre soziale Lage und die politische Haltung des Allgemeinen Deutschen Gewerkschaftsbundes (ADGB) die Gewerkschaftsbewegung.

Die Teilnehmerbelegungen der Abendvolkshochschule wiesen zwischen 1918 und 1933 große Schwankungen auf. Als Beispiel soll hier die Volkshochschule Hannover betrachtet werden: Hatte sie 1919 ca. 7 500 Belegungen, so begann bereits ab 1920 ein Rückgang auf 4 000 bis 6 000 Hörer. Die beginnende Wirtschaftskrise und die damit verbundene große Arbeitslosigkeit führte zu einem nachlassenden Teilnehmerinteresse. Die Zahl sank dann 1931 nochmals rapide auf ca. 2 600 (Ziegler 1971, S. 69). Eine gegenläufige Tendenz wurde in der Volkshochschule Groß-Berlin sichtbar. Sie war auf die außerordentlich aktive politische Betätigung des Leiters der Volkshochschule Groß-Berlin, *Theodor Geiger* (1891–1952), zurückzuführen sowie auf das Engagement von Verbänden und Privatpersonen, die sich zu einer »Vereinigung der Freunde der Volkshochschule Groß Berlin« zusammengeschlossen hatten (Urbach 1971, S. 38).

Generell zeigten sich sehr starke Unterschiede in der Zahl der Belegung an den verschiedenen Volkshochschulen, was die statistischen Unterlagen der Volkshochschulen Leipzig, Duisburg, Essen und Düsseldorf für die Jahre 1919/20 bis 1925 belegen (Hüls 1927, S. 64). Die Hörerzahl in Düsseldorf überstieg in den Jahren 1919 bis 1925 die in Essen und Duisburg um mehr als das Doppelte, was sich wohl aus dem stärkeren Bildungsengagement in der mehr von Angestellten und Beamten geprägten Stadt Düsseldorf gegenüber der industriellen Bevölkerung in Duisburg und Essen ableiten lässt.

Allgemein gilt, dass in der ersten Wirtschaftskrise und der Inflationszeit nicht nur die Zahl der Volkshochschulen sank, sondern auch die Belegungszahlen merklich zurückgingen, um sich nach einer Phase der Konsolidierung auf einem niedrigeren Niveau zu stabilisieren. Vergleicht man die Teilnehmerzahl mit der Einwohnerzahl der jeweiligen Städte, ist festzustellen, dass sich bis auf wenige Ausnahmen (Düsseldorf für das Jahr 1924 mit 17 125 Belegungen, Hannover für das Jahr 1919 mit 7 500 Belegungen) weniger als ein Prozent der Bevölkerung aktiv an der Volkshochschularbeit beteiligte. Hier zeigte sich ein eklatanter Widerspruch. Die Volkshochschulen hatten in der Gesamtbevölkerung zwar eine hohe Akzeptanz, aber die Beteiligung an der Bildungsarbeit stand weit dahinter zurück.

Eine zusammenfassende statistische Auswertung der Bildungsangebote der Volkshochschulen der Weimarer Republik gibt es bisher nicht. Allerdings erstellten einige Volkshochschulen damals bereits detaillierte Statistiken über die Bildungsangebote und die Teilnehmerstruktur. Beispielhaft dafür war wiederum Leipzig. Auch für Lübeck, Düsseldorf, Braunschweig, Stuttgart, Berlin, Hamburg und Dresden liegen umfangreiche statistische Angaben vor. Bereits 1932 postulierte der Leipziger Statistiker Franz Große in seiner vergleichenden Analyse über die Teilnehmer an den Volkshochschulen Leipzig und Dresden einen Zusammenhang zwischen den Bildungsinteressen der Teilnehmer und der Bildungspraxis selbst (Große 1932, S. 34 ff.).

Im Allgemeinen spiegelte die Zusammensetzung der Teilnehmer der Abendvolkshochschule nach der Phase der Konsolidierung, also nach 1924, nach dem Abklingen der anfänglichen Volkshochschul-Euphorie, wie bereits konstatiert, die soziale Struktur des Einzugsbereichs wider. Allerdings ist einschränkend anzumerken, dass die Sozial- und Bildungsprivilegierten, gemessen an ihrem Anteil an der Gesamtbevölkerung, eindeutig überrepräsentiert waren. Die generelle Zielsetzung der Volkshochschule, die Arbeiterschaft und andere bildungsfernere Schichten für die Erwachsenenbildung zu gewinnen und damit einen spezifischen Beitrag zur Chancengleichheit im Bildungssystem zu liefern, konnte deshalb nur zu einem geringeren Teil erreicht werden.

Die hier formulierten generellen Aussagen über die Teilnehmerstruktur im Hinblick auf ihre Zusammensetzung, auf ihre Bildungsvoraussetzungen und, ergänzt auch im Hinblick auf die geschlechtsspezifische Differenzierung, können statistisch im Einzelnen belegt werden, wenn auch die systematische Erforschung und Auswertung des vorhandenen statistischen Materials im Hinblick auf die Teilnehmerstruktur und die thematischen Schwerpunkte erst Mitte der Sechzigerjahre des 20. Jahrhunderts einsetzte. So gibt es eingehende Untersuchungen über die Volkshochschulen Stuttgart (Christel Pache), Berlin (Dietrich Urbach), Leipzig (Klaus Meyer), Braunschweig (Lutz Rössner) und Hannover (Charlotte Ziegler).

Die vorliegenden statistischen Angaben über die berufliche und soziale Lage sowie die Ausbildung der Teilnehmer lassen es zudem zu, die von Franz Große für Leipzig und Dresden beobachtete Tendenz unter gewissen Vorbehalten in die These zu fassen: Der Angestellte tritt an die Stelle des Arbeiters. Der besser Vorgebildete verdrängt den weniger Vorgebildeten, der Geschulte den Ungeschulten (Große 1932, S. 51). Die Ursache dafür lag in der immer mehr sichtbar werdenden Tendenz der Abendvolkshochschule, sich mehr und mehr auf Teilnehmer und Themen der Mittelschicht auszurichten. Diese Entwicklung verstärkte sich nach der Wirtschaftskrise von 1923.

Die Finanzierung der Abendvolkshochschule war, wie eingangs erwähnt, in Artikel 148,3 der Reichsverfassung geregelt. Zunächst war beim Staat, bei den Ländern und Kommunen die Bereitschaft zur – zumindest geringen – monetären Unterstützung der Volkshochschularbeit auch durchaus vorhanden, besonders in der Zeit der großen Volkshochschuleuphorie am Beginn der Weimarer Zeit. Als sich die Bevölkerung während und nach der Wirtschaftskrise bzw. Inflation, in der Zeit hoher Arbeitslosigkeit, jedoch mehr und mehr von der Erwachsenenbildung abwandte, kamen auch die Kommunen, die Länder und das Reich ihren Verpflichtungen nicht mehr angemessen nach. Die Enttäuschung der Bevölkerung darüber, dass die Erwachsenenbildung aufgrund der gesellschaftlichen Bedingungen eine Gleichberechtigung der unterschiedlichen Schichten nicht einlösen konnte, sowie die immer stärker zutage tretende soziale Polarisierung führten zu einer Entfremdung großer Teile der Bevölkerung von der Erwachsenenbildung.

Allerdings trat nach der Inflationszeit wieder eine Phase der Konsolidierung ein. Da, wo die Kommunen Träger der Volkshochschulen waren, gewährten sie neben der Bereitstellung von Räumen und technischen Ausstattungen auch finanzielle Zuschüsse, die im Wesentlichen die Defizite abdeckten. Für das Jahr 1925 können folgende Finanzleistungen der Städte an die Volkshochschulen genannt werden: die Volkshochschule Dortmund erhielt beispielsweise einen städtischen Zuschuss von 3 000 RM, Chemnitz einen in Höhe von 5 000 RM, Duisburg von 6 000 RM. Für Essen wurde sogar ein Zuschuss von 26 000 RM gewährt (Hüls, 1927, S. 35). Die hier genannten finanziellen Aufwendungen belegen das praktische Engagement für die Volkshochschulen. Für eine Beteiligung des Landes an der Finanzierung der Volkshochschulen ist beispielhaft Thüringen zu nennen, das sich im Jahr 1925/26 mit einem Zuschuss von 41 000 RM beteiligte, wobei allerdings allein die Heimvolkshochschule Dreißigacker 28 000 RM erhielt (Weitsch, Dreißigacker 1952, S. 166).

Die Phase der Konsolidierung und Stabilisierung ab 1923/24 wirkte sich auf die Bildungspraxis aus. So begann nach 1926 die pragmatische Wende der Weimarer Erwachsenenbildung, die wesentlich von der Abendvolkshochschule geprägt wurde. Sie führte zu einer Neuorientierung, die, gestützt auf bisherige Erfahrungen, die Bildungsarbeit systematisierte und effektiver gestaltete.

Eduard Weitsch, der am Beginn der Weimarer Zeit so sehr den Gesichtspunkt der didaktischen Partizipation theoretisch begründet und in die Lernpraxis umgesetzt hatte, forderte nun in dem viel beachteten Aufsatz »Der Lehrplan der Abendvolkshochschule« (1928) eine Rahmenplanung für einen Zeitraum von drei Jahren. Er betonte die Notwendigkeit einer didaktisch begründeten Auswahl von Inhalten, Themen und Methoden und ging dabei von einer Verschränkung von Teilnehmerorientierung und dem Prinzip systematischer, an Sachlogik orientierter Lernplanung aus. Der in der Phase des Neubeginns von 1918/19 völlig verdrängte Vortrag gewann gegenüber dem unstrukturierten »Rundgespräch« wieder an Bedeutung. Der auf die Arbeitsgemeinschaft fixierte Methodenmonismus wurde durch Methodenpluralität aufgelockert und schließlich ganz abgelöst.

Den Höhepunkt und Abschluss dieser Entwicklung bildete 1931 die vom »Reichsverband der deutschen Volkshochschulen« und der »Deutschen Schule für Volksforschung und Erwachsenenbildung« gemeinsam durchgeführte Veranstaltung in Prerow auf dem Darß unter dem Thema: »Grundfragen der Abendvolkshochschule«.

Ihr Ergebnis war die so genannte Prerower Formel, die in der von *Fritz Klatt* (1888–1945) geleiteten Volkshochschule Prerow von namhaften Erwachsenenbildnern wie *Theodor Bäuerle, Heinrich Becker* (1876–1933), *Erwin Marquardt* (1890–1951) und *Franz Mockrauer* (1889–1962) erarbeitet und von den Konferenzteilnehmern verabschiedet wurde. Die dritte These fasst die methodisch-didaktische Wende wie folgt zusammen: »Wie bei jeder Schule steht auch in der Abendvolkshochschule der geordnete Unterricht im Mittelpunkt. Die Abendvolkshochschule erstrebt einen planmäßigen Aufbau der Lehrgebiete, soweit die Freiwilligkeit des Besuches und der Charakter der Abendvolkshochschule es zulassen.« Es ging um die Wiederherstellung des Gesamtzusammenhanges von Inhalt und Methode. Die Tagung von Prerow bedeutete den Abschied von den neuromantischen Ideen der so genannten Neuen Richtung (die unten ausführlich behandelt wird) und die Hinwendung zu den aktuellen sozialen, beruflichen und politischen Themen der Gegenwart. Damit beendeten die Volkshochschulen ihren pädagogischen Sonderweg und legten die Ideologie der Eigenständigkeit gegenüber den anderen Bereichen des Bildungssystems ab.

In bildungspolitischer und bildungsorganisatorischer Hinsicht zeichnete sich die pragmatische Wende in dem 1927 gegründeten Reichsverband der Deutschen Volkshochschulen ab. An die Seite des elitären Hohenrodter Bundes, einer Organisation führender Erwachsenenbildungstheoretiker, die sich jährlich im Schwarzwald (Hohenrodt) trafen, trat nun diese neue repräsentative Vertretung der Volkshochschulen. Sie konstituierte sich als demokratische Interessenvertretung und gewann gegenüber den gesellschaftlichen und politischen Kräften eine besondere Legitimation mit dem Ziel, »die Arbeit der ihr angeschlossenen Verbände und Volkshochschulen zu fördern, die gemeinsamen Interessen der [...] Volkshochschule vor der Öffentlichkeit und bei den Behörden, insbesondere den Reichsbehörden, zu vertreten und die sachlichen Unterlagen für diese Aufgaben bereitzustellen« (Satzung des Reichsverbandes, beschlossen am 1. Mai 1927 in Meiningen, § 2).

Diese realistische Aufgabenstellung setzte sich auf den Volkshochschultagen durch, die nun vom Reichsverband durchgeführt wurden. Nicht mehr abgehobene theoretische Reflexion im Stil der Hohenrodter Tagungen (beginnend 1923), sondern auf die Praxis ausgerichtete Themen wurden Gegenstand der Referate und Diskussionen. So stellte die Tagung in Dresden (23. Mai bis 3. Juni 1928) die Pflichten des Reiches, der Länder und der Gemeinden gegenüber der Erwachsenenbildung klar heraus. Auch der zweite Volkshochschultag in Breslau (12. bis 15. Juni 1930) wurde vom Reichsverband der deutschen Volkshochschulen als der zentralen bildungspolitischen Repräsentation durchgeführt. Man erkannte endgültig die politische Verantwortung der Erwachsenenbildung während der sich abzeichnenden Krise der Weimarer Republik an und vollzog eine Wende von der kulturell-humanistischen zur politisch-sozialen Zielsetzung. Der Reichsverband der Deutschen Volkshochschulen ging von einer realistischen Betrachtung der Notwendigkeiten und Möglichkeiten der eigenen Arbeit aus. Der Breslauer Volkshochschultag war gekennzeichnet durch eine nüchterne Analyse der Situation der Zeit. Die realistische Tendenz kam in den zentralen Diskussionspunkten deutlich zum Ausdruck:

- Differenzierung des Bildungsauftrages der Volkshochschulen
- Finanzierung der Volkshochschulen.

Die zentrale Themenstellung des Breslauer Volkshochschultages belegt nachdrücklich, in welchem Maße die Volkshochschulen bereit waren, sich den aktuellen politischen Themen zu stellen. Die »Wendung zur konkreten Aufgabenstellung« zeigte die politisch-soziale Neuorientierung der Volkshochschulen im Leitthema: »Wie kann die Volkshochschule fürs öffentliche Leben bilden?« (Lotze 1930, S. 9–13 und Mockrauer 1930, S. 276–283)

Die Volkshochschulen wurden, wie gesagt, von der wirtschaftlichen und politischen Krise zwischen 1929 und 1933 hart getroffen, denn die Weltwirtschaftskrise blieb nicht ohne Auswirkungen auf die Existenzgrundlage des quartären Bildungsbereichs. Es rächte sich nun, dass die Volkshochschulen und die Erwachsenenbildung es versäumt hatten, eine institutionelle staatliche Förderung durchzusetzen. Deshalb wurde die Erwachsenenbildung teilweise schon allein durch finanzielle Restriktionen in ihrem Bestand bedroht.

Besonders gefährdet war die liberal-demokratische Volksbildung aber durch den aufkommenden Nationalsozialismus. Von Seiten der immer einflussreicher werdenden Rechtsparteien wurde jede Möglichkeit genutzt, die demokratische Erwachsenenbildung auf dem Wege von Mittelsperrung und Mittelkürzung in die Knie zu zwingen. So verkündete der nationalsozialistische Innen- und Volksbildungsminister Thüringens, *Wilhelm Frick* (1877–1946), sofort bei seiner Amtsübernahme 1930, dass er nur die Institutionen zu fördern gedenke, die sich dem nationalsozialistischen Geist verpflichtet fühlten. Er kündigte sofort die Mittel für die thüringischen Volkshochschulen und die sozialistische staatliche Heimvolkshochschule Schloß Tinz (A. Siemsen 1930, S. 335–338). Demgegenüber wurden Einrichtungen, die der nationalsozialistischen Ideologie nicht fern standen, wie die Heimvolkshochschulen bzw. Bauernhochschulen Berka und Neutiedendorf, besonders gefördert.

Die Erwachsenenbildung stellte sich angesichts dieser instabilen und bedrohlichen politischen und wirtschaftlichen Situation auf die neuen Schwierigkeiten ein. Sie versuchte, vor allem dem Problem der Massenarbeitslosigkeit entgegenzuwirken, wenn auch mit unzulänglichen Mitteln.

Unter dem Druck der sozialen Verhältnisse vollzog die Abendvolkshochschule eine »sozialpolitische Wende«. Sie übernahm Aufgaben des Freiwilligen Arbeitsdienstes (FAD). Dabei versuchten führende Theoretiker der Erwachsenenbildung wie Wilhelm Flitner, Theodor Bäuerle und Eugen Rosenstock-Huessy den Arbeitsdienst mit den erzieherischen Intentionen der Volksbildung in Übereinstimmung zu bringen. Dabei zeigten sich terminologische und ideologische Annäherungen an den herrschenden Zeitgeist, wenn etwa Bäuerle in dem Arbeitsdienst den ernsthaften Versuch sah, »dem Gedanken der Volksgemeinschaft und der gemeinsamen Verpflichtung gegenüber Volk und Vaterland den Vorrang gegenüber den zersetzenden und auflösenden Kräften zu geben« (Bäuerle 1932, S. 256).

Die Auseinandersetzung mit dem beginnenden Nationalsozialismus bestimmte seit 1930 mehr und mehr die bildungspolitische und bildungstheoretische Diskussion in der Erwachsenenbildung. Dabei wurde deutlich, dass es neben der radikalkritischen Ablehnung des Nationalsozialismus von Seiten der sozialistischen Erwachsenenbildner und von großen Teilen der liberal-demokratischen Volksbildner auch ambivalente Positionen gab, so z. B. einiger Repräsentanten der liberal-demokratischen Erwachsenenbildung, wie Theodor Bäuerle, Eduard Weitsch und *Fritz Laack* (1900–1990) *(vgl. Kapitel V)*.

Aufgrund ihrer demokratischen Orientierung setzte sich die Abendvolkshochschule jedoch insgesamt entschieden und kritisch mit dem aufkommenden Nationalsozialismus auseinander. Und deshalb war es konsequent, dass die Volkshochschulen wie andere demokratisch ausgerichtete Institutionen der Erwachsenenbildung bald Angriffen der Nationalsozialisten ausgesetzt waren. Sie wurden nach der Machtübernahme der NSDAP schließlich entweder aufgelöst oder »gleichgeschaltet«, wiewohl nicht alle Praktiker und Theoretiker die Konsequenzen der nationalsozialistischen Machtübernahme 1933 sofort erkannten und etwa der Reichsverband der Deutschen Volkshochschulen unter der Leitung von *Alfred Mann* (1889–1937) noch 1933 vereinzelte Versuche einer taktischen Annäherung unternahm.

Im Ganzen lässt sich feststellen: Die Abendvolkshochschule war die Institution der Weimarer Zeit, die tendenziell auf Demokratisierung ausgerichtet war. Die Demokratisierungstendenzen wurden wesentlich geprägt durch die gesellschaftliche und didaktische Konzeption der Neuen Richtung *(s. u.)*. Dieser Ansatz war zentral geprägt durch den Begriff der Arbeitsgemeinschaft *(s. u.)*. Eine Arbeitsgemeinschaft umfasste zwei Dimensionen, zum einen eine gesellschaftstheoretische und zum anderen eine pädagogisch-didaktische. Der gesellschaftstheoretische Ansatz zielte darauf ab, eine die verschiedenen Schichten des Volkes umfassende Volksgemeinschaft zu bilden. Neben diesem gesellschaftstheoretischen und volksideologischen Aspekt war besonders die zweite Dimension von besonderer Bedeutung. »Arbeitsgemeinschaft« bedeutete einen didaktischen und pädagogischen Innovationsansatz für die gesamte Volksbildungsbewegung. Damit war die intensive Bildungsarbeit unter gleichberechtigter Mitwirkung der Teilnehmer an der Planung, Durchführung und Auswertung der pädagogischen Arbeit gemeint. In diesem Ansatz kam in der pädagogischen Theorie und in der Praxis der Bildungsarbeit zugleich die demokratische Grundorientierung der Weimarer Erwachsenenbildung zum Ausdruck.

Die Abendvolkshochschule war damit die bedeutendste Institution der Erwachsenenbildung der Weimarer Zeit und das institutionelle Zentrum innerhalb des gesamten quartären Bildungsbereichs. Die Volkshochschule war unter den Gesichtspunkten tendenzieller Vergesellschaftung, Verwissenschaftlichung und Professionalisierung am weitesten fortgeschritten. Darüber hinaus beeinflusste sie auch die Entwicklung der Erwachsenenbildung nach 1945 am nachhaltigsten. Sie war die Institution, die innerhalb des breiten politischen und weltanschaulichen ideologischen Spektrums des Gesamtsystems der Erwachsenenbildung eine mittlere, liberal-demokratische Position einnahm. Dies resultierte auch aus ihrem Anspruch, für alle Bevölkerungskreise offen zu sein und so die Pluralität der Anschauung in sich selbst zu repräsentieren.

3.2 Die Heimvolkshochschulbewegung

Die Heimvolkshochschulen verstanden sich als ein Teil der Volkshochschulbewegung insgesamt, obwohl sich ihre soziologische, ihre institutionell-organisatorische und pädagogisch-didaktische Struktur in wesentlichen Punkten von der städtischen

Abendvolkshochschule unterschied. Während die Abendvolkshochschule sowohl Elemente der liberalen Volksbildungsarbeit als auch der dänischen Volkshochschulbewegung vereinte, war der dänische Einfluss auf die deutsche Heimvolkshochschulbewegung konstitutiv. Trotz dieser einheitlichen, mehr romantisch-konservativ geprägten dänischen Tradition umfasste die Heimvolkshochschulbewegung der Weimarer Zeit in ihrer politisch-gesellschaftlichen, weltanschaulich-ideologischen als auch religiösen Ausprägung einen weiten Spannungsbogen. Er reichte von sozialistischen bis hin zu konservativen, über völkisch-nationale bis hin zu rassistisch-völkischen Richtungen.

Die Heimvolkshochschule war geprägt durch die Einheit von Lernen und Leben. Schüler und Lehrer lebten gemeinsam im Heim und verstanden sich als eine gleichberechtigte Lerngemeinschaft. Längere Kurse von mindestens drei Monaten waren in der Ausgangsphase der Heimvolkshochschule vorherrschend. Ein weiteres, wenn auch nicht für alle Heimvolkshochschulen zutreffendes Merkmal war die Tatsache, dass die Heimvolkshochschulen einen Teil ihrer Substitutionsgrundlagen selbst erarbeiteten, häufig durch landwirtschaftliche Betätigung. Insofern kann man von einer Trias von Lernen, Leben und Arbeit sprechen.

Der geistige Urheber und Initiator der Heimvolkshochschulidee und der Heimvolkshochschulbewegung war der dänische Bischof *Nicolai Frederik Severin Grundtvig* (1783–1872), der in den Jahren 1815 bis 1821 die Grundkonzeption entwarf. Seiner Heimvolkshochschulidee lag eine sowohl national-romantische als auch eine antirationalistische, antihumanistische und antiaufklärerische Komponente zugrunde. Dem Verlust einer nordeuropäischen Großmachtstellung während der Napoleonischen Ära, dem wirtschaftlichen und politischen Niedergang Dänemarks sollte eine geistige Erneuerung des Volkes entgegengesetzt werden. Durch die Erinnerung an die große dänische Vergangenheit im Sinne der »Weckung«, der Rückbesinnung auf die dänische Sprache und die dänische Geschichte sollte Dänemark seine Gegenwart und seine Zukunft neu gestalten. Die Erziehung zum politischen Bewusstsein und zu politischer Tätigkeit sollte verbunden werden mit der Vermittlung eines die emotionalen Kräfte ansprechenden National- und Geschichtsbewusstseins. Für Grundtvig bildete die Geschichte die Grundlage der Wissenschaft, sie sei das wahrhaft »Reale« (Weniger 1964, S. 187). Auch die persönliche Lebensgeschichte des Einzelnen war seiner Auffassung nach eingebettet in die Stufen der Weltgeschichte. Universalgeschichte diene so zur Erklärung der Welt und zur Aufklärung über das Leben des Volkes wie des Einzelnen. Die Auseinandersetzung mit der Geschichte sei somit die intensivste Form der eigenen Persönlichkeitsbildung. Der bürgerlichen Wissenschaft und Gelehrsamkeit setzte Grundtvig die »wirkliche Aufklärung über das im Augenblick gegenwärtige Leben« gegenüber. Die gesellschaftliche Praxis und die Lebenserfahrung des Teilnehmers sollte den Bildungsprozess bestimmen (Grundtvig 1927, S. 59).

Grundtvigs Geschichtstheorie stand der bürgerlichen Wissenschaft und Gelehrsamkeit gegenüber. Die »natürliche und volkstümliche« Aufklärung, die sich von der französischen Aufklärung eines Voltaire und Diderot abheben sollte, gründet in der »Geschichtlichkeit des Daseins«. Die Grundlage der wahren historischen Aufklärung, deren Aufgabe es sei, die irrationale Tiefe der menschlichen Existenz sichtbar zu machen, sei eine neue Wissenschaft, die »alleine um des Lebens, des

Menschenlebens Willen da ist«. In dieser Konzeption spielte das »lebendige Wort«, die Rede gegenüber dem Buch wieder die entscheidende Rolle.

Grundtvig entwickelte seine Volksbildungslehre besonders in seiner »Mythologie des Nordens oder die Sinnbildsprache« aus einem umfassenden geistesgeschichtlichen Zusammenhang. Zugleich jedoch setzten seine programmatischen Überlegungen an den konkreten politischen, kulturellen und ökonomischen Anforderungen seiner Zeit an. So wandte er sich entsprechend seiner bildungs- und lerntheoretischen Konzeption von der Seelenlehre der Adoleszenz an die dänische Jugend, besonders auf dem Lande, die in mehrmonatigen Internatskursen für diese nationale Aufgabe und zugleich für ihre berufliche Entwicklung vorbereitet werden sollte.

Innerhalb eines ganzheitlichen Bildungssystems sollte die Heimvolkshochschule im Rahmen einer Dreiheit von wissenschaftlicher, religiöser und staatspolitischer Bildung als eine Institution entwickelt werden, die gleichberechtigt neben die Gelehrten- und Kirchenschule trat. Ihre besondere Stellung als staatsbürgerlich-demokratische Einrichtung sollte dadurch hervorgehoben werden, dass sie frei von staatlicher und kirchlicher Aufsicht ihre politische und pädagogische Aufgabe in geistiger Autonomie wahrnehmen solle. Die Umsetzung der Grundtvigschen Konzeption in die Praxis vollzog sich im Kontext der politischen Entwicklung in Dänemark.

Die Grundtvig-Rezeption in Deutschland begann in den Neunzigerjahren des neunzehnten Jahrhunderts. Die verschiedenen Motive und Perspektiven Grundtvigs lassen sich als Beitrag zur Wohlfahrtspflege, zur Frauenbildung und als entscheidende Grundlage im Kontext der deutschen Fortbildungsdiskussion verstehen (Vogel 1994). Zunächst waren bildungspraktische und sozialpolitische Motive für die Grundtvig-Rezeption ausschlaggebend. Bereits Ende des 19. Jahrhunderts begann eine intensive pädagogisch-wissenschaftliche Rezeptionsanalyse. Zu den Theoretikern, die den Boden für Grundtvig und seine Volkshochschulidee bereitet hatten, gehörte der Wiener Geologieprofessor und Förderer der »volkstümlichen Hochschulkurse«, *Eduard Reyer* (1849–1914). Vor allem der in Jena lehrende Pädagogikprofessor *Wilhelm Rein* (1847–1929) leitete durch mehrere Publikationen über die dänische Volkshochschule eine intensive Diskussion auch in akademischen Kreisen ein.

Das institutionelle Forum zur Auseinandersetzung mit Grundtvig sowie zur Erörterung der institutionellen Grundlagen der dänischen Volkshochschule bildete die 1891 gegründete Comenius-Gesellschaft. Insbesondere deren Vorsitzender *Ludwig Keller* (1849–1915) trug viel dazu bei, die Bedeutung der Volksbildung für das gesamte Bildungssystem ins allgemeine Bewusstsein zu heben. Er stellte in einer vergleichenden Analyse der dänisch-skandinavischen Volkshochschulbewegung einerseits und der englischen *Residential Colleges* am Beispiel des *Working Men's College* andererseits die Frage nach einer adäquaten Form nachschulischer Bildung in Deutschland. Mit einer ähnlichen Zielsetzung initiierte der Berliner Professor *Martin Hartmann* (1851–1918) in den »Mitteilungen der Comenius-Gesellschaft« eine systematische Auseinandersetzung mit Grundtvig und seiner Idee. Die intensiven theoretischen Diskussionen innerhalb der Comenius-Gesellschaft führten schließlich zu einem ersten Plan zur Errichtung einer deutschen Volkshochschule, der allerdings nicht realisiert werden konnte, weil er keine hinreichende ideelle Unterstützung in breiteren Kreisen und keine finanziellen Mitteln gewinnen konnte.

Um die Jahrhundertwende vollzog sich mit den ersten Dissertationen über die Ideen Grundtvigs eine neue Stufe der Theoriediskussion, die zugleich Auskunft gab über den damaligen wissenschaftlichen Stand zu Fragen der Volksbildung in Deutschland. Zu Beginn des 20. Jahrhunderts wurden vor dem Hintergrund der vorangegangenen theoretischen Auseinandersetzungen im deutsch-dänischen Grenzgebiet in rascher Folge die ersten Heimvolkshochschulen gegründet. Allerdings zeigt eine genaue Analyse, dass man nicht von einem durchgängigen einheitlichen Profil sprechen kann: Jede Institution hatte ihr eigenes Gesicht. Die Heimvolkshochschulgründungen Tingleff (1905), Albersdorf (1906), Mohrkirch-Osterholz (1907) und Norberg (1910) hatten die primär national-kulturelle Funktion, die deutsche Sprache und Kultur gegenüber dem dänischen Einfluss zu verteidigen. Wegen ihrer begrenzten pädagogischen, bildungspolitischen und gesellschaftlichen Zielsetzungen können sie jedoch nicht ohne Einschränkung als genuine Formen einer Heimvolkshochschule nach dänischem bzw. Grundtvigschem Beispiel angesehen werden. Diese bildeten sich erst in der Weimarer Zeit heraus.

Eine neue Stufe der theoretischen Auseinandersetzung mit der Grundtvigschen Heimvolkshochschule in Deutschland begann erst im Jahre 1909 mit dem Buch *Anton Heinrich Hollmanns* (1876–1936) über die »Dänische Volkshochschule und ihre Bedeutung für die Entwicklung einer völkischen Kultur in Dänemark« (Berlin 1909). Sowohl Hollmanns demokratietheoretischer Ansatz (die zweite Auflage 1919 erschien unter dem Titel »Die Volkshochschule und die geistigen Grundlagen der Demokratie«) als auch seine zivilisationskritische Zielsetzung ließen sich in die Gesamtkonzeption der »Neuen Richtung« integrieren, denn der Einfluss Grundtvigs und der dänischen Volkshochschule zu Beginn der Weimarer Epoche entsprang den »überraschenden Analogien zu der geistigen Lage nach der Novemberrevolution« (Weniger 1964, S. 172).

Den entscheidenden Beitrag zur theoretischen Fundierung und praktischen Umsetzung der Grundtvigschen Heimvolkshochschulidee leistete *Eduard Weitsch* (1883–1953). 1919 erschien in Jena sein Buch »Zur Sozialisierung des Geistes«, das für die deutsche Heimvolkshochschulbewegung bestimmenden Einfluss erlangte. Wie Grundtvig wandte sich auch Weitsch an die dem »Schönen und Großen« aufgeschlossene Jugend mit dem Ziel, ihren Idealismus so zu vertiefen und zu festigen, dass sie fähig werde, mit einer solchen »hieb- und stichfesten idealistischen Schulung den Realitäten des Lebens ein kräftiges ›Trotzdem‹ entgegenzusetzen« (Weitsch 1919, S. 22). In der residentialen Heimvolkshochschule, die Lehrer und Schüler über einen Zeitraum von drei bis sechs Monaten in eine Lern- und Lebensgemeinschaft zusammenführte, sah Weitsch die intensivste und lebensprägende Form der Erwachsenenbildung.

Der Aufbau der Heimvolkshochschulen vollzog sich langsamer und kontinuierlicher als der der Abendvolkshochschulen. Während der Gründungsboom für die städtischen Abendvolkshochschulen in das Jahr 1919 (135 Volkshochschulgründungen) fiel, wurde ein Großteil der 1927 statistisch erfassten 52 Heimvolkshochschulen erst in der Phase der Konsolidierung der Volkshochschulbewegung nach 1923/24 begründet: Das »Archiv für Volksbildung« im Reichsministerium des Inneren enthält im Bericht vom April 1927 die folgende tabellarische Übersicht über das Gründungsjahr, über die Verteilung auf die Länder und die verschiedenen Richtungen der Heimvolkshochschulen:

Gründungsjahr		Länder		Richtung	
Bis 1916	2 +	Anhalt		Neutral	9
1918	1	Baden		Evangelisch	32
1919	3	Bayern	3	Katholisch	2
1920	5	Braunschweig	1	Sozialistisch	3
1921	4	Bremen		<deutsch>	13*
1922	3	Hamburg		Ohne Angabe	9
1923	5	Hessen			
1924	7	Lübeck			
1925	15	Mecklenburg	1		
1926	9	Oldenburg	1		
1927	3	Preußen	31		
1928		Sachsen	9	* 9 Schulen sind auch unter »evangelisch« geführt.	
Unbekannt		Thüringen	7		
		Waldeck	1		
+ bis 1913		Württemberg	3		
Bestand	57		57		68

Unter soziologischen Gesichtspunkten sind zwei Heimvolkshochschultypen zu unterscheiden: erstens die Heimvolkshochschule, die zwar auf dem Lande gelegen war, die sich aber vor allem an städtische Arbeiter und Angestellte wandte, zweitens die Heimvolkshochschule mit einer überwiegend ländlich-bäuerlichen Teilnehmerschaft.

In weltanschaulich-ideologischer und gesellschaftspolitischer Hinsicht unterschied sich die Heimvolkshochschule der Weimarer Zeit wesentlich von der Abendvolkshochschule. Diese, die Institution der so genannten »ungebundenen« Erwachsenenbildung, entzog sich weitgehend dezidierter gesellschaftlicher, parteipolitischer und konfessionell-weltanschaulicher Entscheidung und verstand sich bis auf profilierte Ausnahmen wie Leipzig und Essen im Wesentlichen als eine für alle offene Einrichtung der Erwachsenenbildung. Sie kann daher entsprechend der Auffassung der Neuen Richtung in der Grundorientierung als liberal-demokratisch charakterisiert werden. Die Heimvolkshochschulen hingegen waren weitgehend von Interessengruppen, auch kirchlichen Organisationen, getragen und zeigten eine starke Identifikation mit der jeweiligen Trägerorganisation und deren politischen, weltanschaulichen und religiösen Überzeugungen.

Den zwei Haupttypen korrespondierten bestimmte ideologische Ausrichtungen. Heimvolkshochschulen mit städtischer Hörerschaft waren überwiegend der so genannten neutralen, d. h. keiner Partei und Weltanschauung verpflichteten Volkshochschulrichtung zuzuordnen. Zu den prominentesten Vertretern dieser neutralen, liberal-demokratischen, das politische System der Weimarer Demokratie stützenden Einrichtungen gehörten die Heimvolkshochschulen »Dreißigacker« (Leitung: Eduard Weitsch) und »Schloß Sachsenburg« unter der Leitung von *Franz Angermann* (1886–1939).

Von dieser *liberal-demokratischen Heimvolkshochschulrichtung* mit städtischer und industrieller Teilnehmerschaft grenzte sich die dezidiert *sozialistisch* ausgerichtete staatliche Heimvolkshochschule Schloss Tinz bei Gera ab. Sie knüpfte bewusst an die Tradition sozialistischer Erwachsenenbildung an. Den größten Einfluss auf sie hatten am Beginn der Weimarer Zeit die USPD und die KPD *(s. u.)*, aber im Laufe der Jahre nahm der Einfluss der Mehrheitssozialdemokraten zu (Sozialdemokratische Bildungsarbeit). Der Idee der Volksgemeinschaft setzte man in Tinz die Konzeption einer sozialistischen Gesellschaft entgegen mit dem Ziel, der »Arbeiterklasse zur Gestaltwerdung zu verhelfen«. Der wissenschaftliche Sozialismus bildete die Grundlage des Lehrplanes mit den Hauptfächern Ökonomie und Geschichte. Die Heimvolkshochschule Schloss Tinz, die sich als eine Elementarschule des Sozialismus verstand, wurde zunächst von allen Richtungen der Arbeiterbewegung mitgetragen. Sie wurde am 1. April 1923 mit Berücksichtigung ihrer sozialistischen Ausbildungsziele dem thüringischen Volksbildungsministerium Weimar unterstellt und zunächst von *Alfred Braunthal* (1897–1980), ab 1929 von *Erich Winkler* (1900–1966) geleitet.

Eine *christlich-sozialistische* Prägung zeigte die Heimvolkshochschule Habertshof. *Emil Blum* (1894–1978), der Leiter des Habertshofes, arbeitete in seiner viel beachteten Schrift »Arbeiterbildung als existentielle Bildung« (1935) die Erfahrung seiner Bildungsarbeit theoretisch auf, die sich sowohl an *Paul Tillichs* (1886–1965) christlichem Sozialismus als auch an den bildungstheoretischen Ansätzen von Marx und Pestalozzi zu orientieren versuchte: als ein Beitrag zu einem »idealen Humanismus«, der sich grundlegend vom klassischen Humanismus abheben wollte. Die Heimvolkshochschulen des *ländlich-bäuerlichen Typs* waren durchgängig konservativ ausgerichtet. Ihr weltanschauliches Spektrum reichte von der reaktionär-völkischen bis zur konservativ-protestantischen und nationalen Richtung. Antidemokratische Tendenzen bestimmten weitgehend die ideologische Grundorientierung der ländlichen Heimvolkshochschulen und der so genannten Bauernhochschulen. Hierarchisch-ständische, christlich-traditionalistische und völkisch-rassistische Elemente prägten mit antiemanzipatorischer Tendenz die pädagogische Arbeit. Dem Prinzip der Mündigkeit der Teilnehmer, das zur pädagogischen Maxime der Neuen Richtung wurde, stand die Leitidee von Unterordnung und Gefolgschaft diametral entgegen. Der Siedlungs- und Missionsgedanke war für viele Bauernhochschulen konstitutiv.

Bruno Tanzmann (1878–1939) propagierte den Typus der *völkisch-rassistischen* und antisemitischen Heimvolkshochschule in seiner »Denkschrift zur Begründung einer deutschen Volkshochschule« (Dresden 1917) und setzte sie in der Heimvolkshochschule Hellerau bei Dresden in die Praxis um. In dem im Jahre 1924 gegründeten »Bund Artam«, in dem sich die kruden politischen Vorstellungen manifestierten, kam der präfaschistische Charakter dieser Richtung, der weitere Heimvolkshochschulen im östlichen Grenzgebiet ideologisch nahe standen, zum Ausdruck (Brenner 1940, S. 151 ff.). Seine Bildungsarbeit verstand Tanzmann auch als »volkstums-verteidigende Siedlungsarbeit« unter der Parole »Nach Ostland wollen wir reiten«. Die Fichte-Hochschulen, als deren Prototyp die 1917 in Hamburg gegründete Fichte-Hochschule betrachtet werden kann, sowie die Arndt-Hochschule in Berlin bildeten im Hinblick auf die konservativ-völkische Grundorientierung das städtische Pendant zu den völkischen Bauernhochschulen und Grenzlandschulen in den ländlichen Regionen.

Die *protestantisch-nationale* Richtung vereinigte theoretische Versatzstücke der Lebensphilosophie, der Kulturkritik sowie Vorstellungen der Jugendbewegung mit denen der missionarisch orientierten Dorfkirchenbewegung (Georg Koch, Hans von Lüpke, Paul Störner) und der Kulturarbeitsbewegung (Heinrich Sohnrey) zu einem ideologischen Konglomerat. Die Heimvolkshochschule Hermannsburg in Niedersachsen und die Weissacher Volksbildungsschule, die den seltenen Typ der Halbtagsheimvolkshochschule darstellten, sind Beispiele für dieses Modell.

Unter den *konservativ-konfessionellen* Heimvolkshochschulen nahmen die wenigen katholischen (das Leohaus in Seehof am Kochelsee und das Bernhard-Strehler-Haus in Neisse, Schlesien) eine gewisse Sonderstellung ein. Paul Steinmetz hebt ihre starke soziale und religiös-ethische, sich auf liturgische Tradition berufende Ausrichtung hervor (Steinmetz 1929, S. 126 f.).

Die pädagogische Praxis in den Heimen war wesentlich mitbestimmt von der soziologischen Struktur der Teilnehmerschaft sowie deren weltanschaulich-ideologischen Prägung. In den neutralen Heimvolkshochschulen war das Prinzip der Teilnehmerorientierung vorherrschend. Ausgehend von den Interessen der Schüler legten Schüler und Lehrer Lerninhalte und Lernverfahren im Sinne von Lebensnähe und der Aktualität in gemeinsamen Lehrplansitzungen fest. Für jeden Kurs wurde ein eigenständiges offenes Curriculum erarbeitet. Die seminaristische Form der Arbeitsgemeinschaft bzw. des Sokratischen »Rundgesprächs« (Weitsch) bildete den methodischen Kern der Arbeit.

Demgegenüber orientierten sich die »gebundenen« Heime stärker am Stoffplan. In den protestantisch-nationalen Heimen nahmen die Fächer Deutsch, Geschichte und Religion eine zentrale Stellung ein, während in den ländlich-bäuerlichen Heimvolkshochschulen der Elementarunterricht und der auf die berufliche Qualifikation ausgerichtete Lehrplan eine stärkere Rolle spielte. Gegenüber der mehr partizipativen Unterrichtsgestaltung in den liberal-demokratischen Heimen war in den gebundenen Heimen eine klare Lehrerzentrierung erkennbar. Der Vortrag dominierte gegenüber aktivierenden Unterrichtsformen.

Auch die Heimgestaltung unterschied sich in den verschiedenen Heimvolkshochschultypen. Während in den liberal-demokratischen Heimvolkshochschulen das Prinzip der Selbstbestimmung nicht nur für den Unterricht, sondern auch für die Gestaltung des Heimlebens insgesamt Geltung hatte (Funktion der so genannten »Hausparlamente«), zeigte sich bei den konservativen Heimvolkshochschulen, vor allem bei den völkisch-nationalen, eine klare Ausrichtung an dem autoritären »Führer-Gefolgschafts-Prinzip« (Steinmetz 1929, S. 94).

Die Finanzierung der Heimvolkshochschulen war sehr unterschiedlich. Sie hing weitgehend von der Trägerstruktur und den sie unterstützenden gesellschaftlichen, weltanschaulichen und religiösen Gruppen ab. Die »gebundenen« Heimvolkshochschulen wurden von konfessionellen und berufsständischen Organisationen sowie von Kreis-, Landes- und Provinzialverwaltungen unterstützt. Der evangelische Pressverein und der Verein für innere Mission standen den protestantisch-nationalen Heimvolkshochschulen nahe und unterstützten diese. Die deutsch-völkischen Heimvolkshochschulen, aber auch die protestantisch-nationalen erhielten häufig finanzielle Zuwendungen vom Landbund, vom Landjugendbund und von Landwirtschaftskammern.

Demgegenüber waren die neutralen Heime auf Eigenfinanzierung bei eventuellen staatlichen Zuschüssen angewiesen. Eine Ausnahme war die großzügige Finanzierung des Landes Thüringen für die Heimvolkshochschule Dreißigacker *(s. o.)*. Neben dem Schulgeld, das zwischen 25 und 75 RM pro Monat für die einzelnen Heime schwankte – in manchen ländlichen Heimvolkshochschulen konnte auch mit Naturalien gezahlt werden –, bildeten häufig die Erträge aus gemeinsam bewirtschafteter Landwirtschaft, die zu den meisten Heimvolkshochschulen gehörte, das ökonomische Fundament.

Die Heimvolkshochschulen können schon wegen ihrer begrenzten Kapazität (in der Regel maximal 30 Schüler) nicht als »Massenbildungsinstitutionen« verstanden werden. Vielmehr sprachen sie die sozialen Eliten an, die bereit waren, große persönliche Opfer zu bringen. So wandte sich Eduard Weitsch an die »sauerteiglich weiterwirkenden Führer«, die »besten Kräfte, [. . .] die das Zeug dazu haben, Führer in ihrem Kreise zu sein, und sie (d. h. die Volkshochschule, d. V.) muß sich nach solchen umsehen, die den größten Radius des Weiterwirkens versprechen« (Weitsch 1919, S. 27).

Gemäß der Grundtvigschen Konzeption sprach Eduard Weitsch die engagierte Jugend an. Dies geht auch aus den vorhandenen Statistiken über die Alterszusammensetzung hervor, die weitgehend homogen war. Am stärksten war die Gruppe der 18- bis 24-Jährigen vertreten. Teilnehmer über 30 bildeten die Ausnahme. Die statistischen Angaben über die Altersstruktur der Schüler der Heimvolkshochschule Dreißigacker für den 10. bis 13. Kurs können als repräsentativ gelten.

	10. Kurs	11. Kurs Frauenkurs	12. Kurs	13. Kurs
unter 18 Jahren	1	2	–	–
18–20	9	8	9	2
20–22	7	6	8	7
22–24	11	1	4	4
24–26	2	1	6	1
26–28	2	3	2	3
28–30	–	1	–	3
über 30	–	2	–	–

Quelle: Weitsch, nach Olbrich, 1972, S. 115.

Die soziale und berufliche Differenzierung der Heimvolkshochschüler entsprach, was die städtischen Heimvolkshochschulen anbelangt, weitgehend der Teilnehmerstruktur der großstädtischen Abendvolkshochschulen. Allerdings ist bei den Heimvolkshochschulen generell ein etwas höherer Anteil an Arbeitern nachweisbar, insbesondere bei der sozialistischen Heimvolkshochschule Schloss Tinz. Auch die Berufsstruktur der weiblichen Teilnehmer (es fanden getrennte Kurse für Frauen und Männer statt) entsprach in etwa der der Abendvolkshochschulen. Der Anteil der Angestellten war relativ hoch. Die sieben Kurse für männliche Teilnehmer und die drei Kurse mit Teilnehmerinnen ergaben für die Heimvolkshochschule Dreißigacker folgendes Bild:

Berufssoziologische Zusammensetzung der männlichen und weiblichen Teilnehmer der Heimvolkshochschule Dreißigacker

männl. Teilnehmer	204	weibl. Teilnehmer	76
Gelernte Fabrikarbeiter	67	Haushilfe	4
Ungelernte Fabrikarbeiter	11	Haustochter	10
Bergarbeiter	23	Arbeiterin	4
Handwerker	22	Verkäuferin	3
Schriftsetzer und Drucker	21	Kontoristin	29
Büroarbeiter	2	Buchhalterin	5
Lagerist	1	Post- und Telegrafenbeamtinnen	3
Kaufm. Angestellter	35	Gelernte Näherin	10
Verwaltungsgehilfe	3	Kunstgewerblerin	1
Techniker und Zeichner	3	Schülerin	1
Landwirte	2	Krankenpflegerin	2
Optiker	1	Ehefrau	2
Retuscheur	1	Wirtschafterin/selbstständige Berufe	2
Gärtner, Schornsteinfeger, verschiedene Berufe	9		
Maler und Kunstschüler	2		
Student	1		

Quelle: Weitsch, in Olbrich, 1972, S. 113.

Bei den ländlichen Heimvolkshochschulen zeigte sich die durchgehende Tendenz, dass bis zu 90 Prozent der Teilnehmer der bäuerlichen Berufsgruppe zuzurechnen waren, wobei neben Söhnen und Töchtern von Groß- und Mittelbauern besonders in Westfalen, Hannover und Süddeutschland – entsprechend der Wirtschaftsstruktur dieser Regionen – auch »Heuerlinge, Halbbauern und Abbauern« stark repräsentiert waren. Als Beispiele sei hier auf Hermannsburg und Mohrkirch-Osterholz verwiesen: So befanden sich unter den Teilnehmern in Hermannsburg zu 90 Prozent Söhne von Bauern und nur zehn Prozent Söhne von Handwerkern. Auch in Mohrkirch-Osterholz kamen 90 Prozent der Teilnehmer aus bäuerlichen Betrieben, vier Prozent hatten Lehrer zu Vätern, und drei Prozent entstammten gewerbetreibenden Familien.

Unter quantitativen Gesichtspunkten fiel die Heimvolkshochschularbeit gegenüber der Bildungsbreite der Abendvolkshochschule kaum ins Gewicht. Für alle Heimvolkshochschulen der Weimarer Zeit zusammen können etwa 25 000 Teilnehmer hochgerechnet werden. Dreißigacker, das von 1920 bis 1933 insgesamt 22 Kurse mit durchschnittlich 28 Teilnehmern durchführte, hatte ca. 650 Teilnehmer. Dennoch war der Einfluss der Heimvolkshochschule auf die Gesamtentwicklung der Weimarer Erwachsenenbildung sehr groß, denn die Heime boten die Voraussetzungen für eine intensive pädagogische Arbeit, besonders im Hinblick auf didaktische und methodische Innovationen. Die weitgehend professionalisierte Heimleitung und die fest angestellten Dozenten hatten viel eher die Möglichkeit, eigene pädagogische Erfahrungen didaktisch auszuwerten als die fast ausschließlich nebenamtlichen Kräfte der Abendvolkshochschule. Schon aus den zahlreichen erwachsenenpädagogischen Publikationen, die aus der Arbeit der Heimvolkshochschulen hervorgingen, ergaben sich viele didaktische und bildungspolitische Anregungen für die Erwachsenenbildung der Weimarer Zeit.

Eine Epochen übergreifende Betrachtung ergibt folgendes Bild: Ein Teil der ländlichen Heimvolkshochschulen, besonders die so genannten Bauernhochschulen, ließen sich relativ bruchlos in die nationalsozialistische Erwachsenenbildung integrieren, während sich nicht wenige Heimvolkshochschulen wegen ihres demokratischen Charakters anfangs der Gleichschaltung widersetzten und deshalb aufgelöst wurden. So gab es in der Gesamtentwicklung zwischen 1918 und 1933 einerseits und der Zeit nach 1945 andererseits keine Kontinuität für alle Richtungen der Heimvolkshochschulen.

Nach 1945 konnte die Heimvolkshochschulbewegung, besonders in Niedersachsen, zu einem Teil an die positiven Erfahrungen der Weimarer Zeit anknüpfen. Die veränderte ökonomische und soziale Entwicklung führte jedoch unter anderem zu einer drastischen Verkürzung der Kursdauer von fünf Monaten auf wenige Tage oder Wochen. Dies zeigte, dass vor allem die gesellschaftstheoretische und didaktische Konzeption der Heimvolkshochschulen der Weimarer Zeit auf die Entwicklung nach dem Zweiten Weltkrieg kaum übertragbar war. Erst nach der Verabschiedung des Rechts auf Bildungsurlaub Ende der Sechziger- und Anfang der Siebzigerjahre des 20. Jahrhunderts wurden in den residentialen Bildungsurlaubsveranstaltungen der Heimvolkshochschulen in einem gewissen Maße Elemente der Weimarer Volkshochschulbewegung neu belebt. In den skandinavischen Ländern konnten dagegen die ursprünglichen Ideen der Grundtvigschen Heimvolkshochschule auch unter veränderten gesellschaftspolitischen und ökonomischen Bedingungen zu einem großen Teil bewahrt und weiterentwickelt werden.

3.3 Das Volkshochschulheim: Eine besondere Form residentialer Erwachsenenbildung

Das »Volkshochschulheim« zeigte Parallelen zu den Heimvolkshochschulen, wies jedoch auch zugleich wesentliche Unterschiede auf. Waren die Heimvolkshochschulen bewusst als »pädagogische Insel« konzipiert, als Orte der Distanz gegenüber dem alltäglichen beruflichen, politischen und gesellschaftlichen Leben, so war das städtische Volkshochschulheim gerade auf ständige »Verbindung mit dem Klassen- und Arbeitsleben, die auch während des Heimbesuchs erhalten bleibt«, ausgerichtet (Dietrich 1932, S. 112). So wurden politische Erfahrungen in den Organisationen der Arbeiterschaft und gesellschaftlich-sozialen Erfahrungen am Arbeitsplatz in die Heim- und Unterrichtspraxis integriert.

Zentrum des institutionellen Typus der Volkshochschulheime war die Stadt Leipzig. Daneben gab es ab 1926 ähnliche Heime in anderen Städten, wie z. B. in Jena, Berlin und Oldenburg. Das Jenaer Heim leitete der bekannte Pädagoge und Widerstandskämpfer *Adolf Reichwein* (1898–1944). Die Volkshochschulheime stellten eine Symbiose des Bildungsgedankens der Volkshochschule und des Gemeinschaftsgedankens der Jugendbewegung, insbesondere der proletarischen Jugendbewegung dar. Sie wollten die Jugend für den neuen demokratischen Staat gewinnen und sie entsprechend bilden.

Die Konzeption der Volkshochschulheime entwickelte vor allem *Gertrud Hermes* (1872–1942). Den entscheidenden Schritt zur Verwirklichung von Volkshochschulheimen unternahm sie als Referentin in den Leipziger Bücherhallen, angeregt von den pädagogischen Ideen Walter Hofmanns. Unter Einsatz eigener Finanzmittel eröffnete sie am 17. Februar 1923 in Leipzig-Connewitz das erste Heim, und bereits im August 1923 folgte die Gründung des zweiten Heimes. Im Januar 1924 initiierte sie schließlich ein drittes Heim für Mädchen.

Die Bildungsarbeit in den Volkshochschulheimen fand in Etagenwohnungen in Leipzig statt. Acht bis 15 Teilnehmer gehörten zu dieser auf acht bis zehn Monate begrenzten Lebens- und Bildungsgemeinschaft. Das Heim wurde von einem Heimleiter und einem wissenschaftlichen Assistenten betreut, die hauptamtlich oder auch nebenamtlich tätig wurden, ergänzend zu ihrer Tätigkeit in anderen Aufgabenbereichen der Erwachsenenbildung.

Alle Heimbewohner verwalteten ihr Volkshochschulheim entsprechend der demokratischen Idee der Selbstverwaltung gemeinsam. Das Zusammenleben nahm die Form eines »familienmäßigen Kommunismus« an (Steinmetz 1929, S. 105). Zweifellos handelte es sich bei den Teilnehmern, wie Klaus Meyer zu Recht feststellt, um eine »Elite der Arbeiterschaft«, die nach schriftlicher und persönlicher Bewerbung in die Wohn- und Lerngemeinschaft aufgenommen wurde (Meyer 1969, S. 117).

Ökonomisch trugen sich die Heime weitgehend selbst – bis auf geringe staatliche Zuschüsse. Zwei Drittel des Monatslohnes eines jeden Heimbewohners flossen in die gemeinsame Heimkasse. Der Gemeinschaftsgedanke und das soziale bzw. gesellschaftliche Verantwortungsbewusstsein der Heimbewohner waren so ausgeprägt, dass beispielsweise während der Inflationszeit und der Zeit der großen Arbeitslosigkeit im Jahre 1923 die beiden einzigen vollbeschäftigten Teilnehmer die übrigen fünf erwerbslosen Mitglieder in dem von Gertrud Hermes selbst geleiteten Heim »Connewitz« finanziell mittrugen. Trotz des solidarischen Verhaltens in der Heimgemeinschaft kam es gelegentlich zu ernsthaften Konflikten, die sich weniger an privaten Interessengegensätzen entzündeten als vielmehr aus unterschiedlichen politischen und gesellschaftlichen Anschauungen entstanden.

Wiewohl kein einheitlicher Unterrichtsplan für jedes der Leipziger Volkshochschulheime existierte, bildeten dennoch in allen Heimen gesellschaftlich-politische Themen die Schwerpunkte der pädagogischen Arbeit. Der Zusammenhang der gesellschaftlichen Lebensgebiete in den Grundzügen einer Wirtschafts- und Staatslehre bildete den didaktischen Kern des Unterrichts. Zur Ergänzung und Vertiefung des Unterrichts wurden Hospitationen und Exkursionen ins Ausland durchgeführt, die im Unterricht selbst inhaltlich systematisch vorbereitet und ausgewertet wurden.

Die Arbeit der Leipziger Volkshochschulheime zielte darauf ab, in dieser acht- bis zehnmonatigen Zeit der theoretischen Reflexion und eines Gemeinschaftserlebnisses ein »Rüstzeug für den gesellschaftlichen Klassenkampf« zu bieten. Über die langfristige Wirkung dieser intensiven Bildungsarbeit der Leipziger Volkshochschulheime – eines der Heime, das *Herbert Schaller* (1899–1966) leitete, wurde später in eine Leipziger Volkshochschule umgewandelt –, gibt es keine hinreichenden biographischen Längsschnittuntersuchungen. Generell lässt sich jedoch sagen, dass die meisten Schüler wieder in die Organisationen der Arbeiterschaft zurückgingen und insbesondere im Bereich der Bildungsarbeit tätig wurden. Zugleich ist belegbar, dass ein Teil von ihnen später führende politische Funktionen übernahm. Während des Nationalsozialismus arbeiteten viele ehemalige Schüler – wie zahlreiche Absolventen der städtischen Heimvolkshochschulen – im Widerstand. Einige stiegen »vom Arbeiter zum Professor« oder zum Betriebsleiter auf (Borinski 1954, S. 86). Die Skepsis innerhalb der Arbeiterschaft gegenüber dem sozialen Aufstieg durch Bildung, also auch durch die intensive Arbeit in den Volkshochschulheimen, war also offenbar nur so lange berechtigt, wie man an die »Chance der Emanzipation der ganzen Klasse in einer klassenlosen Gesellschaft« glaubte (Meyer 1969, S. 208).

Die Leipziger Volkshochschulheime hatten eine relativ kleine Teilnehmerschar. In ca. 35 Jahreskursen lebten und lernten dort etwa 550 junge Männer und Frauen. Nach dem Leipziger Beispiel und dem der anderen Volkshochschulheime wurden Pläne zur Gründung weiterer Heime für Saarbrücken und Magdeburg entwickelt, die allerdings wegen der sich abzeichnenden Herrschaft des Nationalsozialismus nicht mehr realisiert wurden. Führende Erwachsenenbildner und Vertreter einer neuen Wissenschaft von der Erwachsenenbildung wie Gertrud Hermes, Herbert Schaller und Fritz Borinski gewannen in der praktischen Bildungsarbeit der Volkshochschulheime die empirischen Grundlagen für ihre Forschungen und Publikationen.

Nach 1945 wurde dieses bedeutsame Erwachsenenbildungsmodell – bis auf einen gescheiterten Versuch Ende der Sechzigerjahre in Köln unter der Initiative und Regie des bekannten Erwachsenenpädagogen Paul Röhrig – nicht mehr aufgegriffen. Vielleicht liegt eine wesentliche Ursache dafür in dem Tatbestand, dass ein so großer individueller Einsatz nur dann riskiert wird, wenn zwei Faktoren zusammentreffen: ein außerordentlicher »Bildungshunger« und die Hoffnung einzelner Pädagogen, wesentlich zur Veränderung der gesellschaftlichen und politischen Verhältnisse beitragen zu können.

3.4 Kommunalisierung der Erwachsenenbildung am Beispiel der Stadt Leipzig

Die Kommunen entsprachen weitgehend dem Auftrag der Reichsverfassung, die Volkshochschulen zu fördern. Besonders in der Phase der Volkshochschuleuphorie zwischen 1918 und 1922 beteiligten sich fast alle Mittel- und Großstädte an der Institutionalisierung der Volksbildung. Die Kommunen wurden zu den Hauptträgern der Volkshochschulen oder sie beteiligten sich zusammen mit anderen Körperschaften an den so genannten Volkshochschulvereinen. Für viele Kommunalpolitiker spielten in der Gründungsphase der Volkshochschulbewegung pädagogische Gesichtspunkte nur eine untergeordnete Rolle. Im Vordergrund standen allgemeine gesellschaftliche und politische Zielsetzungen: Vor allem war man überzeugt, dass die Erwachsenenbildung die neue Demokratie zu stützen in der Lage sei. Für viele Gemeinden und Städte wurde die Errichtung von Volkshochschulen aber auch zu einer reinen Prestigeangelegenheit. Mit der Beteiligung an der Errichtung von Volkshochschulen glaubten die Städte und Gemeinden, einen besonderen Beitrag zur kulturellen und sozialen Entwicklung der Stadt leisten zu können. Nicht die innere Gestalt der Volkshochschularbeit stand dabei bei vielen politischen Repräsentanten im Vordergrund, sondern die Überzeugung, dass die Etablierung und Unterhaltung von Volkshochschulen als ein Zeichen für den politischen und kulturellen Fortschritt der eigenen Stadt zu betrachten sei.

In mehreren Großstädten bildeten die Volkshochschulen das Zentrum der allgemeinen kulturellen Arbeit. So entstanden Volkshochschulämter zur Koordinierung der gesamten Kulturarbeit. Hier konnte die Stadt Leipzig eine vorbildliche Arbeit vorweisen, die sowohl die Volkshochschule im engeren Sinne als auch die Kulturarbeit insgesamt förderte. In Leipzig stand am Beginn einer umfassenden kulturellen und volksbildnerischen Arbeit die Idee eines Volksbildungsamtes, das alle Aktivitäten bündeln sollte. Die Stadtverordneten betonten bereits in den ersten Beratungen über die Organisation der städtischen Kultur- und Volksbildungsarbeit den Gedanken der Koordination und Integration der Bildungsarbeit, um vor allem die fortschrittliche Arbeiterschaft anzusprechen. Auf diese Weise sollten die für die Arbeiterschaft bestehenden Bildungseinrichtungen zusammengefasst und weitere Bildungsmöglichkeiten erschlossen werden (Heller 1924, S. 1).

Am 1. April 1922 nahm in Leipzig das Volksbildungsamt unter der Leitung von *Hermann Heller* (1891–1933) seine Arbeit auf. Es richtete sich bewusst nicht an bürgerliche Kreise oder vorhandene Institutionen der Volksbildung, sondern verfolgte eine zweifache pädagogische und gesellschaftliche Zielsetzung: die Einbeziehung der Handarbeiterschaft und die Vertiefung der Bildungsarbeit (Heller 1924, S. 26). Da das Volksbildungsamt aus der Sicht der fortschrittlichen Bildungspolitiker der Stadt jene Institution war, die die umfassendste demokratische Legitimation besaß, sollte es auch Einfluss nehmen auf das gesamte Bildungswesen und die Kulturarbeit der Stadt, einschließlich der Museen, der Bibliotheken, des Theaters sowie auch des Musiklebens. Auch die besondere sozialpolitische Verantwortung der Erwachsenenbildung, besonders in der Krisensituation des Jahres 1923, oblag dem Volksbildungsamt unter der Leitung von Hermann Heller. So wurde in eben diesem Jahr eine Arbeitslosenschule eingerichtet (Heller 1924, S. 143).

Eine Volkshochschule befand sich ursprünglich nicht unter dem Dach des Volksbildungsamtes, weil sie aus der Sicht der Leipziger Kommunalpolitiker noch zu stark der bürgerlichen Erwachsenenbildungstradition, etwa der »Gesellschaft für Verbreitung von Volksbildung«, verhaftet sei. Sie wurde als solche erst am 3. Mai 1922 gegründet. Das Bildungsangebot der Leipziger Volkshochschule konzentrierte sich auf vier thematische Schwerpunkte, die jeweils in ihrer gesellschaftlich-politischen Dimension akzentuiert wurden. Zur konkreten Bildungssituation gehörten nach Heller der »besondere Kulturkreis, die historische Kulturlage, die Nation, die Klasse und der Beruf« (Heller 1924, S. 5). Gegenüber der kulturhistorisch orientierten Bildungsweise der mittelschichtorientierten Volkshochschule war für die politisch ausgerichtete Volkshochschule in Leipzig das Prinzip der Lebensnähe und des gesellschaftlich-politischen Bedeutungszusammenhanges bestimmend.

Eine so konzipierte »kultursozialistische« Bildungsarbeit orientierte sich an den Interessen der Hörerschaft. Dies setzte eine Analyse der Teilnehmerstruktur voraus. Deshalb setzte sich die Leipziger Volkshochschule intensiv mit statistischen Untersuchungen zur soziologischen Struktur und zur Motivationslage der Hörerschaft auseinander. Den Kern dabei bildete die Hörerstatistik der Leipziger Volkshochschule, die dann von der Volkshochschule Dresden übernommen und auf die Volkshochschulen in Sachsen insgesamt ausgeweitet wurde. 1925 entstand aus diesen Ansätzen schließlich die Statistische Zentralstelle für die sächsischen Volkshochschulen in Leipzig.

Als *Paul Hermberg* (1888–1969) das Volksbildungsamt 1924 übernahm, gewann das kooperative System der Leipziger Volksbildung seine endgültige Form. Er berücksichtigte sowohl Gesichtspunkte der Arbeitsteilung als auch der Schwerpunktbildung der gesamten Erwachsenenbildung. Neben der Volkshochschule und den oben beschriebenen Leipziger Volkshochschulheimen kam der Schule für Wirtschaft und Verwaltung besondere Bedeutung zu. Bezug nehmend auf das Betriebsrätegesetz vom 18. Januar 1920, auf dessen Bedeutung für die Entwicklung gerade der gewerkschaftlichen Bildungsarbeit bereits oben hingewiesen wurde, sollte diese Einrichtung Betriebsräte, Gewerkschaftssekretäre und Arbeitersekretäre für ihre Tätigkeit in gesellschaftspolitischen, sozial- und tarifpolitischen Aufgabenbereichen schulen. Aus der Verpflichtung und Perspektive des besonderen »Klasseninteresses der Arbeiterschaft« sollten nach Paul Hermberg und Vertretern der Gewerkschaften »gesellschaftliche Führer« ausgebildet werden, die sich zugleich gesamtgesellschaftlichen Interessen verpflichtet fühlten. Hermann Heller sah die Hauptaufgabe der Schule darin, »der Handarbeiterschaft zur Formwerdung zu helfen« (1924, S. 11). Diese Leipziger Konzeption galt auch für die »Wirtschaftsschulen« in Düsseldorf und Berlin sowie die »Akademie der Arbeit« *(s. u.)* in Frankfurt. Die fachliche Qualifizierung von Funktionären stand im Vordergrund. Das belegt auch der Lehrplan der Leipziger Schule für Wirtschaft und Verwaltung, der auf eine dreijährige Kursdauer mit wöchentlich vier Unterrichtsstunden ausgelegt war. Er umfasste die folgenden Themen:

1. Volkswirtschaftslehre
2. Arbeits- und Betriebslehre
3. Buchführung und Bilanzkunde
4. Geschichte der Gewerkschaften
5. Einführung in die Sozialpolitik
6. Soziale Verwaltung (Fürsorgewesen, Versicherungswesen, Arbeitsbeschaffung usw.)
7. Soziale Hygiene
8. Grundzüge der Rechtswissenschaft
9. Arbeits- und Wirtschaftsrecht
10. Allgemeine Staats- und Gesellschaftslehre
11. Deutsche Staatslehre
12. Sächsische Staats- und Gemeindeverfassung
13. Deutsche Rede und Sprache (Heller 1924, S. 43).

Der Lehrplan war systematisch angelegt. Er stellte an die Teilnehmer hohe intellektuelle Anforderungen und war sehr arbeitsintensiv. Dies entsprach der Konzeption der »Leipziger Richtung«, eine fachliche und soziale Elite der Arbeiterschaft heranzubilden.

Überregionale Bedeutung für die gesamte Erwachsenenbildung gewann das Leipziger Vorbild der Zusammenarbeit zwischen Volksbildung und örtlicher Universität. Die führenden Repräsentanten der Leipziger Erwachsenenbildung, Hermann Heller, Paul Hermberg, Gertrud Hermes sowie die aufgeschlossenen Politiker der Stadt unterstützten die systematische Zusammenarbeit zwischen der Leipziger Universität und dem Volksbildungsamt nachdrücklich. Dem lag die Erkenntnis zugrunde, dass eine effektive Erwachsenenbildungsarbeit ohne eine wissenschaftlich abgesicherte erwachsenenpädagogische Qualifizierung der Mitarbeiter kaum möglich sei. Insofern hatte diese Zusammenarbeit Modellcharakter.

Am 1. November 1923 wurde auf der Grundlage eines Planes von Hermann Heller an der Leipziger Universität das Seminar für freies Volksbildungswesen gegründet. Es sollte zum einen Qualifizierungsfunktionen übernehmen, zum anderen eine wissenschaftliche Grundlage für das Volksbildungswesen erarbeiten. »Studenten, Volkshochschullehrer und Oberlehrer sowie besonders begabte Arbeiter« sollten für die Volkshochschularbeit vorbereitet werden (Heller 1922, S. 61). Zudem waren Fragen des Bildungszieles, der Entwicklung von Kriterien zur Auswahl des Bildungsstoffes – insbesondere die soziologische Analyse von Teilnehmern und Dozenten – Gegenstand wissenschaftlicher Forschung und Lehre. Zwar bestand keine formale institutionelle Kooperation zwischen der Universität und dem Volksbildungsamt, dennoch war schon aufgrund der personellen Verzahnung die Zusammenarbeit beider Institutionen sehr eng, da Hermann Heller in Verbindung mit dem Leipziger Lehrstuhlinhaber für Pädagogik, *Theodor Litt* (1880–1962), das Seminar selbstständig leitete. So wurde die praktische Arbeit des Volksbildungsamtes mit der Ausbildungs- und Forschungsfunktion der Universität verbunden.

Die Gesamtkonzeption der Volksbildungsarbeit der Stadt Leipzig war getragen von der Tendenz der Kommunalisierung, der Vergesellschaftung, der Professionalisierung und auch von Ansätzen der Verwissenschaftlichung. Dank der herausragenden Persönlichkeiten Hermann Hellers, Paul Hermbergs, Gertrud Hermes', Werner Krukenbergs, Hermann Gramms, Fritz Borinskis, Wolfgang Seiferts und Herbert Schallers, die sowohl wissenschaftlich als auch praktisch an der Erwachsenenbildung mitwirkten, verfügte die Leipziger Volksbildung über eine von »Volksbildungskonjunkturen« und Parteikonstellationen des Stadtparlaments weitgehend unabhängige Grundlage. Das Volksbildungsamt koordinierte die verschiedenen Einrichtungen der Erwachsenenbildung einschließlich des Seminars an der Universität. Mit dieser Konzentration von personellen und materiellen Ressourcen konnte trotz beschränkter finanzieller Mittel eine weit reichende Wirkung erreicht werden (Meyer 1969, S. 63 ff.).

3.5 Volksbildung und Zweiter Bildungsweg

Die Berücksichtigung von Institutionen des Zweiten Bildungswegs im Rahmen dieser Darstellung bedarf einer kurzen Begründung. Mehrfach wurde darauf hingewiesen, dass die Volksbildung der Weimarer Zeit entsprechend ihrem Selbstverständnis Bildung als Chance zu individuellem sozialen Aufstieg strikt ablehnte. Dies gilt besonders für die erste Phase des Aufbaus. Insofern war es nur konsequent, dass viele Repräsentanten der »Neuen Richtung« die seit 1923 institutionalisierte Form abschlussbezogener Erwachsenenbildung nicht als genuinen Beitrag der Erwachsenenbildung ansahen.

Nach der bereits erwähnten pragmatischen Wende der Weimarer Erwachsenenbildung, seit der sich Schule und Erwachsenenbildung einander stärker näherten, akzeptierte jedoch auch die Erwachsenenbildung die praktischen abschlussbezogenen Ansätze des Zweiten Bildungsweges und sah sie als legitimen, ergänzenden Beitrag ihrer eigenen Bildungsarbeit an. Heute werden abschlussbezogene Formen des Zweiten Bildungswegs, der zwischen Schule und Erwachsenenbildung angesiedelt ist, eindeutig dem quartären Bildungsbereich zugeordnet und als Teil der Erwachsenenbildung angesehen. Das Nachholen schulischer Abschlüsse im Erwachsenenalter fand und findet nach 1945 in spezifischen Einrichtungen statt, wie z. B. dem Berlin-, dem Braunschweig- und dem Hessen-Kolleg, aber auch in Einrichtungen der Erwachsenenbildung, besonders in Volkshochschulen. Der Zusammenhang zwischen der Schule und der Erwachsenenbildung wird auch darin deutlich, dass die Abschlüsse sich weitgehend an den für die Schulen geltenden curricularen Vorgaben orientieren (Schulenberg 1967).

Reformpädagogen wie *Georg Kerschensteiner* (1854–1932) und *Eduard Spranger* (1882–1963) begründeten die ersten Ansätze des Zweiten Bildungsweges in der Weimarer Zeit theoretisch und institutionalisierten sie auf Drängen der Gewerkschaften auch. Einzelne Initiativen wurden in kleineren Projekten als »Arbeiterkurse« in die Praxis umgesetzt.

Ein einmaliger Versuch mit 19 Teilnehmern wurde in Stuttgart durchgeführt. Das Ministerium für Kinder- und Schulwesen übernahm die Kosten für die Ausbildung und den Lebensunterhalt der von der Berufsarbeit freigestellten Schüler. Die schulischen und persönlichen Anforderungen an die Teilnehmer waren so groß, dass nach dreieinhalbjähriger Kursdauer lediglich acht Schüler die Hochschulreife erwarben (Schick 1974, S. 159).

Während der Stuttgarter Versuch sich in pädagogischer und didaktischer Hinsicht außerordentlich eng an die schulischen Bedingungen anlehnte, können die 1923 von *Fritz Karsen* (1885–1951) initiierten Arbeiterkurse in Berlin-Neukölln schon als eigenständige Form des Erwachsenenunterrichts angesehen werden, weil das didaktische und gesellschaftspolitische Konzept sich stärker an den Berufserfahrungen und der Interessenlage erwachsener Teilnehmer orientierte. Karsen leitete die Arbeiterkurse unter der klaren gesellschaftspolitischen Zielsetzung, jungen Menschen den Zugang zur Hochschule zu ermöglichen, die »durch ihre Herkunft sichere Träger des neuen Staatsgedankens« sein würden (Karsen, in: Storch 1974, S. 37). Er identifizierte den neuen Staatsgedanken mit dem demokratisch-parlamentarischen Staat der Weimarer Republik und hegte die Hoffnung, dass die mit der Arbeiterschaft verbundenen Absolventen im Gegensatz zu großen Teilen der Beamtenschaft, die den neuen Staat innerlich ablehnten, einen wesentlichen Beitrag zur Stabilisierung der Weimarer Demokratie leisten könnten.

Für den ersten Kurs wählten Karsen und seine Mitarbeiter nach gründlicher Prüfung ehemalige Volksschüler zwischen 18 und 25 Jahren aus allen Teilen Deutschlands aus. Der dreijährige Kurs schloss mit der Reifeprüfung ab. Dementsprechend orientierte sich der Lehrplan weitgehend an den Anforderungen der deutschen

Oberschule. Jedoch ließ das Provinzial-Kollegium im Inhaltlichen weitgehende Gestaltungsfreiheit zu. Diese Kurse bestanden bis 1933. Insgesamt erreichten auf diese Weise mindestens 150 Schüler die Hochschulreife, von denen viele durch Aufenthalte in Heimvolkshochschulen für diesen weiterführenden Bildungsgang motiviert und vorbereitet wurden. Teilnehmer im ersten Lehrgang 1923 war beispielsweise der spätere Professor für Statistik Bruno Gleitze, der in den Sechzigerjahren Wirtschafts- und Verkehrsminister des Landes Nordrhein-Westfalen wurde. Werner Korthaase konnte trotz fehlender Unterlagen einige erfolgreiche Berufswege der Neuköllner Arbeiterabiturienten recherchieren: So gingen ein Lehrer, ein Oberstudiendirektor, ein Landtags- sowie ein Bundestagsabgeordneter, ein Bezirksbürgermeister, ein Oberbürgermeister und ein Rundfunkprogrammdirektor aus den Kursen hervor (Korthaase 1993, S. 170).

Ein weiterer Arbeiterunterrichtskurs wurde 1924 in Hamburg-Altona durchgeführt. Die lange Dauer des Kurses (fünf Jahre) und die hohe Ausfallquote von zwei Dritteln der Teilnehmer waren eine Ursache dafür, dass der Hamburger Senat diesen Schulversuch nicht wiederholte. 1929 erhielten elf Teilnehmer das Reifezeugnis. Der bekannteste Absolvent des Altonaer Abiturkurses war der spätere Hamburger Bürgermeister *Paul Nevermann* (1902–1979), (Korthaase 1993, S. 161–171), der 1930 zum Dr. jur. promoviert wurde.

Hervorzuheben im Zusammenhang mit dem Zweiten Bildungsweg ist das erste Abendgymnasium in Deutschland, die 1927 gegründete Peter A. Silbermann-Schule. Diese Institution betonte im Unterschied zu den Berliner Arbeiter-Abiturientenkursen nicht die Schichtzugehörigkeit der Schüler. *Peter A. Silbermann* (1878–1944), zuvor als Lehrer an verschiedenen Schulen in Deutschland, aber auch im Ausland (Adana, Konstantinopel) tätig, war geleitet von der Idee der Chancengleichheit. Wer als Jugendlicher die erste Gelegenheit zum Übertritt an eine weiterführende Schule nicht wahrnehmen konnte, sollte nach seinen Vorstellungen als Erwachsener eine zweite Chance erhalten. Neben dieser gesellschafts- und bildungspolitischen Perspektive war auch die Silbermann-Schule selbst in didaktischer und organisatorischer Hinsicht von pädagogischen Reformgedanken geprägt. So übertrug man hier in Abhebung vom bestehenden Schulsystem das erwachsenenpädagogische Prinzip der didaktischen Partizipation der Teilnehmer auch auf den Zweiten Bildungsweg.

Nach dem Vorbild der Silbermann-Schule entstanden in deren Gründungsjahr in vielen deutschen Städten, so in Hannover, Duisburg, Halle, Essen, Kassel, Gelsenkirchen und Osnabrück weitere Abendgymnasien. Bereits 1928 wurde in Hannover die Interessengemeinschaft Deutscher Abendgymnasien gegründet. Das verbandspolitische und pädagogische Organ war »Das Abendgymnasium«. Im Jahre 1931 besuchten im Deutschen Reich 770 Erwachsene Abendgymnasien (Storch 1974, S. 38).

Eine noch stärkere Bindung zur Erwachsenenbildung als die hier beschriebenen Formen abschlussbezogener Bildung wiesen die gemeinsam von den Gewerkschaften und vom preußischen Staat getragenen Fachhochschulen für Wirtschaft und Verwaltung (»Preußische Wirtschaftsschulen«) auf, die in der bisherigen Literatur nahezu übersehen wurden. Auch die Akademie der Arbeit in Frankfurt ist in diesem Zusammenhang zu sehen *(s. u.)*.

4. Bildung und Politik: Zur Praxis der politischen Erwachsenenbildung

Während die bürgerlich-liberale Erwachsenenbildung gegenüber allen politischen, weltanschaulichen und religiösen Gruppierungen und Strömungen prinzipiell offen war, war die Arbeiterbildung vom jeweiligen Stand der Entwicklung der Arbeiterbewegung abhängig. Wegen ihres eigenständigen Charakters ließ sie sich allerdings nicht völlig den jeweiligen Intentionen der Arbeiterbewegung unterordnen.

Es gibt keine völlige Identität zwischen den einzelnen Richtungen der Arbeiterbildung und der Arbeiterbewegung. Insgesamt zeigten sich auch Diskontinuitäten in den jeweiligen Phasen der historischen Entwicklung. Dabei ist zu berücksichtigen, dass die Rolle der Bildung innerhalb der Gesamtpolitik – vor allem in der KPD (Bildungsarbeit der KPD) – lange Zeit umstritten war und unentschieden blieb. Dies betraf besonders die revolutionäre und nachrevolutionäre Phase zwischen 1918 und 1920. In dieser Zeit, als sich die Arbeiterbewegung auf politische Grundsatzentscheidungen konzentrierte, gingen von den Parteien oder den Gewerkschaften keine wesentlichen Impulse zur Gründung eigener Einrichtungen der Arbeiterbildung aus. Es waren vielmehr die Initiativen von Einzelpersönlichkeiten, auch von Gruppen innerhalb der Arbeiterbewegung, die zum Aufbau einer institutionellen Struktur führten.

Mit der Spaltung der Arbeiterbewegung in die Mehrheitssozialdemokratie, die USPD und die kommunistische Partei entwickelte sich auch die Praxis der Arbeiterbildung in zwei Richtungen: auf der einen Seite die pragmatische Bildungskonzeption und Praxis der Mehrheitssozialdemokratie und der Gewerkschaften, auf der anderen Seite die proletarische Arbeiterbildung als »Rätebildung« *(s. u.)* sowie die »revolutionäre« Bildungs- und Schulungsarbeit in Verbindung mit der KPD. Mit der Spaltung in unterschiedliche Richtungen der Bildungsarbeit innerhalb der Arbeiterbewegung wurde die einheitliche Theorie und Praxis der Arbeiterbildung endgültig aufgegeben.

4.1 Die Bildungsarbeit der Sozialdemokratie und der Gewerkschaften

Die Bildungsarbeit der Sozialdemokratie und der Gewerkschaften besaß eine starke Affinität zur liberal-demokratischen Volksbildungsbewegung; sie unterlag in hohem Maß dem Einfluss der pädagogisch-didaktischen Theorien der Neuen Richtung. In gesellschaftlicher und politischer Hinsicht prägten auch die jeweiligen politischen Strömungen und der Stand der Arbeiterbewegung die sozialdemokratische und die gewerkschaftliche Bildungsarbeit.

4.1.1 Bildungsarbeit der Sozialdemokratie

Die Sozialdemokratie spielte bis zum Beginn der Weimarer Republik die führende Rolle in der Arbeiterbewegung und Arbeiterbildung. Die Gewerkschaften ordneten sich bis zum Beginn des Ersten Weltkriegs weitgehend dem politischen und dem bildungspolitischen Primat der Partei unter. Nach 1918 kehrte sich diese Rolle fast um: Die Gewerkschaften wurden innerhalb der Arbeiterbewegung zum Hauptträger der Arbeiterbildung, während die Sozialdemokratie sich darauf konzentrierte, die gewerkschaftliche Bildungsarbeit und die der Volkshochschulen zu unterstützen. Die Mehrheitssozialdemokratie selbst war nicht an der neuen Entwicklung institutionalisierter Arbeiterbildung beteiligt. Sie war sich jedoch der Bedeutung der Erwachsenenbildung in der neuen Gesellschaft und dem neuen demokratischen Staat durchaus bewusst. Sie ging davon aus, dass nun eine gesellschaftliche Situation entstanden sei, in der eine Zusammenarbeit der demokratischen Kräfte im System einer offenen Erwachsenenbildung möglich und zugleich auch notwendig sei. Die Sozialdemokratie trug diese Konzeption einer *pluralen* Erwachsenenbildung, wie sie sich in den Volksbildungsbestrebungen weitgehend darstellte, mit. Sie bestimmte auch ihre bildungspolitische Linie in der Weimarer Zeit, die bereits vor 1918 konzeptionell entwickelt wurde. So fand 1916 in Weimar eine Konferenz statt, die von den zentralen Bildungsorganisationen der verschiedenen Richtungen getragen wurde: von den konfessionellen über die neutralen bis hin zu den sozialistischen Trägern der Erwachsenenbildung. Der Vertreter der Sozialdemokratie, Heinrich Schulz, war als führender Bildungstheoretiker der Partei zwar der Auffassung, man müsse eine »Verwischung des eigentlichen Wesens der einzelnen Organisation« vermeiden, jedoch solle man in praktischen Fragen der Bildung über ideologische Grenzen hinweg pragmatische Kooperation pflegen (Schulz 1931, S. 99). So kam der von Robert von Erdberg inspirierte Ausschuss der Deutschen Volksbildungsverbände zustande, der eine Zusammenfassung der bildenden Kräfte bedeutete *(s. o.)*.

Mit der Übernahme der Macht im Reich in Koalition mit dem Zentrum und anderen Parteien, der Regierungsbeteiligung in vielen Landesregierungen und der politischen Verantwortung in der Mehrheit der Gemeinden am Beginn der Weimarer Republik konnten die Mehrheitssozialdemokraten über staatliche Initiativen den Auf- und Ausbau der Erwachsenenbildung entscheidend beeinflussen. So war es ihr Verdienst, dass die Volksbildung als *verpflichtende Aufgabe* für alle staatlichen Ebenen in die Reichsverfassung aufgenommen wurde. Die Beteiligung der Sozialdemokratie an einer demokratischen Erwachsenenbildung wirkte sich besonders in den Ländern und Kommunen aus. So trug die Sozialdemokratie zur Einrichtung selbstständiger Volksbildungsreferate in den von ihr geführten Ländern bei. Den entscheidenden Einfluss übte die SPD aber über ihre Vertreter in den kommunalen Volksbildungseinrichtungen aus. Die Kommunalisierung der Volkshochschulen, d. h. die starke Beteiligung der Städte und Gemeinden am Aufbau des quartären Bildungsbereichs, war zu einem großen Teil auf die politische Entscheidung und Unterstützung der Mehrheitssozialdemokratie zurückzuführen.

Entsprechend der neuen staatspolitischen Rolle der Mehrheitssozialdemokratie war auch ihre gesellschafts-, bildungspolitische und pädagogische Konzeption weniger die einer sozialistischen »Kampfschulung« als vielmehr eine »Form- und Persönlichkeitsbildung« (Winkler 1926, in Olbrich 1977, S. 159). Allerdings spiegelte der noch aus der historischen Entwicklung weiterwirkende Zwiespalt zwischen Kampfschulung einerseits und Persönlichkeitsbildung andererseits das gesellschaftliche und politische sowie das bildungspolitische Spektrum innerhalb der Sozialdemokratie am Beginn der Weimarer Republik wider. Insgesamt gesehen vertrat die Sozialdemokratie jedoch die bildungspolitische Linie eines kooperativen Systems der Erwachsenenbildung. Daneben verleugnete sie ihre sozialistische Volksbildungstradition nicht, was teilweise zu Auseinandersetzungen mit der sozialistischen Jugend führte, die sich an diesen traditionellen Lehrinhalten orientierte.

Während die SPD in der Volkshochschulbewegung mehr einer allgemeinen, soziokulturellen Bildungstheorie und -praxis verpflichtet war, kam ihre sozialistische Tradition der Bildungsarbeit vor allem in der Mitwirkung am Aus- und Aufbau der Heimvolkshochschule Schloss Tinz zum Tragen. Diese entstand 1920 auf Initiative der Unabhängigen Sozialdemokratischen Partei Deutschlands (USPD), der Mehrheitssozialdemokratie und der Kommunistischen Partei Deutschlands (KPD) unter Mitwirkung der Freien Gewerkschaften und sollte politisch engagierten jungen Werktätigen die Chance einer systematischen Bildung im Sinne eines sozialistischen Welt- und Kulturverständnisses bieten. Nicht die Ausbildung von Funktionären war ihr Ziel, sondern die Erziehung der Teilnehmer zu sozialistischen Persönlichkeiten.

Entsprechend der allgemeinen politischen Orientierung der SPD wandelte sich auch unter ihrem Einfluss der sozialistische Charakter von Tinz mehr und mehr in Richtung einer offenen Bildungsarbeit. Der ursprünglich bestimmende Einfluss der USPD verringerte sich stetig. Für die praktische Bildungsarbeit waren die Grundlagenfächer Ökonomie, Gesellschaftslehre, Geschichte, Technik der geistigen Arbeit, Arbeitsrecht, Probleme der Gewerkschaftsbewegung sowie Kunst und Literatur bestimmend. Innerhalb des breiten gesellschaftstheoretischen Spektrums der Schule vertrat *Karl August Wittfogel* (1896–1988), der später in der 1929 gegründeten »Reichsparteischule« der KPD *(s. u.)* als Lehrer tätig wurde, die sozialistische Position mit seinen Einführungen in den dialektischen und historischen Materialismus. Allerdings musste er, da man ihm »kommunistische Propaganda« unterstellte, bereits 1921 die Schule verlassen (Meier 1971, S. 159).

Die Bildungsarbeit vollzog sich in Viermonatskursen mit je 50 Teilnehmern. Junge Arbeiter und Angestellte aus ganz Deutschland besuchten, delegiert von den Gewerkschaften und den Parteien, diese Heimvolkshochschule. 80 Prozent der Teilnehmer waren gewerkschaftlich organisiert. Die Lehrer gehörten der SPD (zuvor der USPD) an. Nur Wittfogel war Mitglied der KPD. Bekannte Vertreter der Arbeiterbildung unterrichteten in Tinz: Georg Engelbert Graf, Alfred Braunthal, Oskar Greiner, Otto Jenssen, Paul Herre, Anna Siemsen, Erich Winkler und Ernst Fraenkel. Die Mitwirkung der Mehrheitssozialdemokratie an der sozialistisch ausgerichteten Heimvolkshochschule Schloss Tinz zeigte, dass sie auch während der Weimarer Republik noch an Elementen ihrer sozialistischen Erwachsenenbildungstradition festhielt. In ihrer Bildungskonzeption wie in ihrer Bildungspraxis spiegelten sich auch Vorstellungen wider, die auch der Parteischule von 1906 zugrunde lagen. Unter dem Gesichtspunkt einer Theoriegeschichte sozialdemokratischer Erwachsenenbildung zeigten sich Entwicklungslinien, die sogar bis auf Wilhelm Liebknechts Volksbildungskonzeption zurückgingen.

4.1.2 Bildungsarbeit der Gewerkschaften

Schon vor dem Ersten Weltkrieg gab es eine umfangreiche Bildungsarbeit der Gewerkschaften. In der Wilhelminischen Epoche war sie – auch in Kooperation mit der Sozialdemokratie und traditionellen Einrichtungen wie der Universitätsausdehnungsbewegung – durch sozialpolitische und wirtschaftliche Interessenvertretung und arbeitsrechtliche Beratung und Unterstützung gekennzeichnet. Der Schwerpunkt gewerkschaftlicher Bildungsarbeit verlagerte sich deshalb früh von einer mehr allgemein gesellschaftlich-politischen Bildung hin zu einer wirtschaftlichen und sozialwissenschaftlichen Fachbildung.

Mit der Etablierung der Weimarer Reichsverfassung wurde die staatliche Anerkennung sowie die Mitverantwortung und Mitwirkung der Gewerkschaften im Bereich der Wirtschaft, des Rechts und der allgemeinen öffentlichen Angelegenheiten wesentlich gefördert. Der Artikel 165 der Reichsverfassung von 1919 rief die Arbeiter und Angestellten dazu auf, gleichberechtigt mit den Unternehmern an der Regelung der Lohn- und Arbeitsbedingungen »sowie an der gesamten wirtschaftlichen Entwicklung der produktiven Kräfte« mitzuwirken. Die Arbeiter und Angestellten erhielten zur Wahrnehmung ihrer sozialen und wirtschaftlichen Interessen »gesetzliche Vertretungen in Betriebsarbeiterräten sowie in nach Wirtschaftsgebieten gegliederten Bezirksarbeiterräten und in einem Reichsarbeiterrat«. Dem Reichswirtschaftsrat waren sozialpolitische und wirtschaftliche Gesetzentwürfe von grundlegender Bedeutung zur Begutachtung vorzulegen. Die Wahrnehmung dieser Mitgestaltung und Mitverantwortung der Arbeiter und Angestellten erforderte eine verstärkte Qualifizierung der gewerkschaftlichen Funktionsträger. Auch ihre Mitwirkung in den Bereichen des kollektiven Arbeits- und Sozialrechts gemäß dem Betriebsverfassungsgesetz machte eine entsprechende Aus- und Weiterbildung unabdingbar (Leipart-Erdmann 1928, in Olbrich 1977, S. 246). Mit den gesteigerten wirtschafts- und sozialpolitischen Aufgaben der Gewerkschaften bildete sich konsequenterweise eine Funktionärselite heraus, die in zunehmendem Maße hauptamtlich die Interessen der Organisationen und der Gewerkschaftsmitglieder vertrat.

Besondere Kenntnisse mussten die Gewerkschaftsvertreter und Betriebsräte im gesamten Bereich der »Wirtschaftsdemokratie« und der sozialen Gestaltung der Arbeitsverhältnisse, beispielsweise im Tarifrecht, erwerben. Diese pragmatische und konkrete Interessenvertretung in der gewerkschaftlichen Bildungsarbeit kennzeichnete Fritz Fricke, einer der besten Kenner der gewerkschaftlichen Bildungsarbeit, wie folgt: »So leitet sich Notwendigkeit und Zweck der Bildungsarbeit aus dem Zweck der Gewerkschaftsbewegung ab. Solche, im engeren Sinne gewerkschaftliche Bildungsarbeit hat die Aufgabe, dem Führungsnachwuchs und auch der Masse in der Gewerkschaftsbewegung umfassende Kenntnisse zu vermitteln über diejenigen Lebensgebiete der Gesellschaft und deren Problematik, auf denen die Betätigung dieser Bewegung sich vornehmlich abspielt: Wirtschaft, Recht und Politik. Der erziehliche Teil der Gewerkschaftsbildung wird in der Hauptsache Denk- und Fähigkeitsschulung darstellen, auf der Basis sozial-ethischer Grundwerte, insbesondere des sozialen Verantwortungsbewusstseins und der Solidarität. Der besondere Charakter einer so aus dem gewerkschaftlichen Zweck abgeleiteten Bildungsarbeit bietet hierbei eine wertvolle Hilfe.« (Fricke 1931, S. 242 f.)

Die Gewerkschaftsorganisationen reagierten auf diese Herausforderung sehr rasch. Sie fassten auf dem Nürnberger Gewerkschaftskongress von 1919 den Beschluss, in allen Städten mit mehr als 50 000 Einwohnern Kurse für Betriebsräte, Betriebs- und Vertrauensleute einzurichten. Sie sollten auf der Ebene zu bildender

Bezirke durchgeführt und an der Spitze von einer Bildungskommission aus Vertretern der verschiedenen Gewerkschaften geleitet werden. Neben der Funktionärsbildung machte das starke Anwachsen der Zahl der Gewerkschaftsmitglieder auch eine Massenschulung notwendig. Deshalb sollten die lokalen Qualifizierungen der Mitglieder ausgeweitet werden. Auch der Rekrutierung von Funktionären aus den Reihen der Gewerkschaftsmitglieder im Rahmen der Bildungsarbeit wurde eine große Bedeutung beigemessen.

So gab der Allgemeine Deutsche Gewerkschaftsbund (ADGB) bereits 1919 einen zentralen Leitfaden und Lehrplan heraus (Neuloh 1930, S. 75). Folgende Unterrichtsgegenstände wurden durch eine genaue Stundentafel festgelegt:

Aufbau, Theorie und Aufgaben der Gewerkschaften	10 Stunden
Die gegnerischen Gewerkschaften	6 Stunden
Tarif- und Schlichtungswesen	8 Stunden
Arbeitervertretung	8 Stunden
Nationalökonomie	6 Stunden
Unternehmerorganisation	4 Stunden
Gewerbehygiene	6 Stunden

(Gumpert 1923, S. 31).

Obwohl die Umsetzung des Nürnberger Grundsatzbeschlusses anfangs nur zögerlich erfolgte (1922 wurde er nur in acht Städten realisiert), entstand doch, vorangebracht durch die Krisensituation des Jahres 1923, ein gegliedertes System gewerkschaftlicher Bildungsarbeit mit drei Hauptlinien. Für das anfängliche Zögern der Gewerkschaftsführer, der Bildungsarbeit hohe Priorität einzuräumen, war die schwierige wirtschaftliche Entwicklung ausschlaggebend, die schließlich in der Krise des Jahres 1923 ihren Höhepunkt erreichte und das Interesse der Gewerkschaften auf politische und soziale Probleme und weniger auf die Bildungsfrage lenkte. Nach 1924, mit der Konsolidierung der wirtschaftlichen Lage und der innen- und außenpolitischen Stabilisierung der Republik, konnten die Kräfte wieder auf eine dezidierte Bildungsarbeit mit folgender institutionell-organisatorischer Struktur konzentriert werden:

- örtliche Bildungsausschüsse und Bezirkssekretariate des ADGB;
- gemeinsam mit dem Staat getragene, fachbezogene Bildungsarbeit;
- zentrale Kurse der Hauptvorstände der einzelnen Verbände.

Die Bundesschule des ADGB in Bernau bei Berlin nahm in der gewerkschaftlichen Bildungsarbeit eine besondere Stellung ein. Sie bildete die Spitze im Aufbau eines gestuften Bildungssystems.

4.1.2.1 Die örtliche Bildungsarbeit

Die lokale Bildungsarbeit der Gewerkschaften konzentrierte sich auf die Durchführung von Abendkursen und von Einzelveranstaltungen. Etwa die Hälfte der ca. 1 300 gewerkschaftlichen Ortsausschüsse im ganzen Reich bildete nach einer Statistik des Allgemeinen Deutschen Gewerkschaftsbundes im Jahr 1921 Bildungsausschüsse mit zum Teil hauptamtlichen Bildungssekretären (Krug 1980, S. 212). In Großstädten wie Berlin, Köln und Hamburg wurden ständige Bildungsstätten eingerichtet, die teilweise mit den Universitäten zusammenarbeiteten. Als Beispiel ist die Kooperation zwischen den Gewerkschaften und der Universität Köln zu nennen. Überregionale Bedeutung erlangten die Berliner Gewerkschaftsschule, das Freigewerkschaftliche Seminar in Köln, der Frankfurter Räteschulverein sowie die Hamburger Betriebsräteschule. Im Hinblick auf die gesellschafts- und bildungspolitische Orientierung bildete sich ein breites Spektrum: von der ursprünglich stärker sozialistisch geprägten Berliner Gewerkschaftsschule bis zum Freigewerkschaftlichen Seminar in Köln, das sich dem Geiste »objektiver« Wissenschaft verpflichtet fühlte (Leipart-Erdmann 1928, in Olbrich 1977, S. 247 f.).

Der Impuls zur Gründung der Berliner Gewerkschaftsschule ging von der revolutionären Situation 1918/19 aus. Alle damaligen Parteien der Arbeiterbewegung, die Mehrheitssozialdemokraten, die USPD und die KPD, gehörten zu ihren Initiatoren. Ursprünglich sollte die Schule »proletarische Menschen mit den Qualitäten von Wirtschaftsführern und Staatsmännern ausstatten« (Fricke 1926, in Olbrich 1977, S. 344). Deshalb nannte sie sich seit ihrer Gründung – um ihren revolutionär-politischen Charakter zum Ausdruck zu bringen – Freie Hochschulgemeinde für Proletarier. Die ersten Kurse für Arbeiter und Betriebsräte wurden im Frühjahr 1919 durchgeführt. Ganz im Sinne des Rätegedankens wurde die Schule im Herbst 1919 in Räteschule der Großberliner Arbeiterschaft (Räteschulbewegung) umbenannt. Sie stand zunächst dem Vollzugsrat der Arbeiter und Soldatenräte nahe, da dieser die einzige Organisation war, die eine gewisse Überparteilichkeit angesichts der Auseinandersetzungen der Mehrheitssozialdemokratie, der USPD und der KPD bewahren konnte. Mit der Einbeziehung der Räteorganisation in die Gewerkschaftsbewegung wurde sie schließlich ein Bestandteil der »Berliner freigewerkschaftlichen Betriebsrätezentrale«. Der Berliner Ortsausschuss des ADGB und des Ortskartells des AfA-Bundes wurden zum Träger dieser Bildungseinrichtung.

Die Berliner Gewerkschaftsschule betonte von Anfang an ihren autonomen Charakter, sie lehnte eine zu enge Bindung an eine Partei ab. Sie wollte den Betriebsräten das erforderliche »geistige Rüstzeug« vermitteln. Eigenes Denken und Entscheiden sollte die pädagogische Maxime sein. Fritz Fricke, der Leiter der Berliner Gewerkschaftsschule von 1921 bis 1933, kennzeichnete in einem Beitrag aus dem Jahre 1926 die Ziele der Schule so: »Die neuen Aufgaben der Betriebsräte und der Gewerkschaften erforderten konstruktive politische Fähigkeiten. Konnte man die Aufgabe, die Arbeiterschaft zum politischen Denken zu bewegen – wenn auch nur bis zu einem gewissen Grade – als gelöst betrachten, so galt es jetzt, sie politisch handeln zu lehren.« (nach Olbrich 1977, S. 344)

Die Berliner Gewerkschaftsschule verstand sich anfangs als ein »echtes und rechtes Revolutionskind«, als eine »Klassenkampfschule, die Kriegsakademie der Groß-Berliner Arbeiterschaft« (nach Feidel-Mertz 1972, S. 75). Erst nach 1920 wurde sie eine reformistische gewerkschaftliche Bildungsinstitution, und sie integrierte sich in die allgemeine gewerkschaftliche Bildungslandschaft. Im Unterschied zu der ursprünglich revolutionären Zielsetzung der Berliner Gewerkschaftsschule trat die politisch-weltanschauliche Bildung gegenüber einer gründlichen fachlichen Ausbildung in volks-, finanzwirtschaftlichen sowie rechts- und sozialpolitischen Spezialgebieten zurück (Gumpert 1923, S. 36). Die Ausrichtung auf »wissenschaftliche Grundsätze«, die Orientierung an der objektiven, unparteilichen Wissenschaft verdrängte die sozialistische Gesellschaftstheorie und das Prinzip interessengebundener parteilicher Bildungsarbeit.

Als ein herausragendes Beispiel dieser wissenschaftlichen Ausrichtung kann das 1920 gegründete Kölner Freigewerkschaftliche Seminar genannt werden. Es ging aus dem ein Jahr vorher entstandenen »Wirtschaftswissenschaftlichen Arbeiterseminar« hervor. Die Leitung des Seminars übernahm ein Universitätslehrer. Nicht Gewerkschaftler, sondern vor allem Wissenschaftler der Universität unterrichteten Nationalökonomie, Staats- und Gesellschaftslehre, Betriebs- und Rechtswissenschaft. Die Einrichtung sollte »Staatsbürger« bilden, die zudem Gewerkschaftsfunktionäre und Betriebsräte waren (Leipart-Erdmann 1928, in Olbrich 1977, S. 248).

Die Entwicklung der Berliner Gewerkschaftsschule von einem revolutionären Bildungsinstitut zu einer Einrichtung fachbezogener Funktionärsausbildung zeigt die gesellschaftstheoretische und pädagogisch-didaktische Spannweite gewerkschaftlicher Bildung in der Weimarer Zeit. Die wissenschaftsbezogene Arbeit des Kölner Freigewerkschaftlichen Seminars macht in exemplarischer Weise deutlich, dass die Bildungsarbeit der Gewerkschaften sich für eine »objektive«, wissenschaftsbezogene Betrachtung von Wirtschaft und Gesellschaft öffnete und sich in die pragmatische Gesamtpolitik der Gewerkschaften einfügte.

Entsprechend der Überzeugung, dass im November 1918 ein neues »Zeitalter der Arbeiterbewegung« angefangen habe und die Arbeiterschaft als »verantwortliche(n) Trägerin einer neuen Volks- und Staatsordnung« (Michel 1925, S. 85) zu einer bestimmenden gesellschaftlichen Kraft geworden sei, gewann, wie gesagt, die zweckgebundene Funktionärsbildung einen hohen Stellenwert und einen eigenständigen Charakter. Die gewerkschaftliche Funktionärsschulung gab den ursprünglichen »revolutionären« Gedanken der Arbeiterbildung als »Bildung für die Klasse« gegenüber einer individuellen Aufstiegsqualifizierung weitgehend auf. Insofern zeigt sich eine konsequente Entwicklung von der Schulung der Betriebsräte bis zum Gedanken an einen »Zweiten Bildungsweg« *(s. o.)*. Zusammenfassend kann festgestellt werden, dass die örtliche gewerkschaftliche Bildungsarbeit darauf ausgerichtet war, die politischen und wirtschaftlichen Verhältnisse evolutionär in Richtung der von den Gesamtgewerkschaften formulierten »Wirtschaftsdemokratie« und in Richtung einer Demokratisierung der gesellschaftlichen Verhältnisse zu verändern.

Mit ihrem gegliederten und gestuften Aufbau war die örtliche Bildungsarbeit der Gewerkschaften sowohl im Hinblick auf die Funktionärsbildung als auch die Breitenbildung das Fundament, auf dem die höheren Ebenen aufbauten.

4.1.2.2 Die Zusammenarbeit mit staatlichen Institutionen: Die Akademie der Arbeit in Frankfurt und die staatlichen Wirtschafts- und Verwaltungsschulen in Düsseldorf und Berlin

Die gesellschaftsreformierende und auf Integration gerichtete Bildungskonzeption der Gewerkschaften zeigte sich in jenen Einrichtungen in besonderer Weise, die mit staatlichen Stellen und der Universität zusammenarbeiteten. Die enge Beziehung zwischen den Gewerkschaften und dem Weimarer Staat, die durch gleiche politische und gesellschaftliche Zielsetzungen möglich wurde, wird in nahezu allen Bereichen der politischen und ökonomischen Kooperation und auch in der gewerkschaftlichen Bildung deutlich. Die Verschränkung mit dem »Dienst an der Arbeiterbewegung« und dem »Dienst am Staat« war kennzeichnend für die »Preußischen Wirtschafts-

und Verwaltungsschulen« und die »Akademie der Arbeit« in Frankfurt am Main. Beide Institutionen arbeiteten mit staatlichen Stellen zusammen, wollten keine ausschließliche Bildung für Funktionäre der Gewerkschaftsbewegung, sondern eine systematische Ausbildung für Aufgaben, die Gewerkschaften und Staat gemeinsam zu leisten beauftragt waren. Es ging um die Heranbildung von Leistungseliten in der Politik und in der Verwaltung.

Die Konzeption der Akademie der Arbeit entwickelten die Professoren *Ernst Pape* (1876–1945) und *Hugo Sinzheimer* (1875–1945). Im März 1921 vereinbarten einige Gewerkschaftsorganisationen, Angestellten- und Beamtenverbände sowie das Preußische Ministerium für Wissenschaft, Kunst und Volksbildung vertraglich die Gründung einer Akademie an der Universität Frankfurt. Sie einigten sich auf folgende Zielsetzung: »Eine hochschulmäßige Ausbildung nicht akademisch vorgebildeter Personen aus dem Kreise namentlich der Arbeiter, Angestellten und Beamten zur Wahrung ihrer Tätigkeit in der wirtschaftlichen, sozialen und politischen Selbstverwaltung. Eine Ausbildung für Zwecke der höheren Staatsverwaltung ist nicht beabsichtigt. Fachbildung und parteiliche Schulung werden ausgeschlossen.« (nach Gumpert 1923, S. 48)

Die Unterrichtsorganisation war auf zehn Monate ausgelegt: drei Semester mit je drei Monaten und einer einmonatigen vorlesungsfreien Zeit. Als Pflichtgebiete waren vorgesehen:

- Arbeitsrecht und Rechtsordnung;
- Betriebs- und Volkswirtschaft;
- Organisation und Gesellschaft;
- Presse und Schrifttum;
- Theorien und Weltanschauungen;
- Gesetze der geistigen Arbeit;
- Biologie und Hygiene;
- Psychologie und Gesetze des persönlichen Lebens;
- Zeitrechnung und Geschichte (Gumpert 1923, S. 48).

Auch fakultative Angebote in allgemeinbildenden Disziplinen wie Sprachen und Mathematik waren geplant. Die öffentliche Verantwortung für die Akademie zeigte sich unter anderem darin, dass außer den Hörergebühren und Unterhaltskosten der Teilnehmer sämtliche Kosten der Akademie durch finanzielle Zuschüsse des Reiches, der Stadt Frankfurt und der Universität gedeckt wurden. Auf diese Weise manifestierte der Staat sein besonderes Interesse an der gewerkschaftlichen Bildungsarbeit. Als Gegenleistung der Gewerkschaften kann man deren staatspolitische Verantwortung und Loyalität gegenüber der Weimarer Republik ansehen.

Die jeweils entsendenden Verbände bestimmten die Teilnehmer. Bei der Auswahl der Dozenten zeigte sich das Interesse an einer breiten fachlichen Qualifikation. Es gab haupt- und nebenamtliche Dozenten, darunter so bekannte wie die Professoren Willy Hellpach, Emil Lederer, Franz Oppenheimer, Ernst Pape und Hugo Sinzheimer sowie der Staatsminister Bill Drews. Bekannte Exponenten der gewerkschaftlichen Bildungsarbeit wie Georg Engelbert Graf und Richard Woldt gehörten ebenfalls dem Lehrerkollegium an (Gumpert 1923, S. 50/51).

Ernst Michel (1889–1964), der spätere Leiter der Akademie, war sich bewusst, dass sich diese auch unter gesellschaftspolitischen Gesichtspunkten mit der Abgrenzung gegenüber der bürgerlichen Volksbildung auseinander zu setzen habe. Er betrachtete die gewerkschaftlichen Teilnehmer zwar als Vertreter der Arbeiterklasse, aber zugleich auch als »Repräsentanten des ganzen Volkes«. Und so definierte er die veränderte Bedeutung gegenwärtiger gewerkschaftlicher Bildung im Gegensatz zur Bildung in der Epoche des autoritären Staates folgendermaßen: »[. . .] heute ist gefordert, daß die Arbeiterschaft ihre errungene Stellung im Volksganzen, ihren Auftrag, zu neuen bindenden Ordnungen durchzustoßen, auch als aktive Trägerin neuen geistigen Lebens bewähre. Es ist ihr aufgetragen, auch in der Geistesbildung durchzustoßen, durch die individualisierende Bildung der modernen Welt zu einer neuen Gemeinschaftsbildung«. (Michel 1926, in Olbrich 1977, S. 317)

Eine ähnliche gesellschafts- und bildungspolitische Aufgabenstellung bestimmte die Arbeit der Staatlichen Fachschulen für Wirtschaft und Verwaltung in Berlin und Düsseldorf. Die Initiative zur Gründung dieser Schulen ging von dem ehemaligen preußischen Finanzminister *Hermann Lüdemann* (1880–1959) aus. Lüdemann wollte die Fachschulen in Abhebung zur Akademie der Arbeit als mittlere Hierarchieebene innerhalb der preußischen Wirtschafts- und Verwaltungsschulen etablieren. Sie hatten die Aufgabe, »Personen beiderlei Geschlechts, die mindestens eine abgeschlossene Volksschulbildung genossen und bereits längere Zeit im Berufsleben gestanden haben, eine grundlegende wirtschaftliche, rechtliche und soziale Berufsausbildung zu vermitteln und sie für gehobene Stellen im öffentlichen und privaten Dienst vorzubereiten« (nach Gumpert 1923, S. 51).

Im Vergleich zur Frankfurter Akademie der Arbeit war die in den genannten Fachschulen vermittelte Bildung zweckgebundener und praktischer ausgerichtet. Der »Mittelschul«-Charakter zeigte sich auch in der kürzeren Lehrgangsdauer: 40 Wochenstunden in drei voneinander durch 14-tägige Ferien getrennten Abschnitten zwischen dem 1. Oktober und dem 31. Juli.

Zum Leiter der Berliner Schule wurde *Paul Hermberg* (1888–1969), zum Leiter der Düsseldorfer Schule *Hermann Seelbach* ernannt. Zu den Dozenten gehörte auch der damalige Studienleiter der Hochschule für Politik und spätere Bundespräsident *Theodor Heuss* (1884–1963).

Aus didaktischer Sicht ist von Interesse, dass sich die Teilnehmer auf den Besuch der Wirtschaftsschulen durch Fernunterricht und in Studienzirkeln vorbereitet hatten. Der Gedanke des Selbststudiums bestimmte die pädagogische Konzeption.

Wegen ihrer dezidiert staatsloyalen Haltung und ihres gesellschaftsintegrativen Charakters waren weder die Akademie der Arbeit noch die Fachschulen innerhalb der Gewerkschaftsbewegung völlig unumstritten. Der gravierendste und wohl berechtigte Einwand ging dahin, dass die auf die berufliche Qualifizierung ausgerichtete Weiterbildung der Gewerkschaftsfunktionäre zu ihrer Entfremdung von der Arbeiterschaft führen könne. In der Zielsetzung der Schulen wurde die berühmte Definition der Weiterbildung des Strukturplans von 1970 tendenziell vorweggenommen. Die pädagogische Konzeption zeigte auch Ansätze des Zweiten Bildungsweges.

Viele Absolventen sahen tatsächlich in der Akademie der Arbeit und den Wirtschaftsschulen in Berlin und Düsseldorf die Möglichkeit für ihren individuellen beruflichen Aufstieg. Der erfolgreiche Abschluss des Lehrganges sicherte vielen Teilnehmern Positionen in höheren öffentlichen Verwaltungen, in der Arbeitsgerichtsbarkeit und im weiten Feld der Sozialpolitik außerhalb der Gewerkschaftsbewegung.

Positiv lässt sich vermerken, dass der Staat den Einsatz der Akademie der Arbeit und der Wirtschaftsschulen für die gewerkschaftliche Bildungsarbeit unterstützte. Damit wurde zugleich die Rolle und die verantwortliche Tätigkeit gewerkschaftlicher Funktionsträger in den Kommunen und in staatlichen Stellen, besonders in der Sozialpolitik, Sozialversicherung und Arbeitsgerichtsbarkeit entsprechend dem Paragraphen 165 der Reichsverfassung und im Sinne des Betriebsverfassungsgesetzes gewürdigt.

4.1.2.3 Die Bildungsarbeit der Zentralverbände

Die sozialintegrative Zielsetzung gewerkschaftlicher Bildungsarbeit, wie sie in der überwiegenden Zahl der örtlichen Bildungsveranstaltungen und den halbstaatlichen Einrichtungen der Akademie der Arbeit und den staatlichen Wirtschafts- und Verwaltungsschulen sichtbar wurde, schien mit der Wirtschaftskrise von 1923, die auch zu einer Krise der Gewerkschaften wurde, immer fraglicher zu werden. Es setzte sich mehr und mehr die Erkenntnis durch, dass die sozialpartnerschaftliche Zusammenarbeit in den Betrieben eine allgemeine politische Bildungsarbeit nicht überflüssig machte. Das Bewusstsein der Krise erforderte von den Gewerkschaften Antworten auf grundlegende gesellschaftspolitische und ökonomische Fragen. Zudem setzte sich die Überzeugung durch, dass eine intensivere Bildungsarbeit auch die Aufgabe habe, »das in den Strömungen der Inflationszeit gelockerte Vertrauen zwischen Führung und Mitgliedschaft zu verfestigen« (Hessler 1932, S. 445).

So wurden in Ergänzung und Vertiefung der örtlichen Bildungsarbeit von den Zentralvorständen Kurse in Intensivform institutionalisiert. Sie waren ausschließlich Angehörigen der Zentralverbände, d. h. den Zusammenschlüssen der lokalen Berufs- und »Fachverbände« zu zentralen Berufsorganisationen mit gewählten Vorständen *(s. o.)*, vorbehalten. Die Frage der gewerkschaftlichen Organisation stand im Mittelpunkt der Einrichtungen. »Sie sind die Stätten, an der das verbandsindividuelle Bedürfnis im Bildungswesen sich vor dem Geistesgut der Gesamtbewegung durchsetzt« (Leipart-Erdmann 1928, in Olbrich 1977, S. 248). Damit wollte der Vorsitzende der Gewerkschaften zum Ausdruck bringen, dass das spezifische Interesse der Gewerkschaftsverbände Vorrang habe gegenüber der allgemeinen politischen und gesellschaftlichen Bildung, die vor allem Aufgabe der gesamten Arbeiterbewegung sei.

Um die politische Generallinie der Gewerkschaft einzuhalten, unterrichteten fast ausschließlich Gewerkschaftler in den Bildungseinrichtungen der Zentralverbände. Es ging um eine »Fühlung zwischen den Führern und den Funktionären, um die Einheit der Auffassungen, um die Einheit der Aktion in den einzelnen Verbänden zu vertiefen«. (Leipart-Erdmann in: Olbrich 1977, S. 249)

So entstanden aus gewerkschaftlichen Schulungswochen Verbandsschulen mit Internatscharakter. Im März 1926 wurde in Bad Dürrenberg bei Leipzig die Schule des Metallarbeiterverbandes gegründet, geleitet von dem bekannten Erwachsenenbildner *Georg Engelbert Graf* (1897–1952), der schon Lehrer in der Heimvolkshochschule Schloss Tinz gewesen war. Die Schule in Bad Dürrenberg war die bedeutendste Bildungsinstitution eines Zentralverbandes.

Die Kurse in Bad Dürrenberg dauerten in der Regel drei Wochen. Hauptgegenstände des Unterrichts waren Wirtschaft, Arbeitsrecht und Betriebslehre. Für jeden Kurs standen ca. 50 Plätze für Mitglieder aus allen Industriegruppen des Verbandes zur Verfügung. Im Jahr 1928 wurden 15 Kurse mit 631 Teilnehmern durchgeführt (Olbrich 1977, S. 302). Für spezifische Funktionen richtete man spezielle Kurse ein, so z. B. für Arbeitsgerichtsbeisitzer einen einwöchigen Kurs, an den sich für ausgewählte Teilnehmer ein Fortbildungskurs mit dreimonatiger Dauer anschließen konnte.

Ab 1930 wirkte sich die erneute Wirtschaftskrise auf die Teilnehmerstruktur aus: Die Zahl der arbeitslosen Hörer nahm stark zu. Im Hinblick auf die Unterrichtsgegenstände versuchte man, sich auf aktuelle »Zeitereignisse« einzustellen. Dieser Zielsetzung dienten die so genannten Spezialkurse. Es fanden im Berichtsjahr 1930 unter anderem Kurse für folgende Personengruppen statt: für Betriebsräte, für Jugendleiter, für Leiter kleiner Verwaltungsstellen, für Verbandskassierer, für Betriebsräte im Aufsichtsrat, für Beisitzer bei den Oberversicherungsämtern (Jüttner u. a., o. J., S. 286).

Die didaktische Konzeption wollte reine Wissensvermittlung vermeiden. Der Gedanke der Gemeinschaft wurde stark betont. Die »Arbeiterschaft« sollte funktionsbezogen gebildet werden, nicht die einzelne, individuelle Persönlichkeit im Sinne eines humanistischen Ideals. Der Jurist *Ernst Fraenkel* (1898–1975), 1926 bis 1930 nebenamtlicher Lehrer in Bad Dürrenberg, hob den dialektischen Charakter der Schule hervor: Die Bildungsarbeit sollte sich auf der Grundlage der marxistischen Weltanschauung entfalten, ohne den historischen und dialektischen Materialismus selbst zum Lehrgegenstand zu machen (in Olbrich 1977, S. 350).

Die Teilnehmerstruktur entsprach den allgemeinen verbands- und bildungstheoretischen Prämissen dieser Bildungseinrichtung: Insgesamt nahmen 627 Hörer an den Kursen in Bad Dürrenberg teil. Davon waren 299 Betriebsräte, 276 Mitglieder von Ortsverwaltungen und 52 Betriebs- und Jugendvertreter. Nach Parteizugehörigkeit ergab sich folgendes Bild: 491 Hörer waren Mitglieder der SPD, 43 der KPD, drei der USPD und 94 waren ohne Parteizugehörigkeit (Jelich 1996, S. 139).

Die Schule in Bad Dürrenberg stand zwischen sozialistischem Anspruch und klassenkämpferischer Rhetorik einerseits und einer Bildungspraxis andererseits, die sich an den realen Anforderungen gewerkschaftlicher Funktionstätigkeit im Rahmen des bestehenden politischen und wirtschaftlichen Systems orientierte (Jelich 1996, S. 140).

Nach der Einrichtung in Bad Dürrenberg wurde im September 1927 die Schule der Fabrikarbeiter in Wenningsen bei Hannover eröffnet. Im November desselben Jahres folgte die Gründung der Schule des »Gemeinde und Staatsarbeiterverbandes« in Buckow in der Märkischen Schweiz. 1929 errichtete der »Baugewerkschaftsbund« eine Heimvolkshochschule in Werlsee bei Berlin. Der Eisenbahnerverband wandelte sein Erholungsheim in Hamersbach in eine Bildungseinrichtung um.

Am Beispiel des Gemeinde- und Staatsarbeiterverbandes lässt sich die Zielsetzung dieser und vergleichbarer Institutionen ablesen: »Der Verband hat im Kreise seiner Mitglieder und Funktionäre Schulungsarbeit zu leisten, die das Gefüge des Verbandes in sich verfestigt und stärkt, die Mitglieder am Verband hält, die Funktionäre befähigt, vorbildliche Verbandsarbeit zu leisten. Der Verband betreibt solche Schulung also durchaus aus verbandsegoistischen – sehr berechtigten – Gründen, um seinen Bestand zu sichern, seine gewerkschaftlichen Arbeiten leichter zu erfüllen. Die Bildungsarbeit des Verbandes ist demnach durchweg zweckbestimmt und auf spezielle Aufgaben und Ziele gerichtet.« (Hartig 1929, S. 10)

Es handelte sich also bei der Bildungsarbeit der Zentralverbände um eine primär fachliche Qualifizierung. Die Verbände folgten dem Konzept der Wirtschaftsdemokratie und waren an »gut ausgebildeten Qualitätsarbeitern« interessiert. Die gewerkschaftliche Bildungsarbeit wurde als Ergänzung der Ausbildung durch den Staat, durch die Gemeinden und die Wirtschaft angesehen. Eigene Veranstaltungen dienten dazu, aus gewerkschaftlicher Sicht die »Berufsbildung« zu fördern und zu interpretieren. Dabei ging man von einem differenzierten, teilnehmerorientierten Bildungskonzept aus. Planung und Durchführung der Arbeit orientieren sich an dem Gesichtspunkt größtmöglicher Effizienz: [. . .] »dass keine Bildungsveranstaltung mit unnützem Ballast beschwert werden darf und dass man sich auf das Notwendigste, Nützlichste und Zweckmäßigste zu beschränken hat, dass man nur bringt, was lebensnah ist, dem Interesse entgegenkommt und was möglichst unmittelbar praktisch zu verwerten ist« (Leipart-Erdmann 1928, S. 11).

Während also für die Funktionäre und Mitglieder der Gewerkschaftsbewegung diese intensive residentiale Bildungsarbeit vorgesehen war, sollten die noch nicht organisierten Arbeitnehmer durch Vorträge und Veranstaltungen an die Gewerkschaften herangeführt werden. Hier ging es primär um werbende Bildungsarbeit, um Themen mit allgemeinbildendem Anspruch. Sie sollten zwar auf die Berufstätigkeit Bezug nehmen, aber weiter und allgemeiner gefasst werden. Neben der residentialen Arbeit gab es so genannte Ferienganztagskurse und Kurse für die vom Verband freigestellten Funktionäre (Hartig 1929, S. 13), gewissermaßen Vorläufer der Bildungsurlaubskurse. Bildungsarbeit und Freizeitbetätigung sollten sich ergänzen. Da die Ferienkurse jedoch weder eine richtige Erholung noch eine konzentrierte Bildungsarbeit ermöglichten, verzichtete man bald wieder auf sie. Auch die Verbände ohne Zentralschulen legten großen Wert auf die Schulung ihrer Funktionäre. So berichten die Jahrbücher des ADGB von Abend- und Wochenendkursen für Bauarbeiter, Bergarbeiter und Zimmerer, die oft als Vorstufe für den Besuch der ADGB-Bundesschule betrachtet wurden (Jahrbücher der Verbände des ADGB, 1929, in Olbrich 1977, S. 304).

Die Bildungsarbeit der einzelnen Verbände war also zunächst auf die spezifischen Bedürfnisse und Erfordernisse der jeweiligen Gewerkschaften orientiert. Sie bildete eine wichtige Säule innerhalb der Gewerkschaftspolitik.

4.1.2.4 Die Bundesschule des Allgemeinen Deutschen Gewerkschaftsbundes in Bernau

Den Schlussstein des differenzierten und gestuften Systems gewerkschaftlicher Bildungsarbeit bildete die Bundesschule des Allgemeinen Deutschen Gewerkschaftsbundes in Bernau bei Berlin, der eine besondere Rolle zukam. Dies drückte sich nicht nur in ihrer Bildungskonzeption und -praxis aus, sondern auch in ihrer Architektur, die den Zusammenhang der äußeren Gestalt mit der inneren Form, der Bildungsarbeit, symbolisieren sollte. Die bauliche Gestaltung der Bundesschule war ein sichtbarer Ausdruck dafür, in welchem Maße sich die Arbeiterbewegung mit den neuen architektonischen Strömungen auseinander setzte.

Die herausragende Stellung, die einer modernen Architektur als Vergegenständlichung einer ebensolchen Bildungsarbeit zugewiesen wurde, zeigte sich darin, dass die bedeutendsten Architekten der damaligen Zeit zu einem Wettbewerb aufgefordert wurden: Max Berg, Aloys Klement, Willi Ludewig, Erich Mendelsohn, Hannes Meyer und Max Taut. Dem Preisgericht gehörten die Architekten Martin Wagner und Heinrich Tessenow an und als Mitglieder des Lehrkörpers und der Gewerkschaftsbewegung Theodor Leipart und Otto Hessler. Das Preisgericht entschied sich für den Entwurf des Direktors des Dessauer Bauhauses, *Hannes Meyer* (1889–1954).

Bereits vor der Eröffnung wurde die Bundesschule in der Gewerkschaftspresse erwartungsvoll angekündigt: Sie lag »in einer schönen, leicht bewegten Lichtung im Märkischen Wald. Das Terrain ist an 20 Morgen groß und besitzt in der Senkung einen kleinen Teich. [...] Die Schule Bernau rechnet mit 120 Schülern, die zu je zweien ein Zimmer haben. Der Lehrbetrieb erfordert drei Klassen für je 40 Hörer, zwei Seminare für je 20 Teilnehmer, Bibliothek, Lesesaal und Lehrmittelzimmer. Die Aula für 200 Personen soll auch für Kongresse, Konferenzen und Feiern zur Verfügung stehen. Bureau, Speisesaal, Geselligkeitsraum, Wohnungen für zwei Lehrer, für den Verwalter und für seinen Helfer, Wohnzimmer für das Personal und für Gastlehrer, bilden außer den Wirtschaftsräumen, den Bädern, Sport- und Spielanlagen das Bauprogramm« (Behne 1928, in Olbrich 1977, S. 331).

Die Schule wurde am 4. Mai 1930 eröffnet als eine Bildungsstätte sowohl des Allgemeinen Deutschen Gewerkschaftsbundes als auch der einzelnen Verbände, die die Räumlichkeiten mitbenutzen konnten. Die Unterrichtstätigkeit begann mit zwei Parallelkursen zu je 40 Teilnehmern, veranstaltet vom Allgemeinen Deutschen Gewerkschaftsbund (ADGB) und vom Textilarbeiterverband.

Der mit dem Bildungsgedanken übereinstimmende architektonische Grundgedanke ging von der Idee einer Schulgemeinschaft aus. So wohnten je zehn Schüler in einem Stockwerk. Sie bildeten eine Einheit innerhalb der großen Gemeinschaft, »gewissermaßen die Familie in der Gemeinde«, und wählten einen Vertrauensmann, der verantwortlich war für die gesamte Organisation des Wohnens. Diese kleine Einheit bildete zugleich eine Lerngruppe in der Klasse und eine »Tischgemeinschaft«. In dieser pädagogischen Konzeption zeigten sich Ansätze der »Neuen Richtung«, und das Zusammenleben zwischen Schülern und Lehrern enthielt Elemente der »Arbeitsgemeinschaft«. Das Gemeinschaftserleben sollte die emotionale Bindung an die Verbände stärken.

Der Lehrplan der Schule orientierte sich an den konkreten Aufgaben der Gewerkschaftsbewegung in den Bereichen Politik, Ökonomie und Gesellschaftspolitik. Zwei Hauptgesichtspunkte bestimmten die Bildungskonzeption:

»1. Fragen, die vom Standpunkt der einzelnen Organisation, ihrem Eigenleben und ihren Besonderheiten wichtig sind. Lehrer hierfür sind die Vorstandsmitglieder der betreffenden Gewerkschaften [...].

2. Fragen, die vom Standpunkt der gesamten Bewegung besonders wichtig sind. Lehrer für diese Fragen sind die hauptamtlichen Dozenten [...].« (Bericht über die Eröffnung der Bundesschule in Bernau, in Olbrich 1977, S. 338)

Die Intensität der Arbeit drückte sich auch im Tagesablauf aus. Von 8.15 Uhr bis 18.00 Uhr, dreimal wöchentlich auch bis 22.00 Uhr, mit kurzen Unterbrechungen für Mahlzeiten und Freizeit (18.00 Uhr bis 18.30 Uhr), wurde konzentriert unterrichtet und gelernt.

Die Bildungsarbeit der Bundesschule hatte durch ihre gesellschaftstheoretische Fundierung exemplarische Bedeutung. Bernau wurde ähnlich wie die Heimvolkshochschule Schloss Tinz und die Metallarbeiterschule in Bad Dürrenberg ein Ort grundsätzlicher Auseinandersetzungen mit den Zielen der Arbeiterbewegung. Gegenüber der allgemeinen reformistischen Ausrichtung der gewerkschaftlichen Politik und der gewerkschaftlichen Bildungsarbeit am Beginn der Weimarer Zeit traten immer stärker systemkritische Ansätze in den Vordergrund. Der Zusammenhang von Arbeiterbildung und sozialistischer Theorie rückte am Ende der Weimarer Republik in das Zentrum der Bildungsarbeit. Neben der theoretischen Auseinandersetzung richtete sich der politische Kampf zu Beginn der Dreißigerjahre gegen die Nationalsozialisten und gegen jedwede antidemokratische und antisozialistische Tendenzen. Bernau wurde bis zu seiner Auflösung ein Ort gewerkschaftlichen Widerstandes.

5. Proletarische Bildungsarbeit

Im Gegensatz zu den Hauptströmungen sozialdemokratischer und gewerkschaftlicher Erwachsenenbildung in der Weimarer Republik entwickelten sich im Zusammenhang mit der Politik der USPD und der KPD Formen revolutionärer, proletarischer Erwachsenenbildung.

5.1 Die Räteschulbewegung

Völlig einbezogen in die politischen Kämpfe der frühen revolutionären Epoche der Weimarer Republik war die Räteschulbewegung. Sie war eng verknüpft mit den politischen Aktivitäten der Arbeiter- und Soldatenräte. Entsprechend dem Konzept »revolutionärer Kampfesbildung« (Theorie revolutionärer Kampfesbildung) sahen große Teile der KPD und der USPD in der Arbeit von Räteschulen ein ergänzendes Element zum politischen Kampf.

Die Forderung nach der Gründung von Räte- und Arbeiterhochschulen ging von den Räten und auch von der sozialistischen Jugend aus: Junge Proletarier sollten für die Fortführung und Durchsetzung der sozialistischen Revolution geschult werden. Zu entscheidenden Initiatoren und Motoren der Räteschulbewegung wurden *Hermann Duncker* (1874–1960) von der KPD und Dieter Fricke von der USPD. Duncker gründete und leitete die Räteschule in Gotha und verteidigte ihre Arbeit gegen die Anhänger *Heinrich Brandlers* (1881–1967). Brandler, ab 1901 Mitglied der SPD, übernahm den Vorsitz des Hamburger Bildungsvereins. Er war Mitbegründer der Spartakus-Gruppe und seit 1918/19 Mitglied der KPD, die er ab 1921 als KPD-Mitvorsitzender leitete. Brandler und dessen Anhänger lehnten eine systematische sozialistische Arbeiterbildung mit dem folgenden Argument apodiktisch ab: »Die Bildungsfrage ist im jetzigen Studium nicht das Ausschlaggebende. Ich bin der Meinung, dass wir heute keine Zeit mehr dazu haben, die Betriebsräte zu schulen, um ihnen durch diese Schulung Selbstbewußtsein beizubringen. Wenn wir so lange warten wollen, bis wir durch theoretische Aufklärung in Rätebildungsschulen den Arbeitern das Selbstbewusstsein und theoretische Klarheit beigebracht haben, sind wir verhungert. Die beste Schule ist der Kampf! [...] Es fehlt der deutschen Arbeiterklasse nicht an theoretischer Klarheit, nicht an der nötigen Einsicht darüber, was sie zu tun hat, sondern es fehlt an dem Willen zur Macht.« (Nach Meier 1971, S. 79)

Hermann Duncker hingegen betrachtete die Räteschulbildung als eine »systematische Durchpflügung des Proletarierbodens«, als eine andere Form klassenkampforientierter Auseinandersetzung. Der Kampf gegen die kapitalistische Wirtschaft und der Aufbau einer sozialistischen Produktionsweise waren seiner Ansicht nach die Hauptstoßrichtungen für eine konkrete Bildungspraxis:

»1. Die Rätebildung soll von jeder neutralen Bildungsbewegung losgelöst und völlig auf die Ziele des revolutionären Klassenkampfes eingestellt werden.
2. Sie soll neben der allgemeinen sozialistischen Einführung eine eingehendere Gegenüberstellung des Wesens der kapitalistischen Profitwirtschaft und der kommunistischen Bedarfswirtschaft bringen«. (Duncker, nach Meier 1971, S. 105)

Dieter Fricke, der später auf die politische und bildungspolitische Linie der SPD und der Gewerkschaften einschwenkte, leitete zusammen mit *Alexander Schwab* (1887–1943) von der Kommunistischen Arbeiterpartei Deutschlands (KAPD) die von Intellektuellen gegründete »Freie Hochschulgemeinde für Proletarier« in Berlin. Aus dieser ging 1919 die »Räteschule der Großberliner Arbeiterschaft« *(s. u.)* hervor. Sie gliederte sich in der weiteren Entwicklung ganz in die Bildungskonzeption gewerkschaftlicher Betriebsräte- und Funktionärsbildung ein. Neben Gotha und Berlin ist auf die Räteschulen in Erfurt und Chemnitz zu verweisen, die von Mitgliedern der KPD oder USPD wie *Theodor Neubauer* (1890–1945) oder *Fritz Heckert* (1884–1936) gegründet wurden. Diese Schulen können als ein Ergebnis mehr spontaner revolutionärer Aktivitäten betrachtet werden.

Obwohl den Räteschulen in der allgemeinen Bewertung der Arbeiterbewegung immer wieder eine einheitliche sozialistische Idee unterstellt wurde, spiegelten die Lehrpläne der einzelnen Schulen keinen stringenten Theorieansatz wider: Die Lehrpläne für die einzelnen Schulen waren nicht systematisch geplant, sondern Ausdruck spontaner Bildungsaktivitäten. Die Themen reichten von Sprachen über naturwissenschaftliche Fächer bis hin zu Gewerbehygiene, Buchführung, Fabrikorganisation und Esperanto. Erst in der nachrevolutionären Phase, ab 1920, begann eine Systematisierung ihrer Bildungsarbeit.

Nach der Verabschiedung des Betriebsrätegesetzes 1920 wichen die revolutionären Zielsetzungen praktischen, politischen, ökonomischen und juristischen Fragestellungen. Die so genannten Fachkurse gewannen an Bedeutung. Der Räteschulgedanke entwickelte sich entsprechend der Politik der Mehrheitssozialdemokraten und der Gewerkschaften einerseits sowie der KPD andererseits in zwei unterschiedliche Richtungen: politische Kampfbildung versus einer stärker an den praktischen

Erfordernissen der Wirtschaftsdemokratie ausgerichteten gewerkschaftlichen, fachlich orientierten Bildung. Die Erwachsenenbildungsarbeit der KPD griff später Ansätze der Rätebildung auf.

5.2 Die Bildungsarbeit der KPD

Die Stellung der KPD zur sozialistischen Erwachsenenbildung war in der ersten Zeit nach ihrer Gründung nicht einheitlich. Nach dem 2. Parteitag im Oktober 1919 wiesen jedoch führende Mitglieder der KPD wie Hermann Duncker, Clara Zetkin und *Edwin Hoernle* (1883–1952) bereits auf die Notwendigkeit einer theoretischen Ausbildung von Parteimitgliedern hin. Als Ergebnis dieser Einschätzung richtete die KPD mit Rückgriff auf die sozialdemokratische Tradition zunächst Wanderkurse ein.

Ein systematischer Aufbau der Arbeiterbildung im Rahmen der Gesamtpolitik der Partei begann mit dem dritten Internationalen Weltkongress vom Juni/Juli 1921 und der Orientierung an der sowjetischen Politik. Die Leninsche Losung »Heran an die Massen« wurde als Aufforderung zum Ausbau einer systematischen Agitations- und Schulungsarbeit verstanden. Lenin hob die Bedeutung von Bildung und »Wissen« für den Sieg der kommunistischen Bewegung hervor. Er schrieb: »Neun Zehntel der werktätigen Massen haben begriffen, dass Wissen eine Waffe ist in ihrem Kampf um Befreiung, dass ihre Misserfolge auf mangelnde Bildung zurückzuführen sind und dass es jetzt von ihnen selbst abhängt, die Bildung tatsächlich jedermann zugänglich zu machen.« (nach Meier 1971, S. 80) In Übereinstimmung mit der Grundsatzentscheidung im Hinblick auf die Rolle der Bildung im politischen Kampf beschloss der 7. Parteitag der KPD im August 1921 in Jena die Einrichtung eines zentralen Bildungssekretariats, das Edwin Hoernle mit folgender Aufgabenstellung übertragen wurde:

1. Bildungsarbeit innerhalb der Partei.
2. Kommunistische Arbeit in den Arbeiterbildungsinstituten und den Arbeiterbildungsorganisationen.
3. Künstlerische und anschauliche Ausgestaltung der Parteipropaganda.
4. Schulpolitik und Lehrerbewegung.
5. Jugend- und Kinderbewegung.
6. Propaganda unter den Intellektuellen.
7. Kommunistische Arbeit in den Arbeitersport- und Kulturorganisationen (nach Meier 1971, S. 165).

Eine endgültige Klärung der theoretischen Grundlagen kommunistischer Erwachsenenbildung vollzog sich auf der »Reichsbildungskonferenz« für Bildungsobleute und Kurslehrer in Berlin vom 6. August 1922. Diese wichtige Konferenz hatte die Abteilung Bildung innerhalb der KPD angeregt und durchgeführt. Die Mehrheit der Parteimitglieder und auch die Führer der Partei unterstützen die Ergebnisse dieser Konferenz, die die Grundlage für die weitere Bildungsarbeit legen sollte, nachdrücklich. Die endgültige institutionelle Ausgestaltung der Bildungsarbeit als legitimes Instrument im Rahmen der Parteiarbeit vollzog sich auf der ersten »Reichsparteikonferenz« vom 1. Oktober bis 1. November 1925 in Berlin. Dabei wurde eine noch stärkere Ausrichtung der kommunistischen Erwachsenenbildung an der leninistischen Generallinie festgelegt.

Mit der Rolle, die die Partei der Bildungsarbeit insgesamt zuwies, wurde die Gründung einer Marxistischen Arbeiterschule (MASCH) auf höchster Parteiebene abgesichert. Mit der MASCH entstand eine bewusst parteiliche Schule, deren Teilnehmer die Pflicht hatten, »die Grundlehren des Marxismus und ihrer Anwendung auf alle Gebiete des proletarischen Lebens und Kampfes zu erlernen« (nach Gerhard-Sonnenberg 1976, S. 72).

Die Berliner Marxistische Arbeiterschule begann im Winter 1925/26 mit ihrer Arbeit. Ihr Leiter wurde *Johann-Lorenz Schmidt* (1900–1978). Die MASCH hatte anfangs mit großen finanziellen und organisatorischen Schwierigkeiten zu kämpfen. Ohne staatliche Unterstützung und ohne finanzielle Zuwendung von der Partei war sie ganz auf die Hörerbeiträge angewiesen. Dennoch nahm sie bald einen immensen Aufschwung, da sie auf großes Interesse bei den Mitgliedern der Partei und auch parteiungebundenen Kreisen stieß. So stieg die Zahl der Kurse und Teilnehmer von dem ersten offiziellen Schuljahr 1926 (19 Kursabende mit 146 Teilnehmern) bis zum 5. Schuljahr 1930/31 (fast 200 Kursabende mit 4 000 Hörern) steil an (Friedjung 1931, in: Olbrich 1977, S. 299).

Der rasche Aufschwung der Berliner Marxistischen Arbeiterschule veranlasste die Partei zum systematischen Aufbau vergleichbarer Institutionen in allen größeren Industriestädten. Im Jahre 1930 existierten fast 30 solcher Schulen in folgenden Städten: Barmen, Bochum, Brandenburg, Breslau, Chemnitz, Danzig, Dessau, Dresden, Duisburg, Düsseldorf, Elberfeld, Erfurt, Essen, Frankfurt a. M., Gelsenkirchen, Hagen, Halle, Hamburg-Altona, Köln, Königsberg, Leipzig, Nürnberg, Recklinghausen, Remscheid, Solingen und Stuttgart. Für das Schuljahr 1931/32 sollte die Zahl der Schulen verdoppelt werden (Friedjung 1931, in: Olbrich 1977, S. 300).

Der rapide institutionelle Aufbau verhinderte aber einen systematischen inneren Ausbau, denn viele Kurse besaßen keine klare didaktische Konzeption. Deshalb entwickelte der Leiter der Berliner Schule, Johann-Lorenz Schmidt, in Zusammenarbeit mit den Dozenten und in Absprache mit der KPD-Führung ein längerfristiges Konzept für die Schulungsarbeit. Es wurde in die Praxis umgesetzt. Im Mittelpunkt stand die Massenpropaganda im Sinne der KPD. Die Agitations- und Schulungsarbeit erfolgte auf breiter Basis über die Fernunterrichtsbriefe der Marxistischen Arbeiterschule (»Marxistische Arbeiterschulung«), die »Marxistische Arbeiterbibliothek«, der »Freundeskreis der Marxistischen Arbeiterschule« sowie den Verein »Marxistische Arbeiterschulen«; die Blätter der Marxistischen Arbeiterschule (»Der Marxist«) dienten dazu, die Arbeit der MASCH in eine breitere Öffentlichkeit zu tragen und die Mitglieder der Partei und deren Sympathisanten systematisch im Selbststudium zu schulen. Dabei hoffte man auch auf eine größere Unterstützung in der Öffentlichkeit, um so die Bildungsarbeit langfristig abzusichern. Zugleich sollten die theoretischen Schriften von Marx und Engels die Grundlage für ein weiterführendes Selbststudium der Teilnehmer und Adressaten bilden.

Die Hörer der Marxistischen Arbeiterschule rekrutierten sich vornehmlich aus der Mitgliederschaft der KPD. Allerdings nahmen auch Sozialdemokraten, Unorganisierte, Studenten und »gutbürgerliche Leute« an den Kursen teil. Zu den Dozenten gehörten neben Johann-Lorenz Schmidt auch *Ernst Schneller* (1890–1944) und

Hermann Duncker. Ein Großteil der Lehrer kam aus der Arbeiterbewegung. Allerdings unterrichteten an den Schulen auch viele Intellektuelle und Künstler, die teilweise Mitglieder der KPD waren oder ihr nahe standen: Die Arbeit mit bildungsengagierten Parteimitgliedern und politisch interessierten Hörern stellte für viele Intellektuelle und Künstler der Weimarer Zeit eine politische und pädagogische Herausforderung dar. Zu den Dozenten gehörten bekannte Persönlichkeiten wie Alfons Goldschmidt, Walter Gropius, Bruno Taut, John Heartfield, Egon Erwin Kisch, Erwin Piscator, Jürgen Kuczynski, Hanns Eisler, Wilhelm und Anni Reich, Käte Duncker und Edwin Hoernle, um nur die bekanntesten zu nennen (Gerhard-Sonnenberg 1976, S. 79). Aus der Liste der prominenten Namen lässt sich ablesen, welche Anziehungskraft die MASCH auf die intellektuelle und künstlerische Szene der damaligen Zeit ausübte.

Bereits 1932 wurde die MASCH des öfteren das Ziel von Angriffen und Repressionen der NSDAP. Immer häufiger wurden die marxistischen Parteischulen auch von polizeilichen Aktionen betroffen. Die Justiz verfolgte Lehrer und Schüler der MASCH, wobei mehrere Lehrer in Hochverratsprozessen zu Gefängnisstrafen verurteilt wurden (Gerhard-Sonnenberg 1976, S. 140). Unmittelbar nach der »Machtergreifung« durch die Nationalsozialisten wurden die Marxistischen Arbeiterschulen im ganzen Reich zerschlagen. Am 29. März 1933 wurde das zentrale Schullokal der MASCH in Berlin polizeilich geschlossen. Viele Lehrer der MASCH gingen in die Emigration, so Johann-Lorenz Schmidt mit seiner Frau Anna Seghers, Jürgen Kuczynski und Hermann Duncker. Von dort aus versuchten viele Lehrer und Schüler, das nationalsozialistische System in Deutschland zu bekämpfen. Als ein Zentrum dieses Kampfes kann die Arbeit der Marxistischen Arbeiterschule in Frankreich in den Jahren 1934 bis 1939 angesehen werden, die unter dem Namen Freie Deutsche Volkshochschule und der Leitung von Johann-Lorenz Schmidt eine intensive politisch ausgerichtete Arbeit fortsetzte.

So wie die SPD in der Parteischule von 1906 ihre zentrale Bildungsstätte hatte und der Allgemeine Deutsche Gewerkschaftsbund im Jahre 1930 in Bernau seine Bundesschule eröffnete, so richtete auch die KPD über die Bildungsarbeit in den marxistischen Arbeiterschulen hinaus 1929 eine zentrale Parteischule ein: die »Reichsparteischule ›Rosa Luxemburg‹ «. Diese Schule sollte die marxistisch-leninistische Ausbildung ihrer Funktionäre und Mitglieder auf hohem Niveau gewährleisten. Sie befand sich in einer stattlichen Villa in der Nähe von Berlin in der Kurzestraße in Fichtenau, die noch heute existiert. Eine Gedenktafel erinnert an die Geschichte: »In diesem Haus befand sich von 1929 bis 1933 die Reichsparteischule ›Rosa Luxemburg‹ der Kommunistischen Partei Deutschlands«.

Die Unterrichtszeit betrug vier Wochen für jeweils etwa 40 Schüler. Der Lehrplan war mit den Themen Dialektischer und Historischer Materialismus, Politische Ökonomie, Imperialismus, Geschichte der Arbeiterbewegung, Strategie und Taktik der Partei anspruchsvoll gestaltet. Hermann Duncker, der bereits in der Rätebewegung und in der Parteischule führend tätig gewesen war, übernahm die Leitung dieser zentralen Schule. Zu ihren Lehrern gehörten unter anderem *Franz Dahlem* (1892–1981), *Fred Oelssner* (1879–1962), *Willi Münzenberg* (1889–1940), *Karl August Wittfogel* (1896–1988) und auch Edwin Hoernle. Der Parteivorsitzende *Ernst Thälmann* (1896–1944) war häufig Gastlehrer in Fichtenau. Viele Lehrer und

Schüler der Reichsparteischule machten später in der DDR Karriere, so *Wilhelm Pieck* (1876–1960), *Heinrich Rau* (1899–1961) und *Karl Mewis* (1907–1987). Wie alle sozialistischen und kommunistischen Bildungseinrichtungen wurde auch die Reichsparteischule von den Nationalsozialisten besetzt und aufgelöst. Das Ende der Reichsparteischule kam am 2. März 1933.

Die Reichsparteischule konnte also nur wenige Jahre arbeiten. Wohl auch deshalb ist sie in der bisherigen Geschichtsschreibung kaum berücksichtigt worden, obwohl ein »Freundeskreis« der Schule die Erinnerung an die pädagogische und politische Arbeit aufrecht erhielt. In der Frankfurter Allgemeinen Zeitung vom 29. August 2000 machte Johann Georg Reißmüller auf diese zentrale Bildungsinstitution der KPD erneut aufmerksam. Er hob hervor, dass Fichtenau für den Parteivorsitzenden Thälmann – für ihn war permanent ein Zimmer reserviert – während der innerparteilichen Auseinandersetzungen und der Konflikte mit den sowjetischen Parteigenossen dort ein Refugium fand.

Ähnlich wie in der Volksbildungsbewegung lassen sich auch in der Arbeiterbildung unterschiedliche historische Entwicklungslinien feststellen. Wie die Volksbildung ihre realistische Neuorientierung 1930 vollzog, so leitete auch die Arbeiterbildung in den für die gesamte Erwachsenenbildung so bedeutsamen Jahr 1930/31 einen paradigmatischen Wandel ihrer Position und ihrer Bildungspraxis ein. Die vom »Sozialdemokratischen Reichsausschuß« durchgeführte Tagung in Bad Grund (1931) begründete einen grundlegenden Wandel sozialdemokratischer und sozialistischer Erwachsenenbildung. Auch die sozialistische Erwachsenenbildung überprüfte ihre bisherige Bildungstheorie und -praxis. Während die liberale Weimarer Volksbildung auf überhöhte Theoriedebatten verzichtete, erkannte die Arbeiterbildung, die sich vordergründig den Anforderungen der politischen und gewerkschaftlichen Praxis angepasst hatte, nun die Notwendigkeit einer Neubestimmung ihrer theoretischen Grundposition. Sie begab sich gleichsam wieder zu ihrem Ursprung zurück, dem Versuch, Bildung aus dem Geiste des Wissenschaftlichen Sozialismus zu begründen. Sie begriff die sozialistische Arbeiterbildung erneut als Auseinandersetzung mit gesellschaftstheoretischen Grundpositionen und verstand sich wieder als Vertreter der Interessen der Arbeiterschaft.

Vor allem die gewerkschaftliche Bildungsarbeit wandte sich von ihrer bisherigen »reformistischen« Linie, von ihrer Anpassung an die politischen Tageserfordernisse ab. Sie überwand die fachspezifische Funktionärsbildung und orientierte sich wieder an einer Theorie der Gesellschaft. Diese fundamentale, theoriegeleitete Wende der Arbeiterbildung zeigte sich in den Schulen der einzelnen Gewerkschaften, vor allem aber in der Bundesschule des Allgemeinen Deutschen Gewerkschaftsbundes in Bernau.

Die Weimarer Arbeiterbildung spiegelte die gespaltene Lage der Arbeiterbewegung wider. Zum einen konnte die Arbeiterbildung, die sich zur Analyse der gesellschaftlichen Verhältnisse am Wissenschaftlichen Sozialismus orientierte, noch an Elemente von Klassenbewusstsein anknüpfen. Daraus bezog Oskar Negt Theorieelemente für sein die Entwicklung der gewerkschaftlichen Bildungsarbeit Mitte der Sechzigerjahre wesentlich bestimmendes Werk über »Soziologische Phantasie und exemplarisches Lernen« (1968). Zum anderen stützte sich die pragmatische, auf Massen- und Funktionärsbildung ausgerichtete Arbeiterbildung der Gewerkschaften und der Sozialdemokratie auf die »objektiven« Wissenschaften. Damit wurde eine Entwicklung eingeleitet, die die Arbeiterbildung nicht mehr vordringlich als einen kollektiven, sondern als einen mehr individuellen Emanzipationsprozess verstand. Arbeiterbildung schloss individuelle Aufstiegsbildung nicht mehr aus.

Tendenziell löste sich damit der Zusammenhang von Arbeiterbildung und Arbeiterbewegung auf. Zugleich gewann der Adressatenbezug eine zentrale Bedeutung. Es fand ein Perspektivwechsel von der Arbeiterbildung zur Arbeitnehmerbildung statt. Allerdings blieb auch in dieser Form die Auseinandersetzung mit den gesellschaftlichen, politischen und sozialen Verhältnissen weiterhin der Kern der Bildungsarbeit. Unter heutiger Perspektive kann in diesem historischen Kontext Arbeiterbildung auch für die Gegenwart als eine genuine Form politischer Erwachsenenbildung gedeutet werden.

6. Die gesellschafts- und erziehungstheoretischen Grundlagen der Weimarer Erwachsenenbildung

Die gesellschafts- und bildungstheoretische sowie die didaktische Konzeption der bürgerlichen Erwachsenenbildung in der Weimarer Republik wurde bereits vor und während des Ersten Weltkrieges vorbereitet. Ihre endgültige Ausprägung und Propagierung durch ihre führenden Köpfe wie *Reinhard Buchwald* (1884–1983), *Wilhelm Flitner* (1889–1990), *Werner Picht* (1887–1965), *Robert von Erdberg* (1866–1929), *Eugen Rosenstock-Huessy* (1888–1973) und *Eduard Weitsch* (1883–1955) vollzog sich jedoch erst nach 1918 auf der Grundlage konkreter Bildungserfahrungen, vor allem in der Volksbildungsarbeit.

6.1 Die Neue Richtung

Die Bezeichnung der Hauptrichtung dieser bürgerlichen Erwachsenenbildung als »Neue Richtung« weist auf ihre Abgrenzung zur »Alten Richtung« hin. Dies ist nur teilweise zeitlich zu verstehen, denn eine Erwachsenenbildung, die in der Tradition der bloßen Kulturvermittlung – der wichtigsten bürgerlichen erwachsenenpädagogischen Richtung des späten 19. Jahrhunderts – stand, existierte noch zu Beginn des 20. Jahrhunderts und auch noch nach dem Ende des Ersten Weltkrieges. Als sich endgültig die »Neue Richtung« bereits theoretisch herausgebildet hatte, kam es sogar noch einmal zu einem Aufschwung der Erwachsenenbildung im Sinne der »Alten Richtung«, der kritisch als der bereits zitierte »Volkshochschulrummel« bezeichnet wurde (Henningsen 1958, S. 108).

6.1.1 Kultur- und Bildungskritik der Neuen Richtung

Die Neue Richtung wurde wesentlich durch zwei gesellschaftstheoretische und pädagogische Grundpositionen bestimmt: zum einen durch den Gedanken einer radikalen Gesellschafts-, Kultur- und Zivilisationskritik. Das zweite bestimmende Merkmal der Neuen Richtung war eine pädagogisch-didaktische Neuorientierung, wobei auch gesellschaftstheoretische Bedingungszusammenhänge konstitutiv waren.

Die gesellschafts- und kulturtheoretischen Grundideen arbeitete Jürgen Henningsen, einer der besten Kenner der Neuen Richtung, in enger Anlehnung an die Gedanken und Sprache der Quellen heraus. Die Gesellschaftskrise und der allgemeine Kulturverfall stehen im Zentrum seiner Analyse: »Kulturverfall, Berufsnot, Individualismus und Intellektualismus, im Letzten eine geistig-religiöse Krise haben eine alte Volksordnung zerstört. Damit aus einzelnen Individuen und gegeneinander streitenden Gruppen wieder ein Volk werde, müssen die wirtschaftlichen, politischen und erzieherischen Mächte zusammenwirken. Der Volksbildner kann mit seinen bescheidenen Mitteln an diesem Gesundungsprozess mitwirken durch eine Vorwegnahme der ersehnten neuen Volksordnung in kleinen Kreisen, in denen Menschen miteinander arbeiten und sprechen. Arbeitsgemeinschaft und Gespräch sind formale Mittel, die Volkszerstörung auf dem indirekten, bescheidenen Weg der Zellenbildung zu überwinden.« (Henningsen 1958, S. 104 f.)

Wilhelm Flitner, ab 1929 Professor für Pädagogik an der Universität Hamburg, machte in apodiktischer Weise seinen kultur- und zivilisationskritischen Ansatz zum Ausgangspunkt einer Neubestimmung der Erwachsenenbildung. Seine Vorstellungen kamen den Ideen *Oswald Spenglers* (1880–1936), des Autors des Buches »Der Untergang des Abendlandes«, dessen erster Band 1918, der zweite 1922 erschien, sehr nahe. Er sah in der Zivilisation der Städte nur noch das Bewahren einer ehemals lebendigen Kultur. Flitner stellte eine Trennung der Kultur vom Lebensalltag des Menschen fest und veranschaulichte dies am Beispiel des Gesanges: Im Mittelalter entsprachen die Lieder noch dem Leben und wurden vom Volk gesungen, zu Beginn des zwanzigsten Jahrhunderts hätten sie diesen Zusammenhang verloren, und der Gesang sei nur noch besonders ausgebildeten Künstlern vorbehalten gewesen. Anders in Ländern mit einfachen Kulturen: Dort sei der Gesang nicht einfach nur ein zu pflegendes Kulturgut, sondern er gehe aus dem Leben hervor und werde vom Volk intensiv gepflegt. Flitners Ablehnung der städtischen Kultur und der Wissenschaft stand eine Romantisierung des ländlichen Lebens gegenüber. Es wurde eine romantische Sehnsucht nach dem einfachen Leben deutlich. Diese Tendenz ließ sich auch in den angewandten und darstellenden Künsten wiederfinden, in der Jugendbewegung und beispielhaft in den Malerkolonien. Der konstatierte Verlust von Kultur führte bei den Vertretern der »Neuen Richtung« aber nicht zum Kulturpessimismus, sondern man suchte nach Entwürfen und Wegen, den Kulturverfall aufzuhalten und die Einheit von Individuum und Kultur wieder herzustellen.

Wenn Wilhelm Flitner in seiner bekannten Schrift »Laienbildung«, die auch in den Kreisen der »Neuen Richtung« wegen ihrer radikalen Position heftig und kontrovers diskutiert wurde, die Problematik des Kulturverfalls weitgehend am Beispiel der Kunst demonstrierte, so äußerte er sich doch auch deutlich zur Bildungsfrage, die er im engen Zusammenhang mit seiner Kulturkritik sah: Mit dem Ende der letzten Laienkultur – bald nach Goethes Tod – habe auch der humanistische Bildungsgedanke sein Wesen verändert. Das nun zur Geltung gekommene Ideal »reiner Gelehrtenbildung« habe das humanistische Erbe der Bildung verdrängt (Flitner 1931, 2. Aufl., S. 55). Angesichts dieses grundlegenden Wandels der Gesellschaft im 19. Jahrhundert konstatierte Flitner zugleich einen Bruch der »Ordnungen, Werte, Sitten«, die wiederherzustellen die Volkshochschule durch die Pflege der neuen »Laienethik« aufgerufen sei. Diesen Verlust an Werten und Humanität in der Bildung stellte auch Werner Picht fest, der die Preisgabe der humanistischen Grundhaltung der modernen Wissenschaft und Bildung im Sinne *Wilhelm von Humboldts* (1767–1835) beklagte.

Die von der Sehnsucht nach Gemeinschaft und Ganzheit getragene Zivilisationskritik zeigte sich fast durchgängig bei nahezu allen führenden Vertretern der Weimarer Erwachsenenbildung. Sie war auch ein durchgängiges Motiv des »Hohenrodter Bundes« *(s. u.)*. *Alfred Mann* (1889–1937), ebenfalls ein wichtiger Vertreter der »Neuen Richtung«, fokussierte diese Kritik an der Gegenwart auf die Metapher der »Zerrissenheit« (Mann 1928, S. 72 f.). *Theodor Bäuerle* (1882–1956), der führende Kopf der württembergischen Erwachsenenbildung, sah, indem er Gemeinschaft gegen Gesellschaft stellte, in den »Massen« die wichtigste Ursache für »Gleichmacherei«, weshalb anstelle »wahrer Demokratie« die »Tyrannei« der Wirtschaft über den Geist herrsche (Bäuerle 1924, S. 801 f.).

Gegen die Tendenzen des Verfalls stellte die »Neue Richtung« die konkreten Lebenserfahrungen des Einzelnen; seine Bedürfnisse und Interessen bildeten den Ansatzpunkt für Lernprozesse. Robert von Erdberg setzte der Bildung durch die »Kultur« die Bildung aus der Perspektive des Menschen entgegen. An die Stelle einer lehr- und kulturplanorientierten Bildung trat das Prinzip intensiver und lebensweltorientierter Bildungsarbeit. Dabei sollte ein dynamischer, teilnehmerorientierter Bildungsbegriff die Aneignung eines abgegrenzten und nicht mehr hinterfragten Kanons von Kulturgütern ersetzen. Wilhelm Flitner kennzeichnet diese Lebensnähe und den Lebensweltbezug der Bildung mit dem Begriff der Lebenshilfe.

So wurde mit Rückgriff auf die »Lebensphilosophie« und den Gedanken eines Neuhumanismus und der Klassik der »Bildung durch die Kultur« die Menschen- und Persönlichkeitsbildung gegenübergestellt, die den Anspruch der Volksbildung, alle Schichten anzusprechen, erfüllen könnte. Die wieder entdeckte Humanitätsidee enthielt zugleich einen politischen Anspruch im Sinne einer integrativen, gesellschaftliche und ideologische Gegensätze überwindenden Erwachsenenbildung. Damit verwies die Konzeption der »Neuen Richtung«, die zum allgemeinen Orientierungspunkt der bürgerlichen Erwachsenenbildung in der Weimarer Zeit wurde, wiederum auf eine gesellschaftstheoretische wie auch auf eine didaktische Ebene. Allerdings kleidete sie wesentliche Elemente der gesellschaftstheoretischen Dimension in das Gewand lediglich pädagogischer Prinzipien und verdeckte so den realen Bedingungszusammenhang. Deshalb kann man von einem ideologischen Charakter der bürgerlichen Erwachsenenbildungstheorie sprechen.

Die didaktisch-methodische Neubestimmung war wesentlich verbunden mit einer Methodenkritik an der »verbreitenden Volksbildung«. Sie ging auch mit dem Versuch einher, den Bildungsbegriff und das Bildungsziel neu zu formulieren (Langewiesche 1989, S. 340 ff.). Die Methodenkritik richtete sich gegen das Vortragswesen der »Gesellschaft für Verbreitung von Volksbildung«, gegen die passive Rezeption von Kulturgütern und die unreflektierte Weitergabe von Wissen.

Walter Hofmann (1879–1952), der spätere Leiter der Bücherhallen der Stadt Leipzig, griff die Methodenproblematik schon 1905 auf. Es sollte nicht blindlings jedes Buch zu jeder Zeit an jedermann ausgegeben werden. Auch *Robert von Erdberg* (1866–1929) forderte schon 1905 eine individualisierende Arbeit in den volkstümlichen Büchereien. Auf dem dritten Volkshochschultag in Dresden (1908) verständigten sich dann Walter Hofmann und Robert von Erdberg über ihre gemeinsame Auffassung: »und die ›Neue Richtung‹ [...] war da« (nach Henningsen 1958, S. 105).

Die Forderung nach einer individuellen Beratung in den Büchereien wurde also zum generellen Auftrag einer individualisierenden und teilnehmerorientierten Volksbildung. Sie ging dabei weit über Neuansätze der Erwachsenenbildung vor 1918 hinaus, die beispielsweise vom »Rhein-Mainischen Verband für Volksbildung« in die Bildungspraxis umgesetzt worden waren. Auch in der Universitätsausdehnungsbewegung zeigten sich zwar Vorformen didaktischer Konzeptionen der Weimarer Erwachsenenbildung, beispielsweise die Museumsführungen und die Vorlesungsreihen mit Fragerecht der Hörer, aber trotz der Einbeziehung der Teilnehmer in den Bildungsprozess gab es noch immer Elemente der Alten Richtung, da die Arbeit der Universitätsausdehnungsbewegung auf »dem unerschütterlichen Glauben an das Kulturgut und seine Bildungswirksamkeit« beruhte (Picht 1936, S. 59). Allerdings war die Methodenkritik, die die Neue Richtung gegenüber der bestehenden Erwachsenenbildung äußerte, nur eines der Symptome für ihre veränderte Einstellung zu Grundfragen des gesellschaftlichen, politischen, sozialen und kulturellen Lebens.

Die Neue Richtung ist nicht nur als eine Reaktion auf die unbefriedigende Erwachsenenbildung um 1900 zu betrachten, und sie ist auch nicht einfach die Folge einer veränderten Auffassung in der allgemeinen Pädagogik gewesen. Zwar wollte sie die bloße Vermittlung eines intellektualistischen Wissens überwinden, so wie es auch die pädagogische Reformbewegung in den allgemein bildenden Schulen anstrebte. Wie aber die Kritik der Reformpädagogen am Erziehungssystem nicht nur eine innerdisziplinäre Kritik an Methodik, Didaktik und Lehrplänen darstellte, sondern aus einer grundsätzlichen kultur- und gesellschaftskritischen Haltung entstand, so leitete sich auch die Kritik an der bestehenden Erwachsenenbildung von außerpädagogischen Gesichtspunkten ab: Die pädagogischen und gesellschaftstheoretischen Grundideen standen in einem engen Bedingungszusammenhang.

6.1.2 »Volkbildung« durch Volksbildung

Für die Vertreter der Neuen Richtung bedeutete der Kulturverfall Verlust des »Volksbewusstseins«. Was im wirtschaftlichen Aufstieg prosperitätsfördernd war (Befreiung von äußeren Bindungen: Konkurrenz, Lohn usw.), war gleichzeitig nach Auffassung der Theoretiker der Neuen Richtung lebens- und kulturfeindlich, da es zum Zerfall der »Werksgemeinschaft« führte und zur Herrschaft der Maschine über den Menschen (Picht 1936, S. 17).

Wilhelm Flitner war der Auffassung, ein Volksbewusstsein könne sich in Deutschland nur mühsam entwickeln, da es zuviel Trennendes gebe (Flitner 1987 B. 4, S. 61/62). Zwar konstatierte er für die Jahre 1914/15 ein für kurze Zeit vorhandenes nationales Zusammengehörigkeitsgefühl, es sei aber im Verlauf des Krieges und der Revolution wieder verloren gegangen. Das fehlende Volksbewusstsein drückte sich in der Sprache Flitners in der Unterscheidung zwischen »Priestern« und »Laien«, »Gebildeten« und »Ungebildeten« aus. Auch für Picht existierte diese Trennung: Die »Gebildeten«, so seine Kritik, setzten sich als »Elite« vom Volksganzen ab. Sie verloren den Kontakt zu Staat und Volk.

Deshalb konnte die soziale Verwandlungsaufgabe der Volksbildung nach Flitner nur durch einen tief greifenden Wandel der Formen und Inhalte der Bildung selbst erfüllt werden. Mit dem Konzept der »Laienbildung«, das der wissenschaftlichen Bildung entgegengesetzt wurde, hoffte er, den Verlust des »Geistigen im Werktätigen« durch eine neue »Vergeistigung des Werktätigenlebens« aufzuheben. Um einen Eindruck von der fast mystischen Sprache Flitners zu vermitteln und zugleich einen vielzitierten Programmsatz der Neuen Richtung vorzustellen, sei hier das Volksbildungs-Credo Flitners zitiert: »Der Sachverhalt ›Volksbildung‹ bedeutet das Enthaltensein eines geistigen Lebens in dem werktätigen und gemeinen drin. Das Enthaltensein eines geistigen Lebens, das Größe hat, Tiefe, methaphysischen Gehalt, und das dem Werktag als eine höhere Sphäre eingebaut ist. Daß es in den Werktag eingebaut ist, soll heißen: Es gehören nicht schwierige, mühselige Studien dazu, ein Bürger dieser geistigen Sphäre zu werden, sondern: indem du ein Werkmann bist, deiner Arbeit und Mühsal nachgehst, deine Pflicht ringsum an Nebenmenschen und Institutionen erfüllst und gar nicht durch Reisen, Studien aus deinem Kreise heraustrittst, kannst du Bürger dieser Sphäre werden.« (Flitner 1921, S. 3)

Diese Art von Volksbildung existiere gegenwärtig (1921) nicht. Zwar gebe es »Künstler und Denker und eine Anzahl hervorragender Menschen«, die durch ihre Ausbildung sich Wesentliches von dem erarbeitet haben, »was heute Bildung heißt.« Für sie lasse sich sagen, dass »ihr Werkleben erfüllt sei vom Geistigen. An ihnen gemessen, sinken alle anderen Menschen auf das Niveau der Halb- und Ungebildeten zurück. Diese Unterscheidung ist nicht auf menschlich unterschiedliche Begabung zurückzuführen, sondern auf Beruf, Erziehung und örtliche Verhältnisse, die es verhindert haben, sich in eine besondere Schulung zu begeben. Sie, die Vielen, sind Laien geblieben im Gegensatz zu jenen Wenigen, den Priestern, die sich in langwierigen Verfahren die Überlieferungen aneignen konnten.« So gehöre zur wahren Volksbildung die leichte, beinahe absichtslos im Leben selbst »entspringende« Tradition. Dieses »im Leben selbst« sei das Kennzeichen einer Volksbildung (Flitner, 1921, S. 3).

Alfred Mann, ab 1919 Leiter der Breslauer Volkshochschule, griff die Flitnersche Konzeption der Laienbildung in seinem Buch »Denkendes Volk – volkhaftes Denken« (1928) auf. Er stellte im Sinne Grundtvigs dem wissenschaftlichen Denken das »Volksdenken« gegenüber.

So antizipierten Wilhelm Flitner und Alfred Mann im Kern, wenn auch durch eine irrationale Sprache weitgehend verdeckt, die Bedeutung dessen, was heute mit dem Begriff des Alltagswissens als einem Ansatzpunkt für Lernprozesse Erwachsener umschrieben wird. Gerade unter der volksanthropologischen Zielsetzung war es nur folgerichtig, wenn Flitner die »pädagogischen Gemeinschaften« mit dem Begriff der »Solidarität« verband und den sozialistischen Kampf für die »Befreiung des Proletariats« durch die Idee eines »geistig und sittlich verbundenen Volkes« ersetzte.

6.1.3 Zur Ideologie der Arbeitsgemeinschaft

Die Bildung einer Volksgemeinschaft, verbunden mit der Vorstellung einer geistigen Erneuerung der Nation, war das ideologisch überhöhte Ziel der bürgerlichen Volksbildung. Die Arbeitsgemeinschaft der Erwachsenenbildung sollte der Kern dieser neuen Gemeinschaft sein. In diesem Sinne kam der Volksbildung im Verständnis vieler Erwachsenenbildner der Weimarer Republik eine avantgardistische Funktion zu. Eine solche Identifikation der Volksbildung mit Volkbildung, prägnant in der Formel Volkbildung durch Volksbildung zusammengefasst, war auch verbunden mit dem Gedanken einer sozialen Erneuerung. Eugen Rosenstock-Huessy kennzeichnete in diesem Sinne die Arbeitsgemeinschaft als eine »Vorwegnahme der Volksordnung im kleinen Kreise«, die eine politisch-soziale »Verwandlungsaufgabe« zu erfüllen habe. In einem Prozess sozialer Bewusstseinsbildung als Voraussetzung für Veränderung der gesellschaftlichen Beziehungen sollten Arbeiter und Intellektuelle gemeinsam die neue Volksordnung vorbereiten. Insoweit war die Arbeiterschaft nicht mehr Objekt von Bildungsbemühungen und kultureller Belehrung, sondern selbst Subjekt der Kulturentwicklung und der gesellschaftlichen Veränderung.

Die schlesischen Arbeitslager, in denen Eugen Rosenstock-Huessy junge Arbeiter und Studenten zu gemeinsamer Lebens- und Lerngemeinschaft zusammenführte, zeigten, dass dieser volksanthropologische Gedanke, die unterschiedliche Bewusstseins- und Lebensform von »Geistes- und Kopfarbeitern« (W. Picht) durch gemeinsame Erfahrungen in Arbeitsgemeinschaften der Erwachsenenbildung zu überwinden, nicht nur eine theoretische Absichtserklärung darstellte. Entsprechend der Idee der Volksgemeinschaft, der Rosenstock-Huessy sehr verpflichtet war, sollten das gemeinschaftliche Leben im Heim und die gemeinsame Arbeit in den Lagern dem »Dienst an der Gemeinschaft« geschuldet sein. Arbeiter, Bauern und Studenten, die unterschiedlichen sozialen Gruppen, sollten durch die »Verwandlung der Arbeit« dazu beitragen, die Trennung von geistiger Arbeit, von Industriearbeit und bäuerlich-handwerklicher Arbeit und damit die soziale Spaltung der Gesellschaft aufzuheben.

Neben der Praxis gemeinschaftlichen Lebens und Arbeitens spielte in der didaktischen Theorie der Begriff der »Arbeitsgemeinschaft« unter den anthropologischen Kategorien von »Mündigkeit« und »Freiwilligkeit« eine konstitutive Rolle. Der Erwachsene wurde als potenziell mündiger Bürger betrachtet, der aufgrund seiner Lebenserfahrung zu eigener Urteils- und Entscheidungsbildung fähig sei. Seine Teilnahme an der Erwachsenenbildung sei ein Akt freier Entscheidung. Diese anthropologische Grundlegung bildete zugleich die Legitimationsbasis für die Theorie von der Eigenständigkeit der Erwachsenenbildung. Schon diese Grundprämisse zeigte ideologische Elemente der bürgerlichen Erwachsenenbildungstheorie. Ein Defizit der Volksbildungstheorie auch der Neuen Richtung bestand unter anderem darin, dass die gesellschaftlichen Bedingungen und die Bildungsvoraussetzungen der Teilnehmer im Hinblick auf die Lernmotivation und die Lernmöglichkeiten nicht hinreichend berücksichtigt wurden.

Dennoch weist die didaktische Grundlegung der Neuen Richtung wesentliche Elemente einer teilnehmerorientierten Erwachsenenbildung auf. Auch im Hinblick auf die Kritik an den materialen Bildungsplänen der allgemein bildenden Schulen forderte die Neue Richtung eine Partizipation der Teilnehmer an der Lehrplanung und Lerngestaltung in der Erwachsenenbildung. Die traditionelle Rollenverteilung zwischen Lernenden und Lehrenden wurde aufgehoben zugunsten einer partizipativen Gleichstellung. Lehrer und Schüler bildeten eine Arbeitsgemeinschaft im Sinne einer Lerngruppe, die über die Ziele, Verfahren und Inhalte gemeinsam entschied.

Da es in der Erwachsenenbildung nicht um »Stoffbewältigung«, sondern um »Übung im Denken, Erkennen, Erforschen, Klären« gehe (Weitsch 1929, S. 44), werde der potenzielle Wissensvorsprung des Lehrers durch die Lebenserfahrung der Teilnehmer kompensiert. In der Arbeitsgemeinschaft sollte durch repressionsfreie Diskussion zunächst ein Konsens über die Lerninteressen der Teilnehmer hergestellt werden. Die konkreten Lebenssituationen im Beruf, in der Familie, in der Gesellschaft und im Staat bildeten die Orientierungspunkte für die Lernplanung. Der didaktische Planungsprozess war zugleich ein wesentlicher Bestandteil des Lernens selbst. Bei Vorwegnahme der Unterscheidung von manifesten und latenten Bildungsbedürfnissen bestehe die Aufgabe des Lehrers in diesem Prozess einer partizipativen Erwachsenenbildung wesentlich darin, die Lerngruppe zur Offenlegung und Verbalisierung ihrer wirklichen Bildungsbedürfnisse zu befähigen.

Neben der Teilnehmerorientierung bildete das Prinzip der Handlungsorientierung ein weiteres bestimmendes Moment der pädagogischen Dimension der Arbeitsgemeinschaft. In einem Phasenmodell der Lehr- und Lernplanung verdeutlichte Eduard Weitsch, der bedeutendste Theoretiker der Idee der Arbeitsgemeinschaft, diesen Zusammenhang: Weitsch unterschied die folgenden vier Stufen:

- Phase der Problemorientierung;
- Phase der Orientierung und Systematisierung;
- Phase der Wertung und Entscheidung;
- Phase möglicher Handlungsanweisungen (Weitsch 1946, S. 121).

Die didaktische Konzeption der Arbeitsgemeinschaft, des Schlüsselbegriffs der bürgerlichen Volksbildungstheorie der Weimarer Zeit, kann trotz ideologischer Prämissen als genuiner Beitrag zur Entwicklung demokratischer Lernformen in der Erwachsenenbildung angesehen werden. Mit ihr wurden wesentliche Elemente, die heute im Zusammenhang mit dem Prinzip offener Curriculumentwicklung in der Erwachsenenbildung vorgetragen werden, in der Diskussion um die Arbeitsgemeinschaft bereits vorweggenommen.

Das gesellschaftlich-politische Prinzip der Arbeitsgemeinschaft zielte auf die Überwindung der Klassengegensätze sowie auf die Herausbildung gemeinsamer Lebensformen von Arbeitern und bürgerlichen Intellektuellen. Wilhelm Flitner sah in der Arbeitsgemeinschaft eine gemeinsame Kommunikationsbasis für alle Gruppen im Volk, die gegenwärtig noch nach Weltanschauungen, nach wirtschaftlichen und politischen Interessenrichtungen gespalten seien.

6.1.4 Neutralität und Entscheidung

Neben der Arbeitsgemeinschaft, die ein wesentliches Element auf dem Weg der Erneuerung der Gesellschaft sein sollte, und der Bildungstheorie, die vom »Menschen«

ausging, stellten die Vertreter der Neuen Richtung auch das Problem der Neutralität zur Diskussion. Die neue, sozial und gesellschaftlich ausgerichtete Bildungstheorie war mit dem »Relativismus« und »Neutralitätspostulat« der freien Volksbildung konfrontiert. So hieß es in einer vom Preußischen Volksbildungsministerium 1919 herausgegebenen Erklärung: »Die Volkshochschule dient keiner Partei. Neutralität bedeutet letztendlich Verzicht auf eine wissenschaftliche Analyse der gesellschaftlichen Verhältnisse, bedeutet Ignorierung der unterschiedlichen ökonomischen, politischen und sozialen Interessen mit dem Ziel, aus der Bildungsarbeit das zu eliminieren, was der Bildung einer die Schichten überwindenden Volksgemeinschaft entgegensteht. Demgegenüber ist es in einer positiven Wendung des Neutralitätsbegriffs die Aufgabe der Volkshochschule, jene Gehalte im Bildungsprozess zu entdecken, die für alle Schichten zugänglich und verbindlich sind.« *Fritz Kaphan* (1888–?), seit 1921 Leiter der Volkshochschule in Dresden, prägte dafür den Begriff der »kollektiven Weltanschauung«.

Mit dieser positiven Wendung der Idee »relativer Neutralität« setzte sich die Neue Richtung von der »absoluten Neutralität« der Alten Richtung ab. Deshalb kritisierte Wilhelm Flitner die Alte Richtung mit dem Argument, sie stelle »sich auf den Boden der so genannten wissenschaftlichen Weltanschauung. Auf dieser Grundlage glaubte sie objektiv und neutral zu sein; die Fragen, die sich nicht objektiv-wissenschaftlich behandeln ließen, wurden umgangen. Das mußte zur Folge haben, daß gerade diejenigen Gegenstände ausfielen, die im Aufbau unseres Lebens die größte Bedeutung haben, die Fragen, um die wir uns streiten, weil an ihnen unser Leben sich entscheidet« (Flitner 1930, S. 209).

Damit war auch die Diskussion über die Werturteilsproblematik im Bereich des pädagogischen Denkens und Handelns eröffnet. Die freie Volksbildung stützte sich in diesem Zusammenhang auf die wissenschaftstheoretischen Aussagen von *Gustav Radbruch* (1878–1949) und *Max Weber* (1864–1920). Gustav Radbruch, Professor an der Universität Kiel und sozialdemokratischer Reichsjustizminister (1922/23) legte einen rechtsphilosophischen Gesamtentwurf vor, der auf den Grundprinzipien von Gerechtigkeit, Rechtssicherheit und Zweckmäßigkeit gründete.

Der bedeutende Soziologe und Nationalökonom Max Weber plädierte für eine Trennung von wissenschaftlichem und politischem Handeln. Er vertrat das Postulat der Wertfreiheit als wissenschaftstheoretisches und methodologisches Grundprinzip. Webers Idee der Wertfreiheit betonte im Forschungsprozess die wissenschaftsimmanenten Rationalitätskriterien. Er forderte, die Wertsetzungen des Forschers von der politischen Parteinahme und dem Einfluss kultureller oder ideologischer Meinungen zu trennen. Der große Einfluss Max Webers auf die Volksbildungstheorie und -praxis lässt sich unter anderem daran erkennen, dass Weber auf Einladung des Jenaer Verlegers Eugen Diederichs an einer Tagung auf Burg Lauenstein im Juli 1917 teilnahm und hier forderte, die Grundlinien seiner Überlegungen von »Wissenschaft als Beruf« auch auf eine Theorie der Erwachsenenbildung zu übertragen. So wie der Wissenschaftler sich eines wertenden Urteils zu enthalten habe, so müsse sich auch der Volksbildner auf das Prinzip einer Werturteilsabstinenz im Sinne relativer Neutralität besinnen. Dieses bedeutete keineswegs, folgerte Eduard Weitsch, dass damit strittige Fragen aus der Bildungsarbeit ausgeschlossen seien. »Was bliebe dann«, fragte er »als ein Veilchendasein genießerischer Allgemeinbildung?« Es sei

Aufgabe der Volkshochschule, die verschiedenen Weltanschauungen und politischen Überzeugungen den Hörern vorzustellen. Die Entscheidung für diese oder jene Richtung sei dann der Verantwortung und der Autonomie des Hörers überlassen. Damit schloss sich Weitsch im Wesentlichen *Max Scheler* (1874–1928) an, der in seinem Aufsatz »Universität und Volkshochschule« die Hinwendung der Hörer auf den hypothetischen Zusammenhang zwischen der beschriebenen Weltanschauung und den allgemein gültigen Tatsachen hingewiesen hatte. Er übte mit seinem Hauptwerk »Der Formalismus in der Ethik und die materiale Wertethik« (1913–1916) einen entscheidenden Einfluss auf die ethischen Grundlagen der Volksbildung aus.

Die kritische Abstinenz in politischen und weltanschaulichen Fragen wurde für die Neue Richtung zum methodischen Prinzip. Dieses Prinzip relativer Neutralität bedeutete Toleranz gegenüber gegnerischen, rational nicht zu widerlegenden Ansichten. Allerdings forderte Franz Angermann, Leiter der Heimvolkshochschule Schloß Sachsenburg, schon mit Blick auf den heraufkommenden Nationalsozialismus, dass es gegenüber dogmatischen und irrationalen Positionen keine Neutralität geben dürfe.

Mit Hinweis auf die Positionen der namhaften Hochschullehrer Max Weber, Gustav Radbruch und Max Scheler machte die Neue Richtung die Dialektik von Neutralität und eigener begründeter Entscheidung zum Maßstab pädagogischen und erzieherischen Handelns. Sie verdeutlichte, dass sich diese neue Form von Neutralität und Wertrelativismus an den Bildungsvoraussetzungen und Bildungserwartungen der Teilnehmer zu orientieren habe.

6.2 Der Hohenrodter Bund: Ein Forum der Theorie-Diskussion

Die »bürgerliche« Volksbildungstheorie der Neuen Richtung war, wie dies vor allen Dingen die Ideologie der »Arbeitsgemeinschaft« erkennbar macht, auf soziale Integration ausgerichtet. Voraussetzung dafür war jedoch der Versuch, wenn nicht Übereinstimmung von gesellschaftlichen, politischen und weltanschaulichen Positionen zu erreichen, so doch divergierende Positionen einander näher zu bringen. Dieser Zielsetzung war der Hohenrodter Bund verpflichtet, eine Vereinigung bedeutender Vertreter der »freien« und »gebundenen« Erwachsenenbildung. Er bemühte sich in seinen jährlichen Zusammenkünften um eine Klärung der Grundfragen der Erwachsenenbildung und nahm als nicht institutionalisierter Gesprächskreis mit theoriebildender Funktion auch koordinierende Aufgaben für die gesamte Erwachsenenbildung wahr.

Ein überregionales Diskussions- und Koordinierungsgremium war umso notwendiger, als der »Ausschuss der Deutschen Volksvereinigungen«, ein Zusammenschluss der so genannten »gebundenen« und »freien« Erwachsenenbildung, 1923 an seinen inneren Gegensätzen zerbrach (Henningsen 1958, S. 14 ff.): Zwischen den politisch, weltanschaulich und religiös geprägten Einrichtungen auf der einen Seite und den ungebundenen liberalen Institutionen auf der anderen ließ sich keine Brücke bauen. Auf Initiative *Theodor Bäuerles* (1882–1956) fand vom 28. Mai bis 2. Juni 1923 die erste Tagung in Hohenrodt im Schwarzwald statt. Im Gegensatz zu der üblichen, auf die Breite angelegten Kongressformen sollten vertiefende Gespräche und intensive Aussprachen die Möglichkeit bieten, unterschiedliche Standpunkte zu verstehen, um so gemeinsame Grundpositionen zu finden. Der »Dialog« in Sinne Martin Bubers, – Buber nahm häufig an den Hohenrodter Tagungen teil – bestimmte die Konferenzatmosphäre. Picht schilderte die Hohenrodter Tagung als »Erlebnis eines neuen Einheitsbewusstseins«.

Die Themen der Hohenrodter Gespräche waren weniger bildungspolitisch-aktueller als vielmehr grundsätzlicher Natur. So befasste sich die erste Hohenrodter Woche 1923 mit den Grenzen der Volkshochschularbeit vor dem Hintergrund einer jahrelangen Auseinandersetzung zwischen der so genannten »Berliner Richtung«, repräsentiert durch Werner Picht und Robert von Erdberg, und der »Thüringer Richtung«, die Reinhard Buchwald und Wilhelm Flitner vertraten. Einer »von der Jugendbewegung beeinflussten, enthusiastisch-lebensreformerischen Haltung der Thüringer gegenüber forderten die Berliner im skeptischen Wissen um die Grenzen der Volksbildung eine strenge, hochschulmäßige, auf geistige Disziplinierung abzielende Arbeit – »Lebensgemeinschaft« gegen »Arbeitsgemeinschaft«, wurde diese Spannung auch schlagwortartig bezeichnet« (Henningsen, 1958, S. 108).

In den folgenden Jahren wurden unter anderem die folgenden Themen in Hohenrodt behandelt:

- Die Heimat in ihrer Bedeutung und ihrer Beziehung zum freien Volksbildungswesen (1924);
- Berufsethik und Berufsausübung des Volksbildners (1925);
- Die industriestädtische Abendvolkshochschule (1926);
- Erscheinungen des industrialisierten Geisteslebens (1927);
- Weltanschauung und Erwachsenenbildung (1928) (Henningsen 1958, S. 25).

Die Krise des Bundes, den viele Erwachsenenbildner skeptisch als einen esoterischen, geschlossenen Kreis betrachteten, zeigte sich 1929 auf der 7. Hohenrodter Tagung. Mit dem Grundthema »Die Alten und die Jungen« traten die Spannungen, die zwischen den etablierten Hohenrodtern und der neuen »realistischen« Generation der Erwachsenenbildner bestanden, deutlich zu Tage. Der Auffassung der alten Hohenrodter, Bildung umschließe auch politische und sozialreformerische Aufgaben, die nicht nur Lebenshilfe seien, sondern zur Erneuerung führen würden (»Volksbildung ist Volkbildung«), stellten die Jungen die Forderung gegenüber, Erwachsenenbildung habe primär Schulung zu sein (Picht 1936, S. 83).

Das endgültige Scheitern des Hohenrodter Bundes nach 1930 lag darin begründet, dass die Theorie der Neuen Richtung den gesellschaftlichen, ökonomischen und politischen Bedingungen, die der Erwachsenenbildung zugrunde lagen, nicht mehr entsprach. Die Ideologie der Volksgemeinschaft war an den realen Widersprüchen gescheitert. Ferner übernahm der 1927 gegründete »Reichsverband der Deutschen Volkshochschulen« wesentliche Aufgaben des Hohenrodter Bundes. Gegenüber dem elitären Bund verstand sich der Reichsverband als demokratische Vertretung der Volkshochschulen und sah sich legitimiert, die Gesamtinteressen der Erwachsenenbildung zu vertreten. So lässt sich auch erklären, warum Versuche, den Hohenrodter Bund nach 1945 wieder aufleben zu lassen, schon bei der ersten Tagung in Comburg im Jahre 1948 endgültig scheitern mussten.

Allerdings wird man der historischen Bedeutung des Hohenrodter Bundes nicht gerecht, würde man seine Leistungen nur in den von der praktischen Bildungsarbeit abgehobenen Theoriediskussionen sehen. Hervorzuheben sind seine wichtigen Beiträge zur beginnenden Verwissenschaftlichung und Professionalisierung der Erwachsenenbildung. So gründete der Bund 1927 unter Beteiligung von Theodor Bäuerle, Robert von Erdberg, Wilhelm Flitner, Walter Hofmann und Eugen Rosenstock-Huessy die Deutsche Schule für Volksforschung und Erwachsenenbildung. Deren zentrale Aufgaben sollten die konkrete Forschung und Probleme der wissenschaftlichen Qualifizierung von Erwachsenenbildnern sein. Da die Deutsche Schule nur über beschränkte Mittel verfügte (30 000 Reichsmark pro Jahr), konnte sie nur Schulungsfreizeiten, so genannte vierwöchige »Akademien«, durchführen. Aufgrund der intensiven Vorbereitung dieser Akademien und der Zielgruppenorientierung erreichte diese Form der Mitarbeiterfortbildung jedoch einen hohen Wirkungsgrad. Mit den Akademien in Comburg (1927), Löwenstein (1928), Königswinter und Heidelberg (1929) wurde die schon 1909 geforderte wissenschaftliche Vertiefung der Volksbildungsarbeit praxiswirksam. Wesentlich ist dabei, dass die sich abzeichnenden Tendenzen der Professionalisierung im notwendigen Zusammenhang mit der Erforschung der Erwachsenenbildung gesehen wurden.

6.3 Theoretische Grundlagen sozialdemokratischer und gewerkschaftlicher Bildungsarbeit

Mit der Beteiligung der Sozialdemokratie an der Macht im Weimarer Staat und mit der auf sozialpartnerschaftliche Zusammenarbeit mit den Unternehmern zielenden Politik der Gewerkschaften stellten sich für die Arbeiterbildung völlig neue Aufgaben. Die Tatsache, dass nun die Mehrheitssozialdemokratie als staatstragende Partei agierte, bedeutete für diese zugleich Verpflichtung auf das Gesellschafts- und Wirtschaftssystem der Weimarer Republik. Damit verfolgte sie im Gegensatz zur Klassenkampfbildung im Sinne der KPD und der USPD *(s. u.)* ein Arbeiterbildungskonzept, das sich als Beitrag zur Demokratisierung der bestehenden Gesellschafts- und Wirtschaftsordnung verstand. Statt auf eine tief greifende theoretische, perspektivisch auf Systemveränderung ausgerichtete Bildung der Arbeiterschaft konzentrierte sich die Arbeiterbildung der SPD und der Gewerkschaften auf die Schulungsbedürfnisse von Funktionären, die Aufgaben in der Organisation der Arbeiterbewegung, in der Wirtschaft und im öffentlichen Leben wahrnahmen.

Die Schulungskurse der Partei und Gewerkschaften, die nun ganz auf die Qualifizierung von Funktionären ausgerichtet waren, zeigen deutlich den zunehmend pragmatischen Charakter einer neuen Arbeiterbildung. So gewann die zweckgebundene, gesellschaftsintegrative Funktionärsbildung absolute Priorität gegenüber einer übergreifenden gesellschaftlich-politischen Bildung, wiewohl an dem Anspruch von der Einheit gesellschaftlicher und fachlicher Bildung festgehalten wurde. Der Marxismus als durchgängiges Erklärungsmodell für die gesellschaftlichen, politischen und ökonomischen Verhältnisse wurde weitgehend abgelöst durch die scheinbare Objektivität der positiven Wissenschaften.

Hermann Seelbach, ein führender Repräsentant dieser fachgebundenen Orientierung der Arbeiterbildung umriss deren pragmatischen Charakter mit der These: »Ein neues Machtbewußtsein und Verantwortungsgefühl gab auch ihr (der gewerkschaftlichen Bildungsarbeit – d. Verf.) ein neues Gefühl der Betätigung. Zwei

Hauptgesichtspunkte beeinflussen seitdem die gewerkschaftliche Bildungsarbeit. Wer revolutionär wirken wollte, mußte jetzt positive Arbeit tun und brauchte darum gründliche Kenntnisse auf dem Gebiet der Sozialpolitik, des Rechts, der Wirtschaft und der Staatsverwaltung. Andererseits war es nicht weniger wichtig, über Tagesfragen hinaus sich um eine grundsätzliche Klarheit zu bemühen und in allen schweren Situationen Entscheidungen vom Standpunkte der Gesamtheit zu treffen. Die mehr gefühlsmäßige Betrachtungsweise, die in der Vorkriegszeit die Bewegung ausschlaggebend beeinflußte, wurde in der Nachkriegszeit durch die positivistische und rationale Einstellung der Arbeiterbewegung abgelöst.« (Seelbach 1932, S. 65)

Der Verlust einer gesellschaftlichen Perspektive der zweckgebundenen Funktionärsbildung förderte den Prozess der Verselbstständigung und der Individualisierung der Bildungsarbeit mit Arbeitern. So geriet notwendigerweise der ursprüngliche Gedanke der Arbeiterbildung als Bildung für die Klasse gegenüber einer individuellen Aufstiegsqualifizierung aus dem Blickfeld. Insofern war die Entwicklung von der Schulung der Betriebsräte bis hin zur Möglichkeit des Zweiten Bildungsweges, zur Schaffung von sozialen und beruflichen Aufstiegsmöglichkeiten für gewerkschaftlich geschulte und in Betriebsrätekursen vorgebildete Arbeiter, Angestellte und Beamte nur konsequent. Der Zweite Bildungsweg kann als eine besondere Form innerhalb des Gesamtsystems der Erwachsenenbildung bezeichnet werden, weil er Erwachsenen das Nachholen schulischer Abschlüsse ermöglichte *(s. o.)*. Mit dem sozialen Aufstieg war allerdings – wie viele Kritiker fürchteten – die Gefahr verbunden, dass die fähigsten Kräfte der Arbeiterbewegung ihrer Klasse entfremdet würden. Dies zeigt den ambivalenten Charakter der auf Demokratisierung der Wirtschaft gerichteten gewerkschaftlichen Zweckbildung, wobei die prinzipielle Anerkennung der bestehenden Verhältnisse den intendierten Prozess der Erneuerung des politischen und ökonomischen Systems nahezu unmöglich machte (Olbrich 1977, S. 21 f).

6.4 Zur Theorie sozialistischer Erwachsenenbildung

Im Gegensatz zur bürgerlich-liberalen Volksbildung, die glaubte, von dem gesellschaftlich bedingten Charakter der Bildung absehen zu können, stand die sozialistische Arbeiterbildung im Traditionszusammenhang mit der Arbeiterbewegung. Arbeiterbildung wurde ein wichtiges Mittel für den auf Gesellschaftsveränderung gerichteten politischen Kampf *(s. u.)*. Dabei musste sich die sozialistische Erwachsenenbildung der Legitimationsproblematik von Grund auf neu stellen. Die Frage, ob Arbeiterbildung den proletarischen Klassenkampf mehr fördere als behindere, war zu Beginn der Weimarer Republik innerhalb der KPD und der USPD noch sehr umstritten. Deshalb musste eine Theorie sozialistischer Arbeiterbildung erst einen Vermittlungsprozess begründen zwischen der Bildungs- und Schulungsarbeit, die sich mit Grundfragen sozialistischer Gesellschaftstheorie auseinander zu setzen hatte, und der politischen Praxis selbst. So brachten Theoretiker der sozialistischen Erwachsenenbildung wie Hermann Duncker, Max Adler, Edwin Hoernle, Richard Wagner und Clara Zetkin die beiden Legitimationsebenen revolutionärer Arbeiterbildung in einen dialektischen Bedingungszusammenhang: Zum einen ging es um die Theorie »sozialistischer Menschenbildung« (Wagner) im Kontext einer marxistischen Gesellschaftstheorie, zum anderen legitimierte sich die Erwachsenenbildung auf der Ebene des politischen Kampfes als Vorbereitung zur Übernahme von Machtpositionen in der kapitalistischen Gesellschaft, als Schulung für die Kontrolle der Leitung in der Wirtschaft und in der Verwaltung.

Gesellschaftstheorie und politische Praxis sollten nach Auffassung der sozialistischen Vertreter der Arbeiterbildung aufeinander bezogen werden, sodass die Bildungsarbeit die Grundlage für den politischen und ökonomischen Kampf der Arbeiterbewegung sein sollte. Das grundlegende Prinzip sozialistischer Erwachsenenbildung, Politik und Pädagogik als Einheit zu begreifen, basierte auf der Erkenntnis, dass Erziehung eine Funktion der Gesellschaft sei und alle Lernprozesse darauf gerichtet sein müssten, »dass das theoretische Wissen umschlägt zur praktischen Arbeit, und das bedeutet ja, das Bewusstsein der Arbeiter zu verändern« (Hoernle 1970, S. 15).

Innerhalb der kommunistischen Theorie spielte die Idee der »revolutionären Kampfbildung« eine wichtige Rolle. Sie ging in der Weimarer Zeit ebenfalls von der dialektischen Verschränkung von Klassenkampf und Bildungsprozess aus. Die allseitige theoretische Grundlage bildete der Marxismus, der nicht nur eine »bloße weltanschauliche oder gar politische Lehrmeinung« sei, sondern ein durchgängiges Erklärungsmodell zur »wissenschaftlichen Erfassung des sozialen Lebens überhaupt« und somit die Ansatzpunkte für den politisch-revolutionären Kampf offen legen könne.

Und so sei der Marxismus nach wie vor die lebendige Grundlage der ganzen sozialistischen Arbeiterbewegung; die gegenwärtige Situation sei nicht eine Krise des Marxismus, wie *Max Adler* (1873–1937), einer der führenden Vertreter des Austromarxismus, 1926 in seinem berühmten Vortrag über die »Aufgaben der marxistischen Arbeiterbildung« feststellt, sondern es handele sich um eine Krise der sozialistischen Bewegung. Weil tief gehende Zwistigkeiten und Meinungsverschiedenheiten möglich geworden seien, ergebe sich als dringendste Forderung des Tages, die marxistische Bildung in der Arbeiterklasse zu vertiefen und zu verbreiten, um dadurch die moralischen Vorbedingungen zur Wiedergewinnung der geistigen Einheit des Proletariats zu schaffen. »Und das ist also die erste große Aufgabe der marxistischen Arbeiterbildung, den Proletarier in den wissenschaftlichen Geist des Sozialismus einzuführen, hierdurch das proletarische Denken über die eigentlichen Interessen und Ziele des Proletariats aufzuklären und das proletarische Fühlen zu stärken und damit jenes revolutionäre Klassenbewusstsein in der Arbeiterschaft wieder allgemein zu machen, welches allein imstande sein wird, die augenblickliche Schwäche des Sozialismus zu überwinden« (Adler 1926, in: Olbrich 1977, S. 60 ff.).

Die kommunistische Theorie revolutionärer Kampfbildung ging davon aus, dass die Auseinandersetzung mit den Grundlagen des gesellschaftlichen Lebens ein wissenschaftliches, d. h. richtiges Bewusstsein schaffe, aus dem sich eine einheitliche politische Strategie und Taktik der Avantgarde der Arbeiterbewegung entwickele. Arbeiterbildung als Teil der politischen Strategie und Taktik sollte eine doppelte Funktion wahrnehmen. Sie hatte eine weit in die Zukunft weisende antizipierende Funktion, indem sie das Proletariat »auf seine gigantischen Aufgaben nach der Besitzergreifung der öffentlichen Gewalt« vorbereiten sollte. Sie war somit unabdingbare Voraussetzung zur Errichtung einer kommunistischen Gesellschaft, in der die Bildungsarbeit der Partei durch die »Erziehungsarbeit des Proletarierstaates« abgelöst wird (Böttcher 1920, S. 67).

7. Der Gang der Weimarer Erwachsenenbildung: Phasen der Entwicklung

Die Frage nach dem Gang der Weimarer Erwachsenenbildung verweist auf den Zusammenhang von Erziehung und Bildung einerseits und Politik und Ökonomie andererseits. Unter sozialhistorischer Betrachtungsweise ist von der Hypothese auszugehen, dass die allgemeine, politische, ökonomische und kulturelle Entwicklung die Geschichte der Erwachsenenbildung wesentlich mitbestimmt hat. Dennoch sind angesichts der relativen Autonomie der Erwachsenenbildung zeitliche Verschiebungen und abweichende, bisweilen auch gegenläufige Tendenzen nicht auszuschließen.

Auch für die Erwachsenenbildung gilt, wie für die allgemeine historische Betrachtung, dass die Bestimmung von Epochen und Phasen gravierende wissenschaftstheoretische und methodologische Fragen aufwirft. Epochen und Phasen der historischen Entwicklung dienen prinzipiell der Herausbildung von zentralen Strukturelementen. Sie haben zugleich eine analytische und heuristische Funktion. Unter dieser Prämisse und Einschränkung können die folgenden Phasen der Weimarer Erwachsenenbildung festgehalten werden:

- die Phase des rapiden institutionellen Auf- und Ausbaus sowie der Herausarbeitung theoretischer Grundpositionen zwischen 1918 und 1923;
- die politisch-ökonomische Krise und ihre Auswirkung auf die Erwachsenenbildung (1923/24);
- die Phase der Konsolidierung und Neuorientierung: die pragmatische Wende (1925–30);
- die Phase des Niedergangs und des beginnenden Endes der demokratischen Erwachsenenbildung (1930–33).

Diese Phasen dürfen jedoch nicht als geschlossene historische Einheiten mit klaren zeitlichen Trennungslinien betrachtet werden. Daher wurden auch in der Darstellung getrennte Entwicklungslinien zwischen der bürgerlichen Erwachsenenbildung und der sozialistischen Arbeiterbildung herausgearbeitet. Darüber hinaus lassen sich bestimmte Verbindungslinien zwischen der Weimarer und der Erwachsenenbildung nach 1945 feststellen, sodass es auch ein Gegenstand wissenschaftlicher Diskussion sein kann, ob die Geschichte der Erwachsenenbildung zwischen 1925 und 1960 im Kontext der Entwicklung der modernen industriellen Gesellschaft nicht als übergreifender epochaler Zusammenhang gedeutet werden kann.

Die erste Phase von 1919 bis 1923 – auch abwertend die Phase des »Volkshochschulrummels« genannt – war durch eine organisatorisch-institutionelle Expansion sowie durch eine grundlegende theoretische und bildungspolitische Neuorientierung gekennzeichnet. Vorherrschend war der Gedanke, dass die Erwachsenenbildung beim Aufbau einer demokratischen, auf Chancengleichheit der Menschen ausgerichteten Gesellschaft eine herausragende Rolle einzunehmen habe. Von daher wurde der Gedanke der Eigenständigkeit der Erwachsenenbildung vorherrschend.

Die wirtschaftliche Krise und die Zeit der Inflation 1923 wirkte sich unmittelbar auf die Entwicklung der Erwachsenenbildung aus. Zum einen trat eine große Ernüchterung und Enttäuschung über die Rolle der Erwachsenenbildung im Prozess der gesellschaftlichen und sozialen Transformation ein. Die Arbeiterschaft, die Hoffnung auf die gesellschaftsverändernde Kraft der Bildung gesetzt hatte, zog sich weitgehend von der bürgerlichen Volksbildung, besonders von der Abendvolkshochschule, zurück. Von dieser Enttäuschung über die Tätigkeit der liberalen Erwachsenenbildung gingen auch für die Arbeiterschaft Impulse aus, eigene Formen sozialistischer Erwachsenenbildung zu entwickeln.

Die Krisenerfahrung hatte gezeigt, dass die Idee der Neuen Richtung, alle Schichten des Volkes zu einer Gemeinschaft zusammenführen zu wollen, eine Illusion war, welche an den realen ökonomischen und sozialen Widersprüchen der Weimarer Gesellschaft zerbrach. Auch die Erwachsenenbildung erkannte, dass die ökonomischen und politischen Krisen tiefere Ursachen hatten, als dass sie durch ein neues Gemeinschaftsdenken hätten überwunden werden können. Statt einer Volksgemeinschaftsideologie wurde nun eine Erwachsenenbildung in Form einer konkreten »verantwortliche(n) Mitarbeit aller am staatlichen, gesellschaftlichen und kulturellen Leben« gefordert (Prerower Formel, nach Henningsen 1960, S. 147). Die »relative Autonomie«, d. h. die Abstinenz in kontroversen gesellschaftlichen und politischen Fragen, wurde abgelöst durch ein bewusstes Engagement, das auch Partei ergreift.

Die Neuorientierung der Erwachsenenbildung nach 1925 war radikaler Art. Sie betraf die Veränderung didaktischer, bildungspolitischer und gesellschaftlicher Positionen. In methodischer Hinsicht wurde das Prinzip der uneingeschränkten Teilnehmerorientierung zugunsten einer stärkeren Sachorientierung relativiert. Spontaneität und Okkasionalität wurden abgelöst durch Systematik und strukturierende langfristige Lehrplanung. Damit begann auch im Bereich der Lerngestaltung eine Phase der realistischen und der pragmatischen Konsolidierung.

Die pragmatische Wende bedeutete mit der Strukturierung und Systematisierung des Lehrangebotes zugleich eine Neubestimmung der fachbezogenen, beruflichen Bildung. Hatten die Volksbildner am Beginn der Weimarer Zeit berufliche Bildung und Aufstiegsbildung grundsätzlich abgelehnt, so wurde nun die berufliche Weiterbildung als legitimer Bestandteil betrachtet. Die Erwachsenenbildung wurde als Institution der »Weiterbildung Erwachsener, in erster Linie derer, die Volks- und Berufsschulen besucht haben« (Prerower Formel), verstanden. Hier zeigten sich in einer übergreifenden historischen Betrachtung durchaus Parallelen zu der so genannten »realistischen Wende« in den Sechzigerjahren des 20. Jahrhunderts. Die Hinwendung zum konkreten Bildungsauftrag in Ökonomie, in Gesellschaft, Politik und im persönlichen Bereich wurde nun zu einer didaktischen Maxime. Der Begriff der »Weiterbildung«, der zunehmend den ideologisch befrachteten Begriff der »Volksbildung« ablöste, macht schon terminologisch die entscheidende Wende im Gang der Weimarer Erwachsenenbildung deutlich.

Die Erwachsenenbildung wurde nun als realistischer Funktionsbereich, als quartärer Bildungsbereich verstanden, als Teil eines Gesamtbildungssystems. Bildungs-

und gesellschaftspolitisch ist von besonderer Bedeutung, dass die Stellung der Erwachsenenbildung im Gesamtbildungssystem neu bestimmt wurde. Nicht mehr die Ideologie der Eigenständigkeit war Orientierungspunkt, sondern der Versuch, Erwachsenenbildung als einen gleichberechtigten Teil der Bildung zu definieren, der mit den anderen Bereichen verankert ist. Besonders bedeutsam wurde die Neuinterpretation des Verhältnisses von Schule und Erwachsenenbildung. Nicht mehr Abgrenzung, sondern Verflechtung war nun das bildungspolitische Signal. Erwachsenenbildung verstand sich nun als Weiterbildung im Sinne der Fortführung von schulischen Lernprozessen: Schule und Erwachsenenbildung sollten sich ergänzen. Erwachsenenbildung übernahm in der neuen Aufgabenstellung gegenüber den anderen Bildungsbereichen sowohl eine kompensatorische als auch eine komplementäre Funktion.

Was für die bürgerliche Erwachsenenbildung Prerow war, war für die Arbeiterbildung, die vom »Sozialdemokratischen Reichsausschuß« durchgeführte Tagung in Bad Grund. Entsprechend der These von der Interdependenz zwischen Bildung und Politik waren Bad Grund wie Prerow Wendepunkte in der Geschichte der Erwachsenenbildung, die vor dem Hintergrund der allgemeinen, 1929 beginnenden politischen und ökonomischen Krise im Deutschen Reich zu sehen sind. Das Heraufziehen des Nationalsozialismus und die beginnende Massenarbeitslosigkeit stellte die Erwachsenenbildung schon im Interesse des eigenen Überlebens vor die Notwendigkeit, sich mit den veränderten politischen und ökonomischen Rahmenbedingungen auseinander zu setzen.

Der didaktischen und bildungspolitischen folgte schließlich eine gesellschaftspolitische Wende: Die sozialistische Erwachsenenbildung gab das Prinzip bloßer Interessenvertretung der Arbeiterschaft zugunsten bewusster politischer Entscheidung auf. Der Gedanke des gesellschaftlichen Antagonismus bestimmte die politische Neuorientierung. Die Idee des Klassenkampfes gewann für die gewerkschaftliche und sozialdemokratische Erwachsenenbildung wieder an Bedeutung. Die bürgerliche Erwachsenenbildung war weniger auf eine fundamentale Kritik des politischen und gesellschaftlichen Systems hin orientiert, als vielmehr auf pragmatische Lösungen ausgerichtet. Ausdruck dieses neuen Realismus war die sozialpolitische Wende, die sich exemplarisch in der Übernahme der vom Staat geforderten Erwerbslosenbildung und der Übernahme des Freiwilligen Arbeitsdienstes manifestierte.

Der kurze Zeitraum zwischen der Neuorientierung der Erwachsenenbildung und ihrer Zerschlagung und Gleichschaltung durch den Nationalsozialismus im Jahre 1933 hat einen endgültigen Durchbruch der pragmatischen Wende in der Erwachsenenbildung verhindert. Erst die Entwicklung der Erwachsenenbildung nach 1960 hat vieles von dem in die Praxis umgesetzt, was gegen Ende der Weimarer Republik theoretisch vorgedacht und ansatzweise verwirklicht wurde.

Das Spektrum zwischen Anpassung und Widerstand bestimmte die bürgerliche Erwachsenenbildung in der Zeit zwischen 1930 und 1933. Auch die liberal-demokratische Erwachsenenbildung setzte sich seit 1930 kritisch mit dem Nationalsozialismus auseinander. Dabei wurden neben radikaler Ablehnung auch ambivalente Positionen erkennbar, wohl in der Überzeugung, dass eine abwartende, distanzierte Haltung das Überleben der freien Erwachsenenbildung auch in einem nationalsozialistischen Staat ermöglichen könnte. Die Diskussionen Anfang 1933, wie sie sich beispielhaft in dem Organ »Freie Volksbildung« niederschlugen, sind Beleg für diese unentschlossene, taktische Haltung der freien Volksbildung. Dennoch überwog der Widerstand auch innerhalb der bürgerlichen Erwachsenenbildung. Es lag aber in der Logik ihrer bisherigen Bildungskonzeption und Praxis, dass einige präfaschistische Einrichtungen, wie die genannte »Richtung Hellerau« und verschiedene rechtskonservative Bauernhochschulen, sich schnell dem Nationalsozialismus zuwandten.

In welchem Maße die Nationalsozialisten eine demokratische und liberale Erwachsenenbildung als ihren Gegner betrachteten, zeigte sich darin, dass die demokratischen Institutionen der Erwachsenenbildung, vor allem die sozialistische Arbeiterbildung, bald nationalsozialistischen Angriffen ausgesetzt waren und unmittelbar nach der Machtübernahme aufgelöst wurden. Fast alle bekannten Erwachsenenbildner wurden aus ihren Ämtern vertrieben. Dazu zählten so bekannte Persönlichkeiten wie Paul Honigsheim (Volkshochschule Köln), Theodor Lessing (Volkshochschule Hannover), Alfred Mann (Volkshochschule Breslau), Franz Mockrauer (Volkshochschule Dresden), Gertrud Hermes, Hermann Heller, Paul Hermberg, Wolfgang Seifert, Fritz Borinski (Leipzig), Eduard Weitsch (Heimvolkshochschule Dreißigacker), Franz Angermann (Heimvolkshochschule Sachsenburg), Johann-Lorenz Schmidt (Leiter der marxistischen Arbeiterbildungsschule in Berlin). Die überwiegende Zahl dieser profilierten Erwachsenenbildner ging in die Emigration. Von dort waren sie im Kampf gegen den Nationalsozialismus engagiert. Sie beteiligten sich zum Teil an Konzeptionen zur Neugestaltung der Erziehung, insbesondere der Erwachsenenbildung nach der Niederschlagung des Nationalsozialismus in einem neuen, demokratischen Staat und in einer neuen offenen Gesellschaft *(Kapitel VII)*.

Die Frage, inwieweit die Erwachsenenbildner, die in Deutschland blieben, Widerstand leisteten, wird in der Forschung unterschiedlich beantwortet (Feidel-Mertz 1994, S. 42). Unbestreitbar ist jedoch, dass viele Persönlichkeiten des politischen Lebens, die der Weimarer Erwachsenenbildung sehr nahe standen, aktiv in der Opposition gearbeitet haben.

Kapitel V:

Erwachsenenbildung in der Zeit des Nationalsozialismus

1. Zur Forschungslage

Die Erwachsenenbildung im Nationalsozialismus blieb lange Zeit ein weißer Fleck in der Geschichtsschreibung. Die historischen Gesamtdarstellungen (C.A. Werner, E. Emmerling, H. L. Matzat, W. Picht u. a.) sowie rückblickende Betrachtungen führender Erwachsenenbildner und Erwachsenenbildungstheoretiker der Weimarer Zeit blenden die Zeit des Nationalsozialismus völlig aus oder gehen nur sehr summarisch darauf ein mit der durchgängigen Argumentation, die Erwachsenenbildung habe sich im Nationalsozialismus aus der demokratischen Tradition – besonders der Weimarer Zeit – verabschiedet. So sieht Werner Picht (1950) in der Zeit zwischen 1933 und 1945 ein Vakuum, da die volksbildnerische Tradition zerstört worden sei. Hellmut Becker, einer der führenden Erwachsenenbildungspolitiker der Weimarer Zeit, konstatiert für das Jahr 1933 einen Kontinuitätsbruch der Volkshochschulbewegung: »Nach 1933 war Bildungsarbeit als Chance zur Selbstbildung und freien Entscheidung nicht mehr möglich. An ihre Stelle trat die nationalsozialistische Schulung« (In: Evangelisches Staatslexikon. Stuttgart 1966, S. 439). Am prägnantesten zeigt sich die Einstellung gegenüber der eigenen Geschichte der Erwachsenenbildung in Fritz Blättners Feststellung: »Das Jahr 1933 beendete das Bemühen, 1945 wurde die Arbeit neu begonnen.« (1959) Ähnlich äußert sich der führende Pädagoge Erich Weniger (1955). Man mag fragen, ob diese Haltung des Ausblendens der allgemeinen, nach 1945 verbreiteten Tendenz – auch in der Erwachsenenbildung – entspricht, »nichts mehr wissen zu wollen« (Tietgens) oder einer radikaleren Form des Verdrängens. Möglicherweise ist diese Art des historischen Ausblendens ein Ausdruck dafür, dass sich solche Erwachsenenbildner auf einen überhöhten moralischen und erziehungstheoretischen Anspruch an ihr Fach zurückzogen (vgl. Tenorth, Wissenschaftl. Pädagogik, 1988).

Sieht man von der Monographie Ernst Simons über die jüdische Erwachsenenbildung im Nationalsozialismus ab, so fand die Darstellung und Auseinandersetzung mit der nationalsozialistischen Erwachsenenbildung lediglich in kleineren Monographien statt oder wurde in Darstellungen der Geschichte einzelner Volkshochschulen und anderer Einrichtungen der Erwachsenenbildung nur kurz gestreift (z. B. VHS Hannover, VHS Hamburg, VHS Bonn, VHS Freiburg, Erwachsenenbildung in Braunschweig, Bauernschule und Bauernhochschule).

Fragt man nach den tieferen Ursachen für das historiographische Vakuum, so lassen sich einige benennen: Unter erziehungstheoretischer Perspektive verweist

Volker Lenhard (1957) auf den Tatbestand, dass die geisteswissenschaftliche Pädagogik an die Erziehungswissenschaft der Weimarer Republik anknüpfte und damit die eigene Tradition und Kontinuität sichern konnte. Neben einigen pragmatischen Gründen, etwa der Tatsache, dass viele wichtige Dokumente vernichtet wurden und damit erst die historiographischen Grundlagen erarbeitet werden mussten, gilt sicherlich für die Fünfziger- und Sechzigerjahre die Ausgangshypothese: Die pädagogische und vor allem die erwachsenenpädagogische Geschichtsforschung und Geschichtsschreibung richtete angesichts der Notwendigkeit, ein demokratisches Erziehungs- bzw. Erwachsenenbildungssystem aufzubauen, das Augenmerk vor allem auf die Epoche, von der aus demokratische Kontinuitätslinien, besonders der politischen Erwachsenenbildung, bis in die Gegenwart hineingezogen werden konnten (Borinski 1954; 1969). Denn der Einfluss der nationalsozialistischen Ideologie auf die Volksbildungstheorie und die Erwachsenenbildungspraxis zwischen 1933 und 1945 hätte sicherlich das historische Bild eines strukturell demokratischen Systems der Erwachsenenbildung wenn nicht konterkariert, so doch wenigstens in Frage gestellt.

Erst mit der Etablierung der Wissenschaft von der Erwachsenenbildung in den Siebzigerjahren gerät die Epoche der nationalsozialistischen Erwachsenenbildung in den Themenkatalog genuiner erwachsenenbildungshistorischer Untersuchungen. So ist hier vor allem im Umfeld der historischen Forschungen am Berliner Lehrstuhl von Fritz Borinski mit einer quellenhistorischen Dokumentation von Helmut Keim und Dietrich Urbach (Frankfurt/M. 1976) eine wichtige Grundlage für weiterführende historische Forschungen gelegt worden. Hervorzuheben sind die Untersuchungen von Dieter Langewiesche (1989), die sich intensiv mit dem Büchereiwesen im Nationalsozialismus befasst, von Georg Fischer (1981) sowie die Darstellungen von Hildegard Feidel-Mertz (1990 und 1999), die sich vor allem systematisch mit der verdrängten Pädagogik zwischen 1933 und 1945 befasst haben. Diese disziplinspezifischen Forschungen und Darstellungen sind vor dem Hintergrund der allgemeinen Untersuchungen zum Verhältnis von Erziehung und Nationalsozialismus zu sehen, so unter anderem von Hans-Jochen Gamm (»Führung und Verführung«, 1964) von Karl-Christoph Lingelbach (»Erziehung und Erziehungstheorien im nationalsozialistischen Deutschland«, 1987) und Wolfgang Keim (»Erziehung unter der Nazi-Diktatur«, 1997).

2. Die »Machtergreifung« und die deutsche Erwachsenenbildung

Mit der »Machtergreifung« durch die Nationalsozialisten begann eine neue Ära der deutschen Geschichte. Die politische Situation in Deutschland erhielt 1933 »eine wirklich revolutionäre Dimension« (Stachura 1983, S. 224). Das gesamte geistig-kulturelle, politisch institutionelle und das gesellschaftliche System, der Staat wie der Einzelne, wurden dem Totalitätsanspruch der Nationalsozialisten unterworfen. Damit verbunden war ein Prozess der Eingliederung, der Gleichschaltung, der Unterordnung und Liquidation missliebiger Personen und Institutionen auf allen Ebenen des politischen und gesellschaftlichen Lebens.

Das Ermächtigungsgesetz vom 24. März 1933 bildete die Grundlage für den totalen Führer- und Parteistaat. Es bildete ein umfassendes Instrument für alle Maßnahmen zur Ausschaltung oppositioneller Kräfte und Institutionen mit dem Ziel der völligen Unterordnung unter die nationalsozialistische Partei und Staatsmacht. Schon zuvor, nach der Reichstagswahl am 5. März 1933, war das Gesetz zur Gleichschaltung der Länder mit dem Ziel der Übertragung wichtiger Rechte an das Reich erlassen worden. Die Länderparlamente wurden seit dem 5. März 1933 im Verhältnis der Ergebnisse der Reichstagswahlen neu zusammengesetzt, ebenso alle Selbstverwaltungsgremien auf Kreis- und Gemeindeebene. In allen Ländern (außer Preußen, wo dies schon seit dem 20. Juli 1932 vollzogen war) wurden Beauftragte des Reichskanzlers eingesetzt, die über diktatorische Vollmachten verfügten. Die Länder existierten demnach mehr oder weniger noch formal, verfügten aber über keinerlei politischen Einfluss mehr. Die Gleichschaltungs- und Eliminierungspolitik traf auch die demokratischen Parteien und die Freien Gewerkschaften. An die Stelle der unabhängigen Organisationen der Arbeiter und der Arbeitgebervereinigungen trat mit dem Gesetz vom 4. Mai 1933 die »Deutsche Arbeitsfront«, eine zentrale Organisation der NSDAP. Diese Organisation, mit Robert Ley als »Reichsleiter« an der Spitze, hatte den Auftrag, den angeblichen Klassenantagonismus zu beseitigen und zur Bildung einer »echten Volks- und Leistungsgesellschaft« beizutragen. Sie hatte in der Terminologie der Nationalsozialisten als »Organisation der schaffenden Deutschen der Stirn und der Faust« entsprechend der Verordnung des »Führers« und Reichskanzlers vom 24. Oktober 1934 die Aufgabe, dafür zu sorgen, »dass jeder Einzelne seinen Platz im Wirtschaftsleben der Nation in der geistigen und körperlichen Verfassung einnehmen kann, die ihn zu höchster Leistung befähigt und damit den größten Nutzen für die Volksgemeinschaft gewährleistet« (nach Lampert 1983, S. 190). Aufgrund eines starken, wenn auch verdeckten Beitrittszwanges zählte die Deutsche Arbeitsfront im Jahre 1936 ca. 20 Millionen Mitglieder.

Nicht die Durchsetzung sozialpolitischer Ziele, sondern die Sicherung der Loyalität der Arbeiterschaft gegenüber dem NS-System war der vorrangige, von Hitler definierte Auftrag der Deutschen Arbeitsfront.

Ein weiteres Instrument nationalsozialistischer Machtabsicherung auf den Feldern der Kultur und der Wissenschaft war die am 22. September 1933 gegründete Reichskulturkammer unter dem Präsidium des Ministers für Volksaufklärung und Propaganda, Joseph Goebbels, mit den sieben Einzelkammern für Bildende Kunst, Theater, Schrifttum, Presse, Rundfunk und Film. Da die mittelbare Zugehörigkeit zu einer dieser Kammern Voraussetzung für die Berufsausübung war, diente das Zwangsinstrument der Reichskulturkammer dazu, missliebige (»entartete Kunst«), vor allem jüdische Künstler zu eliminieren und so eine »deutsche Kunst« zu etablieren (Dussel 1992).

Die Gleichschaltungs- und Vernichtungspolitik der bisherigen Kultur kommt exemplarisch in den Bücherverbrennungen in Berlin am 10. Mai 1933 und ca. 45 weiteren Städten im Reich zum Ausdruck, wo Werke von Autoren von Weltruf wie die von Thomas und Heinrich Mann, Lion Feuchtwanger, Franz Werfel, Arthur Schnitzler, Sigmund Freud, Erich Kästner, Berthold Brecht, Erich Maria Remarque, Max Brod und vielen anderen dem Feuer übergeben wurden.

Vergleichbar dem Exodus der Naturwissenschaftler verließen viele Schriftsteller und Geisteswissenschaftler von internationaler Bedeutung bereits 1933 Deutschland, wie Arnold Zweig, Else Lasker-Schüler, Alfred Döblin, Lion Feuchtwanger, und flüchteten vor allem nach Frankreich, wo viele ein tragisches Schicksal erlitten, oder – wie Kurt Tucholsky – nach Schweden (Wetzel 1988, S. 412). Bedeutende Künstler, die den Weltruf Berlins in den Zwanzigerjahren mitbegründet hatten, gingen ins Exil: so Fritz Kortner, Helene Weigel, Billy Wilder, Leopold Jessner, Richard Tauber, Fritzi Massari und Max Reinhardt. Herausragende Dirigenten und Komponisten wie Otto Klemperer, Leo Blech, Paul Dessau und Arnold Schönberg mussten ins Exil gehen. Unter den Geistes- und Sozialwissenschaftlern verlor Deutschland unter anderem Theodor W. Adorno, Max Horkheimer und Hannah Arendt.

Die Wissenschaft wurde gleichgeschaltet und für nationalsozialistische Ziele instrumentalisiert. So trat eine »völkische Wissenschaft« an die Stelle der Freiheit von Forschung und Lehre. Mehr als 1 600 Professoren und Dozenten fielen den Entlassungsaktionen der Nationalsozialisten zum Opfer oder gingen ins Exil: vor allem nach Amerika, wie die Nobelpreisträger für Physik Albert Einstein, Otto Stern, Gustav Hertz, Max Born und Lise Meitner; der Verlust der Nobelpreisträger für Chemie und Biochemie, Richard Willstätter, Fritz Haber, Konrad Emil Bloch und Hans Adolf Krebs, bedeuteten einen Aderlass für die deutsche Wissenschaftslandschaft. An der berühmten Berliner Universität betraf dieser Verlust mehr als 32 Prozent aller Wissenschaftler (Bracher 1969, S. 294 ff.). Ganze Wissenschaftsdisziplinen verödeten. Für jüdische Studenten und Schüler wurde bereits am 25. April 1933 ein Numerus Clausus erlassen. Ebenso vollzog sich der Niedergang von Recht und Justiz unter dem nationalsozialistischen Unterdrückungsapparat. Hier galt nun die Maxime: »Recht ist, was dem Volke nutzt«. (Angermund 1992, S. 57 ff.)

Die Gleichschaltungspolitik der NSDAP richtete sich vorrangig auf das Erziehungs- und Bildungssystem und unterwarf die Einrichtungen von der Volksschule bis hin zur Universität und Erwachsenenbildung der nationalsozialistischen Kultur-, Wissenschafts- und Bildungspolitik. Auch für diesen Bereich hatte die Deutsche Arbeitsfront eine umfassende Planungs-, Durchführungs- und Kontrollfunktion. Sie sollte das Programm der »nationalen Revolution« auf diesem Gebiet durchsetzen. Mit der Errichtung des Reichserziehungsministeriums am 1. Mai 1934 schuf sich das NS-System ein zentrales Instrument zur Reglementierung und Gleichschaltung von Bildung und Erziehung.

Die Machtergreifung der Nationalsozialisten, beginnend mit der so genannten »Regierung der nationalen Konzentration« Ende 1933, bedeutete im Besonderen auch für die Erwachsenenbildung den entscheidenden Schritt zur vollständigen Gleichschaltung und Unterwerfung unter das NS-System. Dieser Prozess stützte sich nicht auf ein durchgängiges nationalsozialistisches Pädagogik- und Volksbildungskonzept, das die pädagogische Theorie und Volksbildungstheorie der Weimarer Zeit hätte ablösen können. Vielmehr gründete sich die nationalsozialistische Weltanschauung auf einige zentrale Begriffe, die außerordentlich emotional besetzt waren, wie »Rasse«, »Führertum« und »Gemeinschaft«.

Die ökonomische, die gesellschaftliche und die politische Krise am Ende der Weimarer Republik, die mit dem Krisenjahr 1923 bereits in das Bewusstsein einer breiten Öffentlichkeit gelangt war, eröffnete jenen politischen Kräften eine

Chance, die über die desolate soziale und mentale Lage der Gegenwart hinaus Zukunftsvisionen aufzeigten. Dabei erwies der Gemeinschaftsgedanke, der bereits in der Weimarer Erwachsenenbildung ideologisch rehabilitiert war – hier zeigen sich übergreifende Kontinuitätslinien – in der Form der Volksgemeinschaftsideologie seine suggestive Kraft (Langewiesche/Tenorth, 1989, S. 7). Diese Formel, scheinbar jenseits von Klassengesellschaft, jenseits von arm und reich, scheinbar jenseits aller ideologischen (marxistischen versus kapitalistischen) und sozialen Gegensätze, wurde zum ideologischen Machtinstrument, um alle bisherigen kulturellen und politischen Barrieren einzureißen, die der neuen Volksgemeinschaft entgegenstanden. Nicht zuletzt mit der semantischen Anknüpfung an den konstitutiven Begriff »Gemeinschaft« der Weimarer Zeit, den in der Neuen Richtung ideologisch überhöhten Begriff der »Arbeitsgemeinschaft« sowie der Idee einer »Gemeinschaft von Hand- und Kopfarbeitern« konnten die Nationalsozialisten eine verführerische Kraft ausüben.

Ihre Angriffe richteten sich gegen die alten privilegierten, politischen und sozialen Schichten, gegen Militär, Adel und Beamtentum mit der Zielsetzung einer Gleichschaltung unter dem Dach der nationalsozialistischen Ideologie und Machtstruktur – vorrangig unter der Verfügungsgewalt der NSDAP in der Gestalt der Deutschen Arbeitsfront.

Diese vereinnahmende und einebnende Strategie der Nationalsozialisten unter der Parole der Volksgemeinschaft und der Einheit strahlte besonders auf die Arbeiterschaft und die ländliche Bevölkerung aus. Die Nationalsozialisten instrumentalisierten das Gefühl von Gemeinschaft und Einheit der Nation als »nationalen Aufbruch« in eine bessere Zukunft. Dabei spielte die Jugend und implizit die Erziehung unter der Parole »Wer die Jugend hat, hat auch die Zukunft« eine wichtige Rolle bei der Gestaltung von Staat und Gesellschaft (Tyrell 1983, S. 63). Unter dem Deckmantel des nationalen Aufbruchs und der Idee der Zukunft konnten die Auflösung traditioneller Werte und Normen und die Zerstörung der bürgerlich-liberalen und demokratischen Gesellschaft scheinbar gerechtfertigt werden. Ebenso ließ sich die Gleichschaltung im Bildungs- und Hochschulbereich als »nationaler Aufbruch«, als Ausdruck des Gemeinschaftsdenkens propagieren.

3. Zwischen Anpassung und Widerstand: Ambivalenzen der Erwachsenenbildung

Die Erwachsenenbildung, die am Ende der Weimarer Zeit mehr denn je segmentiert und in viele ideologische und politisch konkurrierende Richtungen und Gruppen aufgesplittert war, verhielt sich gegenüber dem Nationalsozialismus sehr ambivalent und widersprüchlich. Ihre Haltung reichte von der Anpassung bis hin zum Widerstand – besonders aus dem Exil. Zudem schwankte die Haltung mancher Pädagogen und Institutionen je nach der politischen Situation und der politischen Opportunität.

Jene Erwachsenenpädagogen und Institutionen, die bereits während der Weimarer Zeit eine Affinität zu biologistischen, rassistischen und antijüdischen Vorstellungen aufgewiesen hatten, und die Richtungen, die sich den radikalen antizivilisatorischen und kulturkritischen Ideologien verbunden fühlten, sahen in der NS-Ideologie teilweise eine Bestätigung ihrer bisherigen Positionen und Vorstellungen. In der Weise, wie Teile der akademischen Erziehungswissenschaft in der Übergangsphase um das Jahr 1933 eine »unbestreitbare Anfälligkeit reformpädagogischen Denkens für Gemeinschaftsideologie, Führerkult und Irrationalismus« (Tenorth 1989, S. 111) zeigen, so gilt für die Erwachsenenbildung die »Typik deutschen pädagogischen Denkens aus den Erfahrungen von Weimar und dem Weimarer Zeitgeist«. Dies zeigt sich unter anderem in der Auseinandersetzung der führenden Repräsentanten der geisteswissenschaftlichen Pädagogik, *Eduard Spranger* (1882–1963) – und für die Erwachsenenbildung von besonderer Bedeutung – *Wilhelm Flitner* (1889–1990) mit der Situation der Erziehungswissenschaft unmittelbar nach der »Machtergreifung«. Beide begrüßten in ihren Beiträgen in der Zeitschrift »Erziehung« von 1933 über die »Erziehungslage nach dem 5. März 1933« (Flitner) und »März 1933« (Spranger) in einem kritischen Rückblick auf die Weimarer Republik das Ende des Parteienstreites und die Chancen für die nationale Pädagogik aus dem Geiste der Volksgemeinschaft.

Die Anfälligkeit der bürgerlichen Pädagogik wie des bürgerlichen Denkens für nationalistische und biologistische Positionen und deren Mediatisierung in der nationalsozialistischen Politik in der Übergangsphase von Weimar zum NS-Staat legen die immanente Widersprüchlichkeit der Pädagogik und der Erwachsenenpädagogik offen und machen so die Ursachen für die partielle Verführbarkeit von Teilen der Erziehung erklärbar. Die zivilisationskritische, die Gemeinschaft gegen die Gesellschaft stellende Pädagogik, ihre Betonung von Volk und Nation, ihre den gesellschaftlichen Modernisierungstendenzen entgegenstehenden Konzepte von »Laienbildung« und volkstümlicher Erziehung (Flitner) boten den Nationalsozialisten anfänglich eine theoretische und ideologische Grundlage für ihre eigene Weltanschauung und Erziehungs- bzw. Volksbildungskonzeption.

Dabei trug die Kritik führender Pädagogen und Volksbildner am Weimarer System zu dessen allmählicher Destruktion bei und leistete – sicherlich in dieser Form nicht erwartet – dem Entstehen des NS-Staates Vorschub. Dieser romantischen und zum Teil rückwärts gewandten Pädagogik ist es zum Teil zuzuschreiben, dass eine entschiedene intellektuelle Widerstandshaltung der Pädagogik in der Übergangsphase von der Republik zur Diktatur nicht zur Geltung kam, zumal Erziehungstheoretiker, die diese Aufgabe hätten wahrnehmen können, in die Emigration und ins Exil getrieben wurden. Besonders die sozialistischen, die konfessionell gebundenen und die psychoanalytisch ausgerichteten Wissenschaftler wurden unmittelbar nach der Machtergreifung ausgegrenzt. Wenige Privilegierte, die dem System nahe standen und es intellektuell stützten, bestimmten die erziehungswissenschaftliche Diskussion (Tenorth 1989, S. 139).

Vor diesem Hintergrund ist die ambivalente und zum Teil abwartende Haltung der Erwachsenenbildung gegenüber dem Nationalsozialismus unter anderem auf die scheinbare Affinität zwischen Weimarer Volksbildungstheorien und nationalsozialistischen Ideologien zurückzuführen. Beispielhaft kommt dies in dem gemeinsamen Beitrag von Fritz Laack und Eduard Weitsch über »Die Lage der Volksbildung nach der nationalen Revolution« in der Zeitschrift »Freie Volksbildung« von 1933 zum Ausdruck. Der Sieg der »nationalen Revolution« wird als ein Sieg auf »legalem Wege« gedeutet. Diese legalistische Sichtweise mag man als den Versuch deuten, dem neuen System eine gewisse Loyalität und Anerkennung nicht zu versagen. Zunächst nehmen die beiden prominenten Autoren die Weimarer Volksbildung, deren wichtigste Repräsentanten »grundsätzlich zum Staat von Weimar« standen (S. 69), vor dem Vorwurf der Nationalsozialisten in Schutz, die deutsche Volksbildung sei »ein liberalistisches, ja ein marxistisches Gebilde« (S. 69) und die Volksbildner seien eine Gruppe »intellektueller Aufklärer« gewesen (S. 91).

Gegenüber dem »Hohenrodter Bund«, dem intellektuellen Fokus der Weimarer Zeit, den die Nationalsozialisten als einer Art von »Geheimbündelei« betrachteten, nahmen Laack und Weitsch eine apologetische Haltung an. Sie repräsentierten in dieser distanzierenden und abwartenden Haltung gegenüber dem Nationalsozialismus ein großes Spektrum der liberal-demokratischen Volksbildung. In der rückblickend kritischen Auseinandersetzung mit der eigenen Weimarer Volksbildungstradition griffen die Erwachsenenbildner durchaus Einwände und Argumente auf, die die Nationalsozialisten gegen die demokratische Republik und die demokratische Erwachsenenbildung ins Feld führten. Die den Nationalsozialisten verhasste »Systemzeit« wurde auf das Bildungssystem insgesamt und speziell auf die Erwachsenenbildung übertragen.

Eindeutig kommt diese gegenüber der Weimarer Erwachsenenbildung selbstkritische und Kampfbegriffe der Nationalsozialisten aufgreifende Position in Fritz Laacks Aufsatz über »Illusion und Wirklichkeit« in der Zeitschrift »Freie Volksbildung« von 1933 zum Ausdruck. Der »Pluralismus«, das Nebeneinander partikularer Bewegungen, das »Durcheinander der kulturpolitischen Meinungen« und die unpolitische Einstellung der Weimarer Volksbildung werden als Ursache für die gegenwärtige Krise der Erwachsenenbildung identifiziert. Diese Form der Selbstkritik kann als eine gewisse Annäherung an nationalsozialistische Vorstellungen gedeutet werden, in der Erwartung, die Grundlagen der Erwachsenenbildung unter radikal veränderten politischen Bedingungen über die Zeit zu retten.

Wie Laack und Weitsch setzte Wilhelm Flitner konkrete Erwartungen für die Volksbildung und die Nationalerziehung an den neuen Staat: »Alte Hoffnungen der pädagogischen Bewegung werden aufgewühlt [...] Das neue deutsche Erziehungssystem wird überall unmittelbar auf Volkstum, Staat, Nation, deutsch-christliche Gesinnung zurückkehren und von daher ›auf das Leben vorbereiten‹ «. Und in eklatanter Selbsttäuschung vertraute Flitner darauf, dass die »neue Vereinigung des Staatswillens« die politische Basis sein könne für eine umfassende »Nationalerziehung«. (Flitner 1934, S. 107)

Noch erwartungsvoller stand *Theodor Bäuerle* (1882–1956), einer der führenden Mitglieder des Hohenrodter Bundes, anfangs der neuen Zeit gegenüber. Er zog 1934 aus dem kritischen Rückblick auf die Geschichte der Weimarer Volksbildung die Konsequenz, dass die »nationalsozialistische Revolution« eine radikale Umwandlung in der Volksbildung hervorgerufen habe. In einem Beitrag zum Thema »Erwachsenenbildung in Dorf und Kleinstadt« (1934) schrieb Bäuerle: »Anstelle des Kampfes aller gegen alle trat die Volksgemeinschaft, anstelle des Klassenstaates der ständische Aufbau [...] Erst jetzt wurde dem Volke die Bedeutung von Volkstum und Heimat, von Blut und Boden wieder zum Erlebnis« (Bäuerle, nach Keim/

Urbach 1976, S. 75). Für die Zukunft der Erwachsenenbildung sah er den Weg nicht mehr außerhalb, sondern »innerhalb der bestehenden Lebensordnungen«. Wahre Volksbildung sei jetzt erst möglich, also im Nationalsozialismus. Die Gemeinschaft, in der der Einzelne aufgehe, betrachtete er als Zielpunkt echter »Volksbildung«. Die antiaufklärerische, antidemokratische und antiindividualistische Position Bäuerles verweist auf die bereits erwähnte Faszination durch Gemeinschaftsideologie und Irrationalismus, der sich bereits vor 1933 Pädagogen und Erwachsenenpädagogen nicht ganz entziehen konnten.

Noch radikaler als in seinen Aussagen kommt die anpasserische und unterwürfige Haltung Bäuerles gegenüber den Nationalsozialisten in seiner Funktion als Vorsitzender des Vereins zur Förderung der Volksbildung in Württemberg zum Ausdruck. Bereits seit März 1933 versuchte Bäuerle mit aller Energie die Eingliederung dieser Volksbildungseinrichtung sowie die der Stuttgarter Volkshochschule, die ihm ebenfalls unterstellt war, in die NS-Kulturpolitik voranzutreiben. Er arbeitete dabei eng mit NS-Repräsentanten zusammen. Die Anbiederung Bäuerles an die Nazis wurde exemplarisch darin deutlich, dass er bereits im September 1933 die Einführung des »Deutschen Gruß(es) in allen Abteilungen« verfügte (Keim, W. 1995, S. 137). Es lässt sich zudem anhand der Geschichte der Stuttgarter Volkshochschule nachweisen, dass Theodor Bäuerle widerspruchslos die Entlassung der Leiterin der Frauenabteilung dieser Volkshochschule, der Jüdin Carola Rosenberg-Blume, akzeptierte und zugleich in denunziatorischer Absicht die Namen der Lehrkräfte, »die Mitglieder der SPD sind und andere, deren Gesinnung als die eines ›religiösen Sozialismus‹ bezeichnet wird«, preisgab (Recknagel 1989, S. 61; Keim, W. 1995, S. 137).

Man kann es als einen radikalen Irrtum bezeichnen, dass dieser Kotau Bäuerles und eines Teiles der liberalen Volksbildung gegenüber dem nationalsozialistischen System nicht den Erfolg gebracht hat, den diese sich von der semantischen und zum Teil inhaltlichen Annäherung erhofft hatten, nämlich Grundelemente der Weimarer Volksbildung in die neue Zeit retten zu können. Letztlich konnte sich Bäuerle selbst vor dem Zugriff der Nationalsozialisten nicht schützen: Er wurde – wenn auch erst 1936 – aus der Volksbildungsarbeit ausgegrenzt.

Die radikale Unterwerfung der Volksbildung unter die nationalsozialistische Ideologie und ihre völlige Integration in den neuen Staat kommt in der kritiklos angepassten Haltung einiger prominenter Vertreter der Wissenschaft und der praktischen Volksbildung zum Ausdruck. So versuchte zunächst Hans Freyer, einer der führenden Soziologen und Volksbildungstheoretiker der Weimarer Zeit, das erziehungstheoretische Fundament der Weimarer Erwachsenenbildung »Volksbildung sei Volkbildung« zu destruieren (Freyer 1934, S. 1 ff.). Ganz in der rüden Kampfsprache der Nationalsozialisten unterstellte Freyer der Weimarer Volksbildung, sie sei nicht wirklich dem Gemeinschaftsgedanken verpflichtet gewesen, sondern habe »frisch und fröhlich zum Klassenbewusstsein« und zum »Klassenkampf« erzogen. Mit dieser Feststellung versperrte Freyer der Volksbildung endgültig die Möglichkeit, mit Rekurs auf den zentralen Begriff der Gemeinschaft der Weimarer Erwachsenenbildung einen angemessenen Ort im nationalsozialistischen Staat zu finden, der diesen Begriff für sich allein zu okkupieren bestrebt war. Von Weimar führte also kein Weg in die neue Gesellschaft, denn Freyer zufolge waren die Werte

»Volk, Volksgemeinschaft, Volksordnung, Volkwerdung, Volksbildung« im neuen Staat anspruchsvoller geworden.

Freyer propagierte anstelle der Weimarer Erwachsenenbildung den grundlegenden Neuaufbau einer Volksbildung aus dem Geiste des Nationalsozialismus: »Ein neues Reich ist im Begriff, sich aufzubauen. Nach dem Führergedanken konstruiert, steht ein staatsbildendes Prinzip als Gerüst bereits fertig da. Die Volksordnung, auf der es beruhen wird, ist noch nicht verwirklicht, aber ihr Strukturgedanke ist in Millionen Herzen lebendig: Der Gedanke des nationalen Sozialismus« (Freyer 1934, S. 9). Deshalb war für Freyer ganz in der neuen Sprachregelung »politische Schulung« nun die neue Losung.

Besonders radikal passte sich die christlich-völkische Erwachsenenbildung der nationalsozialistischen Ideologie an. So sah Fritz Seefeld, einer ihrer Repräsentanten, der bereits vor 1933 in Opposition zur liberalen Volksbildung stand, im Heraufkommen des Nationalsozialismus ein »reinigendes Gewitter« (Keim/Urbach 1977, S. 7). Paul Tonscheidt, ein führender Vertreter der Bauernhochschulbewegung, ließ sich vom Geist Bruno Tanzmanns, des reaktionären Kopfes der rassistischen, antijüdischen und biologistischen Volkshochschulbewegung »Hellerau« anregen. In einem Beitrag für die »Monatsschrift für Blut und Boden« bezeichnete er die letzte Sinngebung und Zielsetzung der Bildungsarbeit als »Ringen germanischen Bauerntums gegen Weltbürgertum und Welt [. . .]« und sprach damit für große Teile der in die nationalsozialistische Erwachsenenbildung übernommenen Bauernhochschulbewegung (Tonscheidt 1942, S. 476).

Im Gegensatz zu diesem Taktieren, Anpassen oder sogar Anbiedern gegenüber dem Nationalsozialismus gingen die sozialistischen Erwachsenenbildner und einige liberal-demokratische Erwachsenenpädagogen wie Franz Angermann schon seit 1930 eindeutig auf Distanz zum aufkommenden Nationalsozialismus: Die Heimvolkshochschulen Tinz und Schloss Sachsenburg sowie die Bundesschule des Allgemeinen Deutschen Gewerkschaftsbundes in Bernau repräsentieren für die Zeit zwischen 1930 und 1933 die antinationalsozialistische Position innerhalb der Weimarer Erwachsenenbildung. Auch die marxistischen Arbeiterschulen, besonders die Berliner MASCH, hatte bereits in den beginnenden Dreißigerjahren eine klare Position gegen die Ideologie und den Herrschaftsanspruch der Nationalsozialisten bezogen.

Mit der »Machtergreifung« sahen sich vor allem die ohnehin krisengeschüttelten *Heimvolkshochschulen* in ihrer Existenz bedroht. Es kam zu Auflösungen bzw. Selbstauflösungen. Andere Heimvolkshochschulen wurden entsprechend der NS-Weltanschauung umgestaltet oder in eine NS-Organisation integriert (Fischer 1981, S. 59). Besonders diejenigen Heimvolkshochschulen, die sozialistische, marxistische, christlich-sozialistische oder demokratisch-parlamentarische Positionen vertraten, wurden radikal aufgelöst, wie der christlich-sozialistisch geprägte »Habertshof«, die Heimvolkshochschulen Dreißigacker, Schloss Tinz, Prerow und der Ulmenhof in Berlin. Die übrigen gewerkschaftlichen, sozialistischen und marxistischen Bildungsstätten wurden vernichtet, beispielsweise die Schulen des Gewerkschaftsbundes in Bernau und Bad Dürrenberg, die Schule des Arbeiter-, Turn- und Sportbundes in Berlin, die Bildungsstätte der Sozialistischen Arbeiterjugend in Tännich sowie die »Akademie der Arbeit« in Frankfurt und die marxistischen Arbeiterschulen (Feidel-Mertz 1999, S. 43).

Die *Abendvolkshochschulen* waren massiven Einschüchterungsversuchen und Repressionen ausgesetzt. Die Mehrzahl der Abendvolkshochschulen wurden aufgelöst oder lösten sich selbst auf, wie beispielsweise die Leipziger Volkshochschule im Mai 1933, wobei die völkisch orientierte »Fichte-Hochschule« deren Aufgaben übernahm. Ebenso beschloss die Volkshochschule Esslingen im Mai die Einstellung des Lehrbetriebes mit der Begründung, dass ihre Arbeit »den Zielen und Plänen der neuen Regierung nicht mehr entsprechen dürfte« (nach Keim, W. 1997, S. 144). Einige Volkshochschulen, wie z. B. die Nürnberger und Hamburger, wurden durch Mittelstreichungen gezwungen, sich aufzulösen. Letztere nahm allerdings mit wechselnder Bezeichnung und Trägerschaft als Nazi-Einrichtung ihre Arbeit wieder auf (Keim, W. 1997, B. 1 S. 144). Die Volkshochschule München wurde schließlich im Mai 1933 in eine »nationale Bildungsstätte des Deutschen Volkes« umgewandelt (Fischer 1981, S. 67 f.). Wie erwähnt wurde ein Großteil der führenden Erwachsenenpädagogen aus politischen oder rassistischen Gründen aus dem Amt vertrieben. Ein Teil davon ging ins Exil *(s. u.)*.

Die christlich-religiös geprägten Einrichtungen der Erwachsenenbildung konnten zum großen Teil noch bis in die späten Dreißigerjahre ihre Arbeit fortsetzen, z. B. die katholische Erwachsenenbildung, die erst 1939 endgültig verboten wurde (Pöggeler 1965, S. 130 ff.). Die bekannte katholische Heimvolkshochschule »Haus Hoheneck« wurde dagegen bereits 1933 von der NSDAP übernommen. Die 1923 von Carl Sonnenschein gegründete Volkshochschule Berlin musste sich mehrmals umbenennen, da die Namen »Volkshochschule« und »Erwachsenenbildung« den staatlichen und parteiamtlichen Einrichtungen vorbehalten blieben (Urbach 1967, S. 171 ff.). Andere katholische Einrichtungen bekundeten unmittelbar nach der Machtübernahme Loyalität gegenüber dem Nationalsozialismus, etwa die katholische Volkshochschule Berlin, die später unter dem Namen »Institut für religiöse Erwachsenenbildung« ihre Volksbildungsarbeit in Grenzen aufrecht erhalten konnte. Sie stellte fest: »Mit der Wende des Jahres 1933 ist neben der politischen und wirtschaftlichen Neuformung auch der Wille zu neuem Kulturschaffen durchgebrochen [. . .]. Die Katholiken müssen darüber wachen, dass jedes Kulturschaffen in seiner blut- und bodenmäßigen Bedingtheit auch seine letzte Weihe vom Religiösen her erhält.« (2. Winterprogramm der katholischen Volkshochschule Berlin 1933. In: Keim/Urbach 1976, S. 278)

Zu den ins Exil gedrängten Pädagogen gehörten die wichtigsten Theoretiker der Weimarer Erwachsenenbildung wie Paul Honigsheim, der Leiter der Volkshochschule Köln und Professor für Philosophie und Soziologie an der Universität Köln, der nach der Vertreibung von 1933 bis 1936 Direktor des Pariser Büros des von Frankfurt nach Genf übergesiedelten »Instituts für Sozialforschung« war. Mit dem bedeutenden Staatsrechtler Hermann Heller, der von 1922 bis 1924 das Leipziger Volksbildungsamt leitete, und seinem Nachfolger Paul Hermberg zwangen die Nationalsozialisten die bedeutendsten Theoretiker und Praktiker der Volksbildung in der für die Weimarer Erwachsenenbildung so wichtigen Stadt in die Emigration. Heller war der führende Kopf der so genannten »Leipziger Richtung«, Hermberg hatte sich besonders für die Theorie und Praxis der Arbeiterbildung engagiert und als Professor für Statistik wesentliche Grundlagen für die Erforschung der Teilnehmerstruktur in der Erwachsenenbildung gelegt. Auch Eugen

Rosenstock-Huessy, ein wichtiger Theoretiker der Neuen Richtung, wurde ins Exil getrieben: Er gehörte zu den Gründern des Hohenrodter Bundes und erarbeitete große Teile der Konzeption für die »Deutsche Schule für Volksforschung und Erwachsenenbildung«.

Die wichtigsten der bedrängten sozialistischen und marxistischen Erwachsenenpädagogen wurden bereits genannt. Besonders zu erwähnen ist noch der ehemalige Leiter der marxistischen Arbeiterschule in Berlin, Johann Lorenz Schmidt, der von Paris aus versuchte, demokratische und marxistische Bildungsarbeit wieder zu begründen und intellektuellen Widerstand zu leisten. Er rief 1935 die »Deutsche Volkshochschule« ins Leben, die vielen Wissenschaftlern und Erwachsenenbildnern eine intellektuelle und geistige neue Heimat geben wollte. Gleichsam als »bürgerliche Gegeninstitution« wurde sie eine »Notgemeinschaft« der verfolgten Wissenschaft, Kunst und Literatur, klammerte aber politische Themen bewusst aus. Neben Paris entstanden in weiteren Zentren des Exils wie Kopenhagen, Stockholm, London und Schanghai »Freideutsche Volkshochschulen« (Feidel-Mertz 1999, S. 45).

Weitere bedeutende Erziehungstheoretiker und Erziehungsorganisatoren wurden unter anderem wegen ihrer jüdischen Herkunft ins Exil getrieben, so die Mitarbeiter und Geschäftsführer der Volkshochschule Hannover, Ada und Theodor Lessing. Theodor Lessing, der zunächst nach Prag flüchtete, wurde als eines der ersten Opfer von den Nationalsozialisten am 31. August 1933 in Marienbad ermordet. Alfred Mann, der Leiter der Volkshochschule Breslau und Franz Mockrauer, Leiter der Volkshochschule Dresden, mussten Deutschland verlassen. Karl Wilker, der Bildungsarbeit mit Strafgefangenen und Arbeitslosen an der Volkshochschule Frankfurt leistete, und Carl Tesch vom Frankfurter Bund für Volksbildung entzogen sich der Verhaftung durch Flucht in die Schweiz. Willy Strzelewicz und Walter Fabian gingen ebenfalls ins Exil. Durch Repression und administrative Maßnahmen unmittelbar nach der Machtübernahme wurden führende ErwachsenenbildnerInnen aus der Bildungsarbeit und dem öffentlichen Dienst verdrängt, wie Eduard Weitsch, Gertrud Hermes, Eduard Brenner, der Leiter der Volkshochschule Nürnberg und der Leiter der Volkshochschule Hamburg, Kurt Adams. Viele dieser Erwachsenenbildner kamen als Mitarbeiter in der Wirtschaft unter, z. B. als Vertreter, und wurden damit in die »innere Emigration« gedrängt. Führende Wissenschaftler und Erwachsenenbildner wirkten vom Exil aus für die Restitution einer freien und demokratischen Erwachsenenbildung, insbesondere Fritz Borinski aus London (*s. Kapitel VII*) sowie Paul Tillich, der von New York aus das »Council for Democratic Germany« organisierte.

Der Verlust so vieler bedeutender Theoretiker, Bildungspraktiker und Bildungsorganisatoren der Weimarer Erwachsenenbildung hinterließ ein Vakuum in der theoretisch fundierten und demokratisch organisierten Erwachsenenbildung zwischen 1933 und 1945 und führte zu einem Kontinuitäts- und Traditionsbruch der Pädagogik und der Erwachsenenbildung (Tenorth 1969, S. 139; Feidel-Mertz 1990, S. 174 ff.). Er ist ein wesentlicher Grund dafür, dass der Aufbau der Erwachsenenbildung nach 1945 ohne einen substanziellen Theorieentwurf vordergründig pragmatisch entwickelt werden musste. Symptomatisch für dieses Vakuum ist, dass der erste grundlegende Theoriebeitrag in der Geschichte der Erwachsenenbildung nach 1945 von dem aus dem Exil zurückgekehrten Fritz Borinski stammt.

4. Nationalsozialistische Pädagogik und Volksbildung

Die Pädagogik und Erwachsenenbildung im Nationalsozialismus entsprang »dem Willen zur Macht« (Miller-Kipp 1988, S. 25). Es galt der Primat der Politik; Theorieproduktion und andere wissenschaftliche Leistungen der Pädagogik und der Volksbildung waren also nicht primär gefragt. Insofern konnte keine die Erziehungswissenschaft »auf den Begriff bringende Theorie« erwartet werden (Tenorth 1989, S. 145). Das nationalsozialistische Erziehungsdenken war trotz seines Bestrebens, auf zentrale Begriffe wie »Rasse«, »Führertum«, »Gemeinschaft«, »Ehre«, »Treue«, »Blut und Boden« zurückzugreifen, kein einheitsstiftendes, monolithisches und in sich konsistentes System. Vielmehr stellte die NS-Pädagogik, wie die gesamte nationalsozialistische Weltanschauung, ein Konglomerat von teilweise immanenten Widersprüchen dar, das von politischen Prämissen und Machtstrategien, von politischer Opportunität sowie den Notwendigkeiten und Anforderungen der wechselnden Zeitansprüche geprägt war. Es ist demnach nicht eindeutig und monokausal in totalitarismustheoretischen Konzepten oder in Begriffen wie »Perversion« und »Zerstörung der Person« fassbar.

In der Erziehungswirklichkeit hingegen war die NS-Pädagogik nicht bloß »ideologisch beansprucht, sondern trotz systematischer Theorielosigkeit durchaus gegeben« (Tenorth 1989, S. 139). Entgegen der relativ disparaten Gestalt und der sprunghaften Entwicklung der Bildungs- und Schulungspolitik versuchte der NS-Staat, alle Bürger, von der Jugend bis hin zur Elterngeneration, auf die NS-Ideologie und die NS-Machtansprüche einzuschwören. Er bediente sich dabei nicht nur der traditionellen Mittel des Bildungs- und Erziehungssystems, sondern setzte die neuen Möglichkeiten der »Menschenformung« durch öffentliche Masseninszenierungen, durch Propaganda und straff organisierte politische Organisation sowie durch emotionale und einheitsstiftende Symbolbegriffe wie Fahne, Hakenkreuz, Uniform, Lager, »Thingspiele« und dergleichen sowie durch den »Mythos« Hitler subtil ein. In der faschistischen Ästhetik, in der Ästhetisierung des Politischen, in der Zentrierung auf Begriffe wie »Rasse«, »Führer und Gefolgschaft«, »Arttreue«, auf das »Völkische« sowie die »Gemeinschaft«, wurden Formen zur nationalen Identifikation gesucht und zum Teil gefunden. So diente der »schöne Schein des Dritten Reiches« (Reichel 1991) schließlich der Dekoration und der Verschleierung von Macht und Gewalt. Das folgende Ideologramm *(siehe S. 229)* stellt die Grundelemente nationalsozialistischer Ideologie dar.

Ganz im Gegensatz zur intensiven Theorieproduktion in Weimar konnte sich die Volksbildung im Nationalsozialismus auf kein eigenständiges, genuines Erziehungskonzept stützen. Vielmehr rekurrierten die NS-Volksbildner auf die allgemeinen weltanschaulichen Positionen der führenden Repräsentanten des NS-Systems von Adolf Hitler über den Chefideologen Alfred Rosenberg, den Jugendführer Baldur von Schirach, den Reichsorganisationsleiter der NSDAP Robert Ley bis hin zum Reichsminister für Wissenschaft, Erziehung und Volksbildung Bernhard Rust und den entsprechenden Funktionsträgern des Bildungs- und Erziehungssystems sowie führenden Pädagogen im Nationalsozialismus, allen voran Ernst Krieck und Alfred Baeumler. Lediglich in praktischen Anweisungen und Aussagen, etwa zur Frage des Verhältnisses von Erziehung zu Schulung und von Schulung zu Propaganda, war die

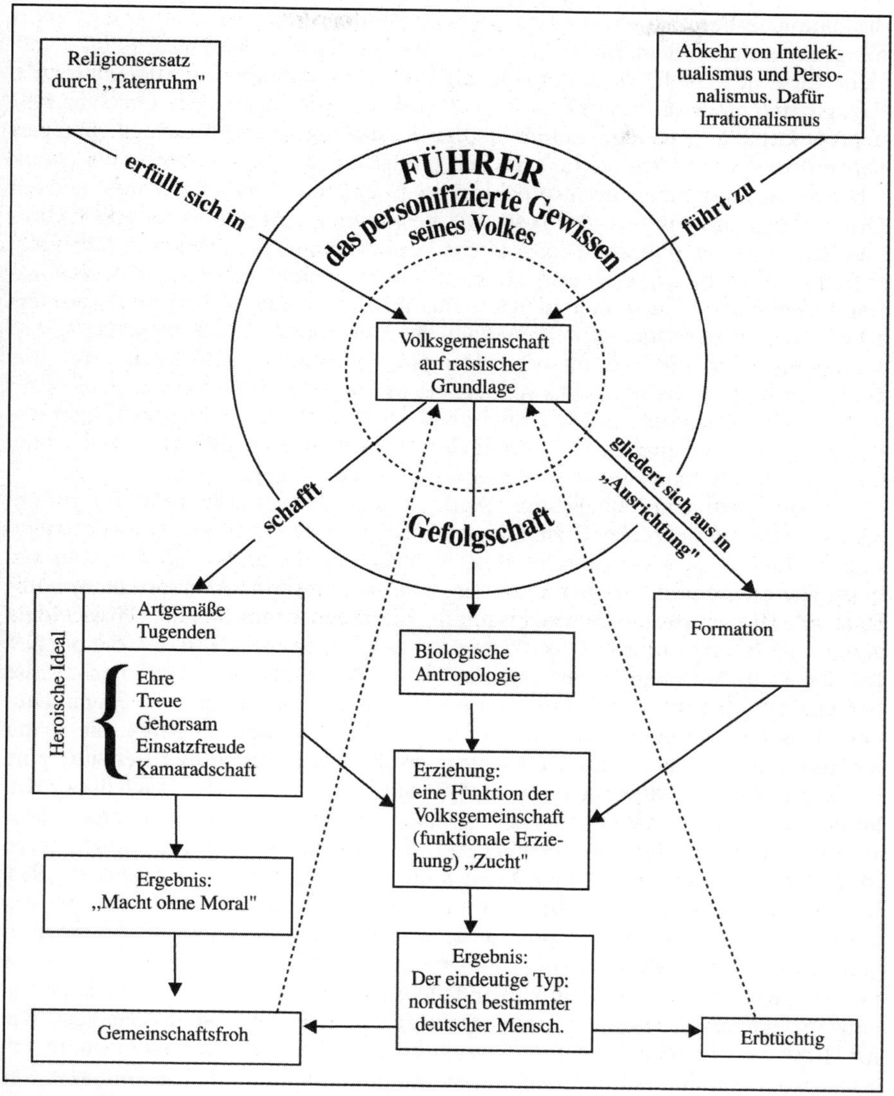

Quelle: Hans-Joachim Gamm: Führung und Verführung. München 1964, S. 19.

Volksbildung bemüht, ihren eigenen Aufgabenbereich abzugrenzen und pragmatisch zu legitimieren.

Ausgangspunkt nationalsozialistischer Pädagogik war die Idee der »Zeitenwende«, und der Gedanke des »Umbruchs« (Gamm 1964, S. 13 ff.). Damit war der Anspruch verbunden, eine neue, die Tradition überwindende nationalsozialistische Pädagogik zu begründen. Aus der Sicht der nationalsozialistischen Elite bedeutete die nationale bzw. nationalsozialistische Revolution eine »Revolution der Erziehung, die sich auf dem Boden der nationalsozialistischen Weltanschauung« vollziehe (Schirach 1939). Trotz der semantischen Anknüpfung an die Weimarer Pädagogik und die Kulturphilosophie der Zwanzigerjahre begann mit dem Jahr 1933 ein Wandel der pädagogischen Grundlagen und der Denkformen. Kern dieser neuen Pädagogik bildete die Idee des neu zu formierenden »völkischen Menschen«. Oberster Bezugspunkt war entsprechend der These vom Primat der Politik und der Orientierung am »Führerprinzip« für alle Bestimmungen und Formen von Bildung und Erziehung die politisch-pädagogische Anthropologie Adolf Hitlers. Diese war in sich zwar widersprüchlich und selten eindeutig, dennoch bezogen sich alle Funktionsträger und die Repräsentanten einer nationalsozialistischen Erziehungswissenschaft auf dieses verquere weltanschauliche Konglomerat. Hitlers pädagogische Vorstellungen, die er 1925 in »Mein Kampf« niedergelegt hatte, blieben bis zum Ende des »Dritten Reiches« das »pädagogische Dogma« nationalsozialistischer Erziehung (Steinhaus 1981, S. 18). Dabei stand der Begriff »Erziehung« bei Hitler und den nationalsozialistischen Pädagogen als Synonym für alle staatlichen und parteiamtlichen Maßnahmen gegenüber allen Berufs- und Altersgruppen.

Die politische und biologistische Anthropologie Hitlers gründet im Begriff der »Rasse«. Ein Kernziel der Erziehung war damit die Bildung von »Rassebewusstsein«, »Rassesinn« und »Rassegefühl«. Aufgabe der Bildungs- und Erziehungsarbeit sollte es sein, diese Begriffe und Einstellungen »instinkt- und verstandesmäßig in Herz und Gehirn der ihr anvertrauten Jugend hineinzubrennen« (Hitler, Mein Kampf, nach Gamm 1964, S. 59). Unter den verschiedenen »Rassen«, die die NS-Ideologie auszumachen glaubte, wurde der »nordischen« oder »arischen« Rasse der uneingeschränkte Vorrang eingeräumt, denn der Arier sei der »Prometheus der Menschheit« (Hitler, Mein Kampf 1939). Die »Menschenauslese«, die später im Holocaust ihre furchtbare Konsequenz erfuhr, wurde von großer Bedeutung im »völkischen Staat« (Hitler, Mein Kampf, nach Gamm 1964, S. 59). Folglich sah Hitler den höchsten Zweck des völkischen Staates in der »Erhaltung derjenigen rassischen Urelemente, die als kulturspendend, die Schönheit und Würde eines höheren Menschentums schaffen« (Hitler, Mein Kampf, 158–159. Auflage, München 1935, S. 434). Rassismus, Antisemitismus, Biologismus und Eugenik waren also die wesentlichen Elemente in Hitlers politischem und anthropologischem »Konzept«. Fragen der Erziehung spielten für ihn von Anfang an eine zentrale Rolle. Noch bevor er in »Mein Kampf« auf die traditionellen Felder wie Außen-, Innen- und Sozialpolitik einging, legte er die »pädagogischen« Eckwerte seiner »Weltanschauung« fest. Wie für Hitler, so war auch für Alfred Rosenberg das »Rasseprinzip« das Grundthema seines weit verbreiteten Buches »Der Mythos des 20. Jahrhunderts«. So erklärte er in seinem Vorwort zu der weltanschaulichen »Bibel« der Nationalsozialisten, die Zukunftsaufgabe der Zeit sei nicht mehr ein Kampf von Klassen gegen Klassen, sondern eine Auseinandersetzung »zwischen Blut und Blut, Rasse und Rasse, Volk und Volk« (Rosenberg 1933, S. 1 f.).

Der Rassebegriff stand damit im Zentrum nationalsozialistischer Pädagogen und Erziehungswissenschaftler. Führende Vertreter der pädagogischen Psychologie wie Oswald Kroh, der die »völkische Anthropologie« zur Grundlage jeder Art von völkischer Erziehung« machte, oder Bruno Petermann, Professor für Psychologie,

Pädagogik, Seelenkunde und völkische Anthropologie an der Göttinger Universität, bemühten sich – repräsentativ für andere Universitätspädagogen –, eine »rassentheoretische Grundlage« der pädagogischen Psychologie zu entwickeln (Harten 1993, S. 111 ff.).

Diese durchgängig primitive biologistische und rassistische Anthropologie – und daraus abgeleitet ein darwinistischer Machtanspruch – zeigte sich unter anderem in der antiintellektualistischen Betonung der »körperlichen Gesundheit« als Erziehungsziel. »Der völkische Staat hat in dieser Erkenntnis seine gesamte Erziehungsarbeit in erster Linie nicht auf das Einpumpen bloßen Wissens einzustellen, sondern auf das Heranzüchten kerngesunder Körper. Erst in zweiter Linie kommt dann die Ausbildung der geistigen Fähigkeiten. Hier aber wieder an der Spitze die Entwicklung des Charakters, besonders die Förderung der Willens- und Entschlusskraft, verbunden mit der Erziehung zur Verantwortungsfreudigkeit, und erst als letztes die wissenschaftliche Schulung« (Hitler, Mein Kampf, nach Gamm 1964, S. 48). In diesen Kontext ist auch der »Kult der Tat« einzuordnen. Der *homo militans* trat an die Stelle des *homo cogitans* und *educatus*. Ein weiteres zentrales Element in Hitlers rudimentärer Erziehungsphilosophie war die Verneinung der Rolle und der Bedeutung des Einzelnen, war die Zerstörung der in der klassischen Philosophie und Erziehungstheorie begründeten Individualität und das Aufgehen der einzelnen Person in der völkischen Gemeinschaft, in der nationalsozialistischen Volksgemeinschaft mit der Parole: »Du bist nichts – Dein Volk ist alles«.

Die Übersteigerung der Idee des Volkes gegen das Individuum kommt in Hitlers Rede zum Erntedankfest in Bückeburg am 1. Oktober 1933 als »einem von Gott geweihten Baustein der menschlichen Gesellschaft« prägnant zum Ausdruck (Hampel 1989, S. 271). Die Entsubjektivierung des gesellschaftlichen Lebens, die Verabschiedung von Aufklärung und humanistischer Tradition und die Ausgrenzung des Fremden sind Charakteristika der eklektischen Gesellschafts- und Bildungsphilosophie Hitlers und der NSDAP (Tenorth 1992, S. 243). Das Führer-Gefolgschafts-Prinzip ersetzte individuelles Freiheits- und Verantwortungsbewusstsein.

Nach dem Ausschalten der führenden Weimarer Erziehungswissenschaftler wie Eduard Spranger, Wilhelm Flitner, Theodor Litt und Herman Nohl, die zwar anfänglich eine ambivalente Haltung zum NS-Staat eingenommen hatten, jedoch bald auf Distanz zur nationalsozialistischen Ideologie und »Pädagogik« gingen, beherrschten die völlig angepassten und bereits vor 1933 dem Nationalsozialismus verpflichteten Pädagogen, allen voran Ernst Krieck und Alfred Baeumler, die pädagogische Szene.

Die »völkisch-realistische Erziehungswissenschaft« *Ernst Kriecks* (1882–1947) schien mit der Machtübernahme im Frühjahr 1933 ihre Bestätigung gefunden zu haben. In seinen Schriften nach 1933 passte sich Krieck endgültig und ohne intellektuelle Vorbehalte der Ideologie und dem politischen Machtanspruch des »Dritten Reiches« an. Der Mythos der Jugend – auf den auch Krieck sich berief – kehrte das traditionelle Erziehungsverhältnis zwischen der älteren und der jüngeren Generation um: »Die Jungen sind in ihrem Heranwachsen mitgerissen von den Kräften des Ausbruchs und Aufbruchs aus dem völkischen Untergrund. Der natürliche Generationsgegensatz ist bis zum geschichtlichen Bruch verstärkt: Die Jugendbewegung ist zur Revolution geworden.« (nach Lingelbach 1987, S. 168) Krieck lag mit dieser

Verherrlichung des Mythos »Jugend« ganz auf der Linie des nationalsozialistischen Zeitgeistes, wobei mit der Übersteigerung des Jugendkultes zugleich die Destruktion bisheriger Werte und Vorstellungen verbunden wurde. So rief Hitler mit Emphase auf dem Reichsparteitag der NSDAP 1933 der Jugend zu: »Ihr seid das kommende Deutschland [...] unsere ganze Hoffnung, [...] unsres Volkes Zuversicht und Glaube [...] ihr seid das lebende Deutschland der Zukunft«. (nach Stachura 1983, S. 227/28)

Auch für *Alfred Baeumler* (1887–1968), der, von Haus aus Philosoph, erst später zur politischen Pädagogik kam, bedeutete der Begriff der Gemeinschaft und vor allem die Idee der Rasse den »Grundbegriff der Erziehungswissenschaft«, die »kopernikanische Wende in den Geisteswissenschaften« (Baeumler 1939, S. 253). Die Perversion des pädagogischen Denkens zeigte sich bei Baeumler darin, dass er sich in seiner Antrittsvorlesung an der Berliner Universität in einer eindeutig antiintellektuellen, antiindividualistischen und den Körper gegen den Geist stellenden Position mit der nationalsozialistischen Erziehungsideologie identifizierte: »Die Ersetzung des Gebildeten durch den Typus des Soldaten«. Baeumler ging davon aus, dass der neue Typus gewollt sei, da er »der neuen Einheit des Volkes« entspreche (Baeumler 1934, S. 129). Dieser neue Typus des Soldaten, des »soldatischen Kämpfers«, trete an die Stelle des Gebildeten. Gegen den Intellektualismus einer kritischen Wissenschaft setzte Baeumler den Begriff des »heroischen Rationalismus«. Einer Destruktion der europäischen Bildungsidee beikommend, trat bei Baeumler und anderen nationalsozialistischen Pädagogen im Anschluss an Hitlers pädagogische Vorstellungen der bedingungslose Kampf an die Stelle der Vernunft.

Krieck, Baeumler sowie die politischen Pädagogen der NS-Zeit ersetzten die Schärfe des Begriffs und die theoriegeleitete Argumentation – die Kennzeichen einer pädagogischen Wissenschaft – durch Erlebnis und Gefühl. An die Stelle kritischer Auseinandersetzung mit der Erziehungswirklichkeit traten überhöhte ideologische und normative Bestimmungen von Erziehung und Bildung aus dem Geiste von Rasse und Gemeinschaft. Beide sind samt ihren Epigonen, etwa Wilhelm Stapel und Gerhard Griese (Assel 1969, S. 45 ff.). Beispiele dafür, in welchem Maße sich pädagogische Denkformen der nationalsozialistischen Ideologie anpassten und zur Instrumentalisierung und Mediatisierung der pädagogischen Wissenschaft beitrugen. Somit müssen die rudimentären volksbildnerischen Konzeptionen von nationalsozialistisch orientierten Erwachsenenbildnern als simple Adaptionen der nationalsozialistischen Ideologie von Hitler bis Rosenberg und als Rückgriff auf die Vorstellungen der Protagonisten der NS-Pädagogik angesehen werden. Allein in der Legitimierung der praktischen Bildungsarbeit unternahmen sie begrenzte Versuche, Elemente einer nationalsozialistischen Volksbildungs- bzw. Erwachsenenbildungstheorie zu entwickeln. Dagegen kann man in den Äußerungen genuin Weimarer Volksbildungstheoretiker, die sich nicht ganz auf die nationalsozialistische Ideologie einließen, einen Versuch sehen, traditionelle Elemente der Neuen Richtung der Weimarer Zeit mit semantischen Versatzstücken der NS-Ideologie zu versehen. So stellte etwa Wilhelm Flitner in seinem bereits erwähnten Aufsatz in der »Erziehung« 1934 der Erwachsenenbildung die Aufgabe, die Eliten zu formen »die die Führung in den Volkshochschulen« übernehmen sollten. Elemente einer rudimentären nationalsozialistischen Volksbildungstheorie richteten sich schließlich darauf, die Erwachsenenbildung als einen eigenständigen Bildungsbereich innerhalb des Gesamtsystems von NS-Bildung und Erziehung zu begründen und damit – wenn auch ohne greifbaren Erfolg – vor der vollständigen Gleichschaltung zu bewahren.

Generell jedoch blieb der Erwachsenenbildung im Gesamtgefüge nationalsozialistischer Bildungsphilosophie und Bildungspolitik lediglich eine kompensatorische Funktion, nämlich diejenigen »Volksgenossen«, die von der Schulung der Partei trotz aller Bemühungen nicht erfasst wurden, kulturell, politisch und weltanschaulich zu unterweisen und somit eine »Volksgemeinschafts-Integrationsarbeit« zu leisten. Daneben sollte die Volksbildung der Unterhaltung und der Zerstreuung sowie der Steigerung der nationalsozialistischen Gesinnung dienen. Auch die berufliche Qualifizierung und die Stärkung der Arbeitsmoral gehörten zu dem Aufgabenkanon, den Partei und NS-Staat der Erwachsenenbildung zuwiesen. Wiewohl also die nationalsozialistische Weltanschauung und Pädagogik für alle Bildungs- und Erziehungsfragen die gleiche, unabdingbare Voraussetzung bildeten, grenzten die NS-Ideologen die Volksbildung gegenüber der Schulung und Propaganda ab, denn beide blieben allein dem Führungsanspruch der Partei vorbehalten. Die Propaganda richtete sich als Kampfinstrument an die große Masse mit dem Ziel, die breiten Schichten des Volkes mit den »großen weltanschaulich-politischen Problemen« vertraut zu machen. Der Propagandist sollte »in starkem Maße mit seiner Seele und seiner Leidenschaft Massen begeistern können« (nach Keim/Urbach 1976, S. 61/62). Die Schulung richtete sich vornehmlich an die Führungskader der Partei auf allen Ebenen. Ihre Aufgabe sollte es sein, den Totalitätsanspruch der NSDAP auf den »hauptsächlichsten Lebensgebieten unseres Volkes« zu vertreten, um so eine »wahre Volksgemeinschaft zu formen« (Friedrich Schmidt, Des Führers Auftrag an die Schulung, München 1938, S. 12).

Der alleinige Führungsanspruch der Partei in allen Weltanschauungs- und Erziehungsfragen wurde administrativ abgesichert, indem die »Schulungsämter der NSDAP« angewiesen wurden, gegen eine »missbräuchliche Verwendung« der Bezeichnung »Schulung« vorzugehen. Schon allein aufgrund des Totalitätsanspruchs der Partei und des nationalsozialistischen Staates konnte so eine eigenständige Volks- bzw. Erwachsenenbildungskonzeption nicht entwickelt werden. Dem standen aber eben nicht nur die administrativen Schranken entgegen, sondern auch die Tatsache, dass es nach der Eliminierung und dem Exodus der Volksbildungstheoretiker der Weimarer Zeit an den intellektuellen Ressourcen dazu mangelte.

5. Der Prozess der Gleichschaltung und Neuformierung

Trotz der kurzen Zeitspanne von zwölf Jahren lässt sich die Zeit des Nationalsozialismus in Bezug auf Bildung und Wissenschaft in drei Abschnitte gliedern: Die erste Phase von 1933 bis 1936 kann als »Machtergreifung« und formale Machtsicherung, der zweite Abschnitt von 1936 bis 1940 als Konsolidierung und Fixierung bisheriger Machtpositionen sowie als Vorbereitung des Krieges gekennzeichnet werden. Die dritte Phase von 1940 bis 1945 ist die Phase des Krieges. Sie bedeutete eine weitere Ausdehnung der Macht und bildungspolitisch die Instrumentalisierung von Bildung und Erziehung als Teil der Kriegsführung mit anderen Mitteln (Scholz 1985, S. 50 ff.; Tenorth 1992, S. 241). Diese Phaseneinteilung lässt sich mit bestimmten Einschränkungen auf die Entwicklung der Erwachsenenbildung übertragen *(s. u.)*.

Für die Erwachsenenbildung war eine Vielzahl zum Teil konkurrierender Ämter und Dienststellen zuständig, die bisweilen sogar gegeneinander arbeiteten. Hier sollen vorab die wichtigsten Organisationen genannt werden, auf die später noch näher eingegangen werden soll:

- Das »Reichsschulungsamt« der NSDAP, das dem Reichsorganisationsleiter Robert Ley unterstellt war;
- das »Amt Rosenberg«, das für die »Überwachung der gesamten geistigen und weltanschaulichen Schulung und Erziehung der Partei und aller gleichgeschalteten Verbände« eingerichtet wurde und ebenfalls von Robert Ley beherrscht wurde;
- die »Deutsche Arbeitsfront« (DAF, gegründet am 10. Mai 1933), Robert Ley unterstellt, mit der angeschlossenen Freizeitorganisation
- »Kraft durch Freude (KdF)«;
- das »Amt für Ausbildung«;
- der »Kampfbund für Deutsche Kultur«, der schon 1928 von Alfred Rosenberg gegründet und ab 1934 als »NS-Kulturgemeinde« bezeichnet wurde;
- der »Reichsbund Volkstum und Heimat«, der ebenfalls 1933 der Deutschen Arbeitsfront zugeordnet wurde;
- das »Deutsche Volksbildungswerk« (DVW), 1936 gegründet;
- die »Hauptstelle für Volkshochschulen«;
- die »Reichskulturkammer«, die dem Einflussbereich des Propagandaministers Joseph Goebbels unterstellt war;
- die »Reichsarbeitsgemeinschaft für Erwachsenenbildung«, die, 1937 konstituiert, die unterschiedlichen Sonderinteressen der einzelnen Ämter koordinieren sollte und schließlich
- das »Amt für Berufserziehung und Betriebsführung« (ab 1942 »Betriebsertüchtigungswerk«), das für die berufliche Weiterbildung zuständig war.

Für die erste Phase von 1933 bis 1936 kann konstatiert werden: Obwohl die Partei und der Staat alle Macht in Händen hielten, blieb der Prozess der Gleichschaltung und Neuformierung der Erwachsenenbildung unter nationalsozialistischer Ägide zunächst im Ansatz stecken und aus mehreren Gründen unvollendet. Auf dem Bildungssektor gab es »nichts Endgültiges«, sondern nur »Ansätze und Tendenzen«, »die miteinander rivalisierten« (Gamm 1964, S. 15), denn die nationalsozialistischen Führungseliten versuchten durch ständige Organisations- und Kompetenzveränderungen im Partei- und Staatsapparat ihre Machtpositionen zu erhalten oder zu steigern. So existierten zu Beginn der NS-Herrschaft keine eindeutigen Funktions- und Aufgabenzuweisungen und keine institutionellen Strukturzuordnungen für ein neu zu schaffendes nationalsozialistisches System der Bildung und Erziehung. Dies galt insbesondere für die Erwachsenenbildung, die im Unterschied zu Schule und Hochschule ohnehin inhomogen sowie institutionell und politisch-weltanschaulich diffus war. Dieser Pluralismus, der für die Weimarer Volksbildung konstitutiv war, verhinderte letztlich ihre völlige Vereinheitlichung und Gleichschaltung (Reifenrath 1984, S. 84 f.).

Nichtsdestotrotz gelang es den Nationalsozialisten, nachdem sie die demokratische Erwachsenenbildung und Vertreter der Volksbildung aus der »Systemzeit« eliminiert hatten, den Eindruck einer einheitlichen Gestalt der Erwachsenenbildung zu vermitteln, wiewohl noch einige Einrichtungen auf kommunaler Ebene weiterhin versuchten, Elemente der Weimarer Erwachsenenbildung zu retten. Den Anschein eines vereinheitlichten und gleichgeschalteten Systems vorzugeben, gebot schon allein der Anspruch der Partei auf Durchsetzungsfähigkeit. Die nationalsozialistische Erwachsenenbildung sollte durch eine einheitsstiftende »völkisch-politische Weltanschauung« im Sinne Adolf Hitlers und Alfred Rosenbergs und durch die bereits erwähnte Ideologie des »Neuen Deutschen Menschen« geschaffen werden. Dies implizierte, wie der »Reichsschulleiter« Max Frauendorfer in einem Schulungsbrief schrieb »die geistige Umstellung jedes einzelnen Volksgenossen und damit ein neues Denken der gesamten Nation« (Grundsätze des Nationalsozialismus. In: Der Schulungsbrief 1935, 4/7). Der Ideologie des Neuen Menschen, dem Gedanken der neuen Menschenführung und -formierung war also die Volksbildungspraxis mit der Zielsetzung der völligen Verfügbarkeit jedes Einzelnen untergeordnet. Dies bedingte die Aufhebung der Differenz von Pädagogik und Politik (Reifenrath 1984, S. 85). Nicht mehr der Einzelne, sondern die Gemeinschaft wurde Adressat und Ziel erwachsenenbildnerischer Arbeit.

Der institutionell-organisatorische Prozess der Gleichschaltung und Neuformierung der Erwachsenenbildung begann bereits unmittelbar nach der Machtübernahme und zeigte sich als umfassende Eingliederung, Unterordnung, Liquidation, Überwachung und Kontrolle auf allen Ebenen des politischen und gesellschaftlichen Lebens. Das Jahr 1933 bedeutete also auch für Erziehung und Kultur eine eindeutige Zäsur für alle demokratischen Einrichtungen und kulturellen Organisationen. Es kam bis 1935 zu einer Vielzahl scheinbar freiwilliger, tatsächlich aber erzwungener Auflösungen gesellschaftlicher und politischer Organisationen sowie kirchlicher Verbände. In diesem Kontext erfolgte 1933 »im Einvernehmen von Reichsinnen-, Reichspropaganda- und Reichsernährungsministerium sowie auch mit dem preußischen Kultusministerium« die Einrichtung einer »Hauptstelle für Volkshochschulen« beim »Zentralinstitut für Erziehung und Unterricht«. Sie war dem Reichsinnenministerium unterstellt (Reifenrath 1984, S. 86). Die Leitung wurde dem früheren Direktor der Grenzlandhochschule Reichenbach, O. L. Pudelko übertragen. Seine Hauptaufgabe war der Aufbau der Bauernhochschulen im »nationalsozialistischen Sinne« (Zs. Volkstum und Volksbildung 1933, H. 4, S. 147). Auch das »Archiv für Volksbildung«, eine wichtige wissenschaftliche Dienstleistungsinstitution, wurde in diese Hauptstelle eingegliedert. Alle Einrichtungen der freien Volksbildung hatten sich mit ihr ins Benehmen zu setzen. Dennoch äußerte Alfred Mann, der Vorsitzende des aus der Weimarer Zeit stammenden »Reichsverbandes der Deutschen Volkshochschulen«, in einem Rundschreiben vom März 1933 noch die Überzeugung, »dass die Volkshochschulen nach wie vor ihre Einsatzmöglichkeiten behalten, wenn sie ihrer bisherigen Entwicklung getreu die ihnen gestellten nationalen und sozialen Aufgaben erfüllen« (nach Keim/Urbach 1976, S. 109).

Schon am 24. Januar 1934 war Alfred Rosenberg mit weitreichenden Vollmachten für die Neuordnung des kulturellen, künstlerischen und intellektuellen Lebens ausgestattet sowie mit der Überwachung der weltanschaulichen und geistigen

Schulung und Erziehung beauftragt worden. Im Mai 1934 wurde die Erwachsenenbildung, die zuvor dem Reichsinnenministerium unterstellt war, in das ehemalige preußische Unterrichtsministerium eingegliedert, das in ein Reichsministerium für Wissenschaft, Erziehung und Volksbildung unter der Leitung von Bernhard Rust umgewandelt worden war. *Bernhard Rust* (1883–1945), ein ehemaliger Studienrat, leitete dieses Ministerium von 1933 bis 1945. Bereits hier wird die wechselnde Ressortzuordnung der Erwachsenenbildung deutlich, auf die im Folgenden noch vertieft eingegangen werden soll.

Das Ministerium für Wissenschaft, Erziehung und Volksbildung war für den äußeren Aufbau des Erziehungssystems wie für dessen innere Ausgestaltung verantwortlich. Damit wurden die bildungspolitischen Kompetenzen der Länder auf die Regelung von Durchführungs- und Übergangsbestimmungen begrenzt. Innerhalb des Reichsministeriums war für die Erwachsenenbildung die Abteilung VI mit dem Bereich Volksbüchereiwesen, Erwachsenenbildung, Museen, Schlösser und Gärten, Bildende Kunst, Künstlerisches Schrifttum und Bücherwesen, Volksbildung, Erziehung und Wissenschaft zuständig (Urbach 1974, S. 787). Eine gewisse Eigenständigkeit konnten – wohl wegen ihrer starken Affinität zur NS-Ideologie – die Einrichtungen der ländlichen Erwachsenenbildung bewahren, etwa die landwirtschaftlichen Fortbildungsschulen und die Bauernhochschulen, die in der Abteilung »Bäuerliches Ausbildungswesen« zusammengefasst wurden. Ein amtlicher preußischer Pressedienst hob hervor »dass die Bauernhochschulen eine besonders wichtige Position haben« (Zs. Volkstum und Volksbildung 1933, H. 4, S. 147). Die Verlagerung der Volksbildung vom Reichsinnenministerium am 1. Mai 1934 in das Reichsministerium für Wissenschaft, Erziehung und Volksbildung sicherte nicht nur die administrative Verfügbarkeit, sondern gleichzeitig die nationalsozialistische Einflussnahme und weltanschauliche Formierung der Volksbildung im Sinne der Partei.

Bereits die organisatorische Zuordnung zeigt deutlich die eingeschränkte Bedeutung der Volksbildung: Sie wurde der allgemeinen Kulturpflege zugeordnet und besaß keine institutionelle Verbindung zum öffentlichen und allgemeinen Bildungssystem. Der bereits genannte Leiter der Hauptstelle, Pudelko, ging zwar noch 1933 davon aus, dass es keine unangemessene »Zentralisation der Volksbildung« geben werde. Er legte anfänglich noch großen Wert auf die selbstständige Arbeit der Ständeverbände und Gemeinden, ohne dass er diese Position gegenüber den Ansprüchen der Partei und des Staates längere Zeit hätte aufrechterhalten können.

An der Geschichte der bedeutendsten Repräsentanz der Weimarer Erwachsenenbildung, des »Reichsverbandes der Deutschen Volkshochschulen«, zeigte sich innerhalb weniger Jahre der Niedergang von anfänglicher taktischer Anpassung bis zur Kapitulation in Form der Selbstauflösung. Zunächst versuchte sein Leiter Alfred Mann, das Weiterexistieren des Verbandes in der Zeit der »nationalen Revolution« durch partielle Zusammenarbeit mit den Nationalsozialisten zu sichern. Die Betonung der deutschen Nationalerziehung als wichtige Aufgabe der Volkshochschularbeit auf dem Breslauer Volkshochschultag im Jahre 1932 zeigt, dass Alfred Mann sich bereits im Vorfeld der nationalsozialistischen Machtergreifung an ideologische Positionen der NSDAP annäherte und damit die weitere Entwicklung der Volkshochschularbeit in diesem Sinne prägen wollte.

Der Versuch des einst liberalen Reichsverbandes, durch angepasstes Verhalten dem Vorwurf »marxistischer Gesinnung« zu begegnen, bewahrte ihn jedoch nicht vor dem Untergang: Am 14. Juli 1933 beantragte Alfred Mann beim »Reichsminister des Inneren«, der für rein administrative Entscheidungen, wie Auflösung von Institutionen der Volksbildung verantwortlich war, weniger aus Überzeugung als unter äußerem Druck die Selbstauflösung des Verbandes. Zur Begründung wies er auf dessen liberale Position hin, der »parteipolitisch und konfessionell« nicht gebunden sei und nach der nationalsozialistischen Revolution »die Notwendigkeit des Bestehens« als nicht mehr gegeben betrachte. Hinzu kam noch, dass Mann Jude war und deshalb später in die Emigration gezwungen wurde. Die formelle Auflösung wurde in der außerordentlichen Mitgliederversammlung vom 28. September 1933 beschlossen.

Einige regionale Volkshochschulverbände versuchten dennoch, durch angepasste Satzungen und personelle Umsetzungen sowie durch Namensänderung weiter zu existieren. So bestand der »Württembergische Verein zur Förderung der Volksbildung« unter der Leitung von Theodor Bäuerle, von öffentlichen Mitteln unterstützt, noch bis 1936. Der Thüringische Verein der Volkshochschulen, der sich in Anlehnung an nationalsozialistische Vorstellungen in »Großdeutsche Heimatschulen« umbenannte, konnte seine Arbeit durch taktische Anpassung als »Deutsche Heimatschule Thüringen« unter eingeschränkter Autonomie bis 1935 fortsetzen (Fischer 1981, S. 58).

Dezidierter noch als der Reichsverband der Deutschen Volkshochschulen betrieb die konservativ-nationale »Gesellschaft für Verbreitung von Volksbildung« den Prozess der Annäherung an die Ideologie und die Organisation des Nationalsozialismus. Dennoch wurde auch sie schließlich über die Selbstgleichschaltung zur faktischen Auflösung gebracht. Am 23. März 1933 bekundete die Gesellschaft in der Stendaler Zeitung »Altmärker« der neuen nationalsozialistischen Regierung ihre Unterstützung und Loyalität. Die Gesellschaft schloss schließlich mit dem Propagandaministerium im Herbst 1933 ein Abkommen und wurde in den »Reichsbund Volkstum und Heimat« eingegliedert. Auf diese Weise konnte sie ihre Arbeit unter »parteilichem Schutz« und unter deren Kontrolle noch einige Zeit fortführen (Fischer 1981, S. 56 f.). Nach dem Rücktritt ihres bedeutenden Vorsitzenden Johannes Tews *(vgl. Kapitel III, 2.1)* trat die Gesellschaft 1934 der NS-Gemeinschaft »Kraft durch Freude« (KdF) bei. Sie nannte sich von diesem Zeitpunkt an »Gesellschaft für Volksbildung in der NS-Gemeinschaft ›Kraft durch Freude‹«. Ihre Einrichtungen übereignete sie der nationalsozialistischen Deutschen Arbeitsfront (DAF) für deren »kulturelle Arbeit« (Keim/Urbach 1976, S. 120). Mitte 1935 endeten schließlich die letzten Reste einer eigenständigen Arbeit der Gesellschaft: In einem Rundschreiben teilte der »Beauftragte des Führers für die gesamte geistige und weltanschauliche Erziehung der NSDAP« Generalmajor a. D. Faupel, der ehemaligen »Gesellschaft« ihre Umwandlung in eine »auslandskundliche Organisation« mit dem neuen Namen »Gesellschaft für Länderkunde« mit. Anpassung und Selbstgleichschaltung hatten die genuine volksbildnerische Arbeit der »Gesellschaft« nicht retten können.

Noch ruppiger und radikaler ging Bernhard Rust in seiner Funktion als Kommissar für das preußische Kultusministerium mit der »Deutschen Schule für Volksforschung und Erwachsenenbildung« um, einer bedeutenden Institution des Hohenrodter Bundes. Am 1. Mai 1933 wurde die Deutsche Schule aufgelöst, als »Hauptstelle für Volkshochschulen« dem Zentralinstitut für Erziehung und Unterricht eingegliedert und dem Reichsministerium angeschlossen. Rust entließ den Leiter der Schule, Fritz Laack, untersagte ihm wie vielen anderen Repräsentanten der Weimarer Erwachsenenbildung das Betreten der Räumlichkeiten und setzte die Institution finanziell unter Druck. Das »Archiv für Volksbildung«, das theoretisch anspruchsvolle Organ der Volkshochschulbewegung, wurde mit Wirkung vom 31. 3. 1933 aufgelöst und der »Hauptstelle« zugeordnet (Keim/Urbach 1996, S. 130). Ebenso mussten die wichtigsten Publikationsorgane der Weimarer Erwachsenenbildung ihr Erscheinen einstellen: bereits im Jahre 1933 die »Freie Volksbildung« und 1935 das Organ der Gesellschaft für Verbreitung von Volksbildung: die »Volksbildung«.

Parallel zur Gleichschaltung, Auflösung und Selbstauflösung der aus der Weimarer Zeit stammenden Volksbildungseinrichtungen begann ein recht undurchschaubarer Prozess der institutionellen und organisatorischen Neuordnung und Integration in den nationalsozialistischen Staat. Da ein durchgängiges Konzept für eine nationalsozialistische Erwachsenenbildung nicht existierte und verschiedene Parteiorganisationen auf allen Ebenen um ihren politischen Einfluss auf die Erwachsenenbildung kämpften, entstand, wie bereits dargestellt, ein unübersichtliches Geflecht nationalsozialistischer Volksbildung. Beispielhaft dafür ist der Machtkampf zwischen Alfred Rosenberg, dem Leiter der »NS-Kulturgemeinde«, der zugleich »Beauftragter des Führers für die gesamte geistige und weltanschauliche Schulung der NSDAP« war, einerseits, und dem machtbewussten Robert Ley, dem Chef der »Deutschen Arbeitsfront (DAF)« andererseits.

Die NS-Kulturgemeinde nahm Aufgaben wahr, die sich zum Teil mit der traditionellen Arbeit der Volkshochschulen überschnitten. So bezeichnete der »Völkische Beobachter«, das Zentralorgan der NSDAP, die NS-Kulturgemeinde als »eine Art Volkshochschule« (Urbach 1974, S. 793). Zu ihrem kulturellen Auftrag gehörten Vortragstätigkeiten, die Organisation von Theater- und Kunstabenden sowie von Konzerten. Der Machtkampf zwischen Rosenberg und Ley endete schließlich mit der Auflösung der Kulturgemeinde und deren Eingliederung in die NS-Gemeinschaft »Kraft durch Freude« (KdF) innerhalb der »Deutschen Arbeitsfront«.

Der seit dem 13. März 1933 als Reichsminister für Volksaufklärung und Propaganda amtierende Joseph Goebbels, einer der engsten Vertrauten Hitlers und radikaler Antisemit, versuchte anfangs, Einfluss auf die Erwachsenenbildung zu gewinnen. So versuchte er die Volkshochschulleitungen der Reichspropagandaleitung (Volksbildung) zu unterstellen und die Anbindung der Volkshochschulen an die Gemeinden oder andere Stellen zu lösen (Fischer 1981, S. 64). Trotz der außerordentlichen Machtfülle, die Goebbels mit der Gleichschaltung, dem Ausschluss missliebiger Personen sowie durch institutionelle Instrumente, etwa durch das bereits genannte Reichskulturkammer- und durch das Schriftleitergesetz ausübte, sowie seines umfassenden Einflusses auf Propaganda, Kultur und Bildung, gelang ihm die administrative Unterstellung von Teilen der Volksbildung unter sein Ministerium letztendlich nicht.

Die Gemeinden als die traditionellen Träger der Abendvolkshochschulen versuchten gleichfalls, ihren Einfluss auf die Volksbildung und Kulturpolitik zu erhalten. Der Deutsche Gemeindetag beharrte anfangs noch auf der Autonomie der kommunalen Volkshochschulen. Allerdings konnte er dem Einfluss der NS-Kulturpolitik und ihrem Druck der Nationalsozialisten immer weniger standhalten. Nachdem die Gemeindeparlamente bereits 1933 gleichgeschaltet worden waren, mussten die Gemeinden den Primat der Partei anerkennen. So ist auch ihre Zurückhaltung gegenüber dem »Volksbildungswerk«, der neu geschaffenen zentralen Institution der Volksbildung, auf die später ausführlich eingegangen werden soll, zu verstehen (Keim/Urbach 1996, S. 12 ff.).

Trotz der divergierenden Auffassungen über die organisatorischen und administrativen Zuständigkeiten und Zuordnungen zwischen Staat, Partei und Städtetag bei nahezu völliger ideologischer Übereinstimmung wurde die Volksbildung schließlich so formiert und organisiert, wie es die Partei vorgab. Dabei vollzog sich im Jahre 1934 ein entscheidender organisatorischer Schritt in der Entwicklung des NS-Volksbildungswesens mit dessen Anbindung an die NS-Gemeinschaft »Kraft durch Freude« (KdF) innerhalb der »Deutschen Arbeitsfront« (DAF), der zentralen Organisation der Partei für den gesamten Bereich der Erwachsenenbildung. Zwar blieb dem Staat wenn schon keine Fachkompetenz, so doch eine formal-administrative »Aufsicht« über die Einrichtung der Erwachsenenbildung. Faktisch lag jetzt jedoch die Macht bei der NSDAP, wie ein späteres Rundschreiben der Partei vom 14. Februar 1938 indirekt und rückblickend belegt: Danach war »das Vortragswesen des Deutschen Volksbildungswerkes ein Mittel der Menschenführung im Rahmen der Gesamtaufgaben der Partei« und unterstand deshalb »der Aufsicht des Gauschulungsleiters, bzw. seiner ausführenden Organe« (Reifenrath 1984, S. 89; Anordnung 9/43 der Reichsleitung der NSDAP vom 1. Juli 1943, in Keim/Urbach 1976, S. 232). Die Gauschulungsleiter waren auf regionaler Ebene zuständig für alle Fragen der Schulung von Parteimitgliedern. Dabei kommt wieder die Trennung von »weltanschaulicher Schulung« der Parteimitglieder einerseits und der allgemeinen Erwachsenenbildung *(s. u.)* andererseits zum Tragen. Neben der nationalsozialistischen Gesinnungsbildung gehörten zum bildungspolitischen Funktionsbereich der Deutschen Arbeitsfront unter anderem die Schulung und Berufserziehung, die Förderung der Siedlung, die soziale Betreuung der Arbeitnehmer mit der generellen Zielsetzung der »Erziehung aller im Wirtschaftsleben stehenden Deutschen zum nationalsozialistischen Staat und zur nationalsozialistischen Gesinnung« (Lampert 1983, S. 190).

Die Deutsche Arbeitsfront unter der Leitung von Robert Ley war die übergeordnete Behörde für die NS-Gemeinschaft »Kraft durch Freude«. Diese Organisation diente ursprünglich der Freizeitgestaltung und der kulturellen Förderung. »Alltag« und »Freizeit« sollten als Einheit betrachtet werden. Feierabendgestaltung, Urlaubsgestaltung, Kultur- und Grenzlandfahrten wurden organisiert und gerieten so unter nationalsozialistische Erfassung und Beeinflussung. Die sozialpolitische Bedeutung der NS-Gemeinschaft KdF zeigt, ganz in Übereinstimmung mit der nationalsozialistischen Ideologie und im Duktus der offiziellen Volksbildungspolitik, eine zeitgenössische Nürnberger Dissertation von 1937 in den folgenden vier Thesen:

»1. Jeder Schaffende hat nach den nationalsozialistischen Prinzipien ein unveränderliches Recht auf ausreichende Freizeit.
2. Die Arbeitskraft ist ein Stück deutschen Volksvermögens; sie zu fördern ist eine nationale Pflicht.

3. Die bevölkerungspolitische und volksgesundheitliche Arbeit erfordert gesunde und kräftige Menschen [. . .].
4. Die Sicherstellung einer ausreichenden Freizeit und gemeinschaftlichen Freizeitgestaltung entspricht den nationalsozialistischen Grundsätzen einer vernünftigen Volkswirtschaft. Sinn- und zweckvolle Freizeitgestaltung ist nur dort möglich, wo das Prinzip der Gemeinschaft gewahrt ist [. . .]«. (Krapfenbauer 1937, S. 15)

Eine weitere Verzahnung der Erwachsenenbildung mit dem nationalsozialistischen Staat und der NSDAP sowie den Verbänden bzw. Gemeinden wurde 1936 erreicht, als das aus der Abteilung »Schulung und Volksbildung« hervorgegangene Amt »Deutsches Volksbildungswerk« *(s. u.)* der NS-Gemeinschaft »Kraft durch Freude« unter dem Dach der Deutschen Arbeitsfront unterstellt wurde. Das Deutsche Volksbildungswerk unter der Leitung von Fritz Leutloff war für alle Volksbildungsstätten zuständig.

Einen vorläufigen Abschluss der organisatorischen Zentralisierung bildete die Gründung der »Reichsarbeitsgemeinschaft für Erwachsenenbildung« (auf regionaler Ebene: »Gauarbeitsgemeinschaft für Erwachsenenbildung«) im Jahr 1937. Sie markiert den Beginn der zweiten Phase, die der Konsolidierung und der Sicherung der Machtposition diente – auch in Verbindung mit der Gründung des oben erwähnten Deutschen Volksbildungswerkes. Nach der Auflösung des Reichsverbandes »Volkstum und Heimat« im Jahre 1935, der eine allgemeine Koordinationsaufgabe wahrgenommen hatte, fiel der Reichsarbeitsgemeinschaft die Aufgabe zu, die vielfältigen Bildungsaktivitäten der »Volkserziehungsarbeit« »einheitlich zusammenzufassen und auszurichten« (W. Kind in: Keim/Urbach 1996, S. 172–174). Die Reichsarbeitsgemeinschaft sollte alle Erwachsenenbildungsaktivitäten bündeln und so das Neben- und teilweise Gegeneinander von Partei, Staat und Kommunen beenden, was ihr jedoch nur teilweise gelang. Eindeutig war der Einflussverlust der Kommunen für den Bereich der Erwachsenenbildung.

Der Reichsarbeitsgemeinschaft wurde also die umfassende Koordinations-, Planungs- und Kontrollfunktion zugewiesen. In sieben Artikeln des Erlasses wurde die herausragende und alleinige Rolle des Volksbildungswerkes für die praktische Bildungsarbeit definiert. Im 7. Absatz wurde die genaue organisatorische Zuordnung der Erwachsenenbildung sowie deren Aufgabenstellung eindeutig umgrenzt: »Träger der Erwachsenenbildungsarbeit ist das deutsche Volksbildungswerk in der NS-Gemeinschaft »Kraft durch Freude«. Die Arbeit, die von noch bestehenden Volkshochschulen, Volksbildungsvereinen, Vortragsämtern und ähnlichen Einrichtungen geleistet wird, wird von dem Deutschen Volksbildungswerk betreut« (Runderlass, in Keim/Urbach 1996, S. 178).

Die alleinige Verantwortung des Volksbildungswerkes für die kulturelle und weltanschauliche Erwachsenenbildung kommt dezidiert in einem Schreiben des Reichsschulungsleiters Max Frauendorfer vom 5. Dezember 1934, welches das offizielle Gründungsdatum des deutschen Volksbildungswerkes vorwegnimmt, zum Ausdruck. Es regelt zugleich die Terminologie der Volksbildung im gesamten Reich einheitlich:

»1. Alle Maßnahmen, die sich auf eine zusätzliche Bildungsarbeit aller Volksgenossen beziehen, werden im Rahmen des »Deutschen Volksbildungswerkes« durchgeführt.

2. Die bisherigen Volkshochschulen und ähnlichen Anstalten, die von den Stellen für Volksbildung neu errichtet wurden, bezw. von diesen betreut werden, erhalten die Bezeichnung »Volksbildungsstätte«.
3. Die Programme der Volksbildungsstätten müssen in Zukunft auf der Deckseite beispielsweise folgende Angaben enthalten:
   Deutsches Volksbildungswerk,
   Gau Schlesien,
   Volksbildungsstätte Görlitz«. (nach Keim/Urbach 1976, S. 139)

Damit war die Dominanz der Partei und des Staates auch rechtlich geregelt. Die Autonomie und der Freiraum der Volksbildungsarbeit der Gemeinden und anderer Organisationen aus der Weimarer Zeit wurden fast vollständig beseitigt; den Gemeinden blieb lediglich eine untergeordnete und unterstützende Funktion. Die vollständige Kontrolle der Partei über die Bildungsarbeit kommt des Weiteren darin zum Ausdruck, dass die Arbeitspläne der Volksbildungsstätten dem Schulungsleiter der NSDAP zur Überprüfung »auf ihre politisch-weltanschauliche Richtigkeit« vorgelegt werden mussten. Die Volksbildungsstätten durften nur in Groß- und Mittelstädten errichtet werden und mussten über einen eigenständigen, von der Partei abgesegneten Lehrkörper verfügen. Der Schulungsleiter der Partei behielt sich die Genehmigung der Referenten des Volksbildungswerkes vor; diese mussten monatlich über ihre Arbeit und die Beteiligung der Hörer Bericht erstatten (Reifenrath 1984, S. 89/90). Dienststellenleiter des Deutschen Volksbildungswerkes hatten zugleich der Schulungsleitung der NSDAP anzugehören, womit die Erwachsenenbildung den Machtinteressen der Partei völlig untergeordnet war. Als das Deutsche Volksbildungswerk im Jahr 1942 schließlich aus der NS-Gemeinschaft »Kraft durch Freude« herausgelöst und der Deutschen Arbeitsfront unmittelbar unterstellt wurde, bildete dies den Schlussstein in der organisatorischen und ideologischen Gleichschaltung und Erfassung der Erwachsenenbildung unter das NS-Regime.

6. Zur Bildungspraxis der Erwachsenenbildung im Nationalsozialismus

Die folgenden Aufgabenschwerpunkte stellten im Wesentlichen das Gesamttableau der Volksbildungspraxis zwischen 1933 und 1945 dar: die weltanschauliche, kulturelle und ideologische Ausrichtung im Sinne der Partei und des nationalsozialistischen Staates, die Freizeit-, Urlaubs- und »Feierabendgestaltung«, die berufliche Erwachsenenbildung und Umschulung einschließlich der ländlichen Berufsqualifizierung sowie die besonderen Aufgaben der Erwachsenenbildung im Kriege.

6.1 Die soziokulturelle und die politisch-ideologische Bildungsarbeit des Deutschen Volksbildungswerkes

Sowohl im Hinblick auf die administrative Zuständigkeit, auf die thematische Aufgabenstellung als auch den Umfang bildete die Arbeit des Deutschen Volksbildungswerkes (DVW) den institutionellen Kern nationalsozialistischer Erwachsenenbildung. Wie alle Ämter, denen eine Zuständigkeit für die Erwachsenenbildung eingeräumt wurde, war das DVW zentralistisch und hierarchisch auf Reichs-, Gau-, Kreis-, Orts- und Betriebsebene organisiert. Im Jahre 1937 gehörten dem Volksbildungswerk 218 Volksbildungsstätten an. Bereits ein Jahr später hatte sich – vor allem durch Einbeziehung der kommunalen Bildungseinrichtungen – deren Zahl bereits auf 325 erhöht (Keim/Urbach 1976, S. 26). Nach der erzwungenen Angliederung Österreichs an das Deutsche Reich 1938 existierten 400 Volksbildungsstätten unter dem Dach des Volksbildungswerkes. Die Volksbildungsstätten waren in den Augen der NSDAP die »Herzkammer« der Bildungsarbeit. Entweder handelte es sich bei dieser zentralen Bildungsinstitution – mit den systembedingten Einschränkungen – um Nachfolgeinstitutionen der Weimarer Abendvolkshochschule oder um Neugründungen, wie z. B. die am 5. Mai 1935 eröffnete Volksbildungsstätte Bonn (Berke 1984, S. 99). Das Volksbildungswerk richtete darüber hinaus Musikschulen und Büchereien ein und ergänzte die traditionelle Bildungsarbeit um einen Vortragsdienst und um Dichterlesungen. So wurden etwa im Jahr 1938 rund 6 000 Vorträge und etwa 1 500 Lesungen veranstaltet (Amt des DVW 1938, S. 11; W. Keim 1997 B. II, S. 81). Ferner führte das DVW in Abstimmung mit dem Amt »Reisen, Wandern und Urlaub« Kulturfahrten durch. Die Betreuung, Kontrolle und die Planung für die Volksbildungsstätten gehörte zu den wichtigsten Aufgaben des Deutschen Volksbildungswerkes.

Die Aktivitäten des DVW zielten allerdings nicht vorrangig auf die Bildungsinteressen der Teilnehmer. Vielmehr sollten einerseits breite Bevölkerungskreise für die NSDAP gewonnen werden, um so die Herrschaft der Partei noch breiter absichern zu können. Andererseits sollte die Bildungsarbeit und die organisierte Freizeitgestaltung der Integration der Teilnehmer in die nationalsozialistisch geprägte »Volksgemeinschaft« dienen und – nach dem Selbstverständnis des DVW – dem einfachen »Volksgenossen« eine gediegene Allgemein- und Fachbildung vermitteln. Das Deutsche Volksbildungswerk hatte also eine überragende Funktion im System nationalsozialistischer Volks- und Erwachsenenbildung. Das ist unter anderem daran ablesbar, dass die Reichsdienststelle des Deutschen Volksbildungswerkes ab 1938 eine eigene Zeitschrift nur für Funktionsträger herausgab: »Deutsches Volksbildungswerk«, Monatsblätter für Volksbildungswarte (Fischer 1981, S. 156 f.). Um die Volksbildungsarbeit auf eine einheitliche nationalsozialistische Ideologie auszurichten, führte das Volksbildungswerk zur Koordinierung und Orientierung Arbeitstagungen durch. Die drei Reichsarbeitstagungen in Hirschberg (1936), in Bayreuth (1937) und letztmalig 1938 in Hannover dienten der weltanschaulichen und ideologischen Fundierung der Volksbildner.

Nach der weit gehenden Zerschlagung der Weimarer Erwachsenenbildung übernahm das Deutsche Volksbildungswerk einige Elemente ihrer soziokulturellen Bildungsarbeit, vor allem die der Abendvolkshochschule – allerdings unter dezidiert nationalsozialistischer Ausrichtung. Zu den thematischen Schwerpunkten, die nun, ausgehend vom »Fundament der nationalsozialistischen Weltanschauung« in den Veranstaltungen zu behandeln waren, gehörten: Rassenkunde, Volksgesundheit, Staat und Wirtschaftslehre, Geschichte, Heimatkunde, Kunst, Natur, Wissenschaft und Technik (Keim/Urbach 1976, S. 195). Die thematische Vielfalt und die programmatischen Zugänge der Weimarer Zeit fielen damit der nationalsozialistischen

Indoktrination zum Opfer, sodass es zu einer eindeutigen Zäsur in der Volksbildungsarbeit kam (Lingelbach 1987, S. 361).

Wie sah nun die praktische Bildungsarbeit des DVW aus? Neben den Vorträgen und Vortragskursen wurden »geschlossene Elementarkurse« zur Kompensation versäumter Bildungschancen und zur Steigerung der »persönlichen Leistungskraft« institutionalisiert. Die Elementarkurse befassten sich mit der deutschen Sprache, mit Fremdsprachen und Kurzschrift. Der Fremdsprachenunterricht, den die Nationalsozialisten zunächst als Relikt traditionellen Bildungsbürgertums ansahen, wurde besonders während des Krieges intensiv gepflegt, um sprachkundige, nationalsozialistisch geschulte Fachleute für die eroberten Gebiete zu gewinnen. Es wurden sogar für besonders Sprachbegabte »Fremdsprachen-Internate« im Taunus, im Odenwald, in der Fränkischen Schweiz und den Voralpen etabliert, die so genannten »Sprachinseln« für Italienisch, Spanisch, Französisch, Englisch und Russisch. Diese Intensivkurse dauerten drei Wochen (Deutsches Volksbildungswerk VII, 1941, S. 12 f.). Arbeitsgemeinschaften sollten die Ergebnisse der Vorträge und Vortragsreihen vertiefen. Sie bezogen sich vornehmlich auf die in den Vorträgen und Vortragsreihen behandelten weltanschaulichen Themen. Daneben gab es »Arbeitskreise« und »Kurse«. In den Arbeitskreisen, die einen sehr hohen Anteil der Bildungsarbeit ausmachten (ca. 60 Prozent), wurden künstlerische Aktivitäten gefördert, vor allem Musik- und Malkurse. Die Kurse befassten sich vornehmlich mit der deutschen Sprache und Literatur (Fischer 1981, S. 61–63). Diese Arbeitsformen wurden durch Betriebsführungen, durch Besichtigung von Museen und Kulturstätten sowie Lehrwanderungen ergänzt. Weitere Elemente der Bildungsarbeit waren Kulturfahrten, Musikarbeit, Ausstellungen, die Bildungsarbeit im Büchereiwesen und die »Dorfarbeit«. Die so genannte Dorfarbeit gehörte zum besonderen Aufgabengebiet des Deutschen Volksbildungswerkes. Sie sollte der Landflucht entgegenwirken und die Verbundenheit mit der »Scholle« festigen (Feidel-Mertz 1999, S. 50). Die spezifische Rolle der Dorfarbeit entsprach der NS-Ideologie von der Einheit von »Blut und Boden«. Die Partei organisierte mit intensiver Mitwirkung der Lehrerschaft dörfliche Arbeitsgemeinschaften, deren Hauptaufgabe in der Herstellung von »Dorfbüchern« bestand, die die Geschichte und die Kultur des jeweiligen Dorfes dokumentieren sollten. Diese Dorfbücher, die in etwa 3 500 Gemeinden erstellt wurden, sollten ein »Spiegelbild des dörflichen Lebens in Vergangenheit und Gegenwart« sein (Deutsches Volksbildungswerk, Leistungsbericht, in: Keim/Urbach S. 203). Zwischen der »Dorfarbeit« und dem Volksbildungswerk bestand eine intensive Kooperation und Abstimmung.

Bei allem Bemühen, neben der kulturellen vor allem die weltanschauliche Beeinflussung im Sinne des Nationalsozialismus zu organisieren, stieß die ideologisch gefärbte Arbeit des Deutschen Volksbildungswerkes nur auf ein begrenztes Interesse der Teilnehmer, deren Bereitschaft zur »politischen« Bildung offenbar gering war (Keim, W. 1997, S. 82 ff.). Das DVW versuchte daher, neue Teilnehmerkreise durch karrierefördernde Anreize wie Teilnehmerbescheinigungen und Urkunden zu gewinnen. Die Partei war bemüht, den Eindruck eindeutiger nationalsozialistischer Parteinahme möglichst zu vermeiden. In einem Rundschreiben des Reichsorganisationsleiters der NSDAP vom 14. Februar 1938 (Nr. 9/38) an das Volksbildungswerk und die Volksbildungsstätten heißt es: »Das Deutsche Volksbildungswerk führt seine Veranstaltungen nicht im Stil von Parteiversammlungen durch, sondern bemüht sich im Gegenteil, seine ganze Arbeit auf die politische Beeinflussung der Teilnehmer einzustellen, ohne dieses nach außen hervortreten zu lassen« (nach Reifenrath 1984, S. 92). Wie wirkungslos diese Maßnahmen und taktischen Verschleierungsversuche der vordergründigen politischen und ideologischen Beeinflussung und Indoktrination auf die Teilnehmer waren, zeigt beispielsweise das Scheitern einer spezifischen »Volkshochschule für Politik« in Braunschweig. Diese 1934 gegründete Institution musste nach nur einem halben Jahr wegen Mangels an Beteiligung schließen (Keim, W. 1997, S. 83).

Aufgrund dieser Erfahrungen wandelte sich die volksbildnerische Ausrichtung des DVW: An die Stelle ideologisch-weltanschaulicher Veranstaltungen traten mehr und mehr Angebote der Wissensvermittlung, der Kultur und des künstlerischen Laienschaffens, ohne dass die nationalsozialistischen Volksbildner damit auf verkappte politische Inhalte gänzlich verzichtet hätten. Auf diese Weise erreichte das Bildungsangebot des DVW nicht nur die traditionellen Teilnehmer der Weimarer Abendvolkshochschule, sondern auch neue Schichten, in verstärktem Maße die Arbeiterschaft und die Angestellten.

Zeigte die Arbeit der Volksbildungsstätten noch eine Verbindung zu der intensiven Bildungsarbeit auf der Grundlage der didaktischen Überlegungen der Neuen Richtung der Weimarer Zeit, so war die NS-Gemeinschaft »Kraft durch Freude« (KdF) als Unterorganisation der Deutschen Arbeitsfront von Anfang an auf nationalsozialistische Breitenwirkung ausgerichtet. »Kraft durch Freude« wollte die Massen erreichen. Sie gliederte sich zu diesem Zweck in weitere, als Ämter organisierte Abteilungen: z. B. das »Amt Schönheit der Arbeit«, das »Sportamt«, das ein breites außerbetriebliches Sportangebot bereithielt. Das wichtigste Amt war das »Amt für Reisen, Wandern, Urlaub«. Es organisierte für breite Bevölkerungskreise günstige Urlaubsreisen ins In- und Ausland, die so gestaltet wurden, dass sie die Teilnehmer emotional für die »NS-Volksgemeinschaft« einnahmen. In Prora auf der Ostseeinsel Rügen entstanden für diesen Zweck riesige, kasernenartige Urlaubswohnblöcke, in denen jeweils ca. 20 000 Urlauber gleichzeitig einen etwa zehntägigen Urlaub verbringen sollten: gemäß der nationalsozialistischen Ideologie natürlich nur dann, wenn sie den »rassischen« Grundsätzen der Machthaber genügten (Keim W. 1997 B. II, S. 81).

Die NS-Gemeinschaft »Kraft durch Freude« hatte im italienischen Faschismus ein Vorbild in der »Opera Nazionale Dopolavoro«. Sie war die nationalsozialistische Freizeitorganisation innerhalb der Deutschen Arbeitsfront. Die großzügigen Urlaubs- und Freizeitangebote, die sozialpolitischen Maßnahmen im Betrieb sollten vor allem die Arbeiterschaft erreichen und diese auf die weltanschaulichen Vorstellungen der nationalsozialistischen Gesinnungsbildung »ausrichten«. Zugleich diente das Freizeit-, Erholungs- und Urlaubsangebot der Steigerung der Leistungsfähigkeit der Mitarbeiter im Betrieb. Ebenso gehörte die Freizeitgestaltung im ländlichen Raum zu den Aktivitäten von KdF (»Dorfarbeit«, *s. o.*). Mit der Teilnahme an den Veranstaltungen von »Kraft durch Freude« war aber gleichzeitig eine Kontroll- und Überwachungsfunktion gegenüber breiten Bevölkerungskreisen verbunden.

Zur Arbeit der NS-Gemeinschaft »Kraft durch Freude« (KdF) gehörten darüber hinaus kulturelle Angebote wie »Kulturfahrten«, Führungen, Ausstellungen, Filmvorführungen und andere Formen kultureller Massenveranstalten. Innerhalb der Gesamtaktivitäten des Volksbildungswerkes umfassten die Veranstaltungen von »Kraft durch Freude« im Jahr 1937/38 einen Anteil von ca. 26 Prozent und erreichten knapp die Hälfte aller Teilnehmer. Im folgenden Jahr 1938/39, vor Ausbruch des Krieges, sank der Anteil der KdF-Veranstaltungen auf zwölf Prozent und derjenige der Teilnehmer auf 29 Prozent, weil bereits Auswirkungen des beginnenden Krieges die finanziellen Ressourcen beschränkten und Partei wie Staat sich völlig auf die Vorbereitung des Krieges konzentrierten (Fischer 1981, S. 262).

Das Deutsche Volksbildungswerk entwickelte ab 1938 für den »Dienstgebrauch« Musterarbeitspläne, die die thematische und ideologische Basis für alle Volksbildungsstätten bilden sollten und in groß- und mittelstädtischen sowie ländlichen Volksbildungsstätten mit hauptamtlichen Leitern die unumstößliche Grundlage für die Bildungsarbeit darstellten. Die angestrebte völlige Vereinheitlichung der Bildungsarbeit konnte es damit jedoch nicht erreichen. Lokale Besonderheiten und Traditionen in der Bildungsarbeit blieben trotz der Orientierung am Musterlehrplan hier und da erhalten, etwa in Halle (Fischer 1981, S. 154). Der Musterarbeitsplan von 1939 war für alle »anerkannten Volksbildungsstätten« – daneben unterschied das Volksbildungswerk ohne nähere Abgrenzung noch die »vorbehaltlich anerkannten« und die »im Aufbau begriffenen Volksbildungsstätten« – verpflichtend. Die Bildungspraxis stellte auf folgende Hauptthemen ab: »Geschichte und Politik, Wehrhaftes Volk, Gesundes Volk, Volk an der Arbeit, Deutsches- Kultur- und Geistesleben; Volkstum und Heimat; Ein Volk erobert die Freude; Blick in die Welt; Blick in die Natur«.

Diese thematischen Schwerpunkte wurden sehr differenziert untergliedert in Vorträge und Dichterlesungen mit prominenten Vertretern (beispielsweise mit den Repräsentanten nationalsozialistischer Literatur wie Bruno Brehm, Erwin Guido Kolbenheyer, Hans Künkel, Otto Gmelin). Zudem wurden in Vortragsreihen, Arbeitsgemeinschaften, Besichtigungen und Führungen soziokulturelle und ideologische Themen behandelt. Als Beispiel für den Bereich »Deutsches Kultur- und Geistesleben« führt der Musterlehrplan folgende Vorträge bzw. Vortragsreihen an:

- Kunst und Rasse;
- Von der germanischen Halle zu den Bauten Adolf Hitlers;
- Deutsche Kunst als Erlebnis;
- Das Werk Alfred Rosenbergs im geistigen Ringen der Gegenwart;
- Lebendiges Theater;
- Einführung in den Bühnenspielplan (Keim/Urbach 1976, S. 239 ff.).

Auch in diesem soziokulturellen Bereich kommt die nationalsozialistische Sichtweise deutlich zum Ausdruck. Nahezu in allen Schwerpunktbereichen war der Begriff der »Rasse« zentral und grundlegend. Er bildete gewissermaßen die ideologische Klammer für alle Themenbereiche, sogar für die Naturwissenschaften (z. B. »Rasse und Technik«).

Das Volksbildungswerk veröffentlichte seit 1938 Arbeitsberichte, die nicht nur den Leistungsstand dokumentieren, sondern auch »die unerlässliche Tiefenwirkung« und den Beitrag des DVW für die »nationalsozialistische Persönlichkeitsbildung« sicherstellen sollten (nach Fischer 1981, S. 133). Die statistischen Angaben des Volksbildungswerkes bedürfen aber einer kritischen Einschätzung. So müssen die Angaben über die Veranstaltungen und die Teilnehmer schon deshalb relativiert werden, weil beispielsweise die Teilnehmer an Reihenveranstaltungen an jedem Abend jeweils wieder neu in die Statistik aufgenommen wurden, um die Zahl der Teilnehmer damit entgegen der traditionellen Volksbildungsstatistik in der Weimarer Zeit künstlich zu erhöhen (Fischer 1981, S. 125). Diese beschönigende Statistik sticht deshalb besonders hervor, weil doch in der Weimarer Zeit besonders unter dem späteren Professor für Statistik an der Universität Jena, Paul Hermberg, ein systematischer Aufbau einer Volkshochschulstatistik unter wissenschaftlichen Gesichtspunkten erarbeitet worden war.

Die vorliegenden Daten, besonders die Statistiken des Volksbildungswerkes weisen auf eine umfangreiche Bildungsarbeit hinsichtlich der Veranstaltungsformen der Teilnehmerzahl, der Organisation und Finanzierung sowie der Rekrutierung des Lehrpersonals hin. Gegenüber der Weimarer Erwachsenenbildung konnte etwa der gleiche Umfang der Arbeit gehalten werden (Langewiesche 1989, S. 356). Ein Leistungsbericht aus dem Jahre 1936 des Deutschen Volksbildungswerkes stellt fest, dass insgesamt 16,5 Millionen »Volksgenossen« an Veranstaltungen der Erwachsenenbildung teilnahmen (Keim/Urbach 1976, S. 204). Dabei dürfte es sich vor allem um Beteiligungen an Veranstaltungen der NS-Gemeinschaft »Kraft durch Freude« handeln, sowie um einmalige Veranstaltungen, etwa von Kulturfahrten, Führungen durch Museen und Ausstellungen, für die keine Hörerkarten ausgestellt wurden.

Detaillierte statistische Angaben des Volksbildungswerkes liegen für die Arbeitsjahre 1937/38, 1938/39, 1940/41, 1941/42 vor. Sie zeigen Entwicklungstendenzen auf. Besonders deutlich wird der Anstieg der Teilnehmerzahlen, der mit dem Krieg und der Eroberung besetzter Gebiete beginnt. Damit wurden nun die Zahlen für »Gesamtdeutschland« aufgeführt. Die Steigerung der Teilnehmerzahlen ist unter anderem – besonders im Hinblick auf längerfristige Kurse – auf die vielen Deutschkurse in den eroberten Gebieten zurückzuführen (Fischer 1981, S. 121; 265). Auch die soziostrukturelle Zusammensetzung der Teilnehmer an Volksbildungsveranstaltungen veränderte sich zwischen 1937 bis 1941 durch den Krieg und die Einbeziehung von Teilnehmern aus den eroberten Gebieten. Im Hinblick auf die Differenzierung nach Geschlecht belegt der Leistungsbericht 1937/38 einen Anstieg der weiblichen Hörer gegenüber dem vorausgegangenen Jahr: 39,5 Prozent Hörerinnen standen im Jahre 1938 60,5 Prozent männliche Hörer gegenüber.

Die Zahl der Lehrkräfte des DVW betrug im letzten Leistungsbericht aus »Friedenszeiten« insgesamt 7 971, wovon nur 98 hauptamtlich beim Deutschen Volksbildungswerk angestellt waren. 27 Prozent der Lehrkräfte (2 151) waren nebenamtlich tätig. Der größte Anteil der Lehrkräfte, 5 722 Personen bzw. ca. 72 Prozent, war ehrenamtlich an der Bildungsarbeit beteiligt (vgl. Fischer 1981, S. 142/143). Der außerordentlich hohe Anteil ehrenamtlicher Lehrkräfte ist wohl darauf zurückzuführen, dass gerade die Parteimitglieder zur Durchführung weltanschaulich-ideologisch ausgerichteter Veranstaltungen motiviert wurden, da sie diese Form der Bildungsarbeit als »Ehrenpflicht« betrachteten. Der geringe Anteil der hauptamtlich Beschäftigten steht in einem sehr krassen Verhältnis zu den im Jahre 1938 fest angestellten 7 000 Mitarbeitern bei der NS-Gemeinschaft »Kraft durch Freude«.

Die finanzielle Ausstattung des Deutschen Volksbildungswerkes als Dachorganisation der Volksbildungsstätten war sehr begrenzt. Es verfügte beispielsweise für das Jahr 1939 über ca. 400 000 Reichsmark als Veranstaltungszuschuss. Demgegenüber betrug der Zuschuss für die Großorganisation »Kraft durch Freude« etwa das Sechsfache (Fischer 1981, S. 143). Zwei wesentliche Ursachen für die unterschiedliche Förderung lagen unter anderem darin, dass die Grundkosten der Urlaubsangebote des KdF schon wegen der Aufwendungen für Reisen, Unterkunft und Verpflegung entscheidend höher lagen und das NS-System diese Form der Freizeitgestaltung und Bildung als eine vorrangige Möglichkeit der ideologischen Beeinflussung betrachtete. Der Jahresbericht 1938 verdeutlicht beispielhaft den Versuch des Volksbildungswerkes, die spezifische ideologische und soziokulturelle Arbeit der Volksbildungsstätten mit der kulturellen Arbeit und der Freizeitbetreuung durch die Massenorganisation KdF zu verbinden. Durch deren starke Fixierung auf die Partei konnten relativ viele Teilnehmer von der weltanschaulich-ideologischen Indoktrination erreicht werden. Mit der Annexion besetzter Gebiete und mit dem Beginn des Krieges 1939 erfolgte ein tiefer Einschnitt in die Bildungsarbeit des Deutschen Volksbildungswerkes *(s. u.)*.

6.2 Berufliche Fortbildung und wirtschaftsbezogene Bildungsarbeit in den Betrieben

Die berufliche Weiterbildung, in der nationalsozialistischen Terminologie »wirtschaftsbezogene Erwachsenenbildung« genannt, ist im Kontext der Wirtschafts- und Sozialpolitik des NS-Systems zu sehen. Die Weltwirtschaftskrise 1929 bis 1933 und die extrem hohe Arbeitslosigkeit von ca. sechs Millionen zur Zeit der Machtübernahme Hitlers bildete den Hintergrund für die Wirtschafts- und Sozialpolitik der Nationalsozialisten. Hitler gelang es, bei breiten Bevölkerungsschichten die Hoffnung zu wecken, er könne die großen sozialen Notstände mildern und insbesondere die Massenarbeitslosigkeit beseitigen. Dabei begünstigte ihn die Tatsache, dass die Wirtschafts- und Sozialkrise zum Zeitpunkt der »Machtergreifung« bereits ihren Höhepunkt überschritten hatte (Hampel 1988, S. 145 ff.).

Die Beseitigung der Arbeitslosigkeit stand im Zentrum nationalsozialistischer Wirtschafts- und Sozialpolitik. Diesem Ziel dienten unter anderem der »Freiwillige Arbeitsdienst«, der Autobahnbau, die Einführung der allgemeinen Wehrpflicht sowie das Zurückdrängen der Frauen aus dem Arbeitsleben. Ebenso waren die Gesetze vom 1. Juni und 21. September 1933 Instrumente einer kurzfristigen Arbeitsbeschaffungspolitik: Durch »freiwillige Spenden zur Förderung der nationalen Arbeit« (Gesetz vom 1. Juni 1933) und ein »Förderungsprogramm für Baumaßnahmen« mit einem Volumen von 500 Millionen Reichsmark (Gesetz vom 21. September 1933) sollten entsprechende Mittel bereitgestellt werden. Investitionen bei der Reichsbank und bei der Reichspost, die Förderung von Landwirtschaft, Wohnungsbau und Automobilproduktion zielten sowohl auf die Beseitigung der Massenarbeitslosigkeit als auch verkappt auf die Stärkung der »Wehrtüchtigkeit«. Bereits zwei Tage nach seiner Ernennung zum Reichskanzler, am 1. Februar 1933, hatte Adolf Hitler ein Wirtschaftsprogramm verkündet, das häufig als erster Vierjahresplan bezeichnet wird. Darin erklärte er: »Die nationale Regierung wird das große Werk der Reorganisation der Wirtschaft unseres Volkes mit zwei großen Vierjahresplänen lösen: Rettung des deutschen Bauern zur Erhaltung der Ernährungs-

und damit Lebensgrundlage der Nation, Rettung des deutschen Arbeiters durch einen gewaltigen und umfassenden Angriff gegen die Arbeitslosigkeit [...]«. (nach Kammer/Bartsch 1992, S. 215)

Mit der Einführung des eigentlichen Vierjahresplanes 1936 intensivierte Hitler die Anstrengungen, »die deutsche Wirtschaft kriegsfähig [...] und die deutsche Wehrmacht in vier Jahren einsatzfähig« zu machen (Denkschrift Hitlers über die Aufgaben eines Vierjahresplanes. In: Vierteljahreshefte für Zeitgeschichte, H. 2. Stuttgart 1955, S. 210). Ein Kernziel der nationalsozialistischen Wirtschaftspolitik war unter anderem die Autarkie, d. h. die Unabhängigkeit von allen ausländischen Einfuhren, besonders von Rohstoffen wie Eisen und Metallerzen, Mineralölen und Kautschuk. Das Streben nach Autarkie war allerdings nicht zuletzt der Devisenknappheit der deutschen Wirtschaft geschuldet. Die Ausführung des Vierjahresplanes übertrug Hitler Hermann Göring, der zum »Beauftragten für den Vierjahresplan« ernannt wurde.

Vor diesem Hintergrund diente die berufliche Bildung und Weiterbildung, die auch »Berufserziehung« genannt wurde, um den Aspekt der »Gesinnungsbildung« zu betonen, den wirtschafts-, sozial- und schließlich wehrpolitischen Zielen der Partei und des Staates. Um die berufliche Weiterbildung für die Interessen der Partei zu instrumentalisieren, erteilte Hitler persönlich der Deutschen Arbeitsfront »die totale Aufgabe [...], für die Berufserziehung des deutschen Menschen Sorge zu tragen« (nach Keim/Urbach 1976, S. 329). Die nationalsozialistisch geprägte berufliche Weiterbildung richtete sich vornehmlich an »leistungswillige Deutsche«, die ihre beruflichen Fähigkeiten zur Leistungssteigerung des nationalsozialistischen Wirtschaftssystems erhöhen sollten. »Leistung« und »Gesinnung« bildeten die Schlagworte für die Entwicklung von »Leistungspersönlichkeiten«.

Für alle Formen der beruflichen und betriebsbezogenen Bildungsarbeit richtete die Deutsche Arbeitsfront 1937 in Abstimmung mit der Partei innerhalb ihrer eigenen Gesamtverantwortung und Kontrolle das Amt für Berufserziehung und Betriebsführung ein, das alle Aktivitäten koordinieren und administrativ begleiten bzw. kontrollieren sollte. Während des Krieges, im Jahr 1942, wurde das Amt in »Leistungsertüchtigungswerk« innerhalb der Deutschen Arbeitsfront umbenannt und in Übereinstimmung mit den allgemeinen geltenden Organisationsprinzipien auf Gau-, Kreis- und Betriebsebene geordnet. Den so genannten »Berufswaltern« oblagen die inhaltliche und methodische Gestaltung und die Umsetzung der Weiterbildungsmaßnahmen. Als Lernorte wurden betriebliche und überbetriebliche »Berufserziehungswerke« eingerichtet (Keim, W. 1997, Band I, S. 79). Die ersten dieser Berufserziehungswerke wurden in den Großbetrieben der IG-Farben in Leverkusen, bei der AEG in Berlin und beim Bochumer Verein sowie der Opel-AG in Rüsselsheim eingerichtet. 1937 existierten bereits 102, im Jahre 1940 117 betriebliche und 200 überbetriebliche Berufserziehungswerke (Kipp 1995, S. 236). Gustav Messarius, der Leiter des Amtes, verwies 1938 auf die wachsende Zahl der betrieblichen und außerbetrieblichen Maßnahmen sowie den Anstieg der Lehrkräfte und der Teilnehmer (Keim/Urbach 1976, S. 326). Die hohe Zahl an Maßnahmen und Teilnehmern ist allerdings mit Einzelvorträgen, Betriebsappellen und Kundgebungen zu erklären, die etwa 30 bis 50 Prozent der Teilnehmer »lieferten« (Fischer 1981, S. 221). Zudem ist ein gewisser Teilnahmezwang an den formal freiwilligen Veranstaltungen zu berücksichtigen, denn Beförderungen wurden nur dann ausgesprochen, wenn die Zustimmung der betrieblichen Berufserziehungswerke vorlag (Keim, W. 1997, Band II, S. 80).

Die Nationalsozialisten bemühten sich um eine »systematische Weiterbildung zum beruflichen Aufstieg« für bereits qualifizierte Personen. Jedoch war auch die berufliche Qualifizierung ungelernter Arbeitskräfte Teil der beruflichen Bildung und Weiterbildung, und dies erklärt die zahlreichen Maßnahmen und hohen Teilnehmerzahlen. Anpassungs- und Aufstiegsbildung gehörten also zur wirtschaftsbezogenen Erwachsenenerziehung. Umschulung war die dritte Säule. In den Anfangsjahren der NS-Herrschaft sollten zunächst diejenigen Arbeitskräfte qualifiziert bzw. umgeschult werden, die durch die Wirtschaftskrise und die Massenarbeitslosigkeit betroffen waren. Auch sollte dem technischen Wandel mit vermehrter Weiterbildung begegnet werden. Die Berufserziehung wurde zudem als ein Instrument der Berufsauslese und Lenkung betrachtet (»Gesetz zur Regelung des Arbeitseinsatzes vom Mai 1934; Keim, W. 1997, S. 76).

Mitte der Dreißigerjahre, mit der bereits erwähnten Einführung des Vierjahresplanes 1936 und dem Übergang zur Vorbereitung des »totalen Kriegs«, wurden die beruflichen Anforderungen an Arbeitskräfte in den Rüstungsbetrieben verstärkt. Damit konnte die Massenarbeitslosigkeit weitgehend beseitigt werden. In einigen Zweigen der Wirtschaft herrschte sogar Arbeitskräftemangel. Hier hatte die Berufserziehung die vorrangige Funktion der gezielten Fort- und Weiterbildung der vorhandenen Arbeitskräfte. Entsprechend der grundlegenden Bildungskonzeption der Nationalsozialisten sollte die berufliche Qualifizierung mit der ideologischen Beeinflussung und Formierung verzahnt werden.

Eine besondere Rolle in der praktischen Umsetzung der wirtschaftsbezogenen Erwachsenenbildung fiel den Betrieben zu. So schrieb Walther Löbner, einer der führenden Berufs- und Wirtschaftspädagogen der nationalsozialistischen Zeit: »Die wichtigste Pflegestelle wirtschaftsberuflicher Erwachsenenbildung ist zweifellos der Betrieb« (nach Kipp 1995, S. 228). Gustav Messarius nannte den Betrieb die »Ausgangs- und Bewährungsbasis der beruflichen Erwachsenenerziehung«. Martin Kipp spricht deshalb zu Recht von einer »Pädagogisierung« der Betriebe. Die Betriebszentrierung der beruflichen Weiterbildung wurde durch Gesetze und Verordnungen noch verstärkt. So legte ein Erlass des Reichswirtschaftsministers vom 13. Februar 1939 die »Verpflichtung der Betriebe zur Berufsausbildung« fest. In dieser Verordnung wurden die bereits genannten drei Funktionen der Berufserziehung besonders herausgestellt. Um den differenzierten Anforderungen, entsprechend den Voraussetzungen der Teilnehmer und den Interessen der Betriebe, gerecht werden zu können, wurden zunächst Grundkenntnisse und Grundfertigkeiten vermittelt. Darauf aufbauend wurde ein gestuftes System von »Lehrgemeinschaften« und »Aufbaukameradschaften« eingerichtet (Kipp 1995, S. 237 f.).

Außerhalb der Betriebe wurden Betriebsgemeinschaften gebildet, die die Idee der NS-Ideologie von der Volksgemeinschaft widerspiegeln sollten. Sie dienten der Integrationsarbeit in das jeweilige Unternehmen. Die Deutsche Arbeitsfront organisierte und inszenierte diese Formen des Zugehörigkeitsgefühls durch Betriebsappelle, Feiern, Ausflüge und Wettkämpfe so geschickt, dass eine emotionale Identifikation vieler Arbeitnehmer mit ihrem Unternehmen und der Belegschaft erreicht werden konnte. Das Führer-Gefolgschafts-Prinzip hatte auch für die betriebliche Weiterbildung uneingeschränkte Geltung. Zwischen der Belegschaft und dem Betriebsführer sollte ein »Treueverhältnis« begründet werden. Karl Arnhold, einer der führenden Wirtschafts- und Berufspädagogen und Repräsentant nationalsozialistischer betrieblicher Weiterbildung, stellte dieses Treueverhältnis als ein Element »sozialer Ehre« dar und definierte den deutschen Arbeiter als Soldaten und Kämpfer, der sich »willig in große Gliederungen einordnen« könne (nach Kipp 1995, S. 230). Für Mittel- und Kleinbetriebe wurden Formen außerbetrieblicher Berufserziehung organisiert (Rundschreiben der Reichswirtschaftskammer vom 8. Mai 1939. In Keim/Urbach 1976, S. 337–339). Die nationalsozialistische Idee der Berufserziehung orientierte sich also sehr stark am »Gemeinschaftsgedanken«.

Der methodische Ansatz wirtschaftsbezogener Erwachsenenbildung in der NS-Zeit stützte sich auf die so genannte genetische Methode, die auch als »Methode vom praktischen Fall« bezeichnet wurde. Nicht die traditionellen Schulfächer sollten die Grundlage für die »Berufserziehung« bilden, sondern die praktischen Fälle aus der betrieblichen Erfahrung, die in eine »neue, auf die Wirklichkeit des Arbeitslebens abgestellte Ordnung« gebracht werden sollten (Messarius: In Keim/Urbach 1976, S. 323–324). Dieses Konzept hatte Auswirkungen auf das Qualifikations- und Professionsprofil der Lehrer. Entsprechend der allgemeinen wissenschaftsfeindlichen Einstellung der Nationalsozialisten sollte nicht der traditionelle »Berufspädagoge«, dem eine abstrakte »theoretische Wissensvermittlung« unterstellt wurde, für die berufliche Qualifikation und die Weiterbildung eingesetzt werden, sondern der Mann aus der Praxis des Betriebes, der »Übungsleiter«, wie seine pädagogische Profession damals bezeichnet wurde. So waren im Jahre 1937 von den 22 000 Lehrkräften der beruflichen Bildung nur noch ca. zehn Prozent Gewerbe- und Handelslehrer (Kipp 1995, S. 237).

Die wirtschaftsbezogene und außerbetriebliche Weiterbildung gewann mit der Konsolidierung der NS-Herrschaft in der Wirtschaft immer größere Bedeutung. Seit 1935 zeigt sich ein eklatanter Anstieg der durchgeführten Maßnahmen, der Zahl der Lehrkräfte und Teilnehmer. Das große Interesse der Teilnehmer an den Maßnahmen ist umso erstaunlicher, als diese nicht unentgeltlich waren, sondern ein – für die damaligen Verhältnisse – hoher Beitrag von 5 Reichsmark jeweils für eine Maßnahme entrichtet werden musste (Fischer 1981, S. 220).

Jahr	Maßnahmen in allen Gauen (betrieblich und außerbetrieblich)	Lehrkräfte	Teilnehmer
1933	1 900	700	90 000
1934	9 000	2 800	390 000
1935	16 000	5 500	750 000
1936	50 000	17 000	2 090 000
1937	74 000	22 000	2 920 000
1938	52 500		3 203 986
1939	106 255	Geschätzt	2 800 000
1940	auf 40 Prozent des Vorjahres		

Quelle: Messarius, in: Keim/Urbach 1976, S. 326; ergänzt durch Angaben bei Kipp 1995, S. 243.

Bei einer Gesamteinschätzung der beruflichen Weiterbildung bis zum Ausbruch des Krieges kann festgehalten werden, dass diese im Zuge ihrer Ausgestaltung zu einem wichtigen Faktor nationalsozialistischer Politik wurde. Gegenüber der Erwachsenenbildung in der Weimarer Zeit, die primär soziokulturell ausgerichtet war – erst nach 1930 wurde die berufliche Weiterbildung als ein legitimer Bestandteil innerhalb des Weiterbildungssystems anerkannt – gewann die berufliche und betriebsorientierte Weiterbildung im Nationalsozialismus eine viel stärkere Bedeutung, auch als Instrument zur Steuerung der Wirtschaft und zugleich zur Erhöhung der Kriegsfähigkeit. Neben der berufsbezogenen Qualifizierung sollte die berufliche und betriebsbezogene Weiterbildung der ideologischen Formierung im Sinne des Volksgemeinschaftsgedankens dienen. Die Zentrierung auf die Betriebe und das Wecken eines Zugehörigkeitsgefühls sowie die Ausrichtung nach dem Prinzip Führer – Gefolgschaft zeigte die eindeutige Einbindung der beruflichen Weiterbildung in das Gesamtsystem nationalsozialistischer Politik und Ideologie.

6.3 Erwachsenenbildung als »kriegswichtige Aufgabe«

Nach der ersten Phase der »Machtergreifung« und der Machtsicherung (1933 bis 1936) sowie der zweiten Phase der Machtkonsolidierung (1936 bis 1940) kann die Zeit nach dem Ausbruch des Zweiten Weltkrieges am 1. September 1939 trotz einer gewissen zeitlichen Überschneidung mit der zweiten als die dritte Phase der Erwachsenenbildung umschrieben werden. Sie war bildungspolitisch gekennzeichnet durch die Instrumentalisierung der Erwachsenenbildung als »kriegswichtige Aufgabe« und »ideologische Waffe«: Die Bevölkerung an der »Heimatfront« und die Soldaten sollten für die Kriegsführung ideologisch gefestigt und auf die Folgen des Krieges, z. B. Beispiel Bombardierung, Flucht, Verlust an materiellen Werten, psychische Belastungen usw. propagandistisch vorbereitet werden (Tenorth 1992, S. 241). Die Kriegswirtschaft verlangte eine weiter gesteigerte ideologisch-weltanschauliche Beeinflussung der Arbeitnehmer. Dadurch nahm die Bedeutung der Erwachsenenbildung während des Krieges noch zu. Die Volksbildungsstätte Hannover schrieb beispielsweise in ihrem Geleitwort zum Programm für das Wintersemester 1941/42: »Wir leben in der stolzen Gewissheit, dass der Sieg unser sein wird. Diesen Sieg zu erkämpfen und zu erhalten ist die vordringlichste Aufgabe unserer Zeit« (nach Keim/Urbach 1976, S. 27).

Wichtiger wurden dabei sowohl die »Berufserziehung« als auch die allgemeine und politische Erwachsenenbildung. So konnte beispielsweise das Deutsche Volksbildungswerk während des Krieges seine Teilnehmerzahlen wesentlich erhöhen. Sie stiegen von 8 180 252 (Berichtszeitraum von Oktober 1938 bis September 1939) über 10 597 559 (Berichtszeitraum von April 1940 bis März 1941) auf 14 937 657 Teilnehmer (Berichtszeitraum von April 1941 bis März 1942). Heinrich Schulz spricht 1944 – wohl in großzügiger Interpretation der Statistiken – von 18 Millionen Teilnehmern im Volksbildungswerk der DAF (in: Arbeitertum 13, 1944, Folge 14, S. 3 f.). Die wachsenden Teilnehmerzahlen lassen sich ebenso anhand einzelner Volksbildungsstätten, wie z. B. in Hamburg und Stuttgart, nachweisen. Sie erklären sich zum einen aus der Tatsache, dass sich auch Soldaten an der Front, Zwangsarbeiter und Zwangsarbeiterinnen sowie Teilnehmer aus den eroberten Gebieten weiterbildeten. Zum anderen waren die Volksbildungsstätten nahezu die einzigen Einrichtungen während des Krieges, die Möglichkeiten der Entlastung und Entspannung boten und so gewissermaßen eine »kriegsferne Insel« darstellten. Während der Anfangsphase des Krieges richteten die nationalsozialistischen Machthaber die Arbeit der Volksbildungsstätten verstärkt auf die propagandistische Unterstützung der Kriegsführung einerseits und die Sicherung der nazistisch-faschistischen Ideologie in den besetzten Gebieten andererseits aus.

Die geistig-kulturelle Wehrmachtsbetreuung war während der gesamten Kriegszeit eine wichtige Aufgabe der Erwachsenenbildung. So fanden unter anderem zahlreiche Dichterlesungen statt, die den Krieg und den heroischen Heldentod verherrlichten. Zu Beginn des Krieges rief die Volksbildung immer wieder dazu auf, das »Deutsche Kulturgut [...] mit der Waffe« zu verteidigen (Guthmann 1939). Mit dem absehbaren Sieg der Sowjetunion und der Westmächte wurde die »Kulturlosigkeit der Bolschewiken« zur ideologischen Parole (Schulz 1944), um Ängste zu schüren und Widerstandskräfte zu mobilisieren. Das breite Interesse besonders der bürgerlichen Schichten und der Wehrmachtsangehörigen an der deutschen Kultur wurde für Durchhalteparolen und Stärkung des »Lebenswillens« funktionalisiert und missbraucht.

Allerdings gingen seit Mitte des Krieges viele Volksbildungsstätten – teils aufgrund eigener Entscheidung – mehr und mehr zu »unpolitischen« Themen über und widmeten sich statt der unmittelbaren politischen und propagandistischen Beeinflussung primär Fragen der »freien Wissensvermittlung«. Allgemeine kulturelle Angebote gewannen an Bedeutung. Diese thematische Neuorientierung entsprach dem Bedürfnis der Teilnehmer. Die Nationalsozialisten machten im Gegenzug hier und da Zugeständnisse im Hinblick auf die personelle Leitung der Volksbildungsstätten. So wurde in Bonn nicht ein »zuverlässiger Nationalsozialist«, sondern der katholische Theologieprofessor *Gustav Mensching* (1901–1978) zum Leiter der Volksbildungsstätte (1942–1944) berufen, um »den örtlichen Verhältnissen Rechnung zu tragen und eine Brücke von der Universität zu den breiten Schichten des Volkes zu schlagen« (Berke 1984, S. 101). Von diesem Zeitpunkt an hielten fast ausschließlich Universitätsprofessoren die Vortragsveranstaltungen ab (Berke 1984, S. 106). Zum Leiter der Hamburger Volkshochschule, der neben Groß-Berlin wichtigsten Erwachsenenbildungsstätte, wurde im Oktober 1944 der Flitner-Assistent *Fritz Blättner* (1891–1981) ernannt, der formell zwar Parteimitglied war, im Übrigen jedoch als »politisch eher zurückhaltend« galt. Anscheinend sollte mit der Berufung von Universitätsmitgliedern das gute Image dieser Wissenschaftsinstitution auf die Volksbildungsarbeit übertragen werden (Keim, W. 1997, S. 162).

Diese Tendenz weg von der Politik und der Propaganda hin zu kultureller Bildungsarbeit führte zugleich zu einer verstärkten Identifikation der Bevölkerung mit der Erwachsenenbildung in der zweiten Hälfte des Krieges. Die Nationalsozialisten scheinen diese Entwicklung toleriert zu haben, wohl auch deshalb, weil sie in den vordergründig unpolitischen Veranstaltungen durchaus noch Möglichkeiten subtiler nationalsozialistischer Indoktrination sahen. So heißt es in einem Bericht des Sicherheitsdienstes zu Inlandsfragen vom 8. November 1943, rein politische Vorträge oder Bildungsveranstaltungen mit propagandistischer Tendenz stießen auf Ablehnung,

»da die Hörer sich sachlich zu wenig unterrichtet fühlten« (Keim/Urbach 1977, S. 21). Auch passte es durchaus in das Kalkül der Partei, dass die Bevölkerung in der Heimat für Momente den Krieg und die Kriegsfolgen vergessen konnte. In vielen Bereichen der Massenkultur, vor allem in der Filmindustrie, zeigte sich in dieser verstärkten Hinwendung zu Komödien und anspruchsloser Unterhaltung das Bedürfnis nach Zerstreuung. Das Deutsche Volksbildungswerk beteiligte sich ebenfalls an Aktivitäten zur Erbauung und Unterhaltung der Teilnehmer und zur Ablenkung von den Belastungen des Krieges, der auch an der »Heimatfront« immer verheerendere Folgen zeigte. Es grenzt an Zynismus, wenn beispielsweise eine Veranstaltung unter das Motto »Fröhliche Musik in Lazaretten« gestellt wurde (Deutsches Volksbildungswerk X, 1940, S. 19 f.). Ebenso sollten die während des Krieges vermehrt eingerichteten Kurse künstlerischen Laienschaffens wie Basteln, Modellieren, Fotografieren und Laienmusizieren angesichts des tristen Alltags Möglichkeiten des Verdrängens und Vergessens, aber auch der kreativen Arbeit bieten.

Einige Volksbildungsstätten nutzten diesen Spielraum bis hin zu Ansätzen von Widerstand gegen das Regime. Ein Beispiel dafür ist die Volkshochschule Groß-Berlin. Hier arbeiteten verschiedene Dozenten eng mit dem »Nationalkomitee Freies Deutschland« *(s. u.)* zusammen (Urbach 1974, S. 799).

Zur »kriegswichtigen« Funktion der Erwachsenenbildung gehörte, wie erwähnt, die Absicherung der nationalsozialistischen Macht in den angegliederten und eroberten Gebieten. So wurden nach dem erzwungenen Anschluss Österreichs an das Deutsche Reich am 13. März 1938 Volksbildungsstätten nach dem »reichsdeutschen« Vorbild eingerichtet und auf die Weltanschauung der Nationalsozialisten ausgerichtet. Nach der Zerschlagung der Tschechoslowakei und der Umwandlung in ein »Reichsprotektorat Böhmen und Mähren« am 16. März 1939 eröffnete der Reichsorganisationsleiter Robert Ley in Anwesenheit des Reichsprotektors von Neurath und des Gauleiters Konrad Henlein, des Vorsitzenden der Sudetendeutschen Heimatfront, das Deutsche Volksbildungswerk in Prag. Leiter wurde das Parteimitglied Pfitzner. Dieser Volksbildungsstätte wurde eine »Deutsche Musikschule« angegliedert (vgl. Deutsches Volksbildungswerk, Folge I/40, Deckblatt).

In welchem Maße die Bildungsarbeit als »kriegswichtige Aufgabe angesehen wurde, zeigte der Aufsatz von Pfitzner über seine Tätigkeit in Prag aus dem Jahr 1940. Die »wehrpolitische Lage« sollte den Schwerpunkt der Bildungsarbeit ausmachen: Die »Vertiefung des Wehrgedankens im Prager Deutschtum« galt als das vorrangige Ziel. Die Bildungsarbeit in den annektierten Gebieten hatte, wie erwähnt, die primär machtpolitische Aufgabe der »nationalsozialistischen Gesinnungsbildung« sowie der »Germanisierung von Bildung und Kultur« (Keim/Urbach 1976, S. 111–113).

Auch im »Generalgouvernement Polen« wurden Einrichtungen der Erwachsenenbildung etabliert, um die militärische Okkupation durch eine kulturelle Germanisierung und Unterdrückung der polnischen Bevölkerung zu ergänzen (Fischer 1981, S. 101 ff.). Der »Generalgouverneur« Polens, Hans Frank, eröffnete am 1. Dezember 1940 die erste Volksbildungsstätte in Krakau (Deutsches Volksbildungswerk I/1941, S. 3–4). Am Schluss seiner Eröffnungsrede gab er dieser Volksbildungsstätte als Arbeitsplan mit auf den Weg: »Wir Nationalsozialisten sind die Vollstrecker des Willens von vielen Generationen deutscher Menschen, die diesem Lande sein Gepräge gegeben haben und Meisterwerke von unvergleichlich strahlender Schönheit geschaffen haben. In ihrem Sinne arbeiten wir hier weiter.« (Menz 1940, in: Keim/Urbach 1976, S. 315)

Eine weitere Volksbildungsstätte entstand in Posen. In den Programmen dieser Volksbildungsstätten wurden Vorträge zu kriegswichtigen Themen angeboten und Sprachkurse für Umsiedler, Zwangs- und Fremdarbeiter, seien sie »volksdeutsch«, »deutschstämmig« oder »eindeutschungsfähig«, durchgeführt. Damit sollten die Volksbildungsstätten in den besetzten Gebieten, beispielsweise die als »kulturelle Tat im Osten« hochstilisierten Einrichtungen im Wartheland, in Danzig/Westpreußen oder in Oberschlesien, der Sicherung des »Deutschen Lebensraumes« und der Germanisierung im Sinne der nationalsozialistischen Weltanschauung dienen. Zugleich sollten sie die Kriegführung ideologisch und materiell unterstützen. Unmittelbar nach dem Überfall auf Polen sahen die nationalsozialistischen »Siedlungsfanatiker« und Romantiker ihre Stunde gekommen, um das eroberte Gebiet »einzudeutschen« (Reifenrath 1984, S. 99 f.).

In enger Abstimmung mit dem Reichsleiter Alfred Rosenberg sowie in Zusammenarbeit mit dem »Gauamtsleiter für Volkstumspolitik«, der »Dienststelle des Reichskommissars für die Festigung des Deutschen Volkstums« (Himmler) und anderen Dienststellen wurde in Posen im Jahre 1942 ein »Ostinstitut für Volksbildung und Freizeitgestaltung« in der Arbeitsgemeinschaft »Kraft durch Freude« der Deutschen Arbeitsfront gegründet (Keim/Urbach 1976, S. 192–194). Es diente vor allem dem kulturellen Imperialismus in den besetzen Ostgebieten. Dabei spielte die Vermittlung der deutschen Sprache eine wichtige Rolle bei der Eingliederung und »Eindeutschung« in »den großdeutschen Lebensraum« im Sinne der »Volksgemeinschaft als Sprach-, Blut- und Rassengemeinschaft, als Schicksalsraum, Arbeits- und Wirtschaftsgemeinschaft [. . .]« (Zelle 1942, in: Keim/Urbach 1976, S. 318). Das Ostinstitut hatte im Unterschied zur Volksbildungsstätte in Posen eine für die gesamten Ostgebiete übergreifende thematische und ideologische Leitfunktion. Es sollte Forschungsaufgaben übernehmen sowie Servicefunktionen in Form didaktisch-methodischer und ideologischer Unterstützung für die praktische Volksbildungsarbeit. Auch sollte das Ostinstitut »ehrenamtliche, nebenamtliche und hauptamtliche Mitarbeiter auf dem Gebiet der Volksbildung heranbilden [. . .]« (Zelle, in: Keim/Urbach 1996, S. 319).

In den besetzten Nachbarstaaten Deutschlands, in den Niederlanden, in Dänemark und Norwegen wurden ebenfalls während des Krieges Volksbildungsinstitutionen etabliert, vornehmlich zur Betreuung der deutschen Soldaten und zur Vermittlung der »deutschen Kultur« an die Bevölkerung der besetzten Staaten.

6.4 Die berufliche Weiterbildung während des Krieges

Eine besondere Bedeutung erlangte, wie erwähnt, die Erwachsenenbildung auf der Ebene der beruflichen Qualifizierung zur Unterstützung der Kriegsführung. Die vollständige Ausrichtung der Wirtschaft auf die Rüstungsproduktion, die im Verlaufe des Krieges alle verfügbaren Arbeitskräfte erfasste, steigerte den Bedarf an Facharbeitern und technisch geschultem Personal bei der »kämpfenden Truppe« zur »Bedienung, Wartung und Pflege der Kriegsmaschinen« wesentlich. Der Krieg erforderte in den Rüstungsbetrieben, im Transportwesen und in der Verwaltung einen enormen Weiterbildungs- und Umschulungsbedarf. Qualifizierungsprobleme entstanden ebenso durch die Einberufung von qualifizierten Arbeitskräften, die an der »Heimatfront« ersetzt werden mussten. Darüber hinaus gab es Engpässe in der beruflichen Weiterbildung selbst, weil qualifizierte Weiterbildner einberufen wurden. Trotz dieser personellen Schwierigkeiten konnte die Berufserziehung im Krieg ihre Arbeit ausweiten.

Ein Bericht über den »Umfang der beruflichen Erwachsenenbildung« aus dem Jahr 1940 stellt fest: »Im ersten Kriegsjahr konnten in der fördernden Berufserziehung für Erwachsene in rund 46 000 Dauerveranstaltungen etwa 3 Millionen Teilnehmer gezählt werden, die die Abendlehrgemeinschaften regelmäßig besucht haben. Die berufliche Erwachsenenbildung konnte auch im Kriege vollständig aufrechterhalten werden, obwohl rund 6 000 Übungsleiter als Soldaten ihre Pflicht tun. Im ersten Kriegsvierteljahr konnten 78,2 v. H., im zweiten 84,2 v. H., im dritten 86,5 v. H. und im vierten Kriegsvierteljahr sogar 119,3 v. H. der Friedensarbeit durchgeführt werden.« (Umfang der beruflichen Erwachsenenbildung 1940, S. 113 f., nach Kipp 1995, S. 239) Nur durch diese »qualifikatorische Flexibilisierung der Arbeitskraft« konnte die Wirtschaft an der »Heimatfront« vor dem Zusammenbruch gerettet werden. So betonte Karl Arnhold, der bekannteste nationalsozialistische Berufspädagoge, dass »der Sieg, der an der Front erkämpft werden soll, erst in den Betrieben der Heimat erarbeitet worden sein muß« (nach Kipp 1995, S. 240).

Wiewohl bis 1942 bereits 500 betriebliche und überbetriebliche Berufserziehungswerke eingerichtet worden waren, konnten die notwendigen Qualifizierungsanforderungen letztlich nur durch kurzfristige Anlern- und Umschulungsmaßnahmen auf niedrigem Niveau erreicht werden. So etablierte bereits im ersten Kriegsjahr die Deutsche Arbeitsfront eine »Schnellunterweisung für Ungelernte und Angelernte, vor allem für Frauen« als wichtigste Aufgabe der beruflichen Erwachsenenerziehung (Glasmacher 1939, S. 14). In den von der Deutschen Arbeitsfront unterhaltenen »Reichsschulen für Arbeitsführung« in Stuttgart, Düsseldorf, Breslau und Wien wurden daraufhin zusätzliche »Anlernbeauftragte« der Betriebe benannt und Lehrgänge für die so genannten »Anlerner« institutionalisiert (Kipp 1995, S. 241). Damit wurde zwar das Angebot für breitere Bevölkerungskreise erhöht. Allerdings konnte dies wegen der begrenzten personellen und materiellen Ressourcen nur dadurch erreicht werden, dass das Niveau der beruflichen Weiterbildung auf ein Mindestmaß reduziert wurde. Verbunden mit diesen Methoden war das o. g. Prinzip der »Schnellunterweisung«, das einen Verzicht auf eine umfassende berufliche Qualifizierung bedeutete (Kipp 1995, S. 241). Zugleich forderte die Deutsche Arbeitsfront eine »gezielte Arbeitserziehung« zur Steigerung der individuellen Leistungsbereitschaft und Arbeitsdisziplin im »totalen Krieg«.

Während das Niveau der unmittelbar kriegsorientierten Berufserziehung, die in der Verantwortung des »Amtes für Berufserziehung und Betriebsführung«, bzw. seit 1942 des »Leistungsertüchtigungswerkes« innerhalb der Deutschen Arbeitsfront lag, relativ gering war, boten die Volksbildungsstätten anspruchsvollere Kurse an. Diese dienten vornehmlich der Aufstiegsbildung, z. B. für Vorarbeiter, Maschinenführer, Handwerker und Lehrmeister. Berufstätige erhielten die Möglichkeit, sich in Sonderkursen – auch am Abend – auf das Abitur vorzubereiten (Reifenrath 1984, S. 96).

Im Kontext dieser kompensatorischen und systematischen Qualifizierungsmaßnahmen gewann der Fernunterricht angesichts der auf das stärkste angespannten Wirtschaftslage eine besondere Bedeutung. Er bot während der Kriegszeit Möglichkeiten zu qualifizierten Abschlüssen. Als Organisatoren dieser Maßnahmen traten dabei sowohl berufsständige Organisationen als auch private Institutionen auf. Ein Erlass des Reichsministers für Wissenschaft, Erziehung und Volksbildung vom 7. November 1940 charakterisierte den Fernunterricht zwar als »Privatunterricht«, jedoch war er der staatlichen Schulaufsicht unterstellt (Keim/Urbach 1976, S. 353). Das von der Deutschen Arbeitsfront aufgebaute »Fernunterrichtswerk: Der Weg zur Ingenieurschule« bot beispielsweise vorbereitende Kurse für ein Ingenieurstudium an, ebenso das »Fernunterrichtswerk: Der neuzeitliche Kaufmann«. Es vermittelte Qualifikationen für den beruflichen Aufstieg zum Bilanzbuchhalter, zum Außenhandelskaufmann und zu anderen betriebswirtschaftlichen Berufen (Keim/Urbach 1976, S. 352). Die Fernbriefe bildeten das methodische Repertoire des Fernstudiums, das den Absolventen einen Wiedereinstieg in einen zivilen Beruf ermöglichen sollte.

Für die Wehrmachtsangehörigen entwickelte die Deutsche Arbeitsfront Lernprogramme, die unter den heutigen Begriffen als Fernunterricht bzw. berufliche Rehabilitation angesehen werden können. Das Berufsförderungswerk der Wehrmacht verschickte so genannte »Soldatenbriefe« zur Berufsförderung. Diese Briefe waren in Grund-, Aufbau- und Sonderlehrgänge gegliedert. Die »Tornisterschriften« wurden millionenfach vertrieben (Kipp 1995, S. 242). Einzelne Universitäten wie Berlin und Erlangen verschickten »Feldpostbriefe«, die vornehmlich wissenschaftliche Themen behandelten. Die »Wehrmachtskurse zur Berufsförderung« wurden teilweise im Direktstudium an den militärischen Standorten, in der Regel jedoch in Form von Fernunterricht durchgeführt. Das Deutsche Volksbildungswerk organisierte unter anderem besondere Präsenzveranstaltungen für Wehrmachtsangehörige. So wurden in den ersten 14 Monaten des Krieges (September 1939 bis Oktober 1940) insgesamt 20 000 Veranstaltungen für 3 250 000 Teilnehmer durchgeführt (Deutsches Volksbildungswerk: Folge 1, 1941, S. 24).

Im Verlaufe des Krieges mit der steigenden Zahl von Kriegsversehrten gewann die zweite Sonderform der Wehrmachtskurse eine besondere Bedeutung: die so genannten »Sonderlehrgänge für Kriegsversehrte«. Bereits im zweiten Halbjahr 1942 wurden rund 10 000 Kriegsversehrte in den Lehrgemeinschaften der »Leistungsertüchtigungswerke« gezählt (Kipp 1995, S. 242).

Durch die Qualifikationserfordernisse der Rüstungswirtschaft und des Krieges, durch die Möglichkeiten des Fernunterrichts und die Notwendigkeit beruflicher Rehabilitationsmaßnahmen für Kriegsversehrte wurde damit die berufliche Bildung zwischen 1939 und 1945 außerordentlich ausgeweitet. Die quantitative Expansion war, wie bereits angedeutet, nur deshalb möglich, weil das Niveau der Bildungsarbeit inhaltlich ganz wesentlich reduziert wurde, z. B. durch Verkürzung der Ausbildungszeiten und durch Senkung der Anforderungen; es bestand sogar ein bestimmter genereller Zusammenhang zwischen der Steigerung der Teilnehmerzahlen einerseits und dem sinkenden Niveau der Ausbildung andererseits. Diese vordergründigen Fortschritte können allerdings nicht losgelöst von den politischen Umständen gesehen werden, unter denen sie erreicht wurden. Vielmehr waren sie dem »gesamtgesellschaftlichen Widersinn« der nationalsozialistischen Ökonomie geschuldet, denn mit der Qualifizierung und der Wiederherstellung des Arbeitsvermögens muss gleichzeitig die vom Naziregime betriebene »generalstabsmäßige Vernichtung menschlichen Arbeitsvermögens« in den Blick geraten (Kipp 1995, S. 242).

Die berufliche und betriebsorientierte Weiterbildung leistete trotz aller Kriegseinwirkungen und -folgen für die personellen und materiellen Ressourcen der Erwachsenen- bzw. Weiterbildung einen wesentlichen Beitrag zur Aufrechterhaltung der Rüstungswirtschaft und zur moralischen und ideologischen »Aufrüstung«. Allerdings war sie nicht an den wirklichen beruflichen Interessen der Teilnehmer und dem allgemeinen sozialen Fortschritt ausgerichtet, sondern der verantwortungslosen Politik des NS-Systems verpflichtet.

7. Jüdische Erwachsenenbildung im Nationalsozialismus

7.1 Geistiger Widerstand

Der Antisemitismus war ein Grundmotiv und ein Grundpfeiler nationalsozialistischer Politik. Unmittelbar nach der Machtübernahme begannen die Ausgrenzung, die Repressionen und Degradierungen der jüdischen Bevölkerung, die schließlich im Holocaust endeten. Das Gesetz von 7. April 1933 »Zur Wiederherstellung des Berufsbeamtentums« schloss alle »nichtarischen« Beamten von der Berufsausübung aus. Das Reichskulturkammergesetz vom 22. September 1933 grenzte die jüdischen Künstler und Schriftsteller vom Kulturleben aus. Die Zulassung von Kassenärzten »nichtarischer« Abstammung erlosch (22. April 1933). Für Apotheker galt bereits 1933 der »Arierparagraph«. »Nichtarische« Steuerberater wurden nicht mehr zugelassen (6. Mai 1933). Das Wehrgesetz vom 21. Mai 1935 verstieß die Juden aus der Armee. Am 15. September 1935 beschloss der Reichstag in Nürnberg die berüchtigten diskriminierenden »Nürnberger Gesetze«. Ab 1936 wurden die Repression gegen die jüdischen Mitbürger verstärkt mit dem Ziel, diese aus dem »Volkskörper« zu beseitigen. Am 30. September 1938 verloren alle jüdischen Rechtsanwälte und Ärzte, die den Nationalsozialisten am meisten verhassten Berufsgruppen, ihre Berufserlaubnis.

Bereits 1933 begann eine antisemitische Boykotthetze gegen jüdische Unternehmen und Geschäfte. Die berufliche und wirtschaftliche Existenz jüdischer Geschäftsleute und Gewerbetreibender sowie jüdischer Angestellter wurde systematisch zerstört. So berichtet die »Jüdische Rundschau« vom 10. März 1933, dass beispielsweise in Essen am 7. März 1933 zahlreiche jüdische Geschäfte geschlossen wurden. Auf dem Karstadt-Warenhaus Althoff habe eine Hakenkreuzfahne geweht (Plum 1988, S. 273). Ähnliche Boykottmaßnahmen fanden im ganzen Reich statt. Ein Aufruf der NSDAP (Gauleitung Baden-Baden) schloss so: »Deutsche Volksgenossen und Volksgenossinnen! Meidet die mit dem Boykottzeichen gekennzeichneten Häuser! Zur Abwehr der jüdischen Greuel- und Boykotthetze! Boykottiert alle jüdischen Geschäfte! Kauft nicht in jüdischen Warenhäusern! Geht nicht zu jüdischen Rechtsanwälten! Meidet jüdische Ärzte! Die Juden sind unser Unglück! Kommt zu den Massenversammlungen!«

Vom 9. bis 11. November 1938 organisierten die Partei, die SA und die SS in ganz Deutschland Pogrome gegen Synagogen, gegen Wohnungen und Geschäfte jüdischer Mitbürger. 28 000 Juden wurden in Gefängnisse und Zuchthäuser verbracht, 91 ermordet. Unbekannt ist die Zahl der Juden, die im Zuge dieser Pogrome aus Angst Selbstmord verübten. Allein in Hamburg wurden 6 000 Juden verhaftet und in das Konzentrationslager Sachsenhausen gebracht (Kwiet 1988, S. 530). 267 Synagogen und Bethäuser wurden in der zynisch so genannten »Reichskristallnacht« von den Nationalsozialisten zerstört (Hampel 1989, S. 133 ff.).

Vor diesem politischen Hintergrund gehört es zu den widersprüchlichen und anachronistischen Tatbeständen der Geschichte der Erwachsenenbildung, dass die jüdische Bildung und Kultur nach 1933 einen eminenten Aufschwung erfuhr, während die allgemeine, liberal-demokratische Erwachsenenbildung aufgelöst bzw. gleichgeschaltet wurde. So bedeuteten die Jahre zwischen 1933 und 1938 einerseits den Zusammenbruch der »materiellen und moralischen Grundlage« des deutschen Judentums, andererseits aber den Aufbau eines jüdischen Lebens »von bisher nicht dagewesener Intensität« (Schachne 1986, S. 14). Für die jüdische Kultur im Nationalsozialismus ist die Gründung des »Kulturbundes Deutscher Juden« unter Beteiligung der großen jüdischen Organisationen im Jahr 1933 von herausragender Bedeutung. Der Kulturbund machte sich die Pflege der künstlerischen und geistigen Bestrebungen der Juden in Deutschland zur Aufgabe. Bereits am 1. Oktober 1933 zählte er 12 500, im Januar 1934 bereits 20 000 Mitglieder (Dahm 1988, S. 83 ff.).

Die Renaissance der jüdischen Erwachsenenbildung lässt sich vor dem Hintergrund der nationalsozialistischen Repressionen gegen die jüdische Bevölkerung nach 1933 mit der Notwendigkeit der Besinnung auf den Ursprung jüdischen Lebens und Glaubens und der Bewahrung jüdischer Identität begründen. Die »moralische Festigung« der Juden in der Zeit der Verfolgung war ein wesentliches Motiv für die Erneuerung der jüdischen Erwachsenenbildung. Darüber hinaus stellte diese sich angesichts der Verbote für viele, vor allem akademische Berufe, dem Zwang, Jugendliche auszubilden und die jüngere Generation für praktische Tätigkeiten umzuschulen und umzuschichten. Besonders im Zusammenhang mit der Frage des Zionismus übernahm sie die Aufgabe, jüdische Bürger für die Auswanderung nach Palästina vorzubereiten: Damit ist die Bewegung der *Hachschara* angesprochen (Wetzel 1988, S. 454 ff.). Diese praktischen Bildungs- und Qualifizierungsmaßnahmen, insbesondere handwerkliche und landwirtschaftliche Ausbildungen für eine Tätigkeit im Kibbuzim, erlangten große Bedeutung für die Entwicklung Palästinas.

Die jüdische Erwachsenenbildung nach 1933 war also durch die politische Lage geprägt, womit dieser Zeit eine besondere Bedeutung zukommt. Dennoch stand sie in einer längeren Traditionslinie. Die moderne jüdische Erwachsenenbildung, die sich im 19. Jahrhundert herausgebildet hatte, war sehr stark von dem liberalen, zum großen Teil assimilierten Judentum geprägt, sodass sie sich von Formen nichtjüdischer Erwachsenenbildung prinzipiell kaum unterschied. So veranstalteten die etwa 200 Vereine für jüdische Geschichte und Literatur vor dem Ersten Weltkrieg Bildungsarbeit im Geiste der »Gesellschaft für Verbreitung von Volksbildung«.

Der Erste Weltkrieg bedeutete jedoch einen Einschnitt im Bildungs- und Kulturbewusstsein großer Teile der jüdischen Bevölkerung. Die Begegnung jüdischer Soldaten mit der Kultur des Ostjudentums, die Erfahrungen des Antisemitismus im Heer und das Erstarken der zionistischen Bewegung ließ in der jüdischen Bevölkerung das Interesse an intensiver Volksbildung enorm wachsen. So gründete im Jahre 1919 die jüdische Gemeinde in Berlin die jüdische Volkshochschule, die bis 1930 20 000 Hörer erreichte. Eine ähnlich intensive jüdische Bildungsarbeit bestand in Breslau. Auch andere Gemeinden gründeten Vereine und Gesellschaften für jüdische Erwachsenenbildung, beispielsweise für jüdische Volksbildung in Frankfurt (Volkmann 1994, S. 32).

Nicht im liberalen Berlin, wo fast zwei Drittel der Juden lebten, sondern in Frankfurt, wo die Neuorthodoxie ihren Ausgang genommen hatte, entstanden die beiden bedeutendsten Institutionen der Erwachsenenbildung: seit 1920 das Freie Jüdische Lehrhaus und seit 1933 die Mittelstelle für Jüdische Erwachsenenbildung. *Franz Rosenzweig* (1886–1929), der Sohn eines Fabrikanten und Kaufmanns, gründete und leitete das jüdische Lehrhaus. Bereits in seiner Schrift »Zeit ist's« von 1917 forderte er eine Akademie für die Wissenschaft des Judentums. Rosenzweig knüpfte bewusst an das antike *Beth-Hamadrasch* an, die traditionelle jüdische Erwachsenenschule. Didaktisch-methodisch stand das Lehrhaus in der Nähe der Neuen Richtung der Weimarer Erwachsenenbildung. Es wurde wesentlich von seinem Gründer geprägt, ebenso von Martin Buber und Ernst Simon, die zu den bedeutendsten Repräsentanten der jüdischen Wissenschaft, Kultur und Bildung ihrer Zeit gehören.

Das Freie Jüdische Lehrhaus verstand sich als eine offene Institution jüdischer Bewusstseinsbildung. »Frei« bedeutete dreierlei: weltanschauliche Ungebundenheit, »demokratischer« Unterrichtsstil und den Verzicht auf formale Qualifikationen der Lernenden (Dahm 1988, S. 97). Im Gegensatz zur jüdischen Volkshochschule in der Großgemeinde, die in der Tradition der extensiven Volksbildungsarbeit, vornehmlich in der Art von Vortragstätigkeit stand, war das Lehrhaus der Idee der gestaltenden Volksbildung verpflichtet (Simon 1959, S. 9/10). Die Forderung nach »Autoemanzipation«, die Franz Rosenzweig in Anlehnung an Leo Pinsker, einen Vorläufer des politischen Zionismus, zur Maxime machte, bedeutete für die Bildungsarbeit, »dass das Jüdische aufhörte, bloßer Stoff zu sein und zur formenden Kraft wurde« (Simon 1959, S. 12). Die Rückkehr ins Judentum sollte nicht von »oben« ausgehen, sondern vom Leben selbst hin zur Tora führen. Die Dozenten des Lehrhauses waren deshalb nicht vornehmlich Gelehrte und Rabbiner, sondern der jüdische »Ungebildete« wurde selbst zum Lehrer, »um sich, durch Lehren lernend, allmählich doch nachträglich auch die sachliche Legitimation zu seiner psychologischen hinzu zu erwerben« (Simon 1959, S. 13). Nach der Intention Rosenzweigs, die jedoch nicht die aller Mitarbeiter und Teilnehmer war, auch nicht die von Ernst Simon, wollte das jüdische Lehrhaus eine Stätte der Integration sein – entsprechend der Zusammensetzung der Lehrerschaft – von Orthodoxen, Liberalen, Zionisten, von Menschen aus den unterschiedlichsten politischen und weltanschaulich-religiösen Richtungen. Zu den Lehrern gehörten die bedeutendsten Gelehrten des deutschen Judentums der Zeit: Martin Buber, Leo Baeck, Benno Jacob, Erich Fromm, Leo Löwenthal, Sigfried Kracauer, Berta Pappenheim und andere. Die Zielgruppe der Bildungsarbeit war in erster Linie das großstädtische jüdische Bürgertum Frankfurts.

Während der Ära Franz Rosenzweigs wurden in 18 Trimestern 90 Vorlesungszyklen und 86 Arbeitsgemeinschaften durchgeführt. Hebräischkurse und die Lektüre hebräischer Quellen bildeten den thematischen Kern neben der Talmud- und Midraschlektüre, der Theologie, Religionswissenschaft, dem Verhältnis von Judentum und Christentum. Auch ökonomische und politische Fragen der Gegenwart gehörten zum Bildungskanon des Lehrhauses.

Das jüdische Lehrhaus hatte eine große Ausstrahlung über ganz Deutschland hinweg. Das Frankfurter Vorbild wurde allein schon semantisch für alle jüdischen Volkshochschulen namengebend. Dies ist ein Beleg dafür, dass Rosenzweigs und Bubers Anstöße die geistige Neuorientierung aus den Quellen des Judentums inspirierten – und in der konkreten politischen Situation nach 1933 – sich aus der Idee des geistigen Widerstandes speisten.

Nach dem Tode Franz Rosenzweigs 1929 stellte das Lehrhaus seine Arbeit weitgehend ein. 1933 eröffnete Martin Buber es wieder und leitete es bis zu seiner Emigration nach Palästina bis zum Jahre 1938. Für Martin Buber war neben der leitenden Idee des »biblischen Humanismus« der »geistige Widerstand« das Grundziel und der Orientierungspunkt für religiöse Überzeugungen und für die Bildungsarbeit. Damit wird die historische Linie bis in die Zeit jüdischer Erwachsenenbildung im Nationalsozialismus deutlich. Nach der Wiederbelebung der Lehrhausidee durch Martin Buber gab es bereits ein Jahr später neben dem in Frankfurt Lehrhäuser in Berlin, Köln, Stuttgart, Mannheim, Wiesbaden, Freiburg, später auch in Hamburg, Stettin, München, Dresden, Breslau und Karlsruhe. Diese Neugründungen gingen oft aus bereits bestehenden Lehreinrichtungen hervor (Dahm 1988, S. 97 f.).

Die jüdische Erwachsenenbildung unter der geistigen Autorität Martin Bubers wurde zum Zentrum der geistigen Auseinandersetzung mit dem Nationalsozialismus und zum Ort der Besinnung auf die kulturellen und geistigen Grundlagen des Judentums. Am Beispiel des großen Gelehrten Martin Bubers lässt sich ein jüdisches Schicksal von dessen ersten zionistischen Aktivitäten vor dem Ersten Weltkrieg über die Verfolgung in der Nazizeit bis hin zu seiner Emigration nach Palästina, zu seinem wissenschaftlichen Schaffen als Professor für Sozialpsychologie an der Jerusalemer Universität sowie der Arbeit am Aufbau jüdischer Erziehungsarbeit in seiner neuen Heimat nachzeichnen. Martin Buber vertrat die zionistische Idee bereits vor dem Ersten Weltkrieg, er engagierte sich seit 1919 intensiv für die Erneuerung des Bildungswesens in Deutschland, unterstützt unter anderem von Ernst Michel und Paul Natorp. Er arbeitete mit an den pädagogischen Reformbestrebungen im »Internationalen Arbeitskreis für Erneuerung der Erziehung«. Buber war ein führendes Mitglied im »Hohenrodter Bund« *(s. o.)*, dem Ort des Dialogs über die Grundlagen der Erwachsenenbildung. Am Beispiel Martin Bubers lassen sich auch Verfolgung, Ausgrenzung und NS-Repressionen veranschaulichen. So legte Martin Buber seine *venia legendi* an der Universität Frankfurt noch vor deren Entzug nieder, ehe ihm 1935 jede offizielle Lehrtätigkeit verboten wurde. Noch vor dem Pogrom 1938 gelang es der Universität Jerusalem, ihn als Professor zu gewinnen.

Den zentralen Gedanken des geistigen Widerstandes der jüdischen Erwachsenenbildung veröffentlichte bereits 1923 Richard Koch in Martin Bubers Monatsschrift »Der Jude«. Geistiger Widerstand in der Interpretation Ernst Simons verstand sich als »eine Verwurzelung des Geistigen in einer inneren Substanz, die äußeren Stürmen defensiv gewachsen ist« und bedeutete zugleich Kampf gegen die feindlichen Kräfte, die ihre Werte bedrohen (Simon 1959, S. 15 f.). Richard Koch, auf den sich Simon und auch Martin Buber beziehen, hatte bereits 1923 visionär geschrieben: »Wenn unser geschichtliches Leid aber wiederkommt, dann wollen wir wissen, warum wir leiden, wir wollen nicht sterben wie Tiere, sondern wie Menschen, die wissen, was gut und schlecht ist.« (Koch 1923, S. 119) Geistiger Widerstand in der Argumentation Richard Kochs, Martin Bubers und Ernst Simons gründete auf dem Gedanken des Humanismus, auf der Idee von der jüdischen Identität und Würde sowie der Verwurzelung in der Religion.

Den institutionellen Rahmen und organisatorischen Mittelpunkt für diesen geistigen Widerstand bildete die oben genannte Mittelstelle für jüdische Erwachsenenbildung. Sie konstituierte sich während einer Konferenz zu Fragen der jüdischen Erwachsenenbildung, die auf Initiative Martin Bubers im Mai 1934 im Landschulheim Herrlingen bei Ulm stattfand. Martin Buber, Ernst Simon und *Ernst Kantorowicz* (1892–1942), den die Nationalsozialisten bereits 1933 aus dem Berufspädagogischen Institut der Frankfurter Universität entlassen hatten, gaben der Tagung, an der 60 Teilnehmer unterschiedlichen Alters und religiöser Zugehörigkeit beteiligt waren, das Gepräge. Hier wurde das theoretische Fundament künftiger jüdischer Erwachsenenbildung entwickelt. Die jüdische Erwachsenenbildung sollte organisatorisch und thematisch gebündelt werden und ein Ort des Gedankenaustauschs zwischen den Einrichtungen und Mitarbeitern in Deutschland sein (Bühler 1986, S. 132). Die Konferenz im Landschulheim Herrlingen war in dreierlei Hinsicht von außerordentlicher Bedeutung für die jüdische Erwachsenenbildung im Nationalsozialismus. Hier
- wurde der Kern des Lehrerkreises der Mittelstelle gebildet,
- fand eine Besinnung »auf Grundlagen, Ziele und Wege« der jüdischen Erwachsenenbildung statt und
- wurden die Gemeinsamkeiten, aber auch die Unterschiede jüdischer und nichtjüdischer Erwachsenenbildung auf der Grundlage von Thesen Ernst Simons erörtert (Bühler 1986, S. 132).

Neben der Arbeit der Lehrhäuser bildeten die so genannten Lernzeiten, die in Form von Arbeitsgemeinschaften stattfanden, das Zentrum der pädagogischen Arbeit der Mittelstelle. Lernzeiten erstreckten sich über drei Tage bis eine Woche. Sie fanden häufig in ländlichen Heimen statt, wobei Lernen und Leben miteinander verbunden waren. Sie begannen in der Regel mit gymnastischen Übungen und Waldläufen sowie mit gemeinschaftlichen Gottesdiensten »gesetzestreuer Teilnehmer«. Oft fanden die Arbeitsgemeinschaften während des Tages im Freien statt. Die Abende dienten der Geselligkeit, meist in der Form gemeinsamen Singens unter der Leitung des bedeutenden ehemaligen Stuttgarter Chorleiters Karl Adler. Für die Lernzeiten waren die Rundbriefe, die von der Mittelstelle herausgegeben wurden, die didaktische Grundlage. Diese Rundbriefe dienten darüber hinaus der Information und Kommunikation unter den jüdischen Mitbürgern. Zwischen 1934 und 1937 erschienen insgesamt vier Ausgaben. Der zweite Rundbrief bildete gewissermaßen die Grundstruktur eines didaktischen Programms. Es sah folgende Themengebiete vor:
- »Die Bibel in der jüdischen Erwachsenenbildung,
- Jüdische Geschichte in der jüdischen Erwachsenenbildung,

- Jüdische Volks- und Kulturkunde,
- Allgemeine Bildungsfächer in der jüdischen Erwachsenenbildung,
- Persönliche Lebensgestaltung, Freizeitgestaltung und Gemeinschaftserziehung«. (Bühler 1986, S. 136)

Im Mittelpunkt der Bibelarbeit stand die Vermittlung von Grundlagen jüdischer Religion, Geschichte und Kultur. Auch aktuelle Fragen des jüdischen Lebens im Nationalsozialismus wurden behandelt, beispielsweise: Das Wissen über die Gegenwart im Judentum (im Lehrhaus in Leipzig), oder, politisch besonders brisant, ein Kurs über Palästina im Kölner Lehrhaus, der nicht nur allgemeine Kenntnisse, sondern konkrete Informationen über die Geschichte, die wirtschaftliche Situation und über das jüdisch-arabische Verhältnis vermittelte. Angesichts des drohenden Schicksals radikaler Verfolgung und der Notwendigkeit bzw. Möglichkeit der Auswanderung war dieser Kurs für die Teilnehmer nicht nur von akademischem Interesse. Er diente zugleich zur Vorbereitung für die Auswanderung nach Palästina und die zukünftige berufliche Tätigkeit beim Aufbau dieses Landes *(s. u.)* (Keim, W. 1997, S. 259). Auch künstlerische und soziale Aktivitäten gehörten zu den Lehrhäusern innerhalb der Mittelstelle, so die regelmäßigen »Sonntagsfeiern« in Berlin und die gemeinsamen Sabbatfeiern am Samstagnachmittag in Frankfurt.

Die Lehrhäuser hatten einen unterschiedlichen Dozenten- und Teilnehmerkreis. Zu den Dozenten gehörten unter anderem jüdische Lehrer, die durch das bereits erwähnte nationalsozialistische »Gesetz zur Wiederherstellung des Berufsbeamtentums« aus dem Dienst entfernt worden waren. Dazu zählten auch Jugendführer aus der Jugendbewegung sowie Lehrkräfte der jüdischen Lehrhäuser und Volkshochschulen, unter ihnen ein hoher Anteil von Rabbinern. Die Teilnehmer setzten sich aus allen sozialen Schichten der jüdischen Bevölkerung zusammen, die außer an allgemeiner Einführung in die Geschichte und die Idee des Judentums an sehr praktischen Fragen beruflicher Umschulung und der Vorbereitung für eine mögliche Emigration aus Deutschland interessiert waren. Insgesamt führte die Mittelstelle nach Angaben Bubers jährlich bis zu 50 Veranstaltungen durch. Buber selbst leitete die meisten Veranstaltungen. Er gab regelmäßig Bibelunterricht. Die von der Mittelstelle koordinierte Erwachsenenbildung erreichte einen großen Teilnehmerkreis. So nahmen an den »Donnerstagskursen« im Studienjahr 1934/35 in Berlin 1 200 Menschen teil. Ca. 10 bis 15 Prozent des jüdischen Bildungsbürgertums beteiligten sich an der jüdischen Erwachsenenbildung. Allerdings war der Bildungswille verständlicherweise »aufgrund der gesamtpolitischen Entwicklung rückläufig« (Keim, W. 1997, S. 260).

Die Mittelstelle für jüdische Erwachsenenbildung war aus der Sicht Martin Bubers die bedeutendste Bildungsanstalt des westeuropäischen Judentums. Sie und die jüdischen Lehrhäuser bewahrten zudem »das Erbe der von den Nazis geächteten deutschen Volkshochschulbewegung« (Walk 1991, S. 193).

Der Novemberpogrom von 1938 bedeutete das Ende der Mittelstelle. Martin Buber befand sich gerade auf einer Vortragsreise in Palästina und konnte nicht mehr nach Deutschland zurückkehren. Ernst Simon lebte bereits seit Januar 1935 in Palästina. Martin Bubers Nachfolger in der Leitung der Mittelstelle, Ernst Kantorowicz, emigrierte auf Druck der Nazis mit seiner Frau in die Niederlande. Nach der deutschen Besetzung wurde er nach Theresienstadt und schließlich nach Auschwitz verschleppt und dort 1942 ermordet (Keim, W. 1997, Band II, S. 262).

In einer rückblickenden Gesamtbewertung schreibt Martin Buber in seinen »Reden über Erziehung«: »Es ging in dieser unter großen Schwierigkeiten [. . .] geleisteten Arbeit darum, Hitlers Willen zur Zermürbung der Judenheit entgegen, dieser und insbesondere der Jugend einen unerschütterlichen Halt zu geben.« (sic., nach Simon 1959, S. 91) Unter den extremen politischen Bedingungen entwickelte die jüdische Erwachsenenbildung viele Formen der Selbstbehauptung im Kampf um die Wahrung der Menschenwürde. Sie bewahrte damit den großen abendländischen Gedanken der Menschlichkeit, die Tradition des jüdischen Humanismus, und leistete nicht nur geistig-intellektuellen, sondern auch praktischen Widerstand.

7.2 Berufliche Bildung und berufliche Umschichtung

Angesichts der Ausgrenzung und dem Boykott gegen jüdische Geschäfte, Rechtsanwälte, Ärzte, Professoren und andere Berufsgruppen wurden praktische Qualifizierungs- und Umschulungsmaßnahmen in nicht akademische Berufe bereits kurz nach der Machtübernahme durch die Nationalsozialisten immer dringlicher. Sie traten neben die geistige, religiöse und kulturelle Bildung des jüdischen Lehrhauses und der Mittelstelle im Sinne des »geistigen Widerstandes«. Die Notwendigkeit von »Berufsumschichtung«, von Erstausbildung und Selbsthilfe wurden den Juden schmerzhaft bewusst (Kipp 1995, S. 416 ff.). Die »Reichsvertretung der Juden in Deutschland« (RV), welche die Interessen des gesamten deutschen Judentums wahrnehmen sollte, sah sich vor die unmittelbare Aufgabe gestellt, ein eigenes System beruflicher Bildung und Umschulung für die aus ihren Ämtern und Berufen Verdrängten zu etablieren. So wurde bereits am 13. April 1933 der »Zentralausschuss für Hilfe und Aufbau« gegründet, der den Willen zur Selbstbehauptung manifestierte (Vollnhals 1988, S. 314 ff.). Den Vorsitz übernahm der bedeutende jüdische Wissenschaftler *Leo Baeck* (1873–1956). Bereits 1935 erfolgte die unmittelbare Unterstellung des Zentralausschusses unter die Reichsvertretung.

Ein Organigramm *(siehe S. 264)* zeigt die vielfältigen Aufgaben und Anforderungen des Zentralausschusses. Hier werden die wesentlichen Elemente, die sich auf die Erwachsenenbildung und vor allem auf die Berufsumschichtung und Ausbildung beziehen, wiedergegeben. Die Organisation der Selbsthilfe kann hier im Einzelnen nicht berücksichtigt werden.

Erstaunlicherweise hatten die Nationalsozialisten gegen die groß organisierte Ausbildung und vor allem die Auswanderung nach Palästina anfangs keine Vorbehalte. Dabei spielten außenpolitische Rücksichten und wirtschaftliche Interessen eine Rolle (Kipp 1995, S. 422). Darüber hinaus betrachteten die Nationalsozialisten die jüdische Erwachsenenbildung insgesamt offenbar mit einer gewissen Verachtung und vertraten die Überzeugung, dass diese mit der Vertreibung oder der Auswanderung der Juden nach Palästina bald ihr Ende finden würde (Keim, W. 1997, Band II, S. 262). Ja, man kann sogar von einer anfänglichen positiven Einstellung des NS-Systems gegenüber diesen Maßnahmen sprechen. So heißt es in einem Brief des späteren Gestapo-Chefs Reinhard Heydrich Anfang 1935 an alle Polizeistellen: »Die Tätigkeit der zionistisch eingestellten jüdischen Jugendorganisationen, die sich mit der Umschichtung zu Landwirten und Handwerkern zum Zwecke der

Reichsvertretung der Juden in Deutschland

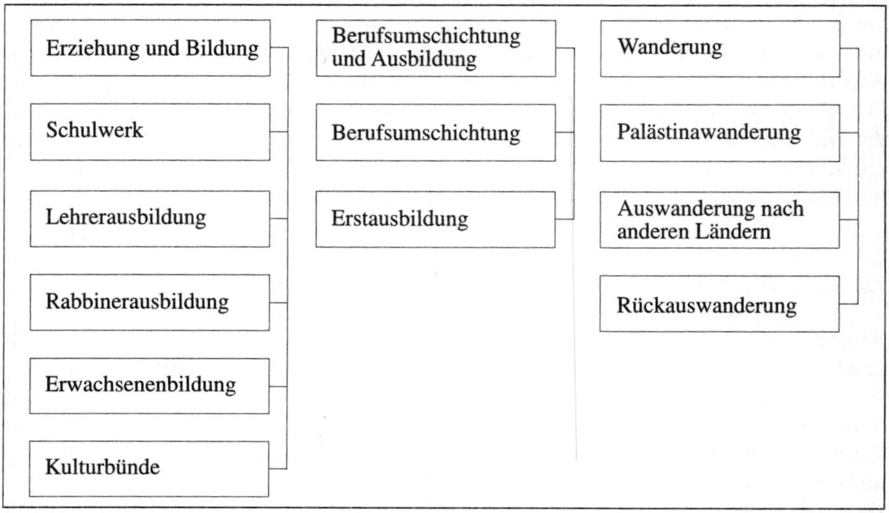

Quelle: nach Kipp 1995, S. 417.

Auswanderung nach Palästina befassen, liegt im Sinne der nationalsozialistischen Staatsführung [. . .]«. (nach Wetzel 1988, S. 457) Allerdings blieb die Arbeit des Zentralausschusses bzw. der Reichsvertretung von Schikanen und Behinderung durch die NSDAP und Behörden nicht verschont. Hinzu kamen große finanzielle und technische Schwierigkeiten, ehe später, in den Vierzigerjahren, diese Form jüdischer Selbsthilfe von den Nationalsozialisten vernichtet wurde *(s. u.)*.

Hatte der Zentralausschuss 1933 noch die Politik vertreten, dass die Juden in Deutschland bleiben und hier die eigenen Lebensgrundlagen sichern sollten, so rückte bald angesichts der immer radikaleren Repressionsmaßnahmen und der extensiven Vernichtung der beruflichen Existenzgrundlagen die Auswanderung nach Palästina und die Vorbereitung dafür durch Maßnahmen des Umlernens, der Umschulung und Ausbildung in den Mittelpunkt der Arbeit: die so genannte *Hachschara.* Der Begriff lässt sich mit Ertüchtigung und Umschulung übersetzen. Die berufliche »Umschichtung« Berufstätiger aus den überrepräsentierten akademischen und kaufmännischen Berufen in praktische, handwerkliche und landwirtschaftliche Tätigkeiten für »Arbeiter und Siedler« (Wetzel 1988, S. 456) hin zu einer »normalen Berufsgliederung« trat in das Zentrum der Bildungsarbeit des Zentralausschusses. Dabei wurden insbesondere die Jugend und die jüngere Generation angesprochen. Neben der Berufsumschichtung musste sich der Zentralausschuss intensiv um die Erstausbildung der Jugendlichen unter 18 Jahren kümmern. Da den Jugendlichen der normale Ausbildungsweg verschlossen war und es nahezu unmöglich wurde, eine Lehrstelle zu finden, mussten Formen kollektiver Ausbildung organisiert werden. Für die Erstausbildung wurden spezielle Lehrwerkstätten gegründet, die sich »Mittlere Hachschara« nannten (Vollnhals 1988, S. 389 f;

Keim, W. 1997, S. 254). Die Motivation der Jugendlichen in der Erstausbildung war dank ihrer zionistischen Orientierung in weit stärkerem Maße als die der Umschichtler auf eine schnelle Ausbildung und Ausreise nach Palästina oder andere Länder gerichtet (Keim, W. 1997, S. 254). Für diese Haltung gab es ein historisches Vorbild: Bereits 1918 wurde, ausgehend von Russland, zur beruflichen und sprachlichen Vorbereitung für die Ausreise und das Leben und Arbeiten in Palästina die Organisation Hechaluz (Der Pionier) gegründet (Wetzel 1988, S. 454 ff.). Diese Organisation enthielt Elemente der Jugendbewegung und war dezidiert zionistisch ausgerichtet.

Für die Umschichtung bildeten die 18- bis 25-Jährigen das Hauptkontingent, danach folgten die 25- bis 30-Jährigen. Die berufliche Umschichtung der über 30-Jährigen erschien problematisch (Kipp 1995, S. 422). Die damit verbundenen psychologischen Probleme wurden bereits intensiv in der jüdischen Literatur in den Dreißigerjahren erörtert. Bisherige Berufswege und Berufswünsche unter dem Druck der politischen und wirtschaftlichen Verhältnisse angesichts von Verfolgung und Ausgrenzung aufzugeben, bedeutete für die Betroffenen die Notwendigkeit einer radikalen Neuorientierung ihrer Lebensperspektiven. Häufig empfanden sie diesen erzwungenen Wechsel als beruflichen und sozialen Abstieg. Die psychologischen Folgen der Umqualifizierung älterer Berufstätiger lassen sich wie folgt zusammenfassen: »Es gibt nicht viele Prozesse im menschlichen Leben, die so tief greifende Veränderungen vom Menschen verlangen wie die Umschichtung.« (nach Kipp 1995, S. 425)

Das Ziel der Hachschara, der »Ertüchtigung« für Palästina, galt sowohl für die Erstausbildung als auch für die Umschichtler. Es ging um die Ausbildung von Pionieren für den Aufbau der neuen Heimat in Form kollektiver Arbeit, vorrangig in einem Kibbuz (Keim, W. 1997, S. 255). Nach dem 30. Januar 1933 nahm das Interesse an Hachschara deutlich zu und die Mitgliederzahlen im Hechaluz stiegen von 600 auf 4 500 (Keim, W. 1997, S. 253). Bis Ende 1933 beteiligten sich im Rahmen der Hechaluz-Bewegung 2 369 Jugendliche an der Ausbildung und bereiteten sich auf die Auswanderung nach Palästina vor. An den Umschulungsmaßnamen für Erwachsene nahmen 3 700 Personen teil (Kipp 1995, S. 420). Es befanden sich also insgesamt ca. 6 000 Menschen in der Erstausbildung und der Umschichtung.

Die Aufteilung in landwirtschaftliche und handwerkliche Ausbildungsplätze hielt sich anfangs etwa die Waage: Das Handwerk bot 3 025 Plätze, Landwirtschaft und Gärtnerei 3 738 und in der Hauswirtschaft standen 306 Plätze zur Verfügung. Allerdings stieg der Anteil der landwirtschaftlichen Ausbildungsmaßnahme kontinuierlich bis auf 70 Prozent an (Adler-Rudel 1974, S. 59 ff.; Keim, W. 1997, S. 253).

Ein Arbeitsbericht aus dem Jahre 1933 über die Berufsumschichtung von Männern und Frauen zeigt die berufliche Neuorientierung sowohl für den landwirtschaftlichen als auch für den handwerklichen Bereich: An erster Stelle stand die Landwirtschaft und die Gärtnerei, gefolgt von der Schneiderei, von traditionellen Männerberufen wie Radio- und Elektrotechniker, Tischler, Fliesenleger, Maurer bis hin zum Schildermaler. Für die Frauen gliederten sich die empfohlenen Berufe in drei Schwerpunkte: Handwerk, Hauswirtschaft und Pflegeberufe (Vollnhals 1988, S. 382). Die radikale Berufsumschichtung zeigte sich unter anderem darin, dass von den 659 männlichen Umschülern allein 461 frühere Kaufleute waren und von den 809 Frauen 331 zuvor als Kontoristinnen tätig waren. 1 272 Umschüler hatten bis Ende Juni 1934 ihre Ausbildung beendet, wovon 776 auswanderten (Vollnhals 1988, S. 382).

Zwischen 1933 und 1938 nahmen nach Angaben der Reichsvertretung der Juden insgesamt 23 230 Menschen in inländischen oder ausländischen Schulungseinrichtungen an einer Ausbildung für Palästina teil (Adler-Rudel 1974, S. 48). Die Zahl der kollektiven Ausbildungsstätten wuchs bis 1938 auf über 90 Einrichtungen (Adler-Rudel 1974, S. 65; Keim, W. 1997, S. 255). Von diesen Ausbildungsstätten sollen beispielhaft einige genannt werden, über die zum Teil detaillierte Berichte vorliegen. Lehrgüter für die landwirtschaftliche Ausbildung und Umschichtung waren: Ahrensdorf, Ellguth, Groß-Breesen, Gut Winkel und Jessen. Darüber hinaus gab es die Jüdische Gartenbauschule Ahlem, die private jüdische Lehranstalt für handwerkliche und gewerbliche Ausbildung auswanderungswilliger Juden (Gesellschaft für handwerkliche Arbeit in Berlin), die Werkstätten für Berufsumschichtung und Vorlehre in Niederschönhausen, das Jüdische Jugend- und Lehrheim Wolzig sowie das Heim des Jüdischen Frauenbundes in Neu-Isenburg (Kipp 1995, S. 421).

Neben den Ausbildungsstätten in Deutschland wurden in angrenzenden Staaten wie Dänemark, Frankreich, Italien, Luxemburg, Tschechoslowakei und in Jugoslawien »Auslands-Hachschara« gegründet. So wurde unter anderem 1934 in den Niederlanden das Werkdorf »Wieringen« errichtet, das deshalb von symbolischer Bedeutung und ein Zeichen der Ermutigung war, weil die niederländische Regierung das Projekt mit der Vergabe von Land unterstützte (Wetzel 1988, S. 460).

Die berufliche Ausbildung und Umschulung der Juden war wegen der grundlegend antisemitischen Politik der NSDAP weitgehend von den politischen Verhältnissen und Entwicklungen abhängig. Die Pogrome von 1938 bedeuteten für die Juden insgesamt, aber auch für die Hachschara eine radikale Zäsur. Waren die Juden bereits nach den Nürnberger Gesetzen von 1935 nur noch Bürger zweiter Klasse gewesen, so wurden sie nun recht- und schutzlos dem verbrecherischen NS-System ausgeliefert. Es ging nun darum, Deutschland bald zu verlassen und sich in Sicherheit zu bringen (Benz 1988, S. 499 ff.). Durch Zerstörungen im Zuge der Pogrome schrumpfte die Zahl der Ausbildungseinrichtungen von 1938 auf 1939 um ein Drittel auf 61. Die brutalen Übergriffe der Nationalsozialisten zeigt das Beispiel des bekannten Lehrgutes Groß-Breesen. Dort wurden alle Lehrer und männlichen Lehrgangsteilnehmer in das KZ Buchenwald verschleppt und nach einmonatiger Inhaftierung zur Ausreise aus Deutschland gezwungen (Angress 1985, S. 69 ff.; Keim, W. 1997, S. 256). Allerdings war trotz dieser Schikanen und Einschüchterungen 1938 noch nicht das Ende der Hachschara gekommen. Die Ausbildungsplätze nahmen jedoch die Form von »Umschulungslagern« an, beispielsweise das Lager am »Grünen Weg« in Paderborn, das ab 1941 zu einem reinen »Zwangsarbeitslager« wurde. Mit dem Verbot der Auswanderung 1941 verlor die Hachschara ihre Berechtigung und Existenzgrundlage. Die Brutalität des NS-Regimes und ihre Vernichtungspolitik gegenüber den Juden zeigte sich etwa darin, dass die letzten 99 »Insassen« des Paderborner Lagers nach Bielefeld gebracht und von dort nach Auschwitz deportiert wurden. Nur neun von ihnen überlebten (Keim, W. 1997, S. 257). Der Holocaust erreichte also die letzten Teilnehmer der engagierten Bewegung der Hachschara. Die Hachschara war ein wesentlicher Bestandteil jüdischer Pädagogik in einer feindlichen Umwelt. Mit begrenzten Mitteln, aber mit umso größerem Engagement und Mut widerstand das jüdische Berufsbildungswerk der Ausgrenzung, den Berufsverboten, der Degradierung und Verfolgung. Die jüdische Berufspädagogik war zunächst von dem Willen zum Überleben in Deutschland bestimmt. Schließlich trat das Motiv einer Ausbildung als Vorbereitung für die Ausreise nach Palästina, in das Land ihrer Hoffnung, in den Vordergrund.

8. Resümee

Bei einer kurzen zusammenfassenden Betrachtung der Rolle der Erwachsenenbildung im Nationalsozialismus wird deutlich, dass deren Geschichte zwischen 1933 und 1945 nicht nur eine Episode oder ein marginaler Unfall in einer langen historischen Linie demokratischer, der Aufklärung, der Vernunft und der Freiheit verpflichteten Bildung war. Trotz einiger Inseln »unpolitischer« und ideologieferner soziokultureller Bildungsarbeit war die Erwachsenenbildung im Nationalsozialismus ein Teil der NS-Ideologie. Sie gehörte einem Erziehungssystem an, das die rassistische, antisemitische und auch die imperialistische Bildungs- und Kulturpolitik des NS-Staates und der NSDAP wesentlich mittrug. Neben der Vermittlung nationalsozialistischer Ideologie trug die Erwachsenenbildung durch die Bereitstellung gesamtgesellschaftlicher und kriegswichtiger Qualifikationen zur Stabilisierung des faschistischen Systems bei. Als Teil dieses Systems wirkte sie damit in »Friedens«- und in Kriegszeiten an der Aufrechterhaltung eines zutiefst amoralischen und menschenfeindlichen Regimes mit. In den angegliederten und eroberten Gebieten leistete die »Erwachsenenerziehung« – so der NS-Terminus – zudem einen wesentlichen Beitrag zur nationalsozialistischen Gesinnungsbildung und zum kulturellen Imperialismus und diente, wenn auch subtiler als andere Träger des gesellschaftlichen Lebens, der rassistisch motivierten Verfolgung Andersdenkender. Die Erwachsenenbildung – nicht alle ihre Teile und nicht alle Pädagogen – war als System in ihrer Grundstruktur den antidemokratischen, militaristischen und antijüdischen Zielsetzungen des NS-Systems verpflichtet.

Allerdings war die Erwachsenenbildung kein völlig gleichgeschalteter, ideologisch einheitlicher Teil des Bildungssystems. Nicht nur in der Zeit des Übergangs von Weimar zum NS-Staat gab es unterschiedliche Formen des Verhältnisses von Pädagogen und Einrichtungen der Erwachsenenbildung zum Nationalsozialismus. Sie reichten vom eifrigen nationalsozialistisch geprägten Engagement über opportunistische Anpassung bis hin zu Ansätzen von Widerstand in einigen ihrer Einrichtungen. Am Beispiel einiger wichtiger Repräsentanten zeigt sich die Spannweite von Vertretern der »Blut und Boden-« und »Heimat-Ideologie« eines Bruno Tanzmann oder eines Paul Tonscheidt von der »Bauernhochschulbewegung« über die anfänglich taktische Haltung eines Theodor Bäuerle bis hin zu dem Erwachsenenbildner und Widerstandskämpfer Adolf Reichwein.

Adolf Reichwein (1898–1944) nahm nach seinem Studium die Stelle eines Geschäftsführers des Ausschusses der Deutschen Volksbildungsvereinigung bei Robert von Erdberg in Berlin an. 1923 wurde er Leiter der Volkshochschule Thüringen und 1925 Nachfolger Wilhelm Flitners in der Leitung der Volkshochschule Jena. 1928 wurde er persönlicher Referent des preußischen Kultusministers Carl Heinrich Becker. Seit 1930 war er als Professor für Geschichte und Staatsbürgerkunde an der pädagogischen Akademie in Halle tätig. Hier wurde er 1933 aus politischen Gründen entlassen. Im Jahr 1940 nahm er Verbindung mit den Widerstandskreisen um Wilhelm Leuschner und Julius Leber auf und schloss sich 1942 dem oppositionellen »Kreisauer Kreis« um Helmuth von Moltke an. 1944 stellte er Kontakt zu kommunistischen Widerstandsgruppen her. Am 4. Juli 1944 wurde er verhaftet und wenige Monate später vom Volksgerichtshof zum Tode verurteilt und hingerichtet.

Wenn von Widerstand während der Zeit des Nationalsozialismus die Rede ist, dann ist hier vor allem noch einmal der geistige Widerstand der jüdischen Erwachsenenbildung hervorzuheben. Angesichts der begrenzten Möglichkeiten für einen politischen Widerstand in Deutschland selbst, der zu allererst mit dem Namen Adolf Reichwein und der Volkshochschule Groß-Berlin verbunden ist, war der Widerstand von Erwachsenenpädagogen aus dem Exil von besonderer Bedeutung. Er reichte über alle politischen Strömungen hinweg vom Kommunisten bis hin zu konservativen Vertretern. Widerstand leisteten Einzelpersönlichkeiten, aber auch Institutionen.

Vergleichbar dem »geistigen Widerstand« der Jüdischen Erwachsenenbildung kann von einem allgemeinen kulturellen und intellektuellen Widerstand aus dem Exil heraus gesprochen werden. Diese Kulturarbeit in Form von Vortragswesen, Musik- und Theateraufführungen sowie der Herausgabe von Zeitschriften entwickelte sich in verschiedenen Zentren der Emigranten. Dabei nahm Paris eine wichtige Rolle ein. Bereits in den ersten Exiljahren richteten bekannte Wissenschaftler dort eine kontinuierliche Vorlesungs- und Seminartätigkeit ein. Um verfolgten Wissenschaftlern Arbeitsmöglichkeiten zu geben, wurde im Juni 1934 eine »Notgemeinschaft der verfolgten deutschen Wissenschaft, Kunst und Literatur, Sitz Paris«, gegründet, die schon im September desselben Jahres ca. 200 Vorträge aus verschiedenen Wissenschaftsgebieten anbot (Feidel-Mertz 1999, S. 45). Auch wurde eine Deutsche Emigrantenschule in Paris initiiert. Diese Schule sollte der »verfolgten deutschen Wissenschaft« eine kulturelle und geistige Heimat bieten. Eine besondere Stellung nahm die 1935 von dem ehemaligen Leiter der Marxistischen Arbeiterbildungsschule in Berlin, dem Wirtschaftswissenschaftler Johann-Lorenz Schmidt, gegründete Deutsche Volkshochschule ein. Die Widerstandshaltung dieser Kultur- und Bildungseinrichtungen zeigt sich schon an den angebotenen Themen. Sie knüpften deutlich an die Berliner Marxistische Arbeiterschule an, eine Institution, die bereits vor 1933 den Kampf gegen den aufkommenden Faschismus aufgenommen hatte.

Nachdem mit dem deutschen Einmarsch die Kulturarbeit in Paris zerschlagen wurde, setzte 1942 die »Freie Deutsche Hochschule« in London die Pariser Kulturarbeit fort. Sie stand unter der Leitung von Alfred Meusel und Artur Liebert und wurde auch von britischen Wissenschaftlern unterstützt. Auf dem Programm standen unter anderem dezidiert pädagogische und erwachsenenpädagogische Fragestellungen. Die Forschungsaktivitäten der Deutschen Hochschule setzten sich zudem mit der Wissenschaft im faschistischen Deutschland auseinander, um Perspektiven für die Zeit nach der Überwindung des Nationalsozialismus in Deutschland aufzuzeigen (Feidel-Mertz 1999, S. 45). Die implizite Widerstandshaltung der Londoner Kultur- und Wissenschaftsarbeit im Exil wurde darin sichtbar, dass der antifaschistische Widerstand in Deutschland in einer eigenen Vortragsreihe behandelt wurde. Auch die am 4. Januar 1937 eröffnete Freie Volkshochschule deutscher Emigranten in Kopenhagen stand in der Traditionslinie der Pariser Kulturarbeit. Im Hinblick auf die Bildungs- und Kulturaktivitäten der Emigranten außerhalb Europas müssen die Initiativen einer Volkshochschule in Shanghai hervorgehoben werden, einer Stadt, die zum letzten Zufluchtsort vieler jüdischer Emigranten wurde. Diese Volkshochschule wurde von dem Orientalisten W. Y. Tonn initiiert und führte unter dem Namen »Asia-Seminar« Kultur- und Bildungsarbeit – wenn auch in sehr begrenztem Umfang – für Exilanten durch (Feidel-Mertz 1999, S. 46).

Ein zweiter Strang kultureller und wissenschaftlicher Aktivitäten zur Überwindung des Faschismus zeigte sich in den konzeptionellen Beiträgen der Exilanten für die Neuordnung einer künftigen, vom Faschismus befreiten Erwachsenenbildung in Deutschland. Hier ist beispielsweise auf das »German Educational Reconstruction Committee« in London unter Fritz Borinski zu verweisen *(s. u.)*. Auch ist das politische Engagement gegen den Nationalsozialismus aus New York hervorzuheben, das Paul Tillich, der bedeutendste Vertreter des christlichen Sozialismus, in seinem »Council for Democratic Germany« organisierte.

KAPITEL VI:

Erwachsenenbildung in der DDR von HORST SIEBERT

1. Vorbemerkungen

Von 1945 bis 1990 existierten in Deutschland zwei unterschiedliche Bildungssysteme – für die Bildungsforschung eine seltene Gelegenheit, die Rahmenbedingungen und die Wirksamkeit von Bildungspolitik und Pädagogik in verschiedenen ideologischen Systemen vergleichend zu untersuchen. Doch ob ein solcher Systemvergleich wissenschaftlich möglich ist oder ob dabei gleichsam »Äpfel mit Birnen« verglichen werden, ist eine strittige Frage, deren Beantwortung nicht zuletzt von dem Beobachterstandpunkt abhängig ist. »Insider« der beiden Bildungssysteme neigen dazu, die Besonderheit und Unvergleichbarkeit »ihrer« Bildungsarbeit zu betonen. Von einer externen Beobachtungsposition aus relativieren sich oft die Differenzen und es erscheint durchaus möglich, funktionale Unterschiede und Analogien zweier Bildungssysteme vergleichend gegenüberzustellen. »Vergleichen« heißt ja gerade nicht, zwei Systeme gleichzusetzen, sondern bezogen auf gemeinsame Kriterien zu betrachten. Solche Vergleichsmaßstäbe können aus gemeinsamen gesellschaftlichen Funktionen von Weiterbildungsangeboten abgeleitet werden, z. B.:

- *Kompensatorische Funktionen*: Inwieweit ergänzt und korrigiert die Weiterbildung die Erstausbildung, inwieweit werden Mängel des Schulsystems durch Erwachsenenbildung kompensiert?
- *Ökonomische Funktionen:* Inwieweit haben die Bildungssysteme durch arbeitsmarktrelevante Qualifizierungen der Berufstätigen zur Leistungs- und Wettbewerbsfähigkeit der Wirtschaftssysteme beigetragen? Inwieweit wird durch Qualifizierung Arbeitslosigkeit reduziert?
- *Sozialpolitische Funktionen:* Inwieweit unterstützt das Weiterbildungssystem die soziale Mobilität, inwieweit fördert Bildungsarbeit kulturelle und politische Teilhabe von Minderheiten sowie den Abbau von Benachteiligungen?
- *Politisch-ideologische Funktionen:* Inwieweit sichert Bildungsarbeit die Akzeptanz der herrschenden Werte und Normen und die Loyalität zum politischen System?
- *Persönlichkeitsbildende Funktionen:* Inwieweit tragen die Bildungsangebote zur Identitätsentwicklung und zur Bewältigung »kritischer Lebensereignisse« und zur »aufgeklärten Lebensführung« bei?

Mit unterschiedlichen Begründungen, Akzentuierungen und Interessen wurden den beiden deutschen Bildungssystemen diese fünf Funktionen (mit einigen Sekundärfunktionen) zugewiesen und die »Akteure« der Bildungssysteme identifizierten sich – mehr oder weniger – mit diesen Funktionszuschreibungen.

Ein empirisch exakter, objektiver Systemvergleich ist dennoch nur mit erheblichen Einschränkungen möglich, vor allem, weil vergleichbare Evaluationsdaten – z. B. aus Teilnehmerbefragungen – kaum zu ermitteln sind. Alle, die sich in wissenschaftlicher Absicht mit den Bildungssystemen in Deutschland beschäftigt haben, sind entweder »Selbst-« oder »Fremdbeobachter«. Selbstbeobachter sind wir dann, wenn wir uns über »unser« Bildungssystem äußern, an dem wir in unterschiedlichen Rollen – als Adressat, Teilnehmer, Veranstalter, Wissenschaftler – beteiligt sind. Diese Insiderposition hat aufgrund der Milieukenntnis, des Erfahrungswissens und des Kontextwissens viele Vorteile bei der Beschreibung der Bildungsarbeit. Doch gerade aus dieser – auch emotionalen – Beteiligung resultieren selektive Wahrnehmungen, blinde Flecke und biografisch geprägte Perspektiven. Die Insidersicht ist keineswegs prinzipiell dem Blick des Fremdbeobachters überlegen. Gerade aus der Distanz lassen sich manche Strukturen und Besonderheiten deutlicher erkennen als aus der persönlichen Nähe und Betroffenheit.

Ich selber habe nie in der DDR gelebt und habe dennoch 1970 meine Habilitationsschrift über die »Erziehungsgesellschaft der DDR« publiziert. Selbstverständlich waren die verfügbaren Quellenmaterialien begrenzt und meine Primärerfahrungen punktuell. So wurde in DDR-Zeiten, aber auch nach der Wende von manchen ostdeutschen Kollegen kritisiert, meine Darstellung sei einseitig, »in Wirklichkeit« sei die Erwachsenenbildung der DDR »ganz anders« gewesen. Diese These kann ich kaum widerlegen und will sie auch nicht bestreiten, denn es gibt viele einseitige Bildungswirklichkeiten. Die Wirklichkeitskonstruktion eines Volkshochschulteilnehmers ist eine andere als die seines Ehepartners. Eine Kursleiterin hat ein anderes Bild von der Volkshochschule als der Leiter dieser Einrichtung. Und die offiziellen Dokumente, Programme und Verordnungen und Statistiken, auf die ich mich bei meinen Recherchen vor allem beziehen musste, sind eine weitere Wirklichkeit eigener Art. So sind historische Darstellungen notwendigerweise beobachterrelative Konstruktionen.

Diese Mehrperspektivität komplexer sozialer Systeme bedeutet allerdings nicht, dass die Beobachtungen und Beschreibungen beliebig wären. Wir müssen uns lediglich von der Illusion verabschieden, es gäbe eine richtige oder gar objektive Darstellung eines Bildungssystems. Auch eine vergangene Epoche verändert sich im Rückblick. So ist es legitim, dass künftige Generationen die Geschichte immer wieder neu schreiben. Die historische Betrachtung sagt häufig mehr über die Gegenwart des Beobachters als über die beschriebene Vergangenheit aus.

Bevor wir den Wiederaufbau der Erwachsenenbildung in der SBZ rekonstruieren, sei an die lebensweltlichen Gemeinsamkeiten und Unterschiede der Nachkriegszeit in den vier Besatzungszonen erinnert. Gemeinsam war – trotz regionaler Besonderheiten – die Mentalitätsgeschichte der Deutschen. Das kulturelle Erbe, und zwar sowohl die Traditionen der Hochkultur als auch die Alltagskulturen, war 1945 in Ost und West ähnlich. Auch das kulturelle Niveau und die schulischen Erfahrungsmuster wiesen vermutlich mehr Stadt-Land-Unterschiede als Ost-West-Differenzen auf. Gemeinsam waren den meisten Deutschen ebenso die politischen Erfahrungen und Verunsicherungen mit der Weimarer Republik und dem Nationalsozialismus. Und gemeinsam war der Mehrheit die katastrophale Versorgungslage der Nachkriegszeit, der weit verbreitete Hunger, die Wohnungsnot, die Knappheit der Brennstoffe, die Strapazen der Flüchtlinge und Kriegsheimkehrer, die Suche nach Angehörigen und Vermissten, die Trennung vieler Familien, die allgemeine politische und existenzielle Desorientierung. Vergleichbar war in allen Besatzungszonen die Zerstörung der Industriebetriebe und des öffentlichen Verkehrssystems sowie das Chaos der Wirtschaft. Doch während die Sowjetische Militäradministration die Demontage der Industrieanlagen noch mehrere Jahre fortsetzte, förderten die westlichen Alliierten schon mit Beginn der Ost-West-Konfrontation den wirtschaftlichen Wiederaufbau ihrer Besatzungszonen und auch die Versorgung der Bevölkerung mit Lebensmitteln.

Vereinfacht gesagt: Die vorherrschenden kulturellen Deutungsmuster der Deutschen unterschied sich in den Besatzungszonen der Nachkriegszeit nur geringfügig. Die politisch-ideologischen Unterschiede der Systeme waren bald erheblich größer als die Mentalitätsunterschiede der Bevölkerungen. Gegenüber ideologischen Umerziehungsversuchen war die Mehrheit der Deutschen in Ost und West lange Zeit resistent – was die politischen Akteure auf beiden Seiten meist bedauerten.

Wir sind es gewohnt, Bildungsgeschichte als positive Lerngeschichte zu schreiben. Es lohnt sich aber auch, den »Schatten« der Bildungsexpansion zur Kenntnis zu nehmen, z. B. die Lernwiderstände gegen Indoktrinationen und Überredungsbemühungen. Es gibt so etwas wie eine Erfolgsgeschichte der Lernverweigerung. Eine Ausdrucksform dieses Eigensinns und der Widerspenstigkeit gegen das politische System sind Witze, Humor, Ironie. Vieles weist darauf hin, dass sich in Bildungsveranstaltungen eine subversive Eigenwilligkeit und ein intelligenter Protest durch Ironie ein Ventil verschafft hat (was durchaus auch für westliche Qualifizierungsmaßnahmen zutreffen dürfte). Leider verfügen wir über nicht genügend Datenmaterial, um eine solche »Geschichte von unten« schreiben zu können. So stehen im Folgenden leider die offiziellen Wirklichkeitskonstrukte und Regulierungsversuche der »Systemagenten« im Vordergrund.

2. Wiederaufbau nach 1945

Die Parallele zwischen 1945 und 1918 ist in der Erwachsenenbildung unverkennbar. 1918/19 wurden in den meisten größeren Städten Volkshochschulen gegründet, die mit ihren Bildungsangeboten zur kulturellen und politischen Identitätsfindung des deutschen Volkes beitrugen und eine »Gemeinschaft« der verschiedenen Bevölkerungsschichten fördern sollten.

Gleichzeitig führten diese Einrichtungen allgemein- und berufsbildende Lehrgänge insbesondere für Kriegsheimkehrer und Arbeitslose durch. Mit ähnlichen Zielsetzungen wurden seit 1945 in allen vier Besatzungszonen Volkshochschulen wieder eröffnet, und zwar auf Anordnung der Militärverwaltungen. 1946 gab es in der SBZ bereits 53 dieser Bildungsinstitutionen, die in diesem Jahr 54 000 Teilnehmer registrierten (vgl. E. Emmerling 1958, S. 80). 1947 erschien in der SBZ die erste Ausgabe der Zeitschrift »Volkshochschulen«, die aber nur zwei Jahre veröffentlicht wurde. 1946 fand die erste und zugleich die letzte gemeinsame Tagung aller deutschen Volkshochschulleiter statt. Auch später wurden Kollegen der westlichen Besatzungszonen zu Arbeitstagungen in die SBZ eingeladen. Allerdings verstärkten sich bald ideologische und bildungspolitische Meinungsverschiedenheiten, sodass die Resonanz auf diese Einladungen immer geringer wurde.

Warum hat die Sowjetische Militäradministration die eher mittelschichtorientierten Volkshochschulen und nicht z. B. die Marxistischen Arbeiterschulen wieder aufleben lassen? Mehrere Erklärungen sind denkbar: Es sollte nicht der Eindruck einer »Sowjetisierung« und einer kommunistischen Systemveränderung entstehen. So wurde zunächst eine »antifaschistisch-demokratische« und keine sozialistische Bildungspolitik propagiert. Der antifaschistische Charakter der meisten Volkshochschulen der Weimarer Republik war unbestritten. Außerdem war diese Einrichtung vor allem bei der bürgerlichen Bevölkerung bekannt und anerkannt. Nicht unwesentlich war ferner, dass sich viele erfahrene Volksbildner aus den Zwanzigerjahren beim Wiederaufbau dieser Volkshochschulen engagierten. Hinzu kommt, dass es vor 1933 eine sozialistische Volkshochschulrichtung gegeben hatte, die vor allem durch die Leipziger Volkshochschule repräsentiert wurde. Einer ihrer Mitarbeiter, Herbert Schaller, gehörte zu den maßgeblichen Initiatoren der Erwachsenenbildung in der SBZ, und er wurde später Leiter des ersten Instituts für Erwachsenenbildung an der Leipziger Universität.

Um auch die bürgerliche Mittelschicht anzusprechen und umzuerziehen, erschien es konsequent, an die Volksbildungstradition anzuknüpfen. Dieser Vorteil wurde jedoch mit dem Nachteil erkauft, dass erneut die Arbeiter in den Bildungsveranstaltungen unterrepräsentiert waren. Bereits 1948 erstellte die Volkshochschule Halle eine erste Hörerstatistik mit Daten über den Sozialstatus der Teilnehmer und das Themenangebot. Neben einem starken Interesse an berufsbezogenen Themen und einem geringen Zulauf zu den politischen Veranstaltungen wurde ein Übergewicht der Mittelschicht registriert: »Trotz eindringlicher Werbemaßnahmen in den Betrieben konnte der Anteil der Arbeiter im Laufe der Lehrabschnitte nur geringfügig erhöht werden«, ebenso wie die Zahl der Volksschüler nur wenig vergrößert werden konnte (E. Emmerling in: Volkshochschule, Heft 9/1948, S. 286). Die Volkshochschule konnte in dieser Form zwei ihrer Aufgaben nur unzulänglich erfüllen, nämlich die politisch-ideologische Umerziehung gerade auch des Bürgertums und eine politische Reform durch Qualifizierung der bildungsbenachteiligten Arbeiterschaft.

So wurde noch vor Gründung der DDR die Volkshochschule in ihrer Struktur und Konzeption prinzipiell verändert. Forciert wurden die Verstaatlichung und Verschulung der Erwachsenenbildung, ihre Vergesellschaftung und Instrumentalisierung für sozial- und arbeitsmarktpolitische Zwecke. Aufgehoben oder zumindest eingeschränkt wurden die Lehrplanfreiheit der Einrichtungen, der Verzicht auf Prüfungen, die »Freiwilligkeit« der Teilnahme, die Distanz zum Staat und zum staatlichen Schulsystem sowie die parteipolitische Neutralität. Die sowjetische Verwaltung erließ ein »Statut der Volkshochschulen in der SBZ«, das einen Bruch mit der Volksbildungstradition bedeutete. Es wird nachstehend in Auszügen zitiert und kommentiert:

»1. Die Volkshochschule hat »die Bevölkerung im Geiste der Demokratie, des Antifaschismus und Antimilitarismus zu erziehen.« (Diese »Erziehung« Erwachsener war gegenüber der Weimarer Volksbildung neu.)

3. Die Volkshochschule führt ihre Arbeit nach einem einheitlichen Lehrplan durch. (Damit waren die Vielfalt des Themenangebots und die Programmautonomie der Einrichtungen eingeschränkt.)

19. Die Arbeit der Volkshochschulen und der deutschen Organe für Volksbildung in den Provinzen und Ländern wird durch Befehle und Anordnungen der SMAD (Sowjetische Militäradministration) gelenkt.« (Statut der Volkshochschulen in der SBZ, in: H. Gutsche 1958, Band II, S. 8 f.)

Immerhin hieß es in diesem Statut noch, dass durch die Teilnahme »keine besonderen Rechte erworben« werden; diese Frage der Prüfungsberechtigung war besonders umstritten. Wenn die Volkshochschule das Bildungsniveau der Arbeiter und Bauern wirksam verbessern sollte, musste mit dem Dogma einer Zweckfreiheit der Erwachsenenbildung gebrochen werden.

1947 verabschiedete der brandenburgische Landtag ein Volkshochschulgesetz, in dem unter anderem als vorrangig gefordert wurde, »interessierten Werktätigen den Erwerb der zum Studium an einer Hochschule erforderlichen Kenntnisse ohne Unterbrechung ihrer Berufstätigkeit zu erleichtern« (in: Volkshochschule, Heft 3, 4/1948, S. 111). Die Volkshochschule wurde damit zu einer staatlichen Bildungseinrichtung und zum Vorläufer der 1959 gegründeten »Arbeiter- und Bauern-Fakultät«.

In Thüringen wurde eine »Volkshochschul-Reifeprüfungsordnung« genehmigt, und nach einem »Zweijahresplan« sollten 1948/49 zehn Prozent aller Volkshochschulen Arbeiterkurse anbieten. Die Volkshochschule entwickelte sich zu einem staatlichen Abendgymnasium.

Gleichzeitig wurde ein »Delegationsprinzip« eingeführt: Die Teilnahme an qualifizierenden, aber auch politisch-ideologischen Lehrgängen erfolgte nur zum Teil auf Eigeninitiative der Interessenten. Die meisten Teilnehmer wurden zu diesen Kursen von ihrem Arbeitgeber delegiert. In einer Verordnung hieß es dazu: »Es ist durchaus denkbar, dass bei bestimmten politisch-weltanschaulichen, wirtschaftspolitischen oder Betriebslehrgängen hundert Prozent der verfügbaren Plätze den delegierten Hörern vorbehalten bleiben, und es ist ebenso denkbar, dass man etwa englischen Sprachkursen und dergleichen keine delegierten Hörer zuteilt.« (H. Frister 1949, S. 2 f). Vor allem das geringe Interesse der Erwachsenen an einer politischen Bildung hatte zu dieser »Bildungsveranlassung« geführt.

Die dritte wesentliche Neuerung bestand in den betrieblichen Bildungsaktivitäten der Volkshochschule. In der Vergangenheit hatte es zwischen Volkshochschulen und Betrieben kaum Kontakt gegeben. Da der wirtschaftliche Wiederaufbau in der SBZ aber wesentlich vom Qualifikationsniveau und der Arbeitsmoral der Berufstätigen abhängig war, sollten die Volkshochschulen nun die Arbeiter an ihren Arbeitsplätzen aufsuchen. So wurden zunächst spezielle Betriebslehrgänge angeboten. 1948 verordnete die Sowjetische Militäradministration den weiteren Ausbau der Volkshochschulen, insbesondere durch Außenstellen in Großbetrieben. Diese entwickelten sich bald zu eigenständigen Betriebsvolkshochschulen, die später zu Betriebsakademien ausgebaut wurden. Der erste Volkswirtschaftsplan der SBZ – der Zweijahresplan von 1948 – legte konkrete Sollzahlen für die Volkshochschulen und die berufliche Qualifizierung fest. Dabei wurde erstmals der Zusammenhang zwischen politisch-ideologischer Erziehung und fachlicher Qualifizierung hervorgehoben: Zu den Merkmalen eines sozialistischen Bewusstseins gehörten eine »neue Arbeitsmoral« und ein hohes Qualifikationsniveau, also Arbeitsmotivation und Leistungsfähigkeit. Diese »Einheit von Erziehung und Bildung« wurde zum zentralen Prinzip der sozialistischen Erwachsenenbildung. Die Volkshochschule sollte »durch politische und wissenschaftliche Lehrgänge in der Bevölkerung die ideologische Basis für die Verwirklichung des Zweijahresplanes [...] verbessern und [...] befestigen, die allgemeinen theoretischen Grundlagen praktischer Berufsausübung [...] vermitteln, Kurse für Berufstätige [...] zur Erlangung der Hochschulreife durchführen«. (Arbeitsplan der Volkshochschulen, in: Volkshochschule, Heft 8/1948, S. 226) Die Erwachsenenbildung wurde zu einem wirksamen Steuerungsinstrument der Wirtschaftsplanung.

Verstaatlichung und Zentralisierung der Erwachsenenbildung verliefen keinesfalls reibungslos. Für viele ältere Volksbildner bedeuteten die Erlasse und Verordnungen das Ende der Volkshochschulidee. Doch diese Auseinandersetzungen wurden kaum in der Öffentlichkeit ausgetragen. Lediglich die Zeitschrift »Pädagogik« druckte 1947 einen Aufsatz von Viktor Klemperer gegen die Verschulung der Volkshochschule ab: »Die vhs sieht geradezu ihre ehre darin, niemanden durch verleihung von titeln oder unmittelbar praktisch auswertbaren berechtigungen anzulocken, sie bietet nichts als bildung schlechthin, und wer zu ihr kommt, hat für seine bemühungen keinen anderen lohn zu erwarten als inneres wachstum.« (V. Klemperer 1947, S. 16) Eine solche Haltung war zu dieser Zeit aber auch in den westlichen Besatzungszonen umstritten.

Positionen der marxistischen und sozialistischen Arbeiterbildung aus der Zeit vor 1933 wurden kaum öffentlich erörtert. Gelegentlich wiesen die SED-Funktionäre auf die veränderte historische Lage hin: Die traditionelle Arbeiterbildung befinde sich in den Westzonen im Kampf gegen den bürgerlich-kapitalistischen Staat, während jetzt eine angebliche Interessenidentität von Regierung und Arbeiterklasse bestehe. Erst drei Jahrzehnte später, nämlich am 14. Juni 1979, veranstaltete das »Institut für Geschichte der deutschen Arbeiterbewegung der Akademie der Gesellschaftswissenschaften beim ZK der SED« ein »Kolloquium zur Geschichte der Marxistischen Arbeiterschule (MASCH)« (Bericht in: Pädagogik, Heft 9/1979, S. 738 ff.).

3. Die Entwicklung der Volkshochschule und der betrieblichen Weiterbildung

Die neuen Machthaber hatten die bildungspolitischen Konturen und die didaktischen Prinzipien dieser Erwachsenenbildung im Wesentlichen schon vor Gründung der DDR festgelegt. Die folgenden Jahre waren durch zahlreiche organisatorische Experimente und Schwerpunktverlagerungen sowie durch mehrfache Veränderungen der Zuständigkeiten in den Ministerien und auf kommunaler Ebene gekennzeichnet (vgl. H. Siebert 1970; J. H. Knoll 1968).

Die Volkshochschulen wurden allmählich »flächendeckend« ausgebaut, das heißt, alle 220 Kreise der DDR richteten hauptamtlich geleitete Volkshochschulen ein, vor allem in ländlichen Gebieten mit zahlreichen Außenstellen. Auch wenn sich die Arbeiter- und Bauern-Fakultäten und die Betriebsvolkshochschulen vielerorts verselbstständigten, blieb die Volkshochschule die verbreitetste Einrichtung der allgemeinen Erwachsenenbildung. Trotz steigender Teilnehmerzahlen verstärkte sich Anfang der Fünfzigerjahre die Kritik der SED an der unbefriedigenden Effizienz der politischen Bildungsarbeit. So begann 1953 mit der Reduzierung der Aufgaben eine »Profilverengung« der Volkshochschulen. Die berufliche Qualifizierung wurde weitgehend zur Aufgabe der »Technischen Betriebsschulen«, die später zu Betriebsakademien oder Betriebsschulen ausgebaut wurden und die unter anderem auch den polytechnischen Unterricht der Oberschulen organisierten. Ebenfalls 1953 verselbstständigte sich die »kulturelle Massenarbeit«, die jetzt in Klub- und Kulturhäusern nach sowjetischem Vorbild organisiert wurde. Die Vortragstätigkeit der Volkshochschule wurde 1954 auf Anregung der SED vom Ministerium für Volksbildung der neu gegründeten »Gesellschaft zur Verbreitung wissenschaftlicher Kenntnisse« übertragen (zu den Einzelheiten vgl. H. Siebert 1970, S. 122 ff.).

Der Volkshochschule blieben allgemein bildende schulische Lehrgänge, und zwar Komplexlehrgänge zum Erwerb des Abiturs oder der »mittleren Reife«, Lehrgänge in den einzelnen Schulfächern und Kurse zur Vorbereitung auf ein Fach-, Hochschul- oder Hochschulfernstudium. Als Ende der Fünfzigerjahre die zehnjährige allgemein bildende Schulpflicht für alle eingeführt wurde, nahm die kompensatorische Funktion dieser Lehrgänge in der Volkshochschule zu. In den Sechzigerjahren wurde vielen Jugendlichen ausdrücklich empfohlen, nach der zehnten Oberschulklasse berufstätig zu werden und während der Berufstätigkeit das Abiturzeugnis in der Volkshochschule zu erwerben. Auf diese Weise versuchte die SED, das Schulbildungsniveau zu erhöhen und gleichzeitig den Arbeitskräftebedarf der Wirtschaft zu decken. Je mehr Jahrgänge aber die zehnte und zwölfte Klasse der Oberschule absolvierten, desto mehr verringerte sich die kompensatorische Bildungsaufgabe der Volkshochschule. Diese Entwicklung spiegelt sich auch in den Teilnehmerstatistiken wider:

VHS-Teilnehmer/innen

	insgesamt	an Gesamtlehrgängen mit Abschluss	davon 8. Klasse	10. Klasse	12. Klasse
1970/71	321 053	73 224	11 479	26 348	12 716
1978/79	286 440	16 813	3 984	6 882	4 309
1986/87	303 233	14 959	2 595	4 163	5 513

Quelle: Statistisches Jahrbuch der DDR, Berlin 1980, S. 297 und 1988, S. 311.

Angestiegen ist die Zahl allgemein bildender Lehrgänge ohne Prüfungen, insbesondere in Fremdsprachen.

Die zunehmende Verlagerung des Schwerpunktes der Volkshochschultätigkeit in diesem Entwicklungsabschnitt von Oberschullehrgängen auf Lehrgänge zur Vertiefung und Erweiterung der Allgemeinbildung auf verschiedensten Interessengebieten zeigt die nachfolgende Tabelle:

VHS-Teilnehmer/innen nach Fachgebieten

Ausgewählte Bereiche	1969/70 Teilnehmer	1979/80 Teilnehmer	1984/85 Teilnehmer
Oberschullehrgänge	45 270	5 671	4 198
Fremdsprachen	41 793	45 659	63 211
Gesellschaftswissenschaften	8 571	12 565	31 377
Mathematik/Naturwissenschaften/Technik	8 075	6 573	18 151
Kultur/Kunst	6 291	27 584	32 145
Steno/Maschinenschreiben	65 190	44 951	39 611
andere allgemein bildende Lehrgänge	50 782	94 944	74 045

Quelle: Bauer, M./Peterhänsel, P., 40 Jahre Volkshochschule, in: Pädagogik, 12 (1986), S. 965 ff.

Das nicht qualifizierende, allgemein bildende kulturelle Angebot der Volkshochschulen ist zwar erweitert worden, mutet aber thematisch und methodisch eher konventionell an. Hier einige typische Beispiele aus dem Programm der Volkshochschule Leipzig 1986/87:

Recht:	Landeskulturrecht
Ökonomie:	Finanzrechnung der sozialistischen Industrie
Psychologie:	Psychologie in unserem Leben oder eine unkomplizierte, für jedermann verständliche Einführung in die Psychologie
Literatur:	Aus Geschichte und Gegenwart der multinationalen Sowjetliteraturen
Musik:	Bachpflege und Bachforschung in der DDR
Malerei:	Die europäische Malerei – ein kunstgeschichtlicher Abriss
Künstlerische Selbstbetätigung:	Schriftgestaltung für Fortgeschrittene
Lehrgänge mit Exkursionen in die Länder unserer Freunde:	Das gotische Prag zur Zeit Karls IV.
Deutsch:	Wie entwickelte sich unsere deutsche Sprache?

Wichtigste Einrichtungen der beruflichen Bildung waren die *Betriebsakademien.* Sofern diese Institutionen auch für die Lehrlingsausbildung, den polytechnischen Unterricht und die Personalplanung zuständig waren, hießen sie Betriebsschulen. Angestrebt wurde eine enge Verzahnung von betrieblicher Produktionsplanung, Personalplanung und Qualifizierung. Deshalb entsprachen die Veränderungen der betrieblichen Bildung meist auch volkswirtschaftlichen Zäsuren.

1953 wurden die Betriebsvolkshochschulen durch »Technische Betriebsschulen« in den »Volkseigenen Betrieben« ersetzt. Diese Schulen führten fachliche Qualifizierungsmaßnahmen, aber auch allgemein bildende und politische Veranstaltungen durch. Vorrangig sollte allen ungelernten Arbeitern ein »technisches Minimum« vermittelt werden. Dieses Konzept wurde – ebenso wie der organisatorische Aufbau der Betriebsschule – von der Sowjetunion übernommen. Bald darauf wurden die Kurse in ihrem Anforderungsniveau an die verschiedenen Lohngruppen angepasst – entsprechend dem Leistungsprinzip der »materiellen Interessiertheit«, das heißt der Entlohnung nach Leistung und Qualifikationsniveau. Die Arbeitsleistung wurde nach einheitlichen, »technisch begründeten Arbeitsnormen« gemessen und bewertet, und viele Werktätige mussten sich nachträglich für ihre Lohngruppe qualifizieren. Zu diesen Kursen wurden sie von ihrem Vorgesetzten delegiert. »Da es nicht darauf ankommt, irgendwelche Teilnehmer zu gewinnen, sondern gerade die Kollegen, die bereits in den Lohngruppen 5 bis 8 arbeiten und denen die für den derzeitigen Arbeitsplatz erforderliche Qualifikation noch fehlt, kann die Auswahl nur aufgrund einer Qualifikationsanalyse durchgeführt werden.« (H. Leutert 1957, S. 96)

Diese Lohngruppenqualifizierung wurde 1959 in eine systematische Stufenqualifizierung durch die Betriebsakademie umgewandelt. Dieses Qualifizierungssystem für Erwachsene war in Europa einmalig: Für jedes Qualifikationsniveau vom Ungelernten bis zum Hochschulkader und für jeden Wirtschaftszweig wurden Rahmen-Curricula entwickelt, die die Vergleichbarkeit der Anforderungen sicherstellen und gleichzeitig eine flexible Anpassung an die jeweiligen betrieblichen Erfordernisse ermöglichen sollten. Die Ministerien genehmigten die Rahmenpläne, sodass eine staatliche Anerkennung der Prüfungen garantiert war. Kleinbetriebe am Ort unterhielten gemeinsame Bildungseinrichtungen. Für »überbetriebliche« Berufe führten auch die örtlichen Volkshochschulen solche Qualifizierungsmaßnahmen durch. Die Weiterbildung der Hoch- und Fachschulkader wurde meist als kombiniertes Fern- und Direktstudium organisiert, wobei die Betriebsakademien mit benachbarten Hochschulen kooperierten.

Das Bildungsangebot dieser Akademien gliederte sich in drei Bereiche: 1. die systematische A-Qualifizierung mit neun Stufen, 2. die B-Qualifizierung zur kurzfristigen Anpassung an organisatorische und technologische Neuerungen und 3. Kurse zur Allgemeinbildung inklusive Hobbykurse. Zur Veranschaulichung seien einige Beispiele dieses Bildungsprogramms genannt (in Klammern die Teilnehmerzahlen für Industrieberufe aus dem Jahre 1968):

A1: Grundausbildung für Ungelernte, z. B. Metall verarbeitende Industrie: »Gabelstaplerfahrer«, 45 Stunden
A2: Verbreiterung der Grundausbildung, z. B. Elektroindustrie: »Elektrohelfer«, 200 Stunden (A1 und A2: 119 175)
A3: Facharbeiterprüfung, z. B. »Baumaschinist«, 320 Stunden (46 828)
A4: Spezialisierung der Facharbeiter inklusive Fachschulreife, z. B. Metall verarbeitende Industrie: »Teilkonstrukteur«, 640 Stunden (49 495)
A5: Meisterausbildung, z. B. Industriemeister, 4 Semester (25 440)
A6: Technikerausbildung, z. B. Techniker Wasserwirtschaft, 6 Semester (2 491)
A7: Ingenieurausbildung, z. B. für Elektronik und Fertigungstechnik, 11 Semester (41 594)
A8: Diplom-Ingenieur, Hochschulfern- und Abendstudium (9 100)
A9: Weiterbildung der Hochschulkader, z. B. ökonomisches Zusatzstudium für Ingenieure, 4 Semester (63 922)
B: fachliche Sondermaßnahmen, z. B. neue Arbeitsverfahren in der Gießerei, 20 Stunden (266 327)
C: Allgemeinbildung, z. B. »Fachrechnen mit dem Rechenstab«, 30 Stunden (78 633)

Es war also prinzipiell möglich, sich neben und während der Berufstätigkeit vom Ungelernten bis zum Ingenieur zu qualifizieren, wobei aber unter Umständen parallel die erforderlichen Schulabschlüsse in der Volkshochschule erworben werden mussten. Bei großem Arbeitskräftebedarf wurde dieser Qualifizierungsweg sogar gegenüber der »normalen« Lehrlingsausbildung bevorzugt, sodass zeitweise mehr Berufstätige die Facharbeiterprüfung im Rahmen der Erwachsenenbildung als Lehrlinge in der Berufsausbildung absolvierten. Vor allem die Frauen wurden aufgefordert, sich auf diesem Weg zu qualifizieren. 1976 erwarben 58 000 Erwachsene das Facharbeiterzeugnis, darunter waren mehr als 31 000 Frauen.

Aufgrund der verbesserten Berufsausbildung für fast alle Jugendlichen war die Bedeutung der Ungelerntenqualifizierung (A1 und A2) erheblich gesunken. Rückläufig war ebenfalls die Meister-, Techniker- und Ingenieurausbildung, während die Weiterbildungsaktivitäten auf allen Ebenen zunahmen.

Dieses Stufensystem wurde in den Sechzigerjahren vor allem aufgrund betrieblicher Erfahrungen durch eine flexiblere »aufgaben- und objektbezogene Weiterbildung« ersetzt. Folgende Gründe waren dafür entscheidend: Ein Aufstiegsdenken mit der Erwartung einer permanenten Höhergruppierung sollte abgebaut werden; die Weiterbildungsmaßnahmen sollten flexibler auf aktuelle betriebliche Erfordernisse und technische Neuerungen reagieren können. Es wurde jetzt deutlicher zwischen der staatlich geregelten »Ausbildung« der Facharbeiter, Meister, Techniker und Ingenieure und der von den betrieblichen Veränderungen abhängigen »Weiterbildung« unterschieden. Die Teilnehmerzahlen in der betrieblichen Erwachsenenbildung waren von einer Million (1977) auf 1,9 Millionen (1987) angestiegen, wobei 1,7 Millionen Teilnehmer in diesen Weiterbildungsmaßnahmen waren; dem Teilnehmerzuwachs scheint aber eine Verkürzung der Lehrgänge entsprochen zu haben.

Schulungsteilnehmer/innen in der sozialistischen Wirtschaft

	1979	1987
insgesamt	1 547 622	1 930 296
davon Weiterbildung	1 323 745	1 736 467
davon Weiterbildung der Facharbeiter	569 090	918 041
davon Weiterbildung der Meister	83 779	115 749
davon Weiterbildung der Fachschulkader	252 468	370 035
davon Weiterbildung der Hochschulkader	159 020	248 243

Quelle: Statistisches Jahrbuch der DDR, Berlin 1980, S. 296 und 1988, S. 310.

Um eine wirkungsvollere Praxisnähe der Weiterbildung zu erreichen, wurden die Lernprozesse am Arbeitsplatz intensiviert. Die langfristigen Lehrgänge waren kostspielig und nicht immer effektiv. So forderte der Staatssekretär für Berufsbildung im Anschluss an den Zehnten Parteitag der SED: »Die noch vorherrschende Tendenz passiver Lehrveranstaltungen, in denen der Werktätige nur als Zuhörer fungiert, (sollte) schnellstens überwunden werden.« (B. Weidemann 1981, S. 7)

Dass bei dem Versuch, Lernen stärker in die alltägliche Arbeit zu integrieren, auch finanzielle Überlegungen eine Rolle spielten, belegt Weidemanns Hinweis: »Damit messen wir dem Erfahrungsaustausch als der billigsten Investition besondere Bedeutung bei.« (B. Weidemann 1981, S. 7) Auch in der Lehrerausbildung wurde das Selbststudium als effektivste Form der Weiterbildung propagiert (vgl. G. Christwald/ W. Gollner 1981, S. 798 ff.). Dieses »Learning by Doing« und das Lernen durch Erfahrungsaustausch am Arbeitsplatz wurden didaktisch organisiert. So wurden individuelle und betriebliche Lehrprogramme entwickelt, in denen Selbststudien, Unterweisung und Training am Arbeitsplatz, monatliche technische Schulungen und systematische Lehrgänge koordiniert waren. Dabei stand nicht mehr die systematische Höherqualifizierung im Vordergrund, sondern der Erwerb von »Befähigungsnachweisen« z. B. für die Bedienung neuer Maschinen. Dieser Erwerb von »Zusatzqualifikationen« wurde als »zyklische«, arbeitsplatzbezogene Weiterbildung bezeichnet.

Die bürokratische Zuständigkeit für die berufliche Aus- und Weiterbildung oblag den einzelnen Fachministerien – in Abstimmung mit den »Abteilungen Volksbildung« der Bezirksräte. Anstöße für Veränderungen gingen häufig von den Betriebsleitungen, aber auch vom »Freien deutschen Gewerkschaftsbund« aus. Die Reform der betrieblichen Stufenqualifizierung wurde von einer Arbeitsgruppe des Zentralkomitees der SED konzipiert und auf dem 5. Parteitag der SED beschlossen. Auf ministerieller Ebene wurde diese Reform von einer »staatlichen Planungskommission« für Berufsbildung ausgearbeitet. Um der Zersplitterung der Zuständigkeiten gerade im Bereich der beruflichen Aus- und Weiterbildung entgegenzusteuern, wurde ein »Gesetz über die Vervollkommnung und Vereinfachung der Arbeit des Staatsapparates in der DDR« verabschiedet. Aber auch dieses Gesetz änderte wenig an den Kontroversen und daraus entstehenden »Reibungsverlusten« zwischen Betriebsleitungen, Gewerkschaftsfunktionären, Ministerien, Parteiorganisationen und auch den vor Ort tätigen Berufspädagogen (vgl. H. Siebert 1970, S. 87 ff.).

Zu Anfang der Siebzigerjahre ist eine Akzentverschiebung der beruflichen Bildungspolitik zu beobachten. Aus Sicht vieler Betriebe erschien die systematische Förderung der Allgemeinbildung zu kostspielig und ökonomisch ineffektiv. So wurden die allgemein bildenden Anteile der Berufsbildung reduziert.

In der DDR standen die »Einsparung von Arbeitskräften durch Rationalisierung« und die damit verbundene »Mehrfachqualifizierung« und Spezialisierung im Vordergrund. Eine qualifikatorische Anreicherung der Arbeitsplätze und die höheren Arbeitsanforderungen wurden als »persönlichkeits- und produktivitätsfördernde« Maßnahmen bezeichnet. »Bereits 1978 konnten durch entsprechende Maßnahmen anforderungsarme Tätigkeiten um 30 % gesenkt [. . .] werden.« (C. Berger 1981, S. 283)

Diese Intensivierung der Arbeit war aber nicht nur ein Qualifikations-, sondern auch ein Motivationsproblem. So gehörte die Erziehung zur Arbeitsmoral weiterhin zu allen Qualifizierungsmaßnahmen. »Die Einheit von politischer und fachlicher Bildung und Erziehung, die Nutzung aller Erziehungspotenzen sowie die erzieherische Durchdringung aller Bildungsmaßnahmen« waren weiterhin eine »zentrale Aufgabe« (P. Seifert 1981, S. 347).

Neue Akzente erhielt die Erwachsenenbildung durch den »gemeinsamen Beschluss des Ministerrates der DDR und des Bundesvorstandes des FDGB« mit dem Titel »Für eine weitere Erhöhung des Niveaus der Erwachsenenbildung«, veröffentlicht am 10. Juli 1979 im »Neuen Deutschland«. Die Schwerpunkte hatten sich von der »systematischen Höherqualifizierung« zu einer punktuellen praxisnahen, anwendungsbezogenen und damit betriebsspezifischen Weiterbildung verschoben. So war viel von »Antihavarietraining« und »Anwenderschulung« am Arbeitsplatz die Rede. Auch eine Aufwertung des »subjektiven Faktors« war erkennbar: »Die Arbeits- und Lebenserfahrungen sind bei der Qualifizierung stärker zu beachten und anzuerkennen.« (Neues Deutschland, 10. Juli 1979) Doch diese Teilnehmerorientierung wurde in einem Kommentar des Ministerrats zu diesem »Beschluss« eher instrumentell verstanden: »Planmäßig und klug genutzt, haben die Arbeits- und Lebenserfahrungen auch einen positiven Einfluss auf die Qualifizierung. Sie verkürzen ihre Dauer und gestalten sie zugleich effektiv.« (Presseamt beim Ministerrat der DDR: Antwort auf Fragen zur Erwachsenenbildung. Nr. 105 (1979), S. 8)

4. Kulturelle Erwachsenenbildung in Kulturhäusern

Zur Begründung und Zielsetzung der Erwachsenenbildung wurde in den offiziellen Verlautbarungen auf zwei »Revolutionen« in der DDR verwiesen, nämlich auf die »wissenschaftlich-technische Revolution« und die »sozialistische Kulturrevolution«

(vgl. Staufenbiel 1966; John 1965 und 1967; Autorenkollektiv Frankfurt 1974). Die wissenschaftlich-technische Revolution ist gekennzeichnet durch eine Verwissenschaftlichung der meisten Berufe und Arbeitsplätze, durch eine beschleunigte Veränderung der Produktionsmittel und der Arbeitsbedingungen, durch Rationalisierung und Automatisierung vieler Arbeitsprozesse, durch das schnelle Veralten des früher erworbenen Wissens und die damit verbundene Notwendigkeit ständiger Höher- und Anpassungsqualifizierung. Dadurch wurde das Qualifikationsniveau zur eigenständigen Produktivkraft.

Diese ökonomische Funktion der Erwachsenenbildung, die die qualifikatorischen Voraussetzungen für eine Produktivitätssteigerung der Wirtschaft schaffen sollte, war zweifellos von 1945 bis 1949 vorherrschend.

Seit den Fünfzigerjahren nahmen kulturphilosophische und kulturpädagogische Überlegungen zu, wobei die DDR für sich in Anspruch nahm, eine sozialistische Kulturrevolution eingeleitet zu haben, die das fortschrittliche humanistische deutsche Kulturerbe bewahrt habe. Erwachsenenbildung wurde nicht nur als Produktivkraft gewertet, sondern ihre persönlichkeitsbildende und kulturschöpferische Funktion betont. Kulturelle Erwachsenenbildung (damals sprach man meist von »kultureller Massenarbeit«) diente der Bildung sozialistischer Persönlichkeiten und der Verwirklichung einer »sozialistisch gebildeten Nation«. Kulturelle Bildung und berufliche Qualifizierung bildeten demnach eine dialektische Einheit: Jede menschliche Tätigkeit, also auch die berufliche Arbeit, kann als kulturelle Leistung verstanden werden. Verbindendes Element zwischen Kulturarbeit und Qualifizierung war vor allem die politisch-ideologische Erziehung, die Bestandteil aller musisch-kulturellen Aktivitäten sein sollte. So wurden bei Wettbewerben der »Kollektive sozialistischer Arbeit« auch musisch-kulturelle Leistungen und Weiterbildungsaktivitäten berücksichtigt. Viele kulturelle Veranstaltungen fanden in den Betrieben statt, die von den »Arbeitskollektiven« besucht wurden. Darüber hinaus wurden zahlreiche Patenschaften zwischen Arbeitskollektiven und Künstlergruppen vereinbart. Die Kultur sollte von ihrer bürgerlichen, sozialen Exklusivität befreit werden, die kulturschöpferischen Fähigkeiten der Arbeiter- und Bauernklasse sollten entfaltet werden, sodass eine neue Arbeiterkultur entstand.

Trotz der theoretisch begründeten Einheit von beruflicher und kulturell-ideologischer Bildung verselbstständigten sich beide Bereiche der Erwachsenenbildung seit 1953 mehr und mehr. Zunächst hatte die Volkshochschule kulturelle Themen angeboten. Bald wurden diese ergänzt durch Veranstaltungen der Kammer der Technik, des Kulturbundes, der FDJ etc. So wurde schon 1946 ein »zentraler Ausschuss für kulturelle Betriebsarbeit« eingerichtet, um diese Aktivitäten zu koordinieren. In diesem Kulturausschuss arbeiteten der Gewerkschaftsbund, Funktionäre der FDJ, Betriebsleitungen und Volkshochschulleiter zusammen. Anfang der Fünfzigerjahre wurden nach sowjetischem Vorbild die ersten Kulturhäuser gegründet, in denen Versammlungen, Festlichkeiten, Lehrgänge, Vorträge, Theateraufführungen und »Zirkel« stattfanden. Diese »Zirkel« waren eine neue Veranstaltungsform der deutschen Erwachsenenbildung: Interessen- und Arbeitsgemeinschaften, deren Mitglieder sich regelmäßig trafen und die sich an kulturellen Wettbewerben beteiligten. Berühmt wurden später die »Zirkel schreibender Arbeiter«. Diese Zirkel trugen zweifellos zur kulturellen Belebung vieler Gemeinden und Betriebe und zu einer kreativen Freizeitgestaltung vieler Arbeiter bei.

1953 wurden – im Rahmen einer weit reichenden Reform der Erwachsenenbildung – alle Kulturhäuser dem Gewerkschaftsbund unterstellt, dessen Einfluss und Befugnisse dadurch erheblich gestärkt wurden, während die Volkshochschule ihr kulturelles Bildungsangebot reduzieren oder sogar zeitweise einstellen musste.

Vor allem die Volkseigenen Betriebe wurden zur Einrichtung von Klubräumen aufgefordert, und bis 1955 waren 13 308 Betriebe dieser Aufforderung nachgekommen. Klub- und Kulturhäuser waren Zentren des kulturellen Lebens in der DDR. Während die zahlreichen Unterhaltungsveranstaltungen, die geselligen Feiern und Theateraufführungen Rückschlüsse auf das Freizeitangebot der DDR zulassen, sind aus erwachsenenpädagogischer Sicht die Zirkel und Interessengemeinschaften interessant:

Kulturelle Interessengemeinschaften

	Zahl der Häuser	Interessengemeinschaften insgesamt	»künstlerisches Volksschaffen«	»Naturwissenschaft/ Technik«	»Freundeskreise Kunst«
1965	1 224	183,0	117,0	12,6	4,7
1979	1 041	184,6	117,4	17,7	5,4
1987	1 709	200,0	127,3	20,8	–

Insgesamt wurden 1979 in diesen Kulturhäusern 543 860 Veranstaltungen für fast 60 Millionen Besucher registriert. Dabei hatten sich die Teilnehmerzahlen bei Theateraufführungen und Konzerten, »sozialistischen Feiern« und Tanzveranstaltungen von 1965 bis 1979 verdoppelt (vgl. Statistisches Jahrbuch der DDR. Berlin 1970, S. 312 und 1988, S. 326). Dieser Trend verwies auf ein wachsendes Freizeitangebot und auf eine Zunahme kultureller und geselliger Interessen der Bevölkerung. Hobbies wie der »Umgang mit Pflanzen, Tieren und Blumen« wurden begrüßt und galten als »massenhaft ausgeübte Freizeittätigkeiten, die den Leuten Spaß machen und ihr Leben verbessern und verschönern. Eine kleinbürgerlich-moralisierende Kritik hieran erscheint uns besonders in unserer Gesellschaft aus kulturellen und ökonomischen Gründen nicht sehr angebracht.« (H. Hanke 1979, S. 63) Der Hinweis auf den erhofften ökonomischen Nutzeffekt fehlte jedoch auch hier nicht.

Es gab zahlreiche Anzeichen für ein ausgeprägtes kulturelles Interesse und ein relativ hohes kulturelles Niveau der DDR-Bevölkerung. Ob es dagegen gerechtfertigt war, schon von einer kulturellen »Revolution« zu sprechen, mag zweifelhaft sein.

5. Popularisierung von Wissenschaft

Während die Abendvolkshochschule der SBZ zum Teil an die deutsche Volksbildungstradition anknüpfte, lassen die Klub- und Kulturhäuser in ihrer Struktur und Konzeption sowjetische Einflüsse erkennen. Eine weitere Bildungsorganisation der DDR, die »Gesellschaft zur Verbreitung wissenschaftlicher Kenntnisse«, hat Vorbilder primär in der sowjetischen »Allunionsgesellschaft zur Verbreitung politischer und wissenschaftlicher Kenntnisse«, aber auch in der 1871 gegründeten deutschen »Gesellschaft zur Verbreitung von Volksbildung« (später: »Gesellschaft für Volksbildung«).

Nach 1945 hatte die Volkshochschule außer Arbeitsgemeinschaften und Kursen auch Vorträge angeboten, aber ihre politisch-ideologische Aufklärungsarbeit war unbefriedigend geblieben. Aus diesem Grunde wurden die Volkshochschulen 1953 durch das »Ministerium für Volksbildung« aufgefordert, »einen bedeutenden Teil ihrer allgemein bildenden und populärwissenschaftlichen Arbeit in die Kulturhäuser zu verlegen.« (H. Pfaffe 1953, S. 4) Außerdem wurden – gemeinsam mit dem Kulturbund – »Kommissionen zur Verbreitung wissenschaftlicher Kenntnisse« gegründet, die zunächst lediglich das bestehende Vortragswesen koordinieren sollten, 1954 aber in eine eigenständige Vortragsgesellschaft umgewandelt wurden.

Die politisch-ideologische Propaganda war neben der Verbreitung neuer wissenschaftlicher Erkenntnisse eine zentrale Aufgabe dieser »Gesellschaft« in der DDR. Angesichts ihrer Unzufriedenheit mit der Volkshochschule erhoffte sich die SED eine große Breitenwirkung durch diese politischen Vorträgen und nutzte – z. B. während des Aufstands in Ungarn und bei Wahlen – diese Einrichtung auch für ihre parteipolitische Propaganda. Außerdem sollte die »Gesellschaft« in ländlichen Gebieten die Agrarreform unterstützen und neue landwirtschaftliche Produktionsmethoden bekannt machen. Und nicht zuletzt galt es, die Kluft zwischen Wissenschaft und Alltag, zwischen Wissenschaftlern und Laien, zwischen Intelligenz und Arbeiterschaft zu überbrücken oder doch zumindest zu verringern. Obwohl diese Vortragseinrichtung eine »gesellschaftliche Organisation« war, war sie ein wirksamerer »Transmissionsriemen« für die Partei- und Regierungspolitik als z. B. die staatliche Volkshochschule.

Die »Gesellschaft« war in mehrere Sektionen untergliedert, die einerseits das Spektrum der Wissenschaftsdisziplinen, andererseits die wichtigsten politischen Ressorts widerspiegelten. Diese Gliederung war mehrfach verändert worden, wobei solche Korrekturen meist politische und ökonomische Ursachen hatten. So wurde in den Sechzigerjahren die Sektion »Landwirtschaft« in die selbstständigen Bereiche Agrarwissenschaften und Agrarökonomik aufgeteilt; außerdem wurde die Sektion »Astronautik und Raketentechnik« neu gegründet, die Abteilung »Soziologie« aber wieder aufgelöst.

Zentrales Entscheidungsgremium war ein Präsidium, dem 80 Wissenschaftler, Politiker und andere Personen angehörten. Die Mitglieder waren auf Bezirks- und Kreisebene organisiert, sodass eine örtlich flexible Programmplanung möglich war. Veranstaltungsorte waren vor allem die Kulturhäuser, aber auch die Betriebe. Die inhaltlichen Schwerpunkte ergaben sich oft aus Beschlüssen der SED-Parteitage. So verlagerte sich 1956 der Akzent von der naturwissenschaftlich-antireligiösen Aufklärung zur ökonomisch-technischen Wissensvermittlung. »Nach der III. Parteikonferenz der SED wurden als politisch-ideologische Schwerpunkte der Arbeit der Gesellschaft bezeichnet: Förderung der Wirtschaft (Politökonomie, Plan- und Produktionspropaganda, Neuerermethoden, Atomenergie, Automation), Verbreitung des dialektischen Materialismus, besonders in den Naturwissenschaften, Erziehung zum proletarischen Internationalismus, Auseinandersetzung mit westlichen Ideen, Verbreitung der kommunistischen Moral.« (H. Gutsche 1958, Band I, S. 130)

Gelegentlich wurden interne Kontroversen z. B. zum Verhältnis von Wissenschaftlichkeit und Parteilichkeit angedeutet: »Die Auseinandersetzung, die wir seit einigen Monaten über die falschen Auffassungen von der ›Neutralität‹ in unserer Arbeit, über die Parteilichkeit, über das Verhältnis der Einzelwissenschaften zur Philosophie führten, hat dazu beigetragen, dass auch in so genannten rein fachlichen Themen während der Wahlvorbereitung mehr echte Bezogenheit zum gesellschaftlichen Geschehen hergestellt wurde.« (H. Mädicke in: H. Gutsche 1958, S. 96) Insbesondere nach dem Mauerbau von 1961 wurde die antikapitalistische und antiwestliche Propaganda eine Hauptaufgabe der »Gesellschaft«.

Auf ihrem IV. Kongress 1966 benannte sich die Gesellschaft in »Urania« um. Bereits zuvor hatte sie eine eigene Zeitschrift mit dem Titel »Urania« herausgegeben. Aufschlussreich ist diese Korrektur vor allem deshalb, weil eine Vortragsgesellschaft »Urania« schon 1888 in Berlin gegründet worden war und die »Gesellschaft« damit bewusst an die deutsche Bildungstradition erinnerte. So begründete der Vizepräsident der »Gesellschaft« diese Namensänderung: »Mit dem Namen Urania knüpft unsere Organisation an fortschrittliche Traditionen der deutschen Erwachsenenbildung, vor allem an die der populärwissenschaftlichen Zeitschrift Urania und ihres gleichnamigen Verlages an.« Mit Energie setzte sich die Urania für die Propagierung der materialistischen Weltanschauung unter der Bevölkerung ein (vgl. W. Berthold 1966). In der Tat dominierte in der »alten« Urania eine positivistische Auffassung Darwinscher Prägung und eine oppositionelle Haltung zum Deutschen Reich.

Dieses Beispiel ist symptomatisch für die Betonung des deutschen Kulturerbes in der DDR Mitte der Sechzigerjahre. Die Hinweise auf sowjetische Vorbilder wurden seltener im Vergleich zu dem Anspruch, in der DDR werde die wahre humanistische Tradition der deutschen Nation bewahrt. So wurde Wilhelm von Humboldt an seinem 200. Geburtstag 1967 in zahlreichen Aufsätzen der DDR als Vorläufer sozialistischer Bildungs- und Persönlichkeitstheorien gefeiert, und sogar seine Empfehlungen zur Hochschulreform und zum Aufbau humanistischer Gymnasien wurden positiv bewertet (vgl. J. H. Knoll/H. Siebert 1969, S. 53 ff.).

1966 gehörten der Urania 25 000 Mitglieder an, von denen jeder nach Möglichkeit zwei Vorträge jährlich halten oder sich an der Organisation von Veranstaltungen aktiv beteiligen sollte. Außerdem hatte jedes Mitglied einen Jahresbeitrag von zehn Mark zu entrichten. Hauptamtlich waren 1966 800 Mitarbeiter in der Urania tätig.

Der Umfang dieser Vortragstätigkeit ist beachtlich. Die Zahl der Veranstaltungen und der Besucher stieg in den Siebzigerjahren weiter an *(vgl. Tab. S. 286)*.

Der größte Zuwachs ist in den Siebzigerjahren bei den politischen und gesellschaftswissenschaftlichen Themengebieten festzustellen. Der Vortrag war zwar weiterhin die wichtigste Veranstaltungsform, aber die Urania führte auch Lehrgänge, Podiumsdiskussionen und Tagungen durch. In vielen ländlichen Gemeinden war sie der wichtigste Veranstalter der Erwachsenenbildung. Außerdem gab die Gesellschaft zahlreiche populärwissenschaftliche Zeitschriften und pädagogische Leitfäden für ihre Referenten heraus. Und nicht zuletzt war sie für ein eigenes Bildungsfernsehprogramm, die »Fernsehurania«, verantwortlich.

Da die Universitäten in der DDR zwar Fern- und Abendstudien für berufstätige Erwachsene anboten, aber kaum eine institutionalisierte »extramurale Weiterbildung« durchführten, war die Urania die wichtigste Einrichtung der wissenschaftlichen Weiterbildung. Allerdings hatten bei weitem nicht alle Dozenten ein Hochschulstudium absolviert.

Veranstaltungen und Besucher der Vortragsgesellschaft Urania

Vorträge	1965	1970	1979	1987
Agrarwissenschaften	21 829	6 650	6 989	13 441
Agrarökonomie	–	7 082	6 353	
Astronautik	–	835	2 050	1 891
Astronomie	1 022	958	3 778	5 124
Biologie	6 510	6 330	12 596	20 248 (!)
Chemie	3 635	2 732	2 908	2 650
Geowissenschaften	7 070	10 148	32 438	44 633 (!)
Geschichte	16 876	24 881	44 213 (!)	43 405
Internationale Fragen	17 944	13 177	28 595 (!)	29 962
Sport	1 849	–	–	–
Kulturpolitik, Kunst	10 951	10 133	24 004	28 412 (!)
Mathematik	–	11 308	1 522	7 330
Medizin	12 263	14 147	25 603	32 941
Militärpolitik	20 347	21 637	34 343	32 529
Pädagogik	12 725	14 578	24 146	22 786
Philosophie	8 274	13 587	17 242	13 210
Physik	2 925	1 371	3 330	2 934
Staat, Recht	27 872	19 845	37 444 (!)	38 728
Technik	18 367	15 256	20 829	35 665 (!)
Wirtschaftswissenschaft	23 667	19 700	34 823	34 730
Soziologie	nur 1966 bis 1969 ca. je 7 500			
Sonstige	5 703	13 104	678	406
insgesamt	220 791	227 459	363 884	411 625
Besucher	8 851 272	7 813 787	11 659 098	12 339 672

Quelle: Statistisches Jahrbuch der DDR, Berlin 1980, S. 399 und 1988, S. 413.

Die Notwendigkeit und der Bildungswert einer »Popularisierung wissenschaftlicher Erkenntnisse« schienen in der DDR erheblich unstrittiger zu sein als in der BRD. Dieser Wissenschaftsoptimismus wurzelte sicherlich in der materialistischen Weltanschauung. Hinzu kam, dass der Erkenntnis- und »Bewusstseinsvorsprung« der Dozenten in der Erwachsenenbildung der DDR selbstverständlicher akzeptiert wurde. Überspitzt formuliert wurde in der DDR vor allem die Tradition der deutschen »extensiven«, »verbreitenden« Bildungsarbeit fortgesetzt, während sich die westdeutsche Erwachsenenbildung primär – zumindest in ihrem Selbstverständnis – an der »intensiven« Arbeitsgemeinschaft der »Neuen Richtung« in der Weimarer Volksbildung orientierte. Allerdings dürfen neben der stoff- und dozentenorientierten Vortragstätigkeit, die eher ein rezeptives Lernen erforderte, die zahlreichen musisch-kulturellen, kreativen Interessengemeinschaften als »Gegenpol« nicht vergessen werden.

Die Ansprüche der Urania an die Bürger der DDR waren hoch, vielleicht sogar unzumutbar hoch: »Die dynamische Entwicklung der Produktivkräfte fordert den Menschen als ganze Persönlichkeit, sie bedarf seines soliden Wissens und Könnens, des Leistungsvermögens und der Leistungsbereitschaft, fester politischer und weltanschaulicher Überzeugungen, des ausgeprägten Verantwortungsbewusstseins, des Realitätssinns und der Fantasie, der Leidenschaft und der Gelassenheit, der Aufgeschlossenheit für Neues und des Engagements für Bewahrenswertes, des Willens und der Fähigkeit, ein Leben lang zu lernen – der Vernunft und der Gefühle.« (L. G. Fleischer 1989, S. 81) Von Konflikten, Krisen, Überforderungen, Ohnmachtsgefühlen und Verunsicherungen der Erwachsenen und der Gesellschaft war nicht die Rede. Vor allem neigten die Verantwortlichen – in diesem Fall der Vizepräsident der Urania – dazu, die Programmatik mit der Realität gleichzusetzen: »In der DDR besteht das Ziel jeglicher Bildung und der gesamten Bildungspolitik darin, die Fähigkeiten und Talente aller Bürger zu ihrem eigenen Wohl und Nutzen aller zu entwickeln.« (L. G. Fleischer 1989, S. 76)

6. Fernstudium

Wie in den meisten sozialistischen Ländern wurde auch in der DDR ein differenziertes Fernstudium an vielen Fach- und Hochschulen aufgebaut. Durch Fernstudien sollte das Qualifikationsniveau verbessert werden, ohne dass die Studierenden ihre Berufstätigkeit längere Zeit unterbrechen mussten. Außerdem wurde den Berufstätigen in ländlichen, hochschulfernen Regionen ein Studium erleichtert.

43 Hochschulen und 234 Fachhochschulen boten Fernstudien an. Seit 1950 erwarb jeder vierte Hochschulabsolvent sein Diplom als Fernstudent. Die Erfolgsquote des Hochschulfernstudiums lag bei 70 Prozent. Die am meisten frequentierten Studienrichtungen des Fernstudiums waren Technik-, Agrar- und Wirtschaftswissenschaften, aber auch Kulturwissenschaftler, Journalisten und Berufsschullehrer wurden im Fernstudium ausgebildet.

Anzahl der Fernstudenten

	Fachhochschulstudenten			Hochschulstudenten		
	Direktstudium	Fernstudium	Abendstudium	Direktstudium	Fernstudium	Abendstudium
1960	47 261	30 496	25 641	72 948	24 373	1 430
1987	94 960	55 433	8 212	111 768	13 771	63

Studierende in ausgewählten Wissenschaftszweigen der Fachschulen (1987)

	direkt	fern	abends
Technische Wissenschaften	20 449	17 315	5 539
Medizin/Gesundheit	36 460	7 689	–
Agrarwissenschaften	5 638	3 876	–
Wirtschaftswissenschaften	9 149	21 711	2 673
Kulturwissenschaft	190	1 008	–
Pädagogik	29 685	2 574	–

Das Fernstudium dauerte zwischen fünfeinhalb und sechs Jahren – also ca. ein Jahr länger als das Direktstudium – und war als »Konsultationsfernstudium« konzipiert. Das Selbststudium mit Hilfe von Lehrbriefen, Zeitschriften, Studienanleitungen und audiovisuellen Lernmitteln wurde durch Seminarkurse, Exkursionen in Betriebe und regelmäßige Konsultationen in regionalen Konsultationszentren ergänzt.

Auch im Fernstudium war die politisch-ideologische Qualifizierung obligatorisch und im technischen Fernstudium war eine fremdsprachliche Weiterbildung Pflicht. Die Sozialstruktur der Studierenden hatte sich seit den Fünfzigerjahren verändert. Während damals »ältere Werktätige die für ihre leitende berufliche Tätigkeit notwendigen Qualifikationen nachträglich erwarben, sind es jetzt mittlere Kräfte und bewährte Facharbeiter mit einem Durchschnittsalter von 28 Jahren, die sich neben ihrer Berufstätigkeit auf einen Hochschulabschluss vorbereiten« (L. G. Fleischer 1989, S. 15). Sofern ein betriebliches Interesse an einem solchen Studium bestand, wurde mit den Beschäftigten ein »Qualifizierungsvertrag« abgeschlossen. Der Fernstudent wurde daraufhin 36 Tage im Jahr für gesellschaftswissenschaftliche und 48 Tage für naturwissenschaftlich-technische Studien sowie drei Monate für die Anfertigung der Diplomarbeit von der Arbeit freigestellt. Diese Freistellung war gesetzlich geregelt.

Geplant war, Fernstudien als postgraduale Weiterbildung vor allem in Mikroelektronik und Robotertechnik, aber auch in Fremdsprachen zu intensivieren. Außerdem sollten mehr Teilabschlüsse mit verkürzter Studiendauer ermöglicht werden. Angestrebt wurde ferner eine effektivere Umsetzung neuer Forschungsergebnisse in die betriebliche Praxis. Das Fernstudium sollte als »Transmissionsriemen« zwischen wissenschaftlichem Fortschritt und Produktionspraxis fungieren. Dabei sollten interdisziplinäre Studien vorrangig gefördert werden.

Auf der V. Hochschulkonferenz der DDR 1980 wurde die Gleichrangigkeit der Weiterbildung mit der universitären Forschung und Ausbildung festgelegt. Gefordert wurde ferner eine stärkere Berücksichtigung lernpsychologischer Erkenntnisse zum Erwachsenenalter bei der Studienorganisation (H. Möhle 1986, S. 7).

7. Erwachsenenbildung als Teil des Bildungssystems

Mit der Verabschiedung des »Gesetzes über das einheitliche sozialistische Bildungssystem« 1965 waren die Institutionalisierung der Erwachsenenbildung und ihre Integration in das staatliche Bildungswesen vorläufig abgeschlossen (in Auszügen abgedruckt in: J. H. Knoll/H. Siebert 1968, S. 128 ff.). Insbesondere die Oberschullehrgänge der Volkshochschulen, die Qualifizierungsmaßnahmen der Betriebsakademien und die Fernstudien der Universitäten entlasteten und ergänzten das Schul- und Hochschulsystem. Die Erwachsenenbildung steigerte die Flexibilität des Bildungssystems, indem z. B. Studieninteressenten auf das Fernstudium oder die nebenberufliche Qualifizierung in der Betriebsakademie verwiesen werden konnten. Für den Einzelnen eröffneten sich dadurch mehrere Bildungswege, es gab kaum »Sackgassen« – vorausgesetzt, dass sein Weiterbildungsinteresse mit der betrieblichen Arbeitskräfteplanung übereinstimmte. Längere Qualifizierungsphasen, für die die Berufstätigen zum Teil von ihrer Arbeit freigestellt wurden, waren die Regel, sodass das Konzept einer »recurrent education«, das heißt eines Wechsels von Arbeits- und Lernphasen, zum großen Teil realisiert war. Im Arbeitsgesetzbuch wurden die Rechte und Pflichten von Betrieb und Arbeitnehmer geregelt: »Für die Qualifizierung tragen Betrieb und Werktätige gemeinsam Verantwortung, die einem gemeinsamen Interesse entspringt. Das Arbeitsgesetzbuch verpflichtet die Betriebe, die Werktätigen im erforderlichen Maße einzubeziehen. Werktätige sollten für die geplante Qualifizierung gewonnen und entsprechend der erworbenen Qualifikation (§ 147) eingesetzt werden. Ziel und Bedingungen der Aus- und Weiterbildung sowie die Unterstützung des Werktätigen durch den Betrieb (§§ 154 und 150, Absatz 2) sind zu vereinbaren. Der Qualifizierungsvertrag gibt dem Werktätigen größere Rechtssicherheit.« (Presseamt beim Ministerrat; vgl. Nast 1979) Jährlich nahm jeder vierte Arbeitnehmer an einem Qualifizierungslehrgang teil. 1978 belegten 1,3 Millionen Arbeitnehmer berufliche Weiterbildungskurse: »Bezogen auf die Berufstätigen nahmen im Bereich der Industrieministerien von 100 Hochschulkadern 48, von 100 Fachschulkadern 49, von 100 Meistern 55 an Weiterbildungsmaßnahmen teil.« (Presseamt beim Ministerrat der DDR: Antwort auf Fragen zur Erwachsenenbildung. Nr. 105 [1979], S. 4)

In den 800 Betriebsakademien und den 500 Betriebsschulen waren 1979 3 200 hauptberufliche und 62 000 nebenberufliche Lehrkräfte tätig (Presseamt beim Ministerrat der DDR: Antwort auf Fragen zur Erwachsenenbildung. Nr. 105 [1979], S. 5.) Nach Angaben des »Statistischen Jahrbuchs der DDR« (1988) waren 1987 10 700 pädagogische Mitarbeiter und Verwaltungsangestellte in Einrichtungen der Erwachsenenbildung beschäftigt. Die Integration dieser Erwachsenenbildung in das staatliche Bildungssystem hatte offenbar eine Verschulung der Bildungsarbeit begünstigt, auch wenn Ansätze zur Individualisierung, zur Erfahrungs- und Projektorientierung erkennbar waren. Die zweite Säule dieser Erwachsenenbildung bestand aus den gesellschaftlichen Organisationen, zu denen neben der Urania auch die Kammer der Technik (1979: 243 826 Mitglieder, ca. 80 000 Veranstaltungen), der Kulturbund (ca. 1 800 Gruppen) u. a. gehörten. Diese Veranstaltungen waren zwar nicht durch staatliche Lehrpläne reglementiert, aber sie leisteten einen wesentlichen Beitrag zur beruflichen Weiterbildung. Auch organisatorisch gab es zahlreiche Verzahnungen und Kooperationen mit den Qualifizierungseinrichtungen.

Diese Vielfalt lässt sich schematisch nur unzulänglich darstellen, sodass die folgende Übersicht stark vereinfacht ist:

Organisation der Erwachsenenbildung

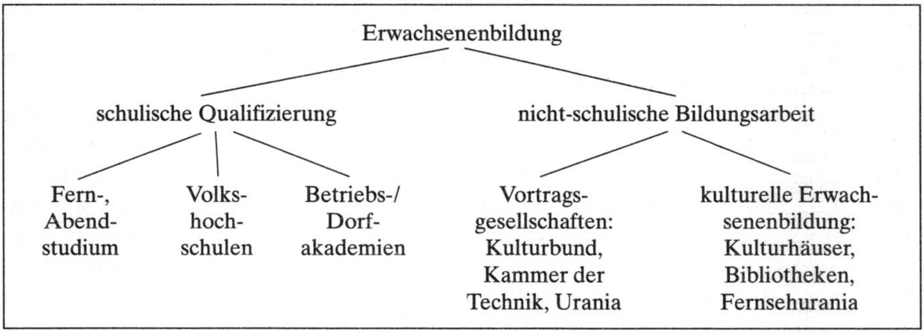

Sicherlich gab es in der DDR keinen »Pluralismus« in unserem westdeutschen Verständnis. Dennoch charakterisieren Begriffe wie Zentralismus und Verstaatlichung die Erwachsenenbildung der DDR nur bedingt. Sie verdecken die Vielfalt der »Basisaktivitäten« insbesondere in den Kulturhäusern und ebenso die konzeptionellen Unterschiede und Kontroversen. Auch die Zuständigkeiten für die verschiedenen Bildungsbereiche waren durchaus nicht so eindeutig geklärt, wie es den Anschein hatte.

Insgesamt hatte sich diese Erwachsenenbildung seit 1970 konsolidiert. Zumindest für den außenstehenden Betrachter waren die Veränderungen der letzten Jahre eher graduell als prinzipiell. 1988 erschien ein Standardwerk zur Erwachsenenbildung, das eher die Kontinuität als Innovationen betonte und eher den Status quo bestätigte als kritische Selbstreflexionen anregte (vgl. G. Schneider u. a. 1988). Joachim H. Knoll stellte zu Recht fest: »Die Äußerungen zum ›Prozess‹, das meint vor allem die didaktische Dimension und die methodische Orientierung von Erwachsenenbildung, muten unserem Verständnis zufolge eher traditionell an. Partizipation, Teilnehmerorientierung nehmen nicht jenen Stellenwert ein, wie er die Diskussion in hiesigen Medien dominiert.« (J. H. Knoll 1989, S. 147)

Auch an der Formulierung der »Ziele und Aufgaben« hatte sich in den Achtzigerjahren wenig geändert: »Das Grundanliegen der Erwachsenenbildung besteht in der DDR darin, die allseitige Entwicklung der Persönlichkeit fortzusetzen, die Fähigkeiten, die Initiativen und die Schöpferkräfte aller Bürger weiter zu entwickeln, die allgemeine und berufliche Bildung zu vertiefen, Kenntnisse über Marxismus-Leninismus und alle anderen Wissenschaften, progressive Traditionen und kulturelle Werte zu vermitteln und anzueignen, Interessen zu erweitern sowie das sozialistische Bewusstsein und die sozialistischen Verhaltensweisen auszuprägen. Die Erwachsenenbildung trägt dazu bei, den sozialistischen Patriotismus und proletarischen Internationalismus zu vertiefen und die Verteidigungsbereitschaft zu festigen.« (vgl. G. Schneider u. a. 1988, S. 9) Diese Zielsetzung war nicht Resultat einer bildungstheoretischen Reflexion, sondern wurde vom Ministerrat und vom Bundesvorstand des FDGB am 21. Juni 1979 »beschlossen«. In diesem Standardwerk war nicht die Rede von einer Ökologiekrise, einem Nord-Süd-Konflikt, Technikfolgen, Identitätskrisen, politischer Kritikfähigkeit, neuen sozialen Bewegungen oder benachteiligten Gruppen.

Die Frage, welche gesellschaftlichen Funktionen diese Erwachsenenbildung am wirkungsvollsten erfüllt hatte, lässt sich nur vage beantworten. Vermutlich war die ökonomische Funktion die dominierende. Immer wieder wurden Produktionssteigerung, eine Qualitätsverbesserung der Arbeit, eine Verringerung von Schäden, Produktionsausschuss und Unfällen, eine Einsparung von Arbeitsplätzen durch Weiterbildung und Mehrfachqualifizierung behauptet oder belegt (vgl. A. Knauer u. a. 1972).

Die sozialpolitische Steuerungsfunktion dieses Qualifizierungssystems sollte nicht unterschätzt werden, auch wenn Volkshochschulen und Betriebsakademien umso weniger als Korrektiv fungierten, je mehr der Abschluss der zehnten Oberschulklasse und die abgeschlossene Berufsausbildung zum »Normalfall« wurden. Immerhin war die Zahl derer, die ihren sozialen und beruflichen Aufstieg maßgeblich den Qualifizierungsmöglichkeiten verdankten, vor allem unter den Frauen beachtlich. Der Hinweis, dass sich auch in der DDR die Höherqualifizierten häufiger weiterbildeten als Unqualifizierte, ist kein Gegenargument.

Kaum zu quantifizieren und deshalb schwer zu beurteilen ist die politisch-ideologische Erziehungswirkung dieser Bildungsmaßnahmen. Die »Einheit von (fachlicher) Bildung und (ideologischer) Erziehung« wurde ebenso häufig zitiert, wie die unbefriedigenden Erziehungswirkungen kritisiert wurden. Diese Kritik wurde vorsichtig auch in dem Beschluss des Ministerrats und Gewerkschaftsbundes angedeutet: »Die Erwachsenenbildung muss verstärkt mitwirken, das politisch-ideologische Niveau der Arbeiterklasse und aller Werktätigen weiter zu erhöhen. Mit noch besseren Ergebnissen hat sie zur Verbreitung der wissenschaftlichen Weltanschauung der Arbeiterklasse und zur Ausprägung ihrer Moral beizutragen.« (Neues Deutschland, 10. Juli 1979). Vor allem schien die didaktische Integration von beruflicher und politischer Bildung nicht befriedigend realisiert worden zu sein.

Nicht messbar ist auch die Bedeutung der Erwachsenenbildung für die Persönlichkeitsentfaltung. Immerhin lassen die Zahlen der Kulturhäuser und Bibliotheken ein wachsendes kulturelles Interesse der Bevölkerung vermuten. Die Klub- und Kulturhäuser leisteten zweifellos einen Beitrag zur »kulturvollen Freizeitgestaltung«. Schichtspezifische Unterschiede des kulturellen Interesses wurden aber nicht mehr bestritten, sondern sollten sogar bei der Programmplanung berücksichtigt werden: »So die Unterschiede zwischen den Angehörigen der sozialen Klassen, Schichten und Gruppen. Industriearbeiter, die vorwiegend körperliche Arbeit leisten und deren Arbeitsbedingungen relativ stabil bleiben, haben andere Ansprüche an kulturelle Angebote als Angehörige der Intelligenz, die komplizierte und sich ständig verändernde geistige Arbeit leisten.« (H. Hanke 1979, S. 84 f.) Während bis dahin wie in der Weimarer Republik die sozialintegrative Funktion der Erwachsenenbildung betont wurde, wurde hier die Notwendigkeit gruppenspezifischer Differenzierung angedeutet.

Die DDR war hierarchisch und zentralistisch strukturiert. Die SED-Leitung beanspruchte eine Führungsrolle innerhalb des staatlich-politischen Systems. Die Politik wiederum griff ständig dirigistisch in das Wirtschafts-, Kultur- und Bildungssystem ein. Auch die Weiterbildung war eine »abhängige Variable«, ein »Transmissionsriemen« der SED-Politik. So war es mehr als ein Ritual, dass sich fast alle Pädagogen ständig auf Parteitagsbeschlüsse und programmatische Reden von Walter Ulbricht und Erich Honecker beriefen. Die ordnungspolitische Zauberformel lautete *Planung*. Bis ins Detail sollte die Bildungsarbeit mit Erwachsenen geplant und kontrolliert werden. Die Hospitation von Stasi-Mitarbeitern in den Kursen war Bestandteil dieses Systems und ließ ein tiefes Misstrauen gegen jegliche Selbstorganisation sozialer Systeme erkennen.

Heute wissen wir, dass bürokratische Regulierungs- und Planungsmaßnahmen großenteils kontraproduktiv sind. Je komplexer soziale Systeme sind, desto weniger lassen sie sich linear steuern und programmieren. Ohne Selbststeuerung – so behaupten die System- und auch die Chaos-Theoretiker – sind komplexe Systeme nicht überlebensfähig. Das politische System hat – auch im vereinigten Deutschland – keine Führungsrolle (mehr) gegenüber z. B. dem Wirtschafts- und Wissenschaftssystem. Nach Niklas Luhmann kann jedes Funktionssystem nur die eigene Funktion erfüllen. Die einzelnen Systeme sind allenfalls »strukturell gekoppelt«, z. B. durch Finanzhilfen, Steuern, Lehrpläne, Prüfungsordnungen. Doch diese Koppelungen heben die Selbstreferenzialität der Teilsysteme nicht auf.

So haben auch in der DDR Volkshochschulen unterhalb der staatlichen Aufsicht eine eigene Logik und Eigendynamik entwickelt. Lehrende und TeilnehmerInnen sind selbstständige Individuen, die sich »ihre eigenen Gedanken« machen und die bürokratische Verordnungen intelligent »unterlaufen«. Typisch für diesen Eigensinn war ein ironischer Umgang mit den Parolen des ZK der SED, den obligatorischen Ulbricht-Zitaten oder auch den maxistisch-leninistischen Schulungseinheiten. Ein Ausdruck für diese subversive Ironie sind die zahlreichen politischen Witze und Karikaturen. Gegen Ironie sind auch autoritäre Systeme relativ machtlos.

So hat sich das politische System der DDR selber getäuscht, die Parteiführung hat sich etwas »vorgemacht«, sie hat ihren ideologischen Erziehungseinfluss überschätzt, sie hat die kontraintentionalen und kontraproduktiven Effekte der Erziehungsmaßnahmen ignoriert. Vereinfacht gesagt: Niemand, der nicht schon überzeugter Anhänger und Nutznießer des SED-Systems war, ist durch die doktrinären Erziehungsversuche marxistisch-leninistisch »belehrt« und beeinflusst worden.

Auch das ist eine Lernlektion, die wir aus der Evaluation des Erwachsenenbildungssystems der DDR ziehen können. Manchmal ist es tröstlich zu wissen, dass Erwachsenenbildung weniger bewirkt, als es sich die Akteure wünschen. Es gibt eine intelligente Lernresistenz Erwachsener.

8. Ansätze einer Theorie der Erwachsenenbildung

In den Beiträgen zur Erwachsenenbildung in den Zeitschriften »Pädagogik« und »Berufsbildung« war eine erwachsenenpädagogische Theoriediskussion selten erkennbar. Es war kein Zufall, dass viele berufspädagogische Artikel sich auf die Aus- und Weiterbildung gleichermaßen bezogen. Je mehr die Erwachsenenbildung in das staatliche Schulsystem integriert war, desto mehr erschien das Lernen Erwachsener als eine bloße Fortsetzung des schulischen Lernens. Die Unterschiede zwischen dem lernenden Jugendlichen und dem lernenden Erwachsenen erschienen eher graduell als prinzipiell, sodass eine spezifische Erwachsenenbildungstheorie nicht erforderlich war. Die Veröffentlichungen lassen sich in zwei Gruppen einteilen:

a) Bildungspolitische Artikel, die die bisherigen Erfolge der Erwachsenenbildung dokumentierten und vom Einzelnen verstärkte Bildungsinitiativen forderten.
b) Fachdidaktische Beiträge vor allem zur beruflichen Bildung, in denen neue Organisationsformen, Lehrmittel und Programme zur Diskussion gestellt wurden.

Nur in wenigen Veröffentlichungen wurden die anthropologischen Grundlagen dieser Erwachsenenbildung erörtert. Dabei distanzierten sich die Autoren meist von behavioristischen Lern- und Konditionierungstheorien nach dem Reiz-Reaktions-Schema und orientierten sich an der materialistischen Tätigkeitspsychologie sowjetischer Forscher wie Rubinstein, Leontjew und Galperin. Schlüsselbegriffe dieser Theorien waren Tätigkeit, Aneignung und Widerspiegelung: Im Lernprozess eignet sich der Mensch die gesellschaftlichen Erfahrungen und kulturellen Wissensbestände an. »Lernen im weitesten Sinne des Wortes bedeutet die Herausbildung bzw. Veränderung aller psychischen Merkmale und Eigenschaften der menschlichen

Persönlichkeit durch Aneignung der menschlichen Kultur im individuellen Lebensweg.« (G. Clauß 1976, S. 312)

Diese Aneignung ist – im Unterschied zu der instinktgeleiteten Anpassung des Tieres – eine aktive, bewusste, meist sprachlich vermittelte Tätigkeit, bei der die Umwelt im Bewusstsein des Menschen »widergespiegelt« wird. »Die Widerspiegelung der Wirklichkeit durch den Menschen ist kein passiver, sondern ein aktiver Prozess. Das heißt: Die aktuelle Widerspiegelung, das aktuelle Psychische – als subjektives Abbild der objektiven Realität – ist trotz ›gleicher‹ objektiver Einwirkung bei den einzelnen Menschen oft völlig verschieden.« (E. Harke u. a. 1971, S. 312)

An dieser Stelle unterscheidet sich die Erwachsenenbildung von der Schulbildung, da die individuellen Unterschiede der Erfahrungen und damit der Lernvoraussetzungen bei Erwachsenen größer sind als bei Kindern einer Altersstufe. Bei dieser subjektiven »Brechung« und Interpretation der gesellschaftlichen Erfahrungen muss der Kursleiter unter Umständen verzerrte Wahrnehmungen und falsche Schlussfolgerungen korrigieren. »Inwieweit diese subjektiven Abbilder der objektiven Wirklichkeit entsprechen, stellt der Mensch in seiner Tätigkeit fest.« (E. Harke u. a. 1971, S. 29) Der Kursleiter überprüft, ob die Teilnehmer das Wesen der gesellschaftlichen Wirklichkeit richtig erfasst haben, und er benötigt dazu ein entwickeltes sozialistisches Bewusstsein.

Zielgruppenspezifische Lern- und Motivationsunterschiede wurden in den letzten Jahren genauer zur Kenntnis genommen als früher: »Jeder lernende Erwachsene nimmt im Arbeitsprozess, in der Familie, in der gesellschaftlichen Arbeit und im weiteren Freizeitbereich eine bestimmte gesellschaftliche Position ein.« Die didaktisch-methodische Berücksichtigung dieser unterschiedlichen Lebenslagen erschien erforderlich, vor allem im Interesse einer Effizienzsteigerung der Qualifizierung: »Dieses Streben nach sozialer Anerkennung, Selbstbestätigung und Erhaltung des Prestiges sollte im Sinne des sozialistischen Wettbewerbs und des Leistungsprinzips mit dem notwendigen pädagogischen Takt in erwachsenengemäßer Weise leistungsfördernd genutzt werden.« (G. Schneider u. a. 1988, S. 187)

Diese lernpsychologischen Annahmen erklären, warum in der Erwachsenenbildung der DDR standardisierte Lehrpläne, präzise Stoff- und Stundenpläne, Fernlehrmaterialien und programmierte Texte überwogen und die Führungsrolle der Lehrenden betont wurden. Der materialistischen Weltanschauung entsprechend waren »objektive Wirklichkeiten«, wissenschaftliche Wahrheiten und die marxistisch-leninistische Philosophie als notwendige Lerninhalte vorgegeben, die der Erwachsene sich aneignen musste. Diese Aneignung sollte zwar so aktiv und motiviert wie möglich erfolgen, aber die Lernaktivität bezog sich auf die von Ministerrat, Parteiführung und FDGB-Bundesvorstand beschlossenen Lernziele und Inhalte. Der Eigensinn und die Widerspenstigkeit, die Ängste und Hoffnungen sowie die sozialemotionalen Bedürfnisse der Teilnehmer wurden weitgehend vernachlässigt. Eine Teilnehmerorientierung westdeutscher Prägung, bei der eine gemeinsame Verständigung über wünschenswerte Ziele und Themen erfolgen soll, galt in der DDR als subjektivistisch und als Verzicht auf objektive Erfordernisse.

Aufgrund der dogmatischen Führungsrolle der SED sowie des ideologischen Wahrheitsanspruchs des Marxismus-Leninismus lässt sich die sozialistische Pädagogik einem *normativen Paradigma* zuordnen. Ein normatives Paradigma behauptet einen absoluten Wahrheitsanspruch, ein objektivistisches Wissenschaftsverständnis und eine verbindliche Wirklichkeitssicht. Ein *interpretatives Paradigma*, das z. B. die prinzipielle Beobachtungsabhängigkeit, Konstruktivität und Perspektivität menschlicher Erkenntnis betont, wurde als relativistisch und bürgerlich abgelehnt. So fand in der Pädagogik eine ernsthafte Auseinandersetzung mit »westlichen« Theorien des symbolischen Interaktionismus, der verstehenden Soziologie, der Ethnomethodologie und des Konstruktivismus nicht statt.

Um Missverständnissen vorzubeugen: Die Unterscheidung zwischen normativem und interpretativem Paradigma impliziert keine Wertung – abgesehen davon, dass es auch in der westdeutschen Erwachsenenbildung verschiedene Varianten eines normativen Paradigmas gab und gibt.

Offenbar wurde in der DDR vor allem die fachliche Didaktisierung der Unterrichtsstoffe untersucht, während in der Bundesrepublik primär psychosoziale Aspekte einer »teilnehmerorientierten« und zielgruppenspezifischen Erwachsenenbildung thematisiert wurden. Mit Ausnahme der musisch-kulturellen Interessengemeinschaften dominierten in der DDR »geschlossene Curricula« mit einer deutlichen Stoff- und Dozentenorientierung sowie rezeptive Lernformen. In dieser Hinsicht knüpfte die Erwachsenenbildung der DDR an die Tradition eines materialen Bildungsbegriffs an, wie sie vor allem von der Vortragsgesellschaft repräsentiert wurde. Bildung erfolgte demzufolge durch die Aneignung von Wissen und durch Vermittlung wissenschaftlicher Erkenntnisse oder »Neuerermethoden«. Auch die politische Bildung geschah primär durch die Einsicht in die offizielle Interpretation des Marxismus-Leninismus und die SED-Politik. Nicht nur die Sachkompetenz, sondern auch der ideologische Bewusstseinsvorsprung der Lehrkräfte war prinzipiell unbestritten.

Der Erwachsene galt in der DDR als ebenso erziehungsbedürftig wie der Heranwachsende. So war die »Einheit von Bildung und Erziehung« ein zentrales Prinzip der Erwachsenenbildung. Während »Bildung« auf die kognitiven Aspekte des Wissens und Könnens verwies, beinhaltete Erziehung die affektive und motivationale Beeinflussung des Fühlens, Wollens und Handelns. Zur Förderung von Leistungsbereitschaft und politischer Loyalität trugen die Wettbewerbe, Auszeichnungen und »Tage der Neuerer« bei.

Angesichts der Forderung, dass das individuelle Interesse im Konfliktfall dem gesamtgesellschaftlichen Interesse unterzuordnen sei, und der Behauptung, dass die Politik, Bildungsplanung und wirtschaftliche Produktivität der DDR grundsätzlich dem individuellen Wohl dienten, war der »subjektive Faktor« in der Erwachsenenbildung vernachlässigt worden. Sozialisationsbedingte psychische Lernbedingungen und Lernprobleme wie Identitätskrisen, Lernhemmungen, Konkurrenz- und Sprachbarrieren wurden in der Literatur kaum diskutiert.

Obwohl DDR-Psychologen wie Erdmann Harke, Hans Löwe, Gerhard Rosenfeld und Winfried Hacker bemerkenswerte Beiträge zur Lernmotivation geliefert haben, schien ihre Wirkung auf die Didaktik der Erwachsenenbildung gering zu sein. Motivation erschien eher als fremdgesteuerte Einsicht in die gesellschaftliche Notwendigkeit und wurde mit Begriffen wie »Erziehungs- und Überzeugungsprozess«, »Verpflichtung« und »Veranlassung zur Weiterbildung« umschrieben. Der Erziehungsbegriff war typisch für diese Erwachsenenbildung. Er verwies auf den Erziehungsanspruch der SED, die die »richtigen« Denk- und Verhaltensweisen der Bevölkerung festlegte. Der Begriff Erziehung enthielt Elemente des Sozialisationsbegriffs (der in der DDR nicht verwendet wurde) und des »affektiven Lernens«: Bei der »Erziehung Werktätiger« ging es »um die Weiterentwicklung, Vertiefung und Festigung von Verhaltensweisen und Gewohnheiten, Überzeugungen und Einstellungen, Charakter- und Wesenseigenschaften, Interessen, Motiven, Erwartungen und Gefühlen.« (P. Seifert 1981, S. 348)

Erst in den Achtzigerjahren wurde eine stärkere Berücksichtigung der Teilnehmererfahrung gefordert: »Erwachsene dürfen nicht geschulmeistert und bevormundet werden. Sie erwarten, dass ihre Berufs- und Lebenserfahrung anerkannt wird und die Ergebnisse ihrer bisherigen betrieblichen und gesellschaftlichen Tätigkeit respektiert werden.« Aber zwei Sätze später hieß es: Deshalb »legen wir [. . .] für das Selbststudium [. . .] die Erziehungsziele fest. Ebenso wird [. . .] neben dem Bildungsziel auch das Erziehungsziel geplant.« (P. Seifert 1981, S. 349) Auch diese Erfahrungsorientierung sollte vor allem der Effizienz der Bildungsarbeit dienen.

Auf die Verbesserung der fachdidaktischen Qualität des Unterrichts und der Curriculumentwicklung wurde viel Wert gelegt. So wurden in der berufspädagogischen Fachliteratur regelmäßig innovative Unterrichtsmodelle veröffentlicht, und in Volkshochschulen wurden Formen einer kollegialen Hospitation und systematisierten Evaluation praktiziert. Vieles deutet darauf hin, dass die DDR-BürgerInnen über ein effektives Repertoire an Lernstrategien und Lerntechniken verfügen, dass sie gelernt haben zu lernen und dass lebenslanges Lernen für sie selbstverständlich war.

Die Erwachsenenbildung der DDR war weitgehend »vergesellschaftet«; Weiterbildung war eine gesellschaftliche Pflicht und nicht in das Belieben des Einzelnen gestellt. Gesellschaftliche Institutionen wie Hausgemeinschaften und Arbeitskollektive unterstützten diese Bildungsaktivitäten, der Teilnehmer war dafür zum erfolgreichen Lernen und effektiven Arbeiten politisch und moralisch verpflichtet. Es gab nicht nur eine politische Propaganda und eine Produktionspropaganda, sondern auch eine Weiterbildungspropaganda (der Begriff Propaganda hatte in der DDR eine positivere Bedeutung als in der Bundesrepublik), die zu einem günstigen gesamtgesellschaftlichen Lernklima beitragen sollte. »Weiterbildung« war mehr als eine Freizeitbeschäftigung, sie galt als ein eigenständiger Lebensbereich zwischen Arbeitszeit und Freizeit.

9. Empirische Untersuchungen

In den Fünfziger- und Sechzigerjahren wurde in der BRD kein großes Interesse an lernpsychologischen Forschungen zum Erwachsenenalter geäußert. Die Lern- und Entwicklungspsychologie sowie die Sozialisationsforschung interessierten sich primär für psychische Veränderungen im Kindes- und Jugendalter. Für das Erwachsenenalter galt weithin die Adoleszenz-Maximum-Kurve, das heißt die Annahme, dass die Lernfähigkeit vom dritten Lebensjahrzehnt an biologisch bedingt kontinuierlich abnimmt. Das politische und ökonomische Interesse an einem lebenslangen Lernen war ohnehin gering.

Anders in der DDR. Aufgrund der angestrebten politisch-ideologischen Umerziehung und der prekären ökonomischen Verhältnisse erschien ein permanentes Lernen – wie Walter Ulbricht es in den Fünfzigerjahren proklamierte – als »erste Bürgerpflicht«. Eine Lernverweigerung, ein Bildungsdesinteresse galt demnach als ein gesellschaftsfeindliches, unsozialistisches Verhalten. Das politische Regime organisierte eine intensive Bildungspropaganda, für die wissenschaftliche Nachweise einer uneingeschränkten Lernfähigkeit im Alter hilfreich waren. Eine Widerlegung der Adoleszenz-Maximum-Kurve war gleichsam politisch opportun. So wurden auch entsprechende lernpsychologische Forschungen gefördert und die Publikation »ermutigender« Untersuchungsergebnisse unterstützt.

Eine der interessantesten und auch im »Westen« registrierten Veröffentlichungen stammt von dem Leipziger Psychologen Hans Löwe. Seine »Einführung in die Lernpsychologie des Erwachsenenalters« (1970) gehört zu den Klassikern der deutschen Erwachsenenbildungsliteratur.

Löwes Verdienst besteht zunächst in der Sichtung und Auswertung deutscher, amerikanischer und sowjetischer Lerntheorien und Forschungsergebnisse. Sein besonderes Interesse gilt erwartungsgemäß der sowjetischen Tätigkeitspsychologie (Leontjew, Rubinstein, Galperin). Trotz seiner kritischen Bewertung des amerikanischen Behaviorismus integriert er auch Erkenntnisse des Lernens durch Verstärkung, durch Imitation, durch Konditionierung, durch Versuch und Irrtum. Löwes Erkenntnisinteresse ist eher undogmatisch, er verzichtet weitgehend auf die üblichen ZK- und Ulbricht-Zitate.

Dennoch orientiert er sich am marxistischen Materialismus. Vereinfacht gesagt: Das Sein bestimmt das Bewusstsein, Lernen ist eine objektive Widerspiegelung und Verinnerlichung (Interiorisation) objektiver Wirklichkeit und marxistischer Werte und Normen. Im Unterschied zu konstruktivistischen Erkenntnistheorien wird an einem ontologischen Wirklichkeits- und Wahrheitsbegriff festgehalten, allerdings: »Die Bedingtheit des gesellschaftlichen Bewusstseins der Menschen durch das gesellschaftliche Sein anzuerkennen, bedeutet jedoch keinesfalls, dass die Bedeutung der inneren Bedingungen des Menschen ignoriert wird.« (H. Löwe 1970, S. 101).

So ist ein Schlüsselbegriff marxistischer Lern- und Erkenntnistheorie die aktive Tätigkeit, insbesondere die gesellschaftlich nützliche Arbeit. *Aktivität* ist der Oberbegriff für Lernen und Arbeiten. Durch Aktivität eignet sich der Mensch Umwelt an und vergegenständlicht sich zugleich in ihr, z. B. durch Produktion. Auch Lernen ist Aktivität, Lernprozesse sind umso nachhaltiger, je höher das »Aktivierungsniveau« ist, je aktiver alle Sinne und Kognitionen beteiligt sind. Der Zusammenhang Aktivität/Tätigkeit/Arbeit/Lernen verweist also unmittelbar auf die materialistische Erkenntnistheorie.

Die bildungspraktischen Konsequenzen liegen auf der Hand: Je mehr die Lernenden aktiviert werden, desto größer sind die Lernerfolge. Löwes eigene Tests sind relativ einfach. So testet er jugendliche und erwachsene Lerner in Oberschullehrgängen im Fach Deutsch. Er vergleicht die Leistungen von Lernenden, die Fehler in Diktaten selber herausfinden und verbessern müssen, mit einer Versuchsgruppe, der die Fehlerkorrektur lediglich mitgeteilt wird.

Ein weiterer Schlüsselbegriff dieser marxistischen Lerntheorie ist *Motivation.* Die Lernmotivation Erwachsener resultiert aus der Dialektik äußerer, gesellschaftlicher Bedingungen und interner, psychophysischer Faktoren. Die sozialistische Gesellschaft – so eine These – bietet günstige Voraussetzungen für die Bildungsmotivation Erwachsener.

»Unter Motivation verstehen wir ein Gefüge von Motiven (Beweggründen) vielfältiger Art, das in einem Interiorisierungsprozess entsteht und das Handeln des Menschen (sein Leistungs- und Sozialverhalten) bedingt. Innerhalb des Motivgefüges unterscheiden wir habituelle Motivation (Einstellung) und Aktualmotivation (aktuelle Motivation).« (H. Löwe 1970, S. 45) Die Habitualmotivation schließt eine optimistische Einstellung zum Lernen ein. Die Aktualmotivation besteht aus konkreten situativen Lernanreizen und Lernanforderungen.

Auch hier ist die bildungspraktische Umsetzung nahe liegend: Je mehr die Erwachsenen von dem subjektiven und gesellschaftlichen Sinn des Lerninhalts überzeugt werden, desto nachhaltiger ist der Lernerfolg.

Hans Löwe hat mit seiner Veröffentlichung zu einem lernpsychologischen Perspektivenwechsel beigetragen. Die Lernfähigkeit Erwachsener erscheint nicht primär determiniert durch das (kalendarische oder biologische) Alter, sondern durch soziokulturelle und bildungsbiografische Faktoren. Schulbildung, berufliche Anforderungen, soziale Anregungen wirken sich auf die Lernfähigkeit Erwachsener intensiver aus als biologische Determinanten. Altersunterschiede sind im Normalfall geringer als mentale Milieudifferenzen. Damit werden auch die üblichen Lebensphasenmodelle, die soziokulturelle Unterschiede vernachlässigen, fragwürdig.

Lern- und entwicklungspsychologische Untersuchungen sind in den Siebziger- und Achtzigerjahren in Leipzig, aber auch in Rostock fortgesetzt worden. Zu erwähnen ist vor allem die Veröffentlichung von Dorothea Roether über »Lernfähigkeit im Erwachsenenalter« (1985), in der die Ergebnisse von fünf Untersuchungen der klinischen Entwicklungspsychologie dargestellt werden. In allen Forschungsvorhaben werden Zusammenhänge zwischen medizinischen, neurowissenschaftlichen und lernpsychologischen Faktoren aufgeklärt. So wird die These bestätigt und zugleich differenziert, dass Lernfähigkeit relativ altersstabil ist, dass aber Gesundheitsfaktoren und Übungsfaktoren (Aktivitätshypertrophie bzw. Inaktivitätsatrophie) die Lernleistungen nachhaltig beeinflussen. Bestätigt wird also die Aktivitäts- und Motivationsthese, ergänzt durch Befunde zur Bedeutung der Emotionalität und der Persönlichkeitsstruktur. So »wurde belegt, dass die emotionale Labilität und depressive Verstimmungen das Leistungsniveau, unabhängig vom hirnorganischen Befund, senken können. Die Veränderungstendenz im Leistungsverhalten von Patienten mit Versagenszuständen stand ebenfalls im Zusammenhang mit Persönlichkeitseigenschaften und dem subjektiven Gesundheitszustand. Patienten mit Leistungsverbesserungen zeichneten sich durch eine aktivere Problembewältigung, stärkere Zukunftsorientiertheit und Pflege von Sozialkontakten aus.« (D. Roether 1986, S. 115) Zwischen dem Gesundheitszustand, der emotionalen Befindlichkeit und den Lernleistungen sind positive Wechselwirkungen erkennbar. Gesundheit fördert Lernfähigkeiten, wie umgekehrt Lernaktivitäten die Gesundheit positiv beeinflussen.

Bemerkenswert ist der Entwicklungsbegriff des Forschungsteams. Entwicklung wird als lebenslanger Lernprozess definiert. Entwicklung findet im Alter nicht nur als Veränderung und Leistungssteigerung statt, sondern auch als Leistungskonstanz. »Auch Leistungen auf gleichem Niveau, die ein Leben lang geübt werden, basieren auf einem dauernden Prozess der Anpassung.« (D. Roether 1986, S. 128)

Diese Untersuchungen von Dorothea Roether u. a. sind in Westdeutschland kaum rezipiert worden. Viele aktuelle Fragen, z. B. die Kompensationsleistungen unseres Nervensystems, sind damals schon thematisiert worden. Auch eine Perspektivverschränkung biologischer und psychologischer Betrachtung wird betont: »Mit dem Wandel des Selbstverständnisses in der modernen medizinischen Wissenschaft, die [...] nun immer stärker die Begrenztheit eines rein biologischen Ansatzes erkennt, wächst die Bedeutung der Psychologie im Gesundheitswesen.« (D. Roether 1986, S. 111)

Im Unterschied zu diesen lernpsychologischen Forschungen sind empirische erwachsenenpädagogische Untersuchungen kaum bekannt geworden.

Nach der Wende haben Wolfram Knöchel u. a. die Dissertationen zur beruflich-betrieblichen Weiterbildung in der DDR ausgewertet. Zwar wurden zahlreiche Studien über die betriebliche Qualifizierung durchgeführt, die meisten Dissertationen – insbesondere wenn sie »überraschende« Ergebnisse enthielten – waren jedoch nicht zugänglich.

»Aus dem Zeitraum ab 1980 wurden [...] 46 Dissertationen A und 13 Dissertationen B erfasst. [...] Zunächst ist zu beachten, dass keine dieser Arbeiten publiziert worden ist. [...] Für eine Reihe von Einzelergebnissen gab es keine Publikationsmöglichkeit. [...] Insgesamt bieten die ausgewerteten Materialien ein uneinheitliches Bild mit vielen Zufälligkeiten. Von einer systematischen Forschung auf dem Gebiet der betrieblichen Weiterbildung kann nicht gesprochen werden. [...] Als eine Schwierigkeit erwies sich auch, dass es keine Aufarbeitung der weltanschaulichen, ideologischen und politischen Bindungen der pädagogischen und psychologischen Wissenschaften in der ehemaligen DDR gibt. [...] Eine ausgearbeitete Theorie der Erwachsenenbildung als Vorleistung für Weiterbildungsforschung gab es Anfang der Achtzigerjahre nicht. [...] Zur theoretischen Erfassung der pädagogischen Prozesse wird ein offenbar für allgemein gültig gehaltenes schulpädagogisches Modell verwendet.« (W. Knöchel 1992, S. 12 ff.).

Theoretisch und empirisch ist Erwachsenenbildung in der DDR ein Randgebiet geblieben. Die Studienangebote an mehreren Hochschulen waren auf Praxiserfordernisse ausgerichtet, zumal die meisten Studierenden bereits in der Bildungsarbeit tätig waren.

10. Die Wende

Vier Jahrzehnte koexistierten zwei Weiterbildungssysteme auf deutschem Boden. Die Chance eines wechselseitigen Lernprozesses wurde – von Ausnahmen abgesehen – weder wissenschaftlich noch bildungspraktisch genutzt. In der DDR galt lange Zeit die Devise: »Von der Sowjetunion lernen heißt siegen lernen.« Die erwachsenenpädagogische westdeutsche Literatur war kaum zugänglich. Private Westkontakte waren suspekt und wurden misstrauisch kontrolliert. Auswirkungen internationaler Konferenzen – z. B. der UNESCO – auf die pädagogische Diskussion in der DDR waren kaum erkennbar. Die Erwachsenenbildung der DDR war ein selbstreferenzielles System.

Umgekehrt war das Bildungssystem der DDR in der BRD kaum bekannt. Die ostdeutsche Erwachsenenbildung galt als »sowjetisiert«, von der SED reglementiert und als verschult und damit als uninteressant. Aktionen wie die »Bewegung schreibender Arbeiter« wurden in der westdeutschen Presse – sofern sie überhaupt registriert wurden – lächerlich gemacht.

Wechselseitige Überlegenheitsgefühle und Unkenntnis kennzeichnen das Verhältnis der beiden deutschen Bildungssysteme zueinander. Innovative *»Perturbationen«* fanden nicht statt.

Nach der Wende wurde ein Großteil der ostdeutschen Erwachsenenbildung und Kulturarbeit in kürzester Zeit und nahezu geräuschlos »abgewickelt«. Innerhalb weniger Monate wurden die meisten betrieblichen und kulturellen Einrichtungen aufgelöst. Kulturhäuser wurden in Supermärkte, Betriebsakademien in Übernachtungsheime für westdeutsche Arbeitsmigranten umgewandelt.

Die Entwicklung der Urania verlief regional unterschiedlich. So wurde der Landesverband der Urania in Sachsen-Anhalt durch den Gesetzgeber als förderungswürdig anerkannt, während sich die Urania in anderen Bundesländern nicht behaupten konnte.

Obwohl sich die Volkshochschulen in Ost und West didaktisch und strukturell seit 1949 unterschiedlich entwickelt hatten, fand nun eine Wiedervereinigung statt. Nach einer kurzen Übergangsphase wurden die ostdeutschen Volkshochschulen 1990 zwar mit einigen Vorbehalten, aber ohne erkennbaren Widerstand in den Deutschen Volkshochschul-Verband integriert. Die Umstrukturierung wurde durch Partnerschaften mit westdeutschen Volkshochschulen und durch die Unterstützung westdeutscher Landesverbände wesentlich erleichtert. Beschleunigt wurde dieser Wandel auch durch die Versetzung vieler Volkshochschuldirektoren in den Ruhestand. Dieser pädagogische Generationenwechsel war allerdings mit vielen Konflikten und Kränkungen verbunden.

Innerhalb weniger Monate entstand in den neuen Bundesländern eine neue Weiterbildungslandschaft. Westdeutsche kirchliche, gewerkschaftliche und staatliche Träger gründeten Außenstellen. Eine Vielzahl kommerzieller Bildungsinstitute etablierte sich und hoffte auf das große Geschäft. Die neuen Bundesländer wurden überflutet von – mehr oder weniger seriösen – Bildungsanbietern. Bildung wurde zum »Markt«. Es erscheint nicht unbegründet, von einer modernen Kolonialisierung des Ostens zu sprechen. Diese Bildungsinvasion war verbunden mit neuen Lernchancen, aber auch mit einer kulturellen und qualifikatorischen Enteignung der ostdeutschen Bevölkerung. Die Bewohner der neuen Bundesländer wurden kollektiv zu lernbedürftigen Klienten eines »modernen« Umschulungssystems umdefiniert. Das im Westen angeblich überholte Defizitmodell wurde neu belebt. Die deutsche Bevölkerung wurde gleichsam in wissende Westdeutsche und unwissende Ostdeutsche unterteilt.

Diese Qualifizierungsoffensive wurde aus öffentlichen Mitteln in Milliardenhöhe finanziert. Eine günstige Voraussetzung für diesen Qualifizierungsboom waren die hohe Lernbereitschaft und Lernfähigkeit der Erwachsenen. Die meisten von ihnen waren es aus DDR-Zeiten gewohnt, an Qualifizierungsmaßnahmen teilzunehmen und zielgerichtet zu lernen. Die Bildungsmotivation war überwiegend positiv, zumal mit dieser Weiterbildung Hoffnungen auf eine qualifizierte und dauerhafte Beschäftigung verknüpft wurden. In dem Maße, in dem diese Erwartungen enttäuscht wurden, ließ auch die Lernmotivation nach.

Das vom Bundesministerium für Bildung und Forschung regelmäßig veröffentlichte Berichtssystem Weiterbildung ermittelte, dass 1994 27 Prozent der Erwachsenen in den neuen und 23 Prozent der BewohnerInnen der alten Länder an beruflicher Weiterbildung teilnahmen.

Noch größer wird der Unterschied hinsichtlich des Zeitaufwandes für Weiterbildung. Das Zeitvolumen westdeutscher TeilnehmerInnen betrug in einem Jahr 126 Stunden, das der ostdeutschen TeilnehmerInnen 207 Stunden. Ostdeutsche Frauen verbrachten 230 Stunden in Seminaren – im Vergleich zu nur 94 Stunden der durchschnittlichen westdeutschen Teilnehmerin. Die Kluft vergrößert sich, wenn ausschließlich der Zeitaufwand für berufliche Weiterbildung verglichen wird:

Zeitaufwand für berufliche Weiterbildung nach Teilgruppen im Ost-West-Vergleich 1994

	Zeitaufwand in Stunden			
	Teilnehmer		alle Personen	
	West	Ost	West	Ost
Alle Befragten	117	220	27	59
Geschlecht				
Männer	131	188	37	51
Frauen	93	251	16	68
Alter				
19 – 34 Jahre	157	268	40	90
35 – 49 Jahre	106	200	30	61
50 – 64 Jahre	49	151	7	25

Quelle: Berichtssystem Weiterbildung VI, 1996, S. 73.

Um die Lernaktivitäten der Ostdeutschen nach der Wende einschätzen zu können, reicht eine Auswertung der Weiterbildungsbeteiligung nicht aus. Mindestens ebenso aufschlussreich ist die Nutzung der Massenmedien, insbesondere des Fernsehens nach der Wiedervereinigung. Das Fernsehen hat zweifellos einen erheblichen Einfluss auf die politische Urteilsbildung, auf die kulturellen Deutungsmuster, auf alltagsästhetische Lebensstile, auf Lebensgewohnheiten, Konsum und Urlaub.

Eine Langzeitstudie zur Mediennutzung zeigt, dass der Zeitaufwand für Fernsehen in den neuen Ländern größer ist als in den alten Ländern. Dazu hat sicherlich das erweiterte Angebot privater Sender beigetragen *(vgl. Tab. S. 301)*.

Interessant sind die Nutzungswerte politischer Sendungen. In ganz Deutschland ist das Interesse an politischen Informationen seit 1990 rückläufig. Dabei ist zu bedenken, dass die Bundestagswahlen und der Golf-Krieg 1990 herausragende Ereignisse waren. Insgesamt hat das politische Informationsinteresse in Ostdeutschland deutlich nachgelassen, vermutlich auch aufgrund von Enttäuschungen über die politische Entwicklung. So ist die Politikverdrossenheit offenbar in den neuen Ländern noch größer als in den alten Ländern.

Reichweite und Zeitaufwand für die Mediennutzung 1990 und 1995

durchschnittlich pro Tag (Montag bis Sonntag)

	Alte Bundesländer 1990	Alte Bundesländer 1995	Neue Bundesländer 1990	Neue Bundesländer 1995	Gesamt 1995
Reichweite in Prozent					
Fernsehen	81	82	90	89	83
Hörfunk	79	74	86	83	75
Tageszeitung	71	64	78	69	65
Durchschnittlicher Zeitaufwand in Stunden:Minuten					
Fernsehen	2:15	2:30	2:51	3:11	2:38
Hörfunk	2:50	2:32	3:02	3:20	2:42
Tageszeitung	0:28	0:29	0:33	0:32	0:30
Zeitaufwand gesamt*	5:21	5:19	6:09	6:46	5:37

*) Bei gleichzeitiger Nutzung von zwei Medien wurde für diesen Summenwert nur jeweils ein Medium gezählt.

Quelle: M. L. Kiefer 1998, S. 21.

Reichweite politischer Informationsangebote der Medien 1990 und 1995

durchschnittlich pro Tag (Montag bis Sonntag) in Prozent

Von 100 Personen werden durch politische Information in . . . erreicht	Alte Bundesländer 1990	Alte Bundesländer 1995	Neue Bundesländer 1990	Neue Bundesländer 1995	Gesamt 1995
Fernsehen	65	59	75	64	60
Hörfunk	63	54	78	69	57
Tageszeitung	56	47	63	45	46
mindestens einem der Medien	90	81	94	86	82

Quelle: M. L. Kiefer 1998, S. 27.

»Die Nutzung des Fernsehens ist [. . .] in den neuen Bundesländern deutlich unterhaltungsorientierter als in den Altländern. Während sich 1995 die Anteile der Stichtagsnutzer, die auch vom politischen Informationsangebot des Mediums Gebrauch machten, nicht unterscheiden, liegt der Anteil der Unterhaltungsnutzer in den neuen Bundesländern mit 85 % deutlich höher als im Westen mit 73 %.« (M. L. Kiefer 1998, S. 29)

Zugespitzt formuliert: Allgemeine und politische Bildungsangebote sind nur dann interessant, wenn berufs- und alltagspraktische Verwertungseffekte erwartet werden. Politik interessiert z. B. als Steuer- oder Rentenpolitik, von der man selbst unmittelbar betroffen ist. Diese pragmatische Motivation ist zwar generell weit verbreitet, in den neuen Bundesländern aber aus verständlichen Gründen besonders ausgeprägt.

Wie vielfältig die Funktionen und Wirkungen solcher von westdeutschen DozentInnen geleiteten Seminare für Ostdeutsche sind, belegt eine empirische Untersuchung von Bettina Thöne. Sie hat TeilnehmerInnen an beruflichen Fortbildungsseminaren über Marktwirtschaft, Marketing, Personalführung, Kommunikation und Ähnliches interviewt und dabei eine »Brückenfunktion« der Weiterbildung festgestellt (vgl. B. Thöne 1999, S. 246). Die Seminare bilden in mehrfacher Hinsicht eine Schaltstelle für die ehemaligen DDR-BürgerInnen. Sie regen eine biografische und gesellschaftliche Bilanzierung und eine Neuorientierung an. Um in der Terminologie des Konstruktivismus zu sprechen: Es werden neue »Denk-Fühl-Verhaltensprogramme« (Luc Ciompi) *konstruiert,* es werden alte Problemlösungsmuster *rekonstruiert* und modifiziert, und es werden planwirtschaftliche Orientierungen *dekonstruiert,* das heißt abgebaut. Diese Bildungsangebote fördern eine psycho-hygienische Verunsicherung und Stabilisierung, und zwar beides oft gleichzeitig. Die Seminare bieten neue Deutungen an und »vermitteln« – günstigenfalls – zwischen den Welten. Diese Vermittlung bezieht sich

a) auf die zeitliche Verknüpfung von Vergangenheit und Zukunft,
b) auf die personale Identität, das heißt die Kontinuität und Diskontinuität von Kompetenzen und Orientierungen,
c) auf die Verschränkung alter, bekannter und neuer Themen und Lerninhalte,
d) auf die Gemeinsamkeiten und Unterschiede der beiden Gesellschaftssysteme.

Die ostdeutschen TeilnehmerInnen konstruieren ihre Wirklichkeiten neu, wobei neue Deutungsangebote wahrgenommen und akzeptiert werden, wenn sie sich als »brauchbar«, als zumutbar und zugleich anschlussfähig erweisen. In den Seminaren findet ein ständiges Probedenken und Probehandeln statt.

Deutlich wird in der Untersuchung von Bettina Thöne, dass die sozialisatorische Funktion dieser Seminare weniger auf die Curricula zurückzuführen ist als auf das gesamte »Lernsetting«, das heißt die Zusammensetzung der Gruppe, die möglichst konstruktive »Differenzerfahrungen« erleichtert, aber auch auf die westdeutschen DozentInnen, die durch ihren Habitus gleichsam das neue System »verkörpern«.

»Die Weiterbildung bildet einen realen Ausschnitt der veränderten Wirklichkeit ab, indem im Kontakt mit den westdeutschen Dozenten und Dozentinnen das durch die Wende implementierte neue Interaktionssystem bereitgestellt wird. Die Dozierenden werden dabei zu Vermittlern einer veränderten sozialen Wirklichkeit. Sie zeigen Denk- und Seinsmöglichkeiten auf, an denen die Befragten sich orientieren, und sie bieten Identifikationsmöglichkeiten an.« (B. Thöne 1999, S. 238)

Allerdings ist bei dieser optimistischen Diagnose zu berücksichtigen, dass die Autorin selber Mitglied des Dozententeams war. Immerhin wird deutlich, dass die Weiterbildung nicht nur nach ihren formellen Lernzielen und Qualifizierungsansprüchen bemessen werden darf. Im positiven wie im negativen Fall sind solche längerfristigen Seminare nicht nur »Qualifizierungsmaßnahmen«, sondern Erprobungsfelder für neue Denkstile und Verhaltensweisen in einer gesellschaftlichen und biografischen Umbruchsituation.

Ein lineares didaktisches Vermittlungsdenken im Sinne eines Wissenstransfers erweist sich als unangemessen. Die ostdeutschen Teilnehmer lernen nicht das, was gelehrt wird, sondern sie verarbeiten die Lernangebote eigenwillig, eigensinnig und nicht selten »kontraintentional« zu den Absichten der Lehrenden. Das heißt auch, dass die Lerninhalte – in diesem Fall das System der Marktwirtschaft und entsprechende Kompetenzen – nicht »vorgegeben« sind und von den westdeutschen Kursleitern lediglich »transferiert« werden: Lerninhalte sind vielmehr Konstrukte, die in den Köpfen der Beteiligten »emergent« entstehen. Die Interviews zeigen anschaulich, wie die TeilnehmerInnen das »westliche« Wissen als Deutungsangebot wahrnehmen, es auf ihre Anschlussfähigkeit hin überprüfen, es »biografisch synthetisieren« (Thomas Ziehe), es modifizieren und – partiell – in ihr Wertsystem integrieren oder auch zurückweisen.

Berufliche Umschulung, die auf den ersten Blick als rein instrumentelle Qualifizierung erscheint, ist auch ein reflexiver Prozess des Identitätslernens. »Als zentrales identitätsstabilisierendes Moment der beruflichen Weiterbildung erweist sich [. . .] die Tatsache, dass die Befragten Anschlussmöglichkeiten an bestehende Fähigkeiten und Wissensvorräte und an bestehende Wertorientierungen entdecken. Diese Erfahrung mindert das Bewusstsein von Diskontinuität und Inkonsistenz. Weiterbildung übernimmt hier in Teilen eine ›heilende Funktion‹.« (B. Thöne 1999, S. 247)

Vielleicht hat in Ostdeutschland seit 1989 die nachhaltigste Lernbewegung des Zwanzigsten Jahrhunderts stattgefunden. Gewollt und ungewollt, bewusst und unbewusst, organisiert und selbstgesteuert haben die ehemaligen DDR-BürgerInnen eine neue Identität und neue Muster der Lebensführung gelernt. Die alltäglichen Lernprozesse umfassen ein breites Spektrum an Zielen und Inhalten: von neuen Straßennamen, Verkehrszeichen und Versicherungen bis zu neuen Umgangsformen, Mentalitäten und Wertsystemen. Dass diese Lernprozesse nicht nur mit neuen Lebenschancen und Horizonterweiterungen, sondern auch mit Enteignungen und Enttäuschungen verbunden waren, gehört zu den Schattenseiten dieser Lernbewegung.

Kapitel VII:

Geschichte der Erwachsenenbildung nach 1945: Der Weg der Erwachsenenbildung zu einem eigenständigen sozialen System

Die Bildungsgeschichte der letzten 50 Jahre darzustellen, ist aus mehreren Gründen kein leichtes Unterfangen. Erstens ist die Forschung zur Erwachsenenbildung trotz umfangreichen Materials noch defizitär. Bis auf die Darstellung einzelner historischer Aspekte (unter anderem Bungenstab 1970; Rosenzweig 1998), bis auf wichtige Regionalstudien (unter anderem Gierke/Loeber-Pautsch 2000) sowie den jüngsten Sammelband zur Erwachsenenbildung im 20. Jahrhundert von Friedenthal-Haase (2001) hat sich die erwachsenenpädagogische Geschichtsschreibung bisher kaum in umfassenden zeitlichen und thematischen Gesamtdarstellungen manifestiert (unter anderem Feidel-Mertz 1975; Seitter 2000). Dies trifft insbesondere für die Entwicklung zwischen 1970 und 1990 zu. Die Ursache dafür ist sicherlich, dass diese Phase der Erwachsenenbildung noch nicht durchgängig als eine abgeschlossene historische Epoche betrachtet wurde. Insbesondere wurde die Geschichte nach 1970 mehr unter systematischen denn unter historischen Aspekten gesehen, mehr unter dem Blickwinkel der »Noch-Gegenwart« als dem der »Vergangenheit«.

Zweitens fehlen einheitliche Bewertungskriterien, um etwa zu beantworten, ob die Nachkriegszeit eine Epoche der »Restauration« oder die eines »Neuaufbaus« war (Niclauss 1982). Zudem ist die Frage, wie sich die Strukturreform des allgemeinen Bildungswesens für die Entwicklung der Erwachsenenbildung besonders nach 1970 ausgewirkt hat, seit dem Prozess der Integration der Erwachsenenbildung als Bestandteil der sozialstaatlichen Gesellschafts- und Wirtschaftsordnung, in ihrem Wirkungszusammenhang noch nicht eindeutig geklärt. Hans Tietgens sah deshalb für die Geschichte der Erwachsenenbildung nach 1945, vornehmlich nach 1970, in der Motivgeschichte die zentrale Kategorie. Dabei bedürfe diese einer problemorientierten Behandlung, weil damit die Mentalitätsgeschichte und die Institutionsgeschichte einbezogen sein (Tietgens 1985, S. 11). Eine ähnliche Position bezieht Franz Pöggeler (1975, S. 8).

Allerdings zeigt die Geschichte der Erwachsenenbildung spätestens seit 1970, dass diese zentralen Kategorien einen neuen Zugang und eine Erweiterung erfordern. Neben der institutionsbezogenen Perspektive, nach der Lernen in Einrichtungen der Erwachsenenbildung »unter professioneller Betreuung pädagogisch intentional [. . .] stattfindet« (Kade/Nittel/Seitter 1999, S. 64), wird ein subjektorientierter Zugang immer bedeutsamer: Die Geschichte der Erwachsenenbildung ist auch aus der Perspektive des lernenden Teilnehmers und Adressaten zu deuten. Der Blick richtet sich also von der Institution hin zum Teilnehmer mit seinen Voraussetzungen und Erwartungen.

Vor diesem Hintergrund soll die Geschichte der Erwachsenenbildung nach 1945 bis in die Gegenwart hinein als ein Teil des Erziehungssystems dargestellt werden, der sich aus einem unkoordinierten und zum Teil inhärenten und disparaten Bereich in mehreren Etappen und von unterschiedlichen gesellschaftlichen, bildungspolitischen und ökonomischen Impulsen angestoßen, hin zu einem eigenständigen sozialen System entwickelt hat: zu einem gleichberechtigten quartären Bildungssektor. Dieser Gang der Erwachsenenbildung ist mit den gesellschaftlichen, kulturellen, politischen und wirtschaftlichen Tendenzen der jeweiligen Zeit eng verbunden. Die Struktur, die Funktion, die Aufgabenstellung und die Legitimation der Erwachsenenbildung unterlag so zu einem Teil den politischen und kulturellen Einflüssen des jeweiligen »Systems« und hat sich deshalb im letzten halben Jahrhundert grundlegend gewandelt. Allerdings sind von der Erwachsenenbildung bzw. Weiterbildung Anregungen und Impulse auf die allgemeine historische Entwicklung ausgegangen. So fand beispielsweise die von der Erwachsenenbildung entwickelte Kategorie des »Lebenslangen Lernens« Eingang in politische und wirtschaftliche Vorstellungen und Entscheidungen. Auch das System Wirtschaft griff den genuinen erwachsenenpädagogischen Gedanken des »selbstverantworteten« und »selbstgesteuerten Lernens« auf und setzte diese Konzeption besonders in der betrieblichen Weiterbildung praktisch um.

1. Die Konstitutionsbedingungen der Erwachsenenbildung nach 1945

Die Ausgangslage der deutschen Erwachsenenbildung war unmittelbar nach dem Kriege durch mehrere Faktoren bestimmt, und zwar durch

- die politisch-soziale, die materielle und die geistig-kulturelle Situation nach dem Zusammenbruch des nationalsozialistischen Staates,
- die Vorstellungen der Siegermächte über die Neugestaltung des Bildungs- und Erziehungssystems,
- europäische Initiativen zum Aufbau der deutschen Erwachsenenbildung und
- den Wiederaufbau zwischen Tradition und Neubeginn.

1.1 Die politisch-soziale, die materielle und die geistig-kulturelle Situation nach dem Zusammenbruch des nationalsozialistischen Staates

Diese Faktoren, insbesondere die Rolle der Westalliierten waren – sofern von einer detaillierteren Phaseneinteilung der Erwachsenenbildung nach 1945 gesprochen werden soll – vor allem für die Zeit zwischen 1945 und 1947/48 konstitutiv.

Politisch war diese erste Nachkriegsphase wesentlich von den Vorstellungen und Entscheidungen der Besatzungsmächte bestimmt. Mit der Kapitulation am 8. Mai 1945 und der »Berliner Erklärung« vom 5. Juni 1945 übernahmen die vier Siegermächte, das Vereinte Königreich von Großbritannien und Nordirland, die Vereinigten Staaten von Amerika, die Union der Sozialistischen Sowjetrepubliken sowie die Französische Republik die oberste Regierungsgewalt in Deutschland. Das »Potsdamer Abkommen« vom 2. August 1945 legte die Grundsätze für die politische und wirtschaftliche Behandlung Deutschlands fest: Aburteilung der Kriegsverbrecher (»Nürnberger Prozess«, Beginn 20. November 1945), Entnazifizierung, Reparationsleistungen, Industrieentflechtungen sowie territoriale Abmachungen (Zierl 1995, S. 19). Der Lebensstandard der Deutschen sollte das Niveau anderer europäischer Länder nicht übersteigen.

Um eine personelle Grundlage für einen demokratischen Neuanfang in allen Bereichen des gesellschaftlichen und politisch-sozialen Lebens zu schaffen, wurden im oben erwähnten Potsdamer Abkommen jene Maßnahmen beschlossen, die der Entfernung politisch belasteter Personen, der Zerstörung aller nationalsozialistischen Organisationen (unter anderem Deutsches Volksbildungswerk) und der radikalen Ausschaltung von Nationalsozialisten dienen sollten. Ein wichtiges Instrument dafür war die Entnazifizierung. Durch sie sollten Nationalsozialisten aus öffentlichen Ämtern und führenden Positionen in der Wirtschaft, besonders auch aus pädagogischen Berufen, eliminiert werden. Die weiteren Vorstellungen der Alliierten gingen dahin, das politische, wirtschaftliche und kulturelle Leben von nationalsozialistischem Gedankengut zu säubern. Insbesondere sollten auch »nazistische und militaristische Lehren« im Erziehungs- und Bildungssystem beseitigt werden. So wurden auch belastete Erwachsenenbildner und Lehrer aus ihren pädagogischen Ämtern entfernt.

Das von der US-Militärregierung erlassene »Gesetz zur Befreiung von Nationalsozialismus und Militarismus« vom 5. März 1946 teilte die Belasteten in fünf Kategorien ein, von »Hauptschuldigen« bis hin zu »Mitläufern und Entlasteten«. Die Entnazifizierung wurde lokalen deutschen »Spruchkammern« übertragen. In den westlichen Besatzungszonen – die amerikanischen gesetzlichen Vorschriften wurden auf die übrigen übertragen – waren ca. sechs Millionen Menschen von diesen Maßnahmen betroffen. Die Entnazifizierungspolitik – besonders im Erziehungsbereich – erwies sich allerdings als kurzes Zwischenspiel. Nach der Gründung der Bundesrepublik Deutschland verlor die Entnazifierung rasch an politischer Bedeutung. Die positive Wende von der »Säuberung« hin zur Bildung von demokratischem Bewusstsein und demokratischen Verhaltensweisen zeigte sich in dem Konzept der *Re-education*, der so genannten »Umerziehung« *(s. u)*.

In den vier Besatzungszonen lag die politische Gewalt bei den Militärbefehlshabern. Der »Kontrollrat«, in dem alle vier Mächte beteiligt waren, stimmte die generelle politische Linie ab. Er übte »die oberste Regierungsgewalt in Deutschland« aus (Lehmann 1996, S. 48) und hatte Gesetzgebungskompetenz (OMGUS-Handbuch 1994, S. 23). Seine Entscheidungen bedurften der Einstimmigkeit. Allerdings war eine gemeinsame Kontrolle des besiegten Gegners bei den unterschiedlichen »verfassungs- und gesellschaftspolitischen Gegensätze(n)« der Westalliierten und der Sowjetunion auf lange Sicht nahezu unmöglich (Eschenburg 1983, S. 27).

Vor dem Hintergrund des sich herausbildenden Kalten Krieges entwickelten die westlichen Siegermächte die Vorstellung, Deutschland in das von den USA geführte Wirtschafts- und Sicherheitssystem einzubeziehen. Die Interessenverlagerung der amerikanischen Politik in diese Richtung kündigte sich bereits in der berühmten

Rede des Außenministers James Francis Byrnes am 6. September 1946 in Stuttgart an. Byrnes interpretierte die amerikanische Besatzungspolitik als eine Hilfe, um dem deutschen Volke »zu einem ehrenvollen Platz unter den freien und friedliebenden Nationen der Welt« zu verhelfen (nach Lehmann 1996, S. 23), um so auch einem demokratischen und wirtschaftlichen Wiederaufbau Deutschlands zu dienen.

Aus wirtschaftlichen Gesichtspunkten wurde am 2. Dezember 1946 aus der amerikanischen und der britischen Zone die so genannte Bi-Zone gebildet, ein erster Schritt zur einheitlichen Verwaltung in den Westzonen. Auf diese Weise sollten die schwierige Versorgungslage verbessert und die Mobilität gefördert werden. Im März 1948 wurde die Bi-Zone um die französische Zone zur Tri-Zone erweitert.

Die alliierte Wirtschaftspolitik gegenüber Deutschland wandelte sich seit dieser Zeit grundlegend; insbesondere trugen der so genannte »Marshallplan« als europäisches Hilfsprogramm (1947 bis 1952) sowie die Währungsreform in den Westzonen (20. bis 21. Juni 1948) zur allmählichen Konsolidierung der ökonomischen Situation bei. Mit diesem ökonomischen Wiederaufbauprogramm sollte Deutschland noch enger in die westliche Welt integriert werden. Demgegenüber kam es in der Sowjetzone zu weit reichenden wirtschaftlichen Umstrukturierungen, die auf die Etablierung einer Zentralverwaltungswirtschaft abzielten.

Nach der Moskauer Außenministerkonferenz (10. März bis 24. April 1947), bei der keine Einigung über die vom amerikanischen Außenminister Marschall definitiv abgelehnten Reparationsforderungen der Sowjets erzielt werden konnte, dem Scheitern der »Münchener Ministerpräsidentenkonferenz« aller Regierungschefs der Länder und Freien Städte in allen vier Zonen (5. bis 7. Juni 1947) und dem Auseinanderbrechen des Alliierten Kontrollrates wurde schließlich die Teilung Deutschlands besiegelt (Rosenzweig 1998, S. 211). Dies bedeutete die endgültige Integration Westdeutschlands in das westliche politische und ökonomische System, während die Sowjetzone in den Einfluss des kommunistischen Blocks unter der Führung der Sowjetunion geriet.

Der Aufbau einer deutschen Verwaltung sollte nach den »politischen Grundsätzen« gemäß dem Potsdamer Abkommen »in Richtung auf eine Dezentralisierung der politischen Struktur und der Entwicklung einer öffentlichen Selbstverwaltung durchgeführt werden [. . .]« (nach Eschenburg 1983, S. 50). Nach der Kapitulation war jedoch die Verwaltung durch die Deutschen auf allen Ebenen prinzipiell Sache der Besatzungsmächte. Diese waren bestrebt, so schnell wie möglich Gemeinde-, Provinzial- und Landesverwaltungen unter strenger Kontrolle der Besatzungsmächte zu etablieren. Entsprechend dem Prinzip der Dezentralisierung und des Föderalismus setzte also der Verwaltungsaufbau auf der unteren Stufe ein. Bürgermeister und Landräte trugen allein die Verantwortung gegenüber den Alliierten.

Auf der Ebene aller Westzonen ging der Gründung der Bundesrepublik Deutschland der Parlamentarische Rat (1. September 1948) voraus. Er erarbeitete das Grundgesetz, das am 23. Mai 1949 verkündet wurde und am 24. Mai in Kraft trat. Auf der Grundlage des so genannten Bonner Grundgesetzes konstituierten sich die Zentralorgane der Bundesrepublik: Bundestag, Bundesrat, Bundespräsident, Bundesregierung. Mit der Errichtung der Bundesrepublik hörte die »Militärregierung als solche auf zu bestehen« (Staatsbürgertaschenbuch 1995, S. 22). Die Kontrollbefugnisse gingen auf die jeweiligen »Hohen Kommissare« über. Durch die

»Pariser Verträge« (vier Pariser Konferenzen vom 19. bis 23. Oktober 1954) endete das Besatzungsregime bis auf einzelne Vorbehalte hinsichtlich Berlin und Deutschland als Ganzem.

Die materiellen Lebensbedingungen der Bevölkerung in der unmittelbaren Nachkriegszeit, die hier nur knapp skizziert werden können, waren katastrophal. Die – regional unterschiedlich starke – Zerstörung von Wohnraum führte nahezu überall zu Wohnungsnot und Überbelegungen. Insgesamt war weit mehr als die Hälfte des Vorkriegsbestandes an Wohnraum vernichtet. Dieser Missstand verschärfte sich durch die zahllosen Flüchtlinge, Kriegsheimkehrer und die so genannten *displaced persons* noch erheblich. Daher versuchte man die Heimatlosen überwiegend in die weniger betroffenen ländlichen Regionen zu lenken. Die Verkehrsinfrastruktur war weitgehend zerstört, und die Mobilität der Bevölkerung wurde zudem durch die zunächst strengen interzonalen Reisebeschränkungen behindert.

Ein Großteil der industriellen Produktionsanlagen, insbesondere der Schwer-, aber auch der Konsumgüterindustrie, war während des Krieges zerstört worden; weitere Betriebe sowie Verkehrsanlagen wurden durch die Alliierten zu Reparationszwecken demontiert, vor allem in der sowjetischen und der französischen Besatzungszone. Der Mangel an qualifizierten Arbeitskräften, an Saatgut und sonstiger Infrastruktur führte zum weit gehenden Zusammenbruch der Versorgung mit agrarischen Lebensmitteln – so betrug die Ernte 1946/47 aufgrund der Kriegsfolgen nur ca. 50 Prozent einer Normalernte (Eschenburg 1983, S. 63). Heiz- und Brennmaterialien standen aufgrund des Förder- bzw. Produktionsrückgangs durch Kriegseinwirkung und Reparationen nicht in ausreichendem Maß zur Verfügung. Die vier größten Engpässe in der unmittelbaren Nachkriegszeit waren also die Ernährung, der Wohnraum, die Energieversorgung und der Verkehr, wobei letzterer am gravierendsten war.

Die geistig-kulturelle Situation in Deutschland war durch Widersprüche geprägt. Weite Teile der Bevölkerung schienen unfähig, sich mit dem Nationalsozialismus und der möglichen eigenen Verstrickung auseinander zu setzen. Sie nahmen den NS-Staat auf höchst selektive Weise wahr. In den ersten Befragungen, welche die Alliierten im Oktober 1945 durchführten, gab kein einziger Befragter an, Kenntnis von den Vernichtungslagern gehabt zu haben. »Eine eher passive Akzeptanz, ein Hinnehmen eher als ein Mitmachen, ist für die Mehrheit wohl kennzeichnend. Nur etwa 16 Prozent hatten nach eigenen Angaben ›Mein Kampf‹ gelesen.« (Scheuch 1992, S. 14)

Die Alliierten versuchten, die Deutschen mit den Verbrechen des Nationalsozialismus, besonders mit der Vernichtung der Juden zu konfrontieren. So forderten die Amerikaner nach der Befreiung die Bevölkerung Weimars auf, das nahe gelegene KZ Buchenwald aufzusuchen, um sich ein Bild von den Gräueln des Holocaust zu machen.

Dem Unvermögen weiter Bevölkerungskreise, sich mit der Vergangenheit konfrontieren zu lassen, und dem Mechanismus des Verdrängens stand eine außerordentlich hohe Lernintensität gegenüber, die in den ersten Nachkriegsjahren im Allgemeinen und für die Erwachsenenbildung im Besonderen kennzeichnend war. Die Dialektik von Vergessen und neuem Lernen war darüber hinaus für das allgemeine geistige Klima der Bevölkerung prägend. Einerseits mussten faschistische, rassistische, biologistische Denk- und Deutungsmuster verlernt werden, andererseits neue

Fähigkeiten wieder erlernt werden, um sich in einem veränderten System und Milieu zurechtzufinden (Siebert 1999, S. 54). Auch die Auseinandersetzung mit der kulturellen Entwicklung im Ausland, vor allem in Amerika und Westeuropa, von denen die Deutschen während der NS-Zeit abgeschnitten waren, bedeutete eine neue Lernchance und Lernnotwendigkeit *(s. u.)*.

In den Einrichtungen der Erwachsenenbildung, vornehmlich in den Volkshochschulen und in den Institutionen kirchlicher Erwachsenenbildung (Akademien u. a.), die sehr stark von der gebildeten Mittelschicht besucht wurden, herrschte in den ersten Nachkriegsjahren ein allgemeines soziokulturelles und »frei schwebendes« intellektuelles Lernklima. Zeithistorische Themen wie der »Kampf um die Wirtschaftsdemokratie« stießen dagegen auf weit gehende Ablehnung. Andererseits erforderte die materielle und soziale Situation ein pragmatisches, der neuen Lebenswirklichkeit angepasstes Lernen. Im Gegensatz zu politischen Themen fanden berufsbezogene Fächer das Interesse der Teilnehmer. Dies galt z. B. für die Kriegsheimkehrer, besonders für die jungen Erwachsenen, die keine Schul- und Berufsausbildung aufnehmen, geschweige denn während des Krieges abschließen konnten. Ein hoch gestecktes Ziel war deshalb das Nachholen schulischer Abschlüsse, die zum Teil in den neu gegründeten Institutionen des »Zweiten Bildungsweges« erworben werden konnten (z. B. im »Braunschweig-Kolleg«). Für die verunsicherte »verlorene Generation«, die sich teilweise völlig in nationalsozialistischen Ideologien verstrickt hatte, musste die Erwachsenenbildung verstärkt Angebote der politischen Bildung machen. Besonders für die Jugendlichen, die NS-Organisationen wie die »Hitler-Jugend« und Formen nationalsozialistischer Elitebildung durchlaufen hatten, z. B. die NS-Ausleseschulen »Napola« und die »Adolf-Hitler-Schulen«, und die zunächst politisch heimatlos geworden waren, musste die Erwachsenenbildung Formen sozialintegrativer Bildungsarbeit finden und entwickeln, besonders in den Volkshochschulen und in den Heimvolkshochschulen. Für diejenigen Erwachsenen, die hauptamtlich in NS-Führungspositionen tätig gewesen waren und deshalb als »belastet« galten, und auch für die Berufssoldaten musste die Erwachsenenbildung Hilfe anbieten, sich in die neue Gesellschaft und die neue Berufswelt einzufinden.

Auch die Pädagogik insgesamt und auch die Erwachsenenbildung selbst standen vor einem Umbruch und vor neuen Anforderungen. So litt der Neuaufbau des Bildungs- und Erziehungssystems neben den materiellen Problemen auch unter dem Verlust zahlreicher kompetenter und moralisch geeigneter Persönlichkeiten. Der Mangel an Lehrern für das Schulsystem war außerordentlich gravierend. Allein 50 Prozent der ehemaligen Lehrer in der amerikanischen Besatzungszone wurden aufgrund der Entnazifizierung aus dem Schuldienst entfernt. Um den Mangel kurzfristig zu beseitigen, wurden Ausbildungskurse für die Volksschulen eingerichtet, wobei nicht die Vorbildung, sondern politische und soziale Gesichtspunkte ausschlaggebend waren (Glaser 1991, S. 66). Hinzu kam, dass der Nationalsozialismus und der Krieg zu einem Mangel an qualifizierten Akademikern geführt und zum Teil eine »akademische Orientierungslosigkeit« verursacht hatten. Deshalb hatte die Erwachsenenbildung, ebenso wie andere gesellschaftliche Führungsbereiche, Schwierigkeiten, die personellen Lücken zu schließen.

Die Bildungsarbeit der Volkshochschulen wurde bis in die beginnenden Fünfzigerjahre sehr stark durch das Engagement der Besatzungsmächte unterstützt.

Dies trug auch dazu bei, dass der quartäre Bildungsbereich in das allgemeine gesellschaftliche und bildungspolitische Bewusstsein rückte. Allerdings trat in den Gründerjahren des »Wirtschaftswunders« das Interesse, die Aufmerksamkeit und Anerkennung der Bildungspolitik gegenüber dem System Erwachsenenbildung zurück. Die Volkshochschulen legten besonderen Wert auf die Qualität ihrer pädagogischen Arbeit. Von daher ging es ihnen nicht primär um eine hohe Zahl von Hörern, und deshalb blieb auch ihre Breitenwirkung noch begrenzt. Die Gewinnung »aktiver Minderheiten« (Fritz Borinski) wurde zu einem Orientierungspunkt für die pädagogische und die politische, auf Demokratisierung ausgerichtete Arbeit der Volkshochschulen. Zudem waren sie in der unmittelbaren Nachkriegszeit – noch ganz in der Tradition der Neuen Richtung – weitgehend »zivilisationskritisch« ausgerichtet. »Kulturverfall« und »Vermassung« waren wichtige Begriffe in der gesellschaftstheoretischen Diskussion der Volkshochschulen. Die Erwachsenenbildung war mit dieser etwas elitären Einstellung nicht voll im gesellschaftlichen und politischen *mainstream* der Zeit. Erst mit der Neuorientierung (»Realistische Wende«, *s. u.*) richtete sich die Erwachsenenbildung an den sehr stark beruflich orientierten Interessen der Teilnehmer, an dem Qualifizierungsbedarf der Wirtschaft und den Loyalitätserwartungen des politischen Systems aus. Damit fand die Nachkriegsphase der Erwachsenenbildung einen gewissen Abschluss.

Vor dem Hintergrund dieser politisch-sozialen und geistig-kulturellen Lage der Erwachsenenbildung besaßen die Besatzungsmächte nicht nur bei deren institutionellen, sondern vor allem beim geistig-kulturellen Neuaufbau einen großen Einfluss.

2. Der Einfluss und die Rolle der Besatzungsmächte beim Aufbau der Erwachsenenbildung

Vor dem Hintergrund der weltpolitischen Lage *(s. o.)* übernahmen die Alliierten in der unmittelbaren Nachkriegszeit neben den politischen und wirtschaftlichen alle Kompetenzen für das kulturelle Leben, für das Bildungs- und Erziehungssystem und für die Erwachsenenbildung. Der Bildung maßen die Besatzungsmächte eine entscheidende Rolle bei der kulturellen und politisch-demokratischen Neugestaltung Deutschlands bei. Der Aufbau eines demokratischen Erziehungssystems wurde als Teil eines umfassenden wirtschaftlichen und politisch-kulturellen Gesamtprogramms angesehen.

Die *Re-education*-Politik nahm bereits seit der Jalta-Konferenz der Alliierten vom 4. bis 11. Februar 1945 einen offiziellen Charakter an. Auf der Potsdamer Konferenz im August 1945 wurde der *Re-education*-Begriff zwar nicht dezidiert aufgegriffen, allerdings wurden dort allgemeine erziehungspolitische Vorstellungen entwickelt, die inhaltlich der »Umerziehung zur Demokratie« nahe kamen. Die politische Umerziehung der Deutschen war für die Alliierten einschließlich der Sowjetunion ursprünglich ein wichtiges Element ihrer Gesamtpolitik. Die Frage nach gemeinsamen Vorstellungen, Zielen und Instrumenten verweist im Konkreten auf die Absicht der Alliierten zur Errichtung einer gemeinsamen Erziehungsbehörde, die auf der Potsdamer Konferenz noch erörtert wurde (Füssl 1995, S. 89). Der (im

November 1944 eingerichtete) Kontrollrat sollte als übergeordnete gemeinsame Instanz die anstehenden Erziehungsfragen regeln. Obwohl der Kontrollrat im Sinne der gemeinsamen Politik aller Alliierten für die Gestaltung und Überwachung des Erziehungswesens zuständig war, reagierte jedoch jeder der Militärgouverneure, da kaum Einigkeit unter ihnen bestand, nach eigenem Gutdünken (Benz 1991, S. 189). Die Vorstellung einer gesamt-alliierten Erziehungspolitik scheiterte schließlich an den grundlegenden Unterschieden zwischen den Westalliierten einerseits und der Sowjetunion andererseits im Hinblick auf die demokratischen Erziehungsprinzipien. Lediglich das Entnazifizierungs- und Entmilitarisierungsprogramm war noch eine gemeinsame Klammer: »Das Erziehungswesen in Deutschland muss also überwacht werden, dass die nazistischen und militaristischen Lehren völlig ausgemerzt werden und eine erfolgreiche Entwicklung der demokratischen Ideen möglich gemacht wird.« (nach Rosenzweig 1998, S. 93)

Während sich die Sowjetunion strikt an den hier genannten Prinzipien der Entnazifizierung und Entmilitarisierung orientierte und das Prinzip des Antifaschismus zur Maxime erziehungspolitischen Handelns in ihrem Machtbereich machte, bezogen sich die Westalliierten, insbesondere das *Re-education*-Konzept der Amerikaner, darüber hinaus auf universalgültige Prinzipien wie Gerechtigkeit, Achtung der Menschenwürde, Toleranz und Völkerverständigung. Einig waren sich die Westalliierten in der Überzeugung, dass eine dauerhafte kulturelle Veränderung und eine weit reichende Transformation der deutschen Mentalitätsstruktur vor dem Hintergrund der Verantwortung für die nationalsozialistischen Verbrechen ohne die Deutschen selbst nicht möglich sei. Deshalb sollten vor allem diejenigen Deutschen am Programm einer tief greifenden »Umerziehung« beteiligt werden, die selbst in unterschiedlichen Formen Widerstand geleistet hatten.

Die Bildungs- und Erziehungsoffiziere, die für die Planung, Durchführung und Kontrolle sämtlicher Erziehungsmaßnahmen der Militäradministration zuständig waren, prägten durch Beratung und Unterstützung, aber vor allem durch Befehle, Verordnungen und Vorschriften den Wiederaufbau der Erwachsenenbildung nach 1945 entscheidend. Dabei brachten sie ihre jeweiligen nationalen Erfahrungen und ihre grundlegenden gesellschaftspolitischen, bildungspolitischen, bildungstheoretischen und professionsbezogenen Überlegungen in die Gestaltung des neu zu entwickelnden Bildungs- und Erziehungssystems ein.

2.1 Die Re-education-Politik der Amerikaner

Trotz grundlegender Übereinstimmung über die Rolle von Bildung und Erziehung im besiegten Deutschland setzten die westlichen Siegermächte unterschiedliche Akzente. Die amerikanischen Planungen für den Wiederaufbau eines demokratischen Erziehungssystems nach der Niederschlagung des faschistischen deutschen Staates wurden in großen Zügen bereits vor 1945 festgelegt. Dies betraf vorrangig das *Re-education*-Konzept, die Vorstellung einer »Umerziehung zur Demokratie« und schließlich auch das Konzept einer »Educational Reconstruction«. Während das *Re-education*-Prinzip sich nahezu ausschließlich an den politischen, pädagogischen und kulturellen Wertvorstellungen der Siegermächte im Hinblick auf die neu aufzubauende Demokratie in Deutschland konzentrierte, versuchte das Konzept der »Educational Reconstruction« auch an Elemente der deutschen Bildungstradition anzuknüpfen. Dieses Konzept räumte den deutschen Stellen einen größeren Handlungsspielraum ein *(s. u.)*.

Das *Re-education*-Konzept wurde mit der Entnazifizierungs-Politik der Alliierten in Verbindung gebracht und war gleichsam die andere Seite der Medaille. Dem lag die Überzeugung der Alliierten, vornehmlich der Amerikaner, zugrunde, dass nur durch eine radikale Umerziehung der Jugend und auch der Erwachsenen, die von der nationalsozialistischen Ideologie besonders infiziert waren, ein Neuanfang in Deutschland möglich sei. In diesem Konzept war die Umerziehung der Erwachsenen eine grundlegende Voraussetzung für die Neuorientierung und Neugestaltung auch deshalb, weil es Aufgabe der Erwachsenen sei, die junge Generation in eine neue Gesellschaft zu überführen. Insofern gewann die Erwachsenenbildung im Prozess der Umerziehung Erwachsener eine doppelte Funktion: als Selbstbildung und als Träger der Bildung Jugendlicher. Die Erwachsenenbildung sollte die Deutschen mit Prinzipien einer offenen Gesellschaft und mit demokratischen Lebensformen vertraut machen, damit diese sich innerlich von der Nazi-Ideologie und den autoritären nationalsozialistischen Verhaltensweisen lösten.

Mehrere Ministerien und hohe militärische Dienststellen erarbeiteten die amerikanischen Erziehungs- und Bildungskonzepte. Noch vor Kriegsende wurden im *State Department*, im *War Department* sowie bei den *Supreme Headquarters Allied Expeditionary Forces* (S.H.A.E.F.) konkrete staatliche Planungen für die Durchführung der Bildungspolitik nach dem Zusammenbruch Deutschlands entwickelt. Die umfangreiche Beteiligung dieser bedeutenden Ministerien und offiziellen Stellen dokumentiert die Bedeutung, die der Bildung und Erziehung im neuen, vom Nationalsozialismus befreiten Deutschland beigemessen wurde. Mit einer Denkschrift und einem Brief der Militärs an Präsident Truman wurde die Frage der *Re-education*-Politik auf die höchste politische Ebene gehoben (Bungenstab 1970, S. 37). Auch private Institutionen und Einzelpersönlichkeiten unterstützten die offiziellen Überlegungen durch die Übermittlung von Informationen und durch Beratung. Sie konzentrierten sich auf die Frage, wie die Demokratisierung des deutschen Volkes und der deutschen Gesellschaft vorangetrieben werden könne. Deutsche Emigranten in den USA und amerikanische Deutschlandkenner schlossen sich unter der Leitung von Professor Paul Tillich *(s. o.)* und dem Theologen Reinhold Niebuhr 1944 zu einem »Council for Democratic Germany« zusammen (Bungenstab 1970, S. 26). Die Verbindung dieser Emigrantenorganisation zur offiziellen Politik mag man auch daran ersehen, dass Reinhold Niebuhr in das wichtige »Advisory Committee of German Education« *(s. u.)* berufen wurde.

Sehr konkrete amerikanische Planungsüberlegungen finden sich in den Akten des *Office of Military Government for Germany* (US) (= OMGUS) aus dem Jahre 1944. Sie enthalten einen auf den 22. Juli 1944 datierten »Civil Affairs Guide: German Higher Education and Adult Education under Military Government«. Dieser *Civil Guide* bot Vorschläge und Anleitungen, wie das allgemeine deutsche Bildungssystem und die Erwachsenenbildung nach der Niederschlagung des Nationalsozialismus unter militärischer Leitung organisiert werden sollten, besonders auch im Hinblick auf die Auswahl politisch nicht belasteter Personen. Der Aufbau des neuen Erziehungssystems auf allen Stufen sollte sich an dem Gedanken der Demokratisierung orientieren. Deshalb enthielt die im August 1944 von offiziellen amerikanischen Stellen erstellte »White List of Germans to be used for Adult Education in Germany« die Namen deutscher, demokratisch eingestellter Erwachsenenbildner, die am Wiederaufbau mitwirken sollten (Raapke 1998, S. 556).

Unmittelbar nach dem Ende des Krieges wurde auf der Grundlage eines im Außenministerium erstellen Konzepts zur Erziehungspolitik ein »Long Range-Policy Statement for German Re-education« entwickelt (Rosenzweig 1998, S. 92). Die leitende Idee war, dass die kulturelle und moralische Erziehung der Deutschen nur in einem umfassenden politischen und wirtschaftlichen Gesamtprogramm erfolgen könne. So sollte gleichzeitig mit dem beginnenden Prozess der Entnazifizierung und Entmilitarisierung ein »Programm für den Wiederaufbau des deutschen kulturellen Lebens« eingeleitet werden.

Die politisch-administrative Umsetzung des amerikanischen *Re-education*-Konzepts konzentrierte sich vornehmlich auf den schulischen Bereich. Für die Erwachsenenbildung hatte die *Direktive JCS 1067* des Oberkommandierenden an die Distriktkommandeure vom 7. Juni 1945 eine grundlegende Bedeutung. Sie war weitgehend mit den Bestimmungen des Potsdamer Abkommens vornehmlich im Bereich der wirtschaftspolitischen Beschlüsse identisch, wurde allerdings von den Briten abgelehnt. In dieser Direktive wurde die Schließung aller nationalsozialistischen Bildungseinrichtungen sowie ein Verbot der Wiedererrichtung des »Deutschen Volksbildungswerkes« verfügt *(s. o.)*. Zugleich wurde die Wiedereröffnung der Volkshochschulen zum nächstmöglichen Zeitpunkt grundsätzlich zugelassen.

Das im Sommer 1946 vorgelegte OMGUS-»Adult Education Manual« definierte die programmatischen Aussagen über die Erwachsenenbildung bereits in Richtung allgemeiner politischer Zielsetzungen. Dabei sollte die Erwachsenenbildung als ein integraler Bestandteil des in der Entwicklung befindlichen Erziehungsprogramms dazu beitragen, »Militarismus und aggressiven Nationalismus« und vergleichbare Erscheinungsbilder der deutschen Erziehungstradition auszumerzen. Die Erwachsenenbildung sollte zugleich »die Wirkungsmöglichkeiten des deutschen Volkes aktivieren« und entwickeln, damit dieses unter der Kontrolle der Militärregierung selbst an diesem politisch-pädagogischen Programm einer neuen politischen Kultur und einer grundlegenden Mentalitätsänderung der Deutschen mitarbeiten könne.

Die Kontrollrats-Direktive Nr. 56 vom 28. Oktober 1947 legte nochmals »grundlegende Richtlinien« für die Erwachsenenbildung in Deutschland fest. Sie befasste sich in fünf Punkten mit dem Ziel der Organisation und dem Programm sowie mit den Methoden der Bildungsarbeit. Zugleich wurden Fragen des Lehrpersonals und der Hörerschaft angesprochen. Sie gab dem Wiederaufbau der Erwachsenenbildung entscheidenden Auftrieb und wirkte sich in den späteren Verfassungsformulierungen zur Erwachsenenbildung aus (Keim/Olbrich/Siebert 1973, S. 57).

Die Gründung von Erwachsenenbildungseinrichtungen und die Zulassung von Zeitschriften bedurfte in der unmittelbaren Nachkriegszeit einer ausdrücklichen Genehmigung durch die jeweiligen Militärregierungen. Die Kontrolle über die Wiedereröffnung nahmen die zuständigen Erziehungsoffiziere wahr, die jedoch in der ersten Zeit über keine speziellen pädagogischen Qualifikationen verfügten. Erst später wurden fachorientierte Erziehungsoffiziere mit solchen Entscheidungen beauftragt. Dabei mussten in der amerikanischen Besatzungszone Angaben über den Stand der Entnazifizierung des Leiters und der Mitarbeiter als Voraussetzung zur Genehmigung der Einrichtungen gemacht werden. Zugleich mussten die Ziele und die Bildungsprogramme sowie die räumlichen Voraussetzungen angegeben werden. Die Einstellung wie die Entlassung von Dozenten und Mitarbeitern der Volkshochschulen bedurfte der Genehmigung der Erziehungsoffiziere.

Die von der amerikanischen Administration eingesetzte hochrangige »Zook-Kommission«, der zehn bedeutende Persönlichkeiten aus Wissenschaft und Politik angehörten (Zook war Präsident des *American Council of Education*), empfahl im März 1947 den Erziehungsoffizieren vor Ort die Eröffnung der Volkshochschulen. Die Empfehlung dieser Kommission übertrug in stärkerem Maße die pädagogischen und administrativen Entscheidungen den Pädagogen vor Ort und den entsprechenden staatlichen deutschen Institutionen. So sollten ihre organisatorische Gestaltung und die Aufsicht über die Volksbildungseinrichtungen in den Verantwortungsbereich der Ländererziehungsminister übergehen, verbunden mit der Aufgabe, die Volkshochschulen nach einheitlichen Prinzipien zu organisieren. Allerdings wurde dies erst am 28. Dezember 1948 administrativ und politisch legitimiert, die endgültige formale Eröffnung von Volkshochschulen durch eine Order des Hauptquartiers an die Militärregierungen in Hessen, Bayern und Württemberg-Baden ausdrücklich genehmigt und damit auch die bestehenden Volkshochschulen endgültig anerkannt. Das große Interesse der amerikanischen und auch der englischen Besatzungsdienststellen am Aufbau der Erwachsenenbildung zeigte sich auch darin, dass in den jeweiligen Besatzungszonen Gründungen von Zonenausschüssen und Zusammenschlüssen in Landesverbände der Volkshochschulen initiiert wurden.

Im Ganzen kann die amerikanische Umerziehungspolitik durchaus als erfolgreich bewertet werden, da sie einen Beitrag zur Demokratisierung des Bildungssystems und zur politisch-kulturellen Erneuerung geleistet hat. Das Abrücken der führenden Siegermacht Amerika von Verordnungen und Befehlen zur Umsetzung ihrer Umerziehungspolitik in der unmittelbaren Nachkriegszeit hin zur Einbeziehung der Deutschen beim Wiederaufbau des Bildungs- und Erwachsenenbildungssystems kann selbst als Zeichen der demokratischen Veränderung des Konzepts angesehen werden.

2.2 Umerziehung in der Britischen Zone

Das britische Umerziehungsprogramm wurde in England noch während des Krieges in politischen Parteien und Institutionen, in der englischen Publizistik und in der Öffentlichkeit diskutiert. Die britische *Re-education*-Diskussion war Teil der Innen- und Außenpolitik während des Krieges (Pakschies 1979, S. 78). Die Träger der pädagogischen, politischen und wirtschaftlichen Reformvorstellungen der deutschen Emigranten in England (German Educational Reconstruction GER, *s. u.*), systematisch dargestellt in dem Dokument »General background and principals of educational reconstruction in Germany«, versuchten gleichfalls Einfluss auf das britische Umerziehungskonzept auszuüben, wiewohl ihr Einfluss bei offiziellen britischen Stellen sehr gering war.

Wie die amerikanische *Re-education*-Vorstellung zielte das britische Konzept ebenfalls auf die Überwindung der politischen Ideologie des Nazismus und die Eliminierung aller Elemente doktrinärer Denkungsart durch Erziehung. Die *englische Re-education*-Politik bezog die zuständigen deutschen Stellen und die Pädagogen vor Ort von Anfang an stärker mit ein. Die übergreifenden Vorstellungen und Ziele der europäischen Siegermacht England richteten sich auf den Aufbau einer demokratischen Struktur, um die Sicherheit und den Frieden Europas in Zukunft zu sichern.

Hier zeigte sich im britischen Konzept die europäische Dimension. Winston Churchill trug in seiner berühmten Rede in Zürich im September 1946, die als Pendant zur Rede des amerikanischen Außenminister Byrnes angesehen werden kann *(s. o.)*, seine Gedanken zu einer europaorientierten Politik vor. In dieser Rede bezog er bereits Deutschland an der Seite Frankreichs mit ein und nannte die tragenden Elemente, die auch die Erziehungspolitik wesentlich beeinflussten: *Political Re-education, Responsible Government, Federation of Germany* (Jürgensen 1979, S. 105). Darüber hinaus sollte zwischen den Siegermächten und den Deutschen ein interkultureller Dialog und Austausch als Grundlage für die Bildung einer internationalen Völkergemeinschaft ermöglicht werden (Friedenthal-Haase 1988, S. 221). Zugleich war die britische Bildungspolitik gegenüber Deutschland in die allgemeine politische Doktrin der neuen *Labour*-Regierung einbezogen. Nach dem Wahlsieg der *Labour*-Partei 1945 wurden sozialpolitische Maßnahmen und ein Sozialisierungsprogramm Grundlage für die Politik. Auch die Neuordnung des Bildungssystems unter dem Gesichtspunkt erhöhter Chancengleichheit bestimmte die *Labour*-Doktrin. Im Hinblick auf den Aufbau der Erwachsenenbildung nach 1945 in der britischen Zone konnte in diesem Sinne durchaus vom Ansatz einer interkulturellen Bildung gesprochen werden.

Deshalb war die britische *Re-education*-Politik von Anfang an nicht nur auf »Umerziehung« von oben gerichtet. Vielmehr sah sie die Erziehung des deutschen Volkes zu demokratischer Selbstverwaltung und zur Entwicklung eines europäischen Bewusstseins als politische Aufgabe sowohl der Briten als auch der Deutschen an. Entsprechend dem europäischen Blick der britischen Besatzungsmacht spielten diese Ziele eine größere Rolle als für die Amerikaner. Die britischen *Re-education*- und *Reconstruction*-Konzepte hatten also eine dreifache Zielsetzung:

- Informationsarbeit und Vermittlung von Kulturwerten und demokratischen Verhaltensnormen,
- Rückbesinnung auf die demokratischen Erfahrungen der Weimarer Heimvolkshochschulbewegung (»Arbeit und Leben« in Niedersachsen, *s. u.*), sowie
- Austausch durch Studienreisen und Fachkontakte, um die britischen und interkulturellen Erfahrungen in den Prozess der Neuorientierung der deutschen Erwachsenenbildung einzubringen (Friedenthal-Haase, 1988, S. 226/27).

Freie Kooperation, informelle Kontakte und gesellige Begegnungen sollten die Zusammenarbeit zwischen Briten und Deutschen vertiefen. Die Umsetzung der britischen *Re-education*- und *Reconstruction*-Politik setzte denn auch, im Unterschied zur amerikanischen und französischen Erwachsenenbildungspolitik, bereits von Anfang an weniger auf administrative Einflussnahme denn auf Zusammenarbeit mit deutschen Erwachsenenbildnern und deutschen Stellen.

Die frühesten Anordnungen der britischen Militärregierung, die sich auf die Erwachsenenbildung bezogen, datieren vom 22. September 1945 und waren an die Abteilungen für Kirche und Schulwesen, Hannover, gerichtet. Sie zeigten bereits die auf Kooperation mit den deutschen Stellen in den »Ausschüssen der Städte und Landkreise« gerichteten Bildungsvorstellungen der Engländer. Es sei nicht die Absicht, die Richtlinien, auf denen sich die Volkshochschulen entwickeln wollten, zu »diktieren«. Die Anordnung forderte deshalb die deutschen Ausschüsse auf, Anregungen zu unterbreiten (Gierke/Loeber-Pautsch 2000, S. 86). Auch die Instruktion Nr. 21 der britischen Militärregierung vom 26. November 1945, die sich auf die Regionen Schleswig-Holstein und Hamburg bezog (Keim/Olbrich/Siebert 1973, S. 56), zeigte den kooperativen Charakter der britischen Umerziehungspolitik.

»Überall, wo die örtlichen Verhältnisse es gestatten, sollen die deutschen Behörden sofort aufgefordert werden, Pläne für die frühzeitige Wiederaufnahme der Erwachsenenbildung zu unterbreiten.« (nach Knierim/Schneider 1998, S. 39) Zugleich erteilte die britische Militärregierung weitere Anweisungen über die notwendige Kontrolle und über die zu erstellenden Berichte und schließlich über demokratisch zu wählende Ausschüsse sowie über die Bildungseinrichtungen der Erwachsenenbildung, die Träger der Arbeit sein sollten.

Daraufhin beauftragte das angesprochene Schleswig-Holsteinische Kultusministerium, das durch die Gründung eines eigenen Referats Erwachsenenbildung – anknüpfend an die Weimarer Tradition – die Bedeutung dieses Bildungsbereichs dokumentierte, durch einen ersten Erlass vom 4. Dezember 1945 über die »Wiederaufnahme der Erwachsenenbildung« die Landräte und Oberbürgermeister der Städte, umgehend »Ausschüsse für Erwachsenenbildungsarbeit« einzurichten. Dabei wurden den zu bildenden Ausschüssen von der britischen Militärregierung folgende Aufgaben übertragen:
1. Bereitstellung der notwendigen Räumlichkeiten;
2. Bereitstellung der erforderlichen Lehrkräfte;
3. Prüfung der Hörerwünsche;
4. Berücksichtigung gegebener Anregungen;
5. Unterbreitung von Vorschlägen für die Arbeit und Einreichung regelmäßiger Berichte (Henningsen 1962, S. 137).

Allerdings war die Resonanz auf diese Aufforderungen, wie Axel Henningsen selbst schrieb, der das genannte Referat von 1947 bis 1951 leitete, auch deshalb sehr gering, weil viele geeignete Kräfte sich noch in Kriegs- bzw. Zivilgefangenenlagern befanden.

Die englische Erziehungspolitik fand bei deutschen Stellen und Persönlichkeiten, die mit dem Neuaufbau der Erwachsenenbildung befasst waren, eine positive Resonanz. Ein Grund für die Motivation, die die Bildungspolitik der britischen Besatzungszone bei deutschen Stellen und Persönlichkeiten auslöste, war, dass die britische Erwachsenenbildungspolitik sich von der *Re-education* hin zur Strategie des »observing, assisting and advising«, also hin zum Konzept der *educational reconstruction* entwickelte (Pakschies 1979, S. 231 ff.).

Diese Neuorientierung wurde vor allem zur leitenden Maxime, als am 1. Mai 1947 *Robert Birley* (1903–1981), ein Mann von Bildung und Kenner der kulturellen Situation in England und Deutschland, zum Leiter des Büros des »Educational Advisors« (1947–1949) berufen wurde (Jürgensen 1979, S. 114 ff.). Seine konzeptionell und pragmatisch – auch international – ausgerichtete Bildungsphilosophie zeigt sich beispielsweise in seinem Vortrag »Alle Gelehrsamkeit ist noch kein Urteil«, mit dem er den Landesverband der Volkshochschulen Niedersachsen in Celle am 21. September 1947 eröffnete (in: Bausteine 1948, S. 50–54). Er konzeptionierte seinen Einsatz als Hilfe zur demokratischen Erneuerung und als Strategie zur inneren Reform des Bildungssystems aller Bereiche, was sich etwa in seinen prinzipiell-methodischen Überlegungen niederschlug: demokratische Lehrmethoden, orientiert an den Kategorien der Unabhängigkeit, der Verantwortlichkeit und der Toleranz. Als seine Hauptaufgabe betrachtete er die Unterstützung der deutschen Akteure und weniger die Herausgabe von Verordnungen und Anweisungen durch die Siegermächte.

Diese Gedanken Sir Robert Birleys verbinden die konstitutive Idee der Demokratie mit methodisch-didaktischen Konzeptionen, die in der Praxis der Bildungsarbeit, besonders in der britischen Zone, zur Geltung kamen. So spielten in der unmittelbaren Nachkriegszeit die »Foren« vor allem in der britischen Besatzungszone bei der erwachsenenpädagogischen und politischen Arbeit, etwa zur Einübung von partizipativ-demokratischen und staatlich-parlamentarischen Verfahren, eine wichtige Rolle. Die Foren waren Veranstaltungsformen, an denen Personen mit unterschiedlichen kommunalen Kompetenzen und unterschiedlichen politischen Auffassungen teilnahmen, um zur Vorbereitung wichtiger Entscheidungen auf der untersten parlamentarischen Ebene beizutragen. Für die Programmgestaltung der Erwachsenenbildung und die Diskussionen auf kommunaler Ebene wurden solche Foren daher als Möglichkeit der politischen Erziehung und der Aktivierung der Bürger zur Mitgestaltung ihrer eigenen Angelegenheiten eingerichtet.

Das erwachsenenbildnerische Engagement der britischen Militärbehörden erwies sich schließlich als außerordentlich wirksam. Die britische Zone konnte auf ein differenziertes und institutionell abgesichertes System von demokratisch organisierten Einrichtungen und Trägern der Erwachsenenbildung verweisen. Die hohe Zahl von Volkshochschuleinrichtungen zeugt vom systematischen Auf- und Ausbau der Erwachsenenbildung. Neben den Volkshochschulen wurde ein dichtes Netz von Heimvolkshochschulen geknüpft. Hier sind unter anderem die bekannte Heimvolkshochschule Jagdschloss Göhrde, die Fritz Borinski leitete, und die Heimvolkshochschule Hustedt unter der Leitung von Paul Steinmetz zu nennen. Es bestanden allein in Niedersachsen, dem Kernland der Heimvolkshochschulen, so viele Heimvolkshochschulen, dass sich bereits am 25./26. Februar 1949 in Hustedt eine eigenständige »Arbeitsgemeinschaft der niedersächsischen Heimvolkshochschulen« konstituierte.

Die britische *Re-education*-Politik, die sich hin zu einer Theorie und Praxis der *educational reconstruction* entwickelte, basierte mehr und mehr auf der Idee einer »equal partnership« mit den Deutschen. Es ging der englischen Siegermacht nicht darum, unbegründete Vorstellungen und Ideologien oder wesensfremde Institutionen und Formen in Deutschland einzuführen, sondern um eine »Erneuerung von innen« (Jürgensen 1979, S. 126). Diesen Gedanken vertrat insbesondere Sir Robert Birley, der sich auf den deutschen Beitrag zur abendländischen Kultur berief. In diesem Sinne trugen das englische Konzept und die englische Praxis nicht nur zur geistigen Reform des deutschen Bildungs- und Erwachsenenbildungssystems bei. *Educational reconstruction* war auch ein allgemeiner Beitrag zur kulturellen Erneuerung und zur Entwicklung eines gesamteuropäischen Bewusstseins.

2.3 Bildungs- und Kulturpolitik der französischen Militärregierung

Die französische Militärregierung beschränkte sich im Unterschied zur amerikanischen und britischen Besatzungsmacht im Wesentlichen darauf, in ihrer Besatzungszone ein vielseitiges Kulturangebot bereitzustellen. So schreibt Alfred Grosser über die französische Bildungs- und Kulturpolitik: »[. . .] von den beachtlichen Pädagogischen Akademien bis zur Gründung der Mainzer Universität, von der [. . .] Zusammenstellung deutscher Schulbücher bis zur Einführung des allerheiligsten Abiturs *à la francaise*, sie war sehr viel breiter angelegt als die anderen Besatzungsmächte«. (1978, S. 83) Entsprechend der bildungspolitischen Landschaft in Frankreich konzentrierte sich die französische Besatzungspolitik darüber hinaus sehr stark auf den Schulbereich. Dabei standen zunächst die höheren Schulen im Zentrum der französischen Reformpolitik, die im Herbst 1946 Gestalt annahm. Die pädagogisch-gesellschaftlichen Vorstellungen richteten sich gegen überkommene deutsche Traditionen und Institutionen. So forderte Oberst Raymond Schmittlein, der für die gesamte französische Zone als Offizier der Militärregierung verantwortlich war, von der Schule, »die Jugend zu befreien von den Ketten der Disziplin [. . .] zu befreien von wagnerianischen Alpträumen«. Schmittlein war der Überzeugung, dass die »Philosophie des Übermenschen und die Verherrlichung der Heldentugenden geradezu automatisch in die Diktatur und in die Katastrophe führen musste« (nach Benz 1991, S. 189 f.). Die Reformvorstellungen der Franzosen, die eine säkularisierte Schule in ihrer Zone begründen wollten, stießen auf die Ablehnung der Kirche, vor allem auf die des Mainzer Bischofs Albert Stohr (Benz 1991, S. 192). Auch der Gedanke der Simultan-Schule wurde von deutscher Seite abgelehnt. Vor allem die höhere Schule war Gegenstand französischer Bildungspolitik. Das humanistische Gymnasium wurde gegenüber einem Gymnasium mit neueren Fremdsprachen, besonders des Französischen, zurückgedrängt. Nach französischem Muster sollte das Zentralabitur eingeführt werden. Benz spricht im Hinblick auf die französischen Reformpläne der Schule von dem »bildungspolitisch radikalsten« Besatzungsregime (Informationen zur politischen Bildung, Heft 259, S. 27).

Im Bereich der Erwachsenenbildung, deren Zuständigkeitsbereich innerhalb der »Direction Generale de l'Education« in der Abteilung »Jeunesse et des Sports« lag, konzentrierte sich der französische Einfluss auf die kulturelle Bildungsarbeit in den Kriegsgefangenenlagern unter zwei Zielsetzungen: »1. Herausbildung von technischen Kräften, die dazu bestimmt waren, die Militärregierung praktisch zu unterstützen [. . .] 2. Kurse in Staatsbürgerkunde für die Gesamtheit der Kriegsgefangenen [. . .]«. (Vaillant 1981, S. 205) Darüber hinaus regte die französische Seite die Gründung von Volkshochschulen vor allem in Städten an. Sie genehmigte auch die Gründung des »Pfälzischen Verbandes für freie Volksbildung« und beaufsichtigte diesen in loser Kontrolle (Raapke 1998, S. 558). Das »Bureau de la Culture Populaire« hielt an den Volkshochschulen und Volkshochschulverbänden »lectures d'universites populaires« ab. Auch unterstützten die Franzosen, soweit sie selbst dazu in der Lage waren, die Bildungsarbeit durch Material. Eine gewisse Kontrollfunktion übte die französische Militäradministration allerdings über die Dozenten und die Lehrpläne aus. Während sie im Bereich der allgemeinen Kulturarbeit, im Bereich der Schule und auch der Jugendbildungsarbeit durchaus eigenständige, ja bisweilen eigensinnige, am französischen Vorbild orientierte Aktivitäten entfaltete, überließ sie den Aufbau der Erwachsenenbildung weitgehend deutschen Initiativen. Anders als die Briten und Amerikaner entwickelten die Franzosen keine eigenständigen Ideen für den Wiederaufbau eines neuen, demokratisch orientierten Erwachsenenbildungssystems *(s. o.)*.

Eine Gesamteinschätzung der *Re-education*-Politik der West-Alliierten, besonders der Engländer und Amerikaner, zeigt, dass sie jedenfalls der Intention nach und seit dem Übergang von der »Umerziehung« zu Vorstellungen eines pädagogischen Neuaufbaus auch in der praktischen Umsetzung ein konstruktives Programm war. Es hat in der Tat zu einer weit gehenden Eliminierung nationalsozialistischer Vorstellungen und rückwärts gewandter Ideologien geführt. Es war ein Baustein für den demokratischen Neuaufbau von Bildung und Erziehung in einem besiegten Land. Das Lernziel Demokratie wurde weitgehend erreicht. Die allmähliche Übertragung der Verantwortlichkeit auf die deutschen Pädagogen und auf die deutsche Administration war eine großzügige Geste und der Beginn einer gleichberechtigten Partnerschaft im kulturellen Bereich, orientiert an gemeinsamen Grundüberzeugungen und von der Idee der Völkerverständigung getragen. Erziehung, so war die grundlegende Überzeugung, könne den Menschen, selbst wenn er vom rechten Wege abgewichen sei, zum Guten verändern. Der französische Sonderweg wurde in der Überzeugung der Militäradministration begründet, dass Formen und Inhalte von Bildung und Erziehung, die sich an dem französischen Vorbild ausrichteten, zugleich mit europäischen Traditionen der Aufklärung verbunden und dem Glauben an die Vernunft verpflichtet seien.

3. Europäische Initiativen für den Wiederaufbau der deutschen Erwachsenenbildung

Nicht nur die Siegermächte übten auf die Entwicklung der Erwachsenenbildung in der unmittelbaren Nachkriegszeit Einfluss aus. Private Initiativen kamen auch aus mehreren europäischen Ländern, vor allem aus England, aus Schweden und der Schweiz. Sie wurden teilweise bereits während des Krieges angestoßen. Dabei handelte es sich sowohl um Initiativen von offizieller Seite als auch von einzelnen Persönlichkeiten und gesellschaftlichen Gruppen. In diesem Zusammenhang kommt England eine besondere Rolle zu, da hier bereits während des Krieges die Mitglieder des *German Educational Reconstruction Committees* (GER) Grundlagen einer demokratischen Erwachsenenbildung erarbeiteten. Auch für Bildungsfragen aufgeschlossene Engländer setzten sich zusammen mit deutschen Emigranten für die geistigen und erziehungstheoretischen sowie die materiellen Voraussetzungen für die Aufbauarbeit der deutschen Erwachsenenbildung nach der Niederschlagung des Faschismus ein. In der erwachsenenpädagogischen Geschichtsforschung, aber auch in der allgemeinen Geschichtsschreibung wird der Rolle von GER eine große Bedeutung beigemessen. GER arbeitete weniger administrativ, sondern legte vielmehr Anregungen und Entwürfe vor, auf die die offiziellen Stellen zu einem Teil zurückgriffen *(s. u.)*. Neben England beteiligte sich auch Schweden intensiv an Hilfen für den Wiederaufbau der deutschen Erwachsenenbildung. Hier sind Initiativen von schwedischen Erwachsenenbildnern, aber auch von deutschen Emigranten in Schweden, vor allem Franz Mockrauer, hervorzuheben. Besonders der schwedische Volkshochschullehrerverband beteiligte sich in dem von ihm gegründeten »Komitee für kulturelle Hilfe für Deutschland« an einem intensiven Erfahrungsaustausch zwischen schwedischen und deutschen Erwachsenenbildnern und wirkte so an der Neukonzeption erwachsenenbildnerischer Praxis mit. Unter den Einzelpersönlichkeiten, die sich für den Aufbau der deutschen Erwachsenenbildung engagierten, ist auf den bedeutenden schweizerischen Volksbildner Fritz Wartenweiler und seinen Kreis zu verweisen, der ein Konzept der europäischen Solidarität und des interkulturellen Austausches vorlegte.

3.1 England: German Educational Reconstruction (GER)

Diese Initiative zur konzeptionellen Neugestaltung der Erwachsenenbildung nach der Niederschlagung des Faschismus ging von deutschen Emigranten aus, die bereits während der Weimarer Republik wichtige Aufgaben im Bereich des Erziehungssystems und besonders der Erwachsenenbildung wahrgenommen hatten. Es waren Emigranten, die nach der Internierung aus den Lagern auf der Isle of Man, in Kanada und Australien nach England zurückgekehrt waren und sich in der Zeit ihrer Internierung zu gemeinsamer Erziehungsarbeit und Verbundenheit zusammengefunden hatten (Borinski 1969, S. 52). Da auch sehr einflussreiche englische Privatpersonen, die natürlich Verbindung zu offiziellen Stellen hatten, in dem Komitee mitarbeiteten, kann von einem gewissen Einfluss der Initiative auf die offizielle britische *Re-education*-Politik ausgegangen werden.
GER stellte sich eine vierfache Aufgabe:

- Informationen über die wirkliche geistige und erzieherische Lage Deutschlands zu sammeln und zu bewerten;
- Vorschläge für den Neuaufbau der deutschen Erziehung für die britische Administration und für zukünftige Mitarbeiter bzw. Träger von Einrichtungen des Bildungssystems auszuarbeiten;
- Sammlung aller erzieherischen Kräfte der deutschen Emigration;
- Aufnahme von Kontakten zu britischen und internationalen Erziehern und Jugendführern (Borinski 1969, S. 54).

Die deutschen Emigranten wollten zum einen objektive Aufklärungsarbeit gegenüber einer reservierten britischen Bevölkerung und gegenüber einflussreichen öffentlichen und politischen Stellen über die Situation in Deutschland und das deutsche Volk leisten, um das Bild des Deutschen differenziert darstellen zu können. Zum anderen war es ihre Absicht, sich für eine Aufbauarbeit nach dem Zusammenbruch in Deutschland gründlich vorzubereiten. So gelang es ihnen schon 1942, eine deutsch-englische Erziehungsorganisation zu gründen, die versuchte, Brücken zwischen Deutschen in der Emigration und aufgeschlossenen britischen Kreisen zu schlagen sowie Verbindung nach Deutschland aufzunehmen. Nach ersten Kontakten britischer Persönlichkeiten mit deutschen Emigranten im Frühjahr 1942 wurde 1943 die Organisation *German Educational Reconstruction* (GER) gegründet – über das genaue Gründungsdatum gibt es in den Quellen unterschiedliche Angaben.

GER gehörten englische Erziehungsfachleute ebenso an wie an englischen Universitäten tätige Emigranten.

Die Organisation setzte sich mit dem Begriff *Reconstruction* bewusst von der *Reeducation*-Vorstellung und den Vorhaben aus der amerikanischen Perspektive ab. Sie wollte damit zum Ausdruck bringen, dass das Ziel nicht als eine Umerziehung des gesamten Volkes verstanden werden sollte, sondern als ein konstruktiver Beitrag im Sinne politisch-erzieherischer Hilfeleistung beim Wiederaufbau in einer sich abzeichnenden Zeit der Rat- und Hilflosigkeit in Deutschland.

Die Klärung der politischen, menschlichen, weltanschaulichen, psychischen und materiellen Verhältnisse in Deutschland galt als notwendige Voraussetzung für die Vorbereitung der Wiederaufbauarbeit. Daher bemühte sich GER um ein sachliches Bild von der geistig-kulturellen und politischen Lage in Deutschland: Seine Mitglieder wollten Aufschluss gewinnen über die Auswirkungen des Krieges, über die mentale Veränderung des deutschen Volkes, vor allem der Jugend, durch den Nationalsozialismus. Ferner waren Informationen über die konkreten Verhältnisse in Deutschland und mögliche Träger der Aufbauarbeit erforderlich. Kontakte zu deutschen Widerstandsgruppen, zu neutralen Persönlichkeiten und Institutionen sowie Berichte über die Geschehnisse im deutschen Rundfunk und in der Presse waren dafür die Grundlage. Dabei war sich GER durchaus der »Gefahr des Irrtums« der eigenen Einschätzung sowie möglicher Unzuverlässigkeiten des Materials bewusst.

Auf der Suche nach einer breiteren Basis für eine Erziehungskonzeption befassten sich die einzelnen Arbeitsgruppen innerhalb der Organisation mit Vorschlägen für das gesamte Erziehungs- und Bildungswesen. Um die eigenen Vorstellungen umfassend zu fundieren und zu legitimieren, setzte sich GER nicht nur mit der deutschen Situation auseinander, sondern studierte intensiv auch das englische Erziehungssystem sowohl in seiner theoretischen Begründung als auch in seiner konkreten Bildungs- und Erziehungspraxis. Bulletins fassten die zum Teil vergleichend ausgerichteten Untersuchungen zusammen. Die Mitglieder von GER führten Wochenendtagungen durch, sie trafen sich mit englischen Erziehern und englischen Studierenden. Wichtig für die Arbeit waren Kontakte zu anderen Organisationen in England und im Ausland. So entstanden Verbindungen zu deutschen Kriegsgefangenen in England und auch zu Emigrantenorganisationen. Es gab Kontakte zu vergleichbaren Gruppen in den USA, in Schweden und in der Schweiz.

Die Pläne und pädagogischen Vorstellungen von GER bewährten sich zunächst in England – später auch in Deutschland – in der Erziehungsarbeit mit deutschen Kriegsgefangenen in den Kriegsgefangenenlagern (z. B. in dem bekannten Lager »Wilton Park«). Es gab eine enge Abstimmung mit dem Weltverband der christlichen Jungmännervereine und dem Weltstudentenbund (Borinski 1969, S. 57). Die Arbeit von GER war mit dem Ende des Krieges keinesfalls beendet. Fritz Borinski fasst die Aktivitäten nach 1945 wie folgt zusammen: »Internationale Kontakte, beiderseitige Informationen, Vorbereitung des Austauschs deutscher und englischer Erzieher und materielle und geistige Hilfeleistung beim Aufbau des deutschen Erziehungswesens«. (Borinski 1969, S. 56)

So wurden auf Veranlassung von GER schon sehr früh nach der Niederlage des Nationalsozialismus deutsche Vertreter des Erziehungswesens nach England eingeladen. Unter der Leitung von Adolf Grimme, dem niedersächsischen Kultusminister, besuchte eine deutsche Delegation im Juni 1946 England. In Vorträgen, Sitzungen und Gesprächen mit englischen und deutschen Kollegen, mit hohen Beamten und Ministern, mit Vertretern der Militärregierung, mit Politikern, mit Pädagogen, Journalisten und deutschen Kriegsgefangenen berichteten sie über die geistigen und materiellen Bedingungen in Deutschland.

Die Kontakte zwischen englischen und deutschen Pädagogen und Studierenden wurden immer intensiver. Eine besondere Rolle spielte dabei das Lager *Wilton Park*. Es war eins von vielen britischen Lagern für deutsche Kriegsgefangene. Etwa 4 000 Kriegsgefangene, weniger als ein Prozent aller Kriegsgefangenen in England, konnten zwischen Januar 1946 und Juni 1948 einen der anspruchsvollen akademisch geprägten Unterrichtskurse besuchen, die dort für spätere pädagogische Multiplikatoren in Deutschland angeboten wurden. Einige junge Deutsche, die 1947 *Wilton Park* besuchten, entschieden sich später für eine Tätigkeit in der Erwachsenenbildung.

Der Erfahrungsaustausch von GER weitete sich schließlich über die englischen Kontakte hinaus auch auf die Amerikaner und deutsche Pädagogen in der amerikanischen Zone aus. So hat die Arbeit von GER wesentliche Impulse für die Entwicklung der deutschen Erwachsenenbildung nach 1945 gegeben. Insbesondere die politische Erwachsenenbildung hat wichtige Anregungen von der gewerkschaftlich orientierten *Workers Educational Association (WEA)* und den *Educational Settlements* gewonnen. Fritz Borinski, der führende deutsche Repräsentant von GER, wies zu Recht auf die große kulturpolitische Bedeutung dieser internationalen Kontakte durch GER hin: »In einer Zeit, wo es keine deutsche Regierung und keine deutsche Vertretung im Ausland gibt, wo Deutschland zu keiner internationalen Staatenorganisation gehört (weder zur UNO noch zur UNESCO oder ILO) sind die inoffiziellen Kontakte und Konferenzen die einzigen Mittel, um uns vor den gefährlichen Folgen geistiger Isolierung zu bewahren und den so oft zitierten Austausch deutscher und abendländischer Kultur wirklich zu beginnen.« (Borinski 1969, S. 56)

3.2 Schweden: Samarbetskommittén för Demokratiskt Uppbyggnadsarbete (SDU)

Wichtige Initiativen und Unterstützung für den praktischen Aufbau der deutschen Erwachsenenbildung gingen auch von Schweden aus. Dabei spielten die deutschen Emigranten in Schweden eine große Rolle. Hier ist insbesondere auf *Franz Mockrauer* (1889–1962), den ehemaligen Leiter der Dresdner Volkshochschule, zu verweisen. Franz Mockrauer emigrierte zunächst nach Dänemark, im Frühjahr 1937 nach Schweden, wo er eine Tätigkeit in der Erwachsenenbildung annahm. Dort gehörte er dem »Arbeitskreis demokratischer Deutscher« unter *Willy Strzelewicz* (1905–1986) sowie dem »Sonntagskreis« an, einem philosophischen Diskussionszirkel in Stockholm. Franz Mockrauer arbeitete eng zusammen mit dem *Samarbetskommittén för Demokratiskt Uppbyggnadsarbete* (SDU), einer Organisation für den demokratischen Wiederaufbau Deutschlands mit Sitz in Stockholm *(s. u.)*.

Bereits 1946 gründete sich auf Anregung des schwedischen Volkshochschullehrerverbandes das »Komitee für kulturelle Hilfe für Deutschland«. Es wollte einen allgemeinen Beitrag zum kulturellen Wiederaufbau in Deutschland leisten. Das oben genannte »Samarbetskommittén för Demokratiskt Uppbyggnadsarbete« konzentrierte sich dagegen sehr stark auf den Austausch von Erwachsenenbildnern, wobei die Heimvolkshochschule Askov eine wichtige Funktion übernahm. Mit Unterstützung der schwedischen Regierung bemühte sich die SDU um Studienaufenthalte und Austauschprogramme für Volkshochschullehrer und Studenten, die die Absicht hatten, später in der Erwachsenenbildung tätig zu sein.

Solche längerfristigen erwachsenenpädagogischen Studienaufenthalte in Schweden begannen in der Regel mit einem sechswöchigen Kurs in einer Heimvolkshochschule. Die Intensität des Programms zeigt sich in folgenden Bildungsschwerpunkten: Erlernen der schwedischen Sprache, Geschichte Schwedens, Einführung in Gegenwartsfragen des politischen, wirtschaftlichen und kulturellen Lebens. An diesen Orientierungskurs schlossen sich Studienprogramme mit viereinhalbmonatiger Dauer an. Dabei konnten sich die Teilnehmer in speziellen Programmen qualifizieren. Vorrangiges Ziel dieser Austauschprogramme war es, qualifizierte Erwachsenenbildner mit demokratischer Einstellung für den Aufbau der Erwachsenenbildung in Deutschland vorzubereiten. Deshalb legten die Veranstalter großen Wert auf die Auswahl politisch und pädagogisch engagierter Teilnehmer. Die Studienaufenthalte deutscher Erwachsenenbildner hatten ein Pendant im Besuch schwedischer Volkshochschulleiter und Lehrer in Deutschland, die Kenntnis über die verschiedenen Erwachsenenbildungsstätten gewinnen wollten. Sie brachten zugleich durch Vorträge sowie Tagungs- und Konferenzbeiträge konzeptionelle Überlegungen für die deutsche Erwachsenenbildung ein.

Der schwedische Beitrag für den Wiederaufbau Deutschlands unterschied sich von der *Re-education*-Idee. Die Schweden verstanden ihre Hilfe als eine allgemeine internationale kulturelle Solidarität und als politische Unterstützung für einen demokratischen Wiederaufbau in Deutschland (Keim/Olbrich 1981, S. 41/42). Sie war für die theoretische und organisatorische Entwicklung der Erwachsenenbildung von großer Bedeutung. Hier zeigte sich vergleichbar den Anfängen der Weimarer Erwachsenenbildung die Bedeutung des skandinavischen Vorbildes (Grundtvig). Die deutschen Erwachsenenpädagogen, besonders diejenigen, die an die Weimarer Tradition anknüpften *(s. u.)*, unterstützen auch nach 1945 die von Skandinavien herkommende Idee der intensiven Bildungsarbeit in Heimvolkshochschulen. Die Teilnehmer dieser lernintensiven Bildungslehrgänge in den Heimvolkshochschulen nach 1945 rekrutierten sich zu einem großen Teil aus Kriegsheimkehrern. Besonders die heimkehrenden Jugendlichen, die zum Teil durch die NS-Ideologie geprägt waren, suchten in den intensiven Internatsbildungsveranstaltungen eine politische und soziale Neuorientierung zu gewinnen. In diesem Kontext wollten die Heimvolkshochschulen einen bewussten Beitrag zur Entideologisierung dieser Jugendlichen und zur Hilfe bei der notwendigen demokratischen Bewusstseinsbildung leisten.

3.3 Die Schweiz: Fritz Wartenweiler und sein Kreis

Auch aus der Schweiz kamen Anregungen und Unterstützung für die Entwicklung der Erwachsenenbildung im Nachkriegsdeutschland. So nahm der bedeutende Schweizer Erwachsenenpädagoge *Fritz Wartenweiler* (1889–1985) Kontakte zu

Volksbildnern in den westlichen Besatzungszonen auf. Im November 1947 lud er deutsche Erwachsenenbildner in das Volkshochschulheim Herzberg ein. Er verstand die Begegnung mit Vertretern anderer Nationen als einen Beitrag zur internationalen Solidarität und zum interkulturellen Austausch. Dieser war nicht auf bloße Informationsvermittlung und Erfahrungsaustausch über die schweizerische Volksbildungsarbeit gerichtet, sondern Wartenweiler begriff den Kontakt zu den deutschen Volksbildnern als Begegnung und Besinnung, um zu einem geistigen Neuanfang zwischen den Völkern zu kommen. Der Kontakt mit Fritz Wartenweiler und anderen schweizerischen Erwachsenenpädagoginnen und -pädagogen kann auch als ein Beitrag zur Auseinandersetzung mit neueren Überlegungen zu einer erwachsenenpädagogischen Theorie angesehen werden, wobei das Verhältnis von Erwachsenenbildung und Technik sowie von Bildung und Politik im Zentrum der Reflexionen Fritz Wartenweilers lag. Die Kontakte zu Wartenweiler und in die Schweiz waren, wenn sie auch sporadisch blieben, deshalb von besonderer Bedeutung, weil damit ein weiterer Beitrag zur Öffnung der deutschen Kultur und Bildung ins angrenzende Ausland geleistet werden konnte.

4. Der Wiederaufbau: Zwischen Tradition und Neubeginn

Die Erwachsenenbildung nach 1945 stand im Spannungsfeld zwischen Kontinuität und Wandel, zwischen Neuorientierung und Tradition. Es gab auch in der Erwachsenenbildung keine »Stunde Null« als eine Chance für einen völligen Neubeginn (Friedenthal-Haase 1988, S. 223). Vielmehr setzte sie sich sehr pragmatisch mit den realen Bedingungen in der unmittelbaren Nachkriegszeit auseinander. Bei einer vergleichenden Betrachtung der jeweiligen Ausgangssituation nach den beiden Weltkriegen 1918 und 1945 konstatierte Werner Picht: Für beide Epochen der Erwachsenenbildung gelte, dass die Volksbildung, die nach den Katastrophen der beiden Kriege zu einer großen »Gründungswelle« führte, dem Bedürfnis nach Bildung als »Reflexwirkung äußeren Zusammenbruchs« entsprach. So wird der geistig-kulturelle Bereich – und damit auch die Erwachsenenbildung – als Kompensation für die Erschütterung nationaler, politischer und wirtschaftlicher Strukturen und Werte betrachtet.

Ähnlich der Situation unmittelbar nach dem Ersten Weltkrieg begann bereits Ende 1945/Anfang 1946 ein intensiver Prozess der Institutionalisierung der Erwachsenenbildung, der sich weniger an grundlegenden bildungspolitischen und theoretischen Orientierungspunkten ausrichtete, sondern sich vielmehr den politischen, den materiellen und den sozialen Bedingungen der Nachkriegszeit anpasste *(s. o.)*. Unter der Aufsicht der Besatzungsmächte vollzog sich dieser Prozess spontan, unsystematisch und unkoordiniert. Die sich breit entfaltenden Aktivitäten waren weitgehend auf die Initiative von Gruppen und einzelnen bildungspolitisch verantwortlichen Persönlichkeiten zurückzuführen.

Die institutionelle Aufbauarbeit der Erwachsenenbildung war auch bestimmt von den Kultur- und Bildungsvorstellungen derer, die sich »unter teilweise größten Schwierigkeiten und schlechtesten Bedingungen in dieser Arbeit engagierten« (Keim/Olbrich/Siebert 1973, S. 54). Die materielle Notsituation, die fehlenden

Räume und die begrenzten finanziellen Mittel, die Schwierigkeiten zu reisen und zu kommunizieren sowie die restriktiven Verordnungen der Militärs standen einem systematischen, koordinierten Aufbau der Volkshochschulen, Heimvolkshochschulen und von Einrichtungen der großen Trägerorganisationen unmittelbar nach 1945 im Wege. So vollzogen sich die ersten Gründungen zunächst auf der Ebene der einzelnen Zonen, denn erst Anfang 1946 konnten Kontakte über die Zonengebiete hinaus und zwar nur mit ausdrücklicher Genehmigung und finanzieller Unterstützung der Militärbehörden ermöglicht werden.

Die Erwachsenenbildung setzte sich sehr pragmatisch mit der neuen Situation auseinander. Ein Vergleich der jeweiligen Ausgangssituation nach den beiden Weltkriegen offenbart einen wesentlichen Unterschied: Während zu Beginn der Weimarer Zeit eine Fülle von Theorieansätzen und didaktisch-methodischen Konzeptionen vorlag, bestand in der Situation unmittelbar nach dem Zweiten Weltkrieg ein gewisses theoretisches Vakuum, das die Erwachsenenbildung und ihre Repräsentanten teilweise dadurch zu kompensieren suchten, dass sie Elemente der Weimarer Tradition in die Gegenwart zu übertragen sich bemühten. Initiativen in dieser Richtung gingen von ehemaligen Weimarer Erwachsenenbildnern aus, die auch nach 1945 noch eine große Reputation hatten. Hier sind unter anderem zu nennen Eduard Weitsch, Heiner Lotze, Adolf Grimme, Theodor Bäuerle und Fritz Laack. Auch die sich neu konstituierenden Volkshochschulen nahmen einige Traditionslinien der Weimarer Zeit auf. Die Wirkung des Weimarer Einflusses lässt sich in dreifacher Hinsicht konstatieren:

1. durch sehr konkrete Versuche, die Weimarer Tradition auch institutionell-organisatorisch wieder aufleben zu lassen;
2. durch eine gewisse personelle Kontinuität. Dabei muss allerdings berücksichtigt werden, dass sich die Einstellungen bzw. Vorstellungen der Weimarer Erwachsenenbildner, die den Krieg überlebt hatten, durch die Erfahrungen des Faschismus in Deutschland oder durch Prägungen in der Emigration verändert hatten;
3. durch die Rezeption der methodisch-didaktischen Vorstellungen der Weimarer Erwachsenenbildung, die gewissermaßen von zeitüberdauernder Gültigkeit sind.

4.1 Institutionell-organisatorische Traditionsversuche

Sehr eindeutige Traditionsversuche gab es auf institutioneller Ebene. Sie sind jedoch im Wesentlichen gescheitert. An erster Stelle ist hier der Versuch zu nennen, den Hohenrodter Bund wieder zu beleben. So nahmen einzelne Mitglieder des Bundes die noch bis Ende der Dreißigerjahre bestehenden Kontakte nach Kriegsende wieder auf. Im Mai 1946 trafen sich auf Einladung Eugen Diesels im so genannten »Brannenburger Kreis« Angehörige des ehemaligen Hohenrodter Bundes wie Weitsch, Bäuerle, Flitner, Brenner, Fendt, Vershofen in Brannenburg am Inn. Ziel dieser Zusammenkunft war es, auszuloten, ob »auf breiter Grundlage eine Verständigung über die Neuordnung des Volkslebens in die Wege zu leiten« möglich sei (nach Henningsen 1958, S. 43). Vom 7. bis 13. Mai 1948 wurde offiziell die erste, aber auch zugleich letzte Hohenrodter Tagung der Nachkriegszeit auf der Comburg bei Schwäbisch Hall abgehalten. Die Tagung leitete der damalige württembergische Kultusminister Theodor Bäuerle. An ihr nahmen Vertreter des geistig-kulturellen

Lebens, auch einige Studenten und schließlich eine Reihe ausländischer Gäste, Angehörige der Militärregierungen, Volkshochschulleiter aus Dänemark und Schweden sowie Erwachsenenbildner aus der Schweiz teil. Die Tagung hatte eine dreifache Themenstellung: Sie befasste sich mit der geistigen Situation der Zeit, der Ordnung des Volkslebens im Nachkriegsdeutschland sowie der Lage der Erwachsenenbildung in Deutschland und im Ausland.

Die Zielsetzungen eines neu zu konstituierenden Hohenrodter Bundes und seine Rolle für die Gestaltung der Erwachsenenbildung in der Nachkriegszeit wurden in der Zeitschrift »Freie Volksbildung« sehr differenziert dargestellt. Hier sollen die wesentlichen Punkte herausgestellt werden: Er sollte ein Ort grenzüberschreitender Reflexion über die Hauptprobleme der Erwachsenenbildung sein, eine neue Stätte der Begegnung und eine Einrichtung, die allgemeine Strömungen in der Gesellschaft theoretisch begleitet.

Das Scheitern, den Hohenrodter Bund und den Hohenrodter Geist wieder zu beleben, hatte vielfältige Ursachen. Es gelang nicht, die alten Hohenrodter und die neuen jungen Erwachsenenbildner zu einer gemeinsamen Vorstellung über die neuen Aufgaben der Erwachsenenbildung in einer neuen Zeit zu bringen. Schon der romantisierende und überhöhte Sprachduktus und die Anknüpfung an zentrale Begriffe der Weimarer Volksbildungstheorie bzw. Gemeinschaftsideologie zeigten, dass es zu keiner geistig-kulturellen Erneuerung kam. Auch gab es keine personelle Regeneration, da die jungen Erwachsenenbildner sich mit den alten Vorstellungen nicht anfreunden konnten. So verschärfte sich die schon vor 1933 einsetzende Kritik an der Funktion des Hohenrodter Bund nach 1945 noch. Die beanspruchte geistige und politische Führung konnten die alten Hohenrodter nicht mehr durchsetzen, zumal zwischen der alten und der jungen Generation der Erwachsenenbildner keine gemeinsamen Erfahrungen und Erinnerungen und auch keine gemeinsame Sprache bestanden.

Auch der Versuch, die »Deutsche Schule für Volksforschung und Erwachsenenbildung« neu zu begründen, führte nicht zum Erfolg. Bereits zu Beginn des Jahres 1946 hatten Ländervertreter Hessens und Baden-Württembergs in einer Besprechung über Erziehungsfragen den Beschluss gefasst, die »Schule für Volksforschung und Erwachsenenbildung« wieder zu gründen. Hans Pflug erstellte eine Denkschrift zur Wiedereröffnung dieser Schule als »Marburger Institut für Erwachsenenbildung«. Weitsch schlug andere Namen für diese Institution vor, wie »Institut für Pädagogik und Soziologie der Erwachsenenbildung«, oder »Zentralarbeitskreis für die deutsche Erwachsenenbildung« bzw. »Arbeits- und Beratungsstelle für Erwachsenenbildung«. Die Zeitschrift »Freie Volksbildung« sollte Sprachorgan dieser Institution werden. Das Institut wurde allerdings nicht gegründet. Dagegen richteten der Deutsche Volkshochschulverband in Verbindung mit den Landesverbänden der Volkshochschulen 1957 eine Pädagogische Arbeitsstelle (PAS) ein. Diese besaß innerhalb des gesamten Volkshochschulverbandes eine große Bedeutung, da sie sich sehr intensiv um die Qualifizierung von Mitarbeitern, um eine breite Öffentlichkeitsarbeit sowie um eine rege Publikationstätigkeit bemühte und so die Entwicklung der Erwachsenenbildung zu einem gleichberechtigten quartären Bildungsbereich wesentlich beförderte *(s. u.)*.

Ein weiterer Versuch, an die Weimarer Tradition anzuknüpfen, zeigte sich in dem Bemühen, die Weimarer Zeitschriftenlandschaft in die neue Zeit zu übertragen. Da entsprechend der kulturpolitischen Überzeugung der Alliierten die Weimarer Erwachsenenbildung zu den guten deutschen Traditionen gehörte, waren sie nicht nur bereit, neue Erwachsenenbildungszeitschriften zuzulassen, sondern unterstützten diese ideell und materiell sowie in den Anfangsjahren durch die Zuteilung von Papier. Allerdings scheiterten diese Versuche der Wiederbelebung unter anderem daran, dass die neuen Volkshochschul- und Erwachsenenbildungsverbände, die später ausführlich behandelt werden sollen, ihre eigenen Publikationsorgane ins Leben riefen. Hier sind unter anderem die folgenden neuen Zeitschriften zu nennen: »Volkshochschule im Westen« (1949); »Mitteilungsblatt für die gewerkschaftliche Kultur- und Bildungsarbeit« (1949); »Hessische Blätter für Volksbildung« (1951); »Das Forum« (1961); »Katholische Erwachsenenbildung« (1995) (zum Zeitschriftenwesen nach 1945: Nafzger-Glöser 1994; Wirth 1978, S. 719 f.).

Bereits im November 1945 regte Heiner Lotze in einem Schreiben an Weitsch, den alten Herausgeber der Zeitschrift »Freie Volksbildung« an, unter dem Titel »Volksbildung« an die Tradition dieser Weimarer Zeitschrift anzuknüpfen. Sie sollte kein Organ von Theoretikern oder Universitätsprofessoren sein, sondern ein Blatt von Praktikern für Praktiker: Volkshochschulmitarbeiter, Volksbildner, Mitarbeiter aus den Medien und dem Rundfunk. Erst 1947, nach vielen Anfangsschwierigkeiten, erschien eine erste Nachkriegsausgabe der »Freien Volksbildung«. Allerdings bereiteten die finanziellen Schwierigkeiten, die mit der Währungsreform einsetzten, trotz eines positiven Echos bei den Lesern der Zeitschrift ein schnelles Ende. Auch die von Heiner Lotze initiierte und herausgegebene Zeitschrift »Denkendes Volk« musste bald ihr Erscheinen einstellen.

4.2 Personelle Kontinuität

Über die institutionell-organisatorischen Traditionsversuche hinaus zeigen sich Traditionslinien zur Weimarer Erwachsenenbildung in einer bestimmten personellen Kontinuität. Führende Erwachsenenbildner der Weimarer Zeit wirkten nach 1945 wesentlich am Wiederaufbau der Erwachsenenbildung mit. Allerdings beurteilt Heiner Lotze, der selbst aus der Weimarer Erwachsenenbildung kam, die personelle Situation wie folgt: »Als gegen Ende des Jahres 1945 und in den ersten Monaten des Jahres 1946 in Deutschland Volkshochschulen spontan wieder erstanden, ward sehr bald deutlich, daß nur wenige Frauen und Männer als Träger einer lebendigen Tradition aus der Zeit von vor 1933 wieder am Werke waren. Der Tod, die Emigration und andere – noch wichtigere – Aufgaben haben uns beste Kräfte genommen.« (Lotze 1948, Vorwort) So waren nur noch wenige »Weimarer« nach 1945 in verantwortlicher Position in der Praxis oder der Administration der Erwachsenenbildung tätig.

Hier ist auf *Theodor Bäuerle* (1882–1956) zu verweisen, der bis 1936 Geschäftsführer bzw. Direktor des Vereins zur Förderung der Volksbildung in Württemberg war. Zwischen 1947 und 1951 war er parteiloser Kultusminister von Württemberg-Baden und förderte in dieser Position die Erwachsenenbildung sehr.

Mit *Adolf Grimme* (1889–1963) übernahm ein weiterer Erwachsenenbildner der Weimarer Zeit kulturpolitische Verantwortung. Grimme hatte sich bereits vor 1933 als preußischer Minister für Wissenschaft, Kunst und Volksbildung sehr für die Erwachsenenbildung eingesetzt und verfügte über praktische Erfahrungen als

Dozent an der Volkshochschule Hannover. Zusammen mit *Heiner Lotze* (1900–1958) rief er im Januar 1948 in Hannover den »Bund für Erwachsenenbildung« ins Leben. Er war wesentlich beteiligt an der ersten Volkshochschultagung in der britischen Zone. Als niedersächsischer Kultusminister von 1946 bis 1948 und als Generaldirektor des Norddeutschen Rundfunks von 1948 bis 1956 hat er den Gedanken der Erwachsenenbildung in breite Bevölkerungskreise getragen. In seiner bekannten Rede »Die Volkshochschule als Stätte der Besinnung«, die er zur Eröffnung der Volkshochschule Hannover am 26. Januar 1946 hielt, gab er eine konzeptionelle Orientierung für die Erwachsenenbildung in den ersten Nachkriegsjahren. Im Februar 1946 forderte Grimme von der Erziehung, dass sie einen Menschen schaffen müsse, der den Willen habe, einen »demokratischen und sozialen Rechtsstaate zu schaffen« und diesen Staat in die »Gemeinschaft friedliebender Völker einzugliedern« (nach Glaser 1991, S. 67).

Heiner Lotze, der engste Mitarbeiter Grimmes, sammelte in der Weimarer Erwachsenenbildung als Lehrer in der Heimvolkshochschule Schloss Sachsenburg und seit 1929 als Leiter der Volkshochschule Jena intensive Praxiserfahrungen, die er nach 1945 in seiner administrativen Funktion im niedersächsischen Kultusministerium und als Herausgeber der »Bausteine der Volkshochschule« in den Wiederaufbau der Erwachsenenbildung aus dem Geiste der demokratischen Weimarer Erwachsenenbildung einbrachte.

Von besonderer Bedeutung war der Einfluss *Fritz Borinskis* (1903–1988), der bereits als führendes Mitglied von GER wesentliche Impulse zum Wiederaufbau der Erwachsenenbildung nach dem Ende des Faschismus gegeben hatte. Als Leiter der Heimvolkshochschule Göhrde (1947 bis 1954) und der Bremer Volkshochschule (1954 bis 1956) prägte er die Erwachsenenbildung in der britischen Besatzungszone und in Norddeutschland wesentlich mit. Sein 1954 erschienenes Buch »Der Weg zum Mitbürger« beeinflusste die theoretische Diskussion über die neue Rolle der Erwachsenenbildung – vor dem Hintergrund der Weimarer Erfahrungen – wesentlich. Mit seiner Berufung auf die Professur an der Freien Universität Berlin gab Fritz Borinski entscheidende Impulse zur Konstitution der Erwachsenenbildung als Wissenschaft.

Auch *Paul Steinmetz* (1904–1992), ehemals Lehrer bei Eduard Weitsch in der Heimvolkshochschule Dreißigacker, gestaltete als Leiter der Heimvolkshochschule Hustedt in starkem Maße Praxis und Theorie der politischen Erwachsenenbildung nach 1945 mit. Der führende Repräsentant der Weimarer Erwachsenenbildung, *Eduard Weitsch* (1883–1955), versuchte zwar durch einige publizistische Aktivitäten Einfluss auf die Entwicklung nach 1945 zu nehmen. Seine Wirkung blieb jedoch sehr begrenzt.

Bedeutende Weimarer Erwachsenenbildner wie Alfred Mann, Anton Heinen und der von den Nationalsozialisten ermordete Adolf Reichwein *(s. o.)* hatten die Zeit der nationalsozialistischen Diktatur nicht überlebt, wie Fritz Klatt und Wilhelm Flitner. Der Einfluss der Weimarer Erwachsenenbildner ging in den Fünfzigerjahren mehr und mehr zurück. Eine junge Generation von Erwachsenenbildnern, die nicht mehr an den ideologisch-theoretischen Gefechten der Weimarer Traditionalisten interessiert war, bestimmte mit einem realistischen Pragmatismus zunehmend die Entwicklung der Erwachsenenbildung.

4.3 Bildungstheoretische und didaktisch-methodische Elemente der Weimarer Tradition

Bildungstheoretisch und vor allem didaktisch-methodisch zeigen sich nach 1945 noch wesentliche Einflüsse von Weimar. Wie in der Weimarer Konzeption angelegt, sollte die Erwachsenenbildung auch nach 1945 einen entscheidenden gesellschaftlichen, sozialen und politischen Auftrag erfüllen, ohne sich zu sehr auf den Staat zu verlassen oder sich gar parteipolitisch vereinnahmen zu lassen.

Bildungspolitisch zeigten sich vergleichbare Grundpositionen zwischen der Weimarer Volksbildung und der Erwachsenenbildung nach 1945: So wurde auf die Prinzipien von Freiheit und Autonomie der Erwachsenenbildung verwiesen. Die praktische Bildungsarbeit sollte, wie bereits in der erwähnten Rede Adolf Grimmes hervorgehoben, ein Ort der Reflexion und der Besinnung und eine Chance zur Bewältigung sozialer und geistig-kultureller Probleme sein. Ähnlich wie in der Weimarer Erwachsenenbildung konzentrierte sich das Aufgabenverständnis auf die soziokulturelle Bildung. Die berufliche Bildung *(s. u.)* wurde in den ersten Nachkriegsjahren und -jahrzehnten nicht als primäre Aufgabe der Volkshochschule und anderer Einrichtungen der Erwachsenenbildung angesehen.

Das didaktisch-methodische Grundverständnis der Weimarer Erwachsenenbildung bestimmte am Beginn der Neuorientierung die Erwachsenenbildungspraxis. Die führenden Erwachsenenpädagogen wie Fritz Borinski, Heiner Lotze, Adolf Grimme, Paul Steinmetz, Fritz Laack, Axel Henningsen und Walter Koblitz fundierten sowohl in ihren Schriften als auch in der praktischen Bildungsarbeit dieses Konzept. Das Prinzip der Arbeitsgemeinschaft blieb also zunächst auch nach 1945 Kernstück der didaktisch-methodischen Überlegungen. Die didaktische Partizipation und Mitgestaltung der Teilnehmer wurde als Möglichkeit zur Einübung demokratischer Verhaltensnormen verstanden. Unter ordnungspolitischen Gesichtspunkten wurden vor allem die Prinzipien von Pluralität und Subsidiarität, die auch die Weimarer Erwachsenenbildung prägten, auf die Neuordnung nach 1945 übertragen, mit der besonderen Akzentuierung jedoch, dass diese nun in verstärktem Maße als eine übergreifende gesamtgesellschaftliche Aufgabe begriffen wurde.

Trotz der bildungspolitischen, bildungstheoretischen und didaktisch-methodischen Revitalisierungsversuche von Ideen der Neuen Richtung zeigen sich bereits in den Vierziger- und Anfang der Fünfzigerjahre neue Akzente. Anstelle der Überbetonung nationaler Ideen und der Idee der »Volksgemeinschaft« griff die Erwachsenenbildung unmittelbar nach dem Kriege den Gedanken des Internationalismus auf und verschrieb sich in besonderer Weise der Idee eines zukünftig geeinten Europas. An die Stelle des Volksgemeinschaftsgedankens trat nun das von Friedrich Oetinger theoretisch begründete Prinzip der Partnerschaft (Dikau 1980, S. 34). Oetinger strebte in seinem 1953 erschienen Buch »Partnerschaft« einen »Wendepunkt der politischen Erziehung« an. Er versuchte, sich von der Tradition der »staatsbürgerlichen Erziehung« abzugrenzen und verstand Demokratie nicht in erster Linie als Staatsform, sondern als eine Lebensform. »Partnerschaft« meine die Fähigkeit zur mitmenschlichen Kooperation.

Wie bereits angedeutet, fand in der Erwachsenenbildung der frühen Aufbauphase eine Auseinandersetzung mit dem Faschismus kaum statt, da man der Auffassung war, man habe etwas Wichtigeres zu tun: nämlich den Blick nach vorne zu richten – auch über Deutschland hinaus – um etwas Besseres für die Zukunft zu schaffen (Feidel-Mertz/Siebert u. a.). Selbst Emigranten wie Fritz Borinski, Willy Strzelewicz und Walter Fabian konzentrierten sich auf die aktuellen Fragen und Anforderungen der Gegenwart. Allerdings wurden auch eindringliche Stimmen laut, vor allem aus den Kirchen und von einigen bedeutenden Schriftstellern und Philosophen, die eine Aufarbeitung der nationalsozialistischen Vergangenheit anmahnten. So gab der Rat der Evangelischen Kirche in Deutschland (EKD) bereits auf seiner zweiten Sitzung am 18. und 19. Oktober 1945 in Stuttgart eine »Schulderklärung« ab, in der die Verantwortung für das Leid so vieler Völker und Länder übernommen wurde. Eine besondere Rolle im Prozess christlicher Erneuerung und Besinnung spielten die bereits im Widerstand tätigen großen Theologen *Karl Barth* (1886–1968) und *Martin Niemöller* (1892–1984). Mit der jüngsten Vergangenheit setzten sich auch der Philosoph *Karl Jaspers* (1883–1969) sowie der Soziologe und KZ-Überlebende *Eugen Kogon* (1903–1987) (»Der SS-Staat«) kritisch auseinander.

Die Erwachsenenbildung löste sich seit den Fünfzigerjahren mehr und mehr von Traditionsbestimmungen der Weimarer Erwachsenenbildung und versuchte, neue Konzepte für die realen, sozialen und politischen Anforderungen der Gegenwart zu entwerfen. So entwickelte sie sich in Richtung eines gleichwertigen, quartären Bildungsbereichs, der in einem Gesamtkontext des Bildungssystems seinen eigenen, genuinen Ort zu finden bestrebt war.

5. Der Aus- und Aufbau eines pluralen Systems der Erwachsenenbildung/Weiterbildung

5.1 Die bildungstheoretischen und bildungspraktischen Konzepte der Volkshochschule in den Vierziger- und Fünfzigerjahren

Grundlegende kulturelle, philosophische, psychologische und anthropologische Themen bestimmten weitgehend die Programmstruktur der Erwachsenenbildung, vor allem die der Volkshochschule in den Vierziger- und Fünfzigerjahren. Hermann Glaser stellt zu Recht fest, dass die »idealistischen« und vorwiegend »schöngeistigen« Tendenzen der Weimarer Erwachsenenbildung sich fortsetzten und ein Rückzug auf die »Innerlichkeit« sich verstärkte (Glaser 1991, S. 17). Ein gewisser Eklektizismus war erkennbar. Eine durchgängige thematische Orientierung zeigte sich jedoch darin, dass die Teilnehmer mit den aktuellen kulturellen Entwicklungen in Westeuropa und Amerika – in der Literatur, der Kunst, Kulturpolitik und Philosophie – vertraut gemacht werden sollten, um so die kulturelle Isolierung Deutschlands, die in der Zeit des Nationalsozialismus entstanden war, zu überwinden *(s. u.)*.

Die Hinwendung zur deutschen Klassik – ein weiteres wichtiges Themengebiet der Zeit – sollte den Teilnehmern nach der Teilung Deutschlands die große gemeinsame historische und kulturelle Tradition bewusst machen. Goethe und Schiller erwiesen sich als »Nothelfer« für die »Trümmerkultur«. Goethe, der grenzenlos verehrt wurde, machte die triste Wirklichkeit vergessen. Dichterlesungen, die oft mit der Musik von Bach, Mozart, Beethoven, Schubert und Brahms umrahmt wurden, erwiesen sich als »Weihestunden«. Kultur war »Lebensmittel, Überlebensmittel« (Glaser 1995, S. 242). Neben der Rückbesinnung auf die große nationale Kulturtradition sollte Deutschland sowohl in kultureller als auch in politischer Hinsicht wieder an die Gemeinschaft des Westens mit ihrem Werte- und Normensystem herangeführt werden. Deshalb wurde die Idee eines neuen vereinten Europas zu einer zentralen politischen Zielsetzung und Zukunftsperspektive der Bildungsarbeit.

Die soziokulturell ausgerichtete Erwachsenenbildung orientierte sich an den Ideen des »Abendlandes«, eines weit zurückgreifenden Konzepts von der kulturellen und geistig-religiösen Einheit Europas. Die Vorstellung von der besonderen Rolle des Abendlandes bezog sich im Mittelalter und den neuzeitlichen Jahrhunderten immer wieder auf das Erbe der Antike. Dabei bildete das Christentum den Kern des abendländischen Erbes. Stellvertretend für die Erwachsenenbildung berief sich Wilhelm Flitner in seiner Schrift »Die abendländischen Vorbilder und das Ziel der Erziehung« (Godesberg 1946) auf eine Renaissance der christlichen Reformkräfte in der abendländischen Tradition (Pöggeler 2001, S. 47/48). Der Gedanke der persönlichen Freiheit und Selbstverantwortung, die Idee der Humanität und die Autonomie des wissenschaftlichen Denkens prägten in besonderer Weise die abendländische Kultur. Vor allem das Bildungsbürgertum, das in der Erwachsenenbildung der Vierziger- und Fünfzigerjahre stark repräsentiert war, fand sich in dieser Konzeption, gleichsam als Gegenbild zur nationalsozialistischen Vergangenheit, wieder. Die Idee der abendländischen Kultur schlug sich in den Anfangsjahren der Erwachsenenbildung nach 1945 sehr deutlich nieder. So eröffnete die Volkshochschule Eckernförde das Wintersemester 1949/50 mit einem Vortrag: »Die geistige Krise des Abendlandes und Versuche zu ihrer Überwindung«. Themen wie »Das Zeitalter der italienischen Renaissance – Sein und Anteil am Werden des modernen Menschen«; »Europa als geistige Einheit« verweisen auf die kulturhistorisch orientierte Arbeit der Erwachsenenbildung mit Blick auf das Abendland (Ciupke/Reichling 1996, S. 35).

Für die Zeit des Aufbaus nach Kriegsende blieb das »affirmative Kulturverständnis« der abendländischen Tradition, der Glaube an die Menschlichkeit, an die »Schönheit der Seele«, die innere Freiheit, das »Tugendreich der Pflicht« im Kern unzerstört (Glaser 1995, S. 237). In einem verklärenden Blick auf die kulturelle Vergangenheit schrieb Friedrich Meinecke, der Nestor der deutschen Historiographie, in der »Münchener Zeitung« vom 16. Juni 1945: »Auf die Verinnerlichung unsres Lebens kommt es an [. . .] zu Altären der Vergangenheit zurück, zu Kant und Goethe, zu Dürer und Thoma ([. . .] Unsere Mission für das christliche Abendland ist vielleicht noch nicht erschöpft.« (nach Manfred Overesch u. a. 1989, S. 91) Dieser Rückzug auf unvergängliche Werte und Tugenden der Bevölkerung korrespondierte durchaus mit den Bemühungen der westlichen Siegermächte um die »Umerziehung« *(s. o.)*.

Diesem christlich-konservativen Gesellschaftsmodell stand »Amerika« als kulturell-geistige und sicherheitspolitische Leit- und Schutzmacht zur Seite (Schildt 1999). Der Blick richtete sich auch auf die kulturelle deutsche Elite, die ins amerikanische Exil gehen musste. Die deutsche Exilliteratur wurde in der Publizistik nach dem Kriege in Deutschland vor allem in der »Neuen Zeitung« und der »Allgemeinen Zeitung« rezipiert. In den Programmen der Erwachsenenbildung spielten die Exilautoren eine größere Rolle. Die im Nationalsozialismus verpönte »Musica Nova« (Komponisten wie Arnold Schönberg, Anton Webern, Alban Berg, Paul Hindemith u. a.) wurden in den Medien verbreitet und waren auch Diskussionsgegenstand in der Erwachsenenbildung. Der Jazz, im Dritten Reich Ausdruck innerer Opposition, begeisterte die Jugend in den Kellern der Trümmerszene. Die Auseinandersetzung mit der »Entarteten Kunst« (Beckmann, Nolde, Dix, Hofer u. a.) fand bei den bürgerlichen Schichten der Volkshochschulen großes Interesse. Der amerikanische und der westeuropäische kulturelle Einfluss zeigte sich unter anderem in der Rezeption internationaler Autoren, die seit 1933 in Deutschland nicht mehr gedruckt werden konnten wie z. B. Dos Passos, Steinbeck, Hemingway, Wilde, Sartre, Claudel (Benz 1991, S. 201). Vor allem der Film übte eine große Faszination aus. In den Lichtspieltheatern (1946 bestanden bereits 2 125) wurden neben Filmen aus den USA auch solche aus England und Frankreich und der UdSSR – häufig auf die entsprechenden Besatzungszonen bezogen – mit großer Begeisterung aufgenommen. Besonderen Eindruck machte die von den Engländern und Amerikanern produzierte Wochenschau »Welt im Film«.

Die Erwachsenenbildung in den Volkshochschulen bewegte sich zwischen den beiden Orientierungspunkten und Wertentscheidungen »Amerika« und dem »Abendland«, was sich in ihren Programmen deutlich niederschlug. Sowohl die christlich-konservative als auch die dem westlichen Wertesystem verpflichtete geistige Strömung der Fünfzigerjahre hatten zugleich eine politisch-ideologische Funktion im Wettstreit der großen gesellschaftlich-politischen Blöcke.

5.2 Die ordnungspolitischen Grundlagen der Erwachsenenbildung

Pluralität und Subsidiarität waren Leitideen beim Aufbau der Erwachsenenbildung nach dem Krieg und in den Fünfzigerjahren. Unabhängig von der unterschiedlichen Deutung war der bildungspolitisch akzentuierte Begriff des Pluralismus in der erwachsenenpädagogischen Diskussion dennoch nicht unumstritten (Raapke 1998, S. 560). Die Kontroversen um »gebundene« Erwachsenenbildung, etwa die konfessionelle gegenüber der »freien« wie z. B. die Volkshochschulen, die religiösen, weltanschaulichen und politischen Überzeugungen nicht verpflichtet waren, bestimmten die ordnungs- und bildungspolitische Entwicklung nach 1945. Das Verhältnis von Erwachsenenbildung und Staat war gekennzeichnet durch intensive Diskussionen, die bis in die Siebzigerjahre hineinreichten. Die Volkshochschule stellte in den Fünfziger- und Sechzigerjahren noch den Anspruch auf eine herausgehobene Position, da sie sich in der Trägerschaft von Kommunen, Landkreisen und anderen öffentlichen Institutionen gleichsam als unmittelbare Vertreterin der Bevölkerung betrachtete. Über alle Einrichtungen der Erwachsenenbildung hinweg war das System Erwachsenenbildung auf weit gehende Staatsferne ausgerichtet.

5.3 Die besondere Rolle der Volkshochschulen

Vorreiter des Institutionalisierungsprozesses waren ganz in der Tradition Weimars die Volkshochschulen. Insgesamt waren die ersten Nachkriegsjahre die Phase der

Institutionalisierung. Berlin spielte im Gründungsprozess der Volkshochschulen eine Vorreiterrolle. Als erste Berliner Volkshochschule wurde am 7. Juli 1945 die Volkshochschule Köpenick eröffnet. Bereits Ende 1945 gab es in allen Bezirken Berlins wieder Volkshochschulen. Auch in den Westzonen wurden in engem zeitlichen Rahmen viele Volkshochschulen gegründet bzw. neu gegründet. Am 4. Dezember 1945 wurde die Hamburger Volkshochschule wieder eröffnet. Der sehr frühe Termin ist damit zu erklären, dass die britische Militärregierung den bisherigen Direktor Fritz Blättner, der bereits während der Spätzeit des Nationalsozialismus Hamburger Volkshochschuldirektor war, wieder mit der unmittelbaren Leitung beauftragte *(s. o.)*. Später gehörte Blättner zu den bekannten Pädagogikprofessoren an der Universität Kiel. Am 21. Januar 1946 wurde die Volkshochschule Hannover mit der programmatischen Rede Adolf Grimmes über »Die Volkshochschule als Stätte der Besinnung« wieder eröffnet (in: Bausteine 1948, S. 55–65).

Im selben Jahr konstituierte sich die Volkshochschule Ulm unter Leitung Inge Scholls, deren Schwester Sophie als führendes Mitglied der studentischen Widerstandsorganisation »Weiße Rose« von den Nationalsozialisten ermordet worden war. Diese Volkshochschule verfügte in den ersten Jahren über hervorragende Dozenten wie Gertrud Bäumer, Werner Bergengruen, Gertrud von LeFort, Romano Guardini, Manfred Hausmann, Friedrich Georg Jünger, Marie-Luise Kaschnitz und Ernst Wiechert. Die Anziehungskraft der Ulmer Volkshochschule für so bedeutende vortragende Literaten, Philosophen und Kulturkritiker war sicherlich darauf zurückzuführen, dass sie damit auch eine Referenz gegenüber dem Widerstand erweisen wollten. Inge Scholl gab der Volkshochschule von Anfang an ein gesellschaftskritisches Profil. Unter den herausragenden Volkshochschulgründungen ist auch schließlich die Nürnberger VHS zu nennen, die am 29. September 1946 wieder eröffnet wurde. Diese Volkshochschule konnte sich programmatisch-konzeptionell auf eine umfangreiche Denkschrift »Die Volkshochschule, Programm ihres Neuaufbaus in Nürnberg 1945« von Georg Gustav Wieszner stützen (Wolgast 1996, S. 211).

Der Gründungsboom der Volkshochschulen, ähnlich der Volkshochschul-Euphorie in der Anfangsphase in der Weimarer Zeit, zeigte sich darin, dass es bereits im Herbst 1947 in den vier Besatzungszonen 372 Volkshochschulen, 80 in der amerikanischen Zone, 205 in der britischen Zone, 7 in der französischen und 80 in der sowjetischen Zone gab. Terminologisch knüpfte man an die Weimarer Zeit an und nannte die Einrichtungen »Volkshochschule«, »Volksbildungswerk«, »Volksbildungsverein« usw. Die tragende Rolle, welche die Volkshochschulen im Prozess der Institutionalisierung einnahmen, resultierte zu einem großen Teil aus deren Selbst- und Aufgabenverständnis. Sie wollten im Anschluss an die große Weimarer Tradition ihre Bildungseinrichtung zur zentralen öffentlichen Institution innerhalb des Systems der Erwachsenenbildung ausbauen. In ihrem Selbstverständnis beanspruchten die Volkshochschulen, alle Strömungen und Richtungen in der Gesellschaft zu integrieren und eine Plattform für die verschiedensten politischen, weltanschaulichen und religiösen Grundpositionen zu sein *(s. o.)*. Die Volkshochschule reklamierte gewissermaßen einen Alleinvertretungsanspruch. So wurde auf der Gründungstagung des Nordrhein-Westfälischen Landesverbands der Volkshochschulen in Köln am 17. September 1947 die Forderung erhoben, die Erwachsenenbildung solle allein den Volkshochschulen überlassen werden (Wolgast 1996, S. 213).

Der strukturelle Aufbau der Volkshochschulen in der unmittelbaren Nachkriegszeit fand eine breite Unterstützung bei wichtigen deutschen Persönlichkeiten und deutschen Stellen. Aufgrund der demokratischen Tradition der Volkshochschulen vertrauten auch die Alliierten weitgehend den deutschen Initiativen und griffen in die Grundsatzentscheidungen nicht ein, da sie in der Erwachsenenbildung ein wichtiges institutionelles Beispiel für einen demokratischen Wiederaufbau sahen.

5.4 Die Gründung des Deutschen Volkshochschulverbandes

Das gute Verhältnis und die Kooperationsbereitschaft mit den Militärbehörden und den Kultusministerien in den ersten Nachkriegsjahren ermöglichte den Volkshochschulen bald die Gründung von Arbeitsgemeinschaften und von Landesverbänden, die sich im Wesentlichen auf die Jahre 1946/47 konzentrierte (Dolff 1961, S. 276 ff.). Auf der ersten Landeskonferenz der Hessischen Volkshochschule wurde im Juni 1946 in Frankfurt der Hessische Landesverband für Erwachsenenbildung gegründet. Ihm folgte im Oktober 1946 der Arbeitskreis für Erwachsenenbildung in Südbaden. Im Jahre 1947 wurden in den meisten Bundesländern Landesverbände der Volkshochschulen konstituiert. Lediglich der Volkshochschulverband im Saarland konnte wegen der politischen Umstände erst 1957 begründet werden.

Der Zusammenschluss der bestehenden Verbände war ein Akt der Selbstorganisation, der nach innen zu einem intensiven pädagogischen und bildungspolitischen Erfahrungsaustausch führte. Nach außen hin sollte er eine Interessenvertretung gegenüber Ministerien und öffentlichen Einrichtungen sein, um finanzielle und ideelle Förderung durch die öffentliche Hand zu erhalten und zugleich die Stellung der Volkshochschulen innerhalb der Erwachsenenbildung und im Gesamtbildungssystem effektiv zu vertreten. So schlossen sich am 28. Oktober 1949 in Schönberg im Taunus die bestehenden zehn Volkshochschulverbände gemeinsam mit den Institutionen der Stadtstaaten in Frankfurt am Main zu einer Arbeitsgemeinschaft der Landesverbände deutscher Volkshochschulen zusammen (Gründungsprotokoll vom 21. November 1949).

Den Abschluss der Institutionalisierung und der Koordination erfolgte im Juni 1953 in Berlin, indem die bestehende Arbeitsgemeinschaft in den Deutschen Volkshochschulverband e. V. umgewandelt wurde. Theodor Bäuerle wurde der erste Präsident des Deutschen Volkshochschulverbandes. Die zentrale Funktion des Volkshochschulverbandes konzentrierte sich unter anderem auf die folgenden Aufgaben: Vertretung der Volkshochschulen gegenüber Spitzenverbänden von Politik, Wirtschaft und Kultur, Aufbau von Auslandsbeziehungen zu internationalen Verbänden wie UNESCO, Erarbeitung von theoretischem und didaktischem Material zur Unterstützung der Praxis, Entwicklung von Seminarkonzepten zur Fortbildung der Mitarbeiter der Volkshochschulen.

Diese Aufgaben nahm die bereits erwähnte Pädagogische Arbeitsstelle des Deutschen Volkshochschulverbandes (PAS) wahr. Sie war eine vermittelnde Instanz zwischen Theorie und Praxis. Als Serviceeinrichtung hatte sie über die bereits genannten allgemeinen Funktionen eine umfangreiche Aufgabenstellung: Erstellung von Bibliographien, Aufbau und Unterhaltung einer Präsenzbibliothek, Erarbeitung von Statistiken und wichtigen Informationen für die pädagogischen Mitarbeiter, Bereitstellung von Studienmaterialien zur Aus- und Fortbildung der hauptamtlich Tätigen. Von besonderer Bedeutung waren die wissenschaftlichen Leistungen der PAS unter ihrem außerordentlich effektiven Leiter Hans Tietgens. Sie schlugen sich in Publikationsreihen nieder (z. B. »Theorie und Praxis der Erwachsenenbildung«). Die Pädagogische Arbeitsstelle des Deutschen Volkshochschulverbandes ging im »Deutschen Institut für Erwachsenenbildung« (DIE) unter der Leitung von Ekkehard Nuissl von Rhein auf, das mit einer erweiterten Aufgabenstellung in hervorragender Weise zwischen Wissenschaft und Praxis vermittelt und wesentliche Forschungen initiiert bzw. selbst durchführt.

Neben den wissenschaftlichen Leistungen der neu errichteten Lehrstühle für Erwachsenenpädagogik *(s. u.)* waren es vor allem die Pädagogische Arbeitsstelle des Deutschen Volkshochschulverbandes und das Deutsche Institut für Erwachsenenbildung, die einen wesentlichen Beitrag zur wissenschaftlichen Anerkennung der Erwachsenen- bzw. Weiterbildung leisteten. Zudem ist auch auf die außerordentlich wirksame Öffentlichkeitsarbeit dieser bedeutenden Service-Institution zu verweisen, die zur allgemeinen Anerkennung der Erwachsenenbildung als wichtigem Bestandteil des Bildungssystems beitrug.

5.5 Die Zusammenarbeit zwischen der Volkshochschule und den Gewerkschaften: »Arbeit und Leben« – Neubestimmung von Arbeiterbildung

Um dem Vorwurf der Monopolstellung zu entgegnen, waren die Volkshochschulen in den Vierziger- und Fünfzigerjahren bemüht, gesellschaftliche Gruppen und Interessenverbände unter ihrem Dach zu integrieren. Damit wollten sie eine breite gesellschaftliche Akzeptanz gewinnen. Die Kooperationsversuche der Volkshochschule entsprachen »der sachlichen und personellen Universalität, die die Volkshochschulen vor anderen Einrichtungen der Erwachsenenbildung kennzeichnet. Der sachliche Tätigkeitsbereich der Volkshochschulen ist unbegrenzt [. . .]. Ebenso wenig gibt es keinen Personenkreis, an den sich die Volkshochschule nicht wendet und den sie nicht für ihre Arbeit zu gewinnen sucht.« (Hürten/Beckel 1958, S. 13)

So strebten die Volkshochschulen Kooperationen mit anderen gesellschaftlichen Gruppen an. Der Hessische Landesverband der Volkshochschulen bemühte sich beispielsweise, verschiedene gesellschaftliche Interessenverbände, wie die Arbeitgeberverbände, die Heimatvereine, Bauernorganisationen und Gewerkschaften in den eigenen Beirat einzubeziehen, um so eine gemeinsame Trägerschaft zu bilden. Allerdings beschränkte sich die Kooperation schließlich auf die Gewerkschaften und die Heimatvertriebenenverbände, da das politische und gesellschaftliche Spektrum aller vorgesehenen Kooperationspartner letztlich zu weit auseinander lag (Keim/Olbrich/Siebert 1973, S. 61). Auch der Südwürttembergisch-Hohenzollernsche Verband suchte eine breite Kooperationsbasis. Unterschiedliche Gruppen und Verbände, wie Kirchen, Gewerkschaften, Frauen- und Jugendverbände, Heimatvereine bis zu Büchereistellen sowie Einzelpersönlichkeiten, Laienspielgruppen und literarische Vereinigungen waren Mitglieder des Verbandes. Allerdings führten die divergenten inhaltlichen Interessen und die unterschiedlichen gesellschaftlichen und kulturellen Zielvorstellungen nicht zu einer effektiven Kooperation, die den Verein auf Dauer arbeits- und existenzfähig gemacht hätten. So kehrten die einzelnen Gruppen und Verbände wieder zur Selbstständigkeit zurück (Verband für Erwachsenenbildung in Württemberg-Hohenzollern, Nachwort, 1957). In gleicher Weise zeigte sich der Bayerische Landesverband für Freie Volksbildung offen für eine Vielfalt der Trägerschaft.

Um die Bildungsinteressen einzelner Gruppen zu berücksichtigen, sollten »Sonderabteilungen« in den Volkshochschulen gegründet werden. Dabei spielte die Arbeiterbildung, im Wesentlichen von den Gewerkschaften getragen, eine besondere Rolle. Hier zeigte sich der englische Einfluss der gewerkschaftlichen Bildungsarbeit der »Workers Educational Association« (WEA) in den Vierzigerjahren. Darüber hinaus fühlten sich die Gewerkschaften nach 1945 als Erben der demokratischen Tradition der Arbeiterbildung seit dem Entstehen von Arbeiterbildungsvereinen in der ersten Hälfte des 19. Jahrhunderts. So kam es auf gemeinsame Initiative hin und sanktioniert durch Beschlüsse der Gremien beider Organisationen, allerdings gegen Bedenken von Teilen des DGB, zur Gründung von »Arbeit und Leben«, einer eigenständigen Form der Zusammenarbeit zwischen Volkshochschulen und Gewerkschaften, die im Oktober 1948 in Celle von den beiden Landesorganisationen formell begründet wurde.

Nach Gründung weiterer solcher Landesarbeitsgemeinschaften konstituierte sich in Königstein im Taunus im Oktober 1951 die »Deutsche Arbeitsgemeinschaft Arbeit und Leben«. Sie bestand aus den Vorsitzenden der Landesverbände der Volkshochschulen und den Bildungssekretären des DGB. Gemäß dem arbeitsteiligen Konzept sollten die allgemeinen Bildungsprogramme prinzipiell in den Volkshochschulen durchgeführt werden. Unter Bildungsprogrammen versteht die pädagogische Diskussion die praktische Umsetzung von übergeordneten Zielvorstellungen, besonders unter Berücksichtigung der jeweiligen thematischen Schwerpunkte auch im Hinblick auf die Bildungsvoraussetzungen und Bildungswertungen der Teilnehmer. Auch der Zusammenhang zu didaktischen und methodischen Fragen wurde dabei mit in den Blick genommen. Die allgemeine Bildungsarbeit trugen die Volkshochschulen. Sie bezog sich vor allem auf politische und soziokulturelle Themen. Demgegenüber sollte sich der DGB auf die Gewerkschaftsschulung seiner Mitglieder beschränken. Die Veranstaltungen für beide Zielgruppen wurden in der Regel in entsprechenden Heimvolkshochschulen, z. B. in Hustedt, durchgeführt.

Die Volkshochschulen erhofften sich von der Kooperation mit den Gewerkschaften, die Arbeiter stärker an ihre eigene Bildungsarbeit heranführen zu können. »Arbeit und Leben« verstand sich vor allem als ein Angebot an die Jugend und definierte sich im Selbstverständnis als »überparteilich und überkonfessionell« (Haushamer Erklärung der Deutschen Arbeitsgemeinschaft »Arbeit und Leben« vom 23. Mai 1952, nach Olbrich/Schwarz 1991, S. 331).

Beide Institutionen konnten sich auf eine zentrale Zielsetzung verständigen: »Soziale Probleme denkerisch gestalten, erfassen und über den Beruf hinaus zu zentralen Problemen des Lebens vorzustoßen« (Geschäftsbericht des Bundesvorstandes des DGB 1952/53). Das didaktische und politische Konzept orientierte sich an den Erfahrungen der Arbeiter im politischen und beruflichen Leben. Durch diese Form der Arbeiterbildung sollte die Arbeiterschaft befähigt werden, am Prozess zur

Gestaltung des sozialen und gesellschaftlichen Lebens verantwortlich teilzunehmen. Die neue Arbeiterbildung, die sich endgültig von der Tradition der Klassenkampfbildung verabschiedet hatte, verstand sich nun als »politisch-soziale« und »mitbürgerliche« Bildung. Kern der Arbeit sollte also innerhalb der Volkshochschulen die politische Bildungsarbeit sein. So wurde in der oben genannten Erklärung in Hausham der besondere Auftrag der politischen Zielsetzung von Arbeit und Leben eindringlich formuliert: »Angesichts der sozialen, politischen und völkerrechtlichen Situation der Bundesrepublik, der Notwendigkeit, ihr demokratisches Fundament zu festigen und das gesamte öffentliche Leben demokratisch zu durchdringen, der Gefährdung der Jugend durch antidemokratische Strömungen, Parteien und Organisationen ist im besonderen Maße politische Bildung notwendig [. . .]«. (nach Olbrich/Schwarz 1991, S. 330)

Neben der politischen und allgemein bildenden Programmgestaltung waren berufsorientierte Fach- und Elementarkurse Teil des Bildungsprogramms von »Arbeit und Leben«. Orientiert am politischen Prinzip der pädagogischen Arbeit sollten die berufliche und politische Bildung miteinander verzahnt werden mit der Zielsetzung der Integration beruflicher, allgemeiner und politischer Bildung, ein Konzept, das in den Sechzigerjahren mehr und mehr an Bedeutung gewann (Feidel-Mertz 1975, S. 56 ff.).

Im Mittelpunkt der Bildungsarbeit stand am Beginn der allgemein bildende, auf ein Jahr konzipierte Grundkurs, der in einem kürzeren Aufbaukurs eine Vertiefung erfuhr. Daneben wurden Wochenendlehrgänge bzw. Wochenlehrgangszeiten durchgeführt. Um die praktische und politische Arbeit von Gewerkschaftsmitgliedern in den Betrieben durch die Bildungsarbeit vorzubereiten, wurden Betriebskurse und betriebsnahe Kurse durchgeführt (Knoll/Siebert 1967, S. 48 ff.). »Arbeit und Leben« verstand sich als Teil der freien Erwachsenenbildung und fühlte sich deshalb in seiner pädagogischen Arbeit von »keiner Autorität abhängig«. Die Bildungsarbeit der Organisation prägte sich in den verschiedenen Ländern unterschiedlich aus. Besonders kräftig entwickelte sich »Arbeit und Leben« in Niedersachsen (Geschäftsbericht des DGB 1950/51, nach Olbrich/Schwarz 1991, S. 333). Die Intensität der Bildungsarbeit zeigte sich unter anderem darin, dass im Jahre 1950 190 Grundkurse mit rund 4 000 Teilnehmern durchgeführt wurden (Geschäftsbericht des DGB).

Um die Arbeiterbildung organisatorisch noch zu verstärken, wurden weitere Initiativen ergriffen. Über die Kooperation zwischen Volkshochschulen und Gewerkschaften hinaus sollten die Konsumgenossenschaften und die Hochschulen einbezogen werden. So gründeten verschiedene Interessenverbände der Gewerkschaften und der Volkshochschulen sowie der Konsumgenossenschaften am 18. Mai 1949 einen »vorbereitenden Ausschuss« zu Fragen der Erwachsenenbildung, insbesondere der Arbeiterbildung. Dieser sollte Konzeptionen dazu erarbeiten, wie die Arbeiterbildung stärker gefördert werden und wie sie selbst in stärkerem Maße in die Bildungsarbeit der Volkshochschulen einbezogen werden könnte (Olbrich/Schwarz 1991, S. 235 f.).

Eine besonders intensive Form der Arbeiterbildung entwickelte sich in der so genannten »Revierarbeitsgemeinschaft für kulturelle Bergmannsbetreuung« im Ruhrgebiet. Unmittelbar nach 1945 wurde sie als Form einer umfassenden und elementaren »Lebenshilfe« gegründet. Die Volkshochschulen selbst betrachteten unter der Devise »Volkshochschule geht auf die Zechen« die Bergmannsbetreuung »ihrem Wesen und ihrer Zielsetzung nach als Teil ihrer Erziehungs- und Bildungsaufgaben« (Volkshochschule im Westen, Jg. 4, Nr. 2, 3, 1952, S. 41). Die erste institutionelle Form der kulturellen Bergmannsbetreuung bestand in der »Fachstelle« unter der Leitung der Bottroper Volkshochschule. Am 20. Januar 1950 folgte die »Arbeitsgemeinschaft für kulturelle Bergmannsbetreuung«, die am 1. April 1951 die Aufgaben einer Zentralstelle für Bergmannsbetreuung übernahm. Schließlich bildete sich ein kooperatives Modell der Arbeiterbildung in verantwortlicher Trägerschaft des Unternehmensverbandes Ruhrbergbau, der Industriegewerkschaft Bergbau und des Landesverbandes der Volkshochschulen mit dem Ziel, »die Lebensbejahung zu wecken, jedem Einzelnen tätig Hilfe zu leisten, dem Bergmann und seiner Familie den Weg zur Gemeinschaft wieder zu erschließen für ein menschenwürdiges und sinnerfülltes Dasein« (Volkshochschule im Westen, Jg. 1949, Nr. 2, S. 6). Zu den kulturellen Aktivitäten gehörten Film-, Theater- und Musikveranstaltungen, Sportveranstaltungen, Kulturfahrten und Kulturaustausch sowie Bildungsarbeit in Arbeitsgemeinschaften und auch in der traditionellen Form von Vorträgen. Angesichts der Kritik in den Jahren 1955/56, die kulturelle Bergmannsbetreuung entwickele sich zu »einem pädagogischen und organisatorischen Gebilde mit eigenständigem Charakter und der Tendenz zur Verselbständigung«, wurde diese Form der Bildungsarbeit wieder voll in den institutionellen Rahmen der Volkshochschule integriert.

Die Bedeutung von »Arbeit und Leben« in den Fünfzigerjahren zeigte sich in der großen Zahl von örtlichen Arbeitsgemeinschaften und in der Kooperation mit internationalen Organisationen. So bestanden 1957 in mehr als 350 Orten Arbeitsgemeinschaften. »Arbeit und Leben« wurde Mitglied des internationalen Verbandes für Arbeiterbildung (IFWEA). Es gab darüber hinaus Beziehungen zu mehreren internationalen Organisationen und Institutionen, in denen die deutschen Gewerkschaften vertreten waren, wie z. B. der UNESCO, der ILO (*International Labour Organization*), zu europäischen Behörden, zum Internationalen Bund freier Gewerkschaften und anderen Arbeiterbildungsorganisationen in vielen Teilen der Welt. Als Zeichen der praktischen internationalen Arbeit kann das Engagement von »Arbeit und Leben« im Bereich der Entwicklungsarbeit gewertet werden. Beispielhaft manifestierten sich die entwicklungspolitischen Aktivitäten in Schulungsseminaren für Erwachsenenbildner aus Entwicklungsländern, besonders aus Afrika. Diese einjährigen Seminare fanden von Mitte der Sechziger- bis Mitte der Siebzigerjahre in der Heimvolkshochschule Göhrde statt. Sie wurden in Zusammenarbeit mit dem Deutschen Volkshochschulverband in Bonn organisiert.

Das Kooperationsmodell »Arbeit und Leben« blieb zunächst im Kern auf die Länder der ehemaligen britischen Zone beschränkt. Die mit diesem Kooperationsmodell angestrebte Zielsetzung der Volkshochschulen und des DGB, die Arbeiterschaft stärker in die Erwachsenenbildung einzubeziehen, konnte nur zu einem begrenzten Teil erreicht werden, denn die Arbeit der Volkshochschulen war in den ersten Nachkriegsjahren, sofern sie sich auf die soziokulturelle Bildungsarbeit konzentrierte, im Wesentlichen mittelschichtorientiert. Die berufsfördernden Angebote wurden vor allem von den am beruflichen und sozialen Aufstieg orientierten Schichten, den Angestellten und der technischen Intelligenz angenommen.

Bis auf die Zusammenarbeit zwischen den Volkshochschulen und den Gewerkschaften blieben die genannten Kooperationsversuche begrenzt, da sich die Volkshochschule zu der entscheidenden Institution der Erwachsenenbildung entwickelte und so – auf sich selbst gestellt – ihre Arbeit ohne einen verengten Pluralismus unter dem eigenen Dach realisieren zu können glaubte. Allerdings gab es neben der Zusammenarbeit zwischen Volkshochschulen und Gewerkschaften weitere Kooperationsformen, so mit der Universität und dem Rundfunk.

5.6 Der Aufbau kirchlicher Erwachsenenbildung

Zu den großen Trägerorganisationen der Erwachsenenbildung nach 1945 gehören die beiden christlichen Kirchen. Vor allem die evangelische Kirche hatte bereits in der Weimarer Zeit eine intensive Bildungsarbeit besonders in Form von Heimvolkshochschulen entfaltet. Die konfessionelle Erwachsenenbildung umfasst vielfältige Aktivitäten. Sie reichen von der theologischen über die religiöse bis hin zur sozialpädagogischen Bildungsarbeit – etwa in Form der kirchlichen Familienbildungsstätte –, von der »Glaubensverkündigung« bis hin zur »Gesellschaftsdiakonie« (Lott 1997, S. 9 ff.).

5.6.1 Evangelische Erwachsenenbildung

Eine besondere Rolle innerhalb der evangelischen Erwachsenenbildung spielen die Evangelischen Akademien, die sich besonders an die Führungseliten in Kirche und Gesellschaft wenden. Die Vorgeschichte der Evangelischen Akademien reicht bis in die Zeit des Nationalsozialismus zurück. Konzeptionelle Vorarbeiten für die Gründung von Akademien für die Zeit nach dem Ende des Faschismus stammten unter anderem von *Helmut Thielicke* (1908–1986), dem führenden Repräsentanten des konservativen Protestantismus. Er forderte »die Durchdringung der Lebensgebiete, wie sie sich vor allem vom Beruf her ergeben«. Auch Theodor Bäuerle, der baden-württembergische Kultusminister, beteiligte sich an Überlegungen zu einer »christlichen Großakademie«.

Die Umsetzung von Konzeptionen einer gegenwartsbezogenen und weltzugewandten Bildungsarbeit vollzog sich bereits unmittelbar nach Kriegsende. Am 29. September 1945 wurde die Evangelische Akademie Bad Boll eröffnet. »Gespräch und Begegnung« bestimmten die erste Phase dieser Bildungsarbeit. Danach entstand, ebenfalls 1945, die Evangelische Akademie in Hessen und Nassau unter der Leitung von Hans Kallenbach und der Mitwirkung von Wolfgang Böhme, dem späteren Präsidenten der »Deutsche(n) Evangelische(n) Arbeitsgemeinschaft für Erwachsenenbildung« (DEAE). 1946 wurde die Akademie der Evangelisch-lutherischen Landeskirche Hannover in Hermannsburg gegründet, die seit 1952 in Loccum ansässig war, wobei der spätere Landesbischof *Hanns Lilje* (1899–1977) sich intensiv an der Konzeptionierung und praktischen Umsetzung dieser außerordentlich bedeutsamen Akademie beteiligte. 1947 entstanden weitere Akademien in Bayern, in Baden und Kurhessen und Waldeck, 1946 bzw. 1950 die bekannten Akademien in Hamburg und Tutzing. Bereits 1947 gab es ein so weites Netz von

Akademien, dass sich bereits ein Leiterkreis und die Studiengemeinschaft der Evangelischen Akademien mit folgenden Zielsetzungen konstituierte: »1. Die Kirche muss die Aufgaben, Nöte und Gedanken verstehen lernen, die die Menschen der Gegenwart in ihrem jeweiligen Lebensgebiet beschäftigen. Die Evangelische Akademie führt darum dieses Gespräch meist in der Gemeinschaft des einzelnen Berufs. 2. Die Kirche muss ihre Botschaft in der Sprache ihrer Zeit verständlich machen, wohl wissend, dass dieses Verständnis nur unter der Wirkung des heiligen Geistes im Gehorsam gegen Gottes Wort gewonnen werden kann. Die Evangelische Akademie bemüht sich darum, die Glaubensfragen der geistig lebendigen Laien aufzunehmen und die frohe Botschaft von Jesus Christus in ihr wirkliches Leben hineinzusagen.« (nach Kallenbach 1975, S. 202)

Im Kontext der Studiengemeinschaft wurde ebenfalls 1947 eine Forschungsgemeinschaft der Evangelischen Akademien in Deutschland gegründet, die sich zur Aufgabe stellte, Vertreter der Wissenschaft und der Kirchen zu einem interdisziplinären Gespräch zusammenzuführen. Besonders wirkungsvoll war die »Marxismus-Kommission«. Diese setzte sich mit dem Verhältnis von Christentum und Marxismus auseinander.

Die Arbeit der Evangelischen Akademien in den ersten Nachkriegsjahren fand eine so große Resonanz in Gesellschaft, Politik, Wirtschaft, in den Kirchen und der Wissenschaft, dass nahezu in allen Landeskirchen Akademien gegründet wurden. Das Gesamtprofil der Evangelischen Akademien war und ist bis heute vielfältig und differenziert. Das zeigte sich sowohl in thematischer, in methodisch-didaktischer Hinsicht als auch im Hinblick auf die angesprochenen gesellschaftlichen Eliten. Während sich ein Teil der Akademien von Anfang an vornehmlich an bestimmte Berufsgruppen wandte, etwa mit der Ausrichtung auf »kirchliche Seelsorge für bestimmte Bereiche« (Müller o. J., S. 11), standen bei anderen Akademien die weltanschaulichen und kulturellen Auseinandersetzungen mit verschiedenen gesellschaftlichen Gruppen im Vordergrund. Die Wirkungsweise der Evangelischen Akademie wurde rückblickend von einer Kommission des Rates der Evangelischen Kirche in Deutschland (EKD), eines Kirchenbundes, der etwa 18 lutherisch reformierte und unierte Kirchen in Deutschland angehören und die ca. 30 Millionen evangelische Christen repräsentierte, anerkannt. So ist das Urteil dieser bedeutenden Institution von besonderer Bedeutung: »In der Gewinnung neuer Erkenntnisse für die Kirche, in der Entdeckung neuer missionarischer Wege und in der Wahrnehmung neuer diakonischer Aufgaben der Christenheit« hätten die Akademien ihre zentralen Aufgaben erfüllt (nach Müller o. J., S. 14). Die Evangelischen Akademien bildeten für lange Zeit die Avantgarde der evangelischen Erwachsenenbildung, wobei sie durch ihre wissenschaftsbezogene Bildungsarbeit die Enge konfessionell begrenzter Bildungsarbeit überwanden und gewissermaßen als »Leuchttürme« dienten, da sie sich als weltoffen, gegenwartsbezogen und problemorientiert erwiesen.

Um die Aktivitäten zu bündeln und gegenüber der Gesellschaft effektiv zu repräsentieren, wurde 1961 die »Deutsche Evangelische Arbeitsgemeinschaft für Erwachsenenbildung« (DEAE) ins Leben gerufen. Zu den Mitgliedern dieser Arbeitsgemeinschaft gehörten regionale Zusammenschlüsse sowie Arbeitsgemeinschaften innerhalb und außerhalb der Landeskirchen. Im Rahmen der Evangelischen Arbeitsgemeinschaft ist auch die »Studienstelle für Erwachsenenbildung« zu nennen, die sich, der Pädagogischen Arbeitsstelle des Deutschen Volkshochschulverbandes vergleichbar, als Clearingstelle zwischen Wissenschaft und Praxis verstand. Sie befasste sich in mehreren Abteilungen mit theoretisch-wissenschaftlichen Fragestellungen. Dabei bildete die Professionalisierung der Mitarbeiter evangelischer Erwachsenenbildung einen herausgehobenen Schwerpunkt. Angesichts der Etablierung eines wissenschaftlichen Studienganges für Erwachsenenbildung an den Universitäten (seit 1969, *s. u.*), der auch Mitarbeitern der kirchlichen Erwachsenenbildung, zukünftigen Pädagogen und kirchlichen Einrichtungen offen stand, gewann die innerkirchliche Professionalisierung einen neuen Stellenwert.

Die evangelische Erwachsenenbildung verstand sich angesichts ihrer theologischen Fundierung und ihres spezifischen Profils spätestens seit den Sechzigerjahren als Teil des plural verfassten quartären Bildungsbereichs. Das breite Spektrum evangelischer Erwachsenenarbeit mit einem ausgeprägten Binnenpluralismus setzte sich neben der religiösen und theologischen auch intensiv mit der beruflichen, politischen und soziokulturellen Bildung auseinander.

5.6.2 Katholische Erwachsenenbildung

Die konfessionelle Bildungsarbeit beider Kirchen hatte viele Berührungspunkte und kann sich bis heute auf einen konstitutiven Grundkonsens stützen, dass nämlich religiöse und theologische Grundfragen in diakonischer Perspektive die zentrale Legitimationsbasis und die allgemeine Zielperspektive der Bildungsarbeit darstellen. Das schließt die Offenheit für die Vielfalt von Themen und methodischen Zugänge der konfessionellen Bildungsarbeit mit ein. Allerdings gab es bei aller Übereinstimmung zwischen der evangelischen und katholischen Erwachsenenbildung in Grundsätzen spezifische Unterschiede. Diese zeigten sich unter anderem an der institutionell-organisatorischen Struktur, den programmatischen Schwerpunkten und den Adressaten.

Angeregt durch das ganz in der Nähe liegende Beispiel der Evangelischen Akademie Bad Boll wurde im Bistum Rottenburg 1951 in Stuttgart-Hohenheim die erste Katholische Akademie gegründet, die sich jedoch keineswegs als eine konfessionelle Konkurrenz gegenüber Bad Boll verstand (Messerschmidt 1975, S. 209/10). Ab 1953 wurden in den nächsten Jahren nach dem Rottenburger Beispiel weitere Akademien gegründet, wie z. B. in Dortmund, München, Münster, Trier, Aachen, Augsburg, Berlin, Freiburg und Hamburg. Nahezu jede Diözese konzeptionierte ihre Erwachsenenbildungsarbeit im Blickfeld von Akademien, wobei die Diözesen die vorrangigen Träger der Bildungsarbeit wurden (zur Übersicht über das breite Feld der Akademien vgl. Messerschmidt 1975, S. 215 f.).

Die katholische Bildungsarbeit besitzt seit ihrer Konstituierung eine vergleichbare Vielfalt der Institutionen, der Programmatik, der Themen und Veranstaltungsformen wie die evangelische. Zu den thematischen Kernbereichen gehörten Theologie, Spiritualität, Philosophie und Kulturtheorie (Heinz 1999, S. 466 ff.). Die Forderung des interkonfessionellen und interkulturellen Dialogs gehörte spätestens seit dem Zweiten Vatikanischen Konzil (11. Oktober 1962 bis 8. Dezember 1965) zum festen Grundsatz katholischer Erwachsenenbildung. »Dialogfähigkeit, Demokratiefähigkeit und Streitkultur« wurden in der so genannten »Hirschberger Erklärung«

der Katholischen Bundesarbeitsgemeinschaft für Erwachsenenbildung (KBE), 1991 gegründet, als zentrale Ziele der Erwachsenenbildung definiert. Zugleich sollte die Erwachsenenbildung ein wichtiges »Orientierungsmedium« in der »Pluralität von Lebensstilen und Wertorientierungen« sein (Heinz 1999, S. 465).

Ein Fokus katholischer Erwachsenenbildung war die Bildungsarbeit mit und für Familien. Dies zeigt sich institutionell-organisatorisch in der Vielfalt von Familienbildungsstätten (Hargasser 1975, S. 218 ff.) und in der thematischen Zentrierung auf familienpädagogische und -soziologische Fragestellungen. Familien, Eltern, aber auch alleinstehende Mütter bilden bis heute die vorrangige Adressatengruppe. Auch die Kleinkind- und Altenpädagogik war und ist ein Schwerpunkt innerhalb der katholischen Erwachsenenbildung.

Die katholische Erwachsenenbildung kümmerte sich von jeher besonders um sozial benachteiligte und bildungsferne Schichten. Mit dieser tradierten Teilnehmerstruktur, die bis zu Adolf Kolping zurückreicht, setzt sich die katholische Erwachsenenbildung intensiv für die gesellschaftliche Integration benachteiligter Gruppen ein. In viel stärkerem Maße als der evangelischen ist es deshalb der katholischen Erwachsenenbildung gelungen, die Arbeiterschaft und insgesamt die unteren sozialen Schichten für die Bildungsarbeit zu gewinnen (Knoll 1973, S. 260). So legt ein Synodalbeschluss von 1976 programmatisch fest, dass die katholische Erwachsenenbildung dem »Dienst am benachteiligten Menschen« verpflichtet sei (Heinz 1999, S. 464).

Die konfessionelle Bildungsarbeit – sowohl die evangelische als auch die katholische – bilden bis heute eine tragende Säule im System pluraler Erwachsenenbildung. Auch im Selbstverständnis beider Kirchen wird Erwachsenenbildung darüber hinaus als Teil des gesamten Bildungssystems angesehen. Dies wird unter anderem mit dem »Öffentlichkeitscharakter des Evangeliums als Botschaft für alle« begründet (Heinz 1999, S. 465).

Generell zeigte sich in der Entwicklung konfessioneller Erwachsenenbildung – trotz aller Differenziertheit in der Legitimationsgrundlage und der spezifischen Programmatik der Bildungsarbeit – eine Neigung, enge konfessionelle Schranken zu überwinden und sich gesamtgesellschaftlichen Aufgaben zuzuwenden. Die Tendenz konfessioneller Erwachsenenbildung zur Kooperation mit nicht konfessionellen Einrichtungen der Erwachsenenbildung und zur Professionalisierung wurde durch die wissenschaftlichen Studiengänge der Erwachsenenpädagogik gefördert. Die wissenschaftliche Ausbildung von Diplom-Pädagogen und Diplom-Pädagoginnen diente zugleich – orientiert an allgemeinen wissenschaftlichen Erkenntnissen und Verfahrensweisen – zur Vereinheitlichung der konfessionellen Erwachsenenbildung bzw. Weiterbildung innerhalb eines ausdifferenzierten Spektrums von Erwachsenenbildungseinrichtungen.

6. Die politische Bildungsarbeit der Parteien und Gewerkschaften

Mit der Gründung zahlreicher weiterer Erwachsenenbildungseinrichtungen in Trägerschaft der großen gesellschaftlichen Gruppen konnte das pluralistische Prinzip der Erwachsenenbildung voll zur Geltung kommen. Als Träger spielten in der unmittelbaren Nachkriegszeit – dies gilt auch heute noch – neben den Kirchen die Parteien, die Gewerkschaften, Arbeitgeberverbände und andere gesellschaftliche Gruppen eine wesentliche Rolle. Die Etablierung eines pluralistischen Systems der Erwachsenenbildung, getragen von allen großen gesellschaftlichen Gruppen, war Ausdruck des Prinzips der Verantwortung der Bürger und deren Repräsentanten in einem demokratisch verfassten Gesellschaftssystem.

Für den politischen Auftrag der Erwachsenenbildung wurde vor dem Hintergrund der nationalsozialistischen Vergangenheit »Demokratisierung« ein Schlüsselbegriff. Fritz Borinskis viel beachtetes Buch »Der Weg zum Mitbürger« (1954) stellte in der Phase des Wiederaufbaus die theoretische Legitimation für das Konzept einer politisch-demokratischen und sozialen Bildung dar. Die politisch-demokratische Dimension der Erwachsenenbildung verband Reflexion und Handlungsorientierung. »Demokratisch-politische Bildung« zielte auch darauf ab, in der Erwachsenenbildung selbst demokratisches Bewusstsein und demokratisches Handeln einzuüben. Neben der pädagogischen Perspektive als »mitbürgerliche Bildung« blieb die soziologische Orientierung an den Bildungsinteressen der Arbeiter und bildungsferner Schichten ein wichtiges Aufgabenfeld. Als Träger dieser politisch-sozialen Bildung wurden hier vor allem die Gewerkschaften angesprochen und die sozialdemokratischen bzw. sozialistischen Parteien, die sich auch nach 1945 in der Tradition der Arbeiterbewegung sahen. Da die Tradition der deutschen Arbeiterbildung und Arbeiterbewegung durch die Herrschaft der Nationalsozialisten unterbrochen wurde, bedurften diese deshalb einer theoretischen und organisatorischen Neuorientierung und Fundierung.

Entsprechend der unterschiedlichen politischen Entwicklung der Arbeiterorganisationen, der Sozialdemokratie und der kommunistischen Partei sowie der spezifischen Interessenlage der Gewerkschaften entwickelten sich in den Westzonen bzw. der Bundesrepublik unterschiedliche Formen der Bildungsarbeit, die sich in ihrer Zielsetzung, in ihrer Programm- und Teilnehmerstruktur sowie auch in der Intensität der Bildungsarbeit unterschieden. Es liegt deshalb nahe, sowohl unter programmatischen als auch organisatorisch-institutionellen Gesichtspunkten die jeweilige politische Bildungsarbeit dieser drei Organisationen der Arbeiterbewegung im Einzelnen näher darzustellen.

6.1 Die Bildungsarbeit der Sozialdemokratie

In den ersten Nachkriegsjahren schenkten die Gesamtpartei und die Parteiführung der SPD der Bildungsarbeit lediglich begrenzte Aufmerksamkeit. Sie konzentrierten sich vielmehr auf eine allgemeine Kulturarbeit. Wichtige Bildungsinitiativen gingen dagegen von den Parteigliederungen der Länder aus, sodass sich eine differenzierte und eigenständige Entwicklung an der Basis vollzog. Beispielsweise wurde in Schleswig-Holstein eine Breitenbildung für alle Parteimitglieder gefordert bzw. eine spezielle Qualifizierung für die Jugend- und Wohlfahrtspflege angeregt. Allerdings verschob sich in der Praxis die politische Bildungs- und Schulungsarbeit zugunsten einer breit angelegten allgemeinen Kulturarbeit. Durch ihre Verbindung mit politischer Schulungsarbeit sollte die Partei nach innen gefestigt und für den Wettstreit der Parteien vorbereitet werden.

Gegenüber dieser Integration von Kulturarbeit und im engeren Sinne politischer Bildungsarbeit in Schleswig-Holstein konzentrierte sich die bayerische SPD von vornherein auf ein politisches Schulungskonzept. Die Intensität, mit der die Bildungsarbeit vorangetrieben wurde, zeigt sich daran, dass bereits am 1. Oktober 1946 eine politische Bildungszentrale der SPD als eine Abteilung des Landesvorstandes eingerichtet wurde und im Jahre 1947 in allen bayerischen Bezirken Bildungskonferenzen abgehalten wurden. Um die Bildungsarbeit auf eine theoretische Grundlage zu stellen, gab die Partei seit Oktober 1947 einen Referentendienst heraus, in dem die Beschlüsse des Landesvorstandes und der Fraktion veröffentlicht und auch Anleitungen zur Auseinandersetzung mit den Argumenten der politischen Gegner gegeben wurden. Neben diesen aktuellen Materialien sollte die Schulungsarbeit die Parteimitglieder mit grundlegenden Schriften aus der Geschichte des Sozialismus bekannt machen, so beispielsweise mit Karl Marx' »Das kommunistische Manifest« und Friedrich Engels' »Die Entwicklung des Sozialismus von der Utopie zur Wissenschaft«.

Das geistige und pädagogische Zentrum bildeten die zwei zentralen Bildungsstätten der Sozialdemokratie, das Schulungsheim in der Schüttersmühle (Fränkische Schweiz) und vor allem die Georg-von-Vollmar-Schule am Kochelsee, die im Herbst 1948 eröffnet wurde. Bereits im folgenden Jahr wurden über 800 Teilnehmer in dieser bedeutenden politischen Bildungsstätte in achttägigen Kursen mit grundlegenden Fragen der politischen Theorie und der politischen Praxis vertraut gemacht. Daneben ist auf die wichtige Arbeit der Bezirksschule in Hemer-Westig bei Iserlohn hinzuweisen, die am 20. Juli 1946 eröffnet wurde. Die Schule führte intensive 14-tägige Kurse durch, die eine »Gesinnungsbildung« und die Entwicklung eines »persönlichen Verantwortungsbewusstseins« zum Ziel hatte (Stammer, in: Olbrich/Schwarz 1991, S. 428). Die Teilnehmerliste zeigt für die ersten neun Kurse des Jahres 1946 folgendes Bild:

Teilnehmer		Alter aller Teilnehmer			davon Funktionäre der			
insges.	davon Frauen	bis 25	25–35	über 35	Partei	Falken	Arbeiterwohlfahrt	Gewerkschaften
175	20	49	57	69	85	13	10	18

Die Partei räumte der allgemeinen Kulturarbeit gegenüber der spezifischen Bildungs- und Schulungsarbeit in den ersten Nachkriegsjahren auch deshalb einen so hoher Stellenwert ein, weil angesichts der politischen Restriktionen der Siegermächte sich auf diesem Felde autonome Gestaltungsmöglichkeiten boten und damit auch Raum für die Ausübung von »Souveränität« blieb (Jahrbuch der Sozialdemokratischen Arbeiterpartei Deutschlands 1947, Bonn o. J., S. 113).

Eine Zentralisierung der Bildungsarbeit der Sozialdemokratie – über die jeweiligen Aktivitäten in den Landes- und Bezirksverbänden hinaus – erfolgte durch die Einrichtung der so genannten sozialistischen Kulturzentrale. Sie begann ihre Bildungsarbeit im November 1946. Im Jahrbuch der SPD Hannover von 1947 sind ihre zentralen Aufgaben dargestellt: Auseinandersetzung und Entscheidung in

Fragen der Einheitsschule, der Schulreform und des Hochschulwesens, der sozialistischen Ausrichtung im literarischen und künstlerischen Schaffen sowie im Hinblick auf die sozialistische Bildungsarbeit. Die Kulturzentrale forderte auch, dass die Partei sich auch mit der Wiedererrichtung einer Parteischule befassen sollte.

Anknüpfend an Elemente der Weimarer Tradition versuchte die sozialistische Kulturzentrale, politische Schulungsarbeit mit allgemeinen kulturellen und geselligen Veranstaltungen in Richtung einer »politischen Zweckschulung« zu verbinden. Die Kulturzentrale schlug Abend- und Wochenendschulen für Ortsvereine und Unterbezirke sowie Internatsschulen auf Bezirksebene vor. Auf Landesebene dachte man an eine Arbeiterakademie, die eng mit den Universitäten zusammenarbeiten und unter anderem folgende Lehrgegenstände durchführen sollte: Geschichte der sozialistischen Bewegung; Christentum und Sozialismus sowie Fragen der Wirtschaftskunde.

Die Bildungs- und Schulungsarbeit der SPD und der Kulturzentrale wurde in den ersten Nachkriegsjahren systematisch aufgebaut und methodisch-didaktisch durchdacht, sodass eine große Teilnehmerzahl – vor allem Parteimitglieder – erreicht werden konnte. Mit der klaren Wahlniederlage 1949 wurde der Zusammenhang von Wahlerfolg und politischer Schulungs- und Bildungsarbeit der Parteimitglieder erkannt. Die Wahlniederlage sei auch ein Ergebnis der Tatsache, dass die Mitglieder über die konkreten politischen Zielsetzungen und Strategien der Partei zu wenig informiert seien und damit das Engagement für aktuelle politische Arbeit einschließlich der Aktivitäten für die Wahlen begrenzt bleibe. Seither bemühte sich der Parteivorstand auf Bundesebene um eine Intensivierung sozialdemokratischer, politischer Bildungsarbeit. Er beschloss als Konsequenz, die »Schulung der Funktionäre für die politische und organisatorische Arbeit der Partei« allgemein verpflichtend zu machen. Die Bildungskonferenzen in Dortmund-Bittermark (1950) und Kochel (1951) befassten sich mit der zentralen Rolle, welche die Arbeiterbildung in Abstimmung und Koordination mit anderen Trägern und Organisationen der Erwachsenenbildung im politischen System der Bundesrepublik zu spielen habe.

Seit Mitte der Fünfzigerjahre richtete sich die parteieigene Bildungsarbeit mehr und mehr an übergeordneten, gesamtpolitischen und parteiübergreifenden Zielsetzungen aus. Hier ist unter anderem auf die von der Friedrich-Ebert-Stiftung getragene Arbeit der Heimvolkshochschule Bergneustadt zu verweisen. Diese sollte zu einer Stätte der Begegnung werden, »die sowohl dem sozialdemokratischen Funktionär als auch dem politisch anders denkenden Demokraten neue Aspekte der eigenen Überzeugung nahe bringt, die für alle Beteiligten fruchtbar sein können« (Willi Eichler, nach: Olbrich/Schwarz 1991, S. 467). Immer mehr begriff die Sozialdemokratie die politische Bildungsarbeit als Anstoß für grundlegende Reformprozesse in der Gesellschaft. »Dabei weitete sich der Blick von der Arbeiterbildung und der politischen Erwachsenenbildung hin auf das Bildungssystem insgesamt« (Olbrich/Schwarz 1991, S. 39). In der Bildungsarbeit dieser Zeit lassen sich also die konzeptionellen Grundlagen für Reformen des Bildungswesens als Ansatzpunkte für gesamtgesellschaftliche Reformen erkennen, für die sich die Sozialdemokratie später, in den Sechzigerjahren, nachdrücklich einsetzen sollte *(s. u.)*.

6.2 Die Bildungs- und Schulungsarbeit der KPD

Die KPD in den Westzonen verstand sich in Anknüpfung an die Parteitradition vor 1933 als die Führerin und die entschiedene Vorkämpferin des Proletariats. Viele Funktionäre der KPD hatten sich im russischen Exil darauf vorzubereiten, im Nachkriegsdeutschland – auch in den Westzonen – eine sozialistische Gesellschaft aufzubauen. In der Schulungs- und Bildungsarbeit sahen sie ein wichtiges Instrument zur radikalen gesellschaftlichen Veränderung. So verfolgte man, wie es in der »Deutschen Volkszeitung« vom 8. Juli 1945 heißt, eine doppelte Zielsetzung. Die Funktionäre der Partei sollten »die noch nicht beseitigten verderblichen Irrlehren des Nazismus bekämpfen« und als »Pioniere des Fortschritts im Kampf um die demokratische Erneuerung unseres Volks ihre Pflicht tun«.

Während in der sowjetischen Besatzungszone der organisatorische Aufbau der kommunistischen Bildungsarbeit unmittelbar nach dem Krieg mit starker Unterstützung der Militäradministration begann, setzte der systematische Schulungs- und Bildungsbetrieb in den Westzonen erst später ein. Die Funktionärsschulung bildete den Kern kommunistischer Bildungs- und Schulungsarbeit. Sie orientierte sich seit der engen Verbindung und Abstimmung zwischen der KPD in den Westzonen und der mit der Vereinigung von SPD und KPD am 21./22. April 1946 gegründeten Sozialistischen Einheitspartei (SED) sehr stark an der Schulungsarbeit in der sowjetischen Zone und der späteren DDR. Es fand ein intensiver Erfahrungsaustausch statt. Die Funktionäre in den Westzonen konnten die Schulungsstätten der SED besuchen, insbesondere die Parteihochschule »Karl Marx« in Berlin.

Parallel zur Zentralisierung der Schulungsarbeit in der sowjetischen Besatzungszone im Jahr 1948 wurde auch in den Westzonen eine zentrale Parteischule eingerichtet. Hier wurden in 14-tägigen Kursen Propagandisten und Organisatoren der Partei ausgebildet mit der besonderen Aufgabe, sich für die internationale Klassenauseinandersetzung vorzubereiten. Diesem Ziel dienten Themen wie:

- Der Trotzkismus – eine Agentur des Klassenfeindes (September 1949);
- Der Kampf um die einheitliche, demokratische Republik, den Frieden und die Rolle der Sowjetunion (November 1949);
- Stalin (Dezember 1949) (Olbrich/Schwarz 1991, S. 40).

Mit den Misserfolgen bei den politischen Wahlen, die zum Teil auf defizitäre Bildungs- und Schulungsarbeit zurückgeführt wurden, begann auch eine Neuorientierung der kommunistischen Bildungs- und Schulungsarbeit. Die Partei erklärte die marxistisch-leninistische Theorie zu ihrer alleinigen ideologischen Grundorientierung (Olbrich/Schwarz 1991, S. 40f.). Die Führungsrolle der KPdSU wurde uneingeschränkt anerkannt mit der Losung »Von der Sowjetunion lernen, heißt siegen lernen« (Porada, in: Olbrich/Schwarz 1991, S. 483–493). Ergebnis dieser ideologischen Neuausrichtung war auch eine organisatorische Straffung der Bildungsarbeit. 1950 wurde der »Schulungstag« durch ein straff organisiertes, thematisch festgelegtes »Schulungsjahr« abgelöst.

Die einseitige didaktische Fremdbestimmung und die fast dogmatisch ausgerichtete Schulungsarbeit führte allerdings mehr und mehr zu Desinteresse und zu einem Teilnehmerschwund. Weitere politische Misserfolge der Partei in der Bundesrepublik, die durch Bildungs- und Schulungsarbeit nicht kompensiert werden konnten, bedeuteten eine starke Einschränkung der Bildungsarbeit. In der DDR dagegen weitete die Sozialistische Einheitspartei Deutschlands (SED) ihre politische Bildungs- und Schulungsarbeit systematisch aus: einerseits als Gegengewicht zur Entwicklung in der Bundesrepublik, andererseits, um Funktionären der KPD aus den Westzonen eine Schulungsmöglichkeit zu bieten. Die politische Bildungs- und Schulungsarbeit diente auch dazu, die Gesamtpolitik der KPD in den Westzonen auf diejenige der Sowjetunion und der SED auszurichten. Da die Bildungsarbeit der KPD sich fast ausschließlich an Parteimitglieder richtete und so einer breiten Öffentlichkeit verschlossen blieb, gab es auch keine Versuche von Teilen der westdeutschen Bevölkerung, in einer Atmosphäre des Antikommunismus gegen diese Form der Bildungsarbeit von außen zu agitieren.

Die politische Bildungsarbeit der anderen Parteien vollzog und vollzieht sich in deren Stiftungen. Sie engagieren sich auch in der Begabtenförderung sowie der Entwicklungsarbeit. Derzeit existieren die Konrad-Adenauer-Stiftung (CDU), die Friedrich-Ebert-Stiftung (SPD), die Friedrich-Naumann-Stiftung (FDP), die Heinrich-Böll-Stiftung (Bündnis 90/Die Grünen) und die zuletzt gegründete Rosa-Luxemburg-Stiftung (PDS).

6.3 Die Bildungsarbeit der Gewerkschaften

Die Ausgangslage für die gewerkschaftliche Bildungsarbeit nach 1945 ergab sich aus der Tatsache, dass die Gewerkschaften durch die nationalsozialistische Verfolgung zahlreiche Funktionäre und Gewerkschaftsmitglieder verloren hatten. Ein Großteil der neuen Gewerkschaftsmitglieder nach 1945 war vorher nie in einer freien Gewerkschaft organisiert. Deshalb war eine breite Mitgliederschulung und eine systematische Funktionärsschulung unabdingbar, um gesamtgesellschaftliche und sozialpolitische Ziele der Gewerkschaften formulieren und vertreten zu können. So heißt es in den Programmvorschlägen für einen einheitlichen deutschen Gewerkschaftsbund, die 1945 im Londoner Exil entwickelt wurden: »Der Neuaufbau der Gewerkschaften kann nur gelingen, wenn er Hand in Hand geht mit einer intensiven und extensiven Bildungsarbeit. Durch sie müssen sich Funktionäre wie Mitglieder auf ihre gewerkschaftlichen Tagesaufgaben fachlich vorbereiten. Darüber hinaus muss die Bildungsarbeit der Tagesarbeit inmitten der zu erwartenden großen Schwierigkeiten Stoßkraft und Beharrlichkeit verleihen, indem sie das Gefühl der Solidarität und Verantwortung weckt und stärkt und indem sie die Bedeutung der gewerkschaftlichen Arbeit für den deutschen und europäischen Neuaufbau klarstellt.« (in: Olbrich/Schwarz, 1991, S. 279)

Unmittelbar nach dem Ende des Nationalsozialismus entwickelten die Gewerkschaften eine programmatisch differenzierte, vielschichtige und gestufte Bildungsarbeit, die auch die Möglichkeit der Kooperation mit anderen gesellschaftlichen Gruppen und Trägern einschloss (»Arbeit und Leben«, *s. o.*). Der Aufbau gewerkschaftlicher Bildungsarbeit vollzog sich, entsprechend der allgemeinen Organisationsentwicklung der Gewerkschaftsbewegung nach 1945, zunächst dezentral.

Auf lokaler Ebene setzte die Bildungsarbeit unmittelbar nach dem Krieg ein. Parallel zur Gewerkschaftsbewegung entstanden auch die Bildungseinrichtungen ausgehend von der lokalen Ebene über die Regional- und Landesinstitutionen bis zur zentralen Dachorganisation. Mit der Gründung des Deutschen Gewerkschaftsbundes 1949 war auch der Aufbau des gewerkschaftlichen Bildungs- und Schulungswesens in den Grundzügen abgeschlossen. Die konzeptionelle und praktische Umsetzung des zentralen Bildungsauftrags des DGB lag allerdings vornehmlich bei den einzelnen Gewerkschaften.

Ausgehend von der Gesamtverantwortung des DGB richtete dieser auf Bundesebene eine Hauptabteilung Bildung und Schulung ein und übernahm die gemeinsame Schulung und Fortbildung der Mitglieder und Funktionäre. Diese bezog sich primär auf grundlegende, planerische und konzeptionelle Aufgaben sowie auf Koordinationsfunktionen. Parallel dazu entstanden auf Landes-, Kreis- und ggf. Ortsebene eigenständige Bildungssekretariate entsprechend dem gestuften Aufbau der Gewerkschaften (Olbrich/Schwarz 1991, S. 30). Über den Aufbau und die Entwicklung der Arbeiterbildung im Rahmen der gewerkschaftlichen Bildungsarbeit in den ersten Nachkriegsjahren (1945 bis 1948) gibt es für die Länder Bayern, Württemberg-Baden, Hessen, Bremen, Hamburg und Berlin mit dem Bericht »Arbeiterbildung in der US-Zone seit Beginn der Besatzung« einen stringenten Überblick mit der zusammenfassenden kritischen Feststellung, dass im Großen und Ganzen »der heutigen deutschen Arbeiterbildung ein Plan« fehle (Hansen-Cook, in: Olbrich/Schwarz 1991, S. 201–222).

Der institutionelle Aufbau der gewerkschaftlichen Bildungsarbeit wurde von Beginn an vielstufig und hierarchisch strukturiert. Dieses differenzierte System hat bis heute Geltung. An oberster Stelle standen die drei Akademien: Akademie der Arbeit in Frankfurt am Main; die Sozialakademie Dortmund und die Hochschule für Wirtschaft und Politik in Hamburg *(siehe Schaubild S. 350).*

Die Akademien richteten sich in ihrer Anfangsphase an gewerkschaftliche Spitzenfunktionäre und Funktionäre des öffentlichen politischen Lebens und boten ein wissenschaftsorientiertes, systematisches, akademisch ausgerichtetes Studium. Die Lehrkräfte bestanden weitgehend aus Professoren und anderen Wissenschaftlern sowie aus erfahrenen Praktikern der Wirtschaft und Verwaltung. Lehre und Forschung wurden als sich ergänzende Aufgaben angesehen. Die Akademien machten die Forschungsergebnisse einer breiten Öffentlichkeit zugänglich und stellten diese durch fortlaufende Publikationsreihen zur wissenschaftlichen Diskussion. Hier sind unter anderem die »Veröffentlichungen für Wirtschaft und Politik« (1954 ff.) sowie das zusammen mit dem Weltwirtschaftsarchiv (1956 ff.) herausgegebene »Jahrbuch für Wirtschafts- und Gesellschaftspolitik« zu nennen.

Die mittlere Ebene gewerkschaftlicher Bildungsarbeit bildeten die Verbandsschulen der Einzelgewerkschaften und die Bundesschulen sowie das Haus der Gewerkschaftsjugend. Die Bundesschulen wurden vom Bundesvorstand finanziell getragen und von der Abteilung Schulung und Bildung verwaltet. Für die planerische und konzeptionelle Arbeit war ein Arbeitsausschuss zuständig, der die Kurspläne jeder Schule erstellte. Die Bundesschulen und die Verbandsschulen sollten die Teilnehmer für höhere Positionen in den Gewerkschaften vorbereiten. Für die Bundesschulen, beispielsweise Münster am Stein, sowie für die ca. 15 Verbandsschulen bilden bis heute Fragen des Arbeitsrechts, der Sozialpolitik sowie der Volkswirtschaft die thematischen Schwerpunkte.

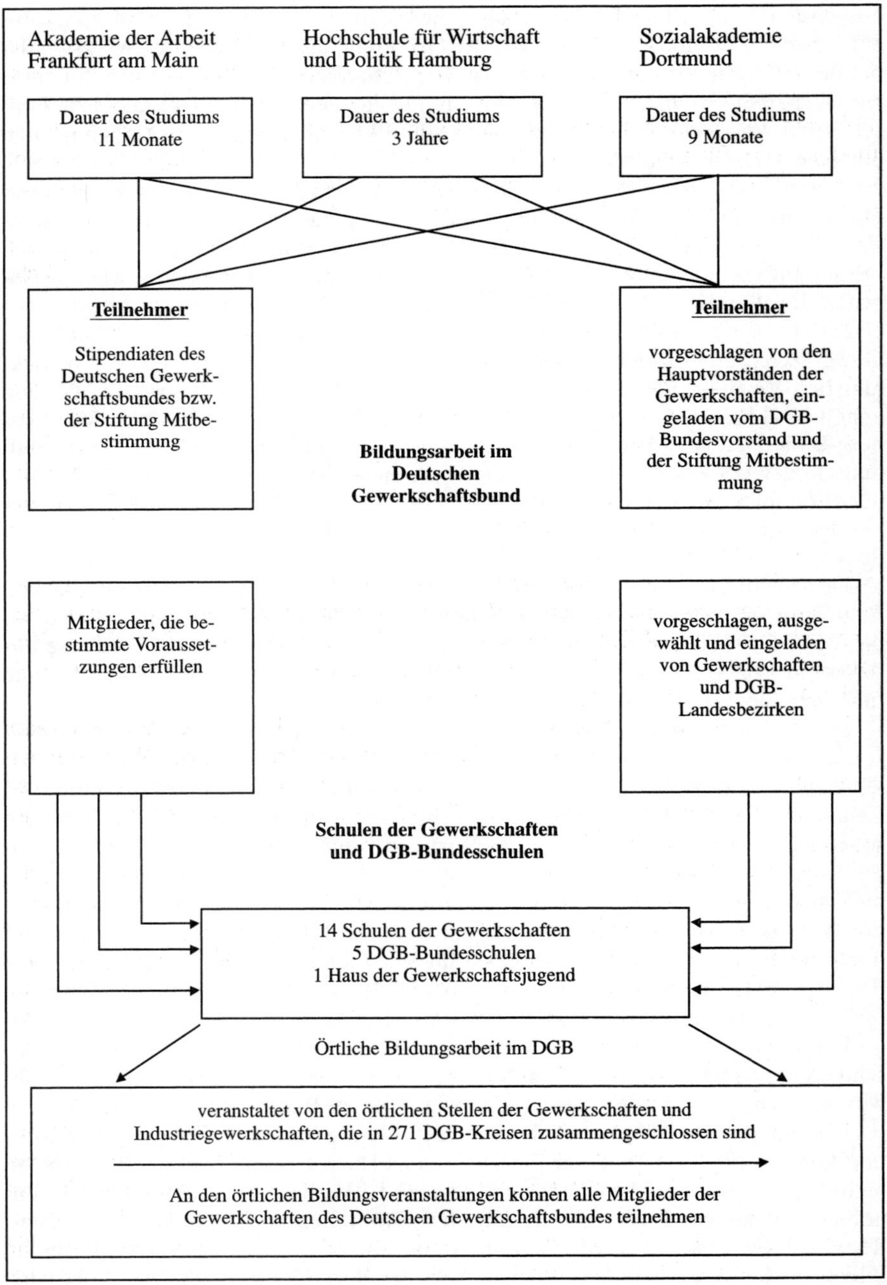

Quelle: nach J.-H. Knoll 1973, S. 222.

Die untere Ebene der Bildungsarbeit vollzog sich von Anfang an bis heute auf der lokalen Ebene. Die Arbeit konzentrierte sich auf zwei Aufgabenschwerpunkte: Zum einen ging es um eine gewerkschaftliche Massenbildung für alle Gewerkschaftsmitglieder, zum anderen sollten die wichtigsten Funktionärsgruppen, wie Betriebsräte, Betriebsvertrauensleute und Funktionäre in den unteren Gewerkschaftsgliederungen, für ihre Arbeit vorbereitet werden. Die zweite Aufgabe bezog sich auf die gewerkschaftliche Erziehung und »Auslese geistig qualifizierter Funktionäre« für die Bundes- und Verbandsschulen. Die gewerkschaftliche Bildungsarbeit auf der mittleren und der lokalen Ebene konzentrierte sich im Wesentlichen auf politische und sozialpolitische Fragestellungen. Allerdings gewann die berufliche Qualifizierung im Laufe der Entwicklung immer mehr an Bedeutung.

Für die gewerkschaftliche Bildungsarbeit stellte die Dozentenfrage ein schwieriges Problem dar, vor allem unmittelbar nach Kriegsende. Es gab weder hinreichend systematisch qualifizierte Lehrkräfte noch Ansätze zu deren Professionalisierung. Zudem waren nur wenige hauptamtliche Mitarbeiter in der Bildungsarbeit tätig. So trugen anfangs nebenamtliche Dozenten den Hauptteil der Arbeit. In regelmäßigen Dozentenkonferenzen versuchte der DGB diese Kräfte fachlich und pädagogisch fortzubilden. Im Lauf der Jahre verbesserte sich die Lage allerdings, und spätestens seit der Mitte der Sechzigerjahre konnten die Gewerkschaften auf ein breiteres Reservoir von akademisch und pädagogisch qualifizierten Mitarbeitern zurückgreifen. Gleichwohl war diese Dozentengeneration nicht mehr im gleichen Maß mit dem gewerkschaftlichen Milieu verbunden und nicht mehr bereit, sich ganz der gewerkschaftlich-politischen Strategie unterzuordnen. Seit dieser Zeit kam es durchaus zu Konflikten zwischen den so genannten Teamern und den offiziellen Vertretern der Gewerkschaftsorganisation.

In der unmittelbaren Nachkriegszeit stellte sich die Frage, welchen Spielraum die Besatzungsmächte einer auch an die sozialistische Tradition der Weimarer Arbeiterbildung anknüpfenden Bildungs- und Schulungsarbeit einzuräumen bereit waren. Der beginnende Ost-West-Konflikt, die Auseinandersetzungen um die jeweiligen Gesellschafts- und Wertsysteme bestimmten die Entwicklung und die Orientierung der Bildungsarbeit wesentlich mit, wobei sich die sozialdemokratische Arbeiterbildung und die gewerkschaftliche Bildungsarbeit für das westliche Modell – wenn auch mit vereinzelten Widerständen in der Sozialdemokratie und den Gewerkschaften – entschieden, während die kommunistische Bildungsarbeit sich für das Modell der sozialistischen Länder, insbesondere der DDR und der Sowjetunion, einsetzte. Mit der Konfrontation der Blöcke wurden auch Ansätze einer übergreifenden Zusammenarbeit der Arbeiterbildung *(s. o.)* – ähnlich der Zusammenarbeit der Volkshochschulen – in der West- und Ostzone sowie der Bundesrepublik und der DDR jäh unterbrochen.

Die gesellschaftsintegrierende Bildungsarbeit der Gewerkschaften und der Sozialdemokratie in der Bundesrepublik erfuhr in den Sechzigerjahren eine Neubestimmung ihrer Ziele und ihrer Funktion. Der Soziologe Oskar Negt knüpfte mit seinen Überlegungen zur theoretischen Reformierung der politischen Bildungsarbeit an traditionelle Elemente der Arbeiterbildung vor 1933 an. Sie zielten auf die Frage, ob gewisse Elemente von Klassenkampfbildung vor allem in der gewerkschaftlichen Bildungspraxis wieder belebt werden könnten. So sollten die Erfahrungen der Arbeiter im Betrieb in exemplarischer Weise die noch rudimentär existierende Klassenstruktur der kapitalistischen Gesellschaft und die Perspektiven einer zu verändernden Gesellschaft aufzeigen.

7. Ein Paradigmenwechsel in der Erwachsenenbildung: Die »realistische Wende« und neue Wege der Reform

7.1 Die gesellschaftlich-politischen und kulturellen Rahmenbedingungen

Die Sechzigerjahre bildeten in der Gesamtentwicklung der Bundesrepublik eine Phase allgemeiner, umfassender Neuorientierung. Auch die Erwachsenenbildung bzw. Weiterbildung war in diesen Prozess einbezogen.

Politisch war die Nachkriegsentwicklung, die Epoche der Rekonstruktion, weitgehend abgeschlossen. Die Studentenbewegung, die außerparlamentarische Opposition (APO) insgesamt, forderte eine andere Politik und einen umfassenden Systemwechsel. Die Fundamentalopposition gegen die kapitalistische Gesellschaft und gegen die restaurativen Tendenzen bestimmten vorrangig die gesellschaftliche und politische Diskussion. Der Sozialistische Deutsche Studentenbund (SDS) spielte bei den radikalen Auseinandersetzungen mit dem »repressiven System« eine besondere Rolle. Die Demokratisierung aller Institutionen und Organisationen des gesellschaftlichen und wirtschaftlichen Lebens war eine Kardinalforderung in dieser Phase umfassender Reformen. Die demokratischen Veränderungsprozesse richteten sich zunächst auf die verspätete Bildungsreform an den Hochschulen (»Ordinarienuniversität«) und die Einrichtungen des Bildungs- und Weiterbildungssystems. Die Faszination marxistischer, analytischer, auch anarchistischer Ideen beeindruckte einen Teil der Jugend der damaligen Zeit, insbesondere die Studentengeneration. Die »kritische Theorie« der Frankfurter Schule *[Theodor W. Adorno* (1903–1969), *Max Horkheimer* (1895–1973), *Herbert Marcuse* (1898–1979), *Jürgen Habermas* (geb. 1929)] übernahm die Funktion einer sozialwissenschaftlichen Leittheorie (Lehmann 1996, S. 167).

Nicht nur innenpolitische Beweggründe leiteten die gesellschaftskritischen Kräfte, sondern auch die außenpolitische Situation. Vor allem der Vietnamkrieg war Anlass und Grund für die Studentenbewegung, eine Neuorientierung in der an Amerika orientierten Außenpolitik zu postulieren. Damit verbunden war auch die Forderung, von »Amerika« als geistig-kulturellem Leitbild Abschied zu nehmen *(s. o.)*.

Gesellschaftspolitisch hatte sich die Bundesrepublik Ende der Fünfziger-, Anfang der Sechzigerjahre von der Idee einer »nivellierten Mittelstandsgesellschaft« gelöst, die *Helmut Schelsky* (1912–1984) als endgültige Überwindung einer antagonistischen Klassenstruktur verstand. Ralf Dahrendorf vertrat die These von einer »halbierten Gesellschaft« als Kennzeichnung für »die Teilhabe an Herrschaft oder den Ausschluss von ihr«. Insgesamt waren die Sechzigerjahre die Zeit des sozialen und ökonomischen Wandels: Der Übergang von der Industrie- zu einer postindustriellen Dienstleistungsgesellschaft setzte ein, die Landwirtschaft verlor weiter an Arbeitskräften, die Jahre der Voll- oder sogar Überbeschäftigung endeten, als die

Rezessionsphase von 1966 die Gesellschaft erstmals mit der Erfahrung der Arbeitslosigkeit konfrontierte. Die ökonomischen Entwicklungen führten zu einem Wandel der Arbeitsorganisation, zu verstärkter Automatisierung; sie leiteten Prozesse der Entbürokratisierung und Forderungen nach verstärkter Partizipation bzw. Verantwortung der Mitarbeiter in allen Bereichen des gesellschaftlichen Lebens ein. Automatisierung und Rationalisierung wiederum hatten nachhaltige Auswirkungen auf die Zahl der Beschäftigten und deren Qualifikationsprofile. Nicht zuletzt der Kampf um Beschäftigung und neue Arbeitsplätze, der spätestens mit der Strukturkrise von Stahl und Kohle einsetzte, wies der Erwachsenenbildung bzw. Weiterbildung die wichtige Aufgabe zu, durch intensive Qualifizierungsmaßnahmen einen Beitrag zu dem notwendigen Strukturwandel zu leisten.

Damit bekam die Erwachsenenbildung für den Einzelnen wie für die Gesellschaft den Charakter einer Daueraufgabe, und die traditionelle Dichotomie von Bildung versus Qualifikation wurde in der wieder aufgenommenen Theoriediskussion infrage gestellt. Die Qualifikations- wie auch die Emanzipations- bzw. Demokratiefunktion der Erwachsenenbildung wurden gewissermaßen miteinander versöhnt, in gleicher Weise wie die berufliche und allgemein-politische Bildung unter dem Postulat ihrer Synthese.

7.2 Das Gutachten des Deutschen Ausschusses: Ein Wendepunkt

Für die Erwachsenenbildung bzw. Weiterbildung stand am Beginn der Entwicklung der Sechzigerjahre ein Dokument von historischer Reichweite, das einerseits die Diskussion der letzten anderthalb Jahrzehnte über Ziele, Aufgaben, Standorte und Selbstverständnis der Erwachsenenbildung zusammenfasste und zu einem gewissen Abschluss brachte, andererseits jedoch vor allem neue Perspektiven, »neue Einschätzungen und Entwürfe der Erwachsenenbildung«, eröffnete: das Gutachten des »Deutschen Ausschusses« »Zur Situation und Aufgabe der deutschen Erwachsenenbildung«. Der Ausschuss wurde am 22. September 1955 auf Anregung des damaligen Bundespräsidenten Theodor Heuss vom Bundesinnenministerium und von der Kultusministerkonferenz als staatlich unabhängiges Expertengremium konstituiert, löste sich aber am 1. Juli 1965 wieder auf. Seine Nachfolge trat der Deutsche Bildungsrat an (Lehmann 1996, S. 144 f.) *(s. u.)*. Das Gutachten des Deutschen Ausschusses stellte schon deshalb eine wichtige Etappe in der Entwicklung der Erwachsenenbildung hin zu einem gleichberechtigten Teil des Bildungssystems dar, weil hier zum ersten Mal die Erwachsenenbildung in einem öffentlichen Dokument gleichberechtigt neben anderen Teilen des Bildungssystems, vor allem mit gleicher Bedeutungszuschreibung wie die Schule, behandelt wurde.

In seinen bildungstheoretischen Ausführungen betonte das Gutachten den Zusammenhang von Reflexion und Aktion der Bildung. Ziel der Bildung sei, um die bekannte Definition zu zitieren, das ständige Bemühen »sich selbst, die Gesellschaft und die Welt zu verstehen und diesem Verständnis gemäß zu handeln« (S. 870). Es verwies auf die Dialektik von Anpassung und Widerstand, von Bildung und Ausbildung. Unter erwachsenenpädagogischen Gesichtspunkten war die Hervorhebung einer Bildung »aktiver Minderheiten« von besonderer Bedeutung (Fritz Borinski war Mitglied des Ausschusses). Das Gutachten überwand erstmals den lange Zeit postulierten Gegensatz zwischen einer soziokulturell und politisch fokussierten Erwachsenenbildung einerseits und einem umfassenden, auch berufs- und aufstiegsorientierten Bildungsangebot andererseits. Die Berufsqualifizierung, die in der Erwachsenenbildung lange Zeit ausgeblendet war, wurde damit rehabilitiert.

Eine Weiterführung und Weiterentwicklung der bildungstheoretischen, vor allem aber der bildungspolitischen Zielsetzungen des Gutachtens fand sich in den ersten Empfehlungen der Kultusministerkonferenz von 1964, in denen eine intensivere Förderung der Institution der Erwachsenenbildung angemahnt wurde.

7.3 Neue Konzepte der Volkshochschulen

Für die Neuorientierung der Erwachsenenbildung sind die beiden Gutachten des Deutschen Volkshochschulverbandes zur »Volkshochschule neuen Typs« von 1963 und 1966 von besonderer Wichtigkeit. Diese Gutachten setzten sich mit den konkreten Anforderungen im gesellschaftlichen und wirtschaftlichen Bereich auseinander. Das Gutachten von 1966 bezog sich auf den »Strukturwandel der Arbeitswelt« sowie auf die Kooperationsfähigkeit »in einer Dienstleistungsgesellschaft«. Zugleich nahm es die Bedeutung des Konsum- und Freizeitangebots in das didaktische und curriculare Blickfeld (Deutscher Volkshochschulverband 1966, S. 5). Vor dem Hintergrund dieser Gesellschaftsanalysen stellte es für die Volkshochschulen drei gleichberechtigte und gleichwertige zentrale Aufgaben heraus: Hilfe zum Lernen, Hilfe bei der Orientierung und Urteilsbildung sowie Hilfe zur Eigenständigkeit (S. 9).

Damit sollte den Bedürfnissen der Teilnehmer nach Information, Kommunikation und Selbstvergewisserung Rechnung getragen werden. Die das gesamte Gutachten bestimmende neue didaktische Sensibilität und Reflexion zeigt sich in der Forderung, dass den Aufgabenbereichen und den verschiedenen Themengebieten »jeweils eigene Methoden zu entsprechen haben«. Die Volkshochschule fühlte sich dem doppelten Anspruch von »Sachgerechtigkeit« und dem »Dialogischen« verpflichtet. »Zielgerichtete Wissensvermittlung« sollte in der Konzeption des Gutachtens von 1966 an die Erfahrungen der Teilnehmer anknüpfen (S. 12). Die Aufgabenbestimmung der Volkshochschule war geprägt von einem neuen Realismus, der nun auf die konkreten Anforderungen des in den Blick geratenen sozialen Wandels Bezug nahm.

7.4 Ein Paradigmenwechsel in der Theorie und Forschung der Erwachsenenbildung

Vergleichbar der Entwicklung in der Praxis vollzog sich auch in der Theoriebildung, in der Wissenschaft und Forschung ein Paradigmenwechsel, der die Erziehungswissenschaft im Allgemeinen und die Erwachsenenbildung im Besonderen betraf. Eine erfahrungswissenschaftliche, empirische Erziehungswissenschaft löste weitgehend die geisteswissenschaftlichen, hermeneutischen Verfahren verpflichtete Pädagogik ab. Erziehungswissenschaftliche Forschung wurde als Handlungsforschung begriffen. Der Wissenschaft wurde eine große Bedeutung für den umfassenden Reformprozess im Bildungs- und Erziehungswesen zugewiesen. Für die Erwachsenenbildung hatte dieser radikale Wechsel in Richtung »Versozialwissenschaftlichung« nicht nur Auswirkungen auf die Theorie und die Forschungsprobleme. Er betraf ebenso die praktische Bildungsarbeit und kann als ein wesentliches Moment der realistischen Wende verstanden werden.

Eine erste Neuorientierung der bis dahin geisteswissenschaftlich orientierten Erwachsenenbildung in Richtung sozialwissenschaftlicher Fundierung begann bereits 1953 mit der so genannten »Hildesheimer Studie« von Wolfgang Schulenberg. Diese Studie war zwar nicht die einzige empirische Studie im Bereich der Erwachsenenbildung nach 1945, in einer Zeit, in der sich die soziologische Forschung besonders Fragen der Arbeiterbildung zuwandte. Die »Hildesheimer Studie« ging jedoch über die bisherige Forschungstradition in der Erwachsenenbildung von Hörerbefragungen weit hinaus. Nicht nur die Einbeziehung von Nichthörern war neu. Es wurde jetzt auch nach den Bildungsvorstellungen und den Gründen für Aktivität oder Passivität der Bildungsbeteiligung gefragt. Zudem gab es einen Paradigmenwechsel in der sozialwissenschaftlichen Forschung: An die Stelle bloßer statistischer Erhebungen trat die Gruppendiskussion als methodisches Repertoire für die erwachsenenpädagogische Forschung. Der Hauptbefund dieser Studie war, dass die Teilnehmer Erwachsenenbildungsmaßnahmen hohe persönliche Wertschätzung zumaßen. Allerdings richteten sich die Bildungsinteressen damals noch nicht dezidiert auf die berufliche oder berufsbezogene Qualifizierung. Wichtiger waren bei solchen Maßnahmen noch allgemeine, persönlichkeitsbezogene und soziokulturelle Motive.

Die Sechzigerjahre bildeten einen Markstein in der Entwicklung der Erwachsenenbildung hin zu einer eigenen Forschungs- und Wissenschaftsdisziplin. 1966 erschien eine herausragende, mehrstufige Studie von Willy Strzelewicz, Wolfgang Schulenberg und Hans-Dietrich Raapke mit dem Titel »Bildung und gesellschaftliches Bewusstsein«, die zu den klassischen Forschungsleistungen der Erwachsenenbildung zählt. Diese große Göttinger Studie von 1966 kündigte dann auch im Verhalten der Bildungsteilnehmer der Erwachsenenbildung einen Perspektivwechsel an. Zwei Untersuchungsergebnisse waren signifikant. Zum einen war die berufliche Weiterbildung inzwischen zu einem zentralen Bildungsmotiv für die Erwachsenen geworden. Zum anderen zeigte die Studie, dass die Weiterbildungsbereitschaft wesentlich vom Niveau der Schulbildung abhänge. Es galt also, einen Wechsel von der mittelschichtorientierten, humanistisch-kulturellen Bildung hin zu verwertbaren, berufsbezogenen und karrierebedeutsamen Bildungsangeboten zu vollziehen, sollten breitere Schichten für die Erwachsenenbildung gewonnen werden. Mit der Hinwendung der Erwachsenenbildung zu den vorrangigen Teilnehmerwünschen wurden traditionelle Bildungsbarrieren zum Teil abgebaut und neue Teilnehmerschichten für die Erwachsenenbildung erschlossen.

Die »Göttinger Studie« dokumentierte also die realistische Wende in der alltäglichen Bildungspraxis. Diese Neuorientierung wurde vor allem in den Ergebnissen nach der Frage der Bildungsmotivation manifest: Die Berufsfortbildung war das zentrale Motiv für die Weiterbildung. So ergaben sich folgende statistische Aussagen (Mehrfachnennungen waren möglich):

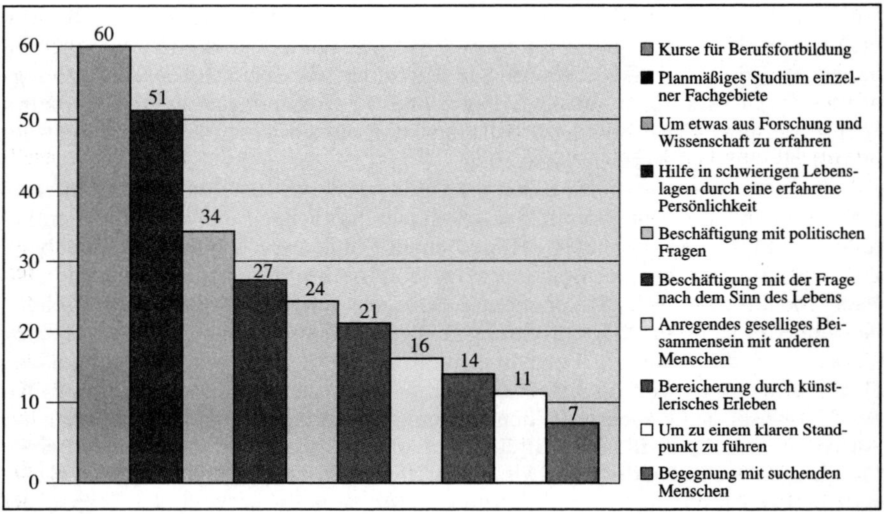

Quelle: Strzelewicz/Raapke/Schulenberg 1966, S. 164.

Eine Analyse der Arbeitspläne der Volkshochschulen aus dem Wintersemester 1967/68 bestätigte eindeutig den Wandel in der Teilnehmerbelegung in der Zeit der »realistischen Wende« hin zu berufsbezogenen Kursen, die nun einen Anteil von ca. 20 Prozent des Gesamtvolumens ausmachten, wobei die genaue Zuordnung zu bestimmten Themen und Aufgabenschwerpunkten einem gewissen Interpretationsspielraum unterworfen war (Müller/Tietgens 1969).

Am Beispiel der Volkshochschulen von Rheinland-Pfalz für die Sechzigerjahre lässt sich diese Neuorientierung der Bildungspraxis, die wesentlich durch die genannten Forschungen initiiert wurde, nachweisen. So nahmen die berufsfördernden Kurse formal zwar nur von 15,1 auf 16,2 Prozent zu. Allerdings stieg ihr Anteil, nimmt man die Fremdsprachen und Naturwissenschaften bei den Belegungen hinzu, signifikant von 33,8 auf 40,7 Prozent aller angebotenen Kurse an den rheinland-pfälzischen Volkshochschulen an. Die Systematisierung der Bildungsarbeit, der Trend zu längerfristigen Kursen sowie die gestiegene Bedeutung programmierten Unterrichts als weiteres Zeichen der realistischen Wende zeigten sich beispielsweise darin, dass der Anteil der langfristigen Kurse von 1966 bis 1969 erheblich gesteigert wurde. Während es 1966 kaum Kurse über einen Zeitraum von mehr als einem halben Jahr gab, waren 1969 bereits 38 Prozent aller Kurse in diese Kategorie einzuordnen (Axmacher 1974, S. 161).

Die tief greifende Neuorientierung in den Sechzigerjahren bezog sich nicht nur auf die Zielvorstellungen, das Aufgaben- und Selbstverständnis der Erwachsenenbildung. Es fand auch ein Perspektivwechsel in der anthropologischen Begründung der Lernfähigkeit und -willigkeit des Erwachsenen statt. Empirische Untersuchungen, die vor allem in Leipzig initiiert wurden, zeichneten ein neues Bild des lernenden Erwachsenen: Die 1966 erschienene Dissertation von Erdmann Harke über »Pädagogische und psychologische Probleme« der Erwachsenenbildung sowie die

Untersuchungen des Leipziger Psychologen Hans Löwe (»Einführung in die Lernpsychologie des Erwachsenenalters«, 1970) stellten die landläufigen biologistischen Erklärungen über die abnehmende Lernfähigkeit und Lernbereitschaft im Alter infrage. Löwe wies nach, dass die Lernfähigkeit im Alter wesentlich durch soziokulturelle Bedingungsfaktoren geprägt wird. Entscheidend für die Erhaltung und Weiterentwicklung von Lernfähigkeit und Lernmotivation seien das allgemeine gesellschaftlich-kulturelle Lernklima und die permanenten Lernaktivitäten des Einzelnen über die Jugendzeit hinaus (Loewe 1970).

Damit wurde auch ein neues Rollenverständnis des lernenden Erwachsenen anthropologisch zugrunde gelegt: Lernen gehört nun zur Erwachsenenrolle, ist Teil seiner Normalbiografie. Lernen soll nicht mehr die Ausnahme sein, sondern die Regel werden. Diese anthropologische Neubestimmung der Lernrolle des Erwachsenen konnte als Chance begriffen werden, das Lernen Erwachsener gesellschaftlich endgültig zu legitimieren und zugleich die gesellschaftlichen und die motivationalen Grundbedingungen zu verändern. Allerdings war damit die Idee von der »Freiwilligkeit« des Lernens endgültig infrage gestellt. Lernen gewann seit den Sechzigerjahren mehr und mehr einen Verpflichtungscharakter, besonders im Hinblick auf die Anforderungen der Arbeitswelt. Die Freiwilligkeit, ein konstitutives Merkmal der Weimarer Erwachsenenbildung, wurde zunehmend durch einen unterschiedlichen Grad an Zwang und permanenter Verpflichtung zum Lernen abgelöst. Die Erwachsenenbildung entwickelte sich in Richtung des Prinzips des »Lebenslangen Lernens«, und die Gesellschaft wurde zu einer »Lerngesellschaft« (Wu 2000).

7.5 Grundlegende Reformen des Bildungs- und Weiterbildungssystems

Die immer stärkere internationale ökonomische und kulturelle Verflechtung, die in den Sechzigerjahren einsetzte, steigerte die Anforderungen an berufliche und kulturelle, vor allem sprachliche Weiterbildung (Siebert 1994, S. 58). Neben fachlicher Qualifizierung werden habituelle Fähigkeiten, die so genannten Schlüsselqualifikationen wie Kreativität, Flexibilität, Mobilität, Selbstorganisation und Selbstverantwortung für die eigene Lernbiografie unabdingbare Voraussetzungen einer beruflichen Karriere. Der Wandel überkommener Berufsstrukturen, die Veränderung von Qualifikationsprofilen, die »Schulung für eine Existenz in der modernen Gesellschaft« (Dieter Mertens) erfordert permanente Anpassungsleistungen im Beruf, im gesellschaftlich-politischen sowie im persönlichen Bereich, wobei sowohl intellektuelle, emotional-mentale Fähigkeiten und Sozialkompetenzen angesprochen werden. Insgesamt wird von den Mitarbeitern die permanente Fähigkeit erwartet, sich den veränderten gesellschaftlichen, ökonomischen und kulturellen Veränderungen geschmeidig anzupassen. Dies setzt Lernen unabdingbar voraus. Lebenslanges Lernen bedeutet die andere Seite der beruflichen Karriere *(s. u.)*; ohne Veränderungs- und Anpassungsleistungen ist sozialer und beruflicher Aufstieg nicht mehr möglich. Selbst für die Sicherung des beruflichen und sozialen Status werden die Kardinaltugenden »Mobilität« und »Flexibilität« als unabdingbar erachtet. Lernbereitschaft wird zugleich verbunden mit Leistungsbereitschaft: Die »Leistungsgesellschaft« gewann ihre Konturen.

Nicht nur in der Berufswelt, sondern auch im Bildungswesen der Sechzigerjahre spielten Leistungsintensität und -effektivität eine zentrale Rolle. Bildungstheoretisch und bildungspolitisch stellte diese Zeit einen starken Einschnitt dar. Spätestens seit *Georg Pichts* (1913–1982) Kassandraruf von der »Bildungskatastrophe« (1965) bemühten sich die Bildungstheoretiker, -politiker und -praktiker um notwendige Schritte zur Reform und zu Modernisierung des Bildungssystems.

Der damals wohl einflussreichste Soziologe, Ralf Dahrendorf, kritisierte von einem sozialpolitischen Standpunkt aus das dreigliedrige Schulsystem, da es tendenziell die Schichtstruktur in der Gesellschaft und so das bestehende Gesellschaftssystem insgesamt stabilisiere. Der Ruf nach Überwindung sozialer Trennungen und Schichtungen manifestierte sich im Bildungsbereich in der beherrschenden Forderung nach Chancengleichheit und Mitbestimmung. Das Bildungssystem erhielt die zentrale Aufgabe, die Benachteiligung der »unteren Schichten« in den Bildungs- und Berufskarrieren zu beseitigen und damit einen grundlegenden Beitrag zur gesellschaftlichen Reform zu leisten. Diesem Ziel sollte die Erneuerung des Bildungssystems auf drei Ebenen dienen:

a) Strukturell: Von modernen, differenzierten Bildungseinrichtungen wie Gesamtschule, Gesamthochschule, Weiterbildungszentrum wurde eine größere Leistungsfähigkeit erwartet.
b) Curricular: Neue Rahmenrichtlinien, Lehrpläne und Unterrichtsfächer sollten die Modernitätsrückstände des Bildungssystems reduzieren. In der Erwachsenenbildung wurden »Baukastensysteme« konzipiert.
c) Kommunikativ: Partnerschaftliche Sozialformen und Umgangsstile sollten die autokratischen »Erzieher-Zögling-Verhältnisse« ersetzen (Siebert 1994, S. 63).

Wissenschaftstheoretisch war für die Sechzigerjahre eine Neubestimmung des Theorie-Praxis-Verhältnisses signifikant. Diese Neuorientierung bezog sich auch auf die Ziele und Methoden der erziehungswissenschaftlichen Forschung in Richtung einer Handlungswissenschaft (»Reflexion engagée«). Erziehungswissenschaftliche Forschung wurde nicht mehr allein als abgehobene, objektive Suche nach Erkenntnissen und »objektiver Wahrheit« verstanden, sondern auch als praktischer Beitrag zur Veränderung im Bildungs- und Erziehungssystem in Richtung der persönlichen Emanzipation des Einzelnen und einer auf Demokratie und Gleichheit hinzielenden Veränderung der Gesellschaft.

Auch der wieder aufgenommene Theoriefaden, der mit Claus Ritters' Buch »Theorien der Erwachsenenbildung« (1968) begann, eröffnete eine intensive wissenschaftstheoretische und forschungsmethodologische Diskussion in der Erwachsenenbildung. Ritters sah ganz im Kontext des neuen Verständnisses über den Zusammenhang von Theorie und Praxis die Aufgabe einer Theorie der Erwachsenenbildung als »die methodisch notwendig Vorstufe zu einer besseren Praxis« (S. 9). Auch für den Theoriediskurs Ende der Sechziger-, Anfang der Siebzigerjahre galt das für die Erwachsenenbildung vorherrschende Prinzip der Pluralität verschiedener, vor allem gesellschaftstheoretisch begründeter Ansätze. Diese stützten sich auf unterschiedliche wissenschaftstheoretische, bildungstheoretische und anthropologische Grundprämissen. Die Legitimationsfrage der Erwachsenenbildung beruhte durchgängig auf diesen fundamentalen Orientierungspunkten (Olbrich 1980, S. 7 f.). So wie im Wissenschaftsbereich von einer »Versozialwissenschaftlichung« gesprochen werden kann, so kann man im Hinblick auf die Praxis der Bildungsarbeit eine »Vergesellschaftung« konstatieren.

Dabei bewegt sich der Theoriediskurs zwischen den Polen Gesellschaftskritik und Gesellschaftsaffirmation, zwischen Systemüberwindung und Systemstabilisierung. Der Planungs- und Fortschrittsoptimismus war in jener Zeit allen Richtungen und Fraktionen innerhalb der *scientific community,* also auch innerhalb des fachwissenschaftlichen Verständnisses, gemeinsam (Siebert 1994, S. 61). Zusammenfassend lassen sich Ende der Sechziger-, Anfang der Siebzigerjahre also drei Theorie- und Diskursstränge ausmachen: die Legitimationsfrage der Erwachsenenbildung im Kontext des Bildungs- und Erziehungssystems, die Adressatenforschung und die Neubestimmung der Lernrolle des Erwachsenen.

Dezidierter noch als die Bildungstheoretiker der Erwachsenenbildung sahen die Politiker, vornehmlich die Bildungspolitiker, im Bildungssystem einen Motor für die politischen, gesellschaftlichen und ökonomischen Veränderungen. Die neue sozialliberale Bundesregierung Brandt/Scheel kündigte in der Regierungserklärung vom 28. Oktober 1969 die »Fähigkeit zum Wandel« und zu mehr Demokratie an. Das Schlagwort »Demokratie wagen« wurde auch auf die Modernisierung des Erziehungssystems bezogen. Mehr und mehr wurden Bildung und Erziehung als entscheidende Voraussetzungen für eine tief greifende Veränderung und einen Strukturwandel im Hinblick auf die neuen Herausforderungen des nun im stärkeren internationalen Wettbewerb stehenden Gesellschafts- und Wirtschaftssystem angesehen.

7.6 Reformimpulse: Bildungspolitische Pläne und Gutachten

Die bildungspolitische Entwicklung der Sechziger- und vor allem der Siebzigerjahre wurde durch Empfehlungen von Wissenschaftlern und Bildungspolitikern und vornehmlich durch offizielle Pläne, Gutachten und Stellungnahmen wesentlich beeinflusst, welche die Perspektiven für die nächsten zwei Jahrzehnte aufzeigten und so zur grundlegenden Reform der Erwachsenenbildung beitrugen. Die zweite Hälfte der Sechziger- und die Siebzigerjahre waren die Zeit der Pläne und großen Entwürfe. Im Einzelnen sind zu nennen:

- der so genannte Bochumer Plan: »Erwachsenenbildung am Wendepunkt« von 1967;
- der »Gesamtplan für ein kooperatives System der Erwachsenenbildung« (Picht-Plan) von 1968;
- der »Strukturplan für den Aufbau des öffentlichen Weiterbildungssystems in der Bundesrepublik Deutschland« (Schulenberg-Plan) von 1975;
- Deutscher Bildungsrat: »Strukturplan für das Bildungswesen« von 1970;
- »Bildungsbericht 70«;
- »Zwischenbericht der Bund-Länder-Kommission« von 1971.

Hier sollen zunächst bildungspolitische Dokumente von Wissenschaftlern und Bildungstheoretikern angesprochen werden, die spezifische Aspekte der damaligen Diskussion besonders herausgestellt haben. Der so genannte Bochumer Plan aus dem Jahre 1967, »Erwachsenenbildung am Wendepunkt« von Joachim H. Knoll, Horst Siebert und Georg Wodraschke ging von dem Begriff des Dritten Bildungsweges aus. Dieser Begriff, von dem Soziologen Ralf Dahrendorf und dem ehemaligen nordrhein-westfälischen Kultusminister Paul Mikat ins Gespräch gebracht, umriss vor allem Fragen der Aufstiegsmöglichkeiten und Aufstiegsformen für Kräfte im mittleren Verantwortungsbereich des beruflichen und gesellschaftlichen Lebens. Der Bochumer Plan zielte besonders unter dem Eindruck »des Defizits an praxisorientierter, vor allem technischer Intelligenz« (Knoll 1973, S. 173) auf die Entwicklung systematisierter Bildungsgänge für diese wichtige Führungsebene. Über den Dritten Bildungsweg sollten zudem Begabungen erkannt und unterstützt sowie der ländliche Raum im Hinblick auf die Bildung gefördert werden (S. 9). Die Versuche der Bildungspolitik, diesen Plan für die konkrete Weiterbildungspraxis umzusetzen, blieben allerdings hinter dem theoretischen Interesse an dem Konzept zurück.

Der von Georg Picht u. a. im Auftrag des Baden-Württembergischen Kultusministeriums erstellte »Gesamtplan für ein kooperatives System der Erwachsenenbildung« von 1968 setzte sich mit der Frage auseinander, in welcher Weise die Erwachsenen- bzw. Weiterbildung zu einem kooperativen Gesamtsystem entwickelt werden könne. Kritische Einwände gegen den Picht-Plan bezogen sich vor allem auf den wenig reflektierten »Systembegriff«. Sollte System nicht nur die Addition von Einzelteilen und Einzelleistungen meinen, dann müsse ein funktionaler Zusammenhang hergestellt werden, der durch die Rationalität der Zuordnung von Elementen begründet sei (Axmacher 1973, S. 152). Zu den Plänen der Siebzigerjahre zählte auch der so genannte Schulenberg-Plan, der sich für ein lebenslanges Lernen nach dem Baukastenprinzip aussprach. Den drei Plänen lag die Idee einer Verberuflichung im Sinne einer Vollzeittätigkeit und einer Professionalisierung zugrunde, die eine wissenschaftliche Qualifizierung des pädagogischen Personals voraussetzt. Diese Pläne übten nicht nur Einfluss auf die Praxis, sondern auch auf die neu zu konstituierende Wissenschaft von der Erwachsenenbildung aus.

Von einschneidender Bedeutung waren die offiziellen Empfehlungen. Hier sind zuallererst der vom Deutschen Bildungsrat 1970 vorgelegte »Strukturplan für das Bildungswesen« und der »Bildungsbericht 70«, die bildungspolitische Konzeption der sozialliberalen Bundesregierung, zu nennen. Der Deutsche Bildungsrat, Nachfolgeeinrichtung des Deutschen Ausschusses (ihm stand seit dem 4. November 1966 der Historiker Karl Dietrich Erdmann vor), wurde aufgrund eines Verwaltungsabkommens zwischen Bund und Ländern am 15. Juli 1965 errichtet. Im Artikel 2 des Abkommens wurden die wesentlichen Ziele folgendermaßen umrissen: 1. Konzeptionierung von Bedarfs- und Entwicklungsplänen für das Deutsche Bildungswesen; 2. Vorschläge für die Struktur und den Finanzbedarf des Bildungswesens; 3. Empfehlung für langfristige Planung in allen Stufen des Bildungswesens.

Der Bildungsrat bestand aus Vertretern, welche die Bundesregierung und die Ministerpräsidentenkonferenz berief. Die Funktion des Deutschen Bildungsrates endete nach zehnjähriger Arbeit am 15. Juli 1975, da die Länder Bayern und Baden-Württemberg einer Verlängerung nicht zustimmten. Während der Strukturplan perspektivisch und konzeptionell die künftige Entwicklung vorzeichnet, konzentriert sich der »Bildungsbericht 70« als Ausdruck der konkreten Politik stärker auf eine Darstellung und Analyse des Ist-Zustandes.

Dem Strukturplan, der sich mit allen Stufen des Bildungswesens vom Elementarbereich über die Primär- und Sekundarebene bis hin zur Weiterbildung auseinander setzte, lag die Vorstellung eines einheitlichen, untereinander verzahnten Bildungswesens zugrunde. Er setzte die Linie früherer Schulreformen fort. Ausgehend von den im Grundgesetz formulierten Grundrechten der Bürger als oberstem Orientierungspunkt sollte Bildung Chancengleichheit gewährleisten und auf die »Fähigkeit des Einzelnen zu individuellem und gesellschaftlichem Leben« (S. 29) zielen.

Innerhalb des Strukturplanes nahmen die Aussagen zur Weiterbildung einen hohen Rang ein. Orientiert an gesellschaftlichen und anthropologischen Prämissen, ging der Strukturplan von der Integration zweier Lebens- und Bildungsphasen aus, die im traditionellen Verständnis ausschließlich voneinander getrennt verliefen: der Bildungsphase in der Kindheit und Jugend einerseits und im Erwachsenenalter andererseits. »Weiterbildung«, – dieser Begriff ersetzte terminologisch den bisherigen Begriff »Erwachsenenbildung«, – umfasste nun Fortbildung, Umschulung, Erwachsenenbildung und Rehabilitation. Weiterbildung wurde hier »als Fortsetzung oder Wiederaufnahme organisierten Lernens nach Abschluss einer unterschiedlich ausgedehnten ersten Bildungsphase bestimmt« (S. 197). Der Zusammenhang von allgemeiner Schulbildung und Weiterbildung wurde damit, jedenfalls als Forderung, hergestellt.

Zugleich war der Strukturplan sich derjenigen Hemmnisse bewusst, die der inneren und äußeren Erneuerung der Weiterbildung noch entgegenstanden: soziokulturelle Determinanten der »Bildungswilligkeit« (S. 206) sowie – äußerlich – noch institutionelle und organisatorische Schranken. Die Disparitäten des Weiterbildungsbereichs, das Vorherrschen von Partikularinteressen der Träger und Einrichtungen erfordere deshalb Kooperation, Aufgabenteilung und den Willen zu einer gemeinsamen gesellschaftlichen Zielperspektive. Melde- und Auskunftspflicht für Weiterbildungsangebote sollten die Träger zu einem »kooperativen Handeln« zusammenführen, denn der Ausbau und die Systematisierung der Weiterbildung, so wurde argumentiert, hingen von der Zusammenarbeit der verschiedenen staatlichen und freien Träger ab. Neben der regionalen Kooperation forderte der Strukturplan Formen überregionaler Zusammenarbeit und die Bildung von Kooperationsgremien auf Bund-Länder-Ebene. Diese überregionalen Kooperationsformen sollten die Curriculumforschung und Curriculumentwicklung, die Entwicklung von Mindestanforderungen für Bildungsgänge, die Leistungskontrolle und die Qualifikation des Lehrpersonals umfassen.

Der Strukturplan griff damit die langjährig geführte Reformdiskussion auf und fokussierte sie auf die Frage künftiger Entwicklungen. Sowohl durch seine konsistente Argumentation als auch durch die Autorität des Gremiums, in dem wichtige Repräsentanten aus Politik, Bildung und der Wissenschaft vertreten waren, prägte er die Theorie und Praxis der Erwachsenenbildung in den Siebziger- und Achtzigerjahren mit. Allerdings zog er wegen seines realistischen und tendenziell auch technokratischen Charakters auch Kritik auf sich. In der Diskussion der Siebzigerjahre über die Erwachsenenbildung bzw. Weiterbildung zwischen Affirmation und Kritik, zwischen Systemintegration und Systemüberwindung, wurde der Strukturplan eindeutig einer systemimmanenten Reformkonzeption zugeordnet.

Die bildungspolitische Konzeption der Bundesregierung, der »Bildungsbericht 70«, unter der gesamtpolitischen Verantwortung Willy Brandts und unter Federführung des Bundesministers für Bildung und Wissenschaft, Hans Leussink, verstand sich als ein Beitrag zur gemeinsamen Bildungsplanung von Bund und Ländern. Adressaten des Bildungsberichtes waren die verantwortlichen Politiker und Bildungsreformer bei Bund und Ländern. Der Bildungsbericht zeugte von dem hohen Stellenwert, den die Regierung der Bildungspolitik im Rahmen ihrer Gesamtpolitik zumaß. Seine Aussagen waren im Grundsatz mit den Auffassungen des Strukturplanes kompatibel:

- Ein demokratisches, leistungs- und wandlungsfähiges Bildungssystem ist als Einheit zu behandeln, von der Vorschulerziehung bis hin zur Weiterbildung.
- Das Prinzip der Chancengleichheit setzt eine intensive und individuelle Förderung der Lernenden in allen Stufen des Bildungssystems voraus.
- Die Idee einer integrierten und zugleich differenzierten Gesamtschule und des Gesamthochschulsystems soll der Demokratisierung in den einzelnen Bildungsbereichen sowie der Effizienzsteigerung dienen.
- Weiterbildung ist als vierter selbstständiger Bereich des Bildungswesens zu entwickeln. Deshalb ist es bereits Aufgabe der Schule, die Bereitschaft und Motivierung zum Weiterlernen zu vermitteln (S. 9 ff.).

Der »Bildungsbericht 70« setzte sich auch mit der Frage auseinander, inwieweit diese Forderungen als gesetzliche Maßnahmen zu einer Vereinheitlichung der bereits bestehenden Ländergesetze beitragen könne. Die Entwicklung der Weiterbildung sollte zu einem systematischen Ausbau des quartären Bereichs führen, der zwar eigenständig, dennoch in das gesamte Bildungssystem integrierbar sein sollte. So hieß es im Hinblick auf die Erwachsenenbildung bzw. Weiterbildung, diese solle »zu einer vierten Stufe des Bildungswesens ausgebaut werden« (S. 11, »Quartärer Bildungsbereich«). Allerdings setzte der Prozess der notwendigen Integration und Vereinheitlichung eine Strukturveränderung innerhalb des quartären Bildungsbereichs voraus, was auf die Reform der Bildungsinhalte und der Lernprozesse hinauslief.

Das noch disparate und partiell isolierte Weiterbildungssystem war deshalb auf eine Veränderung der Trägerstruktur angewiesen. Der Bildungsbericht der Bundesregierung hob zudem die gesteigerte Bedeutung des Staates für den notwendigen Wandel des quartären Bereichs hervor. Zugleich wies er auf die ordnungspolitische Funktion in Richtung Koordination auf allen staatlichen Ebenen, auf der kommunalen, auf der Länder- und auf der Bundesebene hin (Keim/Olbrich/Siebert 1973, S. 115).

Bedeutend für die kulturpolitischen Aktivitäten der Bundesrepublik war auch der am 18. Oktober 1971 beschlossene Zwischenbericht der Bund-Länder-Kommission *(s. o.)*. Diese Kommission wurde am 25. Juni 1970 aufgrund eines Verwaltungsabkommens zwischen Bund und Ländern geschaffen. Aufgabe der Kommission war es gemäß Artikel 2, »einen gemeinsamen langfristigen Rahmenplan für eine abgestimmte Entwicklung des gesamten Bildungswesen vorzubereiten sowie den voraussichtlichen Finanzbedarf zu ermitteln« (»gemeinsames Bildungsbudget«). Die Bund-Länder-Kommission verabschiedete am 15. Juni 1973 den Bildungsgesamtplan. Dieser Plan bedeutete einen entscheidenden Einschnitt bei der Entwicklung zu einem eigenständigen Bildungsbereich (Nuissl/Pehl 2000, S. 14).

Für die Weiterbildung war der Bericht von herausragender Bedeutung, da für diesen Teil des Bildungssystems, im Gegensatz zum Sekundarbereich I, zur Orientierungsstufe und zur Lehrerbildung, ein parteiübergreifender Konsens aller in der Kommission vertretenen politischen Repräsentanten der Bundesregierung und der Länder zur »Förderung des Auf- und Ausbaus eines Weiterbildungssystems zu einem Hauptbereich des Bildungswesens« erzielt werden konnte. Damit verbunden war die endgültige Anerkennung der Weiterbildung als öffentliche Aufgabe auf Landes- und Bundesebene. Zentrales Ziel der Weiterbildung sollte ein Verbund und die Integration von »beruflicher, allgemeiner und politischer Bildung« sein, wobei die Reihenfolge zugleich auch als Rangfolge gemeint war. Damit wurde der mit der »realistischen Wende« beginnenden berufsqualifizierenden Bildung gegenüber der soziokulturellen und politischen Bildung ein Vorrang eingeräumt.

Die herausragenden Stichworte des Zwischenberichts waren: Systemausbau, Koordination auf der überregionalen Ebene, Kontaktstellen für »Wissenschaftliche Weiterbildung«, Professionalisierung und Ausbau des Weiterbildungspersonals, Fernunterrichtskontrolle, Curriculumentwicklung und Dokumentation. Die zugrunde liegenden strukturellen Überlegungen bezogen sich auf ein kooperatives Modell unter öffentlicher Verantwortung (Keim/Olbrich/Siebert 1973, S. 116).

Vor dem Hintergrund der Grundsatzüberlegungen und Prioritätensetzung zeichnete der Zwischenbericht ein dem Bildungsoptimismus der Phase der Reformeuphorie geschuldetes Szenario für den quantitativen Ausbau des gesamten Bildungssystems bis ins Jahr 1985. So wurden für den Weiterbildungsbereich beispielsweise zwei Alternativen für längerfristige Vollzeitlehrgänge skizziert:

Anzahl längerfristiger Vollzeitlehrgänge zwischen 1975 und 1985

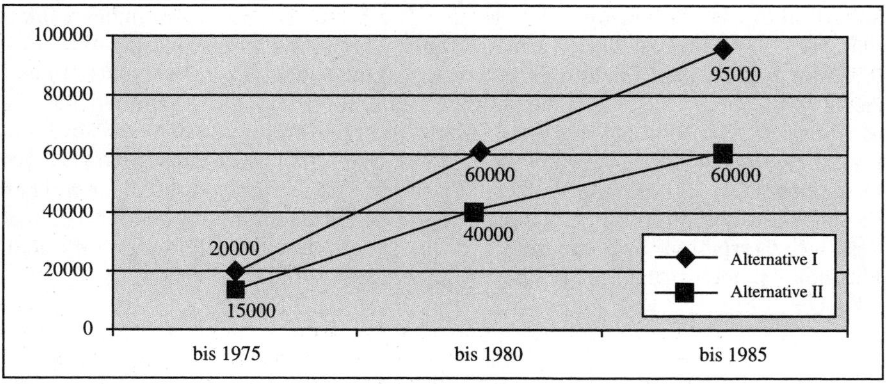

Zur Realisierung dieser Pläne wurden dem Bericht zufolge bis 1985 zur Betreuung der erforderlichen 160 000 Weiterbildungsplätze für kurzfristige Bildungsmaßnahmen 4 800 hauptamtliche und 16 000 nebenamtliche Lehrkräfte benötigt. Für länger dauernde Vollzeitlehrgänge ging der Zwischenbericht von zusätzlich 3 040 hauptamtlichen und rund 3 800 nebenamtlichen Lehrkräften in allen Bereichen der Weiterbildung aus (Knoll 1973, S. 164 ff.).

Unter den Gesichtspunkten der Bildungsreform der Siebzigerjahre ist noch auf den »Bildungsgesamtplan« zu verweisen, der von der Bundesregierung und den Regierungschefs der Länder als Rahmenplan am 20. September 1973 und als Finanzierungsrahmen am 30. November 1973 verabschiedet wurde. Dieser Bildungsgesamtplan, der die Entwicklung bis 1985 im Blick hatte, forderte im Hinblick auf den quartären Bildungsbereich, dass sich jeder in der Erwachsenenbildung so weiterbilden könne, wie es seinen Fähigkeiten und Neigungen entspreche (Lehmann 1996, S. 296/97). Er förderte maßgeblich die Entwicklung der Erwachsenenbildung zu einem eigenständigen und gleichrangigen Bildungsbereich (Nuissl/Pehl 2000, S. 14).

Die hier kurz skizzierten Pläne und Gutachten, insbesondere der Zwischenbericht, waren ein eindeutiger Beleg dafür, in welchem Maße die Gesellschaft als Ganzes und der Staat auf allen seinen Ebenen die Weiterbildung als ein zentrales Instrument für den notwendigen Strukturwandel und den Prozess der Modernisierung betrachteten. Die öffentliche Verantwortung für die Weiterbildung richtete sich unter bildungsplanerischen Gesichtspunkten zu Beginn der Siebzigerjahre bei einer zusammenfassenden Betrachtung auf die folgenden Aufgaben: 1. Eine flächendeckende Versorgung der Bevölkerung mit Weiterbildungsangeboten sollte gesichert werden. 2. Die Kommunen sollten eine hinreichende Versorgung mit Angeboten der Weiterbildung als Pflichtaufgabe verstehen. 3. Aufgabe der Kommunen sei es, in Abstimmung mit den Trägern der Erwachsenenbildung dafür Sorge zu tragen, dass lokale oder regionale Defizite ausgeglichen werden. 4. Eine systematische Entwicklungsplanung sollte Grundlage für bildungspolitische Entscheidungen zur Weiterbildung sein (Hamacher 1976, S. 19 ff.).

Die Gutachten und die bildungspolitischen Pläne waren gekennzeichnet durch eine gewisse Planungseuphorie, Bildungsoptimismus und den Glauben an die Veränderbarkeit von Politik und Gesellschaft. Die beispielsweise im Bildungsgesamtplan von 1973 prognostizierten Entwicklungen der Erwachsenenbildung bzw. Weiterbildung, etwa im Bereich der Personalstruktur sowie der notwendigen Finanzierungsressourcen, belegten die Aufbruchstimmung und das Vertrauen auf die Machbarkeit von Bildungsprozessen. Allerdings blieb vieles von dem, was konzeptionell entwickelt und in optimistische Planungsüberlegungen eingebettet wurde, weitgehend Utopie, da aufgrund erster wirtschaftlicher Rezessionserscheinungen in den Siebzigerjahren »die Expansion der Erwachsenenbildung im Vergleich zu den Sechzigerjahren zwar imponierend, im Vergleich zu den bildungspolitischen Planzielen jedoch enttäuschend blieb« (Siebert 1994, S. 63).

8. Erwachsenenbildung und sozialer Wandel

8.1 Das Prinzip »Lebenslanges Lernen« und die Idee der Lerngesellschaft

Vor dem skizzierten bildungs- und gesellschaftspolitischen sowie geistig-kulturellen Hintergrund wurde der Erwachsenenbildung eine entscheidende Rolle im Prozess des sozialen Wandels und gesellschaftlicher Reformen zugewiesen. So begann in den Sechzigerjahren die unaufhaltsame Karriere von der Idee des lebenslangen Lernens. Sie war verbunden mit der Vorstellung lebenslauforientierter Bildung. Hier lässt sich theoriehistorisch und theoriesystematisch auf die Vorstellung von der »Erziehung als Formung des Lebenslaufs« (Luhmann 1997) verweisen. Niklas Luhmann, der bedeutende Systemtheoretiker, sieht im Lebenslauf das zentrale »Medium« der Erziehung. Damit, so konstatiert er, finde auch die Erwachsenenbildung ihren Ort. Gegenüber seiner ursprünglichen Idee, das »Kind« zum Medium der Erziehung zu erklären, wird in diesem Theorieansatz die Offenheit für alle Erziehungsformen und für alle Lebensstufen der Bildung begründet (»Temporalisierung des Lebenslaufs«). In der Perspektive des Lebenslaufs wird die Bedeutung lebenslangen Lernens besonders hervorgehoben und als Gestaltung von Individualisierungsprozessen und als Möglichkeit der dynamischen Veränderung von Biografien begründet.

Der Begriff »Lebenslanges Lernen« hat eine längere Geschichte. Schon die UNESCO-Weltkonferenz in Montreal 1960 proklamierte lebenslanges Lernen als ein Prinzip, nach dem auch international die Theorie und die Praxis der Erwachsenenbildung neu zu fassen sei. Ihm korrespondiert die zentrale Rolle und die bildungspolitische Funktion, welche die Erwachsenenbildung im Prozess der Reform des Bildungs- und Erziehungssystems insgesamt zu übernehmen habe. Die eminente Bedeutung, die der Begriff des lebenslangen Lernens in der internationalen Diskussion gewann, zeigt sich in der terminologischen Vielfalt: im Englischen etwa *lifelong education/learning* bzw. *continuing education;* im Französischen die Idee der *éducation permanente.* Die ständige Bereitschaft zum Weiterlernen, die kontinuierliche Strategie periodischen Wechsels im Lebenslauf zwischen Arbeit, Lernen und Freizeit sollte den Einzelnen angesichts arbeitsorganisatorischer, technologischer und kommunikativer Veränderungen systematisch beruflich qualifizieren. Weiterbildung sollte in umfassender Weise einen Beitrag zum sozialen Wandel und damit zum gesellschaftlichen Fortschritt leisten. So hat sich in den Sechzigerjahren endgültig die Auffassung im öffentlichen Bewusstsein verankert, dass auch das Wirtschaftswachstum vom Bildungsstand der Erwerbstätigen und der Bereitschaft zum ständigen Weiterlernen abhänge.

Die Verzahnung und wechselseitige Anerkennung der verschiedenen Teilbereiche des Erziehungssystems, insbesondere die von Schule, Weiterbildung und Hochschule sowohl unter institutionell-organisatorischen als auch curricularen Gesichtspunkten, wurde zu einem bildungspolitischen Credo: »Die Erwachsenenbildung kann ihre traditionellen Bedenken gegenüber ergebnisorientierten, leistungsbescheinigenden Kursangeboten, die dem Repertoire der Schulfächer entsprechen, aufgeben, weil die Organisation des Nachholens von Schulabschlüssen allmählich mehr auf die Situation des erwachsenen nebenberuflichen Lerners Rücksicht nimmt.« (Tietgens 1973, S. 8)

Neben der Idee des *lifelong learning* trat die Idee einer *Lerngesellschaft* in den erziehungssoziologischen und erziehungswissenschaftlichen Diskurs. Dies betraf insbesondere die Erwachsenenbildung. So schrieb Karl Bednarik 1966 in seinem Buch »Die Lerngesellschaft« programmatisch: »Wir leben in einer progressiven Lerngesellschaft. Unter einer solchen verstehe ich eine Gesellschaft, die – nicht nur in einigen Teilen, sondern als Ganzes – in einem fortwährenden Prozess geistiger und materialer Neuorientierung begriffen ist.« (S. 7) Dass diese Idee einer Lerngesellschaft gleichsam zu einer globalen Perspektive wurde, zeigte endgültig die 1968 erschienene Schrift des amerikanischen Pädagogen Robert M. Hutchins »The

Learning Society«. Hutchins stellte heraus, dass in jeder Phase des Lebens, besonders auch im Erwachsenenalter, die Möglichkeit und Notwendigkeit des Lernens bestehe. Dies betreffe nicht nur den Einzelnen, sondern die Gesellschaft mit all ihren Formationen, Institutionen und Organisationen.

Wissenschaftler aus vielen Nationen befassten sich seit den Sechzigerjahren mit den weit reichenden gesellschaftlichen, bildungstheoretischen sowie praktischen Fragen einer *learning society.* Hier seien nur noch genannt: Torsten Husén (*The Learning Society,* 1968); Jerold W. Apps (*Higher Education in a Learning Society,* 1988) Hendrik van der Zee (*The Learning Society,* 1991); D. Robertson (*Funding the Learning Society,* 1995). Richard Edwards (*Behind the Banner,* 1995) und viele andere internationale Wissenschaftler machten die grundlegende Bildungsphilosophie einer lernenden Gesellschaft zu einem zentralen pädagogischen Reflexionsgegenstand (Wu 2000). In Deutschland griffen unter anderem Autoren wie Helmut Becker 1980, Joachim H. Knoll 1996, Günther Dohmen 1997/2001, Ekkehard Nuissl 1998, Rudolf Tippelt 1997 und Wolfgang Seitter 2001 die Diskussion auf.

Die Idee des lebenslangen Lernens und der Lerngesellschaft fand sich darüber hinaus bei Institutionen und Organisationen, in wichtigen nationalen bundesrepublikanischen Dokumenten wie z. B. im Gesamtplan der »Bund-Länder-Kommission für Bildungsplanung« *(s. o.)* (Günther 1979, S. 92 f.). Auch der OECD-Bericht von 1973 über »recurrent education« konstatierte, dass lebenslanges Lernen als Konzept von internationaler Bedeutung ein weltweit akzeptiertes Prinzip sei und sein sollte (Dräger 1979, S. 130 f.). Die OECD verfolgt den Gedanken des lebenslangen Lernens weiterhin sehr intensiv. So vereinbarten die 25 Bildungsminister der OECD-Länder 1996 in Paris einen Aktionsplan »From Education to Learning« mit dem Hauptthema der Konferenz »Lifelong Learning for All« (Siebert 2001, S. 18.) Im Kontext der internationalen Diskussion über die Lerngesellschaft und das Prinzip des lebenslangen Lernens ist noch auf den UNESCO-Report von 1972 *»Learning to be. The world of education today and tomorrow«*, den so genannten Faure-Report, zu verweisen (Knoll 1997, S. 30 f.). Unter anderem forderte der Report, die verschiedenen Bildungsphasen miteinander zu verknüpfen, die Zugänge zu weiterführender Bildung zu verbreitern sowie auch Fragen der Umwelt- und der Gesundheitsbildung in Bildungsprogramme aufzunehmen.

Ein weiteres wichtiges Dokument der UNESCO war die »Recommendation on the Development of Adult Education« von 1976, welche die Bedeutung der Erwachsenenbildung als Agentur für individuelle und gesellschaftliche Lernprozesse hervorhob. Die *Recommendation* entwickelte die Gedanken des Faure-Berichts weiter und forderte unter anderem eine Balance von qualifikatorischen und soziokulturellen Bildungsinhalten sowie darüber hinaus eine allgemeine Chancengleichheit für lebenslanges Lernen herzustellen – auch im Hinblick auf die Flexibilität unter den Generationen. Die Diskussion über den Zusammenhang des Prinzips lebenslangen Lernens und der Entwicklung der Gesellschaft hin zu einer Lerngesellschaft setzte sich in den Achtziger- und Neunzigerjahren fort, wobei der demokratietheoretische Aspekt besonders herausgestellt wurde. In den Neunzigerjahren gelangte die Theorie und Praxis der Lerngesellschaft in Verbindung mit dem Prinzip lebenslangen Lernens auf die Agenda vieler Staaten und internationaler Organisationen. Einen gewissen Abschluss und Höhepunkt bildet das Weißbuch der Europäischen Kommission von 1995: »Teaching and Learning towards the Learning Society« sowie der Bericht der UNESCO von 1996 »Learning the Treasure within«, der so genannte Delors-Bericht. Er eröffnet eine neue bildungspolitische Perspektive: Die Erwachsenenbildung wird zum Bindeglied in der Gesamtbildungsbiografie des Einzelnen: Reformen von Weiterbildung und Schule werden jetzt aus der Perspektive lebenslangen Lernens definiert. Um den Gedanken des lebenslangen Lernens in breite Bevölkerungskreise zu tragen, wurden in Deutschland und mehreren europäischen Ländern im Zusammenhang des »Europäischen Jahres des lebenslangen Lernens« so genannte »Lernfeste« veranstaltet, die einen Volksfestcharakter trugen. Hier ist besonders das »Europäische Jahr« des lebenslangen Lernens in der Schweiz hervorzuheben, mit einem einwöchigem Lernfest in allen Kantonen. In Rahmen dieses Lernfestes wurden allein 2 000 Lern-Aktivitäten angeregt (Dohmen 1997, S. 23). Selbst im asiatischen Raum wurden solche Lernfeste veranstaltet, unter anderem in Taiwan.

In der gegenwärtigen erziehungswissenschaftlichen und bildungspolitischen Diskussion ist die Lerngesellschaft verbunden mit der neuen Lernbewegung und der Frage der Lernkultur (Dohmen 2001, S. 231 f.). Die Entwicklung hin zur Praxis lebenslangen Lernens aller ist jedoch nicht ohne eine breite bürgerschaftliche Lernbewegung möglich. Dies setzt Lernmöglichkeiten und Lernhilfen für alle Bereiche des Lebens voraus. Auf der institutionellen Ebene der Lernbewegung sind Zentren der Lernberatung und Lernagenturen zu etablieren. Neben dem Gedanken der Selbstüberprüfung sollten auch Formen der institutionell organisierten Evaluation des lebenslangen Lernens entwickelt werden. Aufgrund dieser neuen Funktionszuweisung der Erwachsenenbildung bzw. Weiterbildung hat damit jeder Lernende die notwendige »Unterstützung [. . .] (von) Experten« (Dohmen 2001, S. 232). Lerngesellschaft und Lernbewegung in einer neuen Dimension verweisen zugleich auf eine veränderte Lernkultur, die durch eine breite Lernbewegung, ein intensives Lernmilieu und eine lernanregende Atmosphäre gekennzeichnet ist und die noch bestehende Lernbarrieren der Bürgergesellschaft – besonders für lernferne Schichten – überwinden hilft.

8.2 Modernisierung und Institutionalisierung

Die Orientierung und Reorientierung der Erwachsenenbildung auf konkrete Anforderungen des politischen und des wirtschaftlichen Systems der Bundesrepublik veränderte das Verhältnis der Erwachsenenbildung zum Staat und zum ökonomischen System tiefgreifend und kann ebenfalls als Beitrag zum notwendigen sozialen Wandel betrachtet werden. In den Siebzigerjahren wurde die Erwachsenenbildung endgültig als ein Bildungsbereich anerkannt, der gesamtgesellschaftliche Aufgaben wahrzunehmen habe. Erwachsenenbildung wurde Teil von Wirtschafts- und Sozialpolitik, insbesondere auch von Arbeitsmarkt- und Strukturpolitik. Eine neuere Genealogie der arbeitsmarktbezogenen Weiterbildung hat kürzlich die Evolution der Erwerbslosenbildung beleuchtet und auch die modalitätstheoretischen Bezüge offen gelegt (Brödel 2001, S. 155 ff.). Mit der Hinwendung der Erwachsenenbildung bzw. Weiterbildung zur Bewältigung konkreter ökonomischer und gesellschaftspolitischer Anforderungen einschließlich sozialethischer Erwartungen erlangte die Erwachsenenbildung einen eminenten Bedeutungszuwachs im öffentlichen Bewusstsein. Damit begann für die Erwachsenenbildung ein Abschnitt ihrer Geschichte, der durch zentrale Begriffe wie Institutionalisierung, Planung, Verrechtlichung, Professionalisierung und Verwissenschaftlichung gekennzeichnet ist.

Diese Entwicklung war eingebettet in eine neue Politik, die mit der bereits kurz skizzierten Regierungsübernahme durch die sozialliberale Koalition unter Bundeskanzler Willy Brandt begann. Sie leitete die »Politik der inneren Reformen« ein: Ausbau der Mitbestimmung, Reform der Betriebsverfassung, Weiterentwicklung der sozialen Sicherung, Liberalisierung des Strafrechts und des Strafvollzuges, Reform des Ehe- und Familienrechts. Im Zentrum der Reformen stand jedoch die Bildungspolitik. Die bereits Ende der Sechzigerjahre einsetzende innere Strukturreform des gesamten Bildungssystems wurde in den Siebzigerjahren intensiv fortgesetzt.

Die rasante Bildungsexpansion ließ die Siebzigerjahre zum Jahrzehnt der Bildung und Erziehung werden. So stieg der Anteil der Abiturienten eines Jahrganges von 1960 bis Ende der Siebzigerjahre auf ca. 30 Prozent. Vorrangiges Ziel der inneren Reformen und der Bildungsexpansion war es, bisher bildungsfernen Schichten den Zugang zur Bildung und Weiterbildung zu eröffnen, um so dem Gesichtspunkt sozialer Gerechtigkeit und Chancengleichheit mehr zu entsprechen. Die bundesrepublikanische Gesellschaft der Siebzigerjahre wurde zur Bildungsgesellschaft. Das Potenzial, das durch diese Bildungsexpansion freigesetzt wurde, zeigte sich in einem verstärkten gesellschaftlichen Engagement, einer radikalen Gesellschaftskritik und den damit verbundenen Forderungen nach Reformen in allen Teilen des gesellschaftlichen Lebens. Dies traf insbesondere auf die Erwachsenenbildung bzw. Weiterbildung in den Siebzigerjahren zu. Auch sie wurde in den umfassenden Reformprozess einbezogen.

8.3 Systematisierung der Bildungsarbeit

Die Idee des lebenslangen Lernens und ihre Verbindung mit der notwendigen Lerneffizienz führte zu einem grundlegenden didaktischen und curricularen Veränderungsprozess. Die Neubestimmung von Inhalten und Vermittlungsformen sowie die Einführung von Abschlüssen wirkten sich mehr und mehr auf die Bildungspraxis aus, insbesondere auch die der Volkshochschulen, die vorher vornehmlich soziokulturell ausgerichtet waren. Die Didaktik der Erwachsenenbildung entwickelte sich in Richtung einer neuen Lerntheorie, die sich stark auf angelsächsische psychologische Forschungen stützte. Auch die Rolle und Funktion der »Gruppendynamik« wurde in die Didaktik und Methodik der Erwachsenenbildung integriert.

Als ein signifikantes Beispiel für den didaktischen und curricular-organisatorischen Perspektivwechsel kann die Einführung des Berechtigungswesens und die systematische Implementierung des Zertifikatswesens gelten. Die Entwicklung des Zertifikatswesens, fokussiert auf die Volkshochschulen, hat seit 1968 vornehmlich in den sprachlichen und in den technisch-naturwissenschaftlichen Fächern eine rasante Entwicklung durchlaufen. So wurden bis in die Gegenwart hinein ca. 400 000 Zertifikate jährlich ausgestellt, in den letzten Jahren ca. 13 000 im Jahr (Seitter 2001, S. 90). Der Anfangserfolg des Zertifikatsprogramms ging wesentlich auf die öffentliche Förderung durch das Bundesministerium für Bildung und Wissenschaft ab 1970 sowie die allgemeine Zustimmung und Förderung aus Wirtschaftskreisen zurück.

Das Zertifikatswesen mit seiner didaktischen Systematisierung und Regulierung zeigte die in dieser Zeit einsetzende durchgängige Tendenz zur Verschulung der Erwachsenenbildung: Schule und Erwachsenenbildung bewegten sich aufeinander zu. Ein eindeutiger Beleg für diese Entwicklung war die Zunahme von schulischen Abschlussprüfungen, die für das Jahr 1999 im Volkshochschulbereich insgesamt etwa 14 500 betrugen, davon ca. 7 600 Hauptschulabschlüsse, 3 000 Realschulabschlüsse, 1 500 FHS-Abschlüsse, 900 Abiturprüfungen und 590 Hochschulzugänge ohne Abitur. Die organisatorische Konzentration und Systematisierung der Bildungsarbeit wurde darüber hinaus beispielsweise im Bildungsfernsehen, im Funkkolleg und insbesondere darin sichtbar, dass mehr und mehr programmierter Unterricht in die Erwachsenenbildung eingeführt wurde.

Der Prozess der Systematisierung und Leistungsausrichtung wurde ergänzt durch die Teilnehmerorientierung als eines wichtigen Instruments innerhalb didaktischer Planungsprozesse. Bedarfsanalysen wurden zur Grundlage für curriculare Entscheidungen. Das Prinzip von Angebot und Nachfrage, das zugleich auf pädagogischen Erkenntnissen beruhte, wandelte sich schließlich zum Grundsatz der Marktorientierung der Erwachsenenbildung. Die Zahl der Teilnehmer bestimmte bildungspolitisch die Legitimation der jeweiligen Einrichtungen. Die Erwachsenenbildung nahm damit umstandslos die manifesten Teilnehmerwünsche zum Maßstab ihrer Planungskriterien und ihrer Programmstruktur. Die Einführung von Zertifikatskursen, die Standardisierung von Curricula nach dem Baukastenprinzip traten an die Stelle offener Curricula und Lernformen, die sich primär an dem Prinzip der »Mündigkeit« der Erwachsenen orientieren.

Die Neuorientierung der Erwachsenenbildung und die damit verbundenen Reformprozesse führten dazu, dass die Stellung der Erwachsenenbildung in Gesellschaft, Politik und Wirtschaft fest verankert wurde. Der Staat sah seit den Sechzigerjahren angesichts des neuen Aufgaben- und Selbstverständnisses der Erwachsenenbildung sowie einer stärkeren Beteiligung der Erwachsenen an der Weiterbildung eine ordnungspolitische Verpflichtung und die Notwendigkeit, das Erwachsenen- bzw. Weiterbildungssystem mit zu gestalten, zu fördern und vor allem finanziell abzusichern. Das zeigten die öffentlichen Ausgaben für den quartären Bildungsbereich in dieser Zeit: Zwischen 1965 und 1970 stiegen die Aufwendungen von Bund, Ländern und Gemeinden für die Weiterbildung von 293 auf 576 Millionen Mark an. Allein die Entwicklung von 1969 auf 1970 legte offen, in welchem Maße die Tätigkeit in der Erwachsenenbildung, die in den ersten Nachkriegsjahrzehnten noch weitgehend nebenamtlich ausgeübt wurde, nun mehr und mehr zu einem Hauptberuf wurde. So stieg in diesem Zeitraum die Zahl der hauptamtlichen Leiter an Volkshochschulen von 206 auf 270, die der hauptberuflich-pädagogischen Mitarbeiter von 104 auf 163 (Mitteilung der pädagogischen Arbeitsstelle des Deutschen Volkshochschulverbandes, 1971).

Die Wirtschaft sah in der Hinwendung der Weiterbildung zu Aufgaben der beruflichen Bildung eine Tendenz, die ihrer eigenen Vorstellung über die Rolle der Weiterbildung im Prozess des technologisch-wissenschaftlichen und sozialen Wandels sowie der notwendigen Strukturveränderungen entsprach. Deshalb erfuhr die

Weiterbildung nicht nur Anerkennung und Unterstützung durch den Staat bzw. die gesellschaftlichen Kräfte, sondern auch durch die Wirtschaft.

Trotz der intensiven Kritik am »kapitalistischen Wirtschaftssystem«, die Ende der Sechziger- und Anfang der Siebzigerjahre auch im Anschluss an die systemkritischen Vorstellungen der »68er«-Generation in der Erwachsenenbildung geübt wurde, gab es zwischen der Weiterbildung und der Wirtschaft einen Prozess gegenseitiger Annäherung und Akzeptanz. Der Rang, den die berufliche Weiterbildung heute bei der Wirtschaft einnimmt, mag mit einem Zitat des Hauptgeschäftsführers der Vereinigung der Deutschen Arbeitgeberverbände, Reinhard Göhner, belegt werden: »Berufliche Bildung ist ein Schlüsselfaktor für die Sicherung der Wettbewerbsfähigkeit des Wirtschaftstandortes.« (in: Frankfurter Rundschau vom 18. Januar 2001, S. 6) So wurde die Erwachsenenbildung Ende der Sechzigerjahre im allgemeinen öffentlichen Bewusstsein ein integrierter Teil des Bildungssystems, dem wesentliche Aufgaben in dem als notwendig erkannten gesellschaftlichen, politischen und sozialen Reformprozess zugewiesen und zugetraut wurden.

8.4 Verrechtlichung des Systems Erwachsenenbildung/Weiterbildung

Die Verantwortung des Staates gegenüber der Erwachsenenbildung bzw. Weiterbildung zeigte sich in der Gesetzgebung. Im Gegensatz zur Weimarer Verfassung (Artikel 148,4) erwähnte das Grundgesetz jedoch die Erwachsenenbildung mit keinem Wort, da Bildung und Weiterbildung unter föderalistischen Gesichtspunkten als Angelegenheit und Aufgabe der Länder angesehen wurden und damit deren Kulturhoheit Rechnung getragen wurde. Wiewohl einige Länderverfassungen (Bayern, Bremen, Nordrhein-Westfalen, Rheinland-Pfalz, Saarland, Schleswig-Holstein) die Förderung der Erwachsenenbildung als allgemeinen Grundsatz festschrieben, wurden daraus keine konkreten Rechtsfolgerungen abgeleitet, bis auf Nordrhein-Westfalen, das als erstes Bundesland ein eigenes »Gesetz über die Zuschussgewährung an Volkshochschulen und entsprechende Volksbildungseinrichtungen« verabschiedete (1953).

8.4.1 Die Erwachsenenbildungs- bzw. Weiterbildungsgesetze der Länder

Erst im Prozess der Neuorientierung der Erwachsenenbildung in Richtung beruflicher Qualifizierung und im Kontext der Gutachten und bildungspolitischen Empfehlungen setzte Mitte der Sechzigerjahre eine intensive Diskussion über die gesetzliche Regulierung der Erwachsenenbildung ein. Ende der Sechziger- und Anfang der Siebzigerjahre folgte schließlich fast bundesweit und in einem engen Zeitrahmen die Verabschiedung von Landesgesetzen zu diesem Rechtsgebiet: beginnend mit Niedersachsen im Dezember 1969, über das Saarland (März 1970), das Hessische Volkshochschulgesetz (Mai 1970), das Bremer Weiterbildungsgesetz (März 1974), das Hessische Erwachsenenbildungsgesetz (Juni 1974), das Bayerische Erwachsenenbildungsgesetz (Juli 1974), das Erste Weiterbildungsgesetz von Nordrhein-Westfalen (Juli 1974) und die Weiterbildungsgesetze von Rheinland-Pfalz (Februar 1975) und Baden-Württemberg (Dezember 1975). Bis auf Hamburg, Berlin und Schleswig-Holstein, wo die Volksbildungsarbeit in den Schulgesetzen berücksichtigt ist, verabschiedeten alle Bundesländer eigene Erwachsenen- bzw. Weiterbildungsgesetze (Rohlmann 1974, S. 357/58; Nuissl/Pehl 2000, S. 19).

Man kann diese Gesetze als Verpflichtung des Staates auffassen, den quartären Bildungsbereich erstmalig rechtsverbindlich finanziell abzusichern. Die zwischen 1969 und 1975 entstandenen Weiterbildungsgesetze waren und sind damit ein Ausdruck für eine am Sozialstaatsprinzip ausgerichtete Politik, die sich in der starken Ausweitung des öffentlichen Sektors, besonders im Bildungs- und Sozialbereich, niederschlug. Zugleich können die gesetzlichen Regelungen als ein Beitrag zur »Daseinsvorsorge« begriffen werden (Bubenzer 1983, S. 151). Sie resultierten aus dem Demokratiegebot, der Sozialstaatsverpflichtung und dem Gleichheitsgrundsatz. Das Subsidiaritätsprinzip implizierte zugleich den Konsens darüber, dass der Staat zwar ordnungspolitische Rahmendaten vorgeben könne, die konkrete Gestaltung des Weiterbildungsbereichs jedoch den jeweiligen Trägern und Einrichtungen obliege. Die rechtlichen Regelungen können als Versuch betrachtet werden, die partiell fragmentierten, disparaten und unübersichtlichen Formen der Weiterbildung durch Abstimmung, Koordinierung und Strukturierung mittels ordnungspolitischer Vorgaben zu einem einheitlichen System zu gestalten (Kuhlenkamp 1999, S. 88).

Alle Landesgesetze gingen bei möglicher Differenzierung, die sich beispielsweise in der Benennung als Erwachsenenbildungs- resp. Weiterbildungsgesetze zeigten, unter anderem von dem folgenden Leistungskatalog gesetzlicher Vorgaben aus:

- Sicherung der institutionellen Grundlagen der Erwachsenenbildung,
- Positionierung der Weiterbildung im Bildungssystem,
- Festlegung der Ziele und Aufgaben der Weiterbildung,
- Abgrenzung der Weiterbildung von anderen Bildungsbereichen,
- Qualifizierung und Auswahl des Weiterbildungspersonals,
- Ordnung des Systems der finanziellen Förderung,
- Kooperation zwischen den Bildungseinrichtungen auf kommunaler und auf Landesebene,
- Beratungsgremien und Zuständigkeiten für den Weiterbildungsbereich,
- Sicherung des offenen Zugangs zur Weiterbildung (Nuissl 1999, S. 395; Rohlmann 1999, S. 406 ff.).

Im Kern blieben – und das gilt auch für die Gegenwart noch – die Erwachsenenbzw. Weiterbildungsgesetze trotz eines umfassenden ordnungs- und strukturpolitischen Gestaltungswillens der Länder Finanzierungsgesetze, die gemäß dem Subsidiaritätsprinzip die Leistungen der jeweiligen Träger und Einrichtungen und die Eigenleistung der Teilnehmer ergänzten. Die Länderförderung ist bis heute an bestimmte Kriterien gebunden, unter anderem an die allgemeine Zugänglichkeit zum Lehrangebot, die hauptamtliche Leitung der Einrichtungen, die Kontinuität und Veröffentlichung des Lehrangebots, die Gemeinnützigkeit der Arbeit und die pädagogische und fachliche Kompetenz der Mitarbeiter. Damit sind strukturpolitische Gestaltungselemente mit dem Instrument öffentlicher Förderung verbunden.

Im Hinblick auf die Personalstruktur gehen die Gesetze also prinzipiell von einer hauptamtlichen Leitung aus. Zugleich sind ein wissenschaftlicher Studiengang und pädagogische Kompetenzen die Regelvoraussetzung für alle fest angestellten Mitarbeiter. Von weit reichender Bedeutung ist die Tatsache, dass die Personalausstattung an bestimmte Stellenschlüssel gebunden ist, die entsprechend der jeweiligen Haushaltslage modifiziert werden können. Damit ist prinzipiell die Personalstruktur institutionell verankert; zugleich unterliegt die Entwicklung der Einrichtungen damit nicht so sehr übergreifenden Konzepten als vielmehr fiskalischen Überlegungen und Notwendigkeiten. Lediglich Nordrhein-Westfalen, Bayern und Rheinland-Pfalz haben eine graduell unterschiedliche Entwicklungsplanung des Weiterbildungsbereichs als Voraussetzung für öffentliche Förderung festgeschrieben (Rohlmann 1994, S. 367). Damit trugen die Ländergesetze, die im Verlaufe der nächsten Jahrzehnte teilweise novelliert wurden, ohne jedoch die Grundstruktur anzutasten, zur Stabilisierung des quartären Bildungsbereichs bei. Sie erhöhten den Grad der Institutionalisierung und Professionalisierung und sicherten zugleich die institutionelle Struktur weitgehend ab. Besonders in den Ländern Nordrhein-Westfalen, Niedersachsen, Bremen und Hessen sind die Fortschritte, die durch die Gesetze initiiert wurden, manifest (Nuissl/Pehl 2000, S. 19).

Entscheidende Auswirkungen hatten die Gesetze auf die Struktur und den Stellenschlüssel im Personalbereich. Wenn auch detaillierte Angaben fehlen, so lässt sich doch ein sprunghafter Anstieg der Zahl hauptamtlicher Leiter und pädagogischer Mitarbeiter in den öffentlich geförderten Einrichtungen der Erwachsenenbildung feststellen (Faulstich 1996, S. 56). So gehen neuere Untersuchungen für die Mitte der Neunzigerjahre von 50 000 bis 60 000 hauptamtlichen Mitarbeitern in der Erwachsenenbildung aus (Nuissl 1996, S. 24). Dementsprechend stiegen die finanziellen Aufwendung für die Weiterbildung deutlich an. Die Zahl der Teilnehmer an Weiterbildungsmaßnahmen erhöhte sich signifikant (Frischkopf 1997, S. 150).

Die Auswirkungen der Gesetze schlugen sich auch in der Steigerung der finanziellen Aufwendungen für die Erwachsenenbildung nieder:

Ausgaben für Erwachsenenbildung 1987, 1992 und 1997 in Mrd. DM

Quelle der Ausgaben	1987	1992	1997
EU-Mittel (ESF, Programme)	–	0,1	0,1
Bund, Länder und Gemeinden	3,2	4,3	4,9
davon Bund	0,8	0,9	0,9
Länder	1,3	1,5	1,9
Gemeinden	1,1	1,9	2,0
Bundesanstalt für Arbeit	5,6	27,7[1]	19,8
Private Wirtschaft	10,4	36,5	35,1
Private Haushalte	5,7	9,8	11,2
Trägerorganisationen	0,1	0,1	0,1
Summe	25,0	78,5	71,2

1 Der enorme Anstieg von 1987 auf 1992 ist auf die Bildungsmaßnahmen in den neuen Bundesländern zurückzuführen und wurde bis 1997 bereits wieder deutlich zurückgenommen.

Quelle: Nuissl/Pehl 2000, S. 26.

Über diesen personellen und finanziellen Bedeutungszuwachs hinaus trugen die mit der Gesetzgebung und ihren Auswirkungen verbundenen Diskussionen und politischen Entscheidungen den Weiterbildungsbereich stärker in das öffentliche Bewusstsein. Bei Adressaten bzw. Teilnehmern förderten sie die Erkenntnis der Notwendigkeit lebenslangen Lernens im Prozess der Modernisierung der Gesellschaft und des sozialen Wandels.

8.4.2 Die Bildungsurlaubs- resp. Freistellungsgesetze

Die Diskussionen über die Freistellung von Berufsarbeit zugunsten der Weiterbildung gingen bis in das Jahr 1960 zurück (Kuhlenkamp 1999, S. 97). In diesem Jahr forderte die gewerkschaftsnahe Organisation »Arbeit und Leben« die Einführung eines Bildungsurlaubs für alle Arbeitnehmer, der in jeweils fünf Jahren bis zu acht Wochen umfassen sollte (Hölscher 1980, S. 304). In seiner Regierungserklärung vom 28. Oktober 1969 sprach Bundeskanzler Willy Brandt zwar eine gesetzliche Regelung auf Bundesebene an, doch wurde dieses Vorhaben aus Kostengründen, vor allem wegen Vorbehalten einzelner Bundesländer, nicht umgesetzt. Dagegen wurden auf Länderebene Bildungsurlaubsgesetze beschlossen. In den Jahren 1970, 1974, 1984/85, 1990, 1991 und 1993 wurden zuerst in Berlin und später in acht westdeutschen Bundesländern Bildungsurlaubsgesetze bzw. Freistellungsgesetze für Arbeitnehmerinnen und Arbeitnehmer zugunsten ihrer Weiterqualifizierung verabschiedet. Das Berliner Gesetz von 1970 sicherte zunächst nur Arbeitnehmern bis 21 Jahren einen Anspruch auf Teilnahme an anerkannten Bildungsveranstaltungen zu. Baden-Württemberg und Bayern hatten bis 1997 keine entsprechenden gesetzlichen Regelungen erlassen. Die Freistellungsregelungen in Brandenburg, im Saarland und Schleswig-Holstein wurden im Rahmen der Weiterbildungsgesetze berücksichtigt. Mit der Verabschiedung der Bildungsurlaubs- bzw. Freistellungsgesetze wurde ein neues gesellschafts- und bildungspolitisches Strukturelement eingeführt. Die Freisetzung von der Arbeit bei fortlaufender Lohn- bzw. Gehaltszahlung durch die Arbeitgeber stellte die Arbeit der Weiterbildung gesellschaftlich gleich. Arbeit und Bildung wurden damit als alternierende Formen einer Normalbiografie begriffen. Zudem galten die finanziellen Aufwendungen nicht primär der Förderung von Einrichtungen und Trägern, waren also keine institutionelle Förderung, sondern setzten ein individuelles Anspruchsrecht der Arbeitnehmer um.

Unter sozialpolitischen Gesichtspunkten gaben die Bildungsurlaubsgesetze einen Impuls in Richtung Chancengleichheit für die Bildung und verbesserten damit vornehmlich die Weiterbildungschancen für sozial Benachteiligte und bildungsfernere Schichten. Indem Weiterbildung komplementär zur Arbeit definiert wurde, glaubte man auch, vorhandene Teilnehmerschwellen schneller zu überwinden. So weist Detlef Kuhlenkamp darauf hin, dass vor allem mit den einwöchigen Bildungsurlaubsveranstaltungen in Internatsform mit Unterkunft und Verpflegung der Disparität und der unterschiedlichen Zuteilungen von Bildungschancen für bisher benachteiligte Schichten entgegengewirkt werden konnte.

Tatsächlich erhöhte sich die Teilnahme sozial benachteiligter Schichten, insbesondere auch der Anteil von Frauen im Vergleich zu ihrer Regelbeteiligung an der Weiterbildung deutlich. Hervorzuheben ist das herausragende Interesse an Bildungsveranstaltungen der Niedersächsischen Volkswagen AG, das bei 44 Prozent der Anspruchsberechtigten für das Jahr 1990 liegt (Berichtssystem Weiterbildung

1993, S. 316). Hier zeigt sich der Tatbestand, dass sich die Großbetriebe mehr als Klein- und Mittelbetriebe für die Beteiligung ihrer Mitarbeiter an Weiterbildung engagieren. Das Volkswagenwerk kann generell in seinem bildungspolitischen Engagement besonders hervorgehoben werden.

Trotz der struktur- und bildungspolitischen Bedeutung der Bildungsurlaubsgesetze erfüllten sich die umfassenden sozialpolitischen Erwartungen und die arbeitsmarktpolitischen Hoffnungen, die mit dem Bildungsurlaub verbunden waren, angesichts einer Teilnehmerquote von unter fünf Prozent der Anspruchsberechtigten jedoch nicht. Für die ersten Jahre zeigt die Entwicklung in Niedersachsen, gleichsam im Kerngebiet des Bildungsurlaubs, eine steigende Tendenz auf niedrigem Niveau mit folgenden Ergebnissen:

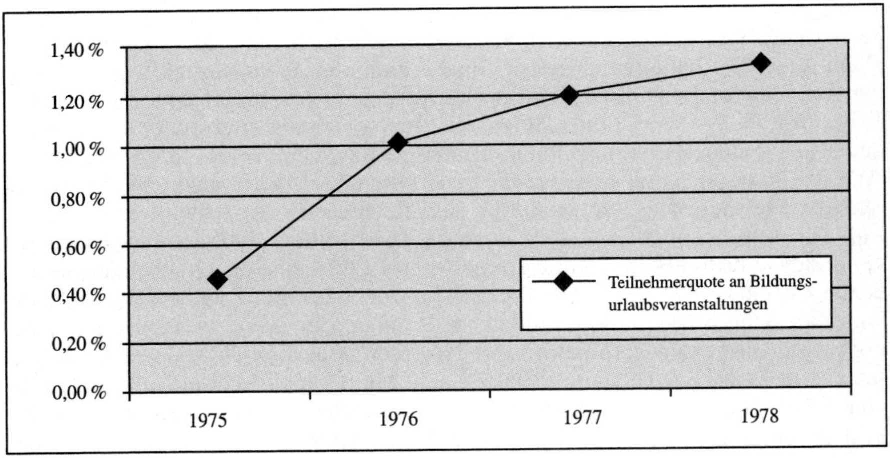

Quelle: Landesinstitut 1981, S. 98.

Als Gründe für den niedrigen Auslastungsgrad werden unter anderem genannt:

- Schwierigkeiten bei der Freistellung im Betrieb (besonders in Klein- und Mittelbetrieben),
- Familiäre Probleme der Abkömmlichkeit,
- Angst vor der Wiederaufnahme einer Lernsituation,
- mangelnder Bekanntheitsgrad des Rechts auf Bildungsurlaubs,
- Informationsdefizite (Landesinstitut 1981, S. 99).

Die ursprüngliche bildungs- und sozialpolitische Euphorie ist im Laufe der Zeit einer Ernüchterung gewichen. Heute sind die intensiven kontroversen Diskussionen um Ziele, Aufgaben und Programmstruktur des Bildungsurlaubs weitgehend verstummt. Dennoch ist die überdauernde bildungspolitische Bedeutung keineswegs marginal. Der Bildungsurlaub führte zu einer Erweiterung der Teilnehmer- und Programmstruktur. Das betraf nicht nur die fünftägigen Internatsveranstaltungen, sondern auch die Bildungsarbeit »vor Ort« (Kuhlenkamp 1999, S. 113). Wenn jedoch über den Bildungsurlaub hinaus alle gesetzlichen tarif- oder privatrechtlichen Tatbestände der Freistellung mit berücksichtigt werden, so wurden nach dem »Berichtssystem Weiterbildung VI« im Jahre 1994 bundesweit acht Prozent aller zur Zeit oder früher erwerbstätigen Deutschen zwischen 19 und 64 Jahren für die Weiterbildung von der Arbeit freigestellt. Die Aussagen des Berichtssystems Weiterbildung, die hier herangezogen werden, sind die umfassendsten empirischen Daten der Weiterbildungslandschaft im gesamten Bundesgebiet. Dieses Berichtssystem wurde 1979 im Auftrage des damaligen Bundesministeriums für Bildung und Wissenschaft entwickelt. Es wird seitdem im Dreijahresturnus erstellt und bietet im Kernbereich umfassende Informationen über Weiterbildungsbeteilungen, über Einflussfaktoren und Strukturen der Weiterbildungsteilnahme, über Veranstaltungsformen sowie Kosten und Finanzierung der Weiterbildung.

Neben der allgemeinen Bedeutung der Bildungsurlaubs- und Freistellungsgesetze und Regelungen waren die besonderen Auswirkungen dieser gesetzlichen und tarifrechtlichen Regelungen auf die institutionelle, die finanzielle, die Angebots- sowie die Teilnehmerstruktur der Heimvolkshochschulen eklatant. Mit der Einführung der einwöchigen Bildungsurlaubsveranstaltungen in Internatsform konnten sich die Heimvolkshochschulen, die sich seit den Sechzigerjahren wegen des schwindenden Teilnehmerinteresses zunehmend in der Krise befanden, stabilisieren und methodisch-didaktisch erneuern.

Die Bildungsurlaubsgesetze und die spezifischen Weiterbildungsgesetze der Länder bestimmten das Verhältnis von Staat und Weiterbildung neu. Zur Sicherung der politischen, der sozialen und wirtschaftlichen Stabilität sah und sieht der Staat in der Weiterbildung ein Instrument zur Struktur- und Arbeitsmarktpolitik. Weiterbildung vermag aus der Perspektive der Gesellschaft und des Staates die Lebensqualität und die soziale Sicherheit der Individuen zu verstärken und zur Daseinsvorsorge beizutragen. Sie kann, wenn auch nur in einem begrenzten Umfang, Friktionen am Arbeitsmarkt lindern. Erwachsenenbildung bzw. Weiterbildung dient zudem potenziell der Stärkung der politischen Loyalität sowie der Legitimation des Gesellschafts- und Wirtschaftssystems. Aus dieser Funktion lassen sich für die Erwachsenenbildung eine erhöhte Akzeptanz in der Gesellschaft und ein Anspruch des Einzelnen auf finanzielle und ideelle Unterstützung durch den Staat ableiten.

Komplementär zu den Bildungsurlaubsgesetzen sind als weitere rechtliche Grundlagen für die Freistellung zu nennen: das Betriebsverfassungsgesetz, das Bundespersonalvertretungsgesetz, sonstige bundesgesetzliche Regelungen wie z. B. das Schwerbehindertengesetz, Sonderurlaubsverordnungen für Bundesbeamte, tarifvertragliche Regelungen, Betriebsvereinbarungen sowie individuelle Freistellungsregelungen. Abgrenzungen zwischen diesen Gesetzen lassen sich nicht trennscharf vornehmen.

Die ersten Bildungsurlaubsregelungen wurden im Jahre 1970 für das Bäckerhandwerk tarifrechtlich vereinbart. Es folgten entsprechende Vereinbarungen in vielen weiteren Tarifbereichen. Ende 1973 existierten bereits ca. 200 Tarifvereinbarungen in 198 Tarifbereichen mit insgesamt 2,2 Millionen von ca. 22 Millionen weiterbildungsberechtigten Arbeitnehmern. Bis 1977 gab es Tarifvereinbarungen für 2,765 Millionen Beschäftigte, das sind ca. 14 Prozent aller weiterbildungsberechtigten Beschäftigten (Keim 1999, S. 69). Fast alle bedeutenden Tarifbereiche haben inzwischen entsprechende Tarifvereinbarungen getroffen.

8.4.3 Das Arbeitsförderungsgesetz von 1969 (AFG)

Der Übergang von der realistischen zur sozialpolitischen und insbesondere zur arbeitsmarktpolitischen Wende vollzog sich signifikant mit der »Verabschiedung des Arbeitsförderungsgesetzes« von 1969 (AFG). Nachdem die Phase der stetig steigenden wirtschaftlichen Prosperität mit dem Rezessionseinschnitt 1966/67 beendet wurde, suchten Politik und Wirtschaft nach Instrumenten struktur- und arbeitsmarktpolitischer Steuerung. Komplementär zum AFG war für die Wirtschafts- und Fiskalpolitik das »Gesetz zur Förderung der Stabilität und des Wachstums« von konjunktur- und beschäftigungspolitischer Bedeutung. Im Zentrum des Arbeitsförderungsgesetzes stand von Beginn an die berufliche Weiterbildung als Steuerungsinstrument für die Arbeitsmarktentwicklung. Durch Qualifizierungsmaßnahmen und durch die Vermittlung von Schlüsselqualifikationen wie Mobilität und Flexibilität sollten die Ungleichgewichte im Beschäftigungssystem beseitigt, die Vollbeschäftigung gesichert und der Wiedereinstieg nach einer Zeit der Arbeitslosigkeit in das Berufsleben erleichtert werden.

Die systematische Qualifizierung der Arbeitnehmer und eine aktive und vorausschauende Arbeitsmarktpolitik sollten der Arbeitslosigkeit vorbeugen. Durch jederzeit abrufbare Qualifikationen (»Qualifikationsvorrat«) sollten die Arbeitnehmer auf den strukturellen und sozialen Wandel vorbereitet sein. Das Qualifikationsrepertoire sollte zugleich die nachhaltigen Folgen, die sich für die Erwerbstätigkeit aus der technologischen Entwicklung oder aus wirtschaftlichen Strukturwandlungen ergeben können, vermeiden, ausgleichen oder beseitigen.

Mit der aufkommenden Massenarbeitslosigkeit, spätestens seit 1974/75, diente das Arbeitsförderungsgesetz immer mehr dazu, bereits eingetretene Arbeitslosigkeit sowie deren Folgen wenn nicht zu beseitigen, so doch wenigstens zu mildern. Berufliche Weiterbildung gewann so einen immer höheren Stellenwert im Kampf gegen die Arbeitslosigkeit. Das zeigte sich auch im Anstieg der Unterstützungsleistungen durch das AFG von ca. 2,5 Mrd. DM im Jahr 1982 auf ca. 6,4 Mrd. DM im Jahre 1989. Auch die Zahl der Teilnehmer an Maßnahmen des AFG stieg dementsprechend kontinuierlich an.

Durch zahlreiche Novellierungen versuchte der Gesetzgeber, das Instrumentarium arbeitsmarktrelevanter Qualifikationsmaßnahmen zu schärfen, da deren konkrete Wirkung auf den Arbeitsmarkt den Erwartungen nicht entsprach. Die berufliche Weiterbildung blieb der Fokus arbeitsmarktpolitischer Strategien, auch in dem 1998 verabschiedeten »Arbeitsförderungsreformgesetz«, das als Dritter Teil (SGB III) in das Sozialgesetzbuch einbezogen wurde (Bayer u. a. 1999).

Die Entwicklung der beruflichen Weiterbildung durch das AFG wurde mit der deutschen Wiedervereinigung und der rapide ansteigenden Massenarbeitslosigkeit in den neuen Ländern vor kaum zu bewältigende Aufgaben gestellt. Neben die Qualifizierungsoffensive trat im Transformationsprozess ein weiteres Instrumentarium, die so genannten Qualifizierungs- und die Beschäftigungsgesellschaften, die Arbeit und Qualifizierung zusammenführen sollten. Mit der Erkenntnis, dass Qualifizierungsmaßnahmen die Massenarbeitslosigkeit nur abmildern können, gewann die berufliche Weiterbildung in den AFG-Maßnahmen neben der Qualifikation mehr und mehr auch die Funktion, Arbeitskräfte zu absorbieren und so, wenn auch nicht ausgesprochen, den Arbeitsmarkt und die Arbeitslosenstatistiken zu entlasten.

Trotz vieler kritischer Einwände gegen die Form und die Inhalte der arbeitsmarktpolitisch fokussierten Weiterbildung kann das AFG im Kontext des allgemeinen Prozesses der Verrechtlichung und damit auch der Modernisierung der Weiterbildung als ein wichtiger Meilenstein und als ein qualitativer Sprung in der Entwicklung der Erwachsenenbildung gekennzeichnet werden. Das AFG hat sich als ein wichtiges Element im Prozess des sozialen Wandels erwiesen. Im Konkreten hat es zudem zu einer exorbitanten Steigerung der Teilnehmerzahlen und der finanziellen Förderung durch die öffentliche Hand geführt. Durch die vielfältigen Qualifizierungsoffensiven, vor allem in den ostdeutschen Ländern, konnten neue, teilweise bisher bildungsfernere Teilnehmerschichten für die Erwachsenenbildung bzw. Weiterbildung gewonnen werden.

Die Ausweitung der finanziellen Ressourcen trug zu einer institutionellen Absicherung bestehender Träger und Einrichtungen und zu einer Gründungsoffensive neuer Einrichtungen mit anderem pädagogischen Profil und veränderter Rechtsstruktur bei. An die Stelle gemeinnütziger Bildungseinrichtungen traten marktwirtschaftlich ausgerichtete Bildungsinstitutionen, häufig in der Rechtsform einer GmbH. Mit der Privatisierung der Erwachsenenbildung bzw. Weiterbildung ging jedoch verschiedentlich ein Verlust an pädagogischer Professionalität sowie eine Relativierung professionsethischer Kompetenzen und Verantwortlichkeiten einher. Da die privaten Einrichtungen marktwirtschaftlich und gewinnorientiert ausgerichtet sind, sind sie oft mehr an ökonomischen Gesichtspunkten als an der notwendigen pädagogischen Qualität der Arbeit interessiert. Auch bei der Auswahl des Personals spielen häufig Aspekte der Kostenminimierung eine größere Rolle als die Anforderungen an professionelle Kompetenzen. Zudem sind diese gewinnorientierten Einrichtungen der Weiterbildung finanziell der schwankenden öffentlichen Unterstützung ausgesetzt.

Die kritischen Einwände gegen die Weiterbildungspraxis gemäß AFG bezogen sich darauf, dass anstelle der Teilnehmerinteressen die Ziele des Beschäftigungssystems zum entscheidenden Orientierungspunkt wurden. Die institutionelle Stabilisierung der Erwachsenenbildung bzw. Weiterbildung wurde, wie gesagt, teilweise durch einen Verlust pädagogischer Autonomie erkauft. Mehr und mehr gab der Hauptfinanzgeber, also die Arbeitsmarktverwaltung, die Programm- und Methodengestaltung und auch die Auswahl der Teilnehmer vor. Spezifische pädagogische Tätigkeiten, die ursprünglich in den genuinen Einrichtungen der Erwachsenenbildung bzw. Weiterbildung zu Hause waren, wurden nun direkt in die Arbeitsverwaltungen verlagert.

Das umfangreiche gesetzliche Regelwerk für die Erwachsenenbildung bzw. Weiterbildung ist nicht einheitlich strukturiert. Landes- und Bundesgesetze ergänzen sich, stehen jedoch teilweise in Konkurrenz zueinander. Ein einheitliches Bundesgesetz, das alle Tatbestände der Weiterbildung erfasst, existiert aus verfassungsrechtlichen und föderalistischen Gründen nicht. Insgesamt haben die Landes- und Bundesgesetze den Prozess der Institutionalisierung jedoch vorangetrieben; sie boten für die Einrichtungen, die Träger und die Mitarbeiter in der Erwachsenenbildung bzw. Weiterbildung Sicherheit, Zuverlässigkeit, Kontinuität und Handlungsorientierung. Eine gewisse Ambivalenz des Verrechtlichungs- und Professionalisierungsprozesses besteht jedoch darin, dass die »Umsetzung von notwendigen Innovationen und Veränderungen sowohl ermöglicht als auch erschwert werden können« (Weinberg 1990, S. 93).

9. Akademisierung und Verwissenschaftlichung

Die Frage nach der wissenschaftstheoretischen Fundierung der Erwachsenenbildung und damit auch die Frage von Akademisierung, von Professionalisierung, von Verwissenschaftlichung und Theoriebildung ist in den Verrechtlichungs- und Institutionalisierungsprozess seit Beginn der Siebzigerjahre eingebettet. Dabei übten vor allem Vertreter der Philosophie und der Soziologie auf die Erziehungswissenschaft im Allgemeinen und die Erwachsenenbildung im Besonderen einen großen Einfluss aus: einerseits die so genannte Frankfurter Schule unter Jürgen Habermas und Theodor Adorno, andererseits Vertreter des Kritischen Rationalismus von Karl Popper oder Hans Albert. Auch der Marxismus beeinflusste als Leittheorie die wissenschaftstheoretische Diskussion der Erwachsenenbildung in den Siebzigerjahren stark. Psychoanalytische Theorien wurden ebenfalls in den Prozess erwachsenenpädagogischer Theoriebildung einbezogen.

9.1 Professionalisierung

Der Professionalisierungsproblematik der Weiterbildung liegen mehrere wissenschaftstheoretische Bezüge zugrunde. Zugleich sind damit mehrere Theorie-Ebenen angesprochen. Unter der historischen Betrachtung der Herausbildung der Profession des Erwachsenenbildners lassen sich verschiedene historische Etappen der Entwicklung konstatieren. Unter Theorieaspekten ist die Professionalisierungsproblematik seit längerer Zeit ein »Megathema« der Erwachsenenbildung (Jütting 1987, S. 15).

Die berufstheoretischen und berufssoziologischen Aspekte, die bis heute Gegenstand intensiver erwachsenenpädagogischer Diskussionen sind (W. Gieseke u. a.), können nur angedeutet werden. Bis in die Siebzigerjahre war ein pragmatischer Zugang zur Professionalisierungsproblematik vorherrschend, der unter dem Begriff der »Verberuflichung« bzw. »einfachen Verberuflichung« (Weinberg 1980, S. 403) gefasst wurde, wiewohl unter dem Einfluss der modernen Staatswissenschaften (Max Weber, Paul Hermberg, Hermann Heller u. a.) bereits in den Zwanzigerjahren erste Ansätze eines professionstheoretischen Zuganges der Volksbildung entwickelt wurden (Friedenthal-Haase 1991, S. 56 ff.).

Dieser einfache Verberuflichungsprozess in der Erwachsenenbildung, vergleichbar mit anderen sozialen oder pädagogischen Tätigkeiten, bedeutete zunächst den Schritt von einer nebenamtlichen oder ehrenamtlichen Tätigkeit hin zu einem hauptamtlichen und vollzeitlichen Beruf. Gefördert wurde diese Entwicklung durch die Herausbildung von arbeitsteilig ausdifferenzierten Institutionen. So wurde bereits 1842 Jacob Julius Heinrich Lütgens hauptamtlicher Leiter der im Kapitel I dieses Buches ausführlich dargestellten »Pflanzschule für tüchtige Commünevorsteher und Ständedeputierte« (Weinberg 1980, S. 403).

In der Weimarer Erwachsenenbildung nahm die Zahl hauptamtlicher Erwachsenenbildner zu, ohne dass damit spezifische erwachsenenpädagogische oder andere professionelle Kompetenzprofile vorausgesetzt wurden. So waren nahezu alle Leiter großstädtischer Volkshochschulen, die Leiter und die Mitarbeiter in den Heimvolkshochschulen, hauptamtlich tätig.

Unter wissenschaftshistorischen Aspekten hat das Thema Volksbildung bzw. Erwachsenenbildung und Wissenschaft eine gewisse Tradition (Seitter 2000, S. 34 ff.). Hier ist nur zu verweisen auf die bedeutende Tagung des Instituts für Sozial- und Staatswissenschaft an der Universität Heidelberg in Zusammenarbeit mit der Deutschen Schule für Volksforschung und Erwachsenenbildung vom 25. bis 28. April 1929. Allerdings lieferte diese Tagung keine konkreten Ansatzpunkte für den Beginn einer neuartigen Zusammenarbeit zwischen der Universität und der Erwachsenenbildung und der damit verbundenen Frage einer wissenschaftlichen Ausbildung von hauptamtlichen Mitarbeitern (Friedenthal-Haase 1991, S. 62). Die Tatsache jedoch, dass die Frage der wissenschaftlichen Qualifizierung von Mitarbeitern in der Erwachsenenbildung nicht nur innerhalb der Erwachsenenbildung und der Pädagogik, sondern auch im Kontext von Soziologie und Staatswissenschaft erörtert wurde, zeigt die richtungsweisende Bedeutung dieser Tagung.

Erst seit den Sechzigerjahren hat sich der Prozess der Verberuflichung hin zur Professionalisierung und schließlich zur Professionalität entwickelt. Ein entscheidender Schritt bestand darin, dass seither unter erwachsenenbildnerischer Profession eine Bündelung von Kompetenzen, spezifischen wissenschaftlichen Fähigkeiten und Einstellungen verstanden wird. Wesentliche Momente der Professionalität sind der Grad der Verwissenschaftlichung, Formen der beruflichen Identität und Selbstvergewisserung, außerdem signifikante gesellschaftliche Bedeutungszuschreibung. Darunter ist zu verstehen, dass die Gesellschaft sich von dem neu konstituierten Beruf des Erwachsenenpädagogen ein Bild macht und ihm eine allgemeine Bedeutung zumisst. Professionalisierung bedeutet auch, dass der neue Beruf eine soziale Ausrichtung und Zielsetzung gewinnt und dass die pädagogische Tätigkeit zugleich ethische Einstellungen voraussetzt, um gegenüber dem erwachsenen Teilnehmer verantwortlich zu handeln (Gieseke 1997, S. 274 ff.). Professionalität heißt also generell – aus soziologischer Perspektive – die notwendige Verbindung ethischer Verantwortung und spezialisierten Wissens (Brödel 1979, S. 42 ff.).

Mit der Einführung eines Diplomstudiengangs Erziehungswissenschaft mit dem Schwerpunkt Erwachsenenbildung 1969 wurde ein entscheidender Schritt in Richtung einer wissenschaftlichen Fundierung und einer damit verbundenen akademischen Ausbildung des erwachsenenbildnerischen Personals getan. Die Freie Universität Berlin etablierte als erste Hochschule einen solchen Studiengang. Besonderes Engagement zeigten dabei die Professoren Fritz Borinski und Carl-Ludwig Furck. Unmittelbar danach wurden diese Studiengänge an mehreren Hochschulen eingerichtet.

Die Gründung von Lehrstühlen an Hochschulen und Universitäten sowie die Institutionalisierung erwachsenenpädagogischer Forschung vereinheitlichte mehr und mehr das Profil und die Profession des hauptamtlichen Mitarbeiters in der Erwachsenenbildung und das Praxisfeld selbst. Damit erhielt das erziehungswissenschaftliche Studium eine einheitsstiftende Funktion: sowohl an der Universität als Fokus beruflichen »Kompetenz- und Substanzaufbaus« als auch in der Praxis selbst. Der Studiengang Diplompädagogik kann unter berufspolitischen Gesichtspunkten als Versuch gewertet werden, »aus der Profession heraus nicht nur einen Beruf zu kreieren, sondern zugleich den gesellschaftlichen Bedarf und das spezifische Handlungsfeld für diesen Beruf als professionelle Aufgabe zu definieren« (Tenorth 1987, S. 538/39).

Die spezifische Kompetenz dieses neuen Tätigkeitsprofils des Diplom-Pädagogen umriss Wolfgang Schulenberg auf der Grundlage erster Erfahrungen mit der wissenschaftlichen Ausbildung so: »Im Hauptberuf wird Erwachsenenbildung nicht primär das eigene Unterrichten bedeuten, sondern es wird im Wesentlichen um Leiten, Beraten und Entwickeln gehen, um Innovation und Organisation von Lernprozessen.« (Schulenberg 1972, S. 14) Allerdings ging dieser Paradigmenwechsel des Tätigkeitsprofils eines Erwachsenenpädagogen von der Lehre hin zu distributiven Kompetenzen nicht ohne Widerstand aus der Praxis vonstatten.

Die Dynamik, die durch den Prozess der Akademisierung des hauptamtlich pädagogischen Personals sowie durch die wissenschaftliche und organisatorisch-institutionelle Verankerung der Erwachsenenbildung innerhalb des Wissenschaftssystems in Gang gesetzt wurde, zeigte sich bereits im Anstieg der Zahl von Lehrstühlen an Hochschulen und den damit verbundenen spezifischen Diplomstudiengängen. So existierten im Wintersemester 1973/74 bereits 44 Diplomprüfungsordnungen mit einer entsprechenden Anzahl von Professoren für Erwachsenenpädagogik mit der eindeutigen Tendenz einer weiteren Institutionalisierung (Vath 1979, S. 133).

Seit 1972 haben 47 000 Studierende ein Diplompädagogik-Studium abgeschlossen (Kade/Nittel/Seitter 1999, S. 183). In einem Zehnjahres-Vergleich zwischen dem Wintersemester 1985/86 und dem Wintersemester 1994/95 erhöhte sich die Zahl aller Studenten mit dem Ziel eines erziehungswissenschaftlichen Universitätsabschlusses von rund 31 000 auf knapp 47 400. »Dabei blieb die Zahl bis 1991/92 nach vorangegangenen leichten Rückgängen insgesamt stabil. Erst in den folgenden Wintersemestern, als erstmals die Studenten der neuen Länder mitgezählt wurden, ergab sich eine kräftige Steigerung. Im Laufe der Jahre erhöhte sich dabei der Frauenanteil weiter, und zwar von 66 Prozent im WS 11985/86 auf 70 Prozent im WS 1994/95«. (Arbeitsmarkt-Information 1997, S. 8)

Zur personellen Entwicklung und Personalstruktur nach der Einführung des Diplomstudiengangs gibt es noch keine umfassenden Statistiken für den Gesamtbereich der Erwachsenenbildung bzw. Weiterbildung. Lediglich für die Volkshochschulen sowie für einzelne Länder und Trägerorganisationen liegen genauere Angaben vor. So betrug die Anzahl der hauptberuflich leitenden Mitarbeiter ca. 660 Personen für das Jahr 1999 sowie ca. 3 700 hauptamtlich pädagogische Mitarbeiter. Rund 3 600 Beschäftigte waren in diesem Jahr in der Verwaltung tätig. Im gesamten Bundesgebiet wurden ca. 190 000 freie Mitarbeitende als Kursleiterinnen und -leiter gezählt (Volkshochschulstatistik Arbeitsjahr 1999, S. 12 f.).

Für das Arbeitsjahr 1999 liefert die Volkshochschulstatistik für die hauptamtlich pädagogisch Tätigen folgende differenzierte Angaben:

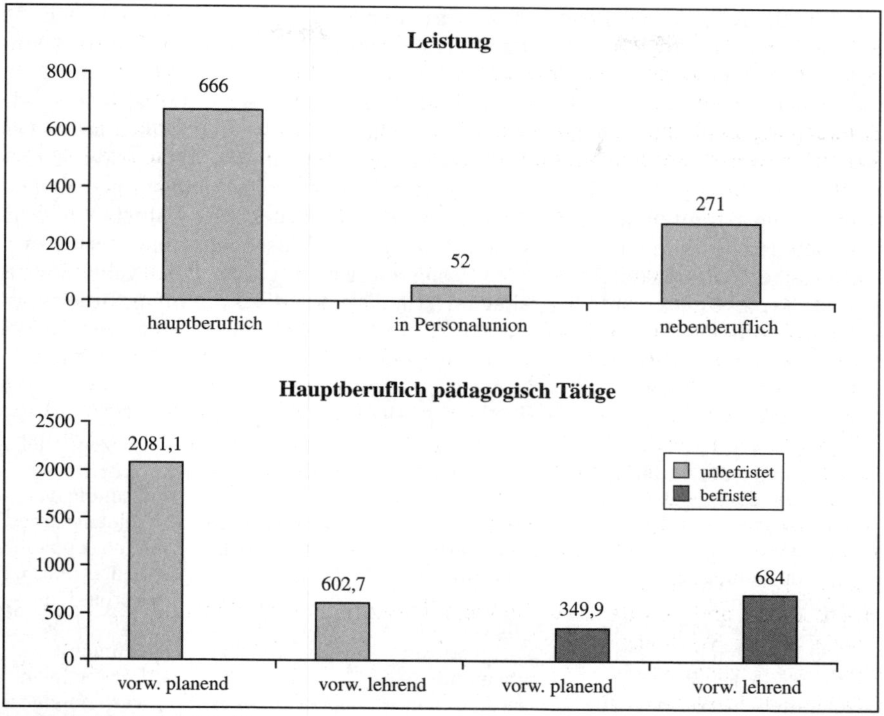

Quelle: Pehl/Reitz 2000, S. 56.

Nach der Etablierung des wissenschaftlichen Studienganges mit der doppelten Aufgabenstellung von Lehre und Forschung wurde die Erwachsenenpädagogik nun ohne große Widerstände in die *scientific community* aufgenommen und als eigenständige Disziplin anerkannt. Im Jahr 1970 gründete sich der »Arbeitskreis universitärer Erwachsenenbildung«, dem die Kontaktstellen für wissenschaftliche Weiterbildung an den Universitäten und Hochschulen und auch die meisten Lehrstühle für Erwachsenenpädagogik angehören. Die Einrichtung einer eigenen »Kommission Erwachsenenbildung« innerhalb der »Deutschen Gesellschaft für Erziehungswissenschaft« (DGfE) dokumentiert ebenfalls den Prozess der wissenschaftssoziologischen Institutionalisierung der Erwachsenenpädagogik. Generell kann festgehalten werden, dass mit dem Prozess der Akademisierung und der Verwissenschaftlichung auch die gesellschaftliche, die berufspolitische und berufsethische Bedeutung des neuen Mitarbeiters in der Erwachsenenbildung gestiegen ist und insgesamt zu einem allgemeinen Bedeutungszuwachs der Erwachsenenbildung bzw. Weiterbildung beitrug. Die Diskussion um die Profession und die wissenschaftliche Ausbildung des Erwachsenenpädagogen ist auch heute noch nicht abgeschlossen. Noch immer ist die Frage nicht endgültig geklärt, ob ein grundständiger Studiengang Erwachsenenbildung der Königsweg gegenüber anderen Formen wie Zusatzstudium oder Fernlehrstudium sein und bleiben kann.

Was die Tätigkeitsprofile der Erwachsenenbildner betrifft, so bewegt sich die Diskussion immer noch zwischen den Polen einer primär distributiven versus unterrichtenden Kompetenz. Allerdings haben sich die Tätigkeitsschwerpunkte und Profile in den letzten Jahren stärker ausdifferenziert. Es entwickelten sich folgende Kompetenzen: Moderieren, Beraten, Animieren, Controlling und Evaluation sowie, besonders aktuell, die Fähigkeit zum Qualitätsmanagement. Da Weiterbildung – besonders in ihrer betrieblichen Form – mehr und mehr als Instrument der Personalentwicklung begriffen wird, gehören auch personalstrategische Fähigkeiten zum Kompetenzrepertoire eines Erwachsenenpädagogen. Forschungs- und speziell Projektmanagementfähigkeiten, von der Projektentwicklung über die -evaluation bis hin zur Projektimplementation, sind im Hinblick auf die Forschungsförderungsmöglichkeiten wichtig. In den letzten Jahren wurden diese Fähigkeiten besonders bedeutsam für die Gewinnung von Ressourcen, die die Europäische Union zur Ver-

Tietgens 1983	KMK/Städtetag 1981	KGSt/LV-VHS-NW	Jung 1972
– Reflexion der Zielsetzung – Erkundung des Bedarfs – Planung des Angebots – Vorbereitung des Programms – Organisation und Durchführung – Beratung der Mitarbeiter und Teilnehmer – Kontrolle der Wirkung – unmittelbare pädagogische Tätigkeit	– päd. und fachwiss. Planung – Lernorganisation – Lernkontrolle – Lehrtätigkeit – Bildungsberatung (bildungspolitische Aufgaben und Leitungsfunktionen)	– päd. Planung – päd. Organisation – Arbeiten für Lehrveranstaltungen – päd. Beratung – Werbung und Öffentlichkeitsarbeit – (Verwaltungsarbeiten)	– konzeptionelle Arbeit: Planung der Bildungsarbeit – Zielgruppenkontaktierung: Verbindung zu den Teilnehmern – Personalplan: Verbindung zu den HPM* – Unterricht und Unterrichts-Beobachtung

Tietgens 1981	LV-VHS-Hessen	LV-VHS-Nds.
– Analyse der gesellschaftlichen Rahmenbedingungen – Reflexion der institutionellen Zusammenhänge – Ausloten der Planungsspielräume – Vorbereitung der Veranstaltungen – Realisierung von Lehr-/Lernvorgängen	– Einarbeitung der didaktischen und methodischen Konzeption der Fachbereiche – Erstellung von Lernzielkatalogen und Stoffplänen – Auswahl von Unterrichtsmaterial, -verfahren, Medien – Planung der Veranstaltungen in einem Arbeitsabschnitt – Planung und Redigieren des VHS-Arbeitsplanes – Gewinnen nebenberuflicher VHS-Mitarbeiter – Einführen und Weiterbilden der HPM/NPM* – kontinuierliche Unterrichtsbeobachtung – Auswerten des Unterrichts – Beratung der Teilnehmer – (Lehrtätigkeit)	– päd. und fachwiss. Planung – Leitung und Organisation in den Fächern/Fachbereichen – Arbeitsorganisation und -kontrolle in den Fächern und Fachbereichen – Lehrtätigkeit – Bildungsberatung und -kooperation

Quelle: Wittpoth 1987, S. 88. * HPM = hauptamtliche, NPM = nebenamtliche päd. Mitarbeiter.

fügung stellt. Zu den neueren Aufgaben einer Erwachsenenpädagogin bzw. eines Erwachsenenpädagogen gehören heute zudem Kenntnisse und komplexe Fähigkeiten im Hinblick auf Existenzgründungen sowie im Trainer- und Managementwesen.

Die vorstehende Übersicht *(siehe Seite 382)*, die auf Konzepten von Hans Tietgens und anderen wichtigen Trägern oder bildungspolitischen Gremien basiert, zeigt die Komplexität und die Tätigkeitsschwerpunkte hauptamtlich pädagogischer Mitarbeiter.

Die Professionalisierungsthematik hat darüber hinaus einen Bezug zu den aktuellen Diskussionen über die Qualitätssicherung im Bildungs- und vor allem im Weiterbildungsbereich *(s. u.)*.

9.2 Verwissenschaftlichung

Professionalität in der Erwachsenenbildung gründet wesentlich auf Wissenschaft und Forschung. Mit der gesellschaftlich zugewiesenen Aufgabe, Lehre und Forschung als Einheit zu betrachten, sind seit der Institutionalisierung an den Hochschulen wichtige Wissenschafts- und Forschungsleistungen erbracht worden. Allerdings ist in diesem Kontext nochmals darauf hinzuweisen, dass Prozesse der »Akademisierung« und der »Verwissenschaftlichung« nicht identisch sein müssen, da auch außerhalb der Universitäten und Hochschulen besonders anwendungsorientierte Forschung stattfand und stattfindet (Friedenthal-Haase 2001, S. 29).

Am Beginn der von den neuen Lehrstühlen an den Hochschulen initiierten universitären Forschungen standen historische Untersuchungen, die vornehmlich von Fritz Borinski an der Freien Universität Berlin angeregt wurden und die sich auf die Erforschung der Weimarer Zeit konzentrierten.

In den Siebzigerjahren bildete sich bereits eine differenzierte Forschungslandschaft aus, sodass Horst Siebert in seinem »Taschenbuch der Weiterbildungsforschung« von 18 Forschungsschwerpunkten sprechen konnte. Allerdings ist hier auf den Tatbestand zu verweisen, dass sich nicht nur die genuine disziplinäre Erwachsenenbildungsforschung, sondern auch die so genannten Bezugswissenschaften, beispielsweise Soziologie, Geschichtswissenschaft, Psychologie und Politikwissenschaft, in verstärktem Maße mit dem Gegenstand der erwachsenenbildnerischen Praxis befassten und so ebenfalls die genuine Erwachsenenbildungsforschung angeregt und zum Teil angeleitet haben.

Die spezifische wissenschaftliche Orientierung der erwachsenenpädagogischen Forschung zeigte sich unter anderem in der Weiterführung der bildungssoziologischen und bildungsmotivationalen Untersuchungen über Teilnehmerbeteiligung und Weiterbildungsmotivation. Daneben entwickelte sich eine intensive Lehr- und Lernforschung, deren Forschungstradition bis in die Weimarer Zeit zurückgreift (Eduard Weitsch u. a.). Hier seien nur die bedeutenden »Leitstudien« von Siebert/Gerl 1975 und Siebert 1977 über »Lehr- und Lernverhalten bei Erwachsenen« sowie die Untersuchungen der Heidelberger »Arbeitsgruppe für empirische Bildungsforschung« in ihrem großen Forschungsprojekt »Bildungsurlaubs-Versuchs- und Entwicklungsprogramm (BUVEB)« genannt (Kejcz u. a. 1979–81).

Beide grundlegenden Studien, die »Hannoversche« und »Heidelberger«, können mit unterschiedlicher Ausprägung dem in den Siebzigerjahren vorherrschenden »interpretativen Paradigma« zugeordnet werden, das die Frage nach Sinn und Deutung von empirischen Befunden zum Gegenstand von Forschung und Erkenntnis macht (Born 1999, S. 334 ff.). Mit diesem qualitativen Forschungsansatz wurde das normative Paradigma infrage gestellt. Im Kontext dieses forschungsmethodischen Zuganges können auch bildungspolitisch akzentuierte Forschungen eingereiht werden, die Modellversuche wissenschaftlich begleiten und auswerten und die sich dezidiert auf den »Deutungsmusteransatz« beziehen: so die bekannte Studie von Dybowski und Thomssen über »Praxis und Weiterbildung« von 1976.

In den Neunzigerjahren wurde die Lehr-Lern-Forschung unter veränderten institutionellen und informationstheoretischen Bedingungen wieder aufgegriffen. Hier ist unter anderem auf die Studie von Josef Schrader (1994) zu verweisen, die sich mit der Analyse der Entstehung unterschiedlicher Lernstile befasst. Unter der generellen These des Interdependenzzusammenhanges einer neuen Wissensgesellschaft und deren Auswirkung auf die Erwachsenenbildung befasste sich Sigrid Nolda in ihrer qualitativen Studie »Interaktion und Wissen« (1996) umfassend mit Formen der Unterrichtsinteraktionen von Lehren und Lernen unter den Bedingungen von Autoritätsverlust und Unverbindlichkeit in der interkulturellen Erwachsenenbildung.

Die aktuelle Lehr-Lern-Forschung, die gegenwärtig, besonders prägnant bei J. Kade, als Aneignungs- versus Vermittlungsform thematisiert wird, verschränkt die verschiedenen Ebenen der Lehr-Lern-Planung mit den Perspektiven der Organisationsentwicklung (Nolda/Pehl/Tietgens 1998; Schäffter 1993; auch Kade 1999, S. 343 ff.). Die neueren Forschungs- und Theoriefragen richten sich nicht nur auf Lernprozesse des Einzelnen oder einzelner Gruppen, sondern vielmehr auf das Lernen in lernenden Organisationen (Schäffter 1992; Harney 1998; Wu 2000). Als wichtige Forschungsansätze seien hier nur genannt die »milieu-, lebenslagen- und lebenslaufspezifischen« Forschungen von Heiner Barz und vor allem Rudolf Tippelt, Rainer Brödel, Peter Alheit und Ortfried Schäffter. Die Lebensgeschichte ist zugleich Lern- und Bildungsgeschichte. »Die Biographizität« (Alheit) wird damit ein zentraler Fokus der »Moderne unter Individualisierungsbedingungen« (Kade 1999, S. 347).

9.3 Der Prozess der Theoriebildung

Für die Erwachsenenpädagogik existiert noch keine einheitliche und geschlossene Theorie, wiewohl mehrere Theorie-Ebenen und schließlich auch Theorie-Etappen gekennzeichnet werden können, die hier jedoch nur in den Grundzügen dargestellt werden sollen. Die erwachsenenpädagogische Diskussion über die historischen und systematischen Dimensionen von Theorien zeigt eine Pluralität von Zugängen und eine Vielfalt von Ordnungs- und Zuschreibungsversuchen. In den unterschiedlichen Phasen der historischen Entwicklung haben sich mehr oder weniger dominante Theorie-Typen herausgebildet, die die Vielschichtigkeit und Differenziertheit der Ordnungsversuche für das Feld der Erwachsenenbildung belegen.

Folgende Theorieansätze und Konzeptionen lassen sich in der erwachsenenpädagogischen Diskussion im Prozess ihrer Konstitution unterscheiden:

H. Siebert (1977)	E. Schmitz (1980)	G. Dahm u. a. (1980)
1. personalistisch	1. inhaltsbezogen	1. empirisch-analytisch
2. marktorientiert	2. persönlichkeitsbezogen	2. kritische Theorie
3. reformerisch	3. sozialstrukturbezogen	3. historisch-materialistisch
4. politökonomisch	4. lebensweltbezogene Position	4. hermeneutisch
5. neomarxistische Konzeption		5. symbolisch-interaktionistische Ansätze
B. Dewe u. a. (1988)	**R. Romberg (1992)**	**R. Tippelt/Handbuch (1999^{2})***
1. system-/wirtschaftswissenschaftlich	1. Bildungsmotivation	1. sozialisationstheoretisch
2. lern-/verhaltenstheoretisch	2. Teilnehmerorientierung	2. biografisch-lebenslauftheoretisch
3. geisteswissenschaftlich	3. Zielgruppenorientierung	3. sozialökologischer Ansatz
4. sozialisationstheoretisch	4. Deutungsmusteransatz	4. systemtheoretischer Ansatz
5. sozialwissenschaftlich-kulturtheoretische Ansätze	5. Identitätslernen, sozialtherapeuthische Funktion	5. konstruktivistischer Ansatz
	6. bildungstheoretischer Ansatz	6. bildungstheoretischer Ansatz
Kade/Nittel/Seitter 1999*		
1. Institutionszentrierter Zugang		
2. Bildungszentrierter Zugang		
3. Subjektorientierter Zugang		
4. Modernisierungstheoretische Einschätzung		

* *Ergänzung durch J. Olbrich.*
Quelle: H. Siebert: Theorien für die Bildungspraxis 1993, S. 30.

Zu den Besonderheiten der jungen Disziplin Erwachsenenbildung gehört der durchgängige Versuch, sich an der interdisziplinären Diskussion von so genannten Leittheorien aus angrenzenden Wissenschaften wie der Philosophie und besonders der Soziologie zu beteiligen und mögliche übertragbare Ergebnisse für die Theoriekonstitution der Erwachsenenbildung fruchtbar zu machen. Hier seien unter anderem neben den für die Sechziger- und Siebzigerjahre vorherrschenden Leittheorien der Frankfurter Schule und des Marxismus die für die »postmoderne« Theorie-Entwicklung bedeutsamen Entwürfe der Systemtheorie und des Konstruktivismus genannt (Olbrich, Schäffter, Siebert, Arnold u. a.).

10. Tendenzen und Perspektiven

10.1 Aspekte der Europäisierung und Globalisierung

Die Globalisierung ist seit den Neunzigerjahren ein Megathema, vergleichbar den Themen neue Medien, neue Informationstechniken, neue Kommunikations- und Interaktionsformen. Globalisierung betrifft zunächst den Prozess der weltweiten Verflechtung der Wirtschaft. Sie ersetzt weitgehend politisches Handeln durch Weltmarktgeschehen und begründet so eine Grunddifferenz der Moderne, nämlich die zwischen Politik und Wirtschaft (Beck 1997, S. 5 ff.). Dabei zeigen sich sehr unterschiedliche Dimensionen: die ökonomische, die ökologische, die kommunikationstheoretische, die arbeitsorganisatorische sowie die kulturelle Dimension.

Globalisierung und Weltherrschaft berühren auch Bildungs- und Weiterbildungssysteme, die sich transkontinental verflechten und angleichen: etwa der Freizeit- und der Konsumbereich, besonders aber auch die Weiterbildung. Bezugspunkte für die Globalisierung sind Probleme der Differenzierung und Prozesse der Entdifferenzierung in verschiedenen Dimensionen. Darin sind auch die Internationalisierung des Wissenschafts- und Bildungsmarktes sowie die damit zusammenhängende internationale Wettbewerbsstruktur eingeschlossen.

10.1.1 Europäisierung und Internationalisierung der Weiterbildung

Die europäische Integration hat wesentliche Auswirkungen auf Bildung und Erziehung. Der Weiterbildung im Besonderen kommt dabei die umfassende Aufgabe zu, zur »Vergegenwärtigung und Aktualisierung der identitätsstiftenden Universalien abendländischer Kultur« (Kade/Nittel/Seitter 1999, S. 164/65) beizutragen. Darüber hinaus vermag die Vereinheitlichung von europäischen Weiterbildungspolitiken, Weiterbildungszielen und europäischen Weiterbildungsstandards, besonders der beruflichen Weiterbildung, einen Beitrag zur ökonomischen und sozialpolitischen Integration zu leisten. Die Erweiterung der Europäischen Union (EU) und des Europarates sowie die Absicht der Integration Mittel- und Osteuropas haben der europäischen und der internationalen Zusammenarbeit eine neue Dimension verliehen.

Die Neuauflage der europäischen Bildungsprogramme *Sokrates* und *Leonardo* ab dem Jahre 2000 eröffneten die zweite Phase der Europäisierung der Bildung, besonders der beruflichen Weiterbildung. Das Sokrates-Programm fördert transnationale Mobilitätsmaßnahmen, Projekte und Informationsaustausch in allen Bereichen der Bildung, von der Schule über die Hochschule bis zur Erwachsenenbildung/Weiterbildung. Kern des Leonardo-Programms ist die Steigerung und Leistungsfähigkeit des Berufsbildungssystems in den Mitgliedstaaten der EU. Um dies zu erreichen, hat beispielsweise die Bundesregierung das Budget für bilaterale Austauschprojekte in der beruflichen Bildung gegenüber 1998 um 20 Prozent erhöht. Die exorbitanten finanziellen Dimensionen des Programms zur Förderung der Aus- und Weiterbildung werden darin deutlich, dass die EU dafür bis Ende 2007 1,85 Mrd. Euro bereitstellen wird (FAZ vom 28. Dezember 1999, S. 22). Besonders im Hinblick auf die internationale Zusammenarbeit haben sich die seit 1995 laufenden Sokrates- bzw. Erasmus-Programme als wesentliche Impulse für den Studenten- und

Dozentenaustausch erwiesen. Nach jüngsten Untersuchungen des Deutschen Akademischen Austauschdienstes (DAAD) nehmen 240 Hochschulen an den Austauschprogrammen teil. Allein 36 000 deutsche Studenten haben ihr Interesse geäußert, in Zukunft an ausländische Hochschulen zu wechseln. Dabei sind nach Angaben des DAADs die Studenten der Fächer Wirtschaft, Sprachen und Ingenieurwissenschaften besonders mobil (FAZ).

Ein besonderer Schwerpunkt des Sokrates- und des Leonardo-Programms liegt darin, die Mobilität auch durch die Fremdsprachenförderung zu erreichen. Damit ist eine integrationspolitische Zielsetzung verbunden, nämlich die Aufteilung in sprachmobile einerseits und sprachimmobile Berufstätige andererseits zu verhindern und so einer sozialen Polarisierung vorzubeugen. In diesem Sinne ist in den letzten Jahren die Weiterbildung verstärkt ein Motor multikultureller Integration und Differenzierung sowie der europäischen Gemeinschaftspolitiken geworden. Die verschiedenen Programme der Gemeinschaft, insbesondere auch des Sozialfonds, etwa im Rahmen der »Task Force Human Ressources« lassen die europäische Weiterbildungspolitik mehr und mehr zur umfassenden Struktur-, Sozial- und Arbeitsmarktpolitik werden.

Die Erweiterung der Kompetenzen der europäischen Institutionen für den quartären Bildungssektor und schließlich für das Bildungssystem insgesamt zielt unter anderem auf die Harmonisierung von Bildungsgängen und Bildungsabschlüssen. Allerdings ist zu fragen, ob diese Absicht, die sich idealiter in den Maastrichter und Amsterdamer Verträgen niederschlägt, dem auch für die europäische Bildungspolitik geltenden Grundsatz der Subsidiarität und der regionalen Kulturentwicklung entspricht (Knoll 1999, S. 125).

Auch in globaler Perspektive hat sich die Weiterbildung programmatisch und institutionell-organisatorisch auf die Internationalisierung lebenslangen Lernens eingestellt. Weiterbildung ist mittlerweile ein Thema, das in Gremien wie der UNESCO, der OECD, der Europäischen Union und anderen transnationalen Organisationen in einen internationalen Diskurs eingebunden ist: Zum Verständnis europäischer Probleme ist ein globales Problembewusstsein erforderlich, »und dies umso mehr, als gerade in Europa die planetarische Komplexität der Sicherung von Frieden, Lebensqualität und Umwelt diskutiert werden« (Pöggeler 1999, S. 534).

Die praktischen Auswirkungen dieses Prozesses lassen sich beispielsweise an der Weiterbildung der internationalen Führungseliten ablesen, die neben den notwendigen Fachkompetenzen auch die international geforderten habituellen Fähigkeiten und Fertigkeiten erwerben sollten. Weiterbildung reicht so von der Vermittlung sprachlicher über spezifische fachliche Fähigkeiten, die international eingesetzt werden können, bis hin zur Einübung interkultureller Kompetenzen und Fertigkeiten (Gaugler/Kadel 1999, S. 659 ff.). Damit führen die Programme und Förderschwerpunkte der verschiedenen Strukturfonds tendenziell zur »Eurokompetenz der Bildungsanbieter« (Kade/Nitte/Seitter 1999, S. 164 ff.; Künzel 1997).

Die Diskussion um die Europäisierung und Internationalisierung vergleichbarer Studiengänge und Hochschulabschlüsse sowie die etablierten Studienaustauschprogramme deuten auch für das Studium der Erwachsenenbildung auf eine abgestimmte europäische Initiative für eine wissenschaftliche und professionelle Qualifizierung hin. Ganz im Fokus des Globalisierungsprozesses zeigen sich europaweit Tendenzen der Ökonomisierung, des Wettbewerbs und der Marktorientierung der Erwachsenenbildung. Dabei spielen Gesichtspunkte der Wirkungskontrolle und Qualitätssicherung eine wichtige Rolle.

10.1.2 Qualitätssicherung

Der Gedanke der Leistungssteigerung und des erhöhten Wettbewerbs bei Handwerk, Industrie und Dienstleistungen steht in einem gewissen Zusammenhang zu den skizzierten Tendenzen der Globalisierung und Internationalisierung. Er erreichte Ende der Achtziger- und verstärkt in den Neunzigerjahren den Weiterbildungsbereich, wenn auch bereits Anfang der Siebzigerjahre, seit der Verabschiedung der Erwachsenenbildungs- bzw. Weiterbildungsgesetze, die öffentliche Förderung strengere Maßstäbe an die Erwachsenenbildung anlegte. Die Unübersichtlichkeit und Verschiedenartigkeit der Anbieter, die große Expansion von Weiterbildungseinrichtungen – häufig gewinnorientiert – in den Neuen Ländern nach der Wiedervereinigung erforderte aber eine besonders kritische Überprüfung der öffentlichen Förderung und der Leistungsergebnisse, die sich an bestimmten Qualitätsgesichtspunkten orientiert.

Die neue Qualitätssicherungspolitik bzw. das Qualitätsmanagements stützt sich auf ein von der (und für die) Wirtschaft entwickeltes Normensystem, das auf den Dienstleistungs- und schließlich auf den Weiterbildungsbereich übertragen wurde. Der neue Ansatz besteht darin, dass nicht nur das Endergebnis eines Produktes, sondern auch der Entstehungsprozess einschließlich der zugrunde liegenden Rahmenbedingungen in die Überprüfung und Evaluation einbezogen wird.

Kritisiert wird an diesem häufig als technokratisch bezeichneten Instrumentarium des Qualitätsmanagements, dass inhaltliche Fragen ausgeklammert werden. Deshalb haben einige Weiterbildungseinrichtungen, wie etwa die Volkshochschulen oder Einrichtungen der Katholischen Erwachsenenbildung, eigene Profile und Normen der Qualitätssicherung entwickelt. Sie berücksichtigen auch thematische und methodische Standards sowie die spezifische Profilierung der jeweiligen Einrichtung mit ihrem eigenen Selbst- und Aufgabenverständnis. Damit soll einer »Uniformierung der Weiterbildungslandschaft« entgegengewirkt werden (Keim 1999, S. 14 ff.). Auf diese Weise tritt die Selbstevaluation gleichberechtigt neben die Fremdevaluation (»Fremdaudit«).

Die Qualitätssicherungsdiskussion steht im Zusammenhang mit einer Neuorientierung der Weiterbildung sowie neuen Formen der Legitimation des Weiterbildungssystems (Olbrich 1999). Weiterbildung wird mehr und mehr als ein Teil einer Dienstleistungsgesellschaft verstanden und befindet sich partiell auf dem Rückzug aus dem quartären Bildungsbereich. Tendenzen der Entgrenzung zeigen sich unter anderem darin, dass die Erwachsenenbildung nicht mehr am Prinzip von Eigenständigkeit und Eigenlegitimation in allen Feldern der Praxis festhält, sondern sich auch als besondere Form von Sozialpolitik, insbesondere von Arbeitsmarktpolitik, von Gesundheitspolitik, von Freizeit- und Kulturbetrieb versteht (Siebert 1999, S. 76). Mit der damit verbundenen Ökonomisierung und Rationalisierung werden die Weiterbildungsangebote und schließlich die Weiterbildungseinrichtungen insgesamt einer betriebswirtschaftlichen Rationalität unterworfen.

Auf der institutionell-organisatorischen Ebene wird ein fortschreitender Prozess der Ausdifferenzierung von Einrichtungen nach dem Prinzip der Gemeinnützigkeit in Richtung marktwirtschaftlich ausgerichteter GmbHs sichtbar: Die Einrichtungen der Erwachsenenbildung passen sich den neuen ökonomischen Gegebenheiten mehr und mehr an und unterliegen auf diese Weise selbst einer »sich rationalisierenden Moderne«.

Mit der Ausrichtung der Erwachsenenbildung an den Gesichtspunkten der Qualitätssicherung, an Marktnormen und -notwendigkeiten sowie den Verfahrensweisen der Dienstleistungsgesellschaft erscheint nun auch der Teilnehmer als Kunde mit spezifischen Erwartungen, denen die Bildungsangebote als eindeutig beschreibbare standardisierte Produkte zu entsprechen haben. Unter diesem Gesichtspunkt verändert sich nicht nur das Angebotsprofil der Einrichtungen, das methodisch-didaktische Repertoire, sondern auch ihr eigenes Selbstverständnis und ihre eigene Legitimation. Damit die Weiterbildung in diesem Prozess von Marktorientierung, Ökonomisierung und Effizienzsteigerungen als eigenständiges pädagogisches System gesichert werden kann, ist ein trägerübergreifendes Verbundsystem – beispielsweise das »Deutsche Institut für Erwachsenenbildung« (DIE) *(s. o.)* – zu etablieren, das ein Netzwerk gegenseitiger Unterstützung aufbaut und den einzelnen Einrichtungen die Bewahrung bzw. Herausarbeitung eines spezifischen pädagogischen Profils erlaubt (Kade/Nittel/Seitter 1999, S. 168/69).

In der letzten Zeit hat sich die Diskussion um das Prinzip und die Bedeutung von Qualitätssicherung gewandelt. An die Stelle ideologisch geprägter Grundsatzdiskussionen ist der Versuch getreten, dieses Konzept pragmatisch in Modellversuchen umzusetzen.

10.2 Von der Teilnehmerorientierung zum selbstgesteuerten Lernen

Zu den Tendenzen und Perspektiven »postmoderner Erwachsenenbildung« gehört die unaufhaltsame Karriere des Begriffs selbstorganisierten bzw. selbstgesteuerten Lernens, der seit dem Ende der Sechzigerjahre eine Verbindungslinie zur Diskussion über »Lebenslanges Lernen« aufweist. Die Faszination, die dieser Gedanke ausgelöst hat, ist schon daran ablesbar, dass man ihm ein eigenes Kürzel mit Zukunftsperspektive eingeräumt hat: SGL (Krug 1999, S. 298). Dabei ist die Grundidee selbstgesteuerten Lernens in der Geschichte der Erwachsenenbildung, insbesondere der Arbeiterbildung, nachweisbar, etwa im pädagogischen Konzept der »Selbstbildung«. Selbstgesteuertes Lernen hat in allen Feldern der Praxis, von der betrieblichen Weiterbildung über die öffentlich verantwortete, soziokulturelle Weiterbildung bis hin zu Formen »lernender Organisationen« seinen unbestrittenen Ort. So ist der Begriff bei den Bildungsexperten weitgehend akzeptiert (BMBF 1996/98).

Auch im internationalen Kontext ist die Diskussion um »self directed learning« in Gang gekommen (Reischmann, Report 39). So entstand in der amerikanischen pädagogischen Literatur seit den Sechzigerjahren ein Diskurs über dieses Thema. Die Bedeutung dieses Konzepts zeigte sich unter anderem darin, dass große internationale Konferenzen in Südkorea (1995), den USA (1996), Frankreich (1996) und Kanada (1997) diesem Thema besondere Aufmerksamkeit schenkten (Bundesministerium für Bildung, Wissenschaft, Forschung und Technologie, Selbstgesteuertes Lernen 1998, S. 10).

Unter anthropologischen Gesichtspunkten sind Lernende – einzeln oder in Gruppen – die Instanz, die den Lernprozess aus eigener Entscheidung, aus eigenem Wissen, eigener Reflexion und Erfahrung selbst initiieren, gestalten, überprüfen und damit die Gesamtverantwortung übernehmen (Nuissl 1999, S. 33 ff.). Selbstgesteuertes Lernen ist ein Mittelweg zwischen einem völlig »autonomen Lernen« und »einem engen Geführt- und Eingepasst werden in vorgegebenen Lernarrangements« (Dohmen 1999, S. 30). Es steht – in Differenz zum selbstorganisierten Lernen – in einem Gesamtkontext von Lernmöglichkeiten innerhalb und außerhalb organisierter Weiterbildung. Insofern ist das bewusste, selbst verantwortete Lernen im Sinne eines »persönlichen Wissensmanagements« (Reinmann-Rothmeier/Mandl 1999, S. 41 ff.) in einen kommunikativen Prozess eingebunden, der die Spannbreite von Einzellernen und Soziallernen umfasst (Nuissl 1999, S. 37). Lernen in der neuen Wissensgesellschaft bewegt sich zwischen den Polen intentionales und okkasionales Lernen, zwischen formalem und informellem Lernen, zwischen institutionalisierten und nicht-institutionalisierten Formen des Lernens (Schäfer 2001, S. 68).

Deshalb sind selbstgesteuerte Lernprozesse auf der einen Seite und fremdgesteuerte Lernprozesse auf der anderen Seite keine sich ausschließenden Gegensätze. SGL ist zunächst auf den Einzelnen bezogen und auf seine je spezifischen Lernmöglichkeiten, d. h. seine grundsätzliche Lernfähigkeit, seine lernbiographisch und milieuspezifisch bestimmte Lernmotivation, seine Wissens- und Reflexionsressourcen sowie seine kommunikativen Kompetenzen. Allerdings ist auch der Einzelne in seinem persönlichen Wissens- und Lernmanagement auf die Unterstützung durch organisierte Lernmöglichkeiten in Einrichtungen der Erwachsenenbildung angewiesen. Der Lernende entscheidet aber selbst, welche Dinge er selbstorganisiert lernen will und kann bzw. wo es zweckmäßig ist, institutionalisierte Lernangebote wahrzunehmen. Dies wird signifikant deutlich in der quantitativen Ausweitung selbstgesteuerten Lernens. So zeigt das Berichtssystem Weiterbildung VII (Bonn 1999, S. 57), dass beispielsweise der Anteil des selbstgesteuerten Lernens mit Hilfe von Medien deutlich von elf Prozent im Jahr 1994 auf 24 Prozent im Jahr 1997 angestiegen ist *(s. u.)*. Auch die Bedeutung des Lernens durch »Beobachten und Ausprobieren« ist rapide von 23 Prozent im Jahr 1994 auf 50 Prozent im Jahr 1997 gewachsen (Berichtssystem Weiterbildung VII 1999, S. 57).

Selbstgesteuertes Lernen bewegt sich zwischen den Polen »autodidaktisches« Lernen und »fremdgesteuertes« Lernen. In sieben Kategorien hat sich eine Adhoc-Arbeitsgruppe (TU WAS) der »Konzertierten Aktion Weiterbildung«, in der auf Bundesebene organisierte Weiterbildungsträger regelmäßig ihre Erfahrungen und Überzeugungen austauschen, seit 1996 vorwiegend mit dem Selbstgesteuerten Lernen befasst. Ihre Erkenntnisse spiegelt folgendes Differenzschema von autodidaktischem versus fremdgesteuertem Lernen in einem konsistenten System einzelner Lernarrangements *(siehe Übersicht S. 391)*.

Neben den genannten anthropologischen Perspektiven ist auf die demokratietheoretische und gesellschaftsbezogene Begründung selbstgesteuerten Lernens zu verweisen. Hier sind zunächst Begriffe wie Freiheit und Wahlmöglichkeit gemeint.

Profil des traditionellen Lernarrangements

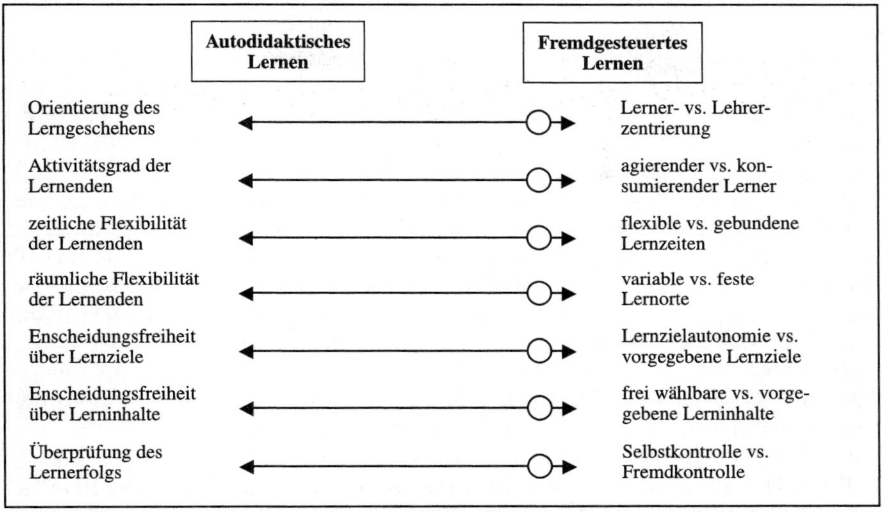

Quelle: Bundesministerium für Bildung, Wissenschaft, Forschung und Technologie, Selbstgesteuertes Lernen, Möglichkeiten, Beispiele, Lösungsansätze, Probleme. Bonn 1998, S. 28.

Die gesellschaftsbezogene Begründung selbstgesteuerten Lernens bezieht sich auf die Tatsache, dass die Dynamik des gesellschaftlichen Wandels vom Einzelnen eine permanente Eigenentscheidung zum Lernen erfordert (Faulstich 1999, S. 11). Lerntheoretisch verweist der Begriff von SGL auf die Konstruktivismusdebatte (»Autopoesis« – Selbstgestaltung).

Selbstgesteuertes Lernen eröffnet dem Lernenden die Möglichkeit, im Sinne des Konstruktivismus selbst an der Konstruktion von Wirklichkeit mitzuarbeiten. Allerdings sollten einige damit verbundene gesellschaftliche und politische Aspekte nicht außer Acht gelassen werden: SGL kann auch als Aufforderung zur Deregulierung öffentlich verantworteter und geförderter Weiterbildung, als Motiv zum Rückzug des Staates aus seiner genuinen Verantwortung und zu einer umfassenden Privatisierung des Weiterbildungssystems aufgefasst werden. Demgegenüber sollten Wissenschaft und Praxis der Erwachsenenbildung bzw. Weiterbildung auf die besonderen Leistungen und Verantwortlichkeiten der öffentlichen und gemeinnützig orientierten Weiterbildungseinrichtungen hinweisen sowie die spezifischen Ressourcen der Trägerorganisationen der großen gesellschaftlichen Gruppen hervorheben (Krug 1998, S. 24). Zugleich sollte die Verschränkung des Selbstlernkonzeptes mit institutionalisierten Angeboten unter dem besonderen Aspekt motivationaler und effizienzsteigernder Lernformen wissenschaftlich weiter verfolgt werden. Dazu gehören unter anderem die Institutionsberatung, die Lernberatung sowie weitere Strukturhilfen und Maßnahmen, die die Lernfähigkeit und Lernmöglichkeit des Einzelnen zu fördern in der Lage sind. Selbstgesteuertes Lernen leitet den Blick von den Institutionen zu den Teilnehmern, vom Lehren und Vermitteln hin zur Aneignungsperspektive (Siebert 2001, S. 35).

10.3 Der Wechsel und die Verschränkung organisierten Lernens mit dem informellen Sektor – Der Blick von der Institution hin zum Teilnehmer

Bildungspraxis und -theorie haben in den letzten Jahren mehr und mehr den Blick auf das Wechselverhältnis von Institution und lernendem Subjekt gelenkt. Der Teilnehmer tritt aus dem Schatten der Institution. Schaut man auf das Spektrum der traditionellen pluralen Erwachsenenbildung, so zeigt sich bei den öffentlichen Trägern, Kommunen, Einrichtungen des Bundes und der Länder wie auch der öffentlichen Medien eine große Typenvielfalt und eine nach Teilnehmerstruktur, Themen und methodisch-didaktischen Ressourcen differenzierte Palette von Einrichtungen. Sie reicht von den ca. 1 000 Volkshochschulen über die Goethe-Institute und die zahlreichen Stiftungen, die Bundesakademie für öffentliche Verwaltung, die Aus- und Fortbildungsstätte des Auswärtigen Amtes und Inter Nationes bis zur Bundeszentrale für politische Bildung (Lenzen 1999, S. 88/89).

Im Unterschied zu den meisten westlichen Demokratien gibt es in der Bundesrepublik Deutschland neben den gesellschaftlichen Akteuren, den so genannten freien Trägern, auch eine durch staatliche Institutionen verantwortete politische Erwachsenenbildung. Die Demokratiegründung im westlichen Nachkriegsdeutschland war von der Erkenntnis begleitet, dass die Ausbildung eines demokratischen Bewusstseins durch staatliche Impulse gefördert werden müsse, weil demokratische Traditionen aufgrund der historischen Entwicklung in Deutschland nur unzureichend verankert waren. So wurde am 25. November 1952 die Bundeszentrale für Heimatdienst mit dem Auftrag gegründet, »den demokratischen und europäischen Gedanken im deutschen Volke zu festigen und zu verbreiten« (Gründungserlass). Der Name knüpfte an die zu Beginn der Weimarer Republik geschaffene Reichszentrale für Heimatdienst an, der seinerzeit die Aufgabe gestellt war, über die noch weitgehend unbekannte Funktionsweise der parlamentarischen Demokratie zu informieren. Erst 1963 erfolgte die Umbenennung in Bundeszentrale für politische Bildung, die ihre Funktion konkret kennzeichnet. Der föderativen Struktur der Bundesrepublik Deutschland entsprechend wurden schon bald nach der Gründung der Bundeszentrale in allen Bundesländern Landeszentralen für politische Bildung eingerichtet, sodass nach der deutschen Vereinigung 16 Landeszentralen bestehen. Diese staatlichen Institutionen der politischen Erwachsenenbildung sollen ihre Aufgaben parteipolitisch unabhängig und frei von der Einflussnahme durch die jeweilige Bundes- oder Landesregierung erfüllen, auch wenn sie als nachgeordnete Behörden der Fachaufsicht von Ministerien oder Staatskanzleien unterstellt sind. Ihre Unabhängigkeit ist institutionell durch Aufsichtsgremien abgesichert, wie beispielsweise das Kuratorium der Bundeszentrale für politische Bildung, dem insgesamt 22 Mitglieder der verschiedenen Bundestagsfraktionen nach dem Muster von Bundestagsausschüssen angehören.

Bundes- und Landeszentralen arbeiten jeweils in eigener Verantwortung, auch wenn sie sich über ihre Aktivitäten wechselseitig informieren und gemeinsame Aktionen abstimmen. Diese Institutionen werden in doppelter Weise aktiv. Grundsätzlich orientieren sie sich am Subsidiaritätsprinzip, indem sie die freien Träger der politischen Bildung vor allem durch finanzielle Zuwendung unterstützen. Dies erfolgt in erster Linie durch die Förderung von Seminarveranstaltungen, die bei den freien Trägern den Schwerpunkt ihrer Aktivitäten bilden. Die Entwicklung, Produktion und Verteilung von Eigenpublikationen, die insbesondere bei der Bundeszentrale für politische Bildung seit ihrer Gründung einen wichtigen Stellenwert hat, markiert einen bedeutsamen Unterschied zu den meisten freien Trägern, die dafür nur in seltenen Fällen – etwa bei den parteinahen Stiftungen – über entsprechende personelle und finanzielle Ressourcen verfügen. In den letzten Jahren ist eine verstärkte Konzentration auf multimediale Produkte sowie eine kontinuierliche Qualifizierung von Online-Angeboten feststellbar. Politische Bildung wird heute nicht nur als Aneignung von Wissen, sondern vor allem auch als ein Prozess sozialer Erfahrung und gesellschaftlicher Interaktion verstanden, bei der auch die kulturelle Bildung einen wachsenden Stellenwert einnimmt.

Im Kontext des Leitbegriffs von der Selbstorganisation der Bildungsarbeit wird ein Wandel von der organisierten und institutionalisierten Erwachsenenbildung hin zum informellen Sektor sichtbar. Dabei geht es um »weichere« Formen der Weiterbildung, die weniger formalisiert sind, aber gerade auch im Hinblick auf das Konzept des selbstgesteuerten Lernens die Entwicklung der Erwachsenenbildung von der Institutionen- auf die Teilnehmerperspektive eröffnen. Besonders in der beruflichen Weiterbildung, die ja traditionell dem Konzept organisierten Lernens zugerechnet wird, hat das Interesse der Erwerbstätigen an dieser Form informeller berufsbezogener Weiterbildung eklatant zugenommen. Aufgrund umfangreicher theoretischer Überlegungen, wie der Bereich der informellen beruflichen Weiterbildung empirisch abzubilden sei, hat das BMBF einen eigenen Arbeitskreis zur Erfassung und Bewertung der »weichen Formen« der betrieblichen Weiterbildung initiiert und ist aufgrund eines umfangreichen Fragetextes zu den in dem nachfolgenden *Schaubild* genannten Ergebnissen gelangt.

Informelle berufliche Weiterbildung 1994 und 1997

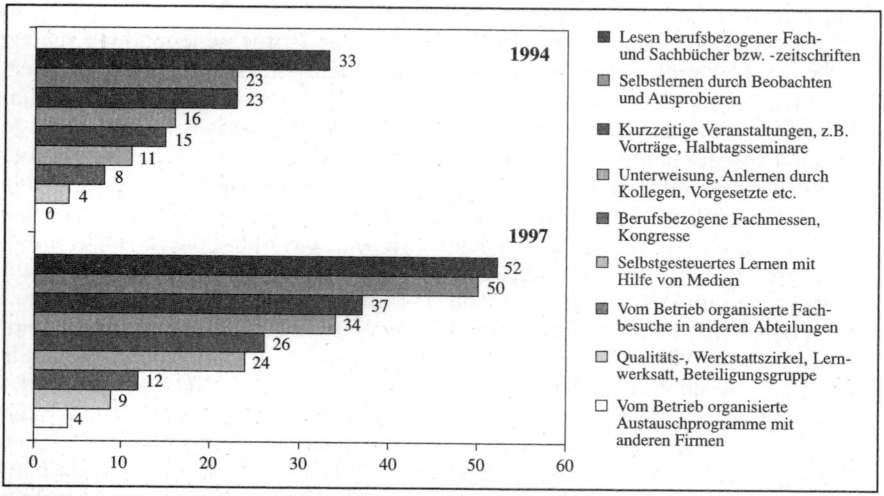

Quelle: bmb+f Berichtssystem Weiterbildung VII. Erste Ergebnisse der Repräsentativbefragung. Bonn 1999, S. 57.

Die Pluralität von Zugängen informeller Weiterbildung wird darin signifikant deutlich: Die Grenze zwischen Lernen und Arbeiten, zwischen der institutionalisierten und der informellen Weiterbildung wird fließend. Lernen, Arbeiten und Freizeit vermischen sich (Cross 1988). Die Dynamik der Gesellschaft hin zum lebenslangen Lernen zeigt sich im Wechsel der formalen und informellen Bildungsarbeit sowie deren Verschränkung. Der Prozess der »Entgrenzung« aus dem engen Rahmen der institutionalisierten und professionalisierten Weiterbildung wird in den wesentlichen Umrissen sichtbar, ohne dass die Entwicklung im Hinblick auf die Veränderungen der institutionellen Struktur und die Bildungserwartungen und Bildungsaktivitäten der Teilnehmer schon deutlich absehbar wäre.

Auf der institutionellen Ebene werden neue Weiterbildungsmöglichkeiten eröffnet, die über die traditionelle Verfasstheit von Institutionen und Träger hinausgehen. Seit den Achtziger- und verstärkt seit den Neunzigerjahren entwickeln sich mehr und mehr Formen selbstorganisierter Projekte und Initiativen, die ihre Wurzeln im Gedanken der Selbsthilfe und der Selbstverantwortung haben und als Freiwilligenagenturen gekennzeichnet werden können. So ermittelte eine Studie im Berliner Raum allein ca. 90 solcher neuer selbstorganisierter Projekte und Initiativen (Dinter/Becker 1991, S. 213 ff.). Die folgende Aufzählung gibt einen Einblick in deren Vielfalt und Verschiedenartigkeit: Arbeitskreis Orientierungs- und Bildungshilfe, Berliner Arbeitslosenzentrum, Berliner Gesundheitsberater, Bildungsmarkt e. V. – Verein zur Bildungsförderung, CAD – Cooperative Arbeitsdidaktik, Dick & Dünn – Beratung bei Essstörungen e. V., Extra Dry Cafe & Treff für Frauen – Verein zur Hilfe suchtmittelabhängiger Frauen, Gesellschaftsschulungen Ton & Takt, Netzwerk Selbsthilfe e. V. In diesen Projekten und Initiativen zeigt sich ein Strukturwandel der Weiterbildung. Der Ausdifferenzierungsprozess betrifft die traditionellen Einrichtungen, die Adressatenkreise, die Aufgaben und die Praxisfelder. Er ist allgemeiner Ausdruck für den Wandel der institutionellen Verfasstheit der Erwachsenenbildung bzw. Weiterbildung (Dinter/Becker 1991, S. 10).

Die Entgrenzung und Enttraditionalisierung der Erwachsenenbildung schlägt sich also in der Pluralisierung von Institutionalformen, von Lernorten, Lernformen, Lernzeiten, Lerndauer und Lerngegenständen nieder. In systemtheoretischer Hinsicht zeigen sich in diesem Prozess zeitliche, sachliche und soziale Dimensionen. Je mehr die Erwachsenenbildung an Bedeutung gewinnt, desto plastischer wird – über die institutions- und professionsorientierte Perspektive hinaus – die Vielfalt und Mehrdimensionalität der Lernformen: vom arbeitsintegrierten Lernen (Gnahs) über das Lernen im Alltag, das Lernen *en passant*, das okkasionelle, nicht intendierte Lernen bis hin zum autodidaktischen Lernen. Die Möglichkeiten des Lernens verschwimmen und werden fragiler. Die Aneignungsperspektive, die auf die Integration der neuen Lernerfahrungen und Lernergebnisse in die bisherige Lernbiografie zielt, wird gegenüber der Vermittlungsperspektive vorherrschend. Auch die empirischen Befunde (Berichtssystem Weiterbildung VI und VII) zeigen, dass das Lernen Erwachsener immer stärker durch lebensgeschichtliche Faktoren geprägt wird und dass damit auch gesellschaftliche Individualisierungsprozesse verbunden sind. Der immer stärkeren Tendenz, das Lernen Erwachsener zu einer gesellschaftlichen Verpflichtung und zu einer Veranstaltung mit Markt- und Effizienzcharakter zu machen, stehen gegenläufige Lernmotive und Lernmodi entgegen, die die hedonistische, also die genussorientierte Seite des Lernens zum Ausdruck bringen (Kade/Seitter 1988, S. 51 ff.). Eine Untersuchung über die Gründe für die Teilnahme an allgemeiner Weiterbildung (im Ost-West-Vergleich 1994) zeigt, dass neben dem beruflichen Nutzen und dem Interesse am Gebiet auch die Faktoren »Spaß«, »kreative Betätigung« und »Menschen kennen lernen« die Weiterbildungsmotivation wesentlich prägen.

Gründe für die Teilnahme an allgemeiner Weiterbildung
im Ost-West-Vergleich 1994

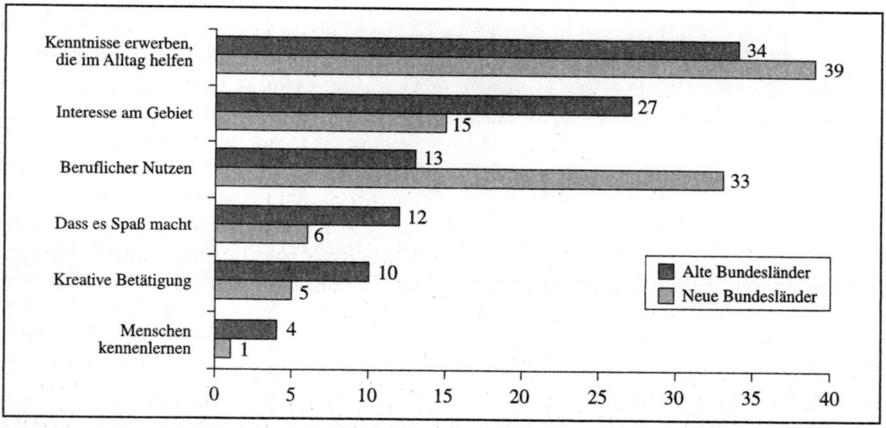

Quelle: Berichtssystem Weiterbildung VI 1996, S. 89.

Bei einer vergleichenden Betrachtung (Ost/West und Deutsche/Ausländer) sollen hier nur die Ergebnisse im Hinblick auf die allgemeine Weiterbildung, die eher dem informellen Sektor und der Teilnehmerperspektive zuzurechnen ist, gegenüber der stärker fachbezogenen beruflichen Weiterbildung kurz beleuchtet werden.

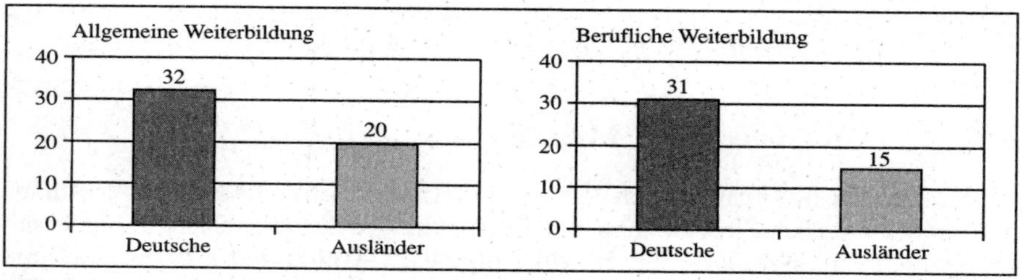

Quelle: Infratest Burke Sozialforschung – 1998, Berichtssystem Weiterbildung VII, Erste Ergebnisse, S. 48.

Die Grafik zeigt, dass sich Ausländer wesentlich seltener als Deutsche an der Weiterbildung beteiligen. Während 49 Prozent der Deutschen im Alter von 19 bis 64 Jahren Weiterbildungsangebote wahrnehmen, sind es in dieser Altersgruppe nur 28

Prozent bei den Ausländern (Berichtssystem Weiterbildung VII, S. 47). Die Ausländer sind vor allen Dingen im Themenbereich Sprachen beteiligt (Deutschkurse). Auch Angebote zum Thema »praktische Kenntnisse« spielten eine große Rolle. Der Ost-West-Vergleich liefert für das Jahr 1994 folgende Ergebnisse:

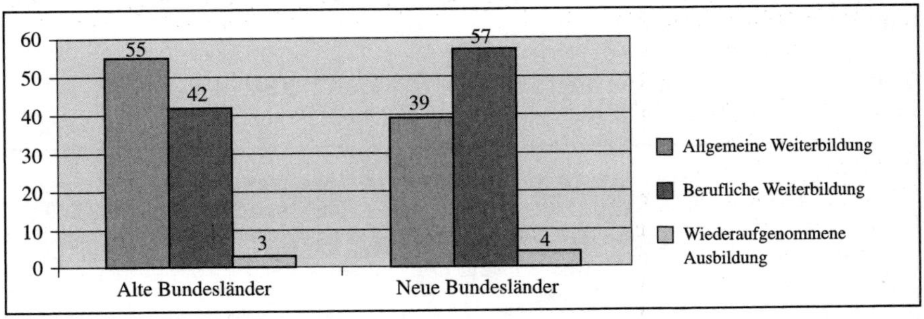

Quelle: Berichtssystem Weiterbildung VI, 1996, S. 25.

Ein deutlich differenziertes Bild zeigt der Ost-West-Vergleich hinsichtlich der Motivation für allgemeine Weiterbildung. In den westlichen Bundesländern steht der Erwerb von Kenntnissen, die im Alltag helfen, an erster Stelle, gefolgt von Interesse am Thema. Dagegen stehen in den neuen Bundesländern Motive des beruflichen Nutzens sowie der Hilfe im Alltag stärker im Vordergrund (Berichtssystem Weiterbildung VI, 1996, S. 89).

Die Untersuchungen von Kuwan, Gnahs u. a. (Berichtssystem Weiterbildung VI und VII) verdeutlichen, dass die Weiterbildung in den neuen Bundesländern ein besonders positives Image hat. Kontinuierliche Weiterbildung hat hier eine hohe Bedeutung für die Bewältigung der Anforderungen im Beruf und im Alltag. Allerdings haben sich im Ost-West-Vergleich die Unterschiede seit 1991 abgemildert (Weiterbildungssystem VI, S. 94). Dennoch zeigen sich in der Themenpräferenz zwischen 1991 und 1994 deutliche Differenzen. Insgesamt machen die genannten Untersuchungen (Berichtssystems Weiterbildung VI und VII) deutlich, dass das Lernen Erwachsener immer stärker durch lebensgeschichtliche Faktoren geprägt wird, die wiederum in gesellschaftliche, politische und soziale Prozesse eingebunden sind.

10.4 Zwischen Kontinuität und Wandel

Wenn man den fast ausweglosen Versuch unternimmt, ein sehr knappes Resümee und eine pointierte Einschätzung der Entwicklung der Erwachsenenbildung seit 1945 vorzunehmen, dann stellt sich die Frage nach Kontinuität oder Wandel und schließlich nach einem möglichen Fortschritt der Entwicklung (Siebert 1999, S. 77). Die am Beginn der Darstellung aufgestellte Hypothese, die Erwachsenenbildung habe sich mehr und mehr zu einem eigenständigen, gleichberechtigten quartären Bildungssystem entwickelt, bedarf einer Relativierung und Differenzierung. Unter institutionstheoretischer Perspektive ist festzuhalten, dass dieser Prozess sich widersprüchlich und zum Teil gegenläufig vollzog. Während bis in die frühen Achtzigerjahre eine Entwicklung hin zur Institutionalisierung, zur Verrechtlichung und zur Vereinheitlichung des quartären Bildungsbereichs feststellbar ist, zeigt sich in den späten Achtziger- und Neunzigerjahren eine Tendenz der Entdifferenzierung, Entstrukturierung, Entgrenzung und Entstaatlichung. Die Erwachsenenbildung bzw. Weiterbildung hat sich als ein »Grenzfall Weiterbildung« (Wittpoth) in verschiedene Funktions- und Subsysteme gegliedert und jenseits institutionalisierter Weiterbildungseinrichtungen besondere Formen sogenannter »Mischverhältnisse« ausgebildet. Diese Tendenz betrifft auch das offene Verhältnis zwischen Organisation und Profession. Die Herausbildung selbstorganisierter Projekte verweist auf die biografie- und milieuabhängige Prägung auch etablierter Einrichtungen der Erwachsenenbildung.

Stellt man also die Frage nach der Einheit des sozialen Systems Erwachsenenbildung bzw. Weiterbildung, dann sind hier vor allem systemtheoretische Zugänge erkenntnisleitend, wie etwa die bereits genannte Theorie des Lebenslaufs als Medium der Erziehung (Luhmann). Die Erwachsenenbildung bzw. Weiterbildung bewegt sich zwischen den Polen eines sozialen, auf Einheit und Selbsterhaltung gerichteten Systems einerseits und eines multifunktionalen, offenen Bildungsbereichs andererseits. Im Hinblick auf die Bildungspraxis wird das Lernen Erwachsener aus der einheitlichen Perspektive des lebenslangen Lernens und – bezogen auf die Gesellschaft – aus der globalen Idee der Lerngesellschaft begründet.

In diesem Konzept scheint die seit den Sechzigerjahren erhobene Forderung nach Integration verschiedener Lernbereiche und Lernformen sowie Lernarrangements potenziell verwirklicht. Sowohl berufliche Bildung als auch persönliche Kompetenzentwicklung und die Aneignung von Information und Wissen finden in diesem Konzept ihren legitimen Platz. Selbst Lernen in unterschiedlichen Verbindlichkeitsgraden und in unterschiedlichen Formen der Rekrutierung zeigt die Spannweite von Unterhaltung, Freizeit und Geselligkeit, die in dieses Konzept integriert werden können. Unterschiedliche Verbindlichkeitsgrade des Lernens zwischen »Lernen-Müssen«, »Lernen-Können« und sogar der Möglichkeit des »Nicht-Lernens« sind Varianten dieses Lernmodells. Die Pluralisierung der Lernformen wird deutlich in der Veränderung der didaktisch-methodischen Lernarrangements. Jenseits der genannten Tendenzen, die die traditionelle historische Figur der Erwachsenenbildung relativieren, wird der Blick auf die Ambivalenzen des Systems Erwachsenenbildung bzw. Weiterbildung gelenkt.

Einen linearen Fortschritt kann man unstreitig darin sehen, dass die Erwachsenenbildung kontinuierlich an allgemeiner gesellschaftlicher Akzeptanz und Zustimmung bei breiten Bevölkerungskreisen gewonnen hat. In den meisten sozialen Schichten ist das Lernen Erwachsener zu einem Teil der eigenen Biografie und zu einer Selbstverständlichkeit geworden. Nahezu die Hälfte der Bevölkerung nimmt an der Weiterbildung teil. Allein in der betrieblichen Weiterbildung ist fast jeder zweite Arbeitnehmer oder Chef engagiert, wobei jeder Teilnehmer durchschnittlich zwei Veranstaltungen im Jahr mit insgesamt 20 Stunden besucht (Handelsblatt vom 23. Dezember 1999, Nr. 249, S. 9).

Auch die finanziellen Ressourcen der öffentlichen Hand sind kontinuierlich gewachsen, wenn auch seit den Neunzigerjahren eine gewisse Stagnation öffentlicher Förderung sichtbar wird. Besonders stark stiegen die Ausgaben der Wirtschaft für

Weiterbildung. Nach einer Untersuchung der Deutschen Wirtschaft gaben im Jahr 1998 allein die deutschen Unternehmen 34,3 Mrd. DM dafür aus (Handelsblatt).

Die Anzahl der Weiterbildungseinrichtungen nahm ebenfalls zu. Die institutionelle Struktur ist pluralistischer, heterogener und zum Teil unübersichtlicher geworden. Sie reicht von den traditionellen Einrichtungen der großen Trägerorganisationen bis hin zu Selbsthilfeprojekten und -initiativen. Darüber hinaus sind seit den Neunzigerjahren viele Einrichtungen mit neuer Rechtsform entstanden, die nicht mehr ausschließlich dem Prinzip der Gemeinnützigkeit, sondern Markt- und Gewinninteressen unterliegen. Die Tendenz der »Privatisierung« sowie die »Deregulierung« ging also einher mit einer gewissen »Entstaatlichung« der Weiterbildung.

Das Bild der Teilnehmer hat sich gewandelt. Nicht mehr soziostrukturelle Faktoren allein sind konstitutiv für Bildungsmotivation, für Bildungsinteressen und die daraus abgeleiteten Programme der Einrichtungen, sondern die biografische Entwicklung des Einzelnen, also die Frage von Lebenslagen und Milieus (Tippelt).

Die Programmangebote sind breiter und differenzierter geworden. Auch die Lernformen haben sich gewandelt. Nicht mehr die Vermittlungsperspektive, das traditionelle Lehr-Lern-Verhältnis steht im Vordergrund, sondern im Anschluss an systemtheoretische und konstruktivistische Theorieelemente der Grundgedanke selbstbezogener, eigengestalteter sowie selbstgesteuerter Lernformen. Gegenüber der Vorstellung von Lernverpflichtung, von Lernanstrengungen tritt legitimerweise der Gesichtspunkt von Lernfreude und Lerngenuss (Kade/Seitter 1998).

Die weicheren und fragileren Formen nicht institutionalisierten Lernens eröffnen den Blick für die Vermittlung des Lernens mit Freizeit und Spiel – auch als Chance, mit den kulturell bedingten Systemzwängen intelligent und spielerisch umzugehen. Lernen gibt zugleich Freiraum für Selbstdarstellung und pointierte Selbstidentifikation (Nolda 1996 b).

Mit Blick auf das Konzept »Selbstgesteuertes Lernen« und im Hinblick auf die Anforderungen der Wissensgesellschaft ist auch auf die Rolle der Neuen Medien für das Feld der Erwachsenenbildung hinzuweisen. Vernetzte Computer und das Internet machen Bildungswelten – auch virtuelle – an jedem Ort, zu jeder Zeit und auf jede Weise zugänglich. Individuelle Lern- und Karriereplanung für breite Schichten werden damit möglich. Allerdings bedarf es dabei einer erweiterten Medienkompetenz, auch der traditionellen Erwachsenenbildung, die von der Erstellung der Lernsoftware bis hin zum didaktischen Umgang im Wechsel wie im Verbund von Medien und Interaktion reicht. Medienkompetenz meint darüber hinaus in Anschluss an eine vierfache Dimension: Medienkritik, Medienkunde, Mediennutzung und Mediengestaltung (Schäfer 2001, S. 74).

Deshalb kann in der Summe die eingangs gestellte Frage nach Innovation und Fortschritt nicht mehr allein aus einem institutionstheoretischen Zugang gedeutet werden, sondern aus der Grundidee einer die Grenzen und Vermittlungsformen traditioneller Erwachsenenbildung sprengenden Tendenz lebenslangen Lernens sowie aus dem Konzept einer sich neu konstituierenden Lerngesellschaft.

Anhang:

Literatur

Adams, Kurt, Die Hamburger Volkshochschule im Urteil ihrer Hörer, Frankfurt/M. 1931.

Adams, Margarete, Ausnutzung der Freizeit des Arbeiters, Diss. Köln 1929.

Adler, Max, Die Aufgaben der marxistischen Arbeiterbildung, Dresden o. J., S. 1–36.

Ders., Neue Menschen, Berlin 1926.

Adler, Reinhard, Theorie und Praxis der freigewerkschaftlichen Bildungsarbeit und Betriebsräteschulung im Deutschen Reich und in Groß-Berlin 1918–1924, in: Der Aufbruch der gewerkschaftlichen Bildungsarbeit nach 1918, Münster 1996.

Adler-Rudel, Salomon, Jüdische Selbsthilfe unter dem Naziregime 1933–1939. Im Spiegel der Berichte der Reichsverwaltung der Juden in Deutschland. Mit einem Vorwort von Robert Weltsch (Schriftenreihe wissenschaftlicher Abhandlungen des Leo-Baeck-Instituts 29), Tübingen 1974.

Angermann, Franz, Freie Volksbildung. Grundlagen, Ziele, Wege, Jena 1928.

Angermund, Ralph, »Recht ist, was dem Volke nutzt«. Zum Niedergang von Recht und Justiz im Dritten Reich, in: Bracher, Karl-Dietrich/Funke, Manfred/Jacobsen, Hans-Adolf (Hrsg.), Deutschland 1933–1945, Düsseldorf 1992, S. 57–75.

Anweiler, Oskar u. a. (Hrsg.), Bildungspolitik in Deutschland, Opladen 1992.

Apps, Jerold W., Higher Education in a Learning Society. Meeting New Demands for Education and Training, San Francisco 1988.

Arbeitskreis universitäre Erwachsenenbildung (Hrsg.), Studienmöglichkeiten der Erwachsenenpädagogik (MAEB Heft 7), Hannover 1977.

Arnim von, Bettina, Dies Buch gehört dem König, Berlin 1843.

Arnold, Rolf/Gieseke, Wiltrud/Nuissl, Ekkehard (Hrsg.), Erwachsenenpädagogik, Hohengehren 1999.

Ders./Siebert, Horst, Konstruktivistische Erwachsenenbildung. Von der Deutung zur Konstruktion von Wirklichkeit, Baltmannsweiler 1995.

Ders./Weber, Hermann, Weiterbildung und Organisation. Zwischen Organisationslernen und lernenden Organisationen, Berlin 1995.

Assel, Hans-Günther, Die Perversion der politischen Pädagogik im Nationalsozialismus. Schriften der Pädagogischen Hochschulen Bayerns, München 1969.

Ausschuss für Volksbildung an der Universität Heidelberg, Die Bildungsinteressen der Arbeiterschaft. Materialien für die Arbeitsgemeinschaft am 11. u. 12. Februar 1933 (Manuskript).

Autorenkollektiv Frankfurt, Probleme sozialistischer Kulturpolitik am Beispiel DDR, Frankfurt/Oder 1974.

Axmacher, Dirk, Erwachsenenbildung im Kapitalismus, Frankfurt/M. 1974.

Baeumler, Alfred, Männerbund und Wissenschaft, Berlin 1934.

Ders., Rasse als Grundbegriff der Erziehungswissenschaft, in: Internat. Zeitschrift für Erziehung 8 (1939), S. 252–255.

BAHRDT, CARL F., Handbuch der Moral für den Bürgerstand, Tübingen 1789.
BALLAUF, THEODOR, Erwachsenenbildung. Sinn und Grenzen, Heidelberg 1958.
BALSER, FROLINDE, Die Anfänge der Erwachsenenbildung in Deutschland in der ersten Hälfte des 19. Jahrhunderts, Stuttgart 1959.
DIES., Sozial-Demokratie 1848/49–1863. Bd. 2, Quellen, Stuttgart 1962.
BARTZ, WILFRIED/MUTSCHELLER, ERNST/WEISS, ROBERT (Hrsg.), Qualität in der beruflichen Weiterbildung: Konzepte und Erfahrungen, in: Kölner Texte und Thesen, Nr. 32, Köln 1997.
BARZ, HEINER/TIPPELT, RUDOLF, Lebenswelt, Lebenslage, Lebensstil und Erwachsenenbildung, in: Tippelt, Rudolf (Hrsg.), Handbuch Erwachsenenbildung/Weiterbildung, Opladen 1999^2, S. 121–144.
BASEDOW, JOHANN B., Rede von der »Patriotischen Tugend« (1762), in: Hubrig, Hans (Hrsg.), Die patriotischen Gesellschaften des 18. Jahrhunderts, Weinheim 1957.
BAUER, MANFRED/PETERHÄNSEL, P., 40 Jahre Volkshochschule, in: Pädagogik 12 (1986), S. 965 ff.
BÄUERLE, THEODOR, Volksbildungsarbeit in Württemberg, in: Die Tat, Stuttgart 1924, S. 801 f.
DERS., Erwachsenenbildung und Arbeitsdienst. Grundsätzliches und Tatsächliches, in: Freie Volksbildung 7 (1932), S. 247 ff.
BAYER, MECHTHILD/DOBISCHAT, ROLF/KOHSIEK, R. (Hrsg.), Das Sozialgesetzbuch, III. Praxis und Reformbedarf in der Arbeitsförderung und Qualifizierung, Frankfurt/M. 1999.
BEBEL, AUGUST, Aus meinem Leben, Teil 1, Stuttgart 1910.
BECK, ULRICH, Die Eröffnung des Welthorizontes: Zur Soziologie der Globalisierung, in: Soziale Welt 48 (1997), S. 3–16.
BECKER, HEINRICH, Kampf um freie Volksbildung 1933, in: Freie Volksbildung 8 (1933) 1, S. 1 ff.
DERS., Erwachsenenbildung, in: Evang. Staatslexikon, Stuttgart–Berlin 1966, S. 439.
BECKER, R., Noth- und Hilfsbüchlein, 2 Teile, Gotha 1788.
BEDNARIK, KARL, Die Lerngesellschaft. Das Kind von heute – der Mensch von morgen, Wien 1966.
BEHNE, ADOLF, Die Bundesschule des Allgemeinen Deutschen Gewerkschaftsbundes in Bernau, in: Die Arbeit 5 (1928), S. 378–382.
BEHREND, HARALD, Geschichte der Heimvolkshochschule, in: Pöggeler, Franz (Hrsg.), Geschichte der Erwachsenenbildung, Stuttgart 1975. S. 132–155.
BEINKE, LOTHAR/ARABIN, LOTHAR/WEINBERG, JOHANNES (Hrsg.), Zukunftsaufgabe Weiterbildung, Weil der Stadt 1980.
BENNING, ALFONS, Quellentexte Katholischer Erwachsenenbildung, Paderborn 1971.
BENZ, WOLFGANG (Hrsg.), Die Juden in Deutschland 1933–1945. Leben unter nationalsozialistischer Herrschaft, München 1988.
DERS., Zwischen Hitler und Adenauer. Studien zur deutschen Nachkriegsgesellschaft, Frankfurt/M. 1991.
BERGER, C., Effektive Nutzung des gesellschaftlichen Arbeitervermögens, in: Berufsbildung 6 (1981), S. 283 ff.
BERGOLD, RALPH/KNOLL, JÖRG/MÖRCHEN, ANNETTE (Hrsg.), »In der Gruppe liegt das Potential« – Wege zum selbstorganisierten Lernen. Ein KBE-Projekt zur Fortbildung von Multiplikatorinnen und Multiplikatoren, Bonn 1999.
BERKE, SILVIA, Volkshochschule in Bonn 1904–1984, Bonn 1984.
BERLINISCHES ARCHIV DER ZEIT UND IHRES GESCHMACKS. 19. September 1787: Verbreitung von Kenntnissen und Berichtigung der Urteile unter der großen Volksmasse. (auch: Kants ges. Schriften, Archiv der Zeit und Ihres Geschmacks, hrsg. von der Bremer Volkshochschule, Bremen o. J., S. 6–7.)

BERTHOLD, WALTER, in: Informationen und Mitteilungen der Gesellschaft zur Verbreitung wissenschaftlicher Kenntnisse. März 1966.

BILDUNGSGESAMTPLAN – Ein finanz-, konjunktur-, preis- und lohnpolitisch realisierbarer Vorschlag für die Jahre 1970–1980, Lübeck 1971.

BILDUNGSZENTRUM JAGDSCHLOSS GÖHRDE, 40 Jahre Heimvolkshochschule Bildungszentrum Jagdschloss Göhrde, Göhrde 1986.

BIRD, GRAHAM u. a., Umerziehung und Wiederaufbau. Die Bildungspolitik der Besatzungsmächte in Deutschland und Österreich, Stuttgart 1981.

BIRK, INGE, Die empirische Basis des pädagogischen Denkens bei Pestalozzi, 1970, Masch. Bl.

BIRKER, KARL, Die deutschen Arbeiterbildungsvereine 1840 – 1870, Berlin 1973.

BLÄTTNER, FRITZ, Volksbildungswesen, in: Evangelisches Kirchenlexikon, Göttingen 1959, S. 1686.

BLUM, EMIL, Arbeiterbildung als existentielle Bildung, Bern-Leipzig 1935.

BOLDER, AXEL/HENDRICH, WOLFGANG, Fremde Bildungswelten, Opladen 2000.

BORINSKI, FRITZ, Der Weg zum Mitbürger, Düsseldorf 1954.

BORN, ARMIN, Geschichte der Erwachsenenbildungsforschung, Bad Heilbrunn 1991.

DERS., Geschichte der Erwachsenenbildungsforschung, in: Tippelt, Rudolf (Hrsg.): Handbuch Erwachsenenbildung/Weiterbildung, Opladen 1999², S. 329–339.

BÖTTCHER, WOLFGANG, Die Bildungsarbeiter. Situation – Selbstbild – Fremdbild, Weinheim – München 1996.

BRACHER, Karl-Dietrich, Die deutsche Diktatur, Köln 1969.

DERS./FUNKE, MANFRED/JACOBSEN, HANS-ADOLF (Hrsg.), Nationalsozialistische Diktatur 1933–1945. Eine Bilanz, Bonn 1983.

DIES. (Hrsg.), Die Weimarer Republik 1918–1933. Politik – Wirtschaft – Gesellschaft, Düsseldorf 1987.

BRAMMERTS, HERMANN, Die Bildungsarbeit der Gewerkschaften im Kontext der Erwachsenenbildung, München 1982.

BRENNER, GEORG, Volkshochschule und Volkwerdung, Leipzig 1940.

BROCK, ADOLF u. a., Themenkreis Betrieb. 1: Industriearbeit und Herrschaft. 2: Der Konflikt um Lohn und Leistung. 3: Die Interessenvertretung der Arbeitnehmer im Betrieb. 4: Die Würde des Menschen in der Arbeitswelt, Frankfurt/M. 1969.

BRÖDEL, RAINER, Professionalisierungsdiskussion in der Erwachsenenbildung und die Situation des Erwachsenenpädagogen, Hagen 1979.

DERS. (Hrsg.), Erwachsenenbildung am Beginn der Transformation, Hannover 1993.

DERS. (Hrsg.), Erwachsenenbildung in der Moderne. Diagnosen, Ansätze, Konsequenzen (Studien zur Erziehungswissenschaft und Bildungsforschung 9), Opladen 1997.

DERS. (Hrsg.), Lebenslanges Lernen – lebensbegleitende Bildung, Neuwied 1998.

DERS., Zwischen Arbeitserziehung, Unterhaltung und Kompetenzentwicklung – Kontexte und Evolution der Erwerbslosenbildung eines Jahrhunderts, in: Friedenthal-Haase, Martha (Hrsg.), Erwachsenenbildung im 20. Jahrhundert – Was war wesentlich? München-Mering 2001, S. 155–170.

BRUNNER DE, S. E., An Overview of Adult Education Research, Chicago 1959.

BUBENZER, RAINER, Grundlagen für Staatspflichten auf dem Gebiet der Weiterbildung. Zur Herleitung von Staatsaufgaben und Individualrechten im Weiterbildungswesen, Frankfurt/M. 1983.

BUCHWALD, REINHARD, Die Bildungsinteressen der deutschen Arbeiter, Tübingen 1934.

BÜHL, WALTER L., Einführung in die Wissenschaftssoziologie, München 1974.

BÜHLER, MICHAEL, Erziehung zur Tradition – Erziehung zum Widerstand. Ernst Simon und die jüdische Erwachsenenbildung in Deutschland, Berlin 1986.

BÜLOW, FRIEDRICH, Einleitung, in: Smith, Adam: Natur und Ursachen des Volkswohlstandes, Leipzig 1933.
BUNDESINSTITUT FÜR BERUFSBILDUNG (Hrsg.), Qualitätssicherung in der beruflichen Weiterbildung, Berlin-Bonn 1999.
BUNDESMINISTERIUM FÜR BILDUNG UND FORSCHUNG (Hrsg.), Berichtssystem Weiterbildung, Bonn 1979 ff.
BUNDESMINISTERIUM FÜR BILDUNG, WISSENSCHAFT, FORSCHUNG UND TECHNOLOGIE, Selbstgesteuertes Lernen. Möglichkeiten, Beispiele, Lösungsansätze, Probleme, Bonn 1998.
BUNDESREGIERUNG, Bildungsbericht 70, Bonn 1970.
BUNGENSTAB, KARL-ERNST, Umerziehung zur Demokratie? Re-education-Politk im Bildungswesen der US-Zone 1945–49, Düsseldorf 1970.
CAMPE, JOACHIM H., Über einige verkannte, wenigstens ungenutzte Mittel zur Beförderung der Industrie, der Bevölkerung und des öffentlichen Wohlstandes (Wolfenbüttel 1768). Neudruck hrsg. v. Heydorn, Heinz-Joachim u. Koneffke, Gernot, Frankfurt/M. 1969.
CHRIST, KARL, Sozialdemokratie und Volkserziehung, Frankfurt/M. 1975.
CIUPKE, PAUL/JELICH, FRANZ-JOSEF (Hrsg.), Soziale Bewegung, Gemeinschaftsbildung und pädagogische Institutionalisierung. Erwachsenenbildungsprojekte in der Weimarer Republik, Essen 1996.
DERS./REICHLING, NORBERT, »Unbewältigte Vergangenheit« als Bildungsangebot. Das Thema »Nationalsozialismus« in der westdeutschen Erwachsenenbildung 1946–1989, Frankfurt/M. 1996.
CLAUSS, G. (Hrsg.), Wörterbuch der Psychologie, Leipzig 1976.
COHAVI, YEHOYAKI, Kultur- und Bildungsarbeit der deutschen Juden 1933–1941: Antwort auf die Verfolgung durch das NS-Regime, in: Neue Sammlung 26 (1986), S. 396–407.
CONDORCET, ANTOINE, Bericht und Entwurf einer Verordnung über die allgemeine Organisation des öffentlichen Unterrichtswesens. Mit einer Einleitung von Hans-Hermann Schepp, Weinheim 1966.
CROSS, P., Major Trends in Adult Education in: Athabasca University 1988, Heft 1, S. 11 ff.
CROW, DE R., Research and Investigations in Adult Education in: Adult Education 11 (1961) 4.
DAHM, GERWIN u. a., Wörterbuch der Weiterbildung, München 1980.
DANN, OTTO (Hrsg.), Lesegesellschaften und bürgerliche Emanzipation. Ein europäischer Vergleich, München 1981.
DERS., Lesegesellschaften und der Aufbruch des Bürgertums, in: Hermann, Ulrich (Hrsg.), Die Bildung des Bürgers, Weinheim 1982, S. 100–118.
DEUTSCHER AUSSCHUSS FÜR DAS ERZIEHUNGS- UND BILDUNGSWESEN, Empfehlungen und Gutachten 1953–1965, Gesamtausgabe, Stuttgart 1966.
DEUTSCHER BILDUNGSRAT, Empfehlungen der Bildungskommission. Strukturplan für das Bildungswesen, Bonn 1970.
DEUTSCHER VOLKSHOCHSCHULVERBAND (Hrsg.), Die Volkshochschule, ihre Stellung und Aufgabe im Bildungssystem, Frankfurt/M. 1963.
DERS. (Hrsg.), Stellung und Aufgabe der Volkshochschule, Frankfurt/M. 1966.
DEWE, BERND, Bildung in der Lerngesellschaft. Lebenslanges Lernen oder lebensbegleitende Bildung, in: Olbertz, Jan H. (Hrsg.), Erziehungswissenschaft: Tradition – Themen – Perspektiven, Opladen 1997, S. 87–101.
DIECK, WILHELM, Ziele und Wege der deutschen Volkshochschule, Bd. 2, Mönchengladbach 1924.
DIETRICH, E., Zur Entwicklung der Heimvolkshochschulheime, in: Hermberg, Paul/Seiferth, Wolfgang, Arbeiterbildung und Volkshochschule in der Industriestadt, Breslau 1932.
DIKAU, JOACHIM, Wirtschaft und Erwachsenenbildung, Weinheim 1968.

DERS., Die Erwachsenenbildung und ihre Theorie im Zusammenhang der deutschen Nachkriegsentwicklung, in: Beinke, Lothar u. a. (Hrsg.), Zukunftsaufgabe Weiterbildung, Weil 1980.

DERS., Geschichte der Volkshochschule, in: Pöggeler, Franz (Hrsg.), Handbuch der Erwachsenenbildung, Bd. 4, Stuttgart 1975.

DINTER, IRINA/BECKER, M., Neuer Arbeitsplatz Weiterbildung. Selbstorganisierte Projekte in der Berliner Weiterbildung, Berlin 1991.

DÖGE, KLAUS/GRIESE, HARTMUT (Hrsg.), Erwachsenenbildung in der DDR, Hohengehren 1991.

DOHMEN, GÜNTHER, Das lebenslange Lernen. Leitlinien einer modernen Bildungspolitik, Bonn 1996.

DERS., Das Jahr des lebenslangen Lernens – Was hat es gebracht?, in: Faulstich-Wieland, Hannelore u. a (Hrsg.), Literatur- und Forschungsreport Weiterbildung, Frankfurt/M. 1997, S. 10–26.

DERS., The Future of Continuing Education in Europe. Lifelong Learning for All, in: Changes Learning Environments, Bonn 1998.

DERS., »Selbstgesteuertes Lernen« als Ansatzpunkt für einen notwendigen neuen Aufbruch in der Weiterbildung, in: Bundesministerium für Bildung und Forschung (BMBF) (Hrsg.), Selbstgesteuertes Lernen, Bonn 1999, S. 27–32.

DERS., Neues Lernen. Die Entwicklung des »lebenslangen Lernens Aller« im Verhältnis zum »Übergreifenden«, zur Lebenspraxis und zu Gewissen und Vernunft, in: Friedenthal-Haase, Martha (Hrsg.), Erwachsenenbildung im 20. Jahrhundert – Was war wesentlich?, München-Mering 2001, S. 215–232.

DOLFF, HELMUTH (Hrsg.), 25 Jahre Deutscher Volkshochschul-Verband, Braunschweig 1978.

DRÄGER, HORST, Die Gesellschaft für Verbreitung von Volksbildung, Stuttgart 1975.

DERS., Historische Aspekte und bildungspolitische Konsequenzen einer Theorie des lebenslangen Lernens, in: Knoll, Joachim H. (Hrsg.), Internationales Jahrbuch der Erwachsenenbildung 7. Bd. 1979, S. 109–141.

DERS., Volksbildung in Deutschland im 19. Jahrhundert, Bd. 1, Braunschweig 1979.

DERS., Historiographie und Geschichte der Erwachsenenbildung, in: Schmitz, Enno/Tietgens, Hans, Enzyklopädie Erziehungswissenschaft, Bd. 11. Stuttgart 1984. S. 76–92.

DÜLMEN, RICHARD VON, Die Gesellschaft der Aufklärung, Frankfurt 1988.

DUSSEL, KONRAD, Der NS-Staat und die »Deutsche Kunst«, in: Bracher, Karl-Dietrich/Funke, Manfred/Jacobsen, Hans-Adolf (Hrsg.), Deutschland 1933–1945, Düsseldorf 1992, S. 256–272.

DÜSSELDORFF, KARL, Untersuchungen zur beruflichen Weiterbildung in der Transformation vom Plan zum Markt, Bochum 1997.

ECKL, HANS-JÜRGEN, Handwerker- und Arbeiterbildung in Berlin in der Phase der bürgerlichen Revolution unter besonderer Berücksichtigung des Berliner Handwerker-Vereins, Diplomarbeit FU Berlin 1979.

DERS./IWAN, KARIN/WEIPERT, WOLFGANG, Die Arbeiterbildungsschule in Berlin (1891–1914), in: Olbrich, Josef, Arbeiterbildung nach dem Fall des Sozialistengesetzes, Braunschweig 1982, S. 137–167.

EDDING, FRIEDRICH (Hrsg.), Zwanzig Jahre Bildungsforschung. Zwanzig Jahre Bildungsreform, Bad Heilbrunn 1987.

EHRHARDT, JOHANNES, Erziehungsdenken und Erziehungspraxis des Nationalsozialismus, Phil. Diss., Berlin 1968.

ELIAV, MORDECHAI, Jüdische Erziehung in Deutschland im Zeitalter der Aufklärung und der Emanzipation, Münster 2000.

EMMERLING, ERICH, 50 Jahre Volkshochschule in Deutschland, Berlin 1958.

ENGELHARDT, VIKTOR, Die Bildungsinteressen in den einzelnen Berufen. Eine auf Grund des Materials der Volkshochschule Groß-Berlin durchgeführte statistische Untersuchung, Frankfurt/M. 1926.

ENGELSING, ROLF, Sozialgeschichte deutscher Mittel- und Unterschichten, Göttingen 1973.

DERS., Der Bürger als Leser, Stuttgart 1974.

ERHARD, JOHANNES/KEIM, HELMUT/URBACH, DIETRICH, Gesellschaft – Politik – Erwachsenenbildung. Ausgewählte Aufsätze zur politischen Bildung und Erziehung von Fritz Borinski, Villingen 1969.

ESCHENBURG, THEODOR, Geschichte der Bundesrepublik Deutschland, Bd. I: Jahre der Besatzung 1945–1949, Stuttgart 1983.

EUROPÄISCHE KOMMISSION (Hrsg.), Lehren und Lernen. Auf dem Weg zur Kognitiven Gesellschaft. Weißbuch zur allgemeinen und beruflichen Bildung, Luxemburg 1995.

FALLENSTEIN, KLAUS, Erwachsenenbildungswissenschaft zwischen Identitäts- und Realitätsarbeit, in: Kade, Jochen u. a., Fortgänge der Erwachsenenbildungswissenschaft, Frankfurt/M. 1990.

FAULSTICH, PETER, Höchstens ansatzweise Professionalisierung. Zur Lage des Personals in der Erwachsenenbildung, in: Gewerkschaft Erziehung und Wissenschaft (Hrsg.), Die Bildungsarbeiter. Situation – Selbstbild – Fremdbild, Weinheim 1996.

DERS., »Selbstorganisiertes Lernen als Impuls für die Erwachsenenbildung, in: Derichs-Kunstmann, Karin u. a. (Hrsg.), Selbstorganisiertes Lernen als Problem der Erwachsenenbildung, Beiheft zum Report, Frankfurt/M. 1998, S. 10–16.

FAULSTICH-WIELAND, HANNELORE u. a. (Hrsg.), Literatur- und Forschungsreport Weiterbildung, Frankfurt/M. 1997.

FEIDEL-MERTZ, HILDEGARD, Zur Ideologie der Arbeiterbildung, Frankfurt/M. 1964.

DIES., Zur Geschichte der Arbeiterbildung, Bad Heilbrunn 1968.

DIES., Zur Ideologie der Arbeiterbildung, Frankfurt/M. 1972^2.

DIES., Erwachsenenbildung seit 1945, Köln 1975.

DIES., Pädagogik im Exil nach 1933. Erziehung zum Überleben. Bilder und Texte einer Ausstellung, Frankfurt/M. 1990.

DIES., Sisyphos im Exil – Die verdrängte Pädagogik 1933–1945, in: Keim, Wolfgang, Pädagogen und Pädagogik im Nationalsozialismus – Ein unerledigtes Problem der Erziehungswissenschaft, Frankfurt/M. 1990, S. 161–178.

DIES., Erwachsenenbildung im Nationalsozialismus, in: Tippelt, Rudolf (Hrsg.), Handbuch Erwachsenenbildung/Weiterbildung, Opladen 1999, S. 42–53.

FELL, MARGRET/GÜTTLER, RAINER, Katholische Erwachsenenbildung in der Bundesrepublik Deutschland. Dokumentation zu ihrer Geschichte, München 1984.

FISCHER, GEORG, Erwachsenenbildung im Faschismus. Eine historisch-kritische Untersuchung über die Stellung und Funktion der Erwachsenenbildung zwischen 1930 und 1945, Bensheim 1981.

DERS./SCHOLTZ, HARALD, Stellung und Funktion der Erwachsenenbildung im Nationalsozialismus, in: Heinemann, Manfred (Hrsg.), Erziehung und Schulung im Dritten Reich, Teil 2: Hochschule, Erwachsenenbildung, Stuttgart 1980.

FLEISCHER, L. G., Politische Bildung in der DDR, in: Materialien zur Politischen Bildung, (1989) 3, S. 81 ff.

FLITNER, WILHELM, Warum mehr Arbeitsgemeinschaften (1920), in: Gesammelte Schriften, Bd. 1, Paderborn u. a. 1982, S. 17–19.

DERS., Musikalische Bildung (1920 a), in: Gesammelte Schriften, Bd. 1, Paderborn u. a. 1982, S. 19–22.

DERS., Laienbildung, Jena 1921.

DERS., Die Abendvolkshochschule. Entwurf ihrer Theorie, Berlin 1924.

Ders., Plan einer Deutschen Schule für Volksforschung und Erwachsenenbildung (1927), in: Henningsen, Jürgen, Die Neue Richtung in der Weimarer Zeit, Stuttgart 1960, S. 114–132.

Ders., Der Krieg und die Jugend (1927 a), in: Gesammelte Schriften, Bd. 4, Paderborn u. a. 1987, S. 61–62.

Ders., Extensive und intensive Volksbildung (1930), in: Gesammelte Schriften, Bd. 1, Paderborn u. a. 1982, S. 201–213.

Ders., Die deutsche Erziehungslage nach dem 5. März 1933, in: Die Erziehung (1933), S. 408 ff.

Ders., Rückblick und Vorblick auf die Volksbildungsarbeit, in: Die Erziehung (1934), S. 107–111.

Freiesleben, Hubertus, Erwachsenenbildung in Deutschland während der Manufakturperiode, Köln 1980.

Freyer, Hans, Von der Volksbildung zur politischen Schulung, in: Die Erziehung (1934), S. 1 ff.

Fricke, Dieter, Die deutsche Arbeiterbewegung, Berlin 1976.

Fricke, Fritz, Bildungsbestrebungen (Freie Gewerkschaften), in: Internationales Handwörterbuch des Gewerkschaftswesens, Bd. 1, Berlin 1931.

Ders., Das gewerkschaftliche Bildungswesen seit 1945 in: Olbrich, Josef/Schwarz, Hanns-Albrecht, Politik und Bildung: Arbeiterbildung nach 1945, Frankfurt/M. 1991, S. 295–304.

Ders., Die Berliner Gewerkschaftsschule, in: Die Tat, 18 (1926/27), S. 321–325, in: Olbrich, Josef: Arbeiterbildung in der Weimarer Zeit, Braunschweig 1977, S. 343–349.

Friedenthal-Haase, Martha, Britische Re-education, in: Neue Sammlung, 28 (1988), S. 221 ff.

Dies., Erwachsenenbildung als Problemfeld einer anwendungsorientierten Integrationswissenschaft, in: Kade, Jochen u. a., Fortgänge der Erwachsenenbildungswissenschaft, Frankfurt/M. 1990.

Dies., Erwachsenenbildung im Prozess der Akademisierung, Frankfurt/M. 1991.

Dies. (Hrsg.), Lebensführung und Selbstbildung in Medien des 18. und 19. Jahrhunderts, Jena 1998.

Dies., Deutsche Erwachsenenbildung in ihrer Zeit – Entwicklungen und Kategorien im 20. Jahrhundert, in: Friedenthal-Haase, Martha (Hrsg.), Erwachsenenbildung im 20. Jahrhundert – Was war wesentlich? München-Mering 2001, S. 13–32.

Dies. (Hrsg.), Erwachsenenbildung im 20. Jahrhundert – Was war wesentlich? München-Mering 2001.

Friedjung, Leo, Kommunistische Schulungsarbeit. Fünf Jahre »Marxistische Arbeiterschule« (1931) In: Olbrich, Josef, Arbeiterbildung in der Weimarer Zeit, Braunschweig 1977, S. 299–302.

Frischkopf, Arthur, Zur Institutionalisierung des quartären Bildungsbereichs am Beispiel von Nordrhein-Westfalen, in: Brödel, Rainer (Hrsg.), Erwachsenenbildung in der Moderne. Diagnosen, Ansätze, Konsequenzen (Studien zur Erziehungswissenschaft und Bildungsforschung 9), Opladen 1997, S. 147–159.

Frister, Herbert, Wir und der Zweijahrplan, in: Volkshochschule, 1 (1949), S. 2 f.

Fritz, Gottlieb, Das moderne Volksbildungswesen, Leipzig 1909.

Führ, Christoph/Furck, Carl-Ludwig L. (Hrsg.), Handbuch der deutschen Bildungsgeschichte, Bd. VI: 1945 bis zur Gegenwart, 2. Teilband, München 1998.

Füssl, Karl-Heinz, Die Umerziehung der Deutschen, Paderborn 1994.

Gall, Lothar, Bürgertum in Deutschland, Berlin 1989.

Gamm, Hans-Joachim, Führung und Verführung. Pädagogik des Nationalsozialismus, München 1964.

GAUGLER, EDUARD/KADEL, PETER, Weiterbildung von Führungskräften, in: Tippelt, Rudolf (Hrsg.), Handbuch Erwachsenenbildung/Weiterbildung, Opladen 1999², S. 659–666.

GEISSLER, HARALD, Entgrenzung des Lernens zwischen linearer und reflexiver Modernisierung der Weiterbildung, in: Brödel, Rainer (Hrsg.), Lebenslanges Lernen – Lebensbegleitende Bildung, Neuwied 1998, S. 175–183.

GERHARD, UTE/MOCHMANN, EKKEHARD, Gesellschaftlicher Umbruch 1945–1990. Re-Demokratisierung und Lebensverhältnisse, München 1992.

GERHARD-SONNENBERG, GABRIELE, Marxistische Arbeiterbildung in der Weimarer Zeit (MASCH), Köln 1976.

GERSTEIS, K., Bildung und Revolution. Die deutschen Lesegesellschaften am Ende des 18. Jahrhunderts, in: Archiv für Kulturgeschichte 53 (1971), S. 137 ff.

GEWERKSCHAFT ERZIEHUNG UND WISSENSCHAFT (Hrsg.), Qualitätssicherung in der Weiterbildung, Frankfurt/M. 1996.

GIDDENS, ANTHONY, Jenseits von Links und Rechts, Frankfurt/M. 1997.

GIERKE, WILLI/LOEBER-PAUTSCH, UTA, Die pluralen Strukturen der Erwachsenenbildung. Zur Geschichte der Erwachsenenbildung in Niedersachsen 1947–1960, Bd. I, Oldenburg 2000.

GIESEKE, HERMANN, Hitlers Pädagogen, Weinheim 1993.

GIESEKE, WILTRUD, Habitus von Erwachsenenbildnern, Oldenburg 1989.

DIES., Professionalität in der Erwachsenenbildung – Bedingungen einer Gestaltungsoption, in: Brödel, Rainer (Hrsg.), Erwachsenenbildung in der Moderne. Diagnosen, Ansätze, Konsequenzen (Studien zur Erziehungswissenschaft und Bildungsforschung 9), Opladen 1997, S. 273–284.

GIMBEL, JOHN, Amerikanische Besatzungspolitik in Deutschland 1945–1949, Frankfurt/M. 1971.

GLASER, HERMANN, Kleine Kulturgeschichte der Bundesrepublik Deutschland, Bonn 1991.

DERS., 1945, Ein Lesebuch, Frankfurt/M. 1995.

DERS./VON PUFENDORF, L./SCHONEICH, M. (Hrsg.), Soviel Anfang war nie, Berlin 1989.

GLASMACHER, HEINZ, DAF und Wirtschaft arbeiten zusammen, in: Arbeitertum, 9 (1939), 18, S. 14.

GNAHS, DIETER, Qualitätsmanagement in der Weiterbildung. Wege, Perspektiven, Prioritäten, in: Gewerkschaft Erziehung und Wissenschaft (Hrsg.), Qualitätssicherung in der Weiterbildung, Frankfurt/M. 1996, S. 181–203.

GÖPFERT, HERBERT G., Lesegesellschaften im 18. Jahrhundert, in: Kopitzsch, Franklin (Hrsg.), Aufklärung, Absolutismus und Bürgertum in Deutschland, München 1976.

GÖRRES-GESELLSCHAFT (Hrsg.), Staatlexikon, Freiburg 1962, S. 283–286.

GÖRTEMAKER, MANFRED, Deutschland im 19. Jahrhundert. Entwicklungslinien, Opladen 1994.

GÖTTEL, M, Volkshochschule in einer Industriestadt am Beispiel der Volkshochschule Dortmund, Dortmund 1959.

GREBING, HELGA, Geschichte der deutschen Parteien, Wiesbaden 1962.

GREILING, J. CH., Theorie der Popularität, Magdeburg 1805.

GROSSE, FRANZ, Die Bildungsinteressen des großstädtischen Proletariats, Breslau 1932.

GRUNDTVIG, NIKOLAI FREDERIK SEVERIN, Schriften zur Volkserziehung und Volkheit, Jena 1927.

GUMPERT, FRITZ, Die Bildungsbestrebungen der Freien Gewerkschaften, Jena 1923.

GÜNTHER, UTE, Das Prinzip des lebenslangen Lernens in der internationalen Diskussion, in: Knoll, Joachim H. (Hrsg.), Internationales Jahrbuch der Erwachsenenbildung, 7. Bd. 1979, S. 92–108.

GUTHMANN, JOHANNES, Seelische Rüstung der Volksgemeinschaft, in: Deutsches Volksbildungswerk 1933, Folge 11.

GUTSCHE, HEINZ, Die Erwachsenenbildung in der SBZ, 2 Teile, Bonn 1958.
DERS., Die Erwachsenenbildung in der Sowjetischen Besatzungszone Deutschlands, in: Bundesministerium für gesamtdeutsche Fragen (Hrsg.), Bonner Berichte aus Mittel- und Ostdeutschland, Bonn 1958.
HABERMAS, JÜRGEN, Strukturwandel der Öffentlichkeit, Neuwied 1969[4].
HACKER, WINFRIED, Allgemeine Arbeits- und Ingenieurpsychologie, Bern 1978.
HALLENBECK, WILLIAM, A Sociologist Looks at Adult Education, in: Adult Education Nr. 3, Chicago 1957.
HAMACHER, PAUL, Entwicklungsplanung für Weiterbildung, Braunschweig 1976.
Hamburger Volkshochschule 1919–1958, Hamburg 1960.
HAMPEL, JOHANNES (Hrsg.), Der Nationalsozialismus, Bd. 1, München 1988[2]
DERS. (Hrsg.), Der Nationalsozialismus, Bd. 2, München 1989.
HANKE, H., Freizeit in der DDR, Berlin (Ost) 1979.
HANSELMANN, HEINRICH, Andragogik. Wesen, Möglichkeiten, Grenzen der Erwachsenenbildung, Zürich 1951.
HANSEN-COOK, ALICE, Arbeiterbildung in der US-Zone seit Beginn der Besatzung, in: Olbrich, Josef/Schwarz, Hanns-Albrecht, Politik und Bildung, Arbeiterbildung nach 1945, Frankfurt/M. 1991, S. 201–222.
HARDTWIG, WOLFGANG, Strukturmerkmale und Entwicklungstendenzen des Vereinswesens in Deutschland 1789–1848, in: Historische Zeitschrift, Beiheft 9. Vereinswesen und bürgerliche Gesellschaft in Deutschland, München 1984.
HARGASSER, FRANZ, Geschichte der Einrichtungen für Ehe- und Familienbildung, in: Pöggeler, Franz (Hrsg.), Geschichte der Erwachsenenbildung, Stuttgart 1975, S. 218–228.
HARKE, ERDMANN, Pädagogische und psychologische Probleme der Erwachsenenbildung, Leipzig 1966.
DERS., Beiträge zur Erwachsenenqualifizierung, Berlin 1971.
HARNEY, KLAUS, Sinn der Weiterbildung, in: Lenzen, Dieter/Luhmann, Niklas (Hrsg.), Bildung und Weiterbildung im Erziehungssystem. Frankfurt/M. 1997, S. 94–114.
DERS., Krise öffentlicher Trägerschaft in der Weiterbildung/Betrieblichkeit als Referenzproblem, In: Brödel, Rainer (Hrsg.), Lebenslanges Lernen – Lebensbegleitende Bildung, Neuwied 1998, S. 184–196.
DERS./JÜTTING, DIETER/KORING, BERNHARD (Hrsg.), Professionalisierung der Erwachsenenbildung, Frankfurt/M. 1987.
HARTEN, HANS-CHRISTIAN, Rasse und Erziehung. Zur pädagogischen Psychologie und Soziologie des Nationalsozialismus. Ein Forschungsbericht, in: Zeitschrift für Pädagogik 39 (1993), S. 111–134.
HARTIG, VALTIN, Die zentrale Funktionärsschulung im Verband der Gemeinde- und Staatsarbeiter, herausgegeben vom Verband der Gemeinde- und Staatsarbeiter, o. O. 1929.
HASENPUSCH, ARMIN, Der Aufbau des Volkshochschulwesens 1945–1947 im niedersächsischen Raum, Hannover 1977.
HEARNDEN, ARTHUR (Hrsg.), The British in Germany. Educational Reconstruction in the British Zone of Occupation, London 1978.
HEINEMANN, MANFRED (Hrsg.), Umerziehung und Wiederaufbau. Die Bildungspolitik der Besatzungsmächte in Deutschland und Österreich, Stuttgart 1981.
HEINRICH, J., Arbeiterbildung im Berlin der Nachkriegszeit. Forschungsprojekt Olbrich, Josef: Zur Geschichte der Arbeiterbildung nach 1945, MS FU Berlin, Berlin 1989.
HEINRICHS, HEINRICH, Drei Jahre Düsseldorfer Volkshochschule, Düsseldorf 1929.
DERS. (Hrsg.), Volkshochschularbeit. Aus Theorie und Praxis der Volkshochschule Düsseldorf, Düsseldorf 1929.
HEINZ, HERMANN-JOSEF, Kirchliche Bildungsarbeit, in: Tippelt, Rudolf (Hrsg.), Handbuch Erwachsenenbildung/Weiterbildung, Opladen 1999[2], S. 462–469.

HELLER, HERMANN, Vorläufige Gedanken zur Leipziger Volkshochschule (1922), in: Meyer, Klaus, Arbeiterbildung in der Volkshochschule, Stuttgart 1969.

DERS., Freie Volksbildungsarbeit, Leipzig 1924.

HENNINGSEN, AXEL, Beiträge zur Geschichte der Erwachsenenbildung in Schleswig-Holstein, Neumünster 1962.

HENNINGSEN, JÜRGEN, Der Hohenrodter Bund, Heidelberg 1958.

DERS., Zur Theorie der Volksbildung, Berlin-Köln 1959.

DERS., Die Neue Richtung in der Weimarer Zeit, Stuttgart 1960.

HERMBERG, ANNEMARIE, Das Volkshochschulheim, in: Vierteljahreshefte der Berliner Gewerkschaftsschule, (1925) 2, S. 65–69.

HERMBERG, PAUL/SEIFERTH, WOLFGANG (Hrsg.), Arbeiterbildung und Volkshochschule in der Industriestadt, Breslau 1932.

HERMES, GERTRUD, Die geistige Gestalt des marxistischen Arbeiters und die Arbeiterbildungsfrage, Tübingen 1926.

HERRMANN, ULRICH/OELKERS, JÜRGEN (Hrsg.), Pädagogik und Nationalsozialismus, Zeitschrift für Pädagogik, 22. Beiheft, Weinheim 1988.

HESSLER, OTTO, Gewerkschaftliche Bildungsarbeit, in: Die Arbeit, 9 (1932), S. 445.

HIRSCH, MAX, Die Humboldt-Akademie in Berlin 1878–1896, Berlin 1896, S. 13–15.

HOERNLE, EDWIN, Erziehung, Gesellschaft, Klasse, in: Grundfragen proletarischer Erziehung, Frankfurt/M. 1970.

HOFFMANN, NICOLE/REIN, ANTJE VON (Hrsg.), Selbstorganisiertes Lernen in (berufs-)biografischer Reflexion, Bad Heilbrunn 1998.

HOFMANN, WALTER, Die Organisation der Freien Öffentlichen Bibliothek in Dresden/Plauen. Grundsätzliches und Praktisches, in: Concordia, 16 (1909), S. 303.

HÖLING, KÄTHE, Maßnahmen planmäßiger Erwachsenenbildung in der deutschen Industrie, Diss. Köln 1941.

HÖLSCHER, DIETER, Bildungsurlaub – eine Aufgabe der Weiterbildung, in: Beinke, Lothar/Arabin, Lothar/Weinberg, Johannes (Hrsg.), Zukunftsaufgabe Weiterbildung, Weil der Stadt 1980, S. 304–310.

HORN, KLAUS-PETER, Pädagogische Zeitschriften im Nationalsozialismus. Selbstbehauptung, Anpassung, Funktionalisierung, Weinheim 1996.

HUBRIG, HANS, Die patriotischen Gesellschaften des 18. Jahrhunderts, Weinheim 1957.

HUDSON, JAMES W., The History of Adult Education, London 1851.

HÜLS, LUISE-CHARLOTTE, Die deutsche Volkshochschule. Ihre wirtschaftliche und soziale Struktur, Berlin 1927.

HUMBOLDT, ALEXANDER VON, Die freie Bergschule zu Steben (1794), in: Dräger, Horst, Volksbildung in Deutschland im 19. Jahrhundert, Bd. 1, Braunschweig 1979, S. 103–109.

DERS., Kosmos. Entwurf einer physischen Weltbeschreibung, Stuttgart-Tübingen 1845.

HÜRTEN, HEINZ/BECKEL, ALBRECHT, Die Struktur der Erwachsenenbildung und ihre Rechtsgrundlagen, Osnabrück 1958.

HUSÉN, TORSTEN, The Learning Society, London 1974.

HUTCHINS, ROBERT M., The Learning Society, New York 1968.

HUTH, GERDA, Produktivkraft Persönlichkeit, Berlin (Ost) 1966.

Jahrbuch der Sozialdemokratischen Partei Deutschlands 1950/51, Dortmund o. J.

JEISMANN, KARL-ERNST, Volksbildung und Industrialisierung als Faktoren des sozialen Wandels im Vormärz, in: Zeitschrift für Pädagogik, 19 (1972) 3.

JELICH, FRANZ-JOSEF, »Das Ideal für unsere Schule ist das Internat«. Zur gewerkschaftlichen Bildungsarbeit des Deutschen Metallarbeiter-Verbandes in Bad Dürrenberg, in: Ciupke, Paul/Jelich, Franz-Josef; Soziale Bewegung, Gemeinschaftsbildung und pädagogische Institutionalisierung, Essen 1996, S. 131–142.

JENTSCH, IRENE, Zur Geschichte des Zeitunglesens in Deutschland am Ende des 18. Jahrhunderts, Diss. Leipzig 1937.

JOHN, ERHARD, Technische Revolution und kulturelle Massenarbeit, Berlin (Ost) 1965.

DERS., Probleme der Kultur und Kulturarbeit. Berlin (Ost) 1967.

JÜRGENSEN, KURT, Elemente britischer Deutschlandpolitik: Political Re-education, Responsible Government, Federation of Germany, in: Scharf, Claus/Schröder, Hans-Jürgen (Hrsg.), Die Deutschlandpolitik Großbritanniens und die britische Zone, Wiesbaden 1979.

JÜTTEMANN, SIEGRID, Die gegenwärtige Bedeutung des Zweiten Bildungsweges vor dem Hintergrund seiner Geschichte, Weinheim 1991.

JÜTTING, DIETER-H., Die Mitarbeiterfrage in der Erwachsenenbildung. Ein Literatur- und Forschungsbericht, in: Harney, Klaus/Jütting, Dieter/Koring, Bernhard (Hrsg.), Professionalisierung der Erwachsenenbildung, Frankfurt/M. 1987, S. 1–58.

KADE, JOCHEN u. a., Fortgänge der Erwachsenenbildungswissenschaft, Frankfurt/M. 1990.

DERS., Vermittelbar/nicht-vermittelbar: Vermitteln : Aneignen. Im Prozess der Systembildung des Pädagogischen, in: Lenzen, Dieter/Luhmann, Niklas (Hrsg.), Bildung und Weiterbildung im Erziehungssystem, Frankfurt/M. 1997, S. 30–70.

DERS./NITTEL, DIETER, Biographieforschung – Mittel zur Erschließung von Bildungswelten Erwachsener, in: Friebertshäuser, Barbara/Prengel, Annedore (Hrsg.), Handbuch qualitativer Forschungsmethoden in der Erziehungswissenschaft, Weinheim-München 1997, S. 745–757.

DERS./SEITTER, WOLFGANG, Bildung-Risiko-Genuss. Dimensionen und Ambivalenzen lebenslangen Lernens in der Moderne, in: Brödel, Rainer (Hrsg.), Lebenslanges Lernen – lebensbegleitende Bildung, Neuwied 1998, S. 51–59.

DERS./NITTEL, DIETER/SEITTER, WOLFGANG, Einführung in die Erwachsenenbildung/Weiterbildung. Stuttgart 1999.

KADE, SYLVIA, Die andere Geschichte, Frankfurt/M. 1997.

DIES., Qualitative Erwachsenenbildungsforschung – Methoden und Ergebnisse, in: Tippelt, Rudolf (Hrsg.), Handbuch Erwachsenenbildung/Weiterbildung. Opladen 1999², S. 340–359.

KAISER, ARNIM (Hrsg.), Gesellige Bildung, Bad Heilbrunn 1989.

KALLENBACH, HANS, Geschichte der Evangelischen Akademien, in: Pöggeler, Franz (Hrsg.), Geschichte der Erwachsenenbildung, Stuttgart 1975, S. 197–207.

KAMMER, HILDE/BARTSCH, ELISABETH, Nationalsozialismus, Reinbek 1992.

KANZ, HEINRICH (Hrsg.), Der Nationalsozialismus als pädagogisches Problem. Deutsche Erziehungsgeschichte 1933–1945, Frankfurt/M. 1990².

KAPPE, HANS, Volksbildung und Volkbildung. Geschichte und Idee des Reichsverbandes der deutschen Volkshochschulen, Münster 1964.

KATZ, JACOB/LAMM, HANS, Geschichte der jüdischen Erwachsenenbildung, in: Pöggeler, Franz (Hrsg.), Handbuch der Erwachsenenbildung, Bd. 4, Stuttgart 1975, S. 353–365.

KEILHACKER, MARTIN, Das Universitäts-Ausdehnungs-Problem in Deutschland und Deutsch-Österreich, Stuttgart 1929.

KEIM, HELMUT, Zur Geschichte der Volksbildung im Dritten Reich, in: das forum, (1993) 3/4, S. 10–17.

DERS., »Neugestaltung der Erwachsenenbildung.« Richtlinien der Reichsarbeitsgemeinschaft für Erwachsenenbildung. Ein Beitrag zur Geschichte der Erwachsenenbildung im »Dritten Reich«, in: Hessische Blätter für Volksbildung, (1970) 4, S. 312–319.

DERS., Von der Geschichte zur Politik der Weiterbildung, in: Knoll, Joachim H. (Hrsg.), Studienbuch Grundlagen der Weiterbildung, Neuwied 1999, S. 1–19.

DERS./OLBRICH, JOSEF/SIEBERT, HORST, Strukturprobleme der Weiterbildung, Kooperation, Koordination, Integration, Düsseldorf 1973.

DERS./URBACH, DIETRICH (Hrsg.), Volksbildung in Deutschland 1933 – 1945, Braunschweig 1976.

DERS./URBACH, DIETRICH, Erwachsenenbildung in Deutschland 1933 – 1945, in: Aus Politik und Zeitgeschichte, B 7/77, S. 1–27.

DERS./OLBRICH, JOSEF, Geschichte der Erwachsenenbildung: Geschichte der Erwachsenenbildung nach 1945, Fernuniversität Hagen, 1981.

KEIM, WOLFGANG, Verfolgte Pädagogen und verdrängte Reformpädagogik, in: Zeitschrift für Pädagogik, 32 (1986), S. 345–360.

DERS., Das nationalsozialistische Erziehungswesen im Spiegel neuerer Untersuchungen. Ein Literaturbericht, in: Zeitschrift für Pädagogik, 34 (1988), S. 109–130.

DERS. (Hrsg.), Pädagogen und Pädagogik im Nationalsozialismus – Ein unerledigtes Problem der Erziehungswissenschaft, Frankfurt/M. 1990^2.

DERS., Erziehung unter der Nazi-Diktatur. Kriegsvorbereitung, Krieg und Holocaust, Bd. II, Darmstadt 1997.

KIEFER, MARIE LUISE, Massenkommunikation 1995, in: Dichanz, H. (Hrsg.), Handbuch Medienforschung, Bonn 1998, Seite 20 ff.

KIPP, MARTIN, Berufliche Weiterbildung im Dritten Reich, in: Kipp, Martin/Miller-Kipp, Gisela, Erkundungen im Halbdunkel. Einundzwanzig Studien zur Berufserziehung und Pädagogik im Nationalsozialismus, Frankfurt/M. 1995, S. 227–249.

KLEMPERER, VIKTOR, Über die Aufgaben der Volkshochschule, in: Pädagogik, 1 (1947), S. 16 ff.

KLUTH, HANS, Die KPD in der Bundesrepublik. Ihre Tätigkeit und Organisation 1945–1956, Köln-Opladen 1959.

KNAUER, ARNOLD u. a., Sozialistische Bildungsökonomie, Berlin 1972.

KNIERIM, ALFRED/SCHNEIDER, JOHANNES, Anfänge und Entwicklungstendenzen des Volkshochschulwesens nach dem 2. Weltkrieg (1945–1951), Stuttgart 1978.

KNÖCHEL, WOLFRAM u. a., Stand und Ergebnisse der Forschung zur beruflich-betrieblichen Weiterbildung auf dem Gebiet der neuen Bundesländer, Bochum 1992.

KNOLL, JOACHIM H., Erwachsenenbildung, Stuttgart 1972.

DERS., Einführung in die Erwachsenenbildung, Berlin 1973.

DERS., Bildung im 21. Jahrhundert – Vermächtnis und Chance auf dem Wege in die Lerngesellschaft, in: Bildung und Erziehung, 49 (1993) 3, S. 363–381.

DERS., 25 Jahre Erwachsenenbildung, Universität Hannover, Institut für Erwachsenenbildung, 1995.

DERS., »Lebenslanges Lernen« im Kontext internationaler Bildungspolitik und Bildungsreform, in: Faulstich-Wieland, Hannelore u. a. (Hrsg.), Literatur- und Forschungsreport Weiterbildung, Frankfurt/M. 1997.

DERS., »Lebenslanges Lernen« und internationale Bildungspolitik – Zur Genese eines Begriffs und dessen nationale Operationalisierungen, in: Brödel, Rainer (Hrsg.), Lebenslanges Lernen – lebensbegleitende Bildung, Neuwied 1998, S. 35–50.

DERS. (Hrsg.), Studienbuch Grundlagen der Weiterbildung, Neuwied 1999, S. 124–139 und 221–241.

DERS./SIEBERT, HORST, Erwachsenenbildung in der Bundesrepublik. Dokumente 1945–1966, Heidelberg 1967.

DERS./SIEBERT, HORST/WODRASCHKE, GEORG, Erwachsenenbildung am Wendepunkt. Der Bochumer Plan als Beitrag zum Dritten Bildungsweg, Heidelberg 1967.

DERS./SIEBERT, HORST, Erwachsenenbildung – Erwachsenenqualifizierung, Heidelberg 1968.

DERS./SIEBERT, HORST, Wilhelm von Humboldt – Politiker und Pädagoge, Heidelberg 1969.

KOCH, RAINER, Das Freie Jüdische Lehrhaus in Frankfurt am Main, in: Der Jude VII, 1923, S. 116–125.

Kocka, Jürgen, Paradigmawechsel? Die Perspektive der »Historischen Sozialwissenschaft«, in: Mütter, B./Quandt, S. (Hrsg.), Wissenschaftsgeschichte und aktuelle Herausforderungen, Marburg 1988.

Kopitzsch, Franklin (Hrsg.), Aufklärung, Absolutismus und Bürgertum in Deutschland, München 1976.

Korthaase, Werner, Die Berliner internationale Comenius-Gesellschaft zur Pflege der Wissenschaft und Volkserziehung, Berlin 1993.

Ders., Die Neuköllner Arbeiter-Abiturienten-Kurse – Der Beginn des Zweiten Bildungsweges in Deutschland, in: Korthaase, Werner u. a. (Hrsg.), Aufsätze zur Bildungspolitik und -praxis zur Zeit der Weimarer Republik in Berlin, Opladen 1993.

Kowalewski, Gustav, Geschichte der Hamburgischen Gesellschaft zur Beförderung der Zünfte und nützlichen Gewerbe, Hamburg 1897.

Krapfenbauer, Hans, Die sozialpolitische Bedeutung der NSG »Kraft durch Freude«, Phil. Diss. Nürnberg 1937.

Krieck, Ernst, Nationalpolitische Erziehung, Leipzig 1933.

Ders., Erziehung im nationalsozialistischen Staat, Berlin 1935.

Krug, Peter, Gewerkschaften und Arbeiterbildung, Köln 1980.

Ders., Von den Anfängen der Arbeiterbildung (1848) bis zur Durchführung der organisierten und systematisierten Bildungsarbeit 1905, in: Arbeit und Leben (Hrsg.), Geschichte der Arbeiterbildung von den Anfängen bis zum Faschismus, Hannover 1983.

Ders., Die Karriere des selbstgesteuerten Lernens: 3 Antworten, in: Derichs-Kunstmann, Karin u. a. (Hrsg.), Selbstgesteuertes Lernen als Problem der Erwachsenenbildung, Frankfurt/M. 1998, S. 20–24.

Ders., Neue Rolle der Weiterbildungseinrichtungen: Vom Kursanbieter zur Lernagentur, in: Bundesministerium für Bildung und Forschung (Hrsg.), Selbstgesteuertes Lernen, Bonn 1999, S. 298–302.

Krüger, Franz, Zur Frage der Freizeittätigkeit des männlichen Industriearbeiters, Baden-Baden 1935.

Krünitz, J. G. (Hrsg.), Encyclopädie oder allgemeines System der Staats-, Stadt-, Haus und Landwirtschaft, 77. Theil, Berlin 1799, S. 278–284, hier nach Dräger, Horst, Volksbildung, Bd. 1, S. 116.

Küchler, Felicitas von/Kade, Sylvia (Hrsg.), Erwachsenenbildung im Übergang, Frankfurt/M. 1992.

Kuhlenkamp, Detlef, Die Weiterbildungs- und Bildungsurlaubsgesetze der Länder, in: Knoll, Joachim H. (Hrsg.), Studienbuch Grundlagen der Weiterbildung, Neuwied 1999, S. 86–123.

Ders., Weiterbildung als Politikfeld – Ausgewählte Entwicklungslinien seit 1970, in: Arnold, Rolf/Gieseke, Wiltrud/Nuissl, Ekkehard (Hrsg.), Erwachsenenpädagogik. Zur Konstitution eines Faches, Hohengehren 1999, S. 142–158.

Kuhn, Thomas S., Die Struktur wissenschaftlicher Revolution, Frankfurt/M. 1967.

Kulemann, Wilhelm, Die Berufsvereine, Drei Bände, Jena 1908.

Kunstmann, Wilfried, Volkshochschulen zwischen Autonomie und Anpassung. Entwicklung und Aufgabenbestimmung der Volkshochschulen von 1945 bis 1980, Marl 1986.

Künzel, Klaus, Kann es eine Geschichte der Erwachsenenbildung geben?, in: Tietgens, Hans, Zugänge zur Geschichte der Erwachsenenbildung, Bad Heilbrunn 1985.

Ders., Das reflexive Ende? Wider die Emigration der Erwachsenenpädagogik aus dem Bildungshandeln, in: Kade, Jochen u. a., Fortgänge der Erwachsenenbildungswissenschaft, Frankfurt/M. 1990.

Ders., Europäisierung der Weiterbildungspolitik, in: Derichs-Kunstmann, Karin u. a. (Hrsg.), Weiterbildung zwischen Grundrecht und Markt. Rahmenbedingungen und Perspektiven, Opladen 1997, S. 49–64.

KWIET, KONRAD, Nach dem Pogrom: Stufen der Ausgrenzung, in: Benz, Wolfgang (Hrsg.), Die Juden in Deutschland 1933–1945, München 1988, S. 268–313.

LAACK, FRITZ, Illusion und Wirklichkeit der Volksbildung, in: Freie Volksbildung, 8 (1933) 5/6, S. 261 ff.

DERS., Auftakt Freier Erwachsenenbildung, Stuttgart 1960.

DERS., Das Zwischenspiel freier Erwachsenenbildung, Bad Heilbrunn 1984.

DERS./WEITSCH, EDUARD, Die Lage der Volksbildung nach der nationalen Revolution, in: Freie Volksbildung, 8 (1933) 4, S. 121 ff.

LAMPA, ANTON, Über die von der Universität Wien veranstalteten auswärtigen Kurse, in: Zentralblatt für Volksbildungswesen, (1902) VIII, S. 28.

LAMPERT, HEINZ, Staatliche Sozialpolitik im Dritten Reich, in: Bracher, Karl-Dietrich/ Funke, Manfred/Jacobsen, Hans-Adolf (Hrsg.), Nationalsozialistische Diktatur 1933–1945. Eine Bilanz, Bonn 1983, S. 177–205.

LANDESINSTITUT FÜR CURRICULUMENTWICKLUNG, LEHRERFORTBILDUNG UND WEITERBILDUNG (Hrsg.), Bildungsurlaub – Erfahrungen und Problembereiche, Neuss 1981.

LANGE, E., Selbstverwaltung, in: Mitteilungen der Volkshochschule Groß-Berlin, 1922/14/3.

LANGEWIESCHE, DIETER, Das Zeitalter der Revolutionen (1750–1850), in: Niemetz, Gerold/ Uffelmann, Uwe, Epochen der modernen Geschichte, Freiburg 1986, S. 51–72.

DERS., Erwachsenenbildung, in: Langewiesche, Dieter/Tenorth, Heinz-Elmar (Hrsg.), Handbuch der deutschen Bildungsgeschichte, Bd. V 1918–1945: Die Weimarer Republik und die nationalsozialistische Diktatur, München 1989, S. 337–370.

DERS./TENORTH, HEINZ-ELMAR (Hrsg.), Handbuch der deutschen Bildungsgeschichte, Bd. V 1918–1945: Die Weimarer Republik und die nationalsozialistische Diktatur, München 1989.

DERS./TENORTH, HEINZ-ELMAR (Hrsg.), Bildung, Formierung, Destruktion, in: Handbuch der deutschen Bildungsgeschichte, Bd. V 1918–1945: Die Weimarer Republik und die nationalsozialistische Diktatur, München 1989, S. 1–24.

LASHEN, EMMI, Übersicht über die bestehenden Träger der Volkshochschulen in Deutschland, in: Wiese, Leopold von, Soziologie des Volksbildungswesens. München-Leipzig 1921.

LAUFENBERG, HEINRICH, Geschichte der Arbeiterbewegung in Hamburg/Altona und Umgebung. I. Bd., Hamburg 1911.

LEHMANN, HANS GEORG, Deutschland-Chronik 1945–1995, Bonn 1996.

LEIBING, FRANZ, Das freiwillige Bildungswesen Deutschlands in seinem gegenwärtigen Zustand, in: Die Grenzboten, 30 (1871) 1, S. 25–31.

LEIPART, THEODOR/ERDMANN, LOTHAR, Die Organisation der Arbeiterbildung, in: Arbeiterbildung und Volksbildung, Berlin 1928, S. 10–38, in: Olbrich, Josef: Arbeiterbildung in der Weimarer Zeit, Braunschweig 1977, S. 239–257.

LENZEN, DIETER, Pädagogik und Geschichte, Weinheim 1993.

DERS., Lebenslauf oder Humanontogenese? Vom Erziehungssystem zum kurativen System – von der Erziehungswissenschaft zur Humanvitologie, in: Lenzen, Dieter/Luhmann, Niklas (Hrsg.), Bildung und Weiterbildung im Erziehungssystem, Frankfurt/M. 1997, S. 228–247.

DERS., Orientierung Erziehungswissenschaft, Reinbek 1999.

LEUTERT, HEINZ, Die Facharbeiterausbildung an den Technischen Betriebsschulen, in: Berufsausbildung, (1957) 2, S. 96 ff.

LIEBKNECHT, WILHELM, Brief aus Berlin vom 21.01.1891, in: Neue Zeit, 9 (1890/91) 1.

DERS., Wissen ist Macht, Macht ist Wissen und andere politische Äußerungen, Berlin 1968.

LINGELBACH, KARL CHRISTOPH, Erziehung und Erziehungstheorien im nationalsozialistischen Deutschland, Frankfurt/M. 1987.

LODDENKEMPER, HERMANN, Volksbildungsstätten – Betriebliche und berufliche Fortbildung unter dem totalen Verfügungsanspruch des Nationalsozialismus, Frankfurt/M. 1979.

LÖWE, HANS, Einführung in die Lernpsychologie des Erwachsenenalters, Berlin 1970.

DERS., Leben ist Lernen, Leipzig 1980.

LOTT, JÜRGEN (Hrsg.), Kirchliche Erwachsenenarbeit, Stuttgart 1977.

LOTZE, HEINER, Der deutsche Volkshochschultag in Breslau, in: Thüringer Volksbildungsarbeit, 2 (1930) 2/3, S. 9–13.

DERS., Bausteine der Volkshochschule. Rückblick und Ausschau, Braunschweig 1948.

LUHMANN, NIKLAS, Die Gesellschaft der Gesellschaft, Frankfurt/M. 1997.

DERS., Erziehung als Formung des Lebenslaufs, in: Lenzen, Dieter/Luhmann, Niklas (Hrsg.), Bildung und Weiterbildung im Erziehungssystem, Frankfurt/M. 1997, S. 11–29.

LUXEMBURG, ROSA, Gewerkschaftsschule und Parteischule, in: Leipziger Volkszeitung Nr. 140, 21. Juni 1911.

MACKE, GERD, Disziplinformierung als Differenzierung und Spezialisierung – Entwicklung der Erziehungswissenschaft unter dem Aspekt der Ausbildung und Differenzierung von Teildisziplinen, in: Zeitschrift für Pädagogik, 36 (1990) 1.

MADER, WILHELM, Paradigmatische Ansätze in Theorien der Erwachsenenbildung, in: Schmitz, Enno/Tietgens, Hans (Hrsg.), Enzyklopädie Erziehungswissenschaft, Bd. 11: Erwachsenenbildung, Stuttgart 1984, S. 46 f.

DERS. u. a., Zehn Jahre Erwachsenenbildungswissenschaft, Bad Heilbrunn 1991.

MÄDICKE, HORST, Der Verantwortung bewusst, in: Gutsche, Heinz, Die Erwachsenenbildung in der SBZ, 2 Teile, Bonn 1958.

MANN, ALFRED, Denkendes Volk – Volkhaftes Denken, Frankfurt/M. 1928.

MANN, GOLO, Deutsche Geschichte des neunzehnten und zwanzigsten Jahrhunderts, Frankfurt/M. 1958.

MARKERT, WERNER, Erwachsenenbildung als Ideologie, München 1973.

MAROTZKI, WINFRIED, Zum Problem der Flexibilität im Hinblick auf virtuelle Lern- und Bildungsräume, in: Brödel, Rainer (Hrsg.), Lebenslangens Lernen – lebensbegleitende Bildung, Neuwied 1998, S. 110–123.

MARTENS, WOLFGANG, Formen bürgerlichen Lesens im Spiegel der deutschen Moralischen Wochenschriften, in: Dann, Otto (Hrsg.), Lesegesellschaften und bürgerliche Emanzipation, München 1981, S. 55–70.

MATZAT, HEINZ L., Zur Idee und Geschichte der Erwachsenenbildung in Deutschland, Hamburg 1964.

MEIER, ARTUR, Proletarische Erwachsenenbildung – die Bestrebungen der revolutionären deutschen Arbeiterbewegungen zur systematischen sozialistischen Bildung und Erziehung erwachsener Werktätiger 1918–1923, Hamburg 1971.

MENTEL, F., Institut für Marxismus-Leninismus beim ZK der SED (Hrsg.). Bund der Kommunisten, Dokumente und Materialien, Bd. 1, Berlin 1970.

MERTENS, DIETER, Schlüsselqualifikationen, in: Siebert, Horst (Hrsg.), Begründungen gegenwärtiger Erwachsenenbildung, Braunschweig 1977, S. 99–121.

MESSERSCHMIDT, FELIX, Geschichte der Katholischen Akademien, in: Pöggeler, Franz (Hrsg.), Handbuch der Erwachsenenbildung, Bd. 4: Geschichte der Erwachsenenbildung, Stuttgart 1975, S. 208–217.

MEUSER, OTTMAR, Sozialdemokratische Arbeiterbildung in Köln vor dem 1. Weltkrieg, Wentorf bei Hamburg 1979.

MEYER, KLAUS, Arbeiterbildung in der Volkshochschule, Stuttgart 1969.

MILLER, GISELA/UNVERHAU, JÜRGEN, Ländliche Erwachsenenbildung im Dritten Reich: Bauernschule und Bauernhochschule, in: Informationen zur erziehungs- und bildungshistorischen Forschung (1980), S. 205–224.

Miller, H.-G., Die deutsche Bauernhochschule (Die ländlichen Volks- und Bauernhochschulen) auf entwicklungsgeschichtlicher, weltanschaulicher und agrarpolitischer Grundlage, Stuttgart 1928.

Miller-Kipp, Gisela, Die ausgebeutete Tradition, die ideologische Revolution und der pädagogische Mythos. Versuche und Schwierigkeiten, »nationalsozialistische Pädagogik« historisch zu begreifen und einzuordnen, in: Herrmann, Ulrich/Oelkers, Jürgen (Hrsg.), Pädagogik und Nationalsozialismus, Zeitschrift für Pädagogik, 22. Beiheft, Weinheim 1988.

Mittelstrass, Jürgen, Die Möglichkeit von Wissenschaft, Frankfurt/M. 1974.

Mockrauer, Franz, Der zweite deutsche Volkshochschultag, in: Freie Volksbildung, 5 (1930), S. 276–283.

Möhle, H., Didaktisches Grundkonzept des Hochschulfernstudiums in der DDR, Hagen 1982.

Ders., Aus- und Weiterbildung Erwachsener auf Hochschulebene in der DDR, Hagen 1986.

Mommsen, Hans, Der Mythos des nationalen Aufbruchs und die Haltung der deutschen intellektuellen und funktionalen Eliten, in: 1933 in Gesellschaft und Wissenschaft, Universität Hamburg 1984, Teil 1: Gesellschaft, S. 127–141.

Monatsblätter für Volksbildungswarte, Jahrgänge 1939, 1940, 1941, 1942. Hrsg. vom Deutschen Volksbildungswerk, NS-Gemeinschaft »Kraft durch Freude«.

Müller, E., Der Auftrag der Evangelischen Akademie, in: Leiterkreis der Evangelischen Akademien in Deutschland e. V. (Hrsg.), Evangelische Akademien in der Bundesrepublik Deutschland, Bad Boll o. J., S. 9–16.

Müller, Hans/Tietgens, Hans, Eine Analyse der Arbeitspläne, in: Riese, Hajo/Nieder, Heinrich/Müllges, Udo (Hrsg.), Bildung für den Beruf, Braunschweig 1969.

Münchner Volksbildungskalender 1930, Handbuch der Kultur und Bildungspflege, 1. Jahrgang, Hrsg. vom Kreisverband München im Landesverband für freie Volksbildung in Bayern, München 1930.

Nafzger-Glöser, Jutta, Vom »Turmhahn« zum »Trojaner«. Die Erwachsenenbildung/Weiterbildung in der Bundesrepublik Deutschland von 1945 bis 1994 im Spiegel ihrer Zeitschriften, Frankfurt/M. 1994.

Nast, M., Das Grundrecht auf Bildung, Berlin 1979.

Natorp, Hans-Jörg, Universität und Volksbildung, in: Volksbildungsarchiv, Berlin 1913.

Negt, Oskar, Soziologische Phantasie und exemplarisches Lernen. Zur Theorie und Praxis der Arbeiterbildung, Frankfurt/M. 1968.

Neuloh, Otto, Arbeiterbildung im neuen Deutschland, Leipzig 1930.

Niclauss, Karlheinz, »Restauration« oder Renaissance der Demokratie? Die Entstehung der Bundesrepublik Deutschland 1945–1949, Berlin 1982.

Niedhart, Gottfried, Deutsche Geschichte 1918–1933, Stuttgart 1996².

Nipperdey, Thomas, Verein als soziale Struktur in Deutschland im späten 18. und frühen 19. Jahrhundert, in: Nipperdey, Thomas, Gesellschaft, Kultur, Theorie, Göttingen 1976, S. 174 ff.

Ders., Deutsche Geschichte, 1800 – 1866: Bürgerwelt und starker Staat, München 1991⁵.

Ders., Deutsche Geschichte, 1866–1918: Machtstaat vor der Demokratie, München 1992.

Nolda, Sigrid, Erwachsenenbildung in der Wissensgesellschaft, Bad Heilbrunn 1996.

Dies., Interaktion und Wissen. Eine qualitative Studie zum Lehr-/Lernverhalten in Veranstaltungen der allgemeinen Erwachsenenbildung, Frankfurt/M. 1996.

Nuissl, Ekkehard, Lernende Gesellschaft Europa. Erwachsenenlernen in Europa, in: DIE. Zeitschrift des Deutschen Instituts für Erwachsenenbildung 3 (1998) 5, S. 23–25.

Ders., Ordnungsgrundsätze der Erwachsenenbildung in Deutschland, in: Tippelt, Rudolf (Hrsg.), Handbuch Erwachsenenbildung/Weiterbildung, Opladen 1999², S. 389–401.

DERS., Selbstgesteuertes Lernen – seine Voraussetzungen und Grenzen, in: Bundesministerium für Bildung und Forschung (Hrsg.), Selbstgesteuertes Lernen, Bonn 1999, S. 33–39.

DERS./PEHL, KLAUS, Portrait Weiterbildung – Deutschland, Bielefeld 2000.

OLBRICH, JOSEF, Konzeption und Methodik der Erwachsenenbildung bei Eduard Weitsch, Stuttgart 1972.

DERS., Arbeiterbildung in der Weimarer Zeit, Braunschweig 1977.

DERS. (Hrsg.), Legitimationsprobleme in der Erwachsenenbildung, Stuttgart 1980.

DERS., Die Geschichte der Erwachsenenbildung im 19. Jahrhundert, Veröffentlichung der Fernuniversität Hagen 1981.

DERS. (Hrsg.), Arbeiterbildung nach dem Fall des Sozialistengesetzes (1890–1914), Braunschweig 1982.

DERS., Systemtheoretische Perspektiven zur Geschichte der Erwachsenenbildung, in: Tietgens, Hans (Hrsg.), Zugänge zur Geschichte der Erwachsenenbildung, Bad Heilbrunn 1985, S. 44–56.

DERS., Arbeiterbildung in der Phase der Rekonstruktion, in: Olbrich, Josef/Schwarz, Hanns-Albrecht, Politik und Bildung: Arbeiterbildung nach 1945, Frankfurt/M. 1991, S. 15–51.

DERS., Geschichtstheoretische und methodologische Aspekte einer Historiographie der Erwachsenenbildung, Veröffentlichung der Fernuniversität Hagen 1991.

DERS., Prolegomena zu einer Wissenschaftsgeschichte der Erwachsenenbildung, in: Jagenlauf, Michael/Schulz, Manuel/Wolgast, Günter (Hrsg.), Weiterbildung als quartärer Bereich, Neuwied 1995.

DERS., Geschichte der Erwachsenenbildung im Kontext gesellschaftlicher Modernisierung, in: Brödel, Rainer (Hrsg.), Erwachsenenbildung in der Moderne. Diagnosen, Ansätze, Konsequenzen (Studien zur Erziehungswissenschaft und Bildungsforschung 9), Opladen 1997, S. 257–272.

DERS., Legitimation der Theorie und legitime Praxis, in: Hessische Blätter für Volksbildung, 4 (1999), S. 293–307.

DERS., Reflexionsprobleme im Weiterbildungssystem: Sinn und Weiterbildung, in: Arnold, Rolf/Gieseke, Wiltrud/Nuissl, Ekkehard (Hrsg.), Erwachsenenpädagogik, Hohengehren 1999, S. 159–177.

DERS., Systemtheorie und Erwachsenenbildung, in: Tippelt, Rudolf (Hrsg.), Handbuch Erwachsenenbildung/Weiterbildung, Opladen 1999², S. 157–183.

DERS./SCHWARZ, HANNS-ALBRECHT, Politik und Bildung: Arbeiterbildung nach 1945, Frankfurt/M. 1991.

OPPERMANN, DETLEF/RÖHRIG, PAUL (Hrsg.), 75 Jahre Volkshochschule, Bad Heilbrunn 1995.

OTTO, HANS-UWE/SÜNKER, HEINZ (Hrsg.), Politische Formierung und soziale Erziehung im Nationalsozialismus, Frankfurt/M. 1991.

OVERESCH, MANFRED u. a., Die Gründung der Bundesrepublik Deutschland, Hannover 1989.

PACHE, CHRISTEL, Theodor Bäuerles Beitrag zur deutschen Erwachsenenbildung, Stuttgart 1971.

PAKSCHIES, GÜNTER, Umerziehung in der Britischen Zone 1945–1949. Untersuchungen zur britischen Re-education-Politik, Weinheim 1979.

PAUCKER, ARNOLD (Hrsg.) u. a., Die Juden im nationalsozialistischen Deutschland. The Jews in Nazi Germany 1933–1943, Tübingen 1986.

PEHL, KLAUS/REITZ, GERHARD, Volkshochschulstatistik, 38. Folge, Arbeitsjahr 1999, Bielefeld 2000.

PETZINA, DIETMAR, Grundriss der deutschen Wirtschaftsgeschichte 1918 – 1945, in: Deutsche Geschichte seit dem Ersten Weltkrieg, Bd. 2, Stuttgart 1973.

PFAFFE, HERBERT, Lehren des 19. Parteitages der KPdSU für die Arbeit der Volkshochschule, in: Mitteilungen des Ministeriums für Volksbildung, (1953) 2, S. 4ff.
PFLEIDERER, WOLFGANG, Mitbürgerliche Erziehung als Aufgabe der Volkshochschule, in: Verband Württembergischer Volkshochschulen e.V., Obereßlingen 1953².
PICHT, GEORG, Die deutsche Bildungskatastrophe, Freiburg 1964.
DERS. u.a., Gesamtplan für ein kooperatives System der Erwachsenenbildung, Stuttgart 1968.
PICHT, WERNER, Die Volkshochschule der Zukunft, Leipzig 1919.
DERS., Volksbildung in Deutschland, Berlin 1936.
DERS., Das Schicksal der Volksbildung in Deutschland, Braunschweig 1950.
PIETH, WILLI, 10 Jahre Lübecker Volkshochschule, Lübeck 1929.
PLUM, GÜNTER, Wirtschaft und Erwerbsleben, die Situation der deutschen Juden zu Beginn der NS-Zeit, in: Benz, Wolfgang (Hrsg.), Die Juden in Deutschland 1933–1945, München 1988, S. 268–313.
PÖGGELER, FRANZ, Katholische Erwachsenenbildung. Ein Beitrag zu ihrer Geschichte 1918–45, München 1965.
DERS. (Hrsg.), Handbuch der Erwachsenenbildung, Bd. 4: Geschichte der Erwachsenenbildung, Stuttgart 1975.
DERS., Erwachsenenbildung als Faktor der europäischen Integration, in: Tippelt, Rudolf (Hrsg.), Handbuch Erwachsenenbildung/Weiterbildung, Opladen 1999², S. 524–535.
DERS., Demokratisierung durch Bildung: Ideen, Entwicklungen und Erträge der deutschen Erwachsenenbildung im 20. Jahrhundert, in: Friedenthal-Haase, Martha (Hrsg.), Erwachsenenbildung im 20. Jahrhundert – Was war wesentlich? München-Mering 2001, S. 33–56.
POHLMEYER, VIKTOR, Das volkstümliche Vortragswesen, in: Draeger, Horst, Volksbildung in Deutschland im 19. Jahrhundert, Braunschweig 1979.
PORADA, ERWIN, Das erste Lehrjahr der Parteischulung – ein neuer Abschnitt in der ideologischen Entwicklung unserer Partei, in: Olbrich, Josef/Schwarz, Hanns-Albrecht, Politik und Bildung: Arbeiterbildung nach 1945, Frankfurt/M. 1991, S. 483–493.
PREUSKER, KARL, Bausteine. Erster Theil, 2. vermehrte und gänzlich umgearbeitete Aufl., Leipzig 1835.
QUEM-REPORT. Qualifikations-Entwicklungs-Management, Heft 53: Formen arbeitsintegrierten Lernens. Möglichkeiten und Grenzen der Erfassbarkeit. Schriften zur beruflichen Weiterbildung. Analysen – Diskussionen – Empfehlungen, Berlin 1998.
RAAPKE, HANS-DIETRICH, Didaktische Aspekte der Erwachsenenbildung, in: Ritters, Claus (Hrsg.), Theorien der Erwachsenenbildung, Weinheim 1968, S. 126f.
DERS., Erwachsenenbildung, in: Führ, Christoph/Furck, Carl-Ludwig (Hrsg.), Handbuch der deutschen Bildungsgeschichte, Bd. VI: 1945 bis zur Gegenwart, München 1998, S. 549–584.
RADEMACHER, L., Zur Sozialpsychologie der Volkshochschul-Hörer, in: Zeitschrift für angewandte Psychologie 43 (1933).
RECKNAGEL, ANNE-CHRISTEL, 70 Jahre Volkshochschule Stuttgart 1919–1989. Ein Beitrag zur Geschichte der Volksbildung, Stuttgart 1989.
REICHEL, PETER, Der schöne Schein des Dritten Reiches, München 1991.
REIFENRATH, BRUNO H., Methoden und Zielsetzungen der nationalsozialistischen Volksbildung, in: Vierteljahresschrift für wissenschaftliche Pädagogik (1984), S. 84–111.
REINMANN-ROTHMEIER, GABI/MANDL, HEINZ, Vom selbstgesteuerten zum eigenverantwortlichen Lernen, in: Bundesministerium für Bildung und Forschung (Hrsg.), Selbstgesteuertes Lernen, Bonn 1999, S. 40–50.
REISCHMANN, JOST, Self-directet Learning – die amerikanische Diskussion, in: Report 39, S. 125–137.

REISIG, HILDEGARD, Die Lehren vom politischen Sinn der Arbeiterbildung, Langensalza 1933.

RIEHL, WILHELM-HEINRICH, Der Potsdamer Handwerker-Verein in seinem 25jährigen Bestehen, Potsdam 1873.

RITTER, GERHARD ALBERT/KOCKA, JÜRGEN, Deutsche Sozialgeschichte. Dokumente und Skizzen, Bd. II: 1870–1914, München 1974.

RITTERS, CLAUS (Hrsg.), Theorien der Erwachsenenbildung, Weinheim 1968.

RITZ, H. O., Die Bildungsinteressen der sozialen Schichten. Eine Untersuchung der Hörerschaft der Volkshochschule Wuppertal, unter besonderer Berücksichtigung der Arbeiter und Angestelltenschaft, Köln 1957.

ROBERTSON, DAVIES, Funding the Learning Society. Democratic Participation and Flexibility for Adults, in: Adults Learning 6 (1995) 9, S. 275–277.

ROETHER, DOROTHEA u. a., Lernfähigkeit im Erwachsenenalter, Leipzig 1986.

ROHLMANN, RUDI, Weiterbildungsgesetze der Länder, in: Tippelt, Rudolf (Hrsg.), Handbuch Erwachsenenbildung/Weiterbildung, Opladen 1999², S. 402–417.

RÖHRIG, PAUL, Geschichte der Arbeiterbildung, in: Pöggeler, Franz (Hrsg.), Handbuch der Erwachsenenbildung, Bd. 4: Geschichte der Erwachsenenbildung, Stuttgart 1975, S. 246–262.

DERS., Erwachsenenbildung, in: Jeismann, Karl-Ernst/Lundgreen, Peter (Hrsg.), Handbuch der deutschen Bildungsgeschichte, Bd. III, München 1987.

ROMBERG, REINHARD, Bedürfnisse, Erwartungen, Kalküle – was steuert das Lernen Erwachsener?, in: Report – Literatur- und Forschungsreport Weiterbildung (1992) 29, S. 51–74.

ROSENBERG, ALFRED, Der Mythos des 20. Jahrhunderts. Eine Wertung der seelisch-geistigen Gestaltungskämpfe unserer Zeit, München 1933.

ROSENFELD, G., Theorie und Praxis der Lernmotivation, Berlin 1972.

ROSENZWEIG, BEATE, Erziehung zur Demokratie? Amerikanische Besatzungs- und Schulreformpolitik in Deutschland und Japan, Stuttgart 1998.

RÖSSNER, LUTZ, Erwachsenenbildung in Braunschweig, Braunschweig 1971.

ROVAN, JOSEPH, Geschichte der deutschen Sozialdemokratie, Paris 1978.

RÜSEN, JÖRN, Lebendige Geschichte. Grundzüge einer Historik III: Formen und Funktionen des historischen Wissens, Göttingen 1989.

DERS., Zeit und Sinn. Strategien historischen Denkens, Frankfurt/M. 1990.

DERS., Historische Orientierung, Köln 1994.

SANDT, RITA VAN DE, Martin Buber. Bildnerische Tätigkeit zwischen den beiden Weltkriegen, Stuttgart 1977.

SCHACHNE, LUCIE, Erziehung zum geistigen Widerstand. Das jüdische Landschulheim Herrlingen 1933–1939, Frankfurt/M. 1986.

SCHÄFER, ERICH, Auf dem Weg zum Edutainment? Medien und Erwachsenenbildung – historische und aktuelle Entwicklungen, in: Friedenthal-Haase, Martha (Hrsg.), Erwachsenenbildung im 20. Jahrhundert – Was war wesentlich? München-Mering 2001, S. 57–82.

SCHÄFERS, HANS-JOACHIM, Zur sozialistischen Arbeiterbildung in Leipzig 1890 bis 1914, Leipzig 1961.

DERS., Zur sozialistischen Arbeiterbildung in Deutschland in den Jahren vor dem ersten Weltkrieg. Ein Beitrag zur Geschichte und Theorie der Arbeiterbildung und Kulturpolitik, Phil. Diss. Leipzig 1965.

SCHÄFFTER, ORTFRIED, Zwischen Engagement und Distanzierung – Pädagogische Selbstbeschreibung als ›Gegenstand‹ der Erwachsenenbildungswissenschaft, in: Kade, Jochen u. a., Fortgänge der Erwachsenenbildungswissenschaft, Frankfurt/M. 1990.

DERS., Arbeiten zu einer erwachsenenpädagogischen Organisationstheorie, Frankfurt/M. 1992.

DERS., Münchhausens Zopf als pädagogische Innovation, in: Derichs-Kunstmann, Karin u. a. (Hrsg.), Selbstorganisiertes Lernen als Problem der Erwachsenenbildung, Beiheft zum Report, Frankfurt/M. 1998, S. 30–34.

DERS., Weiterbildung in der Transformationsgesellschaft. Zur Grundlegung einer Theorie der Institutionalisierung, Berlin 1999.

SCHARF, CLAUS/SCHRÖDER, HANS-JÜRGEN (Hrsg.), Die Deutschlandpolitik Großbritanniens und die britische Zone, Wiesbaden 1979.

SCHELSKY, HELMUT, Soziologie und Erwachsenenbildung, in: Volkshochschule im Westen, (1954) 3/4.

SCHICK, KARL, Geschichte der Erwachsenenschulen, in: Pöggeler, Franz (Hrsg.), Handbuch der Erwachsenenbildung, Bd. 4: Geschichte der Erwachsenenbildung, Stuttgart 1975.

SCHIEDER, WOLFGANG, Anfänge der deutschen Arbeiterbewegung, Stuttgart 1963.

SCHILDT, AXEL, Zwischen Abendland und Amerika. Studien zur westdeutschen Ideenlandschaft der 50er Jahre, München 1999.

SCHLANDER, OTTO, Reeducation – Ein politisch-pädagogisches Prinzip im Widerstreit der Gruppen, Bern-Frankfurt/M. 1975.

SCHLECHTE, HORST, Die allgemeine deutsche Arbeiterverbrüderung 1848–1850. Dokumente des Zentralkomitees für die deutschen Arbeiter in Leipzig, Weimar 1979.

SCHLEIERMACHER, FRIEDRICH, Versuch einer Theorie des geselligen Betragens, in: Das Berlinische Archiv der Zeit und ihres Geschmacks, 5 (1799) 1, S. 48–66 und S. 111–123, in: Birkner, Hans-Joachim (Hrsg.), Schriften, Kritische Gesamtausgabe, Erste Abteilung: Schriften und Entwürfe, Bd. 2, Berlin 1984, S. 165 ff.

SCHNEIDER, G. u. a., Erwachsenenbildung, Berlin 1988.

SCHOENFELDT, EBERHARD, Berufliche Erwachsenenbildung, in: Beinke, Lothar u. a. (Hrsg.), Zukunftsaufgabe Weiterbildung, Weil der Stadt 1980.

SCHOLTZ, HARALD, Erziehung und Unterricht unterm Hakenkreuz, Göttingen 1985.

SCHRADER, JOSEF, Lerntypen bei Erwachsenen. Empirische Analysen zum Lernen und Lehren in der beruflichen Weiterbildung, Weinheim 1994.

SCHRÖDER, WILHELM, Handbuch der sozialdemokratischen Parteitage von 1863–1909, München 1910.

SCHULENBERG, WOLFGANG, Ansatz und Wirksamkeit der Erwachsenenbildung, Stuttgart 1957.

DERS., Auswirkungen der Schulbildung auf die Erwachsenenbildung, in: Tietgens, Hans (Hrsg.), Erwachsenenbildung und Schule, Braunschweig 1967.

DERS. u. a., Zur Professionalisierung der Erwachsenenbildung, Braunschweig 1972.

SCHULZ, HEINRICH, Politik und Bildung. Hundert Jahre Arbeiterbildung, Berlin 1931.

DERS., Erwachsenenbildung im Kriege: Die Fackel, die nie erlischt. 18 Millionen Teilnehmer am Volksbildungswerk der DAF, in: Arbeitertum 13 (1944) 14, S. 3 f.

SCHULZ, MANUEL/GAVRANOVIC, ZORANA, Selbstorganisiertes Lernen – Impuls oder Tradition für die Erwachsenenbildung?, in: Cuvry, Andrea u. a. (Hrsg.), Erlebnis Erwachsenenbildung, Neuwied 2000, S. 353–365.

SCHÜTZE, FRITZ, Biographieforschung und narratives Interview, in: Neue Praxis, (1983) 3, S. 282–293.

SCHWARZ, HANNS-ALBRECHT, Die Parteischule (1906–1914), in: Olbrich, Josef (Hrsg.), Arbeiterbildung nach dem Fall des Sozialistengesetztes (1890–1914), Braunschweig 1982, S. 189–246.

SCHWARZ, HANS-PETER, Vom Reich zur Bundesrepublik. Deutschland im Widerstreit der außenpolitischen Konzeptionen in den Jahren der Besatzungsherrschaft 1945–1949, Neuwied 1966.

SCHWEICHEL, ROBERT, Die Bildung der Arbeiterklasse, in: Demokratisches Wochenblatt, Nr. 45 vom 7. November 1868, S. 357 und Nr. 46 vom 14. November 1868, Beilage.

SEEFELDT, FRITZ, Volksbildung im neuen Deutschland, in: Deutsche Monatshefte in Polen, (1934) 3.

SEIFERT, P., Der Erziehungs- und Überzeugungsprozess, fester Bestandteil der Erwachsenenbildung, in: Berufsbildung, (1981) 7, S. 347 ff.

SEITTER, WOLFGANG, Volksbildung als Teilhabe. Frankfurt/M. 1990.

DERS., Geschichte der Erwachsenenbildung. Eine Einführung, Bielefeld 2000.

DERS., Von der Volksbildung zum Lebenslangen Lernen. Erwachsenenbildung als Medium der Temporalisierung des Lebenslaufs, in: Friedenthal-Haase, Martha (Hrsg.), Erwachsenenbildung im 20. Jahrhundert – Was war wesentlich? München und Mering 2001, S. 83–96.

SEKRETARIAT DER STÄNDIGEN KONFERENZ DER KULTUSMINISTER DER LÄNDER IN DER BUNDESREPUBLIK DEUTSCHLAND (Hrsg.), Das Bildungswesen in der Bundesrepublik Deutschland 1998. Bonn 1999.

SIEBERT, HORST, Bildungspraxis in Deutschland. BRD und DDR im Vergleich. Düsseldorf 1970.

DERS., Erwachsenenbildung in der Erziehungsgesellschaft der DDR. Düsseldorf 1970.

DERS., Begründungen gegenwärtiger Erwachsenenbildung, Braunschweig 1977.

DERS. (Hrsg.), Taschenbuch der Weiterbildungsforschung, Baltmannsweiler 1979.

DERS., Didaktisches Handeln in der Erwachsenenbildung, Neuwied 1996.

DERS., Konstruktivistische (Theorie-)Ansichten der Erwachsenenbildung, in: Brödel, Rainer (Hrsg.), Erwachsenenbildung in der Moderne. Diagnosen, Ansätze, Konsequenzen (Studien zur Erziehungswissenschaft und Bildungsforschung 9), Opladen 1997, S. 285–299.

DERS., Die Karriere des selbstgesteuerten Lernens, in: Derichs-Kunstmann, Karin u. a. (Hrsg.), Selbstorganisiertes Lernen als Problem der Erwachsenenbildung, Beiheft zum Report. Frankfurt/M. 1998, S. 17–19.

DERS., Entwicklungen und Paradigmen der Erwachsenenbildungsforschung, in: Knoll, Joachim H. (Hrsg.), Studienbuch Grundlagen der Weiterbildung, Neuwied 1999, S. 140–156.

DERS., Erwachsenenbildung in der Bundesrepublik Deutschland – Alte Bundesländer und neue Bundesländer, in: Tippelt, Rudolf (Hrsg.), Handbuch Erwachsenenbildung/Weiterbildung, Opladen 1999[2], S. 54 – 80.

DERS., Pädagogischer Konstruktivismus. Eine Bilanz der Konstruktivismusdiskussion für die Bildungspraxis, Neuwied 1999.

DERS., Selbstgesteuertes Lernen und Lernberatung, Neue Lernkulturen in Zeiten der Postmoderne, Neuwied 2001.

DERS./GERL, HERBERT, Lehr- und Lernverhalten bei Erwachsenen, Braunschweig 1975.

DERS./WEINBERG, JOHANNES (Hrsg.), Literatur- und Forschungsreport Weiterbildung, Münster 1978.

SIEMERING, HERTHA, Arbeiterbildungswesen in Wien und Berlin. Eine kritische Untersuchung, Karlsruhe 1911.

SIEMSEN, ANNA, Der Fall Tinz und seine politische Bedeutung, in: Sozialistische Monatshefte, 36 (1930) 4, S. 355–338.

SIMON, ERNST, Aufbau im Untergang. Jüdische Erwachsenenbildung im nationalsozialistischen Deutschland als geistiger Widerstand, Tübingen 1959.

SMITH, ADAM, Natur und Ursachen des Volkswohlstandes, Leipzig 1933 (Kröners Taschenbuchausgabe Bd. 103).

SPECHT, MINNA, Gesinnungswandel. Die Erziehung der deutschen Jugend nach dem Weltkrieg, London 1943.

SPIES, WERNER/BRUNS, HELGA/SCHICK, KARL, Verschulung oder Befreiung?, Braunschweig 1973.

Stachura, Peter D., Das Dritte Reich und die Jugenderziehung: Die Rolle der Hitlerjugend 1933–1939, in: Bracher, Karl-Dietrich/Funke, Manfred/Jacobsen, Hans-Adolf (Hrsg.), Nationalsozialistische Diktatur 1933–1945. Eine Bilanz, Bonn 1983, S. 224–244.

Staufenbiel, E., Kultur heute – für morgen, Berlin 1966.

Steinhaus, Hubert, Hitlers pädagogische Maximen, Frankfurt/M. 1981.

Steinmetz, Paul, Die deutsche Volkshochschulbewegung, Karlsruhe 1929.

Storch, Karin, Der Zweite Bildungsweg. Chance oder Illusion?, Frankfurt/M. 1974.

Stöver, Bernd, Volksgemeinschaft im Dritten Reich, Düsseldorf 1993.

Stratmann, Karlwilhelm, Die Krise der Berufserziehung, Ratingen 1967.

Strunk, G. u. a., Wiederbegegnung, Bonn 1990.

Strunk, Gerhard, Das Buch in der Diskussion, in: Siebert, Horst (Hrsg.), Literatur- u. Forschungsreport Weiterbildung, Münster 1991, Heft 27.

Strzelewicz, Willy, Soziologische Materialien, Heidelberg 1968.

Ders., Forschungen über Erwachsenenbildung in Deutschland, in: Knoll, Joachim H. (Hrsg.), Internationales Jahrbuch der Erwachsenenbildung, Heidelberg 1969, S. 139–159.

Ders., Demokratisierung und Erwachsenenbildung, Braunschweig 1973.

Ders., Bildungssoziologie: Bildungssoziologische Forschung im Weiterbildungsbereich, in: Siebert, Horst (Hrsg.), Taschenbuch der Weiterbildungsforschung, Baltmannsweiler 1979, S. 140–171.

Ders./Raapke, Hans-Dietrich/Schulenberg, Wolfgang, Bildung und gesellschaftliches Bewusstsein, Göttingen 1966.

Studiengruppe »Arbeiterbildung Berlin«, Arbeiterbildung in Westberlin 1945–1950, Entwicklung, Stand, Aufgaben. Eine Denkschrift, Berlin 1950.

Stützel-Prüsener, Marlies, Die deutschen Lesegesellschaften im Zeitalter der Aufklärung, in: Dann, Otto (Hrsg.), Lesegesellschaften und bürgerliche Emanzipation, München 1981, S. 71–86.

Sutter, Hansjörg, Weiterbildungsregelungen in Tarifverträgen, in: Bundesminister für Bildung und Wissenschaft (Hrsg.), Reihe Bildung-Wissenschaft-Aktuell (1989) 3.

Taschwer, K., »Wissen für Alle?« Zur Soziographie und Sozialpsychologie der Wiener VolkshochschulhörerInnen bis 1938, in: Spurensuche. Mitteilungen des Vereins zur Geschichte der Volkshochschulen, 6 (1995) 1, S. 8–26.

Tenfelde, Klaus, Lesegesellschaften und Arbeiterbildungsvereine: Ein Ausblick, in: Dann, Otto (Hrsg.), Lesegesellschaften und bürgerliche Emanzipation, München 1981, S. 253–274.

Tenorth, Heinz-Elmar, Zur deutschen Bildungsgeschichte 1918–1945, Köln 1985.

Ders., Deutsche Erziehungswissenschaft 1930 bis 1945. Aspekte ihres Strukturwandels, in: Zeitschrift für Pädagogik 32 (1986), S. 299–321.

Ders., Professionalisierung pädagogischer Arbeit – Suchbewegungen in der Erwachsenenbildung, in: Harney, Klaus u. a. (Hrsg.), Professionalisierung der Erwachsenenbildung, Frankfurt/M. 1987, S. 536–560.

Ders., Pädagogisches Denken, in: Langewiesche, Dieter/Tenorth, Heinz-Elmar (Hrsg.), Handbuch der deutschen Bildungsgeschichte, Bd. V 1918–1945: Die Weimarer Republik und die nationalsozialistische Diktatur, München 1989, S. 111–153.

Ders., Bildung und Wissenschaft im »Dritten Reich«, in: Bracher, Karl-Dietrich/Funke, Manfred/Jacobsen, Hans-Adolf (Hrsg.), Deutschland 1933–1945, Düsseldorf 1992, S. 240–255.

Ders., Wahrheitsansprüche und Fiktionalität, in: Lenzen, Dieter, Pädagogik und Geschichte, Weinheim 1993.

Tews, Johannes, 50 Jahre deutsche Volksbildungsarbeit. Festschrift zum 50jährigen Bestehen der Gesellschaft für Volksbildung, Berlin o. J., (1921).

DERS., Volk und Bildung, Festschrift zum 60jährigen Bestehen der Gesellschaft für Verbreitung von Volksbildung, Berlin o. J., (1931).

THIEME, HANS, »Hart wie Kruppstahl, zäh wie Leder, flink wie die Windhunde ...«. Nationalsozialistische Jugenderziehung bis 1939, in: Hampel, Johannes, Der Nationalsozialismus, Bd. II, München 1989, S. 279–310.

THÖNE, BETTINA, Berufliche Weiterbildung in gesellschaftlichen Umbruchsituationen, Frankfurt/M. 1999.

TIETGENS, HANS, Zum Aufgabenverständnis der Erwachsenenbildung, in: Tietgens, Hans (Hrsg.), Bilanz und Perspektive. Braunschweig 1968, S. 185–210.

DERS. (Hrsg.), Zugänge zur Geschichte der Erwachsenenbildung, Bad Heilbrunn 1985.

DERS., Vorbemerkungen, in: Kade, Jochen u. a., Fortgänge der Erwachsenenbildungswissenschaft, Frankfurt/M. 1990, S. 9 f.

DERS., Zwischenpositionen in der Geschichte der Erwachsenenbildung seit der Jahrhundertwende, Bad Heilbrunn 1994.

DERS., Geschichte der Erwachsenenbildung, in: Tippelt, Rudolf (Hrsg.), Handbuch Erwachsenenbildung/Weiterbildung, Opladen 1999², S. 25–41.

DERS./HIRSCHMANN, GÜNTER/BIANCHI, MARY, Ansätze zu einem Baukastensystem, Braunschweig 1974.

TIPPELT, RUDOLF, Lebenslanges Lernen. Leitlinien für die Zukunft der Erwachsenenbildung, in: Arbeitshilfen für die Erwachsenenbildung, (1997) 1–2, S. 37–47.

DERS. (Hrsg.), Handbuch Erwachsenenbildung/Weiterbildung, Opladen 1999².

DERS., Kontinuität oder Diskontinuität von Bildungsbiographien? Schulische Lernerfahrungen und Weiterbildungsinteressen aus der Perspektive sozialer Milieuforschung, in: Arnold, Rolf/Gieseke, Wiltrud/Nuissl, Ekkehard (Hrsg.), Erwachsenenpädagogik, Hohengehren 1999, S. 253–265.

TONSCHEIDT, PAUL, Die Bauernhochschulbewegung, in: Odal. Monatsschrift für Blut und Boden, 1942, S. 471–476.

TRIETSCH, G., Die Macht der Funktionäre, Düsseldorf 1956.

TYRELL, ALBRECHT, Voraussetzungen und Strukturelemente des nationalsozialistischen Herrschaftssystems, in: Bracher, Karl-Dietrich/Funke, Manfred/Jacobsen, Hans-Adolf (Hrsg.), Nationalsozialistische Diktatur 1933–1945. Eine Bilanz, Bonn 1983, S. 37–72.

URBACH, DIETRICH, Die Volkshochschule Großberlin in nationalsozialistischer Zeit, in: Kulturarbeit 19 (1967), S. 169–175.

DERS., Zur Geschichte der Erwachsenenbildung. Die Katholische Volkshochschule Berlin 1923–1940, in: Erwachsenenbildung, 13 (1967), S. 171–178.

DERS., Eine Volkshochschule zwischen 1933 und 1945 – Modellfall Freiburg, in: Volkshochschulen im Westen, 1970.

DERS., Die Volkshochschule Groß-Berlin 1920 bis 1933, Stuttgart 1971.

DERS., Erwachsenenbildung in Deutschland 1933–1945, in: Pädagogische Rundschau, 28 (1974) 10.

DERS., Berufliche Fortbildung in Deutschland 1933–1945, in: Wirtschaft und Berufs-Erziehung, 7 (1977).

DERS., Berufliche Weiterbildung in der Nazizeit, in: das forum, 33 (1993) 3/4, S. 2–29.

URBAN, KARIN, Das Ausbildungswesen unter dem Nationalsozialismus. Wissenschaftstheoretische Begründung und Erziehungswirkliche Praxis, Frankfurt/M. 1986.

VATH, REINGARD, Der Beruf des Erwachsenenpädagogen, in: Siebert, Horst (Hrsg.), Taschenbuch der Weiterbildungsforschung, Baltmannsweiler 1979, S. 108–139.

Verband für Erwachsenenbildung in Württemberg-Hohenzollern, in: Es geht um den Menschen, Ravensburg 1957.

VIERHAUS, RUDOLF (Hrsg.), Deutsche patriotische und gemeinnützige Gesellschaften, München 1980 (Wolfenbütteler Forschungen, Bd. 8).

DERS., Deutschland im 18. Jahrhundert, Göttingen 1987.
VOGEL, MARTIN R., Volksbildung im ausgehenden 19. Jahrhundert, Stuttgart 1959.
VOGEL, NORBERT, Grundtvigs Bedeutung für die deutsche Erwachsenenbildung, Bad Heilbrunn 1994.
VOLKMANN, MICHAEL, Neuorientierung in Palästina 1933 bis 1948, Köln 1994.
VOLLNHALS, CLEMENS, Jüdische Selbsthilfe bis 1938, in: Benz, Wolfgang (Hrsg.), Die Juden in Deutschland 1933–1945. Leben unter nationalsozialistischer Herrschaft, München 1988, S. 314–412.
VOSSISCHE ZEITUNG Nr. 145 vom 25. Juni 1851.
WALK, JOSEPH, Jüdische Schule und Erziehung im Dritten Reich, Frankfurt/M. 1991.
WEHLER, HANS-ULRICH, Deutsche Gesellschaftsgeschichte, Bd. 1. Vom Feudalismus des Alten Reiches bis zur defensiven Modernisierung der Reformära: 1700–1815, München 1989^2.
WEIDEMANN, B., Hohe Effektivität und Qualität der berufspraktischen Ausbildung der Lehrlinge und der Weiterbildung der Werktätigen, in: Berufsausbildung, (1981) 1, S. 7 ff.
WEINBERG, JOHANNES, Professionalisierung der Weiterbildung durch Ausbildung für typische Arbeitsplätze, in: Beinke, Lothar/Arabin, Lothar/Weinberg, Johannes (Hrsg.), Zukunftsaufgabe Weiterbildung, Weil der Stadt 1980, S. 403–424.
DERS., Einführung in das Studium der Erwachsenenbildung, Bad Heilbrunn 1990.
WEISZ, CHRISTOPH (Hrsg.), OMGUS-Handbuch. Die amerikanische Militärregierung in Deutschland 1945–1949, München 1994.
WEITSCH, EDUARD, Zur Sozialisierung des Geistes. Jena 1919.
DERS., Technik der geistigen Arbeit, Frankfurt/M. 1929.
DERS., Zur Technik des Volkshochschulunterrichts, in: Bausteine der Volkshochschule, (1946) 3.
WELKE, MARTIN, Gemeinsame Lektüre und frühe Formen von Gruppenbildungen im 17. und 18. Jahrhundert: Zeitungslesen in Deutschland, in: Dann, Otto (Hrsg.), Lesegesellschaften und bürgerliche Emanzipation, München 1981, S. 29–53.
WENDLING, WILLI, Die Volksbildungsbestrebungen des deutschen Katholizismus im 19. Jahrhundert, Würzburg 1937.
WENIGER, ERICH, Im Lichte der Soziologie und Pädagogik, in: Bücherei und Bildung, (1955) 12 A.
DERS., Grundtvig und der Begriff der historischen Aufklärung, in: Die Eigenständigkeit in Theorie und Praxis, Weinheim 1964.
WERMUTH/STIEBER, Die Communistischen Verschwörungen des Neunzehnten Jahrhunderts. Erster Theil, Berlin 1853.
WERNER, CHRISTIAN A., Handbuch der Erwachsenenbildung, Bd. 1: Die psychologischen und soziologischen Voraussetzungen der Erwachsenenbildung – Materialien zur Geschichte der Deutschen Erwachsenenbildung, Berlin 1959.
WESSELER, MATTHIAS, Evaluation und Evaluationsforschung, in: Tippelt, Rudolf (Hrsg.), Handbuch Erwachsenenbildung/Weiterbildung, Opladen 1999^2, S. 736–752.
WETZEL, JULIANE, Auswanderung aus Deutschland, in: Benz, Wolfgang (Hrsg.), Die Juden in Deutschland 1933–1945, München 1988.
WIESE, LEOPOLD VON, Soziologie des Volksbildungswesens, München-Leipzig 1921.
WILKE, JÜRGEN, Literarische Zeitschriften des 18. Jahrhunderts 1688–1789, Teil 1: Grundlegung, Stuttgart 1978.
WINKLER, ERICH, Bildungsfragen der Sozialdemokratie, in: Die Tat, 18 (1926/27), S. 264–270, in: Olbrich, Josef, Arbeiterbildung in der Weimarer Zeit, Braunschweig 1977, S. 153–160.
WIRTH, INGEBORG (Hrsg.), Handwörterbuch der Erwachsenenbildung, Paderborn 1978.

WITTPOTH, JÜRGEN, Wissenschaftliche Rationalität und berufspraktische Erfahrung, Bad Heilbrunn 1987.

DERS., Grenzfall Weiterbildung, in: Lenzen, Dieter/Luhmann, Niklas (Hrsg.), Bildung und Weiterbildung im Erziehungssystem, Frankfurt/M. 1997, S. 71–93.

WOLGAST, GÜNTHER, Zeittafel zur Geschichte der Erwachsenenbildung, Neuwied 1996.

DERS./KNOLL, JOACHIM H. (Hrsg.), Biographisches Handwörterbuch der Erwachsenenbildung, Stuttgart 1986.

WOLLENBERG, JÖRG, Arbeiterbildung, Hagen 1983.

DERS., Schule der Demokratie, in: Glaser, Hermann u. a. (Hrsg.), Soviel Anfang war nie, Berlin 1989, S. 303–309.

WSI Tarifarchiv, Sondertarifverträge und Tarifvertragsbestimmungen zur Bildschirmarbeit. Reihe »Elemente qualitativer Tarifpolitik« Nr. 2, September 1985.

WU, MING-LIEH, Zum Begriff der Lerngesellschaften im internationalen Kontext und ihrer Entwicklung in den 90er Jahren, in: Tagungsband. Beiträge zur 20. Jahrestagung des Vereins der Chinesen (Taiwan) in Deutschland für Forschung und Lehre: Der Geist Taiwans: Die Weiterentwicklung der taiwanesischen Gesellschaft ins 21. Jahrhundert, Bad Homburg 1990, S. 80–100.

DERS., Auf dem Weg zur Lerngesellschaft. Eine vergleichende Studie über Deutschland und Taiwan in den 90er Jahren, Berlin 2000.

ZEE, HENRI VAN DER, The Learning Society, in: International Journal of Lifelong Education, 35 (1991) 1, S. 213–230.

ZENTNER, CHRISTIAN/BEDÜRFTIG, FRIEDENMANN, Das große Lexikon des Dritten Reiches. München 1985.

ZENTRALSTELLE FÜR ARBEITSVERMITTLUNG DER BUNDESANSTALT FÜR ARBEIT – Arbeitsmarktinformationsstelle (AMS) – (Hrsg.), Arbeitsmarkt –Information. Diplom-Pädagoginnen und Diplom-Pädagogen und Magister der Erziehungswissenschaft, Frankfurt/M. 1997.

ZIEGLER, CHARLOTTE, 1919–1969 Volkshochschule Hannover. Eine pädagogisch-historische Studie, Hannover 1970.

ZIERL, GERHARD, Staatsbürgertaschenbuch, München 1995[28].

Zur Volkshochschulfrage. Amtliche Schriftstücke, Leipzig 1919, S. 8.

Zwischenbericht der Enquete-Kommission des Deutschen Bundestages, Zukünftige Bildungspolitik – Bildung 2000, Bonn 1990.

Anhang:

Kommentiertes Personenverzeichnis

Achtel, Klaus (geb. 1937): Professor, 1966–1971 Wissenschaftler an der Technischen Universität Dresden; 1971–1991 Mitarbeiter am Deutschen Institut für Berufsbildung/Zentralinstitut für Berufsbildung der DDR; Inhaltliche Schwerpunkte: Inhalte von Aus- und Weiterbildung, Anforderungsermittlung, Facharbeiterweiterbildung.

Adler, Max (1873–1937): Führender Vertreter des Austromarxismus; bedeutender Theoretiker der marxistischen Arbeiterbildung in der Weimarer Zeit; außerordentlicher Professor an der Wiener Universität.

Adorno, Theodor (1903–1969): Beteiligte sich an den Diskussionen des Frankfurter Instituts für Sozialforschung und setzte sich mit Fragen des Marxismus sowie der Psychoanalyse und Ästhetik auseinander. Er entwarf das Programm »Eine Philosophie als geschichtliche Deutung«. Nach seiner Übersiedlung in die USA 1938 wurde er formelles Mitglied einer Zweigstelle des Instituts für Sozialforschung in New York. 1949 kehrte Adorno als Professor an das wieder errichtete Institut in Frankfurt/M. zurück und übernahm 1958 dessen Leitung. Adorno war einer der führenden Vertreter der Kritischen Theorie der Frankfurter Schule, die auf die Erwachsenenbildung vor allem in den Sechziger- und Siebzigerjahren einen großen Einfluss ausübte.

Amthor, Georg Michael (1820–1884): Handelsschuldirektor und Buchhändler; studierte Theologie und Orientalistik in Leipzig; gründete und leitete die Coburger Abendgesellschaft.

Angermann, Franz (1886–1939): 1920–1924 Mitarbeiter in der Heimvolkshochschule Dreißigacker (Leiter: Eduard Weitsch); 1926 Leiter der Heimvolkshochschule Sachsenburg; Mitherausgeber der einflussreichen Zeitschrift »Freie Volksbildung« (1926–1930). Nach seiner Entlassung durch die Nationalsozialisten 1933 als freier Schriftsteller tätig.

Arnim, Bettina von (1785–1859): Dichterin; berichtete engagiert über die Verelendung in den Vierzigerjahren des 19. Jahrhunderts: »Wüllnitzsche Häuser« vor dem Rosentaler Tor in Berlin.

Auer, Ignaz (1846–1907): Mitglied der Sozialdemokratie seit 1869; 1872 in Berlin Präsident des Deutschen Sattlervereins; 1874 hauptamtlicher Sekretär der Partei; 1878 aus Berlin ausgewiesen; Mitglied des Reichstages 1880–1907.

Baader, Benedikt Franz Xaver von (1765–1841): Mitglied der Bayerischen Akademie der Wissenschaften; Professor an der Universität München; führender katholischer Sozialethiker (soziale Frage); zeichnete Grundlinien einer katholischen Volksbildung.

Baeck, Leo (1873–1956): Wirkte als Rabbiner in Oppeln, Düsseldorf und Berlin. Er war Dozent an der Hochschule für die »Wissenschaft des Judentums«. Als Präsident der »Reichsvertretung der Deutschen Juden« kämpfte er gegen die Verfolgung der jüdischen Bevölkerung; 1933 wurde er in das KZ Theresienstadt gebracht, das er überlebte. Baeck war einer der führenden Vertreter der jüdischen Kultur und Wissenschaft. Das nach ihm benannte, 1954 gegründete »Leo-Baeck-Institut« mit Häusern in London, New York und Jerusalem stellt sich zur Aufgabe, die Geschichte der deutschen Juden in den letzten 200 Jahren zu erforschen.

Backhaus, Herbert (geb. 1925): 1950 Direktor der Polytechnischen Oberschule Schwerin; 1982 Direktor der Volkshochschule Ehm Welk Schwerin; 1990 Sprecherrat der Volkshochschulen der DDR. Inhaltlicher Schwerpunkt: Didaktik und Methodik der Volkshochschularbeit.

Baeumler, Alfred (1887–1968): Seit 1928 Professor für Philosophie an der TH Dresden. 1933 ordentlicher Professor an der Berliner Universität als Lehrstuhlinhaber für politische Pädagogik. Baeumler war neben Ernst Krieck der führende Repräsentant nationalpolitischer und nationalsozialistischer Pädagogik.

Bahrdt, Carl Friedrich (1741–1792): Gründer eines Philantropins in der Schweiz; vgl. unten das Stichwort »Basedow«; Zentralfigur der Lesegeschichte; auf Empfehlung Johann Bernhard Basedows Lehrer und Leiter an mehreren Philantropinen (Marschlinz, Heidesheim); Generalsuperintendent in Dürkheim; später freier Schriftsteller und Gastwirt.

Basedow, Johann Bernhard (1724–1790): Führender Vertreter der Aufklärungspädagogik in Deutschland; Begründer der sog. philanthropischen Bewegung in Deutschland; gründete 1774 das berühmte Philanthropin, eine bedeutende Erziehungseinrichtung in Dessau; nach ihrem Muster ähnliche Einrichtungen in Deutschland und der Schweiz.

Bäuerle, Theodor (1882–1956): 1908 Vorsitzender des Evangelischen Arbeitervereins; 1918 gründete er den Verein zur Förderung der Volksbildung in Württemberg, dessen Direktor er bis zur Auflösung des Vereins 1936 war. Sozialpolitisch engagiert (Erwerbslosenbildung Ende der Zwanzigerjahre). Nach dem Ausscheiden Wolfgang Pfleiderers Leiter der Volkshochschule Stuttgart. Während der Nazizeit als Berater bei der Firma Bosch tätig; 1947–1951 Kultusminister von Baden-Württemberg.

Bauer, Gustav (1870–1944): 1908 Zweiter Vorsitzender der Generalkommission der Gewerkschaften; seit 1912 Mitglied des Reichstages; 1919 Reichsarbeitsminister im Kabinett Scheidemann; nach Scheidemanns Rücktritt wurde Bauer Reichskanzler und bildete die »Weimarer Koalition«, die den Versailler Vertrag unterzeichnete.

Bauer, Manfred (geb. 1926): 1955–1975 Hauptreferent im Ministerium für Volksbildung der DDR für Volkshochschulen sowie Sektorenleiter für Erwachsenenbildung, gleichzeitig ein Jahr Direktor des Zentralinstituts für Berufsbildung der DDR; 1976–1990 Leiter der Forschungsdisziplin Volkshochschulen an der Akademie der Pädagogischen Wissenschaften und Vorsitzender des wissenschaftlichen Beirates für Volkshochschulforschung; inhaltliche Schwerpunkte: Volkshochschulforschung, Didaktik der Erwachsenenbildung, insbesondere Selbstbildung Erwachsener.

Bebel, August (1840–1913): Prominenter Führer der deutschen Sozialdemokratie, von Beruf Drechsler; 1861 Mitglied des Leipziger Gewerklichen Bildungsvereins und später des Arbeiterbildungsvereins; führender Theoretiker und Praktiker der Arbeiterbildung.

Becker, Carl Heinrich (1876–1933): Seit 1916 Vortragender Rat im Preußischen Kultusministerium; Staatssekretär unter Konrad Haenisch und von 1925–1930 Minister für Wissenschaft, Kunst und Volksbildung. Becker gehörte zu den großen Förderern der Weimarer Erwachsenenbildung.

Becker, Hellmut (1913–1993): 1956 Präsident des Deutschen Volkshochschulverbandes; 1962 Direktor des Max-Planck-Instituts für Bildungsforschung in Berlin; 1974 Vorsitzender des Kuratoriums der Pädagogischen Arbeitsstelle des Deutschen Volkshochschulverbandes (PAS).

Becker, Rudolf Zacharias (1752–1822): Schriftsteller und Buchhändler; popularisierender Organisator der Aufklärung; Herausgeber des »Noth- und Hilfsbüchlein oder lehrreiche Freuden- und Trauergeschichte der Einwohner zu Mildheim« (2 Teile, Gotha, 1788 ff.).

Bennigsen, Wilhelm Rudolf von (1824–1902): 1859 Mitbegründer des Nationalvereins; dessen Präsident 1859–1867; 1867 Gründung der Nationalliberalen Partei und deren Führer bis 1883; Mitglied des Reichstages von 1867–1883 und von 1887–1896.

Berg, Max Paul Eduard (1870–1947): Architekt (Stahlbetonskelettbau); Wettbewerbsteilnehmer für den Bau der Gewerkschaftsschule in Bernau.

Bernfeld, Siegfried (1892–1953): Pädagoge und Psychologe; Anhänger Siegmund Freuds; entwickelte eine sozialistische antiautoritäre Pädagogik unter Berücksichtigung der Psychoanalyse.

Bernhard, Georg (1875–1944): Honorarprofessor an der Berliner Handelshochschule; Reichstagsabgeordneter; Lehrer an der Parteischule; 1933 Emigration; Begründer des »Pariser Tagesblatt«.

Bernstein, Eduard (1850–1932): 1881–1890 Redakteur des »Sozialdemokrat«. 1902–1906 und 1912–1918 Reichstagsabgeordneter; 1906–1914 Lehrer an der Gewerkschaftsschule in Berlin; Vertreter einer pragmatischen Erwachsenenbildungskonzeption und -praxis (»revisionistischer Flügel« der SPD).

Biedermann, Friedrich Carl (1812–1901): Professor; Mitglied des Reichstages; Mitarbeiter im Verband Deutscher Arbeitervereine; forderte einen systematischen Lehraufbau in der Volksbildung; Wegbereiter der Arbeitsschulbewegung.

Birley, Sir Robert (1903–1981): Verantwortlicher Erziehungsoffizier in der britischen Zone; von 1947–1949 *Educational Advisor*. Robert Birley vertrat im Rahmen der *Re-education*-Politik die Idee einer *Equal Partnership* zwischen Briten und Deutschen.

Bismarck, Otto Eduard Leopold von (1815–1898): 1862 Preußischer Ministerpräsident; 1871–1890 Reichskanzler; Initiator der Sozialistengesetze (1878–1890).

Blanc, Louis (1811–1882): Zeitgenosse und Weggefährte Wilhelm Weitlings; in seinem Hauptwerk »Organisation du Travail« (1839) verband er den Gedanken der Planung und Förderung der Wirtschaft durch Produktionsgenossenschaften mit der Neubestimmung der Erziehung, die dem Prinzip der Verbrüderung zu entsprechen habe; Blanc hatte bedeutende theoretische Auswirkungen auf die deutsche Arbeiterbildung und Arbeiterbewegung.

Blättner, Fritz, (1891–1981): Von 1935–1937 Redakteur und Schriftleiter der Zeitschrift »Die Erziehung«; 1942 Dozent an dem Berufspädagogischen Institut in Hamburg; 1944–1946 leitete Blättner die Hamburger Volkshochschule. Am 1. April 1946 wurde Blättner als Professor für Pädagogik und Psychologie an die Kieler Christian-Albrechts-Universität berufen. Im Rahmen dieses Lehrstuhles befasste sich Blättner intensiv mit der Erwachsenenbildung und gründete 1949 an der Kieler Universität ein »Seminar für Erwachsenenbildung«.

Blum, Emil (1894–1978): 1924–1933 Leiter der Heimvolkshochschule Habertshof; Vertreter des religiösen Sozialismus, der seine Bildungsarbeit und Bildungstheorie wesentlich beeinflusste (»Existenzielle Bildung«).

Bolzano, Bernhard (1781–1848): Philosoph und Mathematiker; von Edmund Husserl als einer »der größten Logiker aller Zeiten« deklariert; organisierte volkstümliche Vorlesungsreihen in Prag.

Borchardt, Julian (1868–1932): Redakteur verschiedener sozialdemokratischer Zeitungen; von 1907–1913 Wanderlehrer des zentralen Bildungsausschusses und Lehrer der Parteischule und der Arbeiterbildungsschule in Berlin; Mitglied des Lehrerkollegiums der Marxistischen Arbeiterschule (MASCH) in Berlin.

Borinski, Fritz (1903–1988): Leitung des Volkshochschulheims für Jungarbeiter in Leipzig; Lehrer an der Heimvolkshochschule Sachsenburg; in Zusammenarbeit mit Theodor Litt Leitung des Seminars für freies Volksbildungswesen an der Universität Leipzig; Mitherausgeber der »Neuen Blätter für Sozialismus«; 1933 Entlassung durch die Nationalsozialisten und Emigration nach England. 1943–1945 Sekretär des *German Educational*

Reconstruction Commitee (GER); nach 1945 entscheidende Mitwirkung am Wiederaufbau der Erwachsenenbildung in Westdeutschland; von 1947–1954 Leiter der Heimvolkshochschule Göhrde und von 1954–1956 Leiter der Volkshochschule Bremen; seit 1956 Professor an der Freien Universität Berlin; Borinski war wesentlich beteiligt an der Entwicklung einer Wissenschaft von der Erwachsenenbildung sowie Mitinitiator des Diplomstudienganges Erziehungswissenschaft mit dem Schwerpunkt Erwachsenenpädagogik.

Born, Stephan (1824–1898): Führendes Mitglied des Berliner Handwerkervereins; in Paris und Brüssel enge Verbindung zu Friedrich Engels und Karl Marx; 1848 Vorsitzender der Arbeiterverbrüderung; später Professor für deutsche und französische Literatur in Basel.

Börne, Ludwig (1786–1837): Schriftsteller; neben Heinrich Heine Angehöriger des 1832 in Paris gegründeten Großdeutschen Vereins, der als Urverein der Handwerker- und Arbeiterbildungsvereine gelten kann.

Borsig, Johann Friedrich August (1804–1854): Fabrikant; Mitbegründer der Gesellschaft für Verbreitung von Volksbildung.

Brauer, Theodor (1880–1942): Lehrer an der Akademie der Arbeit in Frankfurt/M..

Brandler, Heinrich (1881–1967): Seit 1901 Mitglied der SPD; Vorsitzender des Hamburger Arbeiterbildungsvereins; Mitbegründer der Spartakus-Gruppe; seit 1918 Mitglied der KPD; 1921 deren Mitvorsitzender. Brandler lehnte eine eigenständige Arbeiterbildung am Beginn der Weimarer Zeit mit dem Argument ab, jetzt habe der revolutionäre politische Kampf Vorrang.

Braunthal, Alfred (1897–1980): Lehrer an der Heimvolkshochschule Tinz.

Brehm, Alfred Edmund (1829–1884): Zoologe und Forschungsreisender; (Hauptwerk: »Das Tierleben«); Mitbegründer der Gesellschaft für Verbreitung von Volksbildung.

Buber, Martin (1878–1965): 1922 begann Martin Buber mit seiner erwachsenenbildnerischen Tätigkeit am Freien Jüdischen Lehrhaus in Frankfurt am Main. Von 1933–1938 leitete er nach dem Tode von Franz Rosenzweig das Lehrhaus. Auf seine Initiative entstand die »Mittelstelle für jüdische Erwachsenenbildung«, die er selbst leitete. 1938 verließ Buber Deutschland und übernahm eine Professur für Sozialphilosophie in Jerusalem. 1960 wurde er der erste Präsident der Israelischen Akademie der Wissenschaften. Martin Buber prägte wesentlich die jüdische Erwachsenenbildung in Deutschland.

Buchwald, Reinhard (1884–1983): Gründer der Volkshochschule Thüringen, deren Geschäftsführer zusammen mit Hermann Nohl; zeitweilig Leiter der Volkshochschule Jena; 1922 Referent für Erwachsenenbildung im Volksbildungsministerium Thüringen. 1927–1933 Vorsitzender des Reichsverbandes der Deutschen Volkshochschulen; bedeutender Vertreter der »Thüringer Richtung« der Erwachsenenbildung.

Büsch, Georg Johann (1728–1800): Neben Campe und Ebeling führender Autor der »Hamburgischen Addreß-, Comptoire-Nachrichten«; engagierter Vertreter der beruflichen Erwachsenenbildung.

Buß, Josef von (1803–1878): Sozialethiker; einer der ersten Theoretiker einer katholischen Volksbildung; engagierte sich für die Bildung des Proletariats (soziale Frage).

Campe, Joachim Heinrich (1746–1818): Vertreter und Protagonist des aufgeklärten Bürgertums für Volksbildung. Auf Empfehlung Basedows Lehrer und Leiter des Philanthropin in Dessau; 1778 Gründer und Leiter einer Erziehungsanstalt in Trittau bei Hamburg; Kinder- und Jugendbuchautor; Schriften zur Reform der Elementarschule in Richtung Industrieschule (»Industriosität«).

Cassirer, Ernst (1874–1945): Führender Vertreter der »Marburger Schule«. In Cassirers 1910 erschienenen Werk »Substanzbegriff und Funktionsbegriff« setzt er an die Stelle des Denkens im Stile der traditionellen Metaphysik die Analyse funktioneller begrifflicher und allgemeinstruktureller »Erzeugungszusammenhänge«.

Cohen, Hermann (1842–1918): Philosoph; 1876 Lehrstuhlinhaber in Marburg; führender Vertreter der Marburger Schule. Cohen war bestrebt, die Prinzipien der Kantschen Philosophie neu zu begründen. Zentral in seiner Philosophie war der »Neue Begriff von Erfahrung«.

Cohn, Oskar (1869–1933): Lehrer an der Arbeiterbildungsschule Berlin und an der Parteischule; 1933 Emigration in die Sowjetunion.

Condorcet, Jean Marie Antoine (1743–1794): Entwarf den französischen Nationalerziehungsplan; vertrat die Idee der Gleichheit der Menschen und damit auch das Recht aller Menschen auf Bildung. Condorcets Erziehungsplan bezog alle Bereiche des politischen und gesellschaftlichen Lebens ein. Condorcet war einer der ersten Vertreter einer antizipatorischen Erwachsenenbildung.

David, Eduard (1863–1930): Gymnasiallehrer; Redakteur in der sozialdemokratischen Presse; Mitarbeiter der »Sozialistischen Monatshefte«; 1903 Mitglied des Reichstages; erster Präsident der Weimarer Nationalversammlung.

Delbrück, Hans Gottlieb Leopold (1848–1929): Historiker und Politiker; neben Wilhelm Dilthey, Friedrich Paulsen, Gustav Schmoller u. a. engagierte er sich für die Einführung von volkstümlichen Hochschulkursen an der Berliner Universität.

Diderot, Denis (1713–1784): Autor und Mitherausgeber der »Französischen Enzyklopädie«. Diderot hatte größten Einfluss auf die europäische Aufklärung; entwarf für Zarin Katharina II. den Plan einer russischen Universität.

Diesterweg, Friedrich Adolf Wilhelm (1790–1866): Lehrer und Konrektor in Mannheim, Worms und Frankfurt/M.; 1832 Direktor des Seminars für die Stadtschulen in Berlin; Vertreter einer Trennung von Schule und Kirche. 1850 zwangsweise in den Ruhestand versetzt, war später als freier Schriftsteller tätig; auch als Abgeordneter für die Fortschrittspartei im Preußischen Abgeordnetenhaus setzte er sich für eine bessere, wirtschaftlich fundierte Lehrerbildung ein; zugleich forderte er die Lehrer zu einer Mitwirkung in der Volksbildung auf (»Bildung für das Leben«).

Dietrich, Rainer (geb. 1940): 1967–1990 Mitglied im Deutschen Institut für Berufsbildung/Zentralinstitut für Berufsbildung der DDR; 1985–1990 stellvertretender Direktor. Inhaltliche Schwerpunkte: Berufliche Erwachsenenbildung, insbesondere Aus- und Weiterbildung der Facharbeiter und Meister, Lehreraus- und weiterbildung, Mediendidaktik.

Dilthey, Wilhelm (1833–1911): Professor für Philosophie in Basel, Kiel, Breslau und Berlin; Hauptvertreter der Hermeneutik und der Lebensphilosophie; beteiligte sich als Dozent an extramuralen Universitätskursen.

Drews, Wilhelm Arnold (1870–1938): Staatsminister; nebenamtliche Lehrkraft an der Akademie der Arbeit in Frankfurt/M..

Duncker, Franz (1822–1888): Verleger der »Berliner Volkszeitung«; Vertreter des Linksliberalismus; 1865 Vorsitzender des Berliner Handwerkervereins; 1868 Gründer der »Deutschen Gewerkvereine« zusammen mit Max Hirsch (»Hirsch-Dunckersche Gewerkvereine«); 1871 Mitbegründer der Gesellschaft für Verbreitung von Volksbildung.

Duncker, Hermann (1874–1960): Bereits als Student der Musik, Philosophie, Geschichte und Volkswirtschaft gab er Kurse beim Leipziger Arbeiterverein; Mitglied der Redaktion der »Leipziger Volkszeitung«; 1907–1914 Wanderlehrer für den Zentralbildungsausschuss der SPD; 1912–1914 Lehrer an der Parteischule; Gründer der Räteschule in Gotha; seit 1926/27 Lehrer an der Marxistischen Arbeiterschule in Berlin; 1947 Dekan der geisteswissenschaftlichen Fakultät der Universität Rostock; seit 1949 Leiter der FDGB-Gewerkschaftsschule in Bernau.

Duncker, Käte (1871–1953): Lehrerin; arbeitete am Leipziger Arbeiterbildungsverein; 1906–1908 Redakteurin der Zeitschrift »Die Gleichheit«. Mitbegründerin von Spartakusbund und KPD; 1939 Emigration nach Amerika; 1947 Rückkehr in die DDR.

Ebeling, Daniel Christoph (1741–1814): Professor und Bibliothekar; zusammen mit J. G. Büsch Vorsteher an der 1768 gegründeten Handelsakademie in Hamburg.

Ebert, Friedrich (1871–1925): seit 1912 Mitglied des Reichstages; 1913 neben Hugo Haase Parteivorsitzender; 1918 übernahm er von Prinz Max von Baden das Amt des Reichskanzlers; 1919–1925 Reichspräsident.

Eckstein, Gustav (1875–1916): 1910–1912 Lehrer an der Berliner Parteischule; Redakteur der »Neuen Zeit«.

Eichhorn, Robert Emil (1863–1925): 1913 Lehrer an der Arbeiterbildungsschule Berlin; nach 1918 Mitglied der USPD und der KPD.

Einstein, Albert (1879–1956): Physiker und Nobelpreisträger; beteiligte sich aktiv an der Volksbildung durch Vorträge außerhalb der Universität.

Eisler, Hanns (1898–1962): Komponist und Musiker; Dozent an der Marxistischen Arbeiterschule.

Engels, Friedrich (1820–1895): Zusammen mit Karl Marx bedeutendster sozialistischer Theoretiker und nach dem Tode von Marx Führer der marxistischen Bewegung; seine Schriften bildeten eine Grundlage sozialistischer Arbeiterbildung (»Wissenschaftlicher Sozialismus«).

Erdberg, Robert von (1866–1929): Sozialpädagogisches Engagement; 1896 Leiter der Abteilung Volksbildung in der Zentralstelle für Arbeiterwohlfahrtseinrichtungen in Berlin; Hauptvertreter der Neuen Richtung der Volksbildung in der von ihm mitherausgegebenen Zeitschrift »Die Arbeitsgemeinschaft«; 1920 Referent der neugegründeten Abteilung Volksbildung im Preußischen Kultusministerium; 1927 initiierte er die Deutsche Schule für Volksforschung und Erwachsenenbildung; bedeutender Organisator der Weimarer Erwachsenenbildung.

Fabian, Walter (1902–1991): Einer der Gründer der sozialistischen Arbeiterpartei SAP; ab 1935 im Exil; von 1957–1970 Chefredakteur der »Gewerkschaftlichen Monatshefte«. Walter Fabian war seit 1924 in der Erwachsenenbildung freiberuflich tätig.

Faupel, Wilhelm (1873–1945): ehemaliger Direktor des IBO-amerikanischen Instituts, »Beauftragter des Führers für die gesamte geistige und weltanschauliche Erziehung der NSDAP«.

Feiler, Arthur (1879–1942): Lehrer an der Akademie der Arbeit in Frankfurt/M.

Fichte, Johann Gottlieb (1762–1814): In seinen »Reden an die Deutsche Nation« entwickelte Fichte den Gedanken einer neuen, nationalen politischen Erziehung; Vordenker einer extramuralen Erwachsenenbildung durch die Universitäten (»Universitätsausdehnungsbewegung«).

Fiedler, Herbert (geb. 1925): 1955–1992 Direktor der Volkshochschule Luckenwalde; Forschung und Mitarbeit am Institut für Erwachsenenbildung an der Karl-Marx-Universität Leipzig, an der Humboldt-Universität zu Berlin und an der Friedrich-Schiller-Universität Jena; 1989–1990 Vertreter des Sprecherrates der Volkshochschulen der DDR. Inhaltliche Schwerpunkte: Sozialpsychologische Fragen der Erwachsenenbildung, Kollektiventwicklung.

Flitner, Wilhelm (1889–1990): Pädagoge und Kulturphilosoph; gründete 1919 zusammen mit Hermann Nohl die Thüringer Volkshochschule; Professor in Hamburg; Hauptvertreter der Neuen Richtung (»Laienbildung«); Mitbegründer der Zeitschrift »Die Erziehung«.

Fourier, Charles Francois Marie (1772–1837): Französischer Sozialphilosoph; entwickelte unter dem Einfluss von Rousseau und den Physiokraten die Sozialutopie einer neuen Gesellschaft; Fourier beeinflusste zusammen mit den Frühsozialisten Wilhelm Weitling und Louis Blanc die Arbeit der Handwerker- und Arbeiterbildungsvereine in Deutschland während des Vormärz (1848/49).

Fraenkel, Ernst (1898–1975): 1926–1930 Lehrer in der Gewerkschaftsschule in Bad Dürrenberg und der Heimvolkshochschule Schloss Tinz; Professor für politische Wissenschaften an der Freien Universität Berlin.

Frick, Wilhelm (1877–1946): Nationalsozialistischer Unterrichtsminister in Thüringen seit 1930; unterdrückte und verbot die demokratische Erwachsenenbildung; 1946 zum Tode verurteilt.

Fricke, Fritz (1894–1961): Theoretiker gewerkschaftlicher Bildungsarbeit und sozialistischer Arbeiterbildung.

Friedrich Wilhlem IV (1795–1861): Preußischer König; unterstützte den »Zentralverein für das Wohl der arbeitenden Klasse«.

Fromm, Erich (1900–1980): Bedeutender jüdischer Wissenschaftler; führender Psychoanalytiker; Mitbegründer und Dozent am Freien jüdischen Lehrhaus in Frankfurt/M.; Mitarbeit am Institut für Sozialforschung in Frankfurt/M.; 1933 Emigration und Lehrtätigkeit an mehreren Universitäten und Instituten in den USA und in Mexiko.

Geiger, Theodor (1891–1952): 1920–1928 Geschäftsführer der Volkshochschule Groß Berlin; 1928–1933 Professor für Soziologie an der Technischen Hochschule Braunschweig; 1933 Emigration nach Dänemark; ab 1938 Professor für Soziologie an der Universität Aarhus.

Gerlach, Karl Friedrich Otto von (1801–1849): Hofprediger; Vereinsvorsitzender des Berliner Handwerkervereins.

Gneist, Heinrich Rudolph Hermann Friedrich von (1816–1895): Jurist und Politiker; Mitbegründer der Gesellschaft für Verbreitung von Volksbildung.

Goebbels, Joseph (1897–1945): Schloss sich 1924 der NSDAP an; 1930 wurde er von Hitler zum Reichspropagandaleiter der NSDAP und 1933 zum Minister für Volksaufklärung und Propaganda ernannt.

Goethe, Johann Wolfgang von (1749–1832): Dichter; beeinflusste Theorieelemente der Neuen Richtung (Flitners »Laienbildung«).

Goldschmidt, Alfons (1879–1940): Wissenschaftler; gründete die »Räte-Zeitung«; Dozent an der Marxistischen Arbeiterschule.

Gottsched, Johann Christoph (1700–1766): Literaturreformer; Herausgeber von populären Zeitschriften (»Die vernünftigen Tadlerinnen« und »Biedermann«).

Graf, Georg Engelbert (1881–1952): Lehrer an der Heimvolkshochschule Schloss Tinz; bedeutender Vertreter sozialistischer Erwachsenenbildung; nach 1945 Leiter der Volkshochschule Wilmersdorf in Berlin.

Gramm, Hermann (1895–1981): Mitarbeiter in der Leipziger Volksbildungsarbeit; 1931–1933 Leiter der Volkshochschule Leipzig.

Greiling, Johann Christoph (1765–1840): Kantschüler; (Schrift über »Theorie der Popularität«).

Greiner, Oskar (1881–1971) Lehrer an der Heimvolkshochschule Schloss Tinz.

Grimme, Adolf (1889–1963): 1928/29 Ministerialrat im Preußischen Kultusministerium; 1930–1932 Preußischer Minister für Kunst und Volksbildung; 1946–1948 Kultusminister des Landes Niedersachsen; 1948–1956 Generaldirektor des Nord-Westdeutschen Rundfunks. Grimme leistete einen entscheidenden Beitrag zum Aufbau der Erwachsenenbildung in Niedersachsen.

Gropius, Walter (1883–1969): Architekt; Mitbegründer des staatlichen »Bauhauses« und dessen erster Direktor; Dozent an der Marxistischen Arbeiterschule.

Grundtvig, Nicolai Frederik Severin (1783–1872): Theologe, Historiker, Bischof; gründete 1844 die erste Volkshochschule in Rødding; bedeutendster Vertreter der Dänischen Erwachsenenbildung; theoretischer Begründer der Heimvolkshochschulbewegung in Skandinavien; bedeutender Einfluss auf die Volkshochschulbewegung der Weimarer Zeit.

Grunwald, Max (1873–1926): Lehrer an der Parteischule.

Gurland, Arkadij (1904–1979): Politologe; Theoretiker der Arbeiterbildung in der Weimarer Zeit.

Haase, Hugo (1863–1919): Mitglied der Sozialdemokratie; seit 1907 Reichstagsmitglied; 1911 Mitglied des Parteivorstandes; 1913 Fraktionsvorsitzender im Reichstag; 1917 Mitbegründer und Vorsitzender der USPD.

Haenisch, Konrad (1876–1925): Preußischer Minister für Wissenschaft, Kunst und Volksbildung; förderte die Volksbildung insgesamt, insbesondere die politische Erwachsenenbildung.

Hammacher, Friedrich Adolf (1824–1904): Wirtschafts- und Sozialpolitiker; Mitbegründer der Gesellschaft für Verbreitung von Volksbildung; engagierter Förderer der Arbeiterbildung nach dem Selbsthilfeprinzip.

Harke, Erdmann (1921–1995): 1953–1966 Direktor der Volkshochschule Halle; 1966–1970 Leiter des Instituts für Erwachsenenpädagogik an der Karl-Marx-Universität Leipzig; 1970–1976 Professor an der Humboldt-Universität zu Berlin, Bereich Betriebspädagogik; 1976/77 Mitglied im Zentralinstitut für Berufsbildung der DDR; 1978–1985 Direktor des Instituts für Berufliche Entwicklung der DDR. Inhaltliche Schwerpunkte: Lernen von Erwachsenen, Pädagogische und psychologische Probleme der Erwachsenenbildung, Lernen im Prozess der Arbeit, Berufsbildungssysteme in der Dritten Welt.

Harkort, Friedrich (1793–1880): Unternehmer, Abgeordneter im westfälischen Landtag, in der Preußischen Nationalversammlung und im Preußischen Abgeordnetenhaus. 1871–1873 als Vertreter der Fortschrittspartei im Deutschen Reichstag; sozialpolitisch engagiert (Vermittlungsaufgabe von Kapital und Arbeit); Vertreter bürgerlicher Erwachsenen- und Arbeiterbildung.

Harnack, Karl Gustav Adolf von (1851–1930): Mitglied der Preußischen Akademie der Wissenschaft; Generaldirektor der königlichen Bibliothek (später Preußische Staatsbibliothek); engagierte sich für die Mitarbeit der Universität Berlin an der Erwachsenenbildung.

Hartmann, Ludo (1865–1924): Dozent und später Professor für römische und mittelalterliche Geschichte in Wien; Leiter der von der Universität Wien eingesetzten Volksbildungskommission; 1900 Mitwirkung bei der Gründung der Volkshochschule in Wien; entscheidender Anreger und Vertreter der Universitätsausdehnungsbewegung.

Hartmann, Martin (1851–1918): Professor für Arabistik in Berlin; regte in den »Mitteilungen der Comenius-Gesellschaft« eine systematische Auseinandersetzung mit Grundtvig und seinen Folgen an.

Hartmann, Paul Nicolai (1882–1950): 1922 Nachfolger auf dem Lehrstuhl Paul Natorps in Marburg; in seinem Hauptwerk »Aufbau der realen Welt« tritt an die Stelle von Deduktion und vermeintlichem Totalwissen eine sich ihrer Vorläufigkeit bewusste Kategorienanalyse. Hartmann wurde der Marburger Schule zugeordnet.

Heartfield, John (1891–1968): Grafiker und Fotograph; Dozent an der Marxistischen Arbeiterschule.

Hebbel, Friedrich (1813–1863): Schriftsteller; war vielgelesener Autor in der gewerkschaftlichen Bildungsarbeit und der Arbeiterbildung.

Heckert, Fritz (1884–1936): Gründete neben Theodor Neubauer die Räteschulen in Erfurt und Chemnitz.

Heimann, Hugo (1859–1950): Vorsitzender des Zentralen Bildungsausschusses der SPD; Mitglied der Nationalversammlung und des Reichstages; Emigration in die USA.

Heine, Heinrich (1797–1856): Schriftsteller; gründete 1832 in Paris zusammen mit Ludwig Börne und mit emigrierten Intellektuellen, Kaufleuten und Handwerkern den »Großdeutschen Verein«, der als Urverein der Handwerker- und Arbeiterbildungsvereine angesehen werden kann.

Heinen, Anton (1869–1934): Seit 1923 Leiter des Paderborner katholischen »Franz-Hitze-Hauses«; bedeutender Vertreter einer religiösen Theorie der Volksbildung; Mitglied des Hohenrodter Bundes.

Heller, Hermann (1891–1933): Seit 1920 arbeitete er zusammen mit Walter Hofmann in der Leipziger Bücherhalle; 1922–1924 leitete er das Volksbildungsamt der Stadt Leipzig; führender Vertreter der »Leipziger Richtung«; 1924 Leiter des Seminars für freies Volksbildungswesen an der Universität Leipzig; 1932 Lehrstuhlinhaber für öffentliches Recht an der Universität Frankfurt/M.; 1933 Emigration nach Spanien.

Hellpach, Willy (1877–1955): Arzt, Psychologe und Politiker; Mitglied des Reichstages; Professor; Lehrer an der Akademie der Arbeit in Frankfurt/M.

Hermberg, Paul Gustav August (1888–1969): Seit 1922 Direktor der staatlichen Fachschule für Wirtschaft und Verwaltung in Berlin; 1924–1929 als Nachfolger Hermann Hellers Leiter des Volksbildungsamtes der Stadt Leipzig; seit 1925 Aufbau der statistischen Landesstelle für sächsische Volkshochschulen und seit 1927 Leiter der Statistischen Zentralstelle für die deutschen Volkshochschulen; 1929 Professor für Statistik an der Universität Jena; Vertreter der Leipziger Richtung.

Hermes, Gertrud Antonie (1872–1942): Wanderlehrerin an verschiedenen Volkshochschulen; 1922 unter der Leitung Walter Hofmanns Fachreferentin in den Leipziger Bücherhallen; 1923 Gründung eines Volkshochschulheimes in Leipzig-Connewitz; Assistentin von Hermann Heller am »Seminar für freies Volksbildungswesen« an der Universität Leipzig; Vertreterin der sozialistischen Arbeiterbildung. (»Die geistige Gestalt des marxistischen Arbeiters und die Arbeiterbildungsfrage«, 1926).

Heuss, Theodor (1884–1963): 1949–1959 Bundespräsident; Studienleiter der Hochschule für Politik; Lehrer an der Berliner Fachschule für Wirtschaft und Verwaltung.

Hilferding, Rudolf (1877–1941): Politiker und marxistischer Theoretiker (Hauptvertreter des »Austromarxismus«); Lehrer an der Parteischule.

Hirsch, Max (1832–1905): Buchhändler und Journalist; Tätigkeit in liberalen Arbeiterbildungsvereinen; 1864–1869 Mitglied in dem ständigen Ausschuss des Vereinstages der deutschen Arbeiterbildungsvereine; 1867 unterlag Hirsch August Bebel bei der Wahl zum Vorsitzenden des Vereinstages; 1871 Mitbegründer der Gesellschaft für Verbreitung von Volksbildung; seit der Gründung 1878 Generalsekretär der »Humboldt-Akademie« in Berlin. Hirsch war engagierter Vertreter des Genossenschaftsgedankens (»Hirsch-Dunckersche Gewerkvereine«).

Hoernle, Edwin (1883–1952): Mitbegründer der KPD; Leiter der bei der Zentrale der KPD eingerichteten Abteilung »Bildung und Propaganda«; führender Vertreter der Kommunistischen Arbeiterbildung; Dozent der Marxistischen Arbeiterschule (»Kampfbildung«).

Hoffmannsthal, Hugo von (1874–1929): Dichter; Vertreter einer Geselligkeitskultur, wie sie in den Lesegesellschaften zum Ausdruck kam.

Hofmann, Walter (1879–1952): Zunächst Graveurgehilfe; entwickelt das Konzept der »individualisierenden Bücher-Ausleihe«; 1913–1934 Leiter der Bücherhallen der Stadt Leipzig; 1930 Präsident des »Internationalen Komitees für Büchereiwesen«; 1926–1934 Gründer und Leiter des »Instituts für Leser- und Schrifttumskunde«; Hofmann war ein führender Vertreter der Neuen Richtung.

Hollmann, Heinrich (1876–1936): Verfasser des einflussreichen, die Entwicklung der Abendvolkshochschule mitbestimmenden Buches »Die Volkshochschule und die geistigen Grundlagen der Demokratie« (1919).

Holtzendorff, Johann Wilhelm von (1829–1889): Jurist; Professor für Rechtswissenschaft in Berlin; war an der Gründung des Lettevereins beteiligt; Mitbegründer der Gesellschaft für Verbreitung von Volksbildung.

Honigsheim, Paul (1885–1963): 1919 Assistent am Sozialwissenschaftlichen Institut in Köln (Leopold von Wiese); seit 1921 Professor für Philosophie und Soziologie der Universität Köln; bis zu seiner Emigration Direktor der Kölner Volkshochschule; 1936–1938 Lehrstuhlinhaber in Panama; 1938–1950 Professor an der Michigan State University.

Horkheimer, Max (1895–1973): 1930 berufen auf den Lehrstuhl für Sozialphilosophie an der Frankfurter Universität und Ernennung zum Direktor des Frankfurter Instituts für Sozialforschung. Als führender Vertreter der »Frankfurter Schule« beeinflusste er die Theoriebildung der Erwachsenenbildung.

Humboldt, Alexander von (1769–1859): Bergassessor; 1799–1804 Reisen und Forschungen in Lateinamerika; 1805 Mitglied der Preußischen Akademie der Wissenschaften. An der Berliner Universität hielt er öffentliche Vorträge über naturwissenschaftliche Fragen. Humboldt trug die Idee der Volksbildung in das öffentliche Bewusstsein.

Humboldt, Wilhelm von (1767–1833): Politiker und Philosoph; Gründer der Berliner Universität. Humboldt hatte durch seine Theorie von der Vollendung des menschlichen Geschlechts durch Bildung Einfluss auf die Kommunikation und Diskurse der Lesegesellschaften.

Husserl, Edmund (1859–1938): Professor in Freiburg; Begründer der Phänomenologie. Die Idee der »Lebenswelt« im Konzept der Neuen Richtung orientiert sich neben Dilthey und Simmel auch an Edmund Husserl.

Jenssen, Otto (1883–1963): Lehrer an der Heimvolkshochschule Schloss Tinz.

Kaffenberger, Hermann (geb. 1934): 1961–1991 Wissenschaftler an der Friedrich-Schiller-Universität Jena; inhaltliche Schwerpunkte: Hochschulpädagogik, Erwachsenenbildung, Geschichte der Volkshochschule Thüringen.

Kaisen, Wilhelm (1887–1979): Seifensieder; Journalist; 1913/14 Schüler an der Parteischule; 1927–1933 Senator in Bremen; 1945–1965 Senatspräsident und Bürgermeister von Bremen; Repräsentant der politischen Erwachsenenbildung.

Kalle, Fritz (1837–1915): Industrieller; Abgeordneter der Volkspartei; Initiator und neben Franz Leibing Hauptbegründer der Gesellschaft für Verbreitung von Volksbildung.

Kampffmeyer, Paul (1864–1945): Lehrer an der Parteischule.

Kant, Immanuel (1724–1804): Philosoph; sein Schüler Hahnrieder entwickelte mit Rückgriff auf die Philosophie Kants die Idee beruflicher Qualifizierung Erwachsener.

Kantorowicz, Hermann (1895–1963): Historiker, Professor für Geschichte in Frankfurt/M.; 1934 Emigration; Professor in Berkeley; Mitarbeiter in der Leitung der Mittelstelle für Jüdische Erwachsenenbildung.

Kaphan, Fritz (1888–?): 1921–1923 Leiter der Volkshochschule Dresden; seit 1923 Leiter der Landesstelle für freies Volksbildungswesen im sächsischen Ministerium für Volksbildung; 1933 seiner Ämter enthoben.

Kapp, Friedrich (1824–1884): Publizist und Historiker; Mitbegründer der Gesellschaft für Verbreitung von Volksbildung.

Karminski, Hanna (ihre biografischen Daten konnten leider nicht ermittelt werden): In den Dreißigerjahren Leiterin des jüdischen Frauenbundes. Hielt auf der berühmten »Konferenz über Fragen der jüdischen Erwachsenenbildung« im Landschulheim Herrlingen 1934 ein wichtiges Referat über die Erwachsenenbildung des jüdischen Frauenbundes; ermordet im Konzentrationslager.

Karsen, Fritz (1885–1951): Initiierte Arbeiterkurse in Berlin-Neukölln; führender Vertreter des Zweiten Bildungsweges in der Erwachsenenbildung.

Katzenstein, Simon (1868–1945): Jurist und Journalist; Lehrer an der Arbeiterbildungsschule in Berlin, der Gewerkschaftsschule und der Parteischule; 1919 Mitglied der Nationalversammlung; 1933 Emigration nach Schweden.

Kautsky, Karl (1854–1938): 1875 Eintritt in die Sozialdemokratische Partei Österreichs; später Mitglied der deutschen Sozialdemokratie; Bekanntschaft mit Marx und Engels; Herausgeber der »Neuen Zeit«; Mitbegründer der USDP; 1922 Rückkehr in die SPD; 1938 Emigration nach Amsterdam.

Keil, Ernst (1816–1878): Herausgeber der »Gartenlaube«; Mitbegründer der Gesellschaft für Verbreitung von Volksbildung.

Keilhacker, Martin (1894–1989): Pädagoge und Psychologe; Professor in München; erforschte grundlegend die Universitätsausdehnungsbewegung; in seinen Schriften setzte er sich mit der beruflichen Weiterbildung als einem wichtigen Teil einer »éducation permanente« auseinander.

Keller, Ludwig (1849–1915): Vorsitzender der »Comenius-Gesellschaft«; Keller beförderte wesentlich die Grundtvig-Rezeption in Deutschland.

Kerschensteiner, Georg (1854–1932): Professor, Pädagoge; unterstützte Initiativen zur Entwicklung des Zweiten Bildungsweges (Konzept der Arbeitsschule); war beteiligt an der 1919 gegründeten »World Association for Adult Education«.

Ketteler, Wilhelm Emmanuel von (1811–1877): 1848/49 Abgeordneter in der Paulskirche; Bischof von Mainz; setzte sich engagiert für die Lösung der sozialen Frage ein.

Kisch, Egon Erwin (1885–1948): Journalist und Schriftsteller; Dozent an der Marxistischen Arbeiterschule.

Klatt, Fritz (1888–1945): Pädagoge; gründete das Volkshochschul-Freizeitheim in Prerow auf dem Darß; früher Vertreter der Freizeitpädagogik.

Klenze, Carl Friedrich Hermann (1795–1878): Initiator der »Höheren Volksschule« in Rendsburg; er war bestrebt, vornehmlich der ländlichen Bevölkerung eine bessere Fach- und Allgemeinbildung zu vermitteln. Klenzes Vorschläge zur Entwicklung einer ländlichen Erwachsenenbildung beeinflussten auch die dänische Volkshochschulbewegung.

Kloth, Hans Joachim (geb. 1934): 1961–1969 wissenschaftlicher Mitarbeiter und Forschungsgruppenleiter im Deutschen Institut für Berufsbildung; 1970–1989 Abteilungsleiter für Erwachsenenbildung im Staatssekretariat für Berufsbildung; 1989/90 Unterabteilungsleiter im Ministerium für Bildung und Wissenschaft; inhaltliche Schwerpunkte: Betriebliche Weiterbildung, abschnittsweise Ausbildung, Grundsätze der Frauenqualifizierung, permanente Weiterbildung, Befähigungs- und Berechtigungsnachweise.

Knöchel, Wolfram (geb. 1926): Professor; 1954/55 Dozent an der Volkshochschule Halle; 1955–1959 stellvertretender Direktor der Volkshochschule Halle; 1959–1975 Mitglied im Institut für Erwachsenenpädagogik an der Karl-Marx-Universität Leipzig; 1975–1991 Lehrstuhl für Erwachsenenpädagogik an der Universität Rostock; seitdem Mitarbeiter der Arbeitsgruppe »Betriebliche Weiterbildungsforschung« (ABWF) und der Arbeitsgemeinschaft »Qualifikations-Entwicklungs-Management« (QUEM); inhaltliche Schwerpunkte: Grundlagen der Erwachsenenpädagogik, berufliche und betriebliche Weiterbildung, Personalentwicklung, Gerontologie, Erwachsenendidaktik, Weiterbildungsforschung.

Kolbenheyer, Erwin Guido (1878–1962): Schriftsteller; Vertreter des Biologismus; 1937 Goethe-Preis der Stadt Frankfurt/M.; Repräsentant des nationalsozialistischen Kulturlebens.

Koch, Georg (1872–1957): Pfarrer; Mitarbeiter in der »Dorfkirchenbewegung« (H. von Lüpke); Kochs Volksbildungsideen waren wesentlich von der dänischen Volksbildungskonzeption Grundtvigs geprägt.

Kolping, Adolf (1813–1865): Katholischer Priester; beeinflusst von dem Sozialethiker Franz Xaver Baader; 1847 Leiter des Elberfelder Gesellenvereins; 1853 Eröffnung des Kölner Gesellenhauses; Kolpings Volksbildungskonzeption und -praxis orientierte sich an dem Gedanken christlicher Familienerziehung.

Korn, Carl (1865–1942): Mitglied des Zentralbildungsausschusses der SPD.

Krieck, Ernst (1882–1947): 1928 Professor an der Frankfurter Pädagogischen Akademie. In seinem 1932 erschienenen Werk über die »Nationalpolitische Erziehung« unterstützte und begründete er die nationalsozialistische Pädagogik; 1933 wurde er zum Rektor der Johann-Wolfgang-Goethe-Universität Frankfurt/M. gewählt; nach dem Zusammenbruch des NS-Staates wurde er in das Internierungslager Moosburg eingewiesen, wo er im Alter von 64 Jahren starb.

Kroh, Oswald (1887–1955): Psychologe; 1938 Professor in München; 1942 an die Berliner Universität berufen; übernahm während des Krieges den Vorsitz der Deutschen Gesellschaft für Psychologie.

Krukenberg, Werner (1895–1945): Assistent am Seminar für freies Volksbildungswesen und Leiter der Schule für Wirtschaft und Verwaltung in Leipzig; als Nachfolger von Paul Hermberg übernahm Kruckenberg 1929–1931 die Leitung der Leipziger Volkshochschule.

Kuczynski, Jürgen (1904–1997): Professor; Hauptwerk: »Die Geschichte der Lage der Arbeiter unter dem Kapitalismus«; Dozent an der Marxistischen Arbeiterschule.

Laack, Fritz (1900–1990): 1927 zum Geschäftsführer der »Deutschen Schule für Volksforschung und Erwachsenenbildung« berufen; 1947 baute er die 1933 geschlossene Heimvolkshochschule Rendsburg wieder auf; 1951 wurde er als Leiter der Abteilung »Kultur, Erwachsenenbildung, Jugend und Sport« in das Kultusministerium des Landes Schleswig-Holstein berufen. Fritz Laack prägte wesentlich die Entwicklung der Erwachsenenbildung in der Weimarer Zeit sowie den Aufbau nach 1945 in Schleswig-Holstein.

Lammers, August (1831–1892): Zusammen mit Franz Leibing, Franz von Holtzendorff u. a. Mitbegründer der Gesellschaft für Verbreitung von Volksbildung; Mitglied des Zentralausschusses; setzte sich für die Rezeption der dänischen Volkshochschulidee ein.

Lampa, Anton (1868–1938): Wiener Universitätsprofessor; Redakteur des »Zentralblattes für Volksbildungswesen«.

Lamprecht, Karl (1856–1915): Historiker; Vertreter einer Historik, die den Zusammenhang von Geschichte und Theorie skizzierte.

Lassalle, Ferdinand (1825–1864): Politiker und politischer Theoretiker; Mitarbeiter der von Karl Marx geleiteten »Neuen Rheinischen Zeitung«; Privatgelehrter; in seinem »Offenen Antwortschreiben« entwickelt er das politische Konzept für die Gründung des Allgemeinen Deutschen Arbeitervereins (ADAV).

Lederer, Emil (1882–1939): Professor; Lehrer an der Akademie der Arbeit in Frankfurt/M.

Legien, Carl (1861–1920): Gewerkschaftsführer, Mitglied der SPD, 1890 Mitbegründer und Vorsitzender der Generalkommission der Gewerkschaften Deutschlands; Mitbegründer und Präsident des Internationalen Gewerkschaftsbundes; 1919 Mitbegründer und Vorsitzender des Allgemeinen Deutschen Gewerkschaftsbundes (ADGB); Mitglied des Reichstages; Vertreter einer eigenständigen gewerkschaftlichen Bildungsarbeit während der Weimarer Zeit.

Leibing, Franz (1836–1875): Gymnasiallehrer aus Elberfeld; Zusammen mit Fritz Kalle Gründer und Sekretär der Gesellschaft für Verbreitung von Volksbildung; Herausgeber der Zeitschrift »Der Bildungsverein«.

Leipart, Theodor (1867–1947): Gewerkschaftsführer (»Wirtschaftsdemokratie«); Lehrer an der Gewerkschaftsschule in Bernau; seit 1921 Vorsitzender des neu geschaffenen »Allgemeinen Deutschen Gewerkschaftsbundes« (ADGB).

Lessing, Adele (Ada) (1883–1954): Geschäftsführerin der Volkshochschule Hannover; ging mit ihrem Mann Theodor in das Exil in die CSSR. 1938 Emigration nach England, wo sie zusammen mit Minna Specht die »Schule der Emigrantenkinder« leitete. Nach ihrer Rückkehr nach dem Krieg nach Deutschland leitete sie das niedersächsische Lehrerfortbildungsheim Schwöbber bei Höxter.

Lessing, Theodor (1872–1933): Führte in Dresden zwischen 1904 und 1905 Arbeiterunterrichtskurse durch; gehörte mit seiner zweiten Frau Adele (Ada) zu den Gründern der Volkshochschule Hannover. Lessing gab bis 1933 ca. 70 Vorlesungsreihen und Arbeitsgemeinschaften; 1933 wurde er nach seiner Flucht in Marienbad von den Nationalsozialisten ermordet.

Ley, Robert (1890–1945): Seit 1924 Mitglied der nationalsozialistischen Bewegung; 1932 wurde er von Hitler zum Reichsorganisator der NSDAP gemacht; 1933 bis 1945 war Ley Leiter der »Deutschen Arbeitsfront« (DAF).

Liebknecht, Karl (1871–1919): Sohn von Wilhelm Liebknecht; seit 1912 Mitglied des Reichstages; Mitbegründer der KPD; 1919 zusammen mit Rosa Luxemburg ermordet.

Liebknecht, Wilhelm (1826–1900): Lehrer und Journalist; Teilnahme an der 48er Revolution; Mitbegründer der Sozialdemokratischen Arbeiterpartei; Lehrer des Leipziger Arbeiterbildungsvereins; Mitglied des Reichstages zwischen 1874 und 1900; führender Vertreter der Sozialistischen Arbeiterbildung (»Wissen ist Macht – Macht ist Wissen«).

Liebmann, Otto (1840–1912): Philosoph; Professor in Straßburg und Jena; Neukantianer; entwickelte die Philosophie Kants zu einer »kritischen Metaphysik«.

Lilje, Hans (1899–1977): 1947–1971 Landesbischof der Lutherischen Landeskirche Hannover; war einer der Hauptinitiatoren der Gründung der Evangelischen Akademie in Loccum.

Litt, Theodor (1880–1962): Philosoph und Pädagoge; Professor in Leipzig und Bonn; Initiator des »Seminars für freies Volksbildungswesen« an der Universität Leipzig während der Weimarer Zeit.

Lotze, Heiner (1900–1958): Seit 1926 Lehrer an der Heimvolkshochschule Sachsenburg; 1929 Leiter der Volkshochschule Jena und Geschäftsführer des Landesverbandes der Thüringischen Volkshochschulen; 1945 gründete er die Volkshochschule Hannover und leitete sie bis 1950. Seit 1945 war er bis zu seinem Tode Referent für Erwachsenenbildung im niedersächsischen Kultusministerium; Lotze trug wesentlich zum Aufbau der Erwachsenenbildung in Niedersachsen nach 1945 bei.

Lüdemann, Hermann (1880–1959): Seit 1912 Mitglied der SPD; 1918/19 Mitglied des Soldatenrates in Berlin; 1920 im Kabinett von Otto Braun preußischer Finanzminister; Lüdemann war Initiator der Staatlichen Fachschulen für Wirtschaft und Verwaltung; 1947 wurde Lüdemann Ministerpräsident von Schleswig-Holstein.

Lüders, Philipp Ernst (1702–1786): Theologe des Aufklärungszeitalters; Förderer der schleswig-holsteinischen Landwirtschaft; 1762 Gründer der »Dänischen Akademie«; Vertreter einer Fachbildung und beruflichen Erwachsenenbildung; (Programmschrift: »Grundriß einer zu errichtenden Ackerschule«).

Lüpke, Hans von (1866–1934): Theologe und Landpfarrer; Organisator und Publizist der Dorfkirchenbewegung (Volksbildung als »völkisch-christliche Erneuerung«).

Lütgens, Julius Heinrich (1810–1852): Lehrer; 1842–1848 Rektor der Höheren Volksschule in Rendsburg.

Luther, Hans (1879–1962): Essener Oberbürgermeister; engagierter Vertreter des »Essener Gruppensystems«; 1925/26 Reichskanzler.

Luxemburg, Rosa (1870–1919): Journalistin; Chefredakteurin der »Leipziger Volkszeitung«; 1907–1914 Lehrerin an der Parteischule; Mitbegründerin der KPD und deren erste Vorsitzende; von Angehörigen des Freikorps 1919 ermordet; Rosa Luxemburg war eine der bedeutendsten Vertreterinnen der sozialistischen Arbeiterbildung.

Mann, Alfred (1889–1937): Seit 1919 Direktor der Volkshochschule Breslau. Vorsitzender der Schlesischen Arbeitsgemeinschaft für Erwachsenenbildung; als Nachfolger Reinhard Buchwalds Vorsitzender des »Reichsverbandes der Deutschen Volkshochschulen«; Vertreter der Neuen Richtung (Hauptwerk: »Denkendes Volk – volkhaftes Denken«).

Mannheim, Karl (1893–1947): Professor für Soziologie und Nationalökonomie in Frankfurt; 1933 Emigration nach England; Professor an der London School of Economics; Mitarbeit in der englischen politischen Erwachsenenbildung; Mitglied im Board des *German Educational Reconstruction Committee* (GER).

Mannheimer, Adolf (1851–1917): Professor; beteiligt an der Neuorientierung der Volksbildung im Rhein-Mainischen Verband für Volksbildung; sein 1901 erschienenes Buch »Die Bildungsfrage als soziales Problem« gab der theoretischen Orientierung der Volksbildung ein neues Profil.

Manteuffel, Otto Theodor von (1805–1882): Preußischer Innenminister; entschiedener Gegner der Arbeiterbildungsvereine.

Marcuse, Herbert (1898–1979): Mitarbeiter des von Max Horkheimer geleiteten Instituts für Sozialforschung in Frankfurt/M.; Marcuse beschäftigte sich intensiv mit den Frühschriften von Karl Marx; sein Buch »Der eindimensionale Mensch« (1967) kritisierte die spätkapitalistische Gesellschaft unter dem Aspekt der »technologischen Rationalität«; Marcuse beeinflusste die Theoriediskussion der Erwachsenenbildung.

Marquardt, Erwin Ernst (1890–1951): 1928 wurde er Nachfolger von Theodor Geiger in der Geschäftsführung der Volkshochschule Groß-Berlin; nach 1945 Stellvertreter des Präsidenten der Zentralverwaltung für Volksbildung in der Sowjetischen Besatzungszone Deutschlands; seit 1949 Mitglied im Wissenschaftlichen Senat beim Ministerium für Volksbildung der DDR und damit zuständig für das Volkshochschulwesen.

Marx, Karl (1818–1883): Philosoph und Ökonom; seine Lehre beeinflusste sehr stark die theoretische Diskussion der Handwerker- und Arbeiterbildungsvereine sowie der sozialistischen Arbeiterbildung (»Wissenschaftlicher Sozialismus«).

Maurenbrecher, Max (1874–1930): Pfarrer; Schriftsteller; Redakteur der »Hilfe«; Lehrer an der Arbeiterbildungsschule in Berlin; seit 1924 in der völkischen Bewegung aktiv.

Mehring, Franz (1846–1919): Journalist und Schriftsteller. Mitarbeiter der »Neuen Zeit«; Lehrer an der Arbeiterbildungsschule in Berlin; 1902–1907 Redakteur der »Leipziger Volkszeitung«; Lehrer an der Parteischule; führender Repräsentant der sozialistischen Arbeiterbildung.

Meier, Artur (geb. 1932): Professor; 1961–1970 Volkshochschuldirektor in Berlin; 1970–1997 Dozent und ordentlicher Professor für Bildungs- und Weiterbildungssoziologie an der Humboldt-Universität zu Berlin; 1982–1990 Vorstand und Vizepräsident der Internationalen Soziologischen Assoziation; inhaltliche Schwerpunkte: Neue Formen des Erwachsenenunterrichts, Bildungswesen als soziale Organisation.

Mendelssohn, Erich (1887–1953): Architekt; Wettbewerbsteilnehmer für den Bau der Gewerkschaftsschule in Bernau.

Mensching, Gustav (1901–1978): Professor der Theologie an der Universität Bonn; 1942–1944 Leiter der Volksbildungsstätte Bonn.

Messarius, Gustav: Abteilungsleiter im Amt für Berufserziehung und Betriebsführung in der Deutschen Arbeitsfront während der Zeit des Nationalsozialismus.

Meyer, Hannes (1889–1954): Schweizer Architekt; Direktor des Dessauer Bauhauses und Wettbewerbssieger für den Bau der Gewerkschaftsschule in Bernau.

Michel, Ernst (1889–1964): 1918 Leiter der Volkshochschule Karlsruhe; 1921 Dozent und Leiter an der Akademie der Arbeit; 1931 Honorarprofessor an der Universität Frankfurt/M.; engeres Mitglied des Hohenrodter Bundes (Neue Richtung).

Milch, Werner (1903–1950): Literaturwissenschaftler; von den Nationalsozialisten mit Berufsverbot belegt; 1939 Emigration nach England; Führendes Mitglied im *German Education Reconstruction Committee;* 1949 Ordinarius für germanistische und komparatistische Literaturgeschichte in Marburg.

Miquel, Johannes von (1828–1901): 1859 Mitbegründer des Deutschen Nationalvereins; 1866 Mitbegründer der Nationalliberalen Partei und seit 1884 deren Führer; Abgeordneter des Reichstages von 1867–1877 und 1887–1890; 1890–1901 Preußischer Finanzminister; Mitbegründer der Gesellschaft für Verbreitung von Volksbildung.

Mockrauer, Franz (1889–1962): Seit 1919 Dozent an der Dresdner Volkshochschule, dessen Direktor er als Nachfolger von Franz Kaphan wurde (1923–1933); Mockrauer prägte wesentlich die pragmatische Wende der Erwachsenenbildung in der Weimarer Zeit mit (»Prerower Formel«); 1933 Emigration nach Dänemark; 1937 nach Schweden; nach 1945 arbeitete er aus seinem schwedischen Exil am Aufbau der Erwachsenenbildung in der Britischen Zone mit.

Mommsen, Theodor (1817–1903): Historiker; Nobelpreisträger für Literatur; hielt in dem wissenschaftlichen Verein zu Berlin neben Rudolph Virchow, Karl von Savigny u. a. volkstümliche Universitätskurse.

Monsheimer, Otto (1897–1985): 1946 Direktor der Volkshochschule in Lübeck; 1947 Mitbegründer des Landesverbandes der Volkshochschulen Schleswig-Holsteins und dessen Erster Vorsitzender; 1953 Mitbegründer des Deutschen Volkshochschulverbandes und der Arbeitsgemeinschaft »Arbeit und Leben«.

Möser, Justus (1720–1794): Schriftsteller und Historiker; in seinen »Osnabrückschen Intelligenzblättern« setzte er sich für Freiheitsrechte und die Emanzipation des Bürgertums ein.

Müller, Hermann (1876–1931): 1928–1930 Deutscher Reichskanzler; nach August Bebel leitete er das Referat im Parteivorstand für die Parteischule.

Natorp, Paul (1854–1924): Philosoph und Pädagoge; Hauptvertreter der Marburger Schule des Neukantianismus; Natorp war in der Universitätsausdehnungsbewegung beteiligt, dabei vertrat er das Prinzip einer »gründlichen Einarbeitung in einzelne Wissensgebiete«.

Naumann, Werner (geb. 1935): Professor; Assistenzprofessur am Institut für Erwachsenenbildung der Universität Leipzig; 1974–1991 Mitglied der Pädagogischen Hochschule Güstrow; inhaltliche Schwerpunkte: Hochschulpädagogik, Lehrerbildung.

Neubauer, Theodor (1890–1945): Neben Fritz Heckert Begründer von Räteschulen in Erfurt und Chemnitz.

Nietzsche, Friedrich (1844–1900): Philosoph; seine geschichtstheoretischen Überlegungen beeinflussten die Historik der Erwachsenenbildung.

Oppenheimer, Franz (1864–1943): Nationalökonom und Soziologe (»Liberaler Sozialismus«) Professor; Lehrer an der Akademie der Arbeit in Frankfurt/M.

Pannekoek, Anton (1873–1960): Journalist und Professor für Astronomie; 1906 Lehrer an der Parteischule; Mitarbeiter an der »Neuen Zeit«. Mitbegründer der kommunistischen Arbeiterpartei der Niederlande; Pannekoek war entschiedener Vertreter der Arbeiterbildung als »Kampfesbildung«.

Pape, Ernst (1876–1945): Jurist; Präsident des Bundesgerichts; entwickelte zusammen mit Hugo Sinzheimer die Konzeption der Akademie der Arbeit in Frankfurt.

Pappenheim, Berta (1859–1936): Sozialarbeiterin, Frauenrechtlerin; bedeutende jüdische Gelehrte, Dozentin am »Freien Jüdischen Lehrhaus« in Frankfurt/M.

Parisius, Ludolf (1827–1900): Jurist, Schriftsteller; studierte Mathematik und Rechtswissenschaften in Halle und war seit 1858 Kreisrichter in Gardelegen; verlor 1864 dieses Amt wegen politischer Agitation für die Fortschrittspartei; Mitbegründer der Gesellschaft für Verbreitung von Volksbildung.

Paulsen, Friedrich (1846–1908): Philosoph und Pädagoge; beteiligte sich neben Wilhelm Dilthey, Adolf von Harnack und Gustav Schmoller an einer Eingabe zur Einführung von volkstümlichen Hochschulkursen an der Berliner Universität.

Pestalozzi, Johann Heinrich (1746–1827): Pädagoge; Pestalozzi vertrat die These von der generellen Gleichheit des Menschen (gegen Standesbildung). In seinem Werk »Lienhard und Gertrud« entwickelte er Überlegungen zur allgemeinen Bildung Erwachsener.

Petermann, August (1822–1878): Kartograph und Geograph; Lehrer an dem Berliner Handwerkerbildungsverein.

Pfleiderer, Wolfgang (1877–1971): Mit Theodor Bäuerle und Robert Bosch 1918 an der Gründung des Vereins zur Förderung der Volksbildung in Württemberg beteiligt; 1925–1932 Direktor der Volkshochschule Stuttgart; nach 1945 am Aufbau der Erwachsenenbildung in Westdeutschland beteiligt.

Picht, Georg (1913–1982): Bedeutender Bildungspolitiker (»Die deutsche Bildungskatastrophe«, 1964); 1952–1962 Mitglied des Deutschen Ausschusses für das Erziehungs- und Bildungswesen; war an wichtigen konzeptionellen Arbeiten zur Entwicklung der Erwachsenenbildung beteiligt.

Picht, Werner (1887–1965): 1919 Volkshochschulreferent im Preußischen Ministerium für Wissenschaft, Kunst und Volksbildung; Mitherausgeber der »Arbeitgemeinschaft«. Repräsentant der »Berliner Richtung« der Erwachsenenbildung (»Das Schicksal der Volksbildung in Deutschland« 1950).

Pieck, Wilhelm (1876–1960): Tischler; Parteisekretär in Bremen; Vorsitzender des örtlichen Bildungsausschusses; 1907/08 Schüler der Berliner Parteischule; ab 1920 Zweiter Sekretär des Zentralbildungsausschusses und Sekretär der Berliner Parteischule; ab 1918 Mitglied der KPD; 1928–1933 Mitglied des Reichstages; 1946–1954 Vorsitzender der SED. 1949–1960 Präsident der DDR.

Piscator, Erwin (1893–1966): Theaterleiter und Regisseur; Intendant der Freien Volksbühne in Berlin; Dozent an der Marxistischen Arbeiterschule.

Pogodda, Gerhard (geb. 1929): 1955–1968 am Institut für Berufspädagogik der Humboldt-Universität zu Berlin; 1968–1971 am Institut für Weiterbildung beim Ministerium für Hoch- und Fachschulwesen; 1971–1990 Wissenschaftsbereichsleiter am Deutschen Institut für Berufsbildung/Zentralinstitut für Berufsbildung der DDR.

Popper, Karl (1902–1994): setzte sich mit der Philosophie des »Wiener Kreises« (u. a. Wittgenstein) auseinander; in diesem Zusammenhang entstand sein Buch »Die Logik der Forschung« (1935). Großen Einfluss übte Popper auf die Gesellschaftstheorie der Sechziger- und Siebzigerjahre aus: »Die offene Gesellschaft und ihre Feinde« (1957/58). Karl Popper gehörte zu den bedeutenden Vertretern der Wissenschaftstheorie der Schule des Kritischen Rationalismus. Er übte zugleich Einfluss auf die Forschungsmethoden der Erwachsenenbildung aus.

Preusker, Carl Benjamin (1786–1871): Gründete die Stadtbibliothek in Großenhain; kann als Vordenker der Bücherhallenbewegung im Sinne der Volksbildung gelten; Selbstbiografie: »Lebensbild eines Volksbildungsfreundes«.

Radbruch, Gustav (1878–1949): Jurist und Politiker; Professor in Königsberg, Kiel und Heidelberg; Mitglied des Reichstages; beeinflusste wesentlich die Weimarer Volksbildung (Werturteilsdiskussion; relative Autonomie).

Rathenau, Walther (1867–1922): Industrieller und Politiker; ab 1899 Vorstandsmitglied der AEG und ab 1915 deren Aufsichtsratsvorsitzender; Mitglied im ersten »Kabinett Wirth« als Wiederaufbauminister; als Reichsaußenminister 1922 ermordet.

Raumer, Friedrich von (1781–1873): Historiker; Professor für Staatswissenschaft und Geschichte an den Universitäten Breslau und Berlin; seit 1806 Engagement in der Volksbildung durch popularisierende Vorträge; auf seine Initiative hin wurde 1841 der »Verein für wissenschaftliche Vorträge« nach englischem Vorbild gegründet.

Reich, Wilhelm (1897–1957): Psychoanalytiker; Dozent an der Marxistischen Arbeiterschule.

Reichwein, Adolf (1898–1944): 1923 Geschäftsführer des Ausschusses der Deutschen Volksbildungsvereinigung bei Robert von Erdberg; 1925 Nachfolger Wilhelm Flitners in der Volkshochschule der VHS Jena; 1930 Professor für Geschichte und Staatsbürgerkunde in Halle; Mitglied des »Kreisauer Kreises«; 1944 in Plötzensee hingerichtet.

Rein, Wilhelm (1847–1929): Pädagogikprofessor; leitete durch mehrere Publikationen die akademische Diskussion über die dänische Volkshochschule ein.

Reisig, Hildegard (geb. 1908): Nach der Promotion (»Die Lehren vom politischen Sinn der Arbeiterbildung«, 1933) war sie neben ihrer Lehrertätigkeit in der Arbeiterbildung engagiert; während der Nazizeit wurde sie aus dem Schuldienst entlassen.

Reyer, Eduard (1849–1914): Wiener Geologieprofessor; Förderer der volkstümlichen Volkshochschulkurse; sein »Handbuch des Volksbildungswesens« von 1896 gab viele didaktisch-methodische Anregungen für die Volksbildungsarbeit.

Richter, Eugen (1838–1906): Seit 1867 Mitglied des Reichstages; Führer der Fortschrittspartei.

Rittershaus, Emil (1834–1897): Mitbegründer der Gesellschaft für Verbreitung von Volksbildung.

Rosenberg, Alfred (1893–1946): Früher Anhänger Adolf Hitlers; seit 1921 Hauptschriftleiter des Parteiorgans »Völkischer Beobachter«; 1927 bildete er den »Kampfbund für deutsche Kultur«; ab 1933 leitete er offiziell die weltanschauliche Erziehung der Partei; Rosenberg trug wesentlich zum Entwurf einer nationalsozialistischen Weltanschauung bei: »Der Mythos des 20. Jahrhunderts« (1933).

Rosenfeld, Kurt (1877–1943): Lehrer an der Parteischule.

Rosenstock-Huessy, Eugen (1888–1973): 1921–1923 Leiter der Akademie der Arbeit in Frankfurt; 1923–1933 Professor für Rechtsgeschichte, bürgerliches Handels- und Arbeitsrecht; 1923 Mitbegründer des Hohenrodter Bundes; 1930 Initiator und Organisator der Schlesischen Arbeitslager für Arbeiter, Bauern und Studenten im Boberhaus in Löwenberg (Integration der verschiedenen sozialen Schichten); nach der Machtergreifung der Nationalsozialisten Emigration in die USA; Professor in Harvard und anderen amerikanischen Universitäten. Rosenstock-Huessy war ein führender Vertreter der Neuen Richtung.

Rosenzweig, Franz (1886–1929): Entwickelte 1917 den Plan einer »Akademie für die Wissenschaft des Judentums« in Berlin; im Oktober 1920 eröffnete und leitete er das »Freie jüdische Lehrhaus« in Frankfurt/M. Trotz seiner 1922 beginnenden Krankheit nahm er weiterhin Einfluss auf das Geschehen im Lehrhaus. Nach dem Frankfurter Beispiel wurden ab 1926 weitere Lehrhäuser eingerichtet; das Frankfurter Lehrhaus wurde 1933 von Martin Buber wieder eröffnet.

Roßmäßler, Emil Adolf (1806–1867): Professor für Zoologie; Abgeordneter der Nationalversammlung zu Frankfurt; 1849 auch des »Stuttgarter Rumpfparlaments«; 1861 Mitbegründer des gewerblichen Bildungsvereins in Leipzig; Mitbegründer des Vereins Deutscher Arbeitervereine (VDAV).

Rousseau, Jean-Jacques (1712–1778): Philosoph und Pädagoge; sein Erziehungsroman »Émile« entwickelte das Bild eines von Natur aus freien und gleichberechtigten Menschen; seinem Erziehungsziel korrespondiert das Ziel bürgerlicher Emanzipation; Rousseaus Ideen übten wesentlichen Einfluss auf die Anfänge und die Entwicklung der Erwachsenenbildung aus.

Rudolf, Josef (1892–1977): 1947 Vorsitzender des Verbandes der Volkshochschulen des Landes Rheinland-Pfalz; 1953–1963 Erster Vorsitzender des Deutschen Volkshochschulverbandes.

Rühle, Otto (1874–1943): Seit 1906 Wanderlehrer der SPD; Mitbegründer der KPD; maßgeblicher Vertreter einer sozialistischen Erziehungstheorie und sozialistischen Arbeiterbildung; 1933 Emigration nach Prag, 1936 nach Mexiko.

Rust, Bernhard (1883–1945): 1933 übernahm Rust die Leitung des Preußischen Kultusministeriums; seit 1934 Reichsminister für Wissenschaft, Erziehung und Volksbildung; diesem Ministerium unterstand auch die Erwachsenenbildung. Rust organisierte die Erwachsenenbildung im Nationalsozialismus durch institutionell-organisatorische Zuweisungen und Anordnungen wesentlich. Am Tag der Kapitulation 1945 verübte er Selbstmord.

Salzmann, Christian Gotthilf (1744–1811): Pädagoge; Religionslehrer am Philanthropin in Dessau, vgl. oben das Stichwort »Basedow«; gründete die philanthropinische Erziehungsanstalt in Schnepfenthal; durch seine Zeitschrift »Der Bote aus Thüringen« versuchte Salzmann das Engagement der Bürger für öffentliche Angelegenheiten zu stärken.

Sassenbach Johann (1866–1940): Sattler; 1915 Stadtrat in Berlin für das Jugenddezernat; gründete mit anderen die Volkshochschule in Berlin, deren Vorsitzender er bis 1923 war; Vorstandsmitglied des Allgemeinen Deutschen Gewerkschaftsbundes; 1927 Generalsekretär des Internationalen Gewerkschaftsbundes; engagiert in der gewerkschaftlichen Bildungsarbeit.

Savigny, Friedrich Karl von (1779–1861): Jurist; Mitbegründer eines wissenschaftlichen Vortragswesens; hielt Vorträge in dem Wissenschaftlichen Verein zu Berlin.

Schaller, Herbert (1899–1966): Leiter eines Leipziger Volkshochschulheimes, das später in eine Volkshochschule umgewandelt wurde; erster Direktor der Leipziger Volkshochschule nach 1945; 1948–1964 Direktor des Instituts für Erwachsenenbildung an der Universität Leipzig.

Schapper, Karl (1812–1870): Führendes Mitglied des Bundes der Gerechten; gründete 1840 in London die »Deutsche Bildungsgesellschaft für Arbeiter«; später führte er eine Fraktion gegen Karl Marx an; Mitglied der Zentralbehörde des »Bundes der Kommunisten«.

Scheidemann, Philipp (1865–1939): Mitglied des SPD-Parteivorstandes; proklamierte 1918 die Deutsche Republik; leitete nach August Bebel und Hermann Müller das zuständige Referat im Parteivorstand für die Arbeiterbildungsschule.

Scheler, Max (1874–1928): Philosoph; vertrat die Auffassung, dass die Universität Aufgaben in der Volksbildung wahrzunehmen habe (Universitätsausdehnungsbewegung).

Schippel, Max, (1859–1928): Redakteur; 1890–1893 Mitarbeiter der »Neuen Zeit«; Ende der Neunzigerjahre Lehrer an der Arbeiterbildungsschule; nach 1905 Lehrer an der Gewerkschaftsschule in Berlin und der Parteischule.

Schirach, Baldur von (1907–1974): 1931 »Reichsjugendführer« der NSDAP; 1933–1940 »Jugendführer des Deutschen Reiches«; 1940–1945 »Gauleiter und Reichsstatthalter« von Wien. Vor dem Nürnberger Militärgericht wegen Verbrechen gegen die Menschlichkeit zu 20 Jahren Gefängnis verurteilt.

Schleiermacher, Friedrich Daniel Ernst (1768–1834): Theologe und Philosoph; vertrat die Idee der Geselligkeit; damit verbunden waren Elemente einer allgemeinen, alle Menschen berührenden Erwachsenenbildung.

Schlözer, August Ludwig (1735–1809): Historiker und politischer Publizist; forderte Toleranz und kritische Auseinandersetzung mit Adelsprivilegien und der Willkür von Regierungen.

Schmelzer, Georg (geb. 1928): 1970–1990 ordentlicher Professor für Betriebspädagogik an der Humboldt-Universität zu Berlin; ab 1972 UNESCO-Expertengruppe für Erwachsenenbildung; inhaltliche Schwerpunkte: Betriebliche Aus- und Weiterbildung, Theorie der Erziehung und Selbstbildung.

Schmidt, Johann-Lorenz (1900–1978): Leiter der Marxistischen Arbeiterschule in Berlin; gründete nach seiner Emigration zusammen mit seiner Frau Anna Seghers, Jürgen Kuczyinski und Hermann Duncker die Marxistische Arbeiterschule in Paris in den Jahren 1934–1939.

Schmoller, Gustav von (1838–1917): Nationalökonom; Professor in Halle, Straßburg und Berlin; Mitbegründer des Vereins für Sozialpolitik; setzte sich für die Einführung volkstümlicher Hochschulkurse an der Universität Berlin ein.

Schneider, Gottfried (geb. 1934): Professor; 1960–1970 Wissenschaftlicher Mitarbeiter im Zentralinstitut für Berufsbildung der DDR; 1970–1985 stellvertretender Direktor des

Zentralinstituts für Berufsbildung der DDR; 1985–1990 Vizepräsident der Akademie der Pädagogischen Wissenschaften der DDR. Inhaltliche Schwerpunkte: Theorie der Erwachsenenbildung, Didaktik und Methodik der Aus- und Weiterbildung, »Beruf« als zentrale Kategorie der Aus- und Weiterbildung.

Schneller, Ernst (1890–1944): Mitglied des Reichstages; Lehrer an der Marxistischen Arbeiterschule.

Schröer, Gisela (geb. 1921): 1966–1970 Mitglied im Institut für Erwachsenenbildung der Karl-Marx-Universität Leipzig; 1970–1985 Mitglied im Wissenschaftsbereich Betriebspädagogik der Humboldt-Universität zu Berlin; inhaltliche Schwerpunkte: Frauenqualifizierung, kultur-ästhetische Erziehung, Grundlagen der Pädagogik.

Schröer, Werner (geb. 1920): 1954–1966 Direktor der Volkshochschule in Brandenburg an der Havel; 1966–1970 Mitglied im Institut für Erwachsenenbildung der Karl-Marx-Universität Leipzig; 1970–1985 Mitglied im Wissenschaftsbereich Betriebspädagogik der Humboldt-Universität zu Berlin; inhaltliche Schwerpunkte: Lernen Erwachsener, Grundlagen der Pädagogik, Erziehungstheorie.

Schubert, Johann Baptist (1847–1920): Pädagoge; aufgeklärter Publizist; Mitarbeit in politisch orientierten Zeitschriften in der zweiten Hälfte des 18. Jahrhunderts; Herausgeber der Monatszeitschrift »Repertorium der Pädagogik«.

Schulenberg, Wolfgang (1920–1985): Bildungssoziologe, der durch seine sozialwissenschaftlichen, empirischen Untersuchungen die Wissenschaft von der Erwachsenenbildung wesentlich vorantrieb; zusammen mit Willy Strzelewicz und Hans-Dietrich Raapke führte er die mehrstufige bildungssoziologische Untersuchung über »Bildung und gesellschaftliches Bewusstsein« (1966) durch; Schulenberg beförderte auch wesentlich die Professionalisierung der Erwachsenenbildung.

Schulz, Heinrich (1872–1932): Lehrer, Journalist; seit 1899 Leiter der Arbeiterbildungsschule in Berlin; Lehrer an der Parteischule; 1906–1919 Geschäftsführer des Zentralen Bildungsausschusses der SPD; 1919–1927 Staatssekretär für Schul- und Bildungsfragen im Reichsinnenministerium; Schulz war führender Vertreter der Bildungs- und Kulturpolitik der SPD.

Schulze-Delitzsch, Hermann (1808–1883): Führender Repräsentant des liberalen Bürgertums und der bürgerlichen Arbeiterbildung; Abgeordneter im Preußischen Abgeordnetenhaus und im Norddeutschen Reichstag; ab 1871 Mitglied des Deutschen Reichstages; Erster Vorsitzender der Gesellschaft für Verbreitung von Volksbildung; engagiert in der sozialen Frage; Vertreter der genossenschaftlichen Selbsthilfe und einer solidarischen Produktionsgemeinschaft (Hauptwerk: »Arbeit und Bildung«).

Schwab, Alexander (1887–1943): Leitete zusammen mit Dieter Fricke die »Freie Hochschulgemeinde für Proletarier«.

Schweichel, Robert (1821–1907): Publizist; hielt auf dem Nürnberger Vereinstag 1868 des Verbands Deutscher Arbeitervereine (VDAV) das Hauptreferat mit Rückgriff auf das von Karl Marx und Friedrich Engels entwickelte Programm der Internationalen Arbeiterassoziation; Vorstandsmitglied und Vorsitzender des Arbeitervereins Königsberg.

Schweitzer, Johann Baptist von (1833–1875): Politiker, Schriftsteller; studierte Jura in Berlin und Heidelberg; seit 1857 als Anwalt in Frankfurt/M. tätig; seit 1868 Alleineigentümer der Berliner Zeitung »Socialdemokrat«; bis 1871 Präsident des ADAV; 1867–1871 Mitglied des Norddeutschen Reichstages, 1872 wurde er aus dem ADAV ausgeschlossen.

Schwenniger, Franz (1822–1867): Geometer aus Essen; Mitglied des Zentralkomitees der Arbeiterverbrüderung in Leipzig; Mitglied des Bundes der Kommunisten.

Seghers, Anna (1900–1983): Schriftstellerin; Lehrerin an der Marxistischen Arbeiterschule (verheiratet mit Johann-Lorenz Schmidt, dem Direktor der Berliner MASCH).

Seidel, Hanns (1901–1961): Lehrer der Gewerkschaftsschule.

Siemens, Werner von (1816–1892): Erfinder und Fabrikant; Mitbegründer der Gesellschaft für Verbreitung von Volksbildung.

Siemsen, Anna (1882–1951): 1921 Leiterin des Großberliner Fach- und Berufsschulwesens; 1924 Honorar-Professorin für Pädagogik in Jena. Lehrerin an der Jenaer Volkshochschule sowie der Heimvolkshochschule Schloss Tinz; nach der Machtergreifung der Nationalsozialisten emigrierte Siemsen in die Schweiz.

Siemsen, August (1894–1958): Theoretiker und Praktiker sozialistischer Arbeiterbildung; Lehrer an der Heimvolkshochschule Tinz.

Silbermann, Peter-Adalbert (1878–1944): 1927 gründete und leitete er nach amerikanischem Beispiel das erste Abendgymnasium als Schule für junge Erwachsene; 1933 emigrierte er nach Italien; dort arbeitete er als Lektor an der Universität Rom; 1944 Emigration in die USA. Silbermann war ein wesentlicher Vertreter des Zweiten Bildungsweges als einer Form abschlussbezogener Erwachsenenbildung.

Simmel, Georg (1858–1918): Soziologe und Philosoph; Professor in Berlin; beeinflusste durch seine Lebensphilosophie den teilnehmerorientierten Bildungsbegriff der Neuen Richtung.

Simon, Ernst (1899–1988): Teilnehmer und später Dozent am Freien jüdischen Lehrhaus in Frankfurt/M.; 1928/29 Dozent am orthodoxen Lehrerinnen-Seminar in Jerusalem. 1934/35 kehrte er nach Deutschland zurück und wurde Martin Bubers engster Mitarbeiter an der »Mittelstelle für jüdische Erwachsenenbildung«. 1939 erhielt er eine Dozentur für Geschichte und Philosophie der Pädagogik an der hebräischen Universität in Jerusalem. Ernst Simon wurde in Deutschland neben seiner Arbeit in der jüdischen Erwachsenenbildung auch durch sein außerordentlich kenntnisreich und theoretisch begründetes Buch (»Aufbau im Untergang«, 1959) bekannt, das die jüdische Erwachsenenbildung im nationalsozialistischen Deutschland als geistigen Widerstand kennzeichnete.

Sinzheimer, Hugo (1875–1945): Jurist und Politiker; Professor in Frankfurt/M.; entwickelte zusammen mit Heinrich Eduard Pape die Konzeption der Akademie der Arbeit in Frankfurt/M.

Smith, Adam (1723–1790): Schottischer Nationalökonom und Philosoph; Begründer der klassischen Nationalökonomie (einheitliches System der liberalen Wirtschaftslehre); beeinflusste die theoretischen Grundlagen für die Entwicklung einer freien Erwachsenenbildung.

Sohnrey, Heinrich (1859–1948): Vertreter der protestantisch-nationalen Richtung der Erwachsenenbildung; stand als Sozial- und Landreformer der Dorfkirchenbewegung (Georg Koch, Hans von Lüpke) nahe.

Sonnemann, Leopold (1831–1909): Journalist; Frankfurter Demokrat; unter seiner Leitung wurde im Juli 1863 der Verband Deutscher Arbeitervereine (VDAV) gegründet.

Sonnenschein, Carl (1876–1929): 1906 Mitarbeiter des Vereins für das katholische Deutschland in Mönchengladbach; Leiter der katholischen Volkshochschule in Berlin.

Specht, Minna (1879–1961): 1924–1933 Leiterin des Landerziehungsheims Walkemühle; 1933 Emigration; 1946–1951 Leiterin der Odenwald-Schule; führende Mitarbeiterin im *German Educational Reconstruction Committee* (GER).

Spengler, Oswald (1880–1936): Mathematiker und Geschichtstheoretiker (»Der Untergang des Abendlandes. Umrisse einer Morphologie der Weltgeschichte«, 1918/1922); beeinflusste durch seinen zivilisationskritischen Ansatz konzeptionelle Elemente der Neuen Richtung.

Spranger, Eduard (1882–1963): Philosoph und Pädagoge; Professor in Leipzig und Berlin; Hauptvertreter der modernen Kulturpädagogik und Philosophie; beeinflusste Initiativen zur Gründung von Arbeiterkursen (Zweiter Bildungsweg).

Stadthagen, Arthur (1857–1917): Rechtsanwalt; Lehrer an der Parteischule; Mitglied des Reichstages.

Stammer, Otto (1900–1978): 1925–1929 politischer Redakteur und Leiter des steirischen Arbeiterbildungswesens in Graz; bis 1933 Kulturreferent der SPD und Bildungsreferent in der gewerkschaftlichen Bildungsarbeit; 1955–1969 Professor der Soziologie am Institut für politische Wissenschaft an der Freien Universität Berlin.

Stapel, Wilhelm (1882–1954): 1917–1920 Leiter des Hamburger Volksheims; Vertreter des Konzepts einer deutschen Nationalerziehung sowie einer »volksbürgerlichen Erziehung«.

Stauffenberg, Franz August Freiherr Schenk von (1834–1901): 1866–1898 Führer der bayerischen Fortschrittspartei; 1871–1893 Mitglied des Reichstags; 1894 Mitbegründer der Deutschen Freisinnigen Partei; von Stauffenberg setzte sich besonders für das Bildungswesen ein; war Mitbegründer der Gesellschaft für Verbreitung von Volksbildung.

Stein, Lorenz von (1815–1890): Staatsrechtler und Nationalökonom; vertrat die Idee, dass der Verein das große Prinzip der menschlichen Gleichheit darstellt; seine Vorstellungen hatten Auswirkungen auf die Lesegesellschaften sowie auf Museums- und Harmoniegesellschaften; seine Schrift »Sozialismus und Kommunismus im heutigen Frankreich« übte ähnlich wie Friedrich Engels' Bericht über »Die Lage der arbeitenden Klasse in England« 1845 großen Einfluss auf die Arbeiter- und Handwerkervereine aus.

Steiner, Rudolf (1861–1925): Begründer der Anthroposophie; Lehrer an der Berliner Arbeiterbildungsschule; der liberale Vertreter in der Lehrerschaft traf in der Schule auf starken Widerstand.

Steinmetz, Paul (1904–1992): 1928 Lehrer bei Eduard Weitsch in Dreißigacker; zusammen mit Heiner Lotze arbeitete er wesentlich am Aufbau der Erwachsenenbildung in Niedersachsen mit. 1949–1969 Lehrer und Leiter der Heimvolkshochschule Hustedt.

Stephani, Heinrich (1761–1850): Aufklärer; setzte sich für eine Schulreformpolitik ein; für die Erwachsenenbildung waren Stephanis Ideen einer politischen Bildung in seinem Buch »Grundriss der Staatswissenschaft« (1797) von besonderer Bedeutung.

Stresemann, Gustav (1878–1929): Politiker; Mitbegründer der deutschen Volkspartei; Abgeordneter in der Weimarer Nationalversammlung; 1923 Reichskanzler; 1923–1929 Reichsaußenminister; 1926 Friedensnobelpreis zusammen mit Briand.

Strzelewicz, Willy (1905–1986): Baute an der Universität Göttingen das erste Sekretariat für extramurale Erwachsenenbildung auf; später Leiter der Pädagogischen Arbeitsstelle des Deutschen Volkshochschulverbandes (PAS); 1960 Professor für Soziologie an der Universität Hannover; beeinflusste durch seine empirischen Untersuchungen zusammen mit Wolfgang Schulenberg und Hans-Dietrich Raapke (»Bildung und gesellschaftliches Bewusstsein«) sowie durch Untersuchungen über den Zusammenhang von Industriegesellschaft, Demokratie und Erwachsenenbildung die wissenschaftlich theoretische Entwicklung der Erwachsenenbildung.

Sybel, Heinrich von (1817–1895): Historiker; Direktor der Preußischen Staatsarchive; Vertreter der extramuralen Arbeit der Berliner Universität.

Tanzmann, Bruno (1878–1939): Vertreter völkisch-rassistischer Erwachsenenbildung (Heimvolkshochschule Hellerau bei Dresden); gründete 1924 den Bund ARTAM; reaktionärer Vertreter der deutschen Bauernhochschulbewegung.

Taut, Bruno (1880–1938): Architekt; Bruder von Max Taut; Dozent an der Marxistischen Arbeiterschule.

Taut, Max (1884–1967): Architekt; Wettbewerbsteilnehmer für den Bau der Gewerkschaftsschule in Bernau; Architekturreformer des Wohnungsbaus in Siedlungen (Zehlendorf 1926–1931).

Tessenow, Heinrich (1876–1950): Architekt; Preisrichter für den Bau der Gewerkschaftsschule in Bernau.

Tews, Johannes (1860–1937): 1891–1933 Generalsekretär der Gesellschaft für Verbreitung von Volksbildung; Vertreter der Alten Richtung der Erwachsenenbildung im Sinne einer breiten »Massenbildung«.

Thaer, Albrecht (1752–1828): Arzt; bedeutender Agrarwissenschaftler und Agrarpolitiker; 1804 Aufbau einer Musterwirtschaft auf dem Gut Möglin an der Oder, um die Ertragssteigerung der rationellen Landwirtschaft nachzuweisen; 1808 Gründung einer landwirtschaftlichen Lehranstalt; ab 1810 Professor an der Berliner Universität.

Thielicke, Helmut (1908–1986): seit 1945 Ordinarius für systematische Theologie in Tübingen; entwickelte bereits während der Zeit des Faschismus konzeptionelle Vorarbeiten für die Gründung von Evangelischen Akademien nach 1945.

Tillich, Paul (1886–1965): Theologe und Philosoph; Vertreter des »religiösen Sozialismus«; hatte wesentlichen Einfluss auf die evangelische Erwachsenenbildung in der Weimarer Zeit, insbesondere auf Emil Blum (»existentielle Bildung«).

Trier, Matthias (geb. 1938): 1960–1991 Wissenschaftler an der Friedrich-Schiller-Universität Jena; inhaltliche Schwerpunkte: Studentenforschung, Volkshochschulforschung, insbesondere Unterricht mit Erwachsenen.

Umbreit, Paul (1868–1932): Lehrer an der Gewerkschaftsschule.

Virchow, Rudolf (1821–1902): Arzt; Professor; Mitbegründer der Gesellschaft für Verbreitung von Volksbildung.

Vollmar, Georg von (1850–1922): Politiker; Mitglied des Reichstages; Vorsitzender des Zentralbildungsausschusses der SPD.

Voltaire, Francois Marie Arouet (1694–1778): Schriftsteller und Philosoph; seine aufklärerischen Schriften stießen in den von Handwerkern und Kleinbürgern gegründeten Lesegesellschaften mit »Clubcharakter« auf großes Lese-Interesse.

Vorländer, Karl (1860–1928): Schüler von Hermann Cohen und Paul Natorp; Vertreter der Marburger Schule; Vorländer war Neukantianer und regte wesentlich auch in seiner »Geschichte der Philosophie« die Kantforschung neu an.

Wagner, Martin (1885–1957): Architekt; Stadtbaurat von Berlin; baute mit Hans Poelzig die Messeanlagen von Berlin; Preisrichter für den Bau der Gewerkschaftsschule in Bernau.

Wartenweiler, Fritz (1889–1985): Führender schweizerischer Erwachsenenpädagoge; Leiter des Volkshochschulheims Herzberg; organisierte nach 1945 Begegnungen zwischen schweizerischen und deutschen Erwachsenenbildnern zum interkulturellen Austausch.

Weber, Max (1864–1920): Soziologe, Sozialpolitiker und Nationalökonom; Professor in Berlin, Wien und München; in dem von Gustav Schmoller gegründeten »Verein für Sozialpolitik« hielt Weber wirtschaftswissenschaftliche und soziologische Vorträge; dieser Verein kann als Vorläufer der Humboldt-Akademie gelten; Max Weber beeinflusste neben Gustav Radbruch die Werturteilsdiskussion innerhalb der Neuen Richtung der Erwachsenenbildung.

Weitling, Wilhelm (1808–1871): Frühsozialist; bedeutender Theoretiker und Praktiker der Handwerker- und Arbeiterbildungsvereine in Deutschland, in der Schweiz und Frankreich.

Weitsch, Eduard (1883–1955): Hauptvertreter der Neuen Richtung (»Zur Sozialisierung des Geistes. Grundlagen und Richtlinien für die Deutschen Volkshochschulen«, 1919); 1920 gründete Weitsch die Heimvolkshochschule Dreißigacker, die Modellcharakter für die Weimarer Volksbildung hatte.

Weniger, Erich (1894–1961): Pädagoge; Professor an der Universität Göttingen; seine pädagogischen Theorien übten großen Einfluss auf die Herausbildung einer Wissenschaft von der Erwachsenenbildung aus (»Gutachten des Deutschen Ausschusses für das Erziehungs- und Bildungswesen«).

Wichern, Johann Hinrich (1808–1881): Theologe und Pädagoge; Begründer der »Inneren Mission«; versuchte in den Jünglingsvereinen Geselligkeit und Bildung mit christlichen Werten zu vermitteln; Vertreter evangelisch-konfessioneller Erwachsenenbildung; engagiert in der sozialen Frage (»Fliegende Blätter aus dem Rauhen Hause«).

Wieland, Christoph Martin (1733–1813): Schriftsteller; beeinflusste wesentlich die Arbeit der Lese-, Museums- und Harmoniegesellschaften durch seine Zeitschrift »Deutscher Merkur«.

Wiese, Leopold von (1876–1969): 1912 Leiter des Volksbildungswesens in Düsseldorf; 1919 Professor für Soziologie der Universität Köln; Mitbegründer einer soziologisch fundierten Wissenschaft von der Erwachsenenbildung (»Soziologie des Volksbildungswesens«, 1921).

Windthorst, Ludwig (1812–1891): Staats- und Justizminister in Hannover; seit 1867 Mitglied des Reichstags; Führer des »Zentrum«.

Winkelblech, Karl Georg (1810 – 1865): Gewerbelehrer, Professor; gründete 1848 den »Allgemeinen Arbeiterverein«, einen Vorläufer gewerkschaftlicher Interessenvertretung.

Winkler, Erich (1900–1966): Lehrer an der Heimvolkshochschule Schloss Tinz.

Wittfogel, Karl August (1896–1988): Theoretiker sozialistischer Arbeiterbildung und Lehrer an der Heimvolkshochschule Schloss Tinz; seit 1929 als Lehrer für Philosophie in der »Reichsparteischule« der KPD; (Einführung in den dialektischen und historischen Materialismus); später Professor in Amerika.

Wurm, Emanuel, (1857–1920): Journalist; 1907–1914 Lehrer an der Parteischule; Lehrer an der Arbeiterbildungsschule; 1919/20 Mitglied der Nationalversammlung.

Zetkin, Clara (1857–1933): Lehrerin; 1892–1923 Leiterin der Zeitschrift »Die Gleichheit«; 1906–1917 Mitglied des Bildungsausschusses der SPD; 1907 Sekretärin des Internationalen Frauensekretariats; führende Theoretikerin und Bildungspolitikerin sozialistischer Erziehung und sozialistischer Arbeiterbildung.